栃木県高校入試の対策

社会
数学
理科
英語
国語

令和4年度
県立入試
令和3年度
県立入試
令和2年度
県立入試
令和元年度
県立入試
平成30年度
県立入試
平成29年度
県立入試
平成28年度
県立入試

基礎解答・解説編

数
理
英
社
国
基礎編

下野新聞社

栃木県高校入試の対策 2023

解答・解説編
CONTENTS

[情報ガイド編]

[基礎編]

[実戦編]

[掲載広告目次]

高校入試CHUサポ講座

合格への近道

下野新聞は、過去40年以上にわたり高校進学を目指す中学生の進学指導を行っており、教育関係者の方々より高い評価を得ています。4月から土曜日と日曜日の週2回、11月からは月・水・金・土・日曜日の週5回**「高校入試CHUサポ講座」**を新聞紙上に掲載しています。学校の授業内容と並行して出題される問題を通じ、実力アップを図ってください。

下野新聞社キャラクター「どっとこちゃん」

令和4年度 日程・出題内容一覧表

下野新聞紙上で連載中!

◆国語・社会・数学・理科・英語各25回ずつ掲載。基礎からしっかり学べます。

回	国語	社会	数学	理科	英語
1	4/9(土) 説明的文章、漢字	4/10(日) 地球の姿をとらえよう	4/16(土) 正の数・負の数	4/17(日) 植物の特徴と分類	4/23(土) be動詞(現在、過去)
2	4/24(日) 説明的文章、漢字	4/30(土) 文明のおこりと日本の成り立ち、古代国家の歩みと東アジアの世界	5/1(日) 文字式と式の計算	5/7(土) 動物の特徴と分類	5/8(日) 一般動詞(現在、過去)
3	5/14(土) 文学的文章(小説)、漢字	5/15(日) 世界の国々の姿をとらえよう	5/21(土) 1次方程式とその利用	5/22(日) いろいろな物質、気体の発生と性質	5/28(土) 進行形
4	5/29(日) 説明的文章、漢字	6/4(土) 中世社会の展開と東アジアの情勢、世界の動きと天下統一	6/5(日) 比例と反比例	6/11(土) 水溶液、物質の状態変化	6/12(日) 助動詞、未来表現
5	6/18(土) 古文、小問	6/19(日) 日本の姿をとらえよう、身近な世界を調べよう	6/25(土) 平面図形と空間図形	6/26(日) 光による現象、音による現象	7/2(土) 名詞、代名詞、冠詞
6	7/3(日) 文学的文章(随筆)、漢字	7/9(土) 近世社会の発展、近代ヨーロッパの世界支配と日本の開国	7/10(日) 連立方程式の基礎	7/16(土) 力による現象	7/17(日) 形容詞、副詞
7	7/23(土) 文学的文章(小説)、漢字	7/24(日) 世界の国々を調べよう	7/30(土) 連立方程式の利用	7/31(日) 火山、地震	8/6(土) 比較
8	8/7(日) 説明的文章、漢字	8/13(土) 近代日本の歩み	8/14(日) 1次関数の基礎	8/20(土) 地層、大地の変動	8/21(日) いろいろな文(命令文、There is～など)
9	8/27(土) 俳句・短歌(和歌)	8/28(日) 世界から見た日本の姿	9/3(土) 1次関数の応用	9/4(日) 物質の成り立ち、さまざまな化学変化	9/10(土) いろいろな疑問文
10	9/11(日) 説明的文章、漢字	9/17(土) 現代社会とわたしたちの生活	9/18(日) 平行と合同 ※反例追加	9/24(土) 化学変化と物質の質量の規則性	9/25(日) 不定詞(1)
11	10/1(土) 文学的文章(随筆)、漢字	10/2(日) 二度の世界大戦と日本、現代の日本と世界	10/8(土) 三角形	10/9(日) 生物の体をつくる細胞、植物の体のつくりとはたらき	10/15(土) 不定詞(2)、動名詞(1)
12	10/16(日) 説明的文章、漢字	10/22(土) 都道府県を調べよう	10/23(日) 平行四辺形	10/29(土) 動物の体のつくりとはたらき、感覚と運動のしくみ	10/30(日) 1・2年の総復習
13	11/2(水) 古文、小問	11/4(金) 人間の尊重と日本国憲法	11/5(土) データの活用と確率 ※箱ひげ図追加	11/6(日) 地球の大気と天気の変化	11/7(月) 受け身
14	11/9(水) 説明的文章、漢字、敬語	11/11(金) 歴史のまとめ(古代～平安時代)	11/12(土) 展開と因数分解	11/13(日) 電流の性質	11/16(水) 現在完了(1)
15	11/18(金) 文学的文章(小説)、漢字	11/19(土) 世界地理のまとめ	11/20(日) 平方根	11/21(月) 電流の正体、電流と磁界	11/23(水) 現在完了(2)、現在完了進行形
16	11/25(金) 説明的文章、漢字	11/26(土) 現代の民主政治と社会	11/27(日) 2次方程式とその利用	11/28(月) 生命の連続性 ※多様性と進化追加	11/30(水) 前置詞、接続詞、連語
17	12/2(金) 古文	12/3(土) 歴史のまとめ(鎌倉～江戸時代)	12/4(日) 関数$y=ax^2$	12/5(月) 力と物体の運動 ※水圧、浮力追加	12/7(水) いろいろな会話(1)、原形不定詞
18	12/9(金) 説明的文章、漢字	12/10(土) 日本地理のまとめ	12/11(日) 関数$y=ax^2$の応用	12/14(水) 仕事とエネルギー	12/16(金) 関係代名詞
19	12/17(土) 文学的文章(小説)、漢字	12/18(日) わたしたちの暮らしと経済	12/19(月) 図形と相似の基礎 ※誤差と有効数字追加	12/21(水) 水溶液とイオン	12/23(金) 分詞、動名詞(2)
20	12/24(土) 文学的文章(随筆)、漢字	12/25(日) 歴史のまとめ(明治時代～現代)	1/6(金) 図形と相似の応用	1/7(土) 酸・アルカリと塩	1/8(日) 間接疑問文
21	1/9(月) 小問、古典総合	1/11(水) 地球社会とわたしたち	1/13(金) 円、三平方の定理の基礎	1/14(土) 地球の運動と天体の動き	1/15(日) いろいろな会話(2)
22	1/16(月) 作文	1/18(水) 地理分野の総合	1/20(金) 三平方の定理の応用	1/21(土) 太陽系の天体、恒星の世界	1/22(日) 仮定法
23	1/23(月) 小問、古文	1/25(水) 公民のまとめ(政治)	1/27(金) 図形の総合問題	1/28(土) 自然と人間	1/29(日) 総合問題(Ⅰ)
24	1/30(月) 説明的文章総合	2/1(水) 歴史分野の総合	2/3(金) 数式と規則性の総合問題	2/4(土) 総合問題(1)	2/5(日) 総合問題(Ⅱ)
25	2/6(月) 文学的文章(小説)総合	2/8(水) 公民のまとめ(経済)	2/10(金) 関数の総合問題	2/11(土) 総合問題(2)	2/12(日) 総合問題(Ⅲ)

※新聞休刊日の変更や紙面の都合上、掲載日程や内容が変わる場合がございます。

最新・正確な情報が役立つ情報ガイド編。

[情報ガイド編]

栃木県　2023
高校入試の対策

栃木県の中学生の進路について

下の図は、中学校を卒業して社会人になるまでの大まかな進路を図に表しています。ただし、全員がこの図に当てはまることはありません。１人１人の目標、努力、環境などによって図とは違った、さまざまな進路を進むことが考えられます。

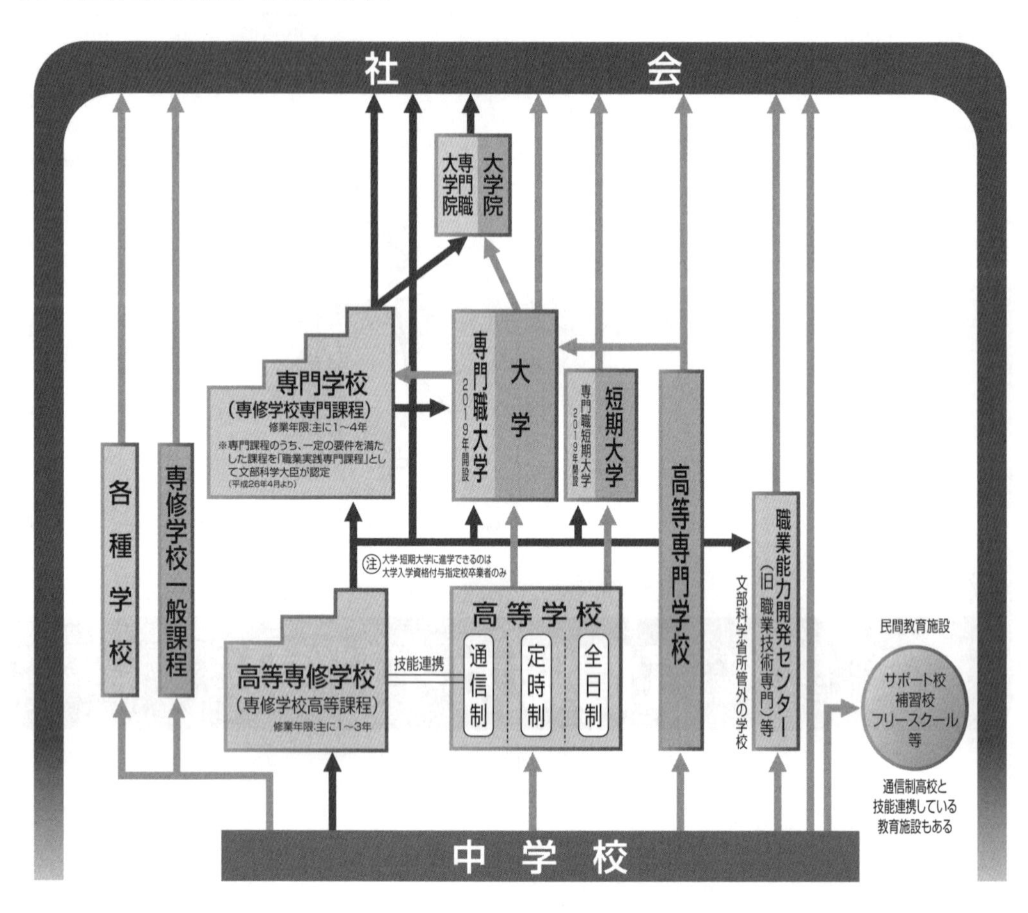

中学校までが義務教育である以上、その先に進学するためには入学試験があったり、入学後には学費などの経済的な負担があることも自覚しましょう。

自分自身を見つめ、将来を考え、自らの行動で情報を集めましょう。この図もその一つです。自分の進路を決めるときの参考にしてください。進路を決めるには、家族や親族、信頼できる大人、友達、学校の先生に相談することもよいでしょう。

高等学校を卒業した後、18歳ごろ、20歳ごろ、22歳ごろに大きな節目が来る人が多くいます。

無理なく準備を進めておくのがよいでしょう。

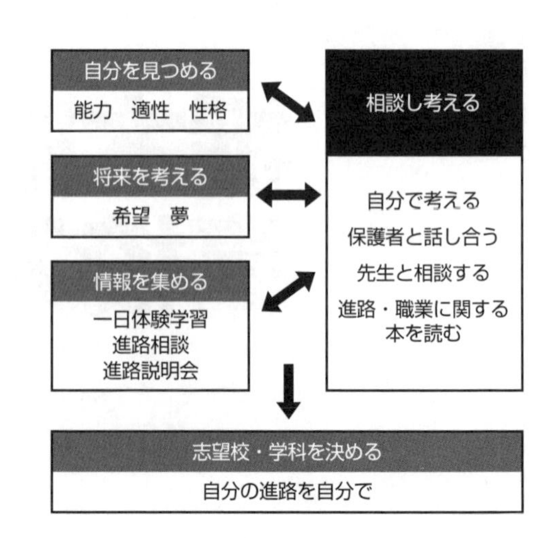

栃木県立・私立高校、国立高専配置図

進学先決定については、卒業後の進路や将来について考えることはもちろん、通学は毎日のことですから、続けることが困難なほど体力的な負担はないか、公共交通機関などを通学に利用するにしても、経済的負担は問題ないかなど家族と話し合うことも大切です。

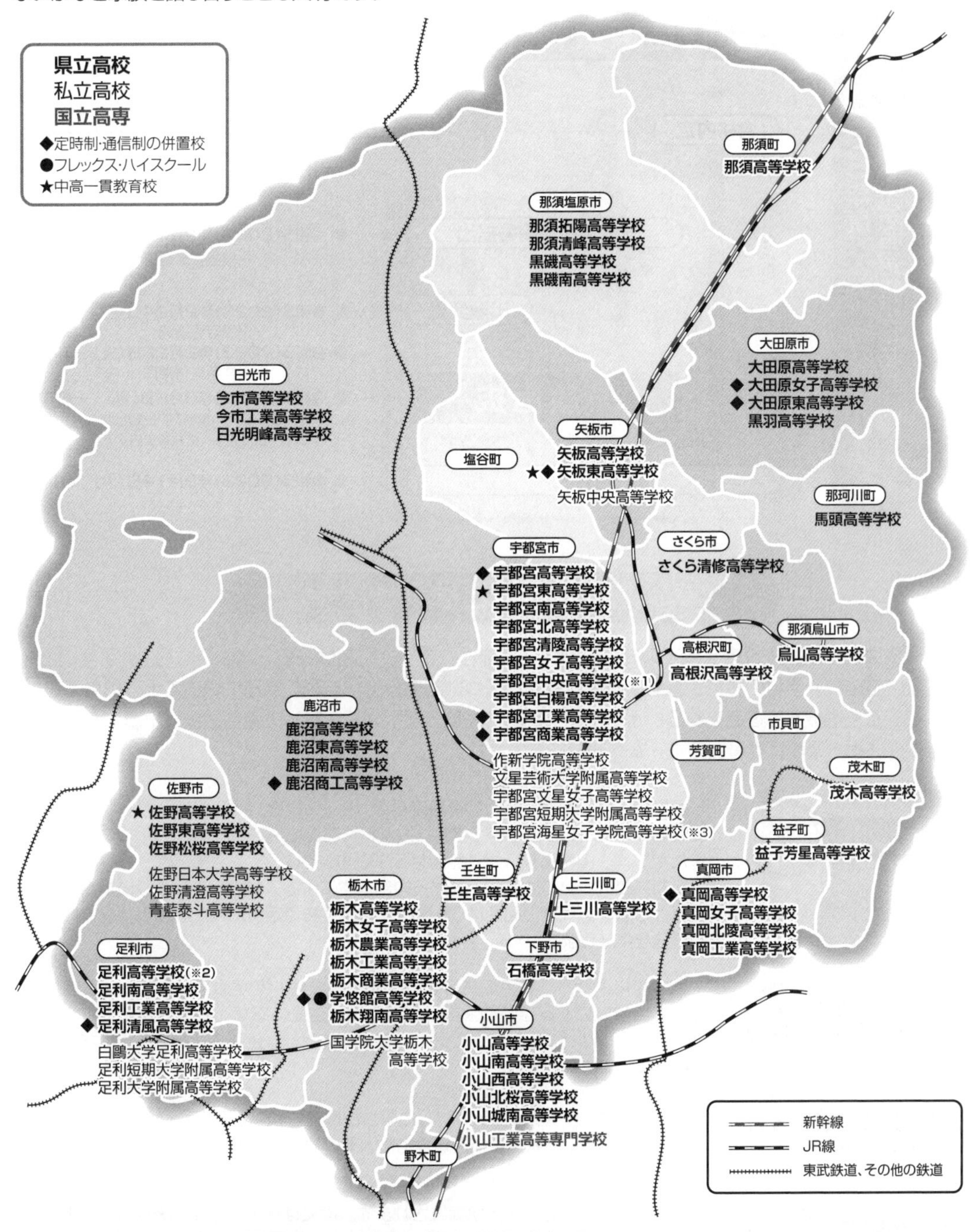

※1…2022年(令和4)年度より宇都宮中央女子高等学校が男女共学化し校名変更
※2…2022年(令和4)年度より足利高等学校と足利女子高等学校が統合し男女共学化
※3…2023年(令和5)年度より星の杜高等学校に校名変更

栃木県立高校全日制
入学者選抜について

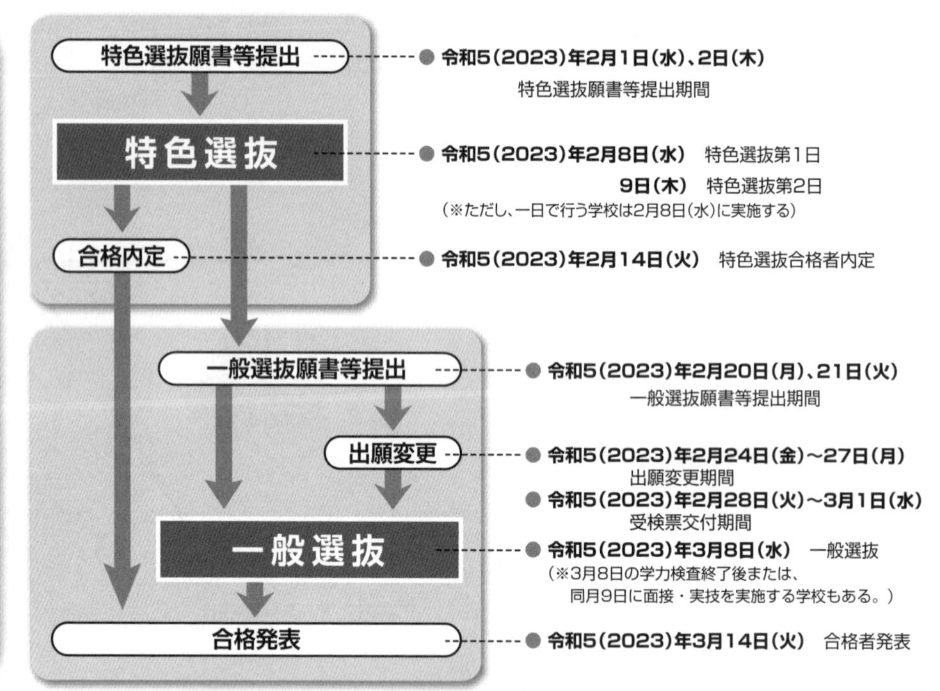
令和5(2023)年度
栃木県立高等学校入学者選抜の日程
全日制課程
特色選抜願書等提出
令和5(2023)年2月1日(水)、2日(木)
特色選抜願書等提出期間
特色選抜
令和5(2023)年2月8日(水)　特色選抜第1日
9日(木)　特色選抜第2日
(※ただし、一日で行う学校は2月8日(水)に実施する)
合格内定
令和5(2023)年2月14日(火)　特色選抜合格者内定
一般選抜願書等提出
令和5(2023)年2月20日(月)、21日(火)
一般選抜願書等提出期間
出願変更
令和5(2023)年2月24日(金)~27日(月)
出願変更期間
令和5(2023)年2月28日(火)~3月1日(水)
受検票交付期間
一般選抜
令和5(2023)年3月8日(水)　一般選抜
(※3月8日の学力検査終了後または、
同月9日に面接・実技を実施する学校もある。)
合格発表
令和5(2023)年3月14日(火)　合格者発表

特色選抜とは？

特色選抜は栃木県立高校のすべての高校・学科で実施されます。時期は一般入試よりも約1ヵ月早い2月上旬で、志望校や学科の特色、募集する生徒像などについて自ら調べ自分の進路について十分に考え、主体的に針路を選択することをねらいとしています。各高校・学科（系・科）の特色選抜に出願するための資格要件は栃木県教育委員会のホームページに発表されます。

ポイント 1

各学校・学科（系・科）の募集定員の「10%程度」「20%程度」「30%程度」のいずれかから各学校・学科（系・科）ごとに決定します。
※ただし、小山南高校スポーツ科は50%程度とし、宇都宮東高校、佐野高校、矢板東高校については募集定員から内部進学による入学内定者数を除いた定員の全部とします。程度の範囲は5%以内。特色選抜で定員に満たなかった場合に一般選抜を実施します。

ポイント 2

各学校によって「特色選抜に出願する資格要件」を定めています。「資格要件」は中学校における特別活動、校外の勤労生産、奉仕、社会活動、文化活動（コンクールなど）、スポーツ大会（県大会など）、生徒会活動など様々な分野にわたっています。

ポイント 3

特色選抜は1校1学科（系・科）に限り出願できます。出願に必要な書類は①入学願書②調査書③特色選抜志願理由書④その他必要な書類です。

ポイント 4

特色選抜では、必ず面接が実施されます。面接は個人、集団、それらの併用のうちから各学校・学科（系・科）の特色に応じて選択します。面接に加えて作文、小論文、学校独自検査（学校作成問題、口頭試問、実技など）を選択して行います。

一般選抜について

1 学力検査の実施

ア 検査期日 令和5(2023)年3月8日(水)

イ 検査日程

学力検査の日程は、次のとおりとする。なお、集合時刻は、午前８時 40 分とする。

時間	9：25～10：15	10：40～11：30	11：55～12：45	13：40～14：30	14：55～15：45
教科	国　語	社　会	数　学	理　科	英　語

ウ 検査場

学力検査場は、出願先高等学校とする。

2 学力検査受検者の心得

ア 受検者は、学力検査当日、午前8時40分までに検査場に集合して、検査係の指示を受ける。

イ 学力検査開始時刻に遅れた者は、原則として受検することができない。

ウ 検査当日の必携品は、次のとおりとする。
受検票、筆記用具、消しゴム、コンパス、定規、昼食、上ばき

エ スマートフォン等の情報端末や計算機・辞書・地図等の機能のついた時計等、学力検査の公正を乱すおそれのあるものの携帯は認めない。

オ 検査場には時計がないので留意すること。

3 一般選抜における学力検査

※以下に掲載した情報は、令和4(2022)年度「栃木県高等学校入学者選抜実施細則」をもとに作成しました。
令和5(2023)年度の一般選抜では変更される場合もあります。詳細事項が決定次第下野新聞に掲載いたします。

（1）学力検査問題

ア 出題の方針

学力検査問題は、中学校学習指導要領に即するとともに、基礎的・基本的事項を重視するものとする。

イ 教科及び内容

（ア）学力検査は、国語、社会、数学、理科及び外国語（英語）について行う。

（イ）出題の内容・範囲は中学校学習指導要領の「内容」に即するものとする。

ウ 配点

（ア）配点は、検査教科それぞれについて100点とする。

（イ）各教科内の配点は学校・学科により採点基準の配点を基に増減を加えることができる。
なお、令和5(2023)年度に実施する学校・学科、実施する教科は次の表のとおりである。

学校名	学科名	実施する教科
宇都宮高等学校	普通科	国数英
宇都宮女子高等学校	普通科	国数英

学校名	学科名	実施する教科
栃木高等学校	普通科	国数英

（ウ）小山高等学校の数理科学科は受検者の数学の得点を1.5倍する。

エ 作成

栃木県教育委員会が作成し、各高等学校長に手交する。

4 一般選抜における面接及び実技検査

（1）面接の実施

ア 面接を実施する学校は、個人面接、集団面接及びそれらの併用のうちから各学校が学校の特色に応じて選択して実施する。

イ 面接は、3月8日（水）の学力検査終了後又は3月9日（木）に、出願先高等学校において実施する。

ウ 各受検者の面接日及び集合時刻は、受検票交付時に出願先高等学校長から出身中学校長あて「面接同時通知書」により通知する。

（2）実技検査の実施

ア 小山南高等学校スポーツ科の受検者に対して、3月9日（木）に同校において実技検査を実施する。集合時刻は午前9時とする。

イ 実施種目は、①立ち幅とび ②メディシンボール投げ ③シャトルランニングの3種目とする。

栃木県の県立高校　多様な進路希望に対応するさまざまなタイプの高等学校

普通系高校

普通科高校	宇都宮・宇都宮東・宇都宮南・宇都宮北・宇都宮清陵・宇都宮女子・鹿沼・鹿沼東・日光明峰・上三川・石橋・小山西・栃木・栃木女子・栃木翔南・壬生・佐野・佐野東・足利・真岡・真岡女子・益子芳星・烏山・大田原・大田原女子・黒羽・黒磯・矢板東
普通科・普通系専門学科の併置校	小山・小山南
総合学科高校	今市・小山城南・足利南・茂木・黒磯南・さくら清修

※宇都宮東・佐野・矢板東は中高一貫教育校です。

普通系・職業系併置校

区分	学校	参照
普通科・職業系専門学科の併置校	宇都宮中央・馬頭・那須拓陽・那須	
総合選択制高校	鹿沼南・足利清風・高根沢	Ⅰを参照

職業系専門高校

区分	学校	参照
職業系専門高校	宇都宮商業・鹿沼商工・今市工業・栃木農業・栃木工業・栃木商業・足利工業・真岡工業	
総合選択制専門高校	宇都宮白楊・佐野松桜・真岡北陵・那須清峰・矢板	Ⅱを参照
総合産業高校	小山北桜	Ⅲを参照
科学技術高校	宇都宮工業	Ⅳを参照

職業系専門学科と普通科を併設した

Ⅰ. 総合選択制高校が3校あります。

●鹿沼南高等学校

学科	設置学科名
農業	食料生産科　環境緑地科
家庭	ライフデザイン科
普通	普通科

●足利清風高等学校

学科	設置学科名
商業	商業科
普通	普通科

●高根沢高等学校

学科	設置学科名
商業	商業科
普通	普通科

- 生徒の募集は各学科ごとに行い、各学科とも男女共学です。
- 職業系専門学科では、関心や進路目的に応じて、2･3年生で普通系の科目を選択履修することも可能です。
- 普通科では、全員が職業系専門科目を一部履修し、基礎知識の習得を図るとともに体験的･実践的な学習を行い、2･3年生では関心や進路目的に応じて専門科目を選択履修することも可能です。

職業系専門学科のある高校の中で

Ⅱ. 総合選択制専門高校が5校あります。

●宇都宮白楊高等学校

学科	設置学科名
農業	農業経営科　生物工学科 食品科学科　農業工学科
工業	情報技術科
商業	流通経済科
家庭	服飾デザイン科

●佐野松桜高等学校

学科	設置学科名
工業	情報制御科
商業	商業科
家庭	家政科
福祉	介護福祉科

●真岡北陵高等学校

学科	設置学科名
農業	生物生産科　農業機械科 食品科学科
商業	総合ビジネス科
福祉	介護福祉科

●那須清峰高等学校

学科	設置学科名
工業	機械科　建設工学科 電気情報科　機械制御科
商業	商業科

●矢板高等学校

学科	設置学科名
農業	農業経営科
工業	機械科　電子科
家庭	栄養食物科
福祉	介護福祉科

- 生徒の募集は各学科ごとに行い、各学科とも男女共学です。
- 総合選択制専門高校には、生徒の多様な進路希望に対応するため、同じ学校の中に農業･工業･商業･家庭･福祉などの学科が設置されています。
- 生徒は所属学科の専門教育を受けるほかに、興味･関心、適性、進路などに応じて、自由選択科目として、他の学科の科目を選んで学ぶことができます。

※ 介護福祉科については、介護福祉士を目指すことを目標としているため、他の学科の選択科目を設定していません。

各産業分野について広く学べる

Ⅲ. 総合産業高校が1校あります。

●小山北桜高等学校

学科	設置学科名	学科	設置学科名
農業	食料環境科	商業	総合ビジネス科
工業	建築システム科	家庭	生活文化科

- 生徒の募集は各設置学科ごとに行い、各学科とも男女共学です。
- 1年次には、全ての学科の基礎科目を全員が学習し、産業全体について学びます。
- 2年進級時に、定員の条件等が整えば、適性や希望に応じた転科（学科を移ること）が可能です。
- 2年次からは各学科の中でコース（類型）に分かれ、それぞれの専門分野をより深く学びます。
- 2、3年次は、他学科の専門分野・科目を一部選択履修することも可能です。

新しいタイプの工業高校

Ⅳ. 科学技術高校が1校あります。

●宇都宮工業高等学校

宇都宮工業高校は、本県の工業教育の中心校としての役割等を継承した上で、さらに新しい学び方を導入することなどにより、ものづくり県である本県産業の将来を担う技術力に対応できる人材の育成等を目指す新しいタイプの工業高校になりました。

新しい学び方 [4系 11コース 7学科]

技術の複合化・高度化に対応するため、広く工業全般について学ぶとともに専門性の深化を図ることを目指し、1年次では関連性の高い複数の学科を大くくりにした学科群（「系」※）の中で幅広く、工業全般の基礎・基本を学びながら自分の進むべき分野を決定し、2年次からは各学科の学習内容を、さらに細分化・重点化した類型（「コース」）に分かれ専門性を深めていく学び方をします。

※「系」…機械と電子機械、電気と電子情報等、各学科の学習内容が関連性を持っていることに着目し、1つにくくることでより幅の広い学習効果が期待できる学科同士をまとめたもの。

1年生　系　系
2年生
3年生　コース
卒業時　○○学科　△△学科　◇◇学科

卒業証書には
学科名を記載

- 1年生は関連性が高い学科をまとめた系学科群の中で工業全般の基礎基本について広く学習します。
- 2・3年生は学科よりもさらに細分化されたコース（類型）に分かれて専門性を深めます。
- 生徒の募集は系ごとに行い、各系とも男女共学です。
- 1年次は系ごとに均一のクラス編成、2年次からはコースによるクラス編成となります。

学科構成

系	コース	設置学科
機械システム系	機械技術コース	機械科
	機械エネルギーコース	
	電子機械コース	電子機械科
電気情報システム系	電気エネルギーコース	電気科
	電子コース	電子情報科
	情報ネットワークコース	
建築デザイン系	建築技術コース	建築デザイン科
	住環境デザインコース	
環境建設システム系	環境設備コース	環境設備科
	土木施工コース	環境土木科
	土木設計コース	

各科の特色、学習内容や進路について

普通

普通科では、共通教科を中心に幅広い教養や学問の体系の基礎を学びます。

普通科を志望するのは

- 主に進学したい人
- 将来のため、幅広い教養を身に付けたい人
- 興味・関心のある教科について深く学びたい人
- いろいろな教科の勉強をしてから進路を決めたい人

普通科での学習内容は

- 普通科の授業は、国語、地理歴史、公民、数学、理科、外国語などの共通教科が中心です。ひとつの教科で、内容やその程度によっていくつかの科目に分かれています。各教科の必履修科目は全員が学びますが、その他の科目は自分の適性や進路に応じて選択することもできます。
- 多くの普通科では、自分の適性、興味・関心、進路などに応じて、文系、理系などの類型ごとにより深く学びます。
- 多様な進路に対応するために、商業、情報、家庭、福祉などの専門科目を学べるようにしている高校もあります。

総合学科

総合学科では、一人一人の進路希望や興味・関心に応じた科目の選択ができるよう、多くの科目を開設しています。

総合学科を志望するのは

- 共通科目をより深く学び、大学・短大などへ進学を目指す人
- それぞれの興味・関心に応じた学習をしたいと考えている人
- 芸術・体育・家庭・情報関係の科目を専門的に学びたい人
- 総合学科での学びを通して、進路を見い出したいと考えている人

総合学科の特徴は

- 産業社会と人間
  1年次に学ぶ「産業社会と人間」の授業で、生き方や将来の職業について深く考え、その実現に向けた学習計画(時間割)を作成できるようにします。
- 幅広い選択科目
  国語・数学などの共通教科・科目に加え、商業・家庭・情報・体育・美術等の専門科目など、幅広い科目(一般的な普通科高校の2倍以上となる100科目程度)を開設しています。
- 自分だけの時間割
  各教科の必履修科目は全員が学びますが、2年次以降は開設されている複数の系列(総合選択科目群)などから、大学進学や就職など自分の進路希望を実現するために必要な科目や、興味・関心のある科目を選び、自分の時間割を作って学びます。例えば、共通科目を中心に学ぶ普通科のような時間割や、専門科目を中心に学ぶ専門学科のような時間割も作成することができます。
- 単位制
  単位制とは、所定の単位を修得すれば卒業が認められる制度です。
- 少人数・専門的授業
  授業は、個人指導やグループ学習など少人数で行われることが多く、きめ細やかな授業を展開します。また、体験学習や社会人講師による専門的な授業も実施します。

専門学科 農業

農業の各学科では、共通教科に加え農業の各分野に関する基礎的・基本的な知識と技能を、実験や実習を重視して学習します。

農業学科を志望するのは

- 作物の栽培や家畜の飼育技術、農業経営について学びたい人
- 施設園芸やバイオテクノロジーについて学びたい人
- 食品の加工・流通や生活環境・生活技術について学びたい人
- 農業機械・測量・土木・造園や緑地環境について学びたい人

各学科の学習内容は

学科	学習内容
農業経営科　食料生産科 生物生産科　植物科学科	新しい時代に対応した作物、草花、野菜、果樹、畜産などに関する専門的な知識と技術を学びます。 ※食料生産科では草花は学びません。※植物科学科では畜産は学びません。
食料環境科	作物・野菜・果樹の栽培方法を学ぶ食料生産コースと、草花の栽培方法や造園・ガーデニングを学ぶ環境創生コースに分かれ、食料生産と環境づくりに関する知識と技術を学びます。
動物科学科	生産物を得るための動物を学ぶ生産動物コースと、人の生活に貢献する社会動物を学ぶ社会動物コースに分かれ、動物の飼育やその利用に関する知識と技術を学びます。
生物工学科	植物バイオテクノロジー・動物バイオテクノロジーや微生物の利用及び養液栽培等の施設栽培などに関する知識と技術を学びます。
農業工学科	道路や橋などの土木構造物の設計や施工及び水や土の基本的性質など環境保全に配慮した農業土木工事などに関する知識と技術を学びます。
環境緑地科	草花の栽培や装飾、造園やガーデニング、森林環境の保全やキノコの栽培方法などに関する知識と技術を学びます。
環境デザイン科	地域の自然や産業を取り巻く環境を維持・改善するために、環境や農業土木に関する知識と技術を学びます。
食品化学科　食品科学科	食品の特性と加工・貯蔵・流通に加え、食品の成分分析や衛生検査の方法及び食品に関連する微生物の利用と培養などに関する知識と技術を学びます。
農業機械科	各種農業機械の取扱い方法を学ぶと共に、エンジンをはじめ機械各部の構造と整備方法などに関する知識と技術を学びます。

専門学科 工業

工業の各学科では、体験的な学習（実験・実習）をとおして専門的な知識と技術を学び、「ものづくり県とちぎ」の発展を支え、将来の地域産業を担う人材を育てます。

工業学科を志望するのは

- 機械や電気に興味・関心がある人
- コンピュータを操作したりプログラムを作ったりすることが好きな人
- 「もの」を組み立てたり、工作したりすることが好きな人
- 建物や橋に興味・関心がある人

各学科の学習内容は

学科	学習内容
機械科　電子機械科　情報制御科　生産機械科　機械制御科	機械の設計や製品の加工技術、ロボットの仕組みや制御技術、自動車の構造などに関する知識と技術を学びます。
電気科　電子科　電子情報科　電気情報科　電気システム科	電気や電子に関する基礎、電気設備、オートメーション、情報通信などに関する知識と技術を学びます。
情報技術科　情報科学科	コンピュータのハードウェアやソフトウェア、エレクトロニクス、制御技術に関する知識と技術を学びます。
建設科　環境土木科　建築デザイン科　建設工学科　建築システム科	住宅、ビルなどの各種建築物や道路、トンネルなどを設計、施工、管理する知識と技術を学びます。
環境設備科	建物の冷暖房、給排水設備などを設計、施工、管理する知識と技術を学びます。
産業デザイン科	工業製品や織物、印刷物など、幅広い産業分野のデザインに関する知識と技術を学びます。
工業技術科	機械や電気などの工業に関する基礎的な知識と技術を幅広く学びます。

専門学科 商業

商業の各学科では、会計帳簿の作成と利用、ビジネスにおけるパソコンの活用、国際社会でのコミュニケーション能力の育成、商品流通のしくみなどを学習します。

商業学科を志望するのは

- 簿記会計の知識を身に付けたい人
- パソコンをビジネスに生かしたい人
- 商・経営・経済系の大学に進学したい人
- 検定試験にチャレンジしたい人

各学科の学習内容は

学科	学習内容
商業科	簿記や表計算ソフト、マーケティングなどについて幅広く学びます。進路に応じてコース制を設けている学校もあります。
情報処理科	ワープロや表計算ソフトはもちろん、情報処理技術者としての知識、パソコンのしくみやプログラムの作成方法などを学びます。
流通経済科	商品流通のしくみや営業販売活動におけるマナー、マーケティングについて学びます。
総合ビジネス科	ビジネスについての基礎的・基本的内容を幅広く学習し、情報処理や会計について深く学びます。
リゾート観光科	就業体験を積極的に取り入れており、リゾート地域における観光や商品企画の方法などについて学びます。

専門学科 水産

水産科では、主に淡水の魚類やその他の水産生物の増養殖技術、水産物の加工、流通を学びます。

水産科を志望するのは

- 河川・湖沼の水質や生息している生物について学びたい人
- 魚類の生理・生態について、より詳しく学びたい人
- 観賞魚を飼育したり、水生生物を観察したりすることが好きな人
- 水産物の加工や流通について学びたい人

水産科の学習内容は

科目	学習内容
水産海洋基礎	広く水産業に関する内容を学びます。
海洋生物	水産生物の分類、生理、生態などについて学びます。
資源増殖	水産生物の増養殖法、病気、バイオテクノロジーなどについて学びます。
海洋情報技術	ワープロ、データ処理、プレゼンテーションなどについて学びます。
食品製造	水産食品の製造、加工、保蔵などについて学びます。
課題研究	自ら設定した課題を主体的に研究し、まとめ、発表します。
総合実習	水産に関する知識と技術について体験的に学びます。
リバースタディ	河川の環境レジャー、文化、歴史などについて学びます。

■学校内で学ぶことができない実験・実習については校外学習を行います。主な実習先は次のとおりです。

- ●海洋実習（1年）…茨城県立海洋高校（宿泊実習）
- ●カヌー実習（1・2年）……武茂川等
- 　　　　　　（3年）……那珂川
- ●ヒメマス採卵実習（1年）……中禅寺湖漁業協同組合
- ●河川調査及び磯採集（2年）……那珂川
- ●インターンシップ（2年）…養殖場・栃木県水産試験場・なかがわ水遊園等

専門学科 家庭

家庭の各学科では、家庭生活を支える食生活・衣生活・住生活・保育などに関する知識と術能を学びます。

家庭学科を志望するのは

- 被服製作が好きな人
- ファッションやデザインについて学びたい人
- 調理師を目指す人
- 食生活について学びたい人
- 福祉の仕事に関心のある人
- 保育や家族のことを学びたい人
- 消費者として広い視野をもちたい人
- 生活文化について学びたい人

各学科の学習内容は

学科	学習内容
総合家庭科	家庭に関する専門的な知識と技術を科学的な視点から体験的・総合的に学びます。
服飾デザイン科	服飾デザインについて専門的な知識や技術を習得し、個性豊かなファッションスペシャリストを目指します。
ライフデザイン科	食物・福祉の分野において自他ともによりよい生活を創造していくための知識と技術を学びます。
生活文化科	衣(服飾)文化・食文化・住文化など、生活文化全般に関する知識や技術を学びます。
家政科	被服、食物、保育、家庭経営、住居、家庭情報処理に関する知識と技術を学び、生活産業分野のスペシャリストを目指します。
食物文化科	食生活を総合的に学習し、食文化を伝え創造するとともに、食物関連産業で活躍するための知識と技術を学びます。
栄養食物科	調理、栄養、食品衛生、食文化など、調理師として活躍するための専門的知識と技術を学びます。

専門学科 福祉

福祉学科では、福祉に関する専門科目を学び、高齢社会において、信頼され、心のこもった介護サービスができる専門家を育てます。

福祉学科を志望するのは

- 相手の気持ちに応えられるように努力する人
- 手を差し伸べる勇気を持とうと努力する人
- 人生の先輩から学ぼうと努力する人
- 福祉に関する諸課題を主体的に解決しようと努力する人

福祉学科の学習内容は

- 介護実践の基礎となる教養や倫理的態度を養います。
- 適切な介護実践に必要な心や体に関する知識を学びます。
- 「尊厳の保持」「自立支援」の考え方を踏まえ、介護実践できる能力を養います。

専門学科 理数

理数学科（数理科学科）では、数学と理科に関する教科･科目を重点的に学び、科学的に自然を探究する知識や技能、および思考力･判断力･表現力を身につけていきます。

数理科学科を志望するのは

- 数学や理科が得意で、より深く学びたい人
- 自然や物事の仕組みに興味･関心が高く、探究心が旺盛な人
- 数学や理科だけでなく、すべての学習に粘り強く取り組める人
- 科学の分野で社会に貢献したい人

- 数学と理科の授業を充実させ、論理的思考力や問題解決能力を養います。
- 少人数授業や学習習熟度別授業により、自分の能力や興味･関心に合わせた学習ができるよう配慮しています。
- 自然探究合宿や大学･研究機関と連携した体験学習など、最先端の知識や科学技術に触れるプログラムを用意しており、視野を広げることで将来の進路選択にも役立ちます。

専門学科 体育

体育科（スポーツ科）では、スポーツについての正しい理解と実践により、高度な運動技能や運動の学び方を身につけた心身ともに健全な人を育てます。

スポーツ科を志望するのは

- 体育･スポーツが好きで、体育･スポーツに関する様々なことに挑戦したい人
- 自分が得意とするスポーツ種目の技能の向上を目指したい人
- 将来、体育･スポーツにかかわる仕事に就きたい人
- 運動部で活躍したい人

栃木県立高校 全日制/定時制/通信制

令和5年(2023)度 入試カレンダー

2023年		全日制 特色選抜	全日制 一般選抜	定時制 フレックス特別選抜	定時制 一般選抜	通信制
2/1	水	願書等提出期間				
2	木					
3	金					
4	土					
5	日					
6	月					
7	火					
8	水	面接等（ただし、1日で行う学校は8日に実施）				
9	木					
10	金					
11	土					
12	日					
13	月					
14	火	合格者内定				
15	水					
16	木					
17	金					
18	土					
19	日					
20	月		20日・21日 願書等提出期間			
21	火					
22	水					
23	木					
24	金		24、27日 出願変更期間	24、27日 願書等提出期間		
25	土					
26	日					
27	月					
28	火		28日・1日 受検票交付期間	28日・1日 受検票交付期間		
3/1	水					
2	木					
3	金					
4	土					
5	日					
6	月					
7	火					
8	水		学力検査	学力検査		
9	木					
10	金					
11	土					
12	日					
13	月					
14	火		合格者発表	合格者発表	14～16日 願書等提出期間	14～17日 願書等提出期間
15	水					
16	木					
17	金					
18	土					
19	日					
20	月				学力検査	20日、22日～24、27日 願書等提出期間
21	火					面接（春分の日）
22	水					
23	木					
24	金				合格者発表	
25	土					
26	日					
27	月					
28	火					面接
29	水					合格者発表
30	木					
31	金					

2022(令和4)年度実施済
栃木県立高校全日制

学力検査と調査書の比重一覧

栃木県立高校の全日制の一般入試による入学者の選抜は、調査書、学力検査の成績、面接及び実技検査を行った場合はその結果等を資料として総合的に行われ、学力検査と調査書の評定との比重の置き方については、各学校・学科（系・科）ごとに定められています。この調査書と学力検査の比重は、特色選抜や定時制、通信制には該当しません。

（比重欄の左側が学力検査、右側が調査書の比重。○は個人面接、●は集団面接を課している。）

学校名	学科名	男女	比重	面接
宇都宮	普通	男	9：1	—
宇都宮東	普通	男女	9：1	—
宇都宮南	普通	男女	8：2	—
宇都宮北	普通	男女	9：1	—
宇都宮清陵	普通	男女	8：2	—
宇都宮女子	普通	女	9：1	—
宇都宮中央	普通	男女	9：1	—
	総合家庭	男女	8：2	—
宇都宮白楊	農業経営	男女	6：4	●
	生物工学	男女	6：4	●
	食品科学	男女	6：4	●
	農業工学	男女	6：4	●
	情報技術	男女	6：4	●
	流通経済	男女	6：4	●
	服飾デザイン	男女	6：4	●
宇都宮工業	機械システム	男女	7：3	—
	電気情報システム	男女	7：3	—
	建築デザイン	男女	7：3	—
	環境建設システム	男女	7：3	—
宇都宮商業	商業	男女	7：3	●
	情報処理	男女	7：3	●
鹿沼	普通	男女	8：2	—
鹿沼東	普通	男女	8：2	—
鹿沼南	普通	男女	6：4	●
	食料生産	男女	6：4	●
	環境緑地	男女	6：4	●
	ライフデザイン	男女	6：4	●
鹿沼商工	情報科学	男女	6：4	●
	商業	男女	6：4	●
今市	総合学科	男女	7：3	—
今市工業	機械	男女	6：4	●
	電気	男女	6：4	●
	建設工学	男女	6：4	●
日光明峰	普通	男女	5：5	●
上三川	普通	男女	7：3	—
石橋	普通	男女	8：2	—
小山	普通	男女	8：2	—
	数理科学	男女	8：2	—
小山南	普通	男女	7：3	—
	スポーツ	男女	6：4	●
小山西	普通	男女	8：2	—
小山北桜	食料環境	男女	6：4	●
	建築システム	男女	6：4	●
	総合ビジネス	男女	6：4	●
	生活文化	男女	6：4	●
小山城南	総合学科	男女	7：3	—
栃木	普通	男	9：1	—
栃木女子	普通	女	8：2	—
栃木農業	植物科学	男女	6：4	●
	動物科学	男女	6：4	●
	食品科学	男女	6：4	●
	環境デザイン	男女	6：4	●
栃木工業	機械	男女	6：4	●
	電気	男女	6：4	●
	電子情報	男女	6：4	●
栃木商業	商業	男女	7：3	●
	情報処理	男女	7：3	●
栃木翔南	普通	男女	8：2	—

学校名	学科名	男女	比重	面接
壬生	普通	男女	7：3	—
佐野	普通	男女	8：2	—
佐野東	普通	男女	8：2	—
佐野松桜	情報制御	男女	6：4	●
	商業	男女	6：4	●
	家政	男女	6：4	●
	介護福祉	男女	6：4	●
足利	普通	男女	8：2	—
足利南	総合学科	男女	6：4	—
足利工業	機械	男女	6：4	●
	電気システム	男女	6：4	●
	産業デザイン	男女	6：4	●
足利清風	普通	男女	7：3	●
	商業	男女	7：3	●
真岡	普通	男	9：1	—
真岡女子	普通	女	8：2	—
真岡北陵	生物生産	男女	6：4	●
	農業機械	男女	6：4	●
	食品科学	男女	6：4	●
	総合ビジネス	男女	6：4	●
	介護福祉	男女	6：4	●
真岡工業	機械	男女	6：4	●
	生産機械	男女	6：4	●
	建設	男女	6：4	●
	電子	男女	6：4	●
益子芳星	普通	男女	6：4	—
茂木	総合学科	男女	7：3	—
烏山	普通	男女	8：2	—
馬頭	普通	男女	5：5	●
	水産	男女	5：5	○
大田原	普通	男	9：1	—
大田原女子	普通	女	8：2	—
黒羽	普通	男女	6：4	●
那須拓陽	普通	男女	8：2	—
	農業経営	男女	6：4	●
	生物工学	男女	6：4	●
	食品化学	男女	6：4	●
	食物文化	男女	6：4	●
那須清峰	機械	男女	6：4	●
	機械制御	男女	6：4	●
	電気情報	男女	6：4	●
	建設工学	男女	6：4	●
	商業	男女	6：4	●
那須	普通	男女	5：5	●
	リゾート観光	男女	5：5	●
黒磯	普通	男女	8：2	—
黒磯南	総合学科	男女	6：4	—
矢板	農業経営	男女	6：4	●
	機械	男女	6：4	●
	電子	男女	6：4	●
	栄養食物	男女	6：4	●
	介護福祉	男女	6：4	●
矢板東	普通	男女	8：2	—
高根沢	普通	男女	6：4	●
	商業	男女	6：4	●
さくら清修	総合学科	男女	7：3	—

県立入試問題の傾向と対策〈社会〉

	令和2年度	令和3年度	令和4年度
1	地理(日本):三角州の説明を選択。太平洋ベルト,世界遺産の記述。瀬戸内工業地域を資料から判断。地図から日本の気候の特色を判断。資料から空港の位置を判断。 資料から地域おこしの取り組みについて記述。	地理(日本):やませの記述。宮古市の漁業の特徴について選択。製造業を資料から判断。世界最大のさんご礁がある国を選択。ヒートアイランド現象の記述。都市で水害が発生する理由を論述。地図を読み取り、正誤判断。日本の貨物輸送について選択。	地理(日本):政令指定都市の記述。大阪市の雨温図の選択。マングローブが見られる国の選択。宿泊旅行者数·旅客輸送数の資料の読み取り。製造品出荷額·従業者10人未満の事業所割合の資料の読み取り。農業産出額·米の産出額の資料の読み取り。新潟県の施設を選択。知床半島の問題解決に向けての取り組みを記述。
2	地理(世界):東アジアの気候について選択。資料からブラジルを判断。北緯40度の位置を判断。トルコの宗教について資料から読み取り,記述。アメリカの工業について資料から判断。アメリカの農業の特徴について,資料を読み取り,記述。	地理(世界):時差から地図上の位置を選択。東南アジア諸国連合の記述。ドイツの都市の気候を資料から選択。韓国·タイ·ドイツの宗教について選択。人口の割合のグラフの読み取り。日本の輸入品について資料から判断。統計から中国を判断。判断理由を論述。	地理(世界):気温·降水量のグラフの読み取り。バイオ燃料の記述。オーストラリアがイギリスの植民地であったことの記述。アルコールを飲まない宗教の選択。コートジボワールの輸出のグラフとカカオ豆の資料の読み取り。排他的経済水域の資料の読み取り。人口ピラミッドの資料の読み取り。
3	歴史(古代〜近代):渡来人を記述。仏教伝来と同じ時期に伝来したものを選択。遣唐使を記述。アヘン戦争と近い時期のできごとを選択。資料から鉄砲を読み取り記述。道元と同じ時代区分のものを選択。風刺画から大日本帝国憲法作成の際の日本とドイツとの関わりを記述。カードの並べ替え。	歴史(古代〜近世):資料から時代を選択。調の記述。座の記述。勘合の記述。前方後円墳の記述。大和政権の勢力範囲の変化について論述。徳川綱吉の政策について選択。年代順の並び替え。	歴史(古代〜近世):遣隋使の目的を選択。鑑真と禅宗の選択。日宋貿易を進めた人物の選択。建築物の時代を判断。豊臣秀吉のキリスト教に関する施策の選択。朱印船貿易の記述。外国人居住区を神戸に設置した理由の記述。大航海時代の記述。
4	歴史(近代〜現代):明治から大正初期に当てはまらない社会状況を選択。第一次世界大戦の影響を選択。昭和初期のできごとを並べ替え。高度経済成長期に家庭に普及したものを選択。石油危機を記述。資料から高度経済成長期が終わる頃の社会状況を記述。	歴史(近代〜現代):富岡製糸場の記述。葛飾北斎と同時期に活躍した人物の選択。資料から薩摩藩が列強と交流した理由について論述。岩倉使節団の記述。日本とロシアの領土について選択。国際連盟脱退後の出来事について選択。佐藤栄作内閣について選択。	歴史(近代〜現代):明治初期のできごとの選択。明治時代におきたできごとの並び替え。関東大震災後の区画整理の資料に関する記述。全国水平社の記述。学徒出陣の時代の選択。太平洋戦争後のできごとの時代の判断。安保闘争の記述。
5	公民:効率的な活性化策を選択。資料から社会保障関係費を選択。財政政策について選択。民事裁判について選択。選挙制度について選択。直接請求権について記述。	公民:三権分立について選択。世論の記述。累進課税について選択。 地方の行政事務と小都市の歳入の特徴を資料から論述。日本銀行の役割について選択。独占禁止法の記述。日本の企業の特徴を選択。	公民:GDPの記述。需給曲線の読み取り。金融政策についての選択。 条例の記述。内閣の仕事の選択。内閣不信任決議案可決後の処理の選択。 大きな政府と小さな政府に関する記述。
6	公民:労働者の権利について選択。製造物責任法を選択。3Rの取り組みについて記述。技術革新を記述。新しい人権についての根拠を選択。資料を見て人手不足の解決策を記述。	公民:男女雇用機会均等法の記述。介護保険制度の記述。公共の福祉の記述。憲法改正の手続きについて選択。被疑者·被告人の権利について選択。議会制民主主義の考え方について選択。若者の低投票率について解決策を資料から論述。	公民:持続可能な開発目標の記述。パリ協定の記述。為替相場についての選択。国際連合に関する選択。教育を受ける権利に関する選択。難民の記述。 発電方法の資料に関する記述。
7	総合:NGOを選択。寺子屋の記述。安全な水資源を確保できない人の割合の地図を選択。助産師を育成するための取り組みを選択。国際協力のあり方について記述。		

【傾向と対策】

全体：大問数は6問。昨年度と同様。各分野の配点は地理34点，歴史34点，公民32点で昨年と同様。各分野バランスよく出題されている。各大問それぞれに論述問題が1問出題されている。まず教科書の基本知識を身につける必要がある。そして、基礎知識を生かし、地図・統計・資料から必要な情報を読み取り、解答に結びつけることが必要である。

地理：基本知識を問う問題に加え、資料から考察させる問題が多く出題されている。普段から、資料や地図と基礎知識を結びつける勉強をすることが必要である。

歴史：歴史の流れ，時代の背景を問う問題が多く出題されている。断片的に知識を覚えるのではなく，出来事の前後関係や因果関係を確認しながら勉強することが必要である。

公民：教科書の基本知識が多く出題されている。公民の各分野をバランスよく勉強する必要がある。

県立入試問題の傾向と対策〈数学〉

	令和2年度	令和3年度	令和4年度
1	基礎的・基本的問題（14問） 正の数・負の数の除法，多項式の減法，単項式の乗法，平方根を含む式の乗法，展開，1次方程式，等式の立式，中心角と円周角，2次方程式，確率，回転体の体積，平行線と線分の比，1次関数のグラフ（選択），標本調査	基礎的・基本的問題（14問） 正の数・負の数の減法，単項式の除法，式の値，因数分解，等式変形，平方根（選択），平行線と角，反比例，正四角錐の体積，2次方程式，1次関数の変域，数量の大小関係，三角形の相以，平行四辺形の特別な形（選択）	基礎的・基本的問題（8問） 正の数・負の数の除法，単項式の加法，展開，2次方程式，反比例，おうぎ形の弧の長さ，円周角と中心角，三角形の合同（選択）
2	作図，文字式の証明，関数（3問） 作図，文字式を用いた証明，2乗に比例する関数	作図，確率，関数（3問） 辺の中点を求める作図，さいころを使った確率，2乗に比例する関数と図形	平方根，方程式（3問） 平行根，連立方程式の活用（計算過程の論述），2次方程式
3	連立方程式と資料の活用（4問） 連立方程式の活用（計算過程の論述），真の値，最頻値，資料の分析（判断理由の論述）	連立方程式と資料の活用（4問） 連立方程式の活用（計算過程の論述），最頻値，相対度数，資料の分析	確率と標本調査（4問） 確率，標本調査，四分位数と箱ひげ図，散らばりぐあい（判断理由の論述）
4	図形の証明と計量（3問） 合同であることの証明，正三角形の面積，空間図形と三平方の定理	図形の証明と計量（4問） 合同であることの証明，三平方の定理，図形の面積	作図，図形の計量と証明（4問） 作図，三平方の定理，立体の体積，相以であることの証明
5	1次関数と速さ・距離・時間（4問） 1次関数の変化の割合，1次関数の値，1次関数の式（計算過程の論述），1次関数の活用	点の移動と1次関数（3問） 動点と図形の面積，1次関数の式（計算過程の論述），1次関数の活用	2次関数と1次関数のグラフ（6問） 対称なグラフ，図形の面積，平行な直線（計算過程の論述），1次関数の値，1次関数の式，1次関数のグラフ（正しい理由の論述）
6	色の輪の順序・面積・周（4問） 塗られた輪の順序，輪の個数，外側の輪の面積（計算過程の論述），図形の周の長さと整数の性質	シートに書かれた数（3問） シートに書かれた最大の数，2次方程式の活用（計算過程の論述），整数の性質	反往横跳びの位置と回数（3問） 移動後の位置，文字を用いた表現，1次方程式の活用

【傾向と対策】

今年度も例年通り「数と式」，「図形」，「関数」，「データの活用」の4領域からバランスよく出題されている。また,基礎的・基本的問題が大半を占めるように配慮され，どのような生徒でもある程度得点できるように構成されている。

ただ，今年度は1が例年の14問，28点から8問，16点に減り，5が例年の3問または4問，15～17点から6問に増え，配点も22点に変わった。問題数も昨年度の31問から3問減って28問になった。52，6では問題が長文となり，文章を正確に読み取る能力がますます必要になった。とくに5は例年と異なり2ページにわたって問題が作られたばかりでなく，2乗に比例する関数のグラフ，1次関数の活用とグラフから読み取れる電気料金の価格など，関数重視の傾向がみられる。

入試問題がどのように変化しても，その内容はつねに教科書を基本としている。皆さんは授業を真剣に聞き，教科書に載っている定理の証明を完全に理解し,再現できるようにしてほしい。また，栃木県の過去の入試問題を完全に征服し，合わせて他府県の入試問題にも挑戦してほしい。過去問は入試対策としては最良の問題で，入試に必要な知識，考え方がちりばめられている。解けない問題は答えや解き方を積極的に活用し，教科書で必ず確認する。次に解説を見ないで解く。これを何度も繰り返すことが大切である。

受験勉強は受験だけでなく，自分自身の人間力・人間性を高め，人生に立ち向かう積極的な態度を養ってくれる。

県立入試問題の傾向と対策〈理科〉

	令和2年度	令和3年度	令和4年度
1	第1・第2分野の小問集合（8問） ア～エからの選択式と記述式 混合物・深成岩・陰極線・軟体動物 発熱反応・マグニチュード・DNA・台車の平均の速さ	第1・第2分野の小問集合（8問） ア～エからの選択式と記述式 化学変化・垂直抗力・惑星・消化酵素 放電・マグマ・発生・質量パーセント濃度	第1・第2分野の小問集合（8問） ア～エからの選択式と記述式 しゅう曲・肝臓のはたらき・熱の放射の利用・状態変化・受粉・乱反射・気団・中性子
2	金星の見え方に関するモデル実験(3問) 黄道・金星の満ち欠け・天体の運動と星座の観察	気象観測と前線の通過による気象データの変化(3問) 天気の記号・前線付近の断面図・前線付近の気流と雲のようす・前線の通過に伴う気象の変化(記述)	ミョウバンを用いた実験を通して斑晶と石基のでき方について考察する(3問) 顕微鏡の倍率・火成岩のつくり・花こう岩に多く含まれる鉱物・斑晶と石基のでき方の違い(記述)
3	LED電球と白熱電球のエネルギー変換効率の比較（3問） 電力と電流・白熱電球とLED電球の電力量・白熱電球とLED電球の光エネルギーへの変換効率の違いの理由（記述）	植物のつくりと蒸散（4問） アジサイの茎のつくり・実験操作の目的・気孔の分布と蒸散量の関係・実験結果の考察（記述）	炭酸水素ナトリウムと塩酸の反応を通して質量保存の法則からわかる質量変化の規則性を考察する（3問） 二酸化炭素の化学式・質量変化のグラフとその量的関係・仮説の検証（記述）
4	身近な植物の体のつくりと分類(4問) 柱頭・双子葉類の茎と根の特徴・シダ植物とコケ植物の違い・被子植物と裸子植物の分類の基準(記述)	直流電流とコイルを流れる電流がつくる磁界（3問） 鉄粉による磁界・直流電流がつくる磁界・コイルがつくる磁界の強さとコイルからの距離の関係（記述）	様々な回路における，電流，電圧，抵抗の関係（3問） 電流計の読み取り・直列回路の電圧と電気抵抗・回路と電流の大きさ
5	マグネシウムと酸との反応や中和・酸化（4問） 金属と酸の反応で発生する気体・マグネシウムの酸化の化学反応式・酸化の質量関係のグラフ・化学反応の量的関係	電池のしくみ（4問） 電離を表す式・電池のしくみ・中和された溶液での電流が流れる条件・実験方法の改善（記述）	動物のつくりと分類・体のつくりと生活のしかたの関係（3問） 節足動物・両生類の呼吸・食物連鎖・目のつきかたと見え方の関係
6	ヒトの血液循環（3問） 肝や腎臓のはたらき・肝臓や小腸のはたらき・血液の体循環にかかる時間	遺伝の規則性（3問） 対立形質・分離の法則・遺伝の規則性の考察	塩酸と水酸化ナトリウム水溶液の中和の実験（4問） ＢＴＢ溶液の色の変化と酸性を示すもととなるイオン・塩を取り出す方法（記述）・イオンの数とイオン式・イオンの総数の変化のグラフ
7	プラスチックの密度による区別(3問) プラスチックの密度・体積や質量と密度との関係・密度と浮き沈みの関係	地層（4問） 示準化石・堆積岩の同定・地層が堆積した当時のようす（記述）・地層の広がりの考察	季節ごとの太陽と影の動きを調べる実験とソーラーパネルの設置角度（4問） 日周運動・季節の変化による影の動きの違い・南中高度と影の長さ・ソーラーパネルと地面のなす角
8	湿度についての実験（4問） 乾湿計・水蒸気量の計算・湿度・気温や露点と湿度との関係（記述）	気体の同定（3問） 気体の化学式・気体の水溶液の性質・酸素の働き（記述）	光合成と呼吸について調べる実験（4問） 操作の目的・光合成によって生じる物質・実験結果の比較から確かめられること・二酸化炭素の割合の変化からわかること（記述）
9	浮力の性質（4問） 力のつりあい・浮力・重力と糸の張力の作図・実験からわかる浮力の性質	凸レンズのはたらき（4問） 凸レンズによる実像・凸レンズに入射した後の光の道すじの作図・凸レンズの性質・焦点距離	水平面や斜面での台車の運動と木片の運動（4問） 平均の速さ・等速直線運動・台車と木片の速さと時間の関係・物体にはたらく力

【傾向と対策】

理科の学習でまず必要なものは，基本的な知識である。基本的な語句やその意味，原理や法則の理解，公式をまず覚えていなくてはならない。これは問題を解くときの核となるので，決しておろそかにしてはいけない。

そしてその上で注目するのは，教科書に載っている実験や観察である。入試問題は，実験や観察をもとにしたものが多い。実験や観察の目的，その中での操作の目的，実験の中で気をつけなくてはならないこと，実験結果あるいは観察結果の比較や考察，これらすべてに着目して教科書の実験や観察を読み直してみよう。操作の目的や注意事項が書いてあることに気づく。実験に関する記述問題の答えはここにある場合が多い。そして最近の傾向としては，大問3でみられるように，仮説を立てて検証してみるという問題が出ている。これは，実験の内容をよく理解していれば解ける問題である。

また，もう一つの傾向として実社会の身近な現象または物質と関連づけた問題が増えているということがある。日々の学習が身近な実社会を理解するのにどのように役立っているかを理解することも大事である。

中学の3年間で学ぶ理科の内容は膨大に感じるかもしれない。しかし幸いにも，理科は分野ごとに独立した内容が多い。分野ごとに分けて攻略して行くのが良い。

県立入試問題の傾向と対策〈英語〉

	令和2年度	令和3年度	令和4年度
1	聞き方の問題(11問) 1.対話を聞き絵を選択する問題(3問) 2.対話を聞き内容についての質問の答えを選択する問題(4問) 3.対話を聞き英文のメールを完成する問題(4問)	聞き方の問題(11問) 1.対話を聞き絵を選択する問題(3問) 2.対話を聞き内容に関する質問の答えを選択する問題(4問) 3.説明を聞きいて英文のメモを完成する問題(4問)	聞き方の問題(10問) 1.対話を聞き質問の答えとなる絵や応答を選択する(4問) 2.対話を聞き内容に関する質問の答えを選択する(3問) 3.インタヴューを聞いて英文のメモを完成する(3問)
2	1. 表現選択問題(6問) 2. 並べかえ問題(3問)	1.文脈に合う語句を選択する問題(6問) 2.語句を並べ替える問題(3問)	語彙や文法・文構造に関する問題(9問) 1.文脈に合う語句を選択する(6問) 2.文意が通るよう語句を並べ替える(3問)
3	対話総合問題(7問) 1. 指示説明問題(記述) 2. 空所補充問題(記述) 3. 空所補充問題(選択) 4. 文章完成問題(記述) 5. 空所補充問題(選択) 6. 内容説明問題(記述) 7. 自由英作文(5文以上)	長文の対話を読んで答える総合問題(9問) 1.空所に語句を補充する問題(記述) 2.空所に語句を補充する問題(記述 3問) 3.下線部の内容を説明する問題(記述) 4.空所に単語を補充する問題(選択) 5.下線部の内容に関する空所補充問題(選択 2問) 6.問題文と関連する自由英作文(5文程度)	長文の対話を読んで答える総合問題(8問) 1,2.対話の流れや資料の内容に合うように空所に語句や文を補充する(記述 4問) 3.下線部の内容を表す資料を選ぶ(選択) 4.下線部の内容を説明する(記述) 5.文中の空所に補充する単語を答える(選択) 6.問題文と関連する自由英作文(5文程度)
4	長文総合問題(4問) 1. 空所補充問題(選択) 2. 空所補充問題(記述) 3. 内容説明問題(記述) 4. 問題文との真偽を問う問題	長文(体験文)を読んで答える総合問題(7問) 1.空所に語句を補充する問題(選択 2問) 2.空所に語句を補充する問題(選択) 3.下線部の内容を説明する問題(記述) 4.問題文の内容を要約する問題(記述 2問) 5.問題文の内容との整合を問う問題(選択)	長文(体験文)を読んで答える総合問題(5問) 1.空所に適切な語句を補充する(記述) 2.下線部の内容を日本語で説明する(記述) 3.問いに対する要点を答える(記述) 4.下線部の内容を表す語句を書き出す(記述) 5.問題文の内容との整合を問う(選択)
5	長文総合問題(4問) 1. 空所補充問題(選択) 2. 内容説明問題(記述) 3. 英文追加問題(選択) 4. 問題文の主題を問う問題	長文(説明文)を読んで答える総合問題(4問) 1.空所に語句を補充する問題(選択) 2.下線部の内容を説明する問題(記述) 3.空所に英文の一部を補充し文を完成する問題(選択) 4.問題文の主題を問う問題(選択)	長文(説明文)を読んで答える総合問題(4問) 1.空所に適切な語句を補充する(選択) 2.空所の前後の英文の意味がつながるよう、正しい順序で空所に英文を補充する(並べ替え) 3.下線部の内容について説明する(記述) 4 問題文の概要を捉え主題を答える(選択)

【傾向と対策】

問題数は昨年と同じく大問5問。小問では聞き取りの問題で1問減、長文の対話文で1問減、また長文の体験文でも2問減となり、全体として問題数は昨年度よりも4問減となった。難易度は昨年とほぼ同じだが、今年度の長文問題には語注が多く、その点では英文に若干の難しさを感じるかもしれない。

記述形式の問題が増えたり、話の流れを追って複数の英文を並べ替える問題が出題されたりと、長文の概要や要点、話の流れを正確に捉えることが求められている。大問3は、対話文を資料と照らしながら読む問題で、「下線部の内容を表す資料を答える」問題が登場した。大問4では記述問題が増え、2「下線部の内容を日本語で説明する」問題、3「問いに対する要点を答える」問題には字数制限がなく、概要や要点を把握して自分の言葉で簡潔に答える力が求められる。大問5の「空所補充問題」では、「意味が通るよう英文の一部分を補う」という単文レベルの出題から、「空所の前後の英文につながるように、複数の英文を正しい順序で並べ替え空所を埋める」形式の出題となった。最後の「問題文の主題を問う」問題では、英文で書かれた主題の空所に入る英語を選択する形式から、今年度は問題文の主題をタイトルで考えさせる形式になった。

教科書の語句、基本文、本文などを繰り返し確認したり、英文を何度も音読したりして学習内容を確実に身に付けることは、読解力や自己表現力を付ける上でも欠かせない。また、教科書以外の英文にも数多く接し、内容を途中で見失うことなく、より速く正確に概要や要点を把握する力を付けるトレーニングをしておきたい。

1 話の流れを見失わないこと。始まる前に、選択肢や図表から聞き取る内容を予想しておく。音声ファイルで、段階を踏んで繰り返し聞く練習をするとよい。例えば、①まず聞く②英文を見て聞く③意味をよく確認して、再度英文を見ながら聞く④もう一度、英文を見ないで聞くなど。余裕があれば、ディクテーションまで取り組んでみると良いだろう。

2 1空所だけでなく前後の文も確認しながら、文意がつながるように単語を選ぶ。選ぶ単語の意味はもちろん、文中での適切な形など、また文法や熟語などの知識を総動員して考える。類似の練習問題をこなして慣れておきたい。

3 対話の内容、流れを見失わないこと。また、指示代名詞などの語句が「具体的に指すもの」を普段から注意して読む習慣を付ける。6自由英作文は、テーマを決め自身のことについて平易な英文で表現する練習を積み重ねる。その過程は、自己表現に必要な新たな語句や表現にも出会う機会にもなる。

4 5 普段から多くの英文に触れ、段階を踏んで内容を把握する練習をする。例えば、①細部にこだわらずに、概要・要点を掴む。②文法や語句を確認したり、英文を訳したりしながら、正確に読む。③再度流れを見失わないようにして読むなど、練習の仕方を工夫する。設問を確認してから読み始めることも長文問題への対応のひとつである。

県立入試問題の傾向と対策〈国語〉

	令和2年度	令和3年度	令和4年度
1	漢字・文法・熟語の構成・俳句の季節などを問う小問集合 1　漢字の読み取り　2　漢字の書き取り　3（1）俳句の季節（2）慣用句（3）熟語の構成（4）品詞の識別（5）俳句の鑑賞方法	漢字・文法・俳句の季節などを問う小問集合 1　漢字の読み取り　2　漢字の書き取り　3（1）俳句の表現技法（2）俳句の季節（3）敬語（4）自動詞、他動詞　4　漢文の書き下し	漢字・文法・熟語の構成・俳句の季節などを問う小問集合 1　漢字の読み取り　2　漢字の書き取り　3「そうだ」の識別 4　敬語　5　文の係り受け 6　熟語の構成　7　和歌の語句選択
2	古文　出典「長崎夜話草」から 1　現代かなづかいに直す 2　文脈中の主語の識別選択 3　文脈中の部分理解の選択 4　文脈中の部分理解の記述 5　本文内容理解の選択	古文　出典「天羽衣」から 1　現代かなづかいに直す 2　文脈中の主語の識別選択 3　文脈中の部分理解の選択 4　文脈中の部分理解の記述 5　本文内容理解の選択	古文　出典「百物語評判」から 1　現代かなづかいに直す 2　文脈中の主語の識別選択 3　文脈中の部分理解の選択 4　文脈中の部分理解の選択 5　本文内容理解の記述
3	評論文　出典・細川英雄「対話をデザインする」から 1　文章中の部分理解の選択 2　文章中の部分理解の抜き出し 3　文章中の空欄補充の選択 4　接続詞の選択 5　部分理解の記述 6　本文の主旨選択	評論文　出典・石原千秋「読者はどこにいるのか」から 1　文章中の空欄補充の選択 2　文章中の部分理解の記述 3　文章中の部分理解の選択 4　文章中の部分理解の選択 5　文章中の部分理解の記述 6　本文の特徴の選択	評論文　出典・三井秀樹「形の美とは何か」から 1　文章中の部分理解の記述 2　文章中の部分理解の選択 3　文章中の空欄補充の選択 4　(1) 文章中の空欄補充の抜き出し　(2) 文章中の部分理解の記述 5　2つの文章の関係
4	小説　出典・岡崎琢磨「進水の日」から 1　文章中の心情理解の選択 2　文章中の心情理解の記述 3　文章中の空欄補充の選択 4　文章中の心情理解の選択 5　文章中の心情理解の記述 6　本文特徴の説明の選択	小説　出典・寺地はるな「水を縫う」から 1　文章中の空欄補充の選択 2　文章中の心情理解の選択 3　文章中の空欄補充の選択 4　文章中の心情理解の記述 5　文章中の心情理解の記述 6　本文の心情理解の選択	小説　出典・天沢夏月「ヨンケイ!!」から 1　指示語内容の抜き出し 2　文章中の心情理解の選択 3　文章中の心情理解の選択 4　文章中の心情理解の抜き出し 5　文章中の心情理解の記述 6　文章中の心情理解の選択
5	作文「2つの図を参考にして『様々な国の人とコミュニケーションをとる際に心がけたいこと』について考えを書く」という問題。	作文『「世の中が便利になること」について考えを書く』という問題。	作文【資料】を参考にして『言葉』を使用する際に心がけたいことについて考えを書く」という問題。

【傾向と対策】

問題構成は小問集合、古文、論説文、小説、作文と例年通りである。全体の難易度としては昨年と比べて文章が大幅に増加しており、その点で混乱した人も多かったのではないか。その分設問は平易なものが多かったが、文章理解に戸惑い、時間的に厳しかった人も多かったのではないかと思われる。

小問集合は国語の知識を問うもので、基本的なものが多かった。変化としては5年ぶりに7問構成の小問集合となった。内容は例年とほぼ同様の傾向といえる。レベル的には基礎的なものであり、どの問題も普段からの学習の積み重ねが重要である。

古文は例年の出題傾向から大きな変化のない問題であった。前年と比較して文章が長くなった。文章の難易度は標準的であったが、文章が長いこと、主語の取りにくいところがあったことなどで戸惑った受験生も多かったかもしれない。設問はかなづかいや部分理解の問題から全体の内容理解まで標準的な出題であった。対策としては、多くの古文の問題に当たり古文特有の話の展開に慣れておくことが大切である。

論説文の出題内容は、(A),(B) 2つの文章を記載した形式の新傾向であった。問題全体としては、過去の入試と比べてかなり長く、かつ抽象的で読みにくかった。この傾向はこれからも続くものと仮定しての対策が妥当であると考える。内容の読み取りに時間がかかったり、記述の設問に手間取ったりした人も多かったと思われる。しかし内容が読み取りにくかった割には、設問は傍線部の前後を丁寧に読み取ったり、キーワードを丁寧に追ったりすれば解答にたどりつくことができるものが多い。対策としては、数多くの問題に当たり、様々なジャンルの論説文に慣れておくことや、解答する際には空欄や傍線部の前後を丁寧に読み、ヒントを探し出すようにすることを普段の学習から意識して行うことなどがあげられる。

小説は、例年通り傍線部の理解を問う部分理解に関する設問がほとんどであり、記述の問題は本文中の記述から判断できる内容であったが、いざまとめようとすると難しく感じた人も多かったと思う。対策としては、語い力をつけておくことや、登場人物の心情や場面ごとの内容を把握することを意識して小説を読むようにすること、またその心情や場面を本文の内容に即しながら自分なりの言葉で説明できるようにすることなどがあげられる。

作文は、資料を参考にして『「言葉」を使用する際に心がけたいこと』についての考えを示すものであった。自分の体験を踏まえて書くことが求められており、第1段落の内容と第2段落の内容がつながりを持つように注意が必要である。対策としては、作文に慣れていない人は書く内容を箇条書きにして、話を論理立てて組み立てる練習を積むこと、そして実際に作文を書く演習を多くこなし、様々なパターンの設問に触れておくことが考えられる。

県内高校アンケート こんな学校です。

栃木県内にある県立高校（全日制・定時制・通信制）私立高校、国立高専、県立産業技術専門校の先生方に、下野新聞社が独自に行ったアンケートの結果です。（令和4年3月）
学校説明会は変更になる場合があります。事前に確認して下さい。

※新型コロナウイルス感染拡大防止のため、学校説明会などの各種日程は中止・変更になる可能性があります。各校のホームページやお電話にてご確認ください。

最新情報
質問項目
①どのような学校ですか
②卒業後の進路
③その他特記事項

県立 宇都宮高等学校 普通科

全日制　生徒数／838人（男子838人／女子 ──人）

①143年の歴史と伝統を誇る男子校で、「学業プラスワン」を合い言葉に学習に、部活動に、学校行事にと青春のエネルギーを完全燃焼させ、楽しく充実した学校生活を送っています。
②ほぼ全員が大学進学を志望しています。進学者の7割が東北大・東京大・新潟大などの国公立大学で、残りが慶應義塾大・早稲田大・東京理科大などの私立大学です。
③令和4年度入学生より進学型単位制高校となり、魅力ある学校設定科目を開講していきます。

■所在地／栃木県宇都宮市滝の原3丁目5番70号
■TEL／028-633-1426 ■FAX／028-637-7550
■HP／http://www.tochigi-edu.ed.jp/utsunomiya/nc2/
学校説明会 8月23日

県立 宇都宮東高等学校 普通科

全日制　生徒数／469人（男子233人／女子236人）

①「正しく剛く寛く」の校訓のもと、生徒たちはそれぞれの夢の実現を目指して、充実した高校生活を送っている。校内合唱コンクールや宇東祭、体育祭などの行事は中高合同で行われる。
②ほぼ全員が4年制大学への進学を希望しており、「授業第一」をモットーに授業中心の学習を継続することで、多くの生徒が難関大学に合格している。
③県内初の公立の併設型中高一貫教育校として、平成24年度からは完全な共学校になった。

■所在地／栃木県宇都宮市石井町3360番地1
■TEL／028-656-1311 ■FAX／028-656-7540
■HP／http://www.tochigi-edu.ed.jp/utsunomiyahigashi/nc2/
学校説明会 8月22日

県立 宇都宮南高等学校 普通科

全日制　生徒数／937人（男子416人／女子521人）

①「さわやか宇南」をキャッチフレーズに、学習活動を基盤として部活動や地域連携活動等を推進しています。変化の激しい社会を、主体的に、利他的に、正義を胸に、さわやかに生き抜く人材を育成します。
②209名（67%）の生徒が4年制大学（うち国公立大学18名）に、24名（8%）が短期大学に、55名（18%）が各種専門学校に進学しています。就職は10名（3%）です。
③バドミントン、柔道、弓道、フェンシング、陸上、水泳（競泳、飛込み）、吹奏楽、合唱、書道等の部活で全国大会出場実績があります。

■所在地／栃木県宇都宮市東谷町660番1号
■TEL／028-653-2081 ■FAX／028-653-7050
■HP／http://www.tochigi-edu.ed.jp/utsunomiyaminami/nc2/
学校説明会 8月23日（予定）

県立 宇都宮北高等学校 普通科

全日制　生徒数／957人（男子571人／女子386人）

①「人間性豊かで、我が国の伝統・文化を理解し、国際感覚をもって社会で活躍する人材を育成する。」を教育目標としており、生徒たちは勉強・部活動をはじめ、校内外の活動に積極的に励んでいます。
②ほとんどの生徒が進学しており、文理を問わず幅広い分野に進んでいます。宇都宮大学をはじめ、国公立大に85名が合格したほか、慶應義塾大学等難関私大にも多数合格しています。
③卒業生にはスポーツクライミングで東京オリンピックに出場した楢﨑智亜さんがいます。部活動では令和3年度は、競技かるた部、バトミントン部、陸上競技部が全国大会に出場しました。

■所在地／栃木県宇都宮市岩曽町606番地
■TEL／028-663-1311 ■FAX／028-660-4726
■HP／http://www.tochigi-edu.ed.jp/utsunomiyakita/nc2/
学校説明会 8月下旬

県立 宇都宮清陵高等学校 普通科

全日制 生徒数／653人（男子278人／女子375人）

①「進路に応じた教育・人間性教育・科学技術リテラシー教育」を特色としています。生徒達は「より広くより深くそしてより高く」を胸に、学業・部活・ボランティア等に伸び伸び取り組んでいます。
②宮城教育大・中央大・日本大・東洋大・帝京大・国際医療福祉大・白鷗大等四年制大学116名。作新女子短期大学等19名。看護医療系を中心に専門学校108名。宇都宮市消防・TKC等就職13名。
③球技大会・合唱コンクール・清陵祭・百人一首大会等を通してクラスの団結と交流が図られます。

■所在地／栃木県宇都宮市竹下町908番地3
■TEL／028-667-6251 ■FAX／028-667-7970
■HP／http://www.tochigi-edu.ed.jp/utsunomiyaseiryo/nc2/
学校説明会 8月中

県立 宇都宮女子高等学校 普通科

全日制 生徒数／840人（男子 ── 人／女子840人）

①「白百合よ 貴（たか）きをめざせ」のもと、各自の目標に向かって互いに切磋琢磨しながら、学業や様々な学校行事、部活動等に励んでいます。探究的な学習を推進し、校内外の様々な講座を活用して、深い学びを実践しています。
②国公立大学のべ131名（北大、東北大、筑波大、千葉大、お茶の水女子大、東京大、東京医科歯科大、東京外大、一橋大、京都大、大阪大、神戸大等）、国公立大医学部4名、私立大のべ576名（早大、慶大、上智大、東京理大、立教大、明治大、学習院大、青山学院大、津田塾大、獨協医大、自治医大医学科5名等）が合格しています。
③現存する公立女子高校として最も長い歴史（創立147年目）を誇ります。令和4年度から進学型単位制教育課程を導入します。

■所在地／栃木県宇都宮市操町5番19号
■TEL／028-633-2315 ■FAX／028-637-7630
■HP／http://www.tochigi-edu.ed.jp/utsunomiyajoshi/nc2/
一日体験学習 8月19日

県立 宇都宮中央高等学校（令和4年度入学生から） 普通科 総合家庭科

全日制 生徒数／832人（男子 ── 人／女子832人）令和3年度女子高での在籍数

①宇都宮市の中央部に位置し、緑多く静かな環境にある。令和4年度から、創立94年の女子高の伝統を受け継ぎながら、共学校として開校した。社会の発展に貢献する情操豊かな人間の育成を教育目標とし、県内初の進学型単位制高校としてスタートした。
②普通科約90%、総合家庭科の66%が4年制大学に進学。進学率全体は95%。国公立には東北大・大阪大・筑波大・東京外語大・宇大など83名が合格。私立は早稲田大・上智大・明治大など延べ435名が合格。
③「勉強プラスワン」のスローガンのもと、毎年10を超える部が関東大会以上に出場し活躍しています。

■所在地／栃木県宇都宮市若草2丁目2番46号
■TEL／028-622-1766 ■FAX／028-627-7870
■HP／http://www.tochigi-edu.ed.jp/utsunomiyachuojoshi/nc2/
学校説明会 未定

県立 宇都宮白楊高等学校 農業経営科 生物工学科 食品科学科 農業工学科 情報技術科 流通経済科 服飾デザイン科

全日制 生徒数／848人（男子372人／女子476人）

①共通教科・専門教科の指導、進路サポートが充実。各学科の活動を通して地域貢献をしながら専門知識を定着させ、コミュニケーション能力や人間力を高めることで、全国大会レベルの実績を生んでいる。また、それらと連動した小論文補習、大学出前授業、面接指導など手厚い進路指導の下、広い視野を培い、国公立大合格を始め、県内有数の企業へも就職。
②6割が進学、4割が就職。秋田県立、宇都宮、新潟、長岡技術科学などの国公立。白鷗、東農、酪農学園、専修、日本、東洋、文化学園などの私立大。就職は市役所、県警、自衛官、JA、花王、キヤノン、レオン自動機、SUBARU、栃木銀行、日産自動車、日本郵便、久光製薬、ファナック、エバラ食品など。
③運動部、文化部、専門学習を深める学科部を合わせ36の部活動。資格取得や地域連携活動に力を入れている。宇都宮駅より徒歩15分。

■所在地／栃木県宇都宮市元今泉8丁目2番1号
■TEL／028-661-1525 ■FAX／028-660-4540
■HP／http://www.tochigi-edu.ed.jp/utsunomiyahakuyo/nc2/
学校説明会 7月29日

県立 宇都宮工業高等学校 機械システム系 電気情報システム系 建築デザイン系 環境建設システム系

全日制 生徒数／956人（男子846人／女子110人）

①将来の産業界を担う技術者を育成するために、先端的な施設・設備を導入しています。また、運動部・文化部ともに関東大会、全国大会等で活躍しています。
②就職、進学いずれにも対応しています。約7割が製造業・建設業を中心に、県内外の企業に就職しています。約3割が国公立大学や私立大学等へ進学しています。
③全国大会出場（バスケットボール部、空手少林寺拳法部、スピードスケート競技、美術部、写真部、土木研究部、設備研究部、生産システム研究部等）。

■所在地／栃木県宇都宮市雀宮町52番地
■TEL／028-678-6500 ■FAX／028-678-6600
■HP／http://www.tochigi-edu.ed.jp/utsunomiyakogyo/nc2/
学校説明会 未定

県立 宇都宮商業高等学校 商業科 情報処理科

全日制 生徒数／836人（男子377人／女子459人）

①創立120年の伝統ある高校です。商業の資格取得では全国トップの実績で「就職にも進学にも強い宇商」を展開しています。また部活動も運動部・文化部それぞれが全国レベルで活躍しています。
②進学・就職どちらにも対応できるカリキュラムを設定。進学では宇都宮・明治・法政・中央・立命館・同志社などの大学へ進学、就職では足利銀行・栃木銀行・ホンダなどへ合格しています。内定率100%を誇っています。
③全商検定3種目以上1級合格の取得者数が全国トップレベル。検定対策講座、進学対策講座、検定・学習サポーター制度など、個々の生徒の進路希望に応じたきめ細やかな指導体制が充実しています。

■所在地／栃木県宇都宮市大曽3丁目1番46号
■TEL／028-622-0488 ■FAX／028-627-7871
■HP／http://www.tochigi-edu.ed.jp/utsunomiyashogyo/nc2/
一日体験学習 8月初旬

県立 鹿沼高等学校 普通科

全日制 生徒数／709人（男子356人／女子353人）

①「自主自律に富み、心豊かで、郷土及び社会の発展に貢献できる人間を育成する」という教育目標のもと、高大連携の推進や課題解決型学習プログラムの導入等により志の高い生徒を育てています。
②国公立大学85名合格（東北、宇都宮、埼玉、千葉、電気通信、東京学芸、横浜国立、新潟、金沢他）、私立大学436名合格（早稲田、明治、青山学院、学習院、中央、東京理科、法政、同志社他）
③全国・関東大会出場部（アーチェリー、弓道、陸上競技、水泳、放送、写真）

■所在地／栃木県鹿沼市万町960番地
■TEL／0289-62-5115 ■FAX／0289-65-7601
■HP／http://www.tochigi-edu.ed.jp/kanuma/nc2/
学校説明会 8月上旬

県立 鹿沼東高等学校 普通科

全日制 生徒数／594人（男子297人／女子297人）

①「流汗悟道」を校訓として、学習と部活動の両立に意欲的に取り組んでいます。部活動加入率は全学年9割前後です。またJRC部を中心に地域に根ざしたボランティア活動にも積極的です。
②宇都宮大・秋田大・信州大・高崎経済大等の国公立大学、東洋大・獨協大・自治医科大・国際医療福祉大等の私立大学、私立短大や各種専修学校等を含め9割以上の生徒が進学しています。
③弓道部、陸上部、放送部、科学部が全国大会・関東大会の常連校として活躍しています。

■所在地／栃木県鹿沼市千渡2050番地
■TEL／0289-62-7051 ■FAX／0289-65-7471
■HP／http://www.tochigi-edu.ed.jp/kanumahigashi/nc2/
学校説明会 7月27日

県立 鹿沼南高等学校 普通科 食料生産科 環境緑地科 ライフデザイン科

全日制 生徒数／466人（男子162人／女子304人）

①それぞれの学科の専門科目だけでなく、興味・関心に応じて普通科目や農業・家庭の専門科目を選択して学ぶことができる総合選択制の高校です。放課後の学習会、夏休みや冬休みの課外、さまざまな資格取得ができ、進学・就職それぞれの希望に沿った進路が実現できます。
②進学では、県外・県内の4年生大学や短大、県衛福大や県農大、専門学校等に進学しています。就職では、公務員をはじめ、学科の特色を生かして県内・県外の様々な企業に就職しています。
③さくよう健康なおやつコンテスト2021最優秀賞、家庭クラブ研究発表大会徳島大会ホームプロジェクトの部家庭クラブ連盟賞、農業クラブ全国大会兵庫県農業鑑定競技会大会優秀賞、農業クラブ関東大会プロジェクト発表会優秀賞、陸上部関東大会出場、県吹奏楽コンクール銀賞

■所在地／栃木県鹿沼市みなみ町8番73号
■TEL／0289-75-2231 ■FAX／0289-75-1420
■HP／http://www.tochigi-edu.ed.jp/kanumaminami/nc2/
学校説明会 8月3日

県立 鹿沼商工高等学校 情報科学科 商業科

全日制 生徒数／467人（男子207人／女子260人）

①情報科学科は情報に関する知識とものづくりの技能習得を、商業科は経済活動に関する知識と実務やビジネスマナーの習得をめざしている。地域との連携を重視、ボランティア活動も盛んである。
②学習活動で取得した資格・検定等を生かし、進路の決定は就職・進学ともに順調である。就職約60%・進学約40%。地元に就職し、活躍する者が多いことが特色である。
③創立113周年（明治42年創立）。多くの部が関東大会や全国大会の切符を手にしている。

■所在地／栃木県鹿沼市花岡町180番1号
■TEL／0289-62-4188 ■FAX／0289-63-0710
■HP／http://www.tochigi-edu.ed.jp/kanumashoko/nc2/
学校説明会 8月2日（予定）

県立 日光明峰高等学校 普通科

全日制 生徒数／132人（男子77人／女子55人）

①世界遺産、豊かな自然を有する日光の地域性を生かした特色ある学習活動やボランティア活動を行っている。特にアイスホッケー部は、全国大会で輝かしい実績を残し、本校の名声を高めている。
②宇都宮大学、青山学院大学、早稲田大学の他、県内外の専門学校へも多数進学。また、日光・鹿沼市内の企業を中心に就職。入試対策にとどまらず、社会で必要とする力の育成を目指し、面接・小論文指導を実施している。
③1年次にはベーシック数学・英語の授業があり学び直しのカリキュラムも実施。2年次より、4つのコース（グローバルコミュニケーション、サイエンス、ウィンタースポーツ、ビジネス）に分かれ、進路実現を目指している。

■所在地／栃木県日光市久次良町104番地
■TEL／0288-53-0264 ■FAX／0288-53-2301
■HP／http://www.tochigi-edu.ed.jp/nikkomeiho/nc2/
学校説明会 8月19日

県立 今市高等学校 総合学科

全日制 生徒数／551人（男子223人／女子328人）

①創立97年を迎えた伝統校で、総合学科高校です。1年次は全員ほぼ同じ科目を学習しますが、2年次からはそれぞれの進路希望に応じた科目を選択して学習します。
②卒業生の約9割が上級学校に進学します。約4割が大学へ、約1割が短期大学へ、約4割が専修学校へ進学しています。就職を希望する生徒もおり、有名企業や公務員に内定する生徒もいます。総合学科の特性を生かして、生徒一人ひとりを大切にし、それぞれの進路希望に対応できる教育を実践しています。
③本年度はホッケー部が全国高校選抜ホッケー大会に出場し、男女とも全国3位となりました。

■所在地／栃木県日光市千本木432番地
■TEL／0288-22-0148 ■FAX／0288-22-7633
■HP／http://www.tochigi-edu.ed.jp/imaichi/nc2/
学校説明会 8月23日（予定）

県立 今市工業高等学校 機械科 電気科 建設工学科

全日制 生徒数／334人（男子301人／女子33人）

①「地域から信頼され、地域に貢献できる学校づくり」を目標に3科が協力してものづくり教育と地域貢献活動に取り組んでいる。再生可能エネルギーの研究を活かした取り組みや中学校での出前授業等も行っている。
②就職希望者は約80%。上都賀地区唯一の工業高校であるため、地元企業を中心に製造業、建設業などへの就職が多い。進学先は工業系の大学、短大、専門学校が主である。
③令和3年度はボランティア部の生徒たちが地元産の杉を使い、「いちご一会とちぎ国体」のカウントダウンボードを製作し、日光市に贈呈しました。市役所1階でご覧ください。

■所在地／栃木県日光市荊沢615番地
■TEL／0288-21-1127 ■FAX／0288-22-2444
■HP／http://www.tochigi-edu.ed.jp/imaichikogyo/nc2/
学校説明会 8月5日

県立 上三川高等学校 普通科

全日制 生徒数／473人（男子192人／女子281人）

①運動部が9、文化部が8あり、広いグランドと緑に恵まれた環境のもと、学習と部活動に取り組んでいる。社会福祉部を中心にボランティア活動も行われている。
②約9割の生徒が上級学校へ進学し、その半数が四年制大学及び短大、残りが専門学校である。1割程度の生徒が就職し、地元の役場や消防など、公務員となった卒業生もいる。
③平成25年度より町社協と共催で、ふくしアクションプログラムを実施している。

■所在地／栃木県河内郡上三川町大字多功994番地4
■TEL／0285-53-2367 ■FAX／0285-52-2172
■HP／http://www.tochigi-edu.ed.jp/kaminokawa/nc2/
学校説明会 8月上旬

県立 石橋高等学校 普通科

全日制 生徒数／716人（男子377人／女子339人）

①男女共学の進学校で部活動加入率が90%以上。
陸上部:全国高等学校陸上競技大会女子100mH出場。
放送部:NHK杯全国高校放送コンテスト出場。歴史研究部:全国郷土研究発表大会最優秀賞。
②上級学校への延べ合格者数は、国公立大学122名、私立大学522名。国立大学では、東京工業大学、大阪大学、東北大学、筑波大学、東京外国語大学などに合格している。
③大正13年の創立。今年、創立98周年を迎える。校訓は、「爾の立てるところを深く掘れ」。

■所在地／栃木県下野市石橋845番地
■TEL／0285-53-2517 ■FAX／0285-52-2376
■HP／http://www.tochigi-edu.ed.jp/ishibashi/nc2/
学校説明会 8月19日（予定）

県立 小山高等学校 普通科 数理科学科

全日制 生徒数／698人（男子450人／女子248人）

①「聡・直・剛」の指標のもと、学習と部活動の両立をめざす生徒の集まる、活気あふれる学校です。普通科・数理科学科ともに「探究する力」の育成をめざした教育プログラムの開発を進めています。
②宇都宮大学をはじめ、山形大、福島大、茨城大、筑波大、群馬大、埼玉大、千葉大などの国公立大に46名が合格。私立大では東京理科大、立教大、中央大、法政大、学習院大等にのべ480名合格。
③本年度は剣道部、ウェイトリフティング部が全国大会・関東大会に、水泳部が関東大会に出場。

■所在地／栃木県小山市若木町2丁目8番51号
■TEL／0285-22-0236 ■FAX／0285-22-8449
■HP／http://www.tochigi-edu.ed.jp/oyama/nc2/
学校説明会 8月23日

県立 小山南高等学校 普通科 スポーツ科

全日制 生徒数／433人（男子264人／女子169人）

①体育系8、文化系4の部活動と同好会1。カヌーやウェイトリフティングは全国大会の常連で入賞者多数。野球、サッカー、陸上競技、男子バスケは県内でも上位の実力。音楽部やボランティア部によるボランティア活動が盛ん。
②大学は帝京大、関東学院大、白鷗大、日本体育大、東京女子体育大など。短大は足利短大、佐野日本短大など。専門学校は医療関係を含む多方面に進学。また、就職では公務員（栃木県警）をはじめ地元有力企業に多数就職（100%全員内定継続中）。
③スポーツ科（県内公立高校で唯一）と普通科の2学科からなる。ウェイト・トレーニング場完備。少人数制によるクラス編成。

■所在地／栃木県小山市間々田23番地1
■TEL／0285-45-2424 ■FAX／0285-45-8949
■HP／http://www.tochigi-edu.ed.jp/onan/nc2/
学校説明会 8月3日（予定）

県立 小山西高等学校 普通科

全日制 生徒数／590人（男子277人／女子313人）

①自然に囲まれた、恵まれた学習環境の下、明るく素直な生徒たちは、きめ細かな学習指導と積極的な部活動への参加で充実した高校生活を送る。福祉施設訪問などボランティア活動も盛んである。
②宇都宮大、茨城大、岩手県立大、群馬県立健科大、前橋工科大など国公立大に10名、法政大、日本大、東洋大、駒澤大など私立大に118名が進学。短大・専門学校進学者は53名である。
③陸上部、男子ハンドボール部、放送部が全国大会、女子ハンドボール部、男子バドミントン部、水泳部が関東大会に出場。（令和2年度、令和3年度）

■所在地／栃木県小山市大字松沼741番地
■TEL／0285-37-1188 ■FAX／0285-37-0741
■HP／http://www.tochigi-edu.ed.jp/oyamanishi/nc2/
学校説明会 8月23日

県立 小山北桜高等学校　食料環境科 建築システム科 総合ビジネス科 生活文化科

全日制　生徒数／450人（男子272人／女子178人）

①本県唯一の総合産業高校として、生産から流通・消費までを一体として学び、総合的な知識・技能を習得できます。また、市内の専門高校として、より地域交流活動に貢献しています。
②白鷗大学、帝京大学等の４年制大学、県内外の短期大学や専門学校に進学し、足利銀行、小松製作所、日産自動車、板橋組、東京鉄鋼、文化シヤッター、ヨロズ栃木等、幅広い分野に就職しています。
③ウエイトリフティング部が、毎年関東大会以上に出場。ものづくりや多くの資格取得ができます。

■所在地／栃木県小山市東山田448番29号
■TEL／0285-49-2932 ■FAX／0285-49-0908
■HP／http://www.tochigi-edu.ed.jp/oyamahokuo/nc2/
学校説明会 8月4日

県立 小山城南高等学校　総合学科

全日制　生徒数／594人（男子117人／女子477人）

①総合学科の特色である幅広い選択科目や少人数授業を展開している。また令和3年度入学生から必要な科目を履習することで、「介護職員初任者研修」の資格を取ることができるようになった。
②四年制大学57名、短大26名、専門学校93名で88％が進学。就職は希望者に対して丁寧な面談指導を行うなどきめ細かい指導を行っている。
③吹奏学部、弓道部が関東大会に出場。また美術部は、2022年度全国総合文化祭に出品が決定。バドミントン部は栃木県の強化指定を受けている。

■所在地／栃木県小山市西城南4丁目26番1号
■TEL／0285-27-1245 ■FAX／0285-28-2622
■HP／http://www.tochigi-edu.ed.jp/oyamajonan/nc2/
学校説明会 8月3日

県立 栃木高等学校　普通科

全日制　生徒数／708人（男子708人／女子 ── 人）

①「文武両道」のもと、生徒が自ら設定した進路目標の実現を目指して勉学に励み、学校行事・部活動等にも全力的に取り組んで、将来有為な人材となる礎を築いている学校です。
②東大2、東工大3、一橋大1、東北大13、京都大1、等国公立大合格150名。そのうち医学科には6名合格。早大7、慶大7、医学科7等私立大合格延べ511名
③令和4年度より進学型単位制が導入されました。興味関心、習熟度に応じて設けられた多数の科目の中から、自らの進路実現に向けて必要な科目を選択し学ぶことができます。
部活動等の主な実績（令和3年度）
全国大会出場:囲碁将棋部、漫画創作部、全国高校ビブリオバトル、エコノミクス甲子園
関東大会出場:ソフトテニス部、水泳部、陸上競技部、演劇部、囲碁将棋部
その他:SSH活動（日本学生科学賞）

■所在地／栃木県栃木市入舟町12番4号
■TEL／0282-22-2595 ■FAX／0282-22-2534
■HP／http://www.tochigi-edu.ed.jp/tochigi/nc2/
学校説明会 8月24日

県立 栃木女子高等学校　普通科

全日制　生徒数／711人（男子 ── 人／女子711人）

①約100校の県内外中学校出身の志高い女子生徒が集い、互いに切磋琢磨しながら自己の目標に向かって、ひたむきに努力するという素晴らしい校風が代々受け継がれている伝統ある進学校です。
②昨年度は国公私大学にのべ500人以上の合格者がありました。医歯薬系への進学者も多く、秋田大、獨協医大、聖マリアンナ医大の医学部医学科、新潟大歯学部、千葉大薬学部に入学しました。
③昨年創立120周年を迎えました。伝統あるセーラー服の制服に憧れて入学する生徒が多いです。

■所在地／栃木県栃木市薗部町1丁目2番5号
■TEL／0282-23-0220 ■FAX／0282-25-2728
■HP／http://www.tochigi-edu.ed.jp/tochigijoshi/nc2/
学校説明会 8月中～下旬

県立 栃木農業高等学校　植物科学科 動物科学科 食品科学科 環境デザイン科

全日制　生徒数／457人（男子244人／女子213人）

①特色あるカリキュラムによる4つの学科で、進学や公務員試験を目指すより高度な学習や、地域に貢献できる様々な行事や体験活動などを通して、地域に開かれ、地域に愛される学校を目指しております。
②約7割が民間企業や公務員、各種団体等へ就職をしています。進学では栃木県農業大学校で農業の学習を深める生徒をはじめ、国立大学を含めた4年制大学や短期大学のほか、専門学校等に進学しています。
③太平山の麓に立地する自然豊かな学舎での学習成果を、県内外を問わず各種大会等で発表しており、多方面から評価を受けています。

■所在地／栃木県栃木市平井町911番地
■TEL／0282-22-0326 ■FAX／0282-22-0375
■HP／http://tochigi-edu.ed.jp/tochiginogyo/nc2/
学校説明会 8月4日

県立 栃木工業高等学校　機械科 電気科 電子情報科

全日制　生徒数／475人（男子465人／女子10人）

①校訓「和顔愛語」のもと、工業を支える技術者を目指しています。タイ王国ボランティア交流研修等の工業の特色を活かした福祉教育活動や加入率8割を超える部活動にも力を入れています。
②就職希望者が約8割で、内定率は100％です。多くの卒業生が県内外の優良企業に入社し、活躍しています。また、より専門的な知識や技術を学ぶために大学に進学する等、幅広い進路選択が可能です。
③各種ものづくりコンテストで優勝し、関東・全国大会に出場する等、意欲的に取り組んでいます。

■所在地／栃木県栃木市岩出町129番地
■TEL／0282-22-4138 ■FAX／0282-22-4146
■HP／http://www.tochigi-edu.ed.jp/tochigikogyo/nc2/
学校説明会 8月3日

県立　栃木商業高等学校　商業科 情報処理科

全日制　生徒数／504人（男子167人／女子337人）

①創立106年の歴史と伝統のある学校です。 昨年度はハンドボール部（女子）、フェンシング（男女）、美術部、会計研究部、珠算部、英語スピーチ（個人）が全国大会に出場しました 。
②昨年度は進学が68.6%、就職が31.4%でした。大学進学の生徒は、ほとんどが指定校推薦、全商協会推薦、商業科推薦で進学しています。就職の職種は、事務･製造･販売と多岐にわたっています。
③毎年11月3日（文化の日）に開催される「栃商デパート」は、約4千人の来客のある販売実習で、今年度で35回目の本校の伝統行事となっています。

■所在地／栃木県栃木市片柳町5丁目1番30号
■TEL／0282-22-0541 ■FAX／0282-22-0567
■HP／http://www.tochigi-edu.ed.jp/tochigishogyo/nc2/

一日体験学習 8月5日

県立　栃木翔南高等学校　普通科

全日制　生徒数／552人（男子174人／女子378人）

①校訓「自立･叡智･連帯」のもと、オーストラリア語学研修やイングリッシュキャンプなどの国際理解教育の推進、紫陽祭（学校祭）、体育大会、キャンパス見学などの充実した学校行事、担任との個人面談を通したきめ細やかな進学指導など、年々発展している学校です。2年次より文系･理系に、3年次は文Ⅰ･文Ⅱ･理系に分かれます。
②国公立大は、筑波･宇都宮･茨城･山形･信州･奈良女子･琉球･高崎経済･群馬県立女子･都留文化などに合格。私立大では、自治医･獨協医･青山学院･中央･津田塾･日本･東洋･駒澤･専修･文教･獨協･東京電機などに多数合格。
③平成18年度開校の普通科共学校で、令和4年度に創立17周年を迎えます。部活動は、フェンシング部･ウエイトリフティング部が強化推進拠点校に指定され、放送部と共に全国大会に出場しております。

■所在地／栃木県栃木市大平町川連370番地
■TEL／0282-24-4739 ■FAX／0282-25-2831
■HP／http://www.tochigi-edu.ed.jp/tochigishonan/nc2/

学校説明会 8月23日

県立　壬生高等学校　普通科

全日制　生徒数／467人（男子150人／女子317人）

①キャリア教育に力を入れ、生徒の多様な進路に応じた教育活動を行っている。2年生からは進路や興味･関心に応じて5つのコースに分かれ学習する。JRC部や生徒会を中心に、地域に密着したボランティア活動を行っている。陸上部･弓道部等の関東大会出場、美術部の総務大臣奨励賞等、実績をあげている。
②約8割の生徒が大学･短大･専門学校などの幅広い分野へ進学している。内訳は大学･短大が5割、専門学校が5割である。分野は看護医療･保育･福祉が多い。
③昭和37年創立。 61年目を迎える。卒業生約13,500名が各分野で活躍中。

■所在地／栃木県下都賀郡壬生町大字藤井1194番地
■TEL／0282-82-0411 ■FAX／0282-82-7986
■HP／http://www.tochigi-edu.ed.jp/mibu/nc2/

学校説明会 未定

県立　佐野高等学校　普通科

全日制　生徒数／454人（男子224人／女子230人）

①創立120周年を迎えた伝統ある男女共学中高一貫教育校である。文科省指定のSGH活動を継承し、今年度より「探究力」「人間力」を育成する「Sanoグローカル構想」を推進している。
②卒業生144名中、131名が四年制大学に進学。東大、京大、東北大をはじめとする国公立大に40名が合格、早稲田大、慶應大、上智大をはじめ私立大に延べ217名が合格している。
③部活動以外に「Sano.Gクラブ」が設置されており、グローバル教育を牽引している。その他本校の詳しい内容については、ホームページをご覧ください。

■所在地／栃木県佐野市天神町761番地1
■TEL／0283-23-0161 ■FAX／0283-21-1301
■HP／http://www.tochigi-edu.ed.jp/sano/nc2/

学校説明会 8月24日（予定）

県立　佐野東高等学校　普通科

全日制　生徒数／597人（男子237人／女子360人）

①(1)校是…「啓（ケイ）」知を啓き、心を啓き、新しい伝統の扉を啓く。(2)教育目標…豊かな教養と高い知性を身につけ、心身ともに健全で優れた品性を身につけ、社会の発展に寄与する人間の育成。
②進路先は、国公立大学23名、私立大学122名、短大5名、専門学校36名です。授業を中心に、土曜日や夏休み中の課外授業、学習合宿等を実施し、学校をあげて進学に力を入れています。
③過去2年間でウォータースポーツ部（ボート、カヌー）、ダンス部が全国大会に出場しました。また、弓道部、陸上競技部、文芸部が関東大会に出場しました。

■所在地／栃木県佐野市金屋下町12番地
■TEL／0283-23-0239 ■FAX／0283-21-8902
■HP／http://www.tochigi-edu.ed.jp/sanohigashi/nc2/

学校説明会 8月2日

県立　佐野松桜高等学校　情報制御科 商業科 家政科 介護福祉科

全日制　生徒数／659人（男子298人／女子361人）

①工業･商業･家庭･福祉の4学科が設置された総合選択制専門高校である。将来、地域の産業界を担う人材として活躍することを目指し、「健康･創造･奉仕」の指標のもと、日々活動している。
②進学と就職の割合は、約6:4である。大学･短大･専門学校への進学、地元を中心とした有力企業への就職、公務員など着実に成果を上げている。福祉科の全員が介護福祉士国家試験に合格。
③第21回高校生ものづくりコンテスト全国大会【電子回路組文部門】にて敢闘賞（全国9位）。令和3年全国高校生介護福祉研究発表会にて奨励賞。

■所在地／栃木県佐野市出流原町643番5号
■TEL／0283-25-1313 ■FAX／0283-25-3143
■HP／http://www.tochigi-edu.ed.jp/sanoshooh/nc2/

学校説明会 8月1日

県立 足利高等学校 普通科

全日制 生徒数／871人

①令和4年度4月に足利高校と足利女子高校が統合し、進学重視型単位制普通科の新「足利高校」となりました。両校の100年以上の歴史と伝統を継承し、新しい教育的ニーズに応えながら生徒の希望進路実現を目指します。
②両校合わせて、東京大1名、東北大4名、千葉大2名、高知大（医）1名等、国公立大学92名、早稲田大7名、慶応大2名、国際基督教大1名、東京理科大12名等、私立大学590名合格。
③第45回全国高等学校総合文化祭和歌山大会出場（管弦楽部）、陸上部・柔道部・水泳部関東大会出場。

■所在地／栃木県足利市本城1丁目1629番地
■TEL／0284-41-3573 ■FAX／0284-43-2470
■HP／https://www.tochigi-edu.ed.jp/ashikaga/ncs3/
学校説明会 8月22日

県立 足利南高等学校 総合学科

全日制 生徒数／451人（男子123人／女子328人）

①興味・関心や進路に応じて主体的に科目を選択して自分の時間割を作り、人文社会、自然科学、芸術・スポーツ、情報メディア、生活デザインの5つの系列に分かれて学習します。
②大学21名（14%）、短大17名（11%）、専門学校63名（42%）、就職26名（17%）。主な進学先は白鷗大、桐生大、足利短大、佐野日大短大、足利デザインビューティ専門学校、館林高等看護学院などです。
③ウエイトリフティング部が毎年全国大会に出場し、女子テニス部も関東大会に出場しています。

■所在地／栃木県足利市下渋垂町980番地
■TEL／0284-72-3118 ■FAX／0284-73-2772
■HP／http://www.tochigi-edu.ed.jp/ashikagaminami/nc2/
学校説明会 8月4日

県立 足利工業高等学校 機械科 電気システム科 産業デザイン科

全日制 生徒数／505人（男子405人／女子100人）

①地域産業を担う技術者の育成を目指し、キャリア教育や資格取得をはじめ、工場見学・職場実習・高大連携などを積極的に推進しています。
②就職は約7割で製造業を中心に内定率100%を維持しています。進学も4年制大学・短期大学・専門学校へ約3割が進んでいます。
③平成17年から5S運動やドイツ姉妹校との国際交流を継続中です。

■所在地／栃木県足利市西宮町2908番1号
■TEL／0284-21-1318 ■FAX／0284-21-9313
■HP／http://www.tochigi-edu.ed.jp/ashikagakogyo/nc2/
学校説明会 8月5日

県立 足利清風高等学校 普通科 商業科

全日制 生徒数／533人（男子221人／女子312人）

①総合選択制高校として、普通科は探究活動を中心に進学のための多彩なカリキュラムを用意しています。商業科はキャリア教育の充実と、資格等を生かした進路実現を目指しています。
②群馬大学、芝浦工業大学、獨協大学、文教大学、白鷗大学などの四年制大学に74名、短大に17名、専門学校を含め152名が進学しています。就職では、希望する生徒全員が内定を頂いています。
③本校では普通科・商業科の2学科とも普通教科と職業系教科の選択科目を設けることにより、進学と就職の両方の進路に適応しています。

■所在地／栃木県足利市山下町2110番地
■TEL／0284-62-2011 ■FAX／0284-62-5193
■HP／http://www.tochigi-edu.ed.jp/ashikagaseifu/nc2/
学校説明会 8月3日

県立 真岡高等学校 普通科

全日制 生徒数／594人（男子594人／女子 ―― 人）

①部活動も盛んな文武両道の男子進学校。
②東大2、東北4、室蘭工、弘前、秋田4、山形6、福島2、茨城3、筑波5（医1）、宇都宮22、埼玉4、千葉、電気通信、東京学芸2、東京農工、上越教育、長岡技科、新潟6、静岡大、東京都立2（国公立大進学70）早稲田2、慶應、明治、青山2、立教、中央5、法政5、東京理2（私立大進学106）。
③明治33年(1900年)4月に栃木県第三中学校として創立の伝統校。『記念館』(旧本館)は、国指定の有形文化財。最近の全国出場部…サッカー、陸上、写真、空手道など。関東出場部…サッカー、陸上、山岳、水泳、バレーボール、空手道、吹奏楽、将棋、写真、文芸など。野球部は選抜高校野球栃木県21世紀枠に三度推薦。H28校庭人工芝竣工。

■所在地／栃木県真岡市白布ヶ丘24番1号
■TEL／0285-82-3413 ■FAX／0285-82-2913
■HP／http://www.tochigi-edu.ed.jp/moka/nc2/
学校説明会 8月18日

県立 真岡女子高等学校 普通科

全日制 生徒数／580人（男子 ―― 人／女子580人）

①創立百年を超える伝統ある女子高で、地域の進学校である。「強く・聡く・美（うるわ）しく」を校訓とし、学校行事も盛んで、「文武両道」を目標に、勉学と部活動に励み、多数の部が関東大会や全国大会に出場している。
②宇大や茨大に加えて、北海道大や筑波大及び東京大を含む国公立大学に延べ53名の合格者を出すとともに、首都圏の難関・中堅私大にも多くの合格者を出した。
③全国大会で第1位になった生徒の名を刻んだ石のプレート「栄光の碑」は、現在38枚になっている。活躍中の卒業生には、ロンドン五輪・リオデジャネイロ五輪2大会連続出場のやり投げの海老原有希選手がいる。

■所在地／栃木県真岡市台町2815番地
■TEL／0285-82-2525 ■FAX／0285-83-6615
■HP／http://www.tochigi-edu.ed.jp/mokajoshi/nc2/
学校説明会 8月18日（予定）

県立 真岡北陵高等学校
生物生産科　農業機械科　食品科学科　総合ビジネス科　介護福祉科

全日制　生徒数／519人（男子247人／女子272人）

①農業・商業・福祉の学習において実験・実習等の体験的学習が多く、生徒一人ひとりが学ぶ楽しさを味わうことができる総合選択制専門高校です。各学科とも、様々な資格取得に挑戦できる授業があります。
②就職者は全体の約6割（JA、地元製造工場、小売販売、運輸・物流、金融、福祉施設など）で、進学者は約4割（国立大学、私立大学、短大、専門学校など）です。
③部活動が充実しており、特にライフル射撃部は、全国大会の常連校として活躍しています。

■所在地／栃木県真岡市下籠谷396番地
■TEL／0285-82-3415 ■FAX／0285-83-4634
■HP／http://www.tochigi-edu.ed.jp/mokahokuryo/nc2/
学校説明会 8月2日（予定）

県立 真岡工業高等学校
機械科　生産機械科　建設科　電子科

全日制　生徒数／469人（男子441人／女子28人）

①生徒指標である「思慮深く、意志強く、礼儀正しく」のもと、工業の専門的な知識や技術の習得に励み、創造型実践技術者の育成を目指す学校である。各種資格取得にも積極的に取り組んでいる。
②就職が72%、進学が28%である。就職については、地元企業を中心に県内外から800件を超える多くの求人をいただいている。進学については、工業系を中心に私立大学や専門学校等に進学している。
③例年各科の研究部をはじめ、陸上競技部やライフル射撃部が全国大会や関東大会に出場している。

■所在地／栃木県真岡市寺久保1丁目2番9号
■TEL／0285-82-3303 ■FAX／0285-83-6537
■HP／http://www.tochigi-edu.ed.jp/mokakogyo/nc2/
一日体験学習 8月5日

県立 益子芳星高等学校
普通科

全日制　生徒数／439人（男子168人／女子271人）

①生徒の興味・関心に応じて学べるコース別学習を取り入れています。資格取得や検定合格をめざすライセンス教育やボランティア活動などの地域連携に積極的に取り組んでいます。県内でも数少ない女子サッカー部があります。
②約60%の生徒が進学し（大学14名、短大12名、専門学校等61名）、約40%の生徒が地元企業を中心に就職しています。
③窯業室があり、陶芸の授業や美術陶芸部があります。

■所在地／栃木県芳賀郡益子町塙2382番地1
■TEL／0285-72-5525 ■FAX／0285-72-7925
■HP／http://www.tochigi-edu.ed.jp/mashikohosei/nc2/
一日体験学習 8月4日

県立 茂木高等学校
総合学科

全日制　生徒数／466人（男子230人／女子236人）

①あらゆる進路に対応する進学型総合学科。進路実現に向けて、多様な科目を履修できるカリキュラムを準備。また、その実現のために各種学力向上対策、少人数制授業等を実施。ボランティアを単位認定。
②60%が四大、6%が短大、26%が専門等、8%が就職。国公立大は宇都宮大・千葉大等に例年20名前後合格。私立大は県内大学の他に首都圏の大学に多数合格。就職は県内の民間企業や公務員。
③平成15年度より普通科から総合学科に転科。美術部が全国総文祭（8年連続）、柔道・弓道部・ソフトテニス部が関東大会、音楽部（吹奏楽）が東関東大会に出場。

■所在地／栃木県芳賀郡茂木町茂木288番地
■TEL／0285-63-1201 ■FAX／0285-63-1923
■HP／http://www.tochigi-edu.ed.jp/motegi/nc2/
学校説明会 8月（期日未定）

県立 烏山高等学校
普通科

全日制　生徒数／494人（男子268人／女子226人）

①本校は、地域・社会に貢献できる人材の育成を使命とし、「志高く、心豊かに、明日を創る」を生徒指標として掲げ、勉学や部活動、そして地域課題解決型学習「烏山学」に取り組んでいます。
②進学から就職まで、生徒一人ひとりの希望に応じた、きめ細やかな指導を実践しています。令和2年度卒業生の大学合格者数は、国公立大学15名、私立大学102名でした。
③明治40年創立の烏山高校（男子校）と大正10年創立の烏山女子高校が平成20年に統合して誕生した男女共学の普通科高校です。

■所在地／栃木県那須烏山市中央3丁目9番8号
■TEL／0287-83-2075 ■FAX／0287-83-0145
■HP／http://www.tochigi-edu.ed.jp/karasuyama/nc2/
学校説明会 7月下旬または8月上旬

県立 馬頭高等学校
普通科　水産科

全日制　生徒数／244人（男子171人／女子73人）

①創立70周年を超える地域に根ざした伝統校であり、健康で個性豊かな人格を養い、よりよい社会をつくる人材を育成することを教育目標としている。部活動も盛んであり、特にアーチェリー部・レスリング部が関東、関東選抜、全国大会に出場。
②就職と進学の割合は7対3。就職は県内に就職する生徒がほとんど。進学は専門学校への進学が多い。
③全国唯一の内陸淡水系の専門的学習ができる水産科が設置されている。在学中の様々な研究活動を活かし県内外問わず水産関連施設で活躍する卒業生も多い。普通科では、平成28年度より地域学習「那珂川学」が総合的な学習の時間を活用し開講した。現在は総合的な探究の時間で活用。平成30年度より「単位制」を導入するとともに「コミュニティスクール」となり、地域創生に貢献する高校生の育成を目指す。那珂川町より通学費や下宿費の補助金制度がある。

■所在地／栃木県那須郡那珂川町馬頭1299番2号
■TEL／0287-92-2009 ■FAX／0287-92-5749
■HP／http://www.tochigi-edu.ed.jp/bato/nc2/
学校説明会 8月4日

県立 大田原高等学校 普通科

全日制 生徒数／634人（男子634人／女子 ―― 人）

①校訓「質素堅実」を掲げる創立119年の伝統校で、令和元年度より文部科学省からSSHの指定を受け、文理融合型課題研究プログラムの開発を通して志と科学的リテラシーを持った人材を育成しています。
②ほとんどの生徒が大学に進学します。昨年度卒業生の国公立大学へは進学96名です。主な進学先は、東京大学3名、東北大学7名、宇都宮大学19名、埼玉大学5名、新潟大学8名などです。
③部活動加入者は8割と高く、多くの生徒が文武両道を実践しています。
【過去3年間の活動実績】
全国大会出場:水泳、スキー、文芸、囲碁・将棋
関東大会出場:陸上競技、柔道・相撲、水泳、山岳、ソフトテニス、剣道

■所在地／栃木県大田原市紫塚3丁目2651番地
■TEL／0287-22-2042 ■FAX／0287-23-9691
■HP／http://www.tochigi-edu.ed.jp/otawara/nc2/
学校説明会 8月19日

県立 大田原女子高等学校 普通科

全日制 生徒数／593人（男子 ―― 人／女子593人）

①県北唯一の女子校で、令和3年度に創立110周年を迎えた地域の伝統校。進学指導のみならず、福祉教育、部活動指導にも力を入れ各分野で優れた実績がある。令和3年度に関東大会や全国大会出場権を獲得した部活動には、運動部（陸上部・ソフトボール部・ソフトテニス部・水泳部）・文化部（吹奏学部・合唱部・文芸部）がある。
②現役で宇都宮大学17人を始め、筑波大・東京外大・横浜国大など国公立大50名合格、私立大では早稲田を始め、明治・青山学院・立教・中央・法政等、有名私大に多数合格し、地元の国際医療福祉大へは34名が合格した。
③運動会（5月）、合唱コンクール（7月）、なでしこ祭（9月）など学校行事が多彩で、大変活発である。

■所在地／栃木県大田原市元町1丁目5番43号
■TEL／0287-22-2073 ■FAX／0287-23-8759
■HP／http://www.tochigi-edu.ed.jp/otawarajoshi/nc2/
学校説明会 8月23日（予定）

県立 黒羽高等学校 普通科

全日制 生徒数／367人（男子194人／女子173人）

①花見句会や団旗を前に行われる体育祭など特色ある学校行事。加入率約85%の活発な部活動。地元のイベントへの参加、保育園・小学校との交流、周辺の清掃活動など、地域とのつながりを大切にしている高校です。
②上級学校進学者と就職者がほぼ半々です。県内の専門学校への進学が多い中、近年は県外の4年制大学を目指す生徒も増えています。就職者のほとんどが地元の企業で活躍し、地域の産業を支えています。
③相撲部は県勢初の全国大会団体3位、関東大会団体優勝など、輝かしい成績を残しています。

■所在地／栃木県大田原市前田780番地
■TEL／0287-54-0179 ■FAX／0287-54-4179
■HP／http://www.tochigi-edu.ed.jp/kurobane/nc2/
学校説明会 8月4日

県立 那須拓陽高等学校 普通科 農業経営科 生物工学科 食品化学科 食物文化科

全日制 生徒数／699人（男子293人／女子406人）

①文武両道の精神の下、個々の生徒が意欲的に学校生活を送っている。部活動は非常に活発で、陸上・ソフトボール・ソフトテニス・牛部等が上位大会に多く進出、今年度も3年連続で男子駅伝が都大路を激走した。
②弘前・岩手・上越教育・秋田県立・都留文科・公立小松・名桜・酪農学園・駒澤・東京農業・国際医療福祉・白鷗大等、国公立大・私立大・短大へ約100名、専門学校等へ約70名、公務員を含めた就職が約66名と、普通科と専門学科の特性に応じた幅広い進路実現を果たしている。
③「調和と共生」のスローガンの下、5学科がそれぞれの特性を生かして学科間の連携を深める取組を行っており、3年次には自分の学科以外の科目を学ぶこともできる。

■所在地／栃木県那須塩原市下永田4丁目3番地52号
■TEL／0287-36-1225 ■FAX／0287-36-8027
■HP／http://www.tochigi-edu.ed.jp/nasutakuyo/nc2/
学校説明会 8月3日（専門学科） 8月4日（普通科）

県立 那須清峰高等学校 機械科 機械制御科 電気情報科 建設工学科 商業科

全日制 生徒数／605人（男子481人／女子124人）

①社会・地域に貢献できる人材を育成するため、資格取得やものづくり等の実践的な教育に力を入れています。一人一人の就職や進学の希望を100%実現できる学校を目指しています。
②就職約68%、進学約32%。主な進路先はカゴメ・関電工・キヤノンメディカルシステムズ・資生堂・栃木銀行・栃木ニコン・トヨタ・ブリヂストン・国際医療福祉大・帝京大・日本工業大・日本大等です。
③各種ロボット大会で多数全国大会出場、全商簿記1級等の資格取得など活躍の場が多い学校です。

■所在地／栃木県那須塩原市下永田6丁目4番地
■TEL／0287-36-1155 ■FAX／0287-37-2458
■HP／http://www.tochigi-edu.ed.jp/nasuseiho/nc2/
学校説明会 7月29日

県立 那須高等学校 普通科 リゾート観光科

全日制 生徒数／280人（男子153人／女子127人）

①令和2年度単位制となり新カリキュラムになりました。進学・就職・資格取得など自分の目標に合わせて多様な科目の中から選択できます。那須の自然や観光地の特性を生かした体験学習の他に総合的な探究の時間において地域の方々と協力した活動に取り組んでいます。
②卒業後の進路は、県内外の大学・短大・専門学校への進学から公務員・地元企業各業種（製造・販売・サービス等）の就職まで多様な進路希望に対応しています。
③令和4年度から制服のデザインが新しくなりました。

■所在地／栃木県那須郡那須町寺子乙3932番地48号
■TEL／0287-72-0075 ■FAX／0287-72-6325
■HP／http://www.tochigi-edu.ed.jp/nasu/nc2/
学校説明会 8月3日

県立 黒磯高等学校

普通科

全日制　生徒数／585人（男子315人／女子270人）

①文武両道をモットーに生徒一人ひとりが学習と部活動・ボランティア活動等に積極的に取り組んでいる。『チーム黒磯』を合い言葉に生徒や教職員、保護者、地域住民が一丸となって生徒の希望進路の実現を目指している。
②大学145名、短大4名、専門学校31名、就職7名。合格者の延べ人数は国公立大で30名。宇都宮大10名、千葉大1名、新潟大1名、東京都立大1名等。私立大で200名。国際医療福祉大28名、白鷗大43名、駒澤大、専修大、東洋大、日本大、明治大、立教大、立命館大等。
③本校は大正14年、黒磯町立実践女学校として開校。創立97周年を迎える男女共学の伝統校。

■所在地／栃木県那須塩原市豊町6番1号
■TEL／0287-62-0101 ■FAX／0287-62-4645
■HP／http://www.tochigi-edu.ed.jp/kuroiso/nc2/

学校説明会 8月後半

県立 黒磯南高等学校

総合学科

全日制　生徒数／477人（男子171人／女子306人）

①約8割の生徒が部活動に参加し熱心に活動している。国際理解教育活動、各種ボランティアなどの地域連携活動にも力を入れている。
②4割の生徒が大学や短大へ、あとの4割が専修各種学校に進学し、2割の生徒が就職している。総合学科での「多様な学び」を活かし、一人ひとりが進路希望を実現している。
③広大な敷地面積を誇る那須地区唯一の総合学科高校です。JRの駅から校内まで市営バスが乗り入れています。

■所在地／栃木県那須塩原市上厚崎747番2号
■TEL／0287-63-0373 ■FAX／0287-64-3766
■HP／http://www.tochigi-edu.ed.jp/kuroisominami/nc2/

学校説明会 8月19日

県立 矢板高等学校

農業経営科　栄養食物科
機械科　介護福祉科
電子科

全日制　生徒数／517人（男子317人／女子200人）

①農業・工業・家庭・福祉の専門的技術や知識を修得する総合選択制専門高校です。部活動は全員加入を基本とし、学習との両立を図っています。地域連携・地域貢献活動に積極的に参加しています。
②学校の目標である「地域に必要とされる産業人の育成」の通り、矢板市や塩谷町等地域の会社に就職する生徒が多いです。進学では4年制大学、短大、専門学校。将来は地域のリーダーになります。
③創立百十周年を向かえました。相撲部や機会技術研究部など県内外でも優秀な成績の部が多いです。

■所在地／栃木県矢板市片俣618番2号
■TEL／0287-43-1231 ■FAX／0287-43-4533
■HP／http://www.tochigi-edu.ed.jp/yaita/nc2/

学校説明会 8月3日

県立 矢板東高等学校

普通科

全日制　生徒数／428人（男子202人／女子226人）

①県内3校だけの附属中学校を併設する中高一貫教育校で、男女共学の進学校です。広い敷地と豊かな緑地に恵まれ、生徒会・部活動はもちろんのこと、校外活動も盛んです。体育大会、学校祭、合唱コンクールなど学校行事も充実しています。
②ほとんどの生徒が大学等への進学希望です。令和3年度入試の延べ合格者数:卒業生151名中、国公立大学75名、私立大学260名、短大・各種専門学校12名。
③短期海外研修（1年生希望者対象、カナダ・バンクーバー方面、3月中旬に2週間のホームステイ）。海外研修の代替に、令和2年度から（株）ISA主催3日間英語漬けのエンパワーメントプログラム実施。文科省「トビタテ!留学JAPAN」7期生に11名採用（全国4番目の多さ）。

■所在地／栃木県矢板市東町4番8号
■TEL／0287-43-1243 ■FAX／0287-43-4268
■HP／http://www.tochigi-edu.ed.jp/yaitahigashi/nc2/

一日体験学習（中学生対象） 8月19日

県立 高根沢高等学校

普通科
商業科

全日制　生徒数／561人（男子256人／女子305人）

①「普通科」と「商業科」を併置し、互いの教科を学ぶことができる総合選択制高校です。普通科では、基礎知識の習得を図るとともに全員が商業科目を一部学びます。商業科では、ビジネスについて広く学び、高度な資格取得も可能です。
②四年制大学11.3%（宇都宮大、国際医療福祉大、白鷗大、作新学院大、帝京大、日本大、東京家政大、等）。短大・専門学校34.9%（作新学院大女子短大、國學院栃木短大、佐野日本大学短大、宇都宮ビジネス電子専門学校、大原スポーツ公務員専門学校、国際医療福祉大学塩谷看護専門学校、等）。就職52.2%（栃木銀行/足利銀行/花王/キヤノン/久光製薬/神戸製鋼所/長府製作所/トヨタカローラ栃木/アサヒグループ食品/カルビー/関東西濃運輸/元気寿司/壱番屋/宇都宮農業協同組合/自衛隊一般曹候補生、等）。その他1.6%
③第74回秋季栃木県高等学校野球大会において、本校野球部が48年ぶりのベスト4という成績を収めました。さらに、栃木県高校野球連盟により、今年の春の選抜高校野球の21世紀枠の候補校として、本校野球部として初めて推薦されました。

■所在地／栃木県塩谷郡高根沢町文挟32番2号
■TEL／028-676-0531 ■FAX／028-676-0820
■HP／http://www.tochigi-edu.ed.jp/takanezawa/nc2/

学校説明会 8月上旬

県立 さくら清修高等学校

総合学科

全日制　生徒数／701人（男子282人／女子419人）

①幅広い選択科目、進路希望に合わせた各自の時間割、少人数による授業展開を実施。また、豊富な学校行事・活発な部活動・盛んなボランティア活動など、3年間を通し充実した学校生活が魅力。
②令和3年3月の卒業生について、宇都宮大・宮城教育大・高崎経済大等の国公立大をはじめ、東洋大・駒澤大・東京農大・南山大他四年制大学112名。短期大学26名。専門学校80名。公務員3名。民間企業4名。
③創立17年目。国体（少年男子サッカー）選出。関東大会出場…陸上競技部・水泳部・ソフトボール部出場権獲得。

■所在地／栃木県さくら市氏家2807番地
■TEL／028-682-4500 ■FAX／028-682-0358
■HP／http://www.tochigi-edu.ed.jp/sakuraseishu/nc2/

学校説明会 8月4日

県立 宇都宮工業高等学校 普通科 工業技術科

定時制 生徒数／128人（男子105人／女子23人）

①令和2年度から、午後部（普通科）を新たに設置して昼夜間の二部制になりました。これにより午後部（普通科）および夜間部（工業技術科）から学科が選択できるようになりました。
②令和2年度は22名が卒業しました。そのうち専門学校等に1名が進学、他は県内の企業を中心に就職しています。
③工業技術科の生徒がアイディアロボット大会や高校生電気自動車大会に出場しています。

■所在地／栃木県宇都宮市雀宮町52番地
■TEL／028-678-6500 ■FAX／028-678-6600
■HP／http://www.tochigi-edu.ed.jp/utsunomiyakogyo/nct2/
学校説明会 11月28日

県立 宇都宮商業高等学校 普通科 商業科

定時制 生徒数／78人（男子41人／女子37人）

①修業年限は原則4年間ですが、3年間で卒業できる制度（三修制）もあります。また、3年次編入「経理コース（社会人対象）」を設けている。
②【進学先】栃木県立県央産業技術専門校電気工事科、制御システム科、介護福祉専門学校、国際ファションビューティ専門学校、宇都宮メディア・アーツ専門学校。【就職先】入国警備官、自衛官候補生、(株)鳥善、山口重工業(株)、(株)カキヌマ、(株)ハウステック、一般社団法人巨樹の会新上三川病院、宮島醤油(株)、東洋ビューティー(株)、和久工業。
③部活動は活発に行われています。バドミントン部(女子)は、令和3年度の県大会を制覇し、全国大会に出場しました。また例年は、地域自治会と協働で黄ぶな(田川)清掃活動を実施しています。

■所在地／栃木県宇都宮市大曽3丁目1番46号
■TEL／028-622-0488 ■FAX／028-627-7871
■HP／http://www.tochigi-edu.ed.jp/utsunomiyashogyo/nc2/
学校説明会 希望により随時対応

県立 鹿沼商工高等学校 普通科 商業科

定時制 生徒数／20人（男子11人／女子9人）

①令和2年度の入学生より募集が今までの夜間定時制商業科から夕夜間定時制普通科になりました。大きな特徴は希望する生徒は通常4年かかるところを3年間で卒業する事ができます。上都賀地区唯一の夕・夜間の定時制課程高校です。学び直しの場、再挑戦の場として生徒達は頑張っています。各種検定（ビジネス文書検定・簿記検定・電卓検定等）に積極的に挑戦し、合格する生徒も増えています。卒業後は、本校で学んだ知識技能を生かして社会人として活躍する者や、さらに上級の資格取得を目指して進学する生徒もいます。
②生徒の進路希望を実現するために、校内での進路ガイダンスに力を入れています。外部講師や卒業生による講演会を実施したり、各年次にあった進路指導を適宜実施しています。生涯教育の観点からキャリア教育の推進も行っています。
③陸上部の男子は4年連続、女子は3年連続で全国大会に出場しました。バドミントン部もあります。生徒達は意欲的に活動しています。

■所在地／栃木県鹿沼市花岡町180番1号
■TEL／0289-62-4188 ■FAX／0289-63-0710
■HP／http://www.tochigi-edu.ed.jp/kanumashoko/nct2/
学校説明会 未定

県立 足利工業高等学校 工業技術科

定時制 生徒数／40人（男子36人／女子4人）

①本校は今年、創立126年を迎えました。ほとんどの生徒が働きながら勉強に励んでいます。また、「夕夜間制度」と言う制度があり学習時間を選択できます。
②卒業後の進路は、希望する地元の企業へ就職試験を受け採用されています。高校在籍中の仕事を継続する生徒もいます。
③3年間で卒業できる制度もあります。また、愛情たっぷりの和洋中バラエティーに富んだおいしい給食が自慢です。

■所在地／栃木県足利市西宮町2908番1号
■TEL／0284-21-1318 ■FAX／0284-21-9313
■HP／http://www.tochigi-edu.ed.jp/ashikagakogyo/nct2/
学校見学会 HPをご確認下さい。

県立 真岡高等学校 普通科

定時制 生徒数／56人（男子33人／女子23人）

①夕方 から4時間（1～4時限）、夜間のみ4時間（3～6時限）のいずれかの学習時間 帯を選べます。3年間での卒業を目指す場合は、2年次から夕夜6時間（1～6時限）も選べます。
②前年度は13名が卒業し、そのうち6名が専門学校へ進学、6名が新規就職、1名が現職継続でした。卒業生のうち2名は、三修制により3年間での卒業です。
③給食があります。学校の厨房で作っているので、出来たてで、とてもおいしいとの評判の給食です。

■所在地／栃木県真岡市白布ヶ丘24番1号
■TEL／0285-82-3413 ■FAX／0285-82-2913
■HP／http://web2.tochigi-edu.ed.jp/moka/nc2/
学校見学 随時

県立 大田原東高等学校 普通科

定時制 生徒数／57人（男子26人／女子31人）

①昭和41年に設立された、那須地区唯一の県立定時制高校です。「学びつつ　品位を高め　ともに働く」を校訓とし、充実した学校生活の実現と、明日の社会を担う人間づくりを目指しています。
②卒業生14名の進路は、大学進学1名、就職9名、アルバイト継続2名、その他2名でした。就職した生徒のほとんどが、地元の企業の支え手として期待され、それぞれの職場で活躍しています。
③一定の条件を満たした生徒には、希望により、教科書費の給付や就学奨励費貸与の制度があります。

■所在地／栃木県大田原市元町1丁目5番43号
■TEL／0287-22-2808 ■FAX／0287-23-8759
■HP／http://www.tochigi-edu.ed.jp/otawarahigashi/nc2t/
学校説明会 随時

県立 矢板東高等学校 普通科

定時制 | 生徒数／24人（男子13人／女子11人）

①生徒達は仕事と学業の両立を図りながら充実した学校生活を送っています。部活動も頑張っています。生徒会活動も活発で体育大会等の行事やボランティア活動等を行っています。
②進学では、大学、短大、専門学校へ進学しています。就職では、製造業、介護福祉関係、サービス業などの分野に入社しています。入学前（在学中）の就業先を卒業後も継続している方もいます。
③栃木県定時制通信制総合体育大会（6月実施）において、陸上部、バドミントン部、卓球部、剣道部が全国大会（8月実施）出場実績があります。

■所在地／栃木県矢板市東町4番8号
■TEL／0287-43-1243 ■FAX／0287-43-4268
■HP／http://www.tochigi-edu.ed.jp/yaitahigashi/nct2/

学校説明会 10月上旬（お問合わせください）

県立 学悠館高等学校 普通科

定時・通信制 | 生徒数／定時制561人(男子281人/女子280人)、通信制425人(男子209人/女子216人)

①【定時制】午前・午後・夜間の3部から自分に合った学習時間帯で、およそ100科目の多彩な科目から選択できる。習熟度別、少人数、体験的学習など学業指導が充実している。【通信制】週に一度登校して面接指導を受け、自宅で作成した報告課題を提出する。毎日の登校ではないので無理なく学習できる。
②北海道大学、茨城大学、駒澤大学等、多くの四大・短大・専門学校に進学し、県内外の企業等に多数が就職した。
③2021年度全国定通総体:ソフトテニス・サッカー・バドミントン・男子バスケットボールがベスト16ほか、男子バレーボール・柔道・卓球など出場。JRC部:高校生ボランティアアワード2021出場。個人:「私の主張」作文コンクール全国3位。土曜開放講座『寺子屋みらい』、体験学習など、各種教育活動が充実。

■所在地／栃木県栃木市沼和田町2番2号
■TEL／0282-20-7073 ■FAX／0282-24-9299
■HP／http://www.tochigi-edu.ed.jp/gakuyukan/nc2/

学校説明会 11月30日 1月18日

県立 宇都宮高等学校 普通科

通信制 | 生徒数／573人（男子319人／女子254人）

①向学の志があれば、就業の有無・年齢にかかわらず教育を受けることができます。自学自習を基本に「通信」を手段とした単位制による通信制課程（普通科）の県立高等学校。
②文教大・国際医療福祉大・フェリス女学院大・慶應義塾大・多摩美術大など四年制大学に11名。短期大学に3名。専門学校等に15名。新規就職は10名。
③全国定通体育大会にソフトテニス・陸上競技・剣道が出場。県定通秋季体育大会にて、ソフトテニス・陸上競技が優勝、バレーボール準優勝。

■所在地／栃木県宇都宮市滝の原3丁目5番70号
■TEL／028-633-1427 ■FAX／028-637-0026
■HP／http://www.tochigi-edu.ed.jp/utsunomiya/nct2/

学校説明会 12月19日

私立 作新学院高等学校 トップ英進部 英進部 総合進学部 情報科学部

全日制 | 生徒数／3,611人（男子1,926人／女子1,685人）

①普通科では、難関大学進学から就職まで、生徒の進路目標に合わせた指導を展開。専門学科では、高い技術や資格を取得するスペシャリストを育成。部活動は、恵まれた環境のもとで活発な活動を展開し、全国大会出場も多数。
②2021年度大学入試で、東京大・一橋大現役合格を含む国公立大学合格114名（うち現役105名）は県内私立高校トップの進学実績。就職でも求人数は県内全高校トップクラスで、内定率100%を達成。
③成績優秀で勉学意欲旺盛な生徒を対象とした学業特待生制度を用意（部活動特待生制度もあります）。

■所在地／栃木県宇都宮市一の沢1丁目1番41号
■TEL／028-648-1811 ■FAX／028-648-8408
■HP／https://www.sakushin.ac.jp/

学校説明会 詳細はHPにて

私立 文星芸術大学附属高等学校 英進科（I類・II類） 普通科（進学・総合・美術デザイン） 総合ビジネス科

全日制 | 生徒数／1,067人（男子999人／女子68人）

①「三敬精神」を教育基盤とし、生徒一人ひとりの進路実現に向けて多彩な科・コースを設置。高いレベルでの文武両道を実践し、テニス部のインターハイ出場、美術部の全国総文祭出品や将棋部の全国大会出場など、多くの部活動が全国で活躍している。
②個々の進路を徹底的にサポート。東大、京大に2年連続現役合格、北海道、大阪、神戸などの有名国立大や、慶應、早稲田などの有名私大にも多数の合格者を輩出。就職希望者も高い内定率を維持。
③学力特待生とスポーツ文化特待生制度があり、A特待生は授業料等が免除となる。英進科のI類・II類は男女共学。令和3年には創立110周年を迎えた。

■所在地／栃木県宇都宮市睦町1番4号
■TEL／028-636-8585 ■FAX／028-633-2321
■HP／https://www.bunsei.ed.jp/

一日体験学習 8月
学校説明会 9・10・11月

私立 宇都宮文星女子高等学校 秀英特進科 普通科 総合ビジネス科

全日制 | 生徒数／670人（男子 ── 人／女子670人）

①まもなく創立100年を迎える伝統ある高校。「社会で活躍できる女性の育成」を目指し、全館Wi-Fiを整備し、全ての科で一人一台のノートPCやICTを活用した学習指導を導入している。
②宇都宮大学をはじめとした国公立大学、立教大学をはじめとする難関私立大学への合格を果たした。特色あるコース・選択により、一人ひとりの進路目標を達成するカリキュラムを展開している。
③一昨年20年ぶり3度目の全国駅伝競走大会への出場を果たした陸上競技部が、今年度も県大会優勝を果たし2年連続で全国大会へ出場。卓球部・ゴルフ部も全国大会に出場を果たしており、文化面でも全国高校漫画選手権大会（まんが甲子園）に於いて2年連続優勝を果たしている。

■所在地／栃木県宇都宮市北一の沢町24番35号
■TEL／028-621-8156 ■FAX／028-622-8971
■HP／http://www.bunsei-gh.ed.jp/

1日体験学習 8月上旬
学校説明会 10月～11月

私立 宇都宮短期大学附属高等学校 普通科 調理科 生活教養科 音楽科 情報商業科

全日制	生徒数／2,389人（男子1,112人／女子1,277人）

①建学の精神「全人教育」のもと、特色ある5科を擁する。部活動は39あり、人工芝の野球場やサッカー場、そしてテニスコートを完備している。令和3年にe-スポーツ部を創部し、ゲーミングパソコンも完備している。
②全体の85％以上が進学（普通・音楽科は全員）。全国の有名国公立大や医学部に現役合格を果たした。早稲田・慶応など難関私立大学にも多数合格し、進学実績を伸ばし続けている。
③特に音楽科では国際舞台で活躍する著名人が多い。特待生制度（学力・運動）も充実している。

■所在地／栃木県宇都宮市睦町1番35号
■TEL／028-634-4161 ■FAX／028-635-3540
■HP／https://www.utanf-jh.ed.jp/
学校説明会 未定

私立 宇都宮海星女子学院高等学校 普通科

全日制	生徒数／157人（男子 ── 人／女子157人）

①"高校を卒業して10年後の自分像"を思い描き、SDGsの取り組み、英語コミュニケーション力の向上、ボランティア活動の実践を柱に、未来を創る "チェンジメーカー" の育成を目指している。
②国公立大や上智大等の難関私大を含め、80％の生徒が4年制大学へ進学。また、そのうちの84％が総合型選抜や学校推薦型選抜で合格しており、新しい入試制度にいち早く対応し、多くの生徒が希望進路を実現している。
③成績優秀者に対し学術奨励賞制度があり。また、海外留学、海外語学研修制度が県内No.1。

■所在地／栃木県宇都宮市上籠谷町3776番地
■TEL／028-667-0700 ■FAX／028-667-6985
■HP／https://www.u-kaisei.ed.jp/
学校説明会 未定

私立 國學院大學栃木高等学校 普通科

全日制	生徒数／1,321人（男子792人／女子529人）

①進路希望別のコース展開やきめ細かい学力向上プログラムにより進路実現をしっかりサポート。國學院大學へ推薦による進学が可能。学校行事や海外研修、部活動が盛んで文武両道を実践し、人間力を養う。
②東京大、一橋大、東北大、佐賀大（医）に合格。医学部医学科3名、早・慶・上智12名、GMARCH理35名、國學院大學94名など、国公立大63名、私立大（國學院大學除く）に403名が合格。
③奨学生制度あり。栃木駅前の学園教育センターは放課後自学自習の場として多数の生徒が利用。

■所在地／栃木県栃木市平井町608番地
■TEL／0282-25-5020 ■FAX／0282-25-0441
■HP／https://kokugakuintochigi.jp
学校説明会 6月～

私立 佐野清澄高等学校 普通科 生活デザイン科

全日制	生徒数／425人（男子227人／女子198人）

①知育に偏らない「心の教育」の尊重を掲げ、男女の特性を生かした教育方針により、真に信頼され正しい行動ができる良き社会人の育成を目指しています。少人数による親身な指導をしています。
②宇都宮大、茨城大、東洋大、日本大、東京国際大、佐野日大短大などの他、専門学校にも多数進学しています。またイオンリテール（株）やタマムラデリカ（株）など地元企業への就職者も多数おります。
③スクールバスを3路線運行しております。3路線とも全て無料で、多くの生徒が利用しています。

■所在地／栃木県佐野市堀米町840番地
■TEL／0283-23-0841 ■FAX／0283-23-0842
■HP／https://www.sanokiyosumi-h.ed.jp/
学校説明会 8月・11月

私立 佐野日本大学高等学校 普通科

全日制	生徒数／1,272人（男子856人／女子416人）

①生徒一人ひとりの希望進路を実現するために、「3コース+αクラス」を設置し、目的に沿ったきめ細やかな指導をしています。
②昨年度の現役合格率は98.1％。日本大学390名（毎年、進学コースの約6割の生徒が日本大学へ進学）、東京大学、大阪大学など国公立大学46名、GMARCH上理に46名、医学部医学科14名など合格多数。
③過去に硬式野球部、サッカー部、陸上競技部、剣道部、ゴルフ部等多数部活が全国大会に出場。奨学生制度あり。

■所在地／栃木県佐野市石塚町2555番地
■TEL／0283-25-0111 ■FAX／0283-25-0441
■HP／https://www.sanonihon-u-h.ed.jp/
学校説明会 7月～

私立 青藍泰斗高等学校 普通科 総合ビジネス科 総合生活科

全日制	生徒数／557人（男子347人／女子210人）

①今年で創立113年を迎え、人間養育の伝統を受け継ぎつつ、時代の変化に即した教育改革を実行中。アクティブラーニング教室の設置・改修など、施設・設備の拡充も積極的に展開している。
②約5割が進学を希望し、全ての生徒が進学決定。就職希望者に対しては、きめ細かい実践的指導を行う。長い歴史と伝統の中で培われた企業との太いパイプにより、高い内定率を維持している。
③部活動では陸上部がインターハイ入賞、卓球部、ウエイトリフティング部がインターハイ出場など活躍中。吹奏楽部はマーチングで全国・関東大会に出場、地域イベントでも活躍している。

■所在地／栃木県佐野市葛生東2丁目8番3号
■TEL／0283-86-2511 ■FAX／0283-85-2280
■HP／http://www.seirantaito.ed.jp/
学校説明会 8月（予定）

私立 足利短期大学附属高等学校 普通科

全日制 生徒数／400人（男子 ー 人／女子400人）

①1925年(大正14年)創立の女子校。聖徳太子の憲法17条「和条を以って貴しと為す」が建学の精神。特進コース・進学コース・福祉教養コースの3つのコースを持つ全日制普通科高校。
②内部推薦による足利大学看護学部（工学部）、足利短期大学こども学科への進学。医療福祉関係の学校へ進学する卒業生が多い。
③バトントワリング部9年連続全国大会出場。柔道部インターハイ、ジュニアオリンピック出場。

■所在地／栃木県足利市本城3丁目2120番地
■TEL／0284-21-7344 ■FAX／0284-21-1380
■HP／https://www.ashikaga-jc-h.ed.jp/

学校説明会 9月（予定）

私立 足利大学附属高等学校 普通科 工業科 自動車科 情報処理科

全日制 生徒数／892人（男子755人／女子137人）

①レスリング部、バレーボール部、硬式テニス部、弓道部、スキー部が全国大会に出場し活躍。放送部は2年連続で全国大会出場。吹奏楽部は各地で依頼演奏を行う。
②本校独自のきめ細やかな指導体制のもと、足利大学工学部40名、看護学部6名、群馬大学、山梨大学、早稲田大学、青山学院大学などの進学実績を誇る。就職実績では㈱SUBARUやアキレス㈱などの地場産業に多くの人材を輩出している。
③系列大学（足利大学、足利短期大学）への内部進学や入学金全額免除、系列校在籍生徒の兄弟姉妹奨学金など多くの特典がある。

■所在地／栃木県足利市福富町2142番地
■TEL／0284-71-1285 ■FAX／0284-71-9876
■HP／https://www.ashitech-h.ed.jp/

学校公開 詳細はHPにて

私立 白鷗大学足利高等学校 普通科

全日制 生徒数／1,191人（男子587人／女子604人）

①「文武両道」を掲げ、令和3年度も多くの運動部、文化部で輝かしい成績を残しました。女子ソフトテニス部が関東高校選抜ソフトテニス大会優勝、女子バスケットボール部がウインターカップ2021第74全国高等学校バスケットボール大会3回戦に進出しました。
②東北大学、北海道大学、お茶の水女子大学、千葉大学に国公立大に46名、早稲田大学、上智大学などの私大に467名が合格し、そのうち系列の白鷗大学には180名が合格しています。
③平成30年度よりコースを再編し、進学を目指した4つのコースで生徒を募集しています。

■所在地／栃木県足利市伊勢南町3番2号
■TEL／0284-41-0890 ■FAX／0284-42-3335
■HP／https://hakuoh-h.jp

学校説明会 9月

私立 矢板中央高等学校 普通科 スポーツ科

全日制 生徒数／558人（男子382人／女子176人）

①普通科特進コース・進学選抜を中心に毎年国公立大学合格者を輩出している。昨年は、防衛医科大学医学部に合格者を出した。また、部活動においては、サッカー部が令和3年度全国高校選手権大会ベスト16、全国高校総体出場、関東プリンスリーグに参加。男子ソフトテニス部が関東大会3位、新人大会団体優勝。女子ソフトボール部が全国高校総体出場、新人大会優勝。女子バスケ部が関東大会出場、ウインターカップ県予選準優勝。また、新聞部が栃木県高校新聞コンクールにおいて最優秀賞を受賞。
②昨年度の進路は、大学合格が防衛医科大学医学部をはじめ、福島県立医科大、弘前大、宇都宮大、北海道教育大、早稲田大、順天堂大、亜細亜大、日本体育大などに91名合格。専門学校は、栃木県立衛生福祉大学校などに55名進学。また、就職は、県内外企業に39名内定している。生徒一人一人の個性に合わせた幅広い進路指導をしている。

■所在地／栃木県矢板市扇町2丁目1519番地
■TEL／0287-43-0447 ■FAX／0287-43-0899
■HP／https://ychyama.sakura.ne.jp/

学校説明会 8月6日

国立 小山工業高等専門学校 機械工学科 電気電子創造工学科 物質工学科 建築学科

全日制 学生数／1,002人（男子807人／女子195人）

①「技術者である前に人間であれ」を基本理念に、豊かな人間性と高度な技術を養う。平成25年度の改組で電気電子創造工学科を新設し、社会のニーズにあった技術者の育成を行う。
②高専専攻科に22名が進学し、国公立大学等の3年次に62名が編入学。主な編入先は東北大・筑波大・宇都宮大・群馬大・千葉大・東京農工大・長岡技科大・豊橋技科大など。就職は産業界全般から約30倍の求人があり、就職率は約100%（希望者全員が就職）（令和3年3月卒業者の実績）。
③各種コンテストに積極的に取り組んでおり、第34回高専ロボコンでは「優勝」と「ロボコン大賞」のダブル受賞を果たした。

■所在地／栃木県小山市大字中久喜771番地
■TEL／0285-20-2141 ■FAX／0285-20-2882
■HP／https://www.oyama-ct.ac.jp/

学校説明会 6月

県立 県央産業技術専門校 木造建築科

全日制 生徒数／8人（男子8人／女子__人）

①産技校5つのポイント！
1 授業料・入校料無料！ 2 安心の就職サポート！
3 役立つ資格の取得！ 4 無理なく身につく技能！
5 充実した学ぶ環境！
②県内企業に正社員として多数の就職実績（就職率100%）
③若年者ものづくり競技大会など、全国レベルの大会に出場
※ツイッターやブログで最新情報を発信しています。

■所在地／栃木県宇都宮市平出工業団地48番4号
■TEL／028-689-6374 ■FAX／028-689-6377
■HP／https://www.tochigi-it.ac.jp/

一日体験学習 8月・10月11月

私立	学校法人TBC学院 国際TBC高等専修学校	総合キャリア学科
通信制	生徒数／369人（男子118人／女子251人）	

①情報、CG・まんが、メイク・ファッション、保育福祉、ペット、総合など専門的な学習や様々な行事を通して、個性と才能を伸ばす。国家資格のITパスポート試験、メイク検定、トリマー検定など多種多様の検定取得。
②高専一貫教育（5か年教育）の実践のため、約6割の生徒が専門課程に進学。また、県内外の大学・各種学校への進学や、取得した資格を生かして各分野への就職をする生徒が多数います。
③部活動では女子バレーが全国準優勝、女子ソフトテニスが全国第3位。第1回入学試験で学費10万円給付。

■所在地／栃木県宇都宮市今泉2丁目10番12号
■TEL／028-627-9237 ■FAX／028-627-9238
■HP／https://www.tbchs.jp/
学校説明会 HPにて

私立	クラーク記念国際高等学校 連携校 宇都宮キャンパス（宇都宮クラーク高等学院）	情報ビジネス科
全日型通信制	生徒数／123人（男子70人／女子53人）	

①基礎学習の学び直しが充実。情報処理、グラフィック・クリエーター、簿記、声優パフォーマンス、インターナショナル、体育科、学習検定の7つの特設ゼミで高い資格取得と技能を磨き進路の幅を広げる。
②300以上の大学の指定校推薦制度、姉妹校専門学校の優待制度もあり高い進学率。独自のWEB講座も充実し、基礎から大学受験までの学習を後押しする。
③毎年全国大会で活躍する陸上部・卓球部のほか、マンガ・演劇・ダンスなどの部が活動している。

■所在地／栃木県宇都宮市昭和1丁目2番18号
■TEL／028-650-5900 ■FAX／028-600-3088
■HP／https://www.uclark.jp
学校説明会 6月下旬～

私立	学校法人TBC学院小山校 国際TBC調理・パティシエ専門学校	高等課程 調理科
全日制	生徒数／79人（男子42人／女子37人）	

①専門学校媒体の学校なので、設備の充実はもちろん、有名店や有名ホテルで今も活躍している現役のプロ講師から、料理の技術を教わることができ、現場で即戦力となる人材を育成します。
②日本ビューホテル、シェラトン・グランデ・トウキョウベイなど有名ホテルを始め、中村孝明、四川飯店など、多くの有名店にも内定しております。当校専門課程への進学者もおります。
③調理技術コンクール関東甲信越地区予選上位通過、栃木県高等学校定通制体育大会優勝。

■所在地／栃木県小山市三峯1丁目10番21号
■TEL／0285-28-0525 ■FAX／0285-28-3586
■HP／https://www.oyama.ac.jp/
体験学習 7月27日～11月26日

私立	第一学院高等学校 宇都宮キャンパス	普通科
通信制	生徒数／7,581人	

①一人ひとりの状況・ライフスタイルに合わせてキャンパス通学や自宅でのオンライン学習など、学ぶ場所やスタイルを選べるため、自分のペースで高校卒業を目指すことが可能です。
②大学、専門学校等への進学が約8割。就職が約2割。キャリア教育を充実させ、目標への継続したサポートで、一人ひとりの希望に合わせた進路実現を目指していきます。
③日々の「成長実感」を大切にし、その「成長実感」を自信に変えて更なるチャレンジができる「成長実感型」の教育活動に取り組んでいます。

■所在地／栃木県宇都宮市大通り2丁目1番5号明治安田生命宇都宮大通りビル8F
■TEL／028-614-5650 ■FAX／028-614-5651
■HP／https://www.daiichigakuin.ed.jp/
学校説明会 4月中旬～（月1回）

私立	日々輝学園高等学校	普通科
通信制	生徒数／1,434人（男子891人／女子543人）	

①「一人ひとりを大切にする教育」をモットーに、きめ細かな教育を行っています。学び直し・ICT教育・体験型キャリア教育"みらい"を重視し、緑豊かな環境での体験学習に取り組んでいます。
②卒業生の約3割が四年制大学または短期大学へ進学、約5割は専門学校へ進学、約2割は就職等それぞれ希望の進路を実現しています。
③陸上競技部・ソフトテニス部が全国大会に出場。文化部では高校生国際美術展やまんが甲子園などで活躍しています。令和4年4月よりオンラインコースを開設しました。

■所在地／栃木県塩谷郡塩谷町大宮2475番地1
■TEL／0287-41-3851 ■FAX／0287-41-3852
■HP／https://www.hibiki-gakuen.ed.jp/
学校説明会 6月頃より順次実施

私立	KTCおおぞら高等学院	みらい学科 アドバンス学科 スタンダード学科
通信制サポート校	生徒数／全国約10,000名	

①「高卒資格がゴールじゃない。なりたい大人になるための学校Ⓡ。」として、生徒一人ひとりが描く、「なりたい大人」をめざすためのさまざまな体験や環境が整っています。
②国公立大学・私立大学・専門学校進学、就職、留学、実績多数有。進学対策、面接指導、職業体験等キャリア教育プログラムなどが充実しており、卒業後の進路をサポートします。
③KTCおおぞら先生「マイコーチⓇ」が「KTCみらいノートⓇ」を使ってなりたい大人を共に描きます。「みらいの架け橋レッスンⓇ（選択授業）」ではイラスト・ダンス・ネイル・音楽・eスポーツ・各種検定など多種多様な科目があります。なりたい大人像がすでにある人もまた想像できない人も、高校卒業をゴールとするのではなく、その先のなりたい大人となって幸せな未来を歩むことになるみなさんをサポートします。

■所在地／栃木県宇都宮市駅前通り3丁目2番3号 チサンホテル宇都宮3F ■TEL／028-632-5001
■HP／https://www.ktc-school.com/
学校説明会 随時

MEMO

2022(令和4)年度実施済 栃木県立高校全日制 一般選抜合格結果

【表の見方】
①一般選抜定員は、特色選抜と海外特別選抜の内定者数を募集定員から差し引いたもの。宇都宮東、佐野、矢板東は内部進学による内定者数も差し引いている。
②第3志望まで出願できる学科は第2、第3志望合格者を含む。合格倍率は受検人員を、第1志望合格人員で割ったもの。合計の合格倍率は総受検人員を総合格人員で割ったもの。

学校名	学科名	男女	募集定員	特色選抜内定者数	A海外特別選抜内定者数	一般選抜定員	受検者数	合格者数	合格倍率	前年合格倍率
宇都宮	普通	男	280	18	2	260	308	260	1.18	1.25
宇都宮東	普通	男女	160	57	1	0	／	／	／	／
宇都宮南	普通	男女	320	103		217	291	217	1.34	1.31
宇都宮北	普通	男女	320	48	4	268	402	269	1.49	1.39
宇都宮清陵	普通	男女	200	50		150	149	149	1.00	1.36
宇都宮女子	普通	女	280	26	2	252	285	252	1.13	1.15
宇都宮中央	普通	男女	240	30		210	394	212	1.86	—
	総合家庭	男女	40	9		31	40	32	1.53	—
宇都宮白楊	農業経営	男女	40	14		26	45	27	1.67	1.48
	生物工学	男女	40	14		26	42	27	1.56	1.81
	食品科学	男女	40	14		26	41	27	1.52	1.48
	農業工学	男女	40	14		26	43	27	1.59	1.17
	情報技術	男女	40	14		26	46	27	1.70	1.63
	流通経済	男女	40	14		26	46	27	1.70	1.38
	服飾デザイン	男女	40	14		26	47	27	1.74	1.44
宇都宮工業	機械システム	男女	120	42		78	92	78	1.21	1.04
	電気情報システム	男女	80	28		52	63	52	1.26	1.27
	建築デザイン	男女	40	14		26	38	26	1.46	1.43
	環境建設システム	男女	80	26		54	63	54	1.31	1.09
宇都宮商業	商業	男女	200	70		130	186	130	1.43	1.29
	情報処理	男女	80	28		52	54	52	1.32	1.38
鹿沼	普通	男女	240	60		180	214	180	1.19	1.32
鹿沼東	普通	男女	200	64		136	154	136	1.13	1.11
鹿沼南	普通	男女	40	10		30	28	28	1.00	1.00
	食料生産	男女	40	10		30	30	30	1.03	1.04
	環境緑地	男女	40	10		30	31	30	1.03	1.00
	ライフデザイン	男女	40	14		26	28	26	1.08	1.08
鹿沼商工	情報科学	男女	40	10		30	36	30	1.20	1.17
	商業	男女	120	42		78	88	78	1.13	1.31
今市	総合学科	男女	160	54		106	135	106	1.27	1.13

学校名	学科名	男女	募集定員	特色選抜内定者数	A海外特別選抜内定者数	一般選抜定員	受検者数	合格者数	合格倍率	前年合格倍率
今市工業	機械	男女	80	24		56	19	19	1.00	1.00
	電気	男女	40	7		33	14	14	1.00	1.00
	建設工学	男女	40	13		27	14	14	1.00	1.00
日光明峰	普通	男女	80	21	1	58	31	31	1.00	1.00
上三川	普通	男女	160	39		121	154	121	1.27	1.24
石橋	普通	男女	240	60	1	179	203	179	1.13	1.19
小山	普通	男女	200	50	1	149	160	149	1.07	1.10
	数理科学	男女	40	10		30	34	30	1.13	1.00
小山南	普通	男女	80	21		59	65	59	1.10	1.38
	スポーツ	男女	80	42		38	23	23	1.00	1.00
小山西	普通	男女	200	50		150	209	150	1.39	1.30
小山北桜	食料環境	男女	40	10		30	23	23	1.00	1.05
	建築システム	男女	40	10		30	26	26	1.00	1.00
	総合ビジネス	男女	40	10		30	24	24	1.00	1.00
	生活文化	男女	40	10		30	26	26	1.00	1.03
小山城南	総合学科	男女	200	50		150	161	150	1.07	1.09
栃木	普通	男	240	54		186	189	186	1.02	1.18
栃木女子	普通	女	240	58		182	211	182	1.16	1.08
栃木農業	植物科学	男女	40	9		31	31	31	1.03	1.29
	動物科学	男女	40	10		30	32	30	1.07	1.10
	食品科学	男女	40	10		30	36	30	1.27	1.23
	環境デザイン	男女	40	10		30	34	30	1.13	1.30
栃木工業	機械	男女	80	28		52	50	52	1.00	1.33
	電気	男女	40	14		26	27	26	1.08	1.16
	電子情報	男女	40	14		26	30	26	1.15	1.31
栃木商業	商業	男女	120	42		78	80	78	1.03	1.00
	情報処理	男女	40	14		26	28	26	1.08	1.00
栃木翔南	普通	男女	160	40		120	141	120	1.18	1.40
壬生	普通	男女	160	50		110	142	110	1.29	1.20
佐野	普通	男女	*160	19	1	39	33	33	1.00	1.00
佐野東	普通	男女	200	50		150	169	150	1.13	1.15
佐野松桜	情報制御	男女	80	28		52	57	52	1.10	1.02
	商業	男女	80	28		52	55	50	1.06	1.00
	家政	男女	40	14		26	31	26	1.19	1.23
	介護福祉	男女	30	10		20	24	20	1.20	1.05

学校名	学科名	男女	募集定員	特色選抜内定者数	A海外特別選抜内定者数	一般選抜定員	受検者数	合格者数	合格倍率	前年合格倍率
足利	普通	男女	240	60		180	223	180	1.24	—
足利南	総合学科	男女	160	56		104	134	104	1.29	1.00
足利工業	機械	男女	80	28		52	51	50	1.02	1.19
	電気システム	男女	40	14		26	26	26	1.00	1.05
	産業デザイン	男女	40	14		26	26	26	1.00	1.00
足利清風	普通	男女	120	42		78	74	73	1.01	1.00
	商業	男女	80	28		52	56	52	1.08	1.31
真岡	普通	男	200	49	1	150	161	150	1.07	1.06
真岡女子	普通	女	200	50	1	149	156	149	1.05	1.01
真岡北陵	生物生産	男女	40	14		26	31	26	1.19	1.19
	農業機械	男女	40	14		26	32	26	1.23	1.00
	食品科学	男女	40	14		26	31	26	1.19	1.04
	総合ビジネス	男女	40	12		26	29	26	1.12	1.00
	介護福祉	男女	30	10		20	14	13	1.08	1.00
真岡工業	機械	男女	40	14		26	27	26	1.08	1.19
	生産機械	男女	40	14		26	28	26	1.12	1.15
	建設	男女	40	14		26	21	26	1.00	1.00
	電子	男女	40	14		26	33	26	1.27	1.04
益子芳星	普通	男女	160	49		111	112	111	1.01	1.00
茂木	総合学科	男女	160	56	1	103	103	103	1.00	1.00
烏山	普通	男女	160	41		119	96	96	1.00	1.01
馬頭	普通	男女	80	9		71	21	21	1.00	1.05
	水産	男女	25	7		18	5	4	1.25	1.06
大田原	普通	男	200	40		160	179	160	1.12	1.21
大田原女子	普通	女	200	50		150	150	150	1.00	1.12
黒羽	普通	男女	120	42		78	69	69	1.00	1.00
那須拓陽	普通	男女	80	28	1	51	50	49	1.02	1.00
	農業経営	男女	40	14		26	23	24	1.00	1.00
	生物工学	男女	40	14		26	27	26	1.04	1.07
	食品化学	男女	40	14		26	27	26	1.04	1.12
	食物文化	男女	40	14		26	25	25	1.00	1.00

学校名	学科名	男女	募集定員	特色選抜内定者数	A海外特別選抜内定者数	一般選抜定員	受検者数	合格者数	合格倍率	前年合格倍率
那須清峰	機械	男女	40	14		26	20	20	1.00	1.00
	機械制御	男女	40	9		31	23	26	1.00	1.00
	電気情報	男女	40	14		26	29	26	1.12	1.27
	建設工学	男女	40	14		26	15	15	1.00	1.00
	商業	男女	40	14		26	21	21	1.00	1.04
那須	普通	男女	80	28	1	56	39	39	1.00	1.00
	リゾート観光	男女	40	12		28	14	14	1.00	1.00
黒磯	普通	男女	160	40	1	119	126	119	1.06	1.00
黒磯南	総合学科	男女	160	56		104	99	99	1.00	1.00
矢板	農業経営	男女	40	14	1	25	19	19	1.00	1.08
	機械	男女	40	14		26	12	12	1.00	1.08
	電子	男女	40	14		26	19	19	1.00	1.00
	栄養食物	男女	40	14		26	27	26	1.04	1.00
	介護福祉	男女	30	10		20	16	16	1.00	1.20
矢板東	普通	男女	*160	31		65	58	58	1.00	1.02
高根沢	普通	男女	80	20		60	36	36	1.00	1.00
	商業	男女	120	36		84	59	59	1.00	1.01
さくら清修	総合学科	男女	240	84		156	206	156	1.32	1.08
合計			11,395	3,122	20	7,986	8,887	7,582	1.17	1.16

[備考]

1 一般選抜定員=(募集定員)−(特色選抜内定者数)−(A海外特別選抜内定者数)
ただし、宇都宮東高等学校、佐野高等学校及び矢板東高等学校の一般選抜定員は、
一般選抜定員=(募集定員)−(特色選抜内定者数)−(A海外特別選抜内定者数)−(内部進学による内定者数)

2 合格倍率= $\frac{\text{受検人員}}{\text{第一志望合格人員}}$ ただし、合計欄の合格倍率= $\frac{\text{受検人員計}}{\text{合格人員計}}$

2022(令和4)年度実施済 栃木県立高校全日制 特色選抜の割合及び選抜の方法

学校名	学科名	男女	特色選抜の定員の割合	面接の形式		作文・小論文				学校独自検査
				個人面接	集団面接	作文	小論文	所要時間	文字数	
宇都宮	普通	男	10%程度	○			○	60分	500~700字	
宇都宮東	普通	男女	100%		○					学校作成問題(国·数·英)
宇都宮南	普通	男女	30%程度	○			○	50分	500~600字	
宇都宮北	普通	男女	10%程度	○			○	50分	500~600字	
宇都宮清陵	普通	男女	20%程度	○		○		50分	500~600字	
宇都宮女子	普通	女	10%程度	○			○	50分	500~600字	
宇都宮中央	普通	男女	10%程度	○			○	50分	500~600字	
	総合家庭	男女	20%程度	○			○	50分	500~600字	
宇都宮白楊	農業経営	男女	30%程度	○			○	50分	500~600字	
	生物工学	男女	30%程度	○			○	50分	500~600字	
	食品科学	男女	30%程度	○			○	50分	500~600字	
	農業工学	男女	30%程度	○			○	50分	500~600字	
	情報技術	男女	30%程度	○			○	50分	500~600字	
	流通経済	男女	30%程度	○			○	50分	500~600字	
	服飾デザイン	男女	30%程度	○			○	50分	500~600字	
宇都宮工業	機械システム	男女	30%程度	○		○		40分	500~600字	
	電気情報システム	男女	30%程度	○		○		40分	500~600字	
	建築デザイン	男女	30%程度	○		○		40分	500~600字	
	環境建設システム	男女	30%程度	○		○		40分	500~600字	
宇都宮商業	商業	男女	30%程度	○		○		45分	400~500字	
	情報処理	男女	30%程度	○		○		45分	400~500字	
鹿沼	普通	男女	20%程度	○			○	50分	600字程度	
鹿沼東	普通	男女	30%程度	○		○		50分	600字程度	
鹿沼南	普通	男女	20%程度	○		○		40分	400~500字	
	食料生産	男女	20%程度	○		○		40分	400~500字	
	環境緑地	男女	20%程度	○		○		40分	400~500字	
	ライフデザイン	男女	30%程度	○		○		40分	400~500字	
鹿沼商工	情報科学	男女	20%程度	○		○		45分	400~500字	
	商業	男女	30%程度	○		○		45分	400~500字	
今市	総合学科	男女	30%程度	○		○		50分	500~600字	
今市工業	機械	男女	30%程度	○		○		30分	300~400字	
	電気	男女	30%程度	○		○		30分	300~400字	
	建設工学	男女	30%程度	○		○		30分	300~400字	

学校名	学科名	男女	特色選抜の定員の割合	面接の形式		作文・小論文				学校独自検査
				個人面接	集団面接	作文	小論文	所要時間	文字数	
日光明峰	普通	男女	30%程度	○		○		30分	320~400字	学校作成問題（数·英）
上三川	普通	男女	20%程度	○		○		40分	400~500字	
石橋	普通	男女	20%程度	○			○	50分	500~700字	
小山	普通	男女	20%程度	○			○	50分	600~800字	
	数理科学	男女	20%程度	○			○	50分	600~800字	
小山南	普通	男女	30%程度	○		○		30分	400字程度	
	スポーツ	男女	50%程度	○		○		30分	400字程度	
小山西	普通	男女	20%程度	○			○	50分	600字程度	
小山北桜	食料環境	男女	20%程度	○		○		40分	400字程度	
	建築システム	男女	20%程度	○		○		40分	400字程度	
	総合ビジネス	男女	20%程度	○		○		40分	400字程度	
	生活文化	男女	20%程度	○		○		40分	400字程度	
小山城南	総合学科	男女	20%程度	○		○		40分	450~500字	
栃木	普通	男	20%程度	○						学校作成問題（総合問題A·B）
栃木女子	普通	女	20%程度	○			○	50分	600字程度	
栃木農業	植物科学	男女	20%程度	○		○		40分	400字程度	
	動物科学	男女	20%程度	○		○		40分	400字程度	
	食品科学	男女	20%程度	○		○		40分	400字程度	
	環境デザイン	男女	20%程度	○		○		40分	400字程度	
栃木工業	機械	男女	30%程度	○		○		40分	400~500字	
	電気	男女	30%程度	○		○		40分	400~500字	
	電子情報	男女	30%程度	○		○		40分	400~500字	
栃木商業	商業	男女	30%程度	○		○		30分	400~480字	
	情報処理	男女	30%程度	○		○		30分	400~480字	
栃木翔南	普通	男女	20%程度	○			○	50分	600字程度	
壬生	普通	男女	30%程度	○		○		40分	540~600字	
佐野	普通	男女	30%程度	○		○		50分	600字程度	
佐野東	普通	男女	20%程度	○			○	50分	600字程度	
佐野松桜	情報制御	男女	30%程度	○		○		30分	350~400字	
	商業	男女	30%程度	○		○		30分	350~400字	
	家政	男女	30%程度	○		○		30分	350~400字	
	介護福祉	男女	30%程度	○		○		30分	350~400字	

学校名	学科名	男女	特色選抜の定員の割合	面接の形式		作文・小論文				学校独自検査
				個人面接	集団面接	作文	小論文	所要時間	文字数	
足利	普通	男女	20%程度	○			○	50分	600字程度	
足利南	総合学科	男女	30%程度	○		○		40分	400～500字	
足利工業	機械	男女	30%程度	○		○		30分	400字程度	
	電気システム	男女	30%程度	○		○		30分	400字程度	
	産業デザイン	男女	30%程度	○		○		30分	400字程度	
足利清風	普通	男女	30%程度	○		○		30分	340～400字	
	商業	男女	30%程度	○		○		30分	340～400字	
真岡	普通	男	20%程度	○			○	60分	700～800字	
真岡女子	普通	女	20%程度	○			○	50分	600字程度	
真岡北陵	生物生産	男女	30%程度	○		○		30分	400字程度	
	農業機械	男女	30%程度	○		○		30分	400字程度	
	食品科学	男女	30%程度	○		○		30分	400字程度	
	総合ビジネス	男女	30%程度	○		○		30分	400字程度	
	介護福祉	男女	30%程度	○		○		30分	400字程度	
真岡工業	機械	男女	30%程度	○		○		30分	300～500字	
	生産機械	男女	30%程度	○		○		30分	300～500字	
	建設	男女	30%程度	○		○		30分	300～500字	
	電子	男女	30%程度	○		○		30分	300～500字	
益子芳星	普通	男女	30%程度	○		○		30分	400字程度	
茂木	総合学科	男女	30%程度	○		○		40分	500～600字	
烏山	普通	男女	30%程度	○		○		40分	500～600字	
馬頭	普通	男女	20%程度	○		○		30分	400～600字	
	水産	男女	30%程度	○		○		30分	400～600字	
大田原	普通	男	20%程度	○		○		40分	500～600字	
大田原女子	普通	女	20%程度	○		○		40分	540～600字	
黒羽	普通	男女	30%程度	○		○		40分	400～500字	
那須拓陽	普通	男女	30%程度	○		○		40分	400字程度	
	農業経営	男女	30%程度	○		○		40分	400字程度	
	生物工学	男女	30%程度	○		○		40分	400字程度	
	食品化学	男女	30%程度	○		○		40分	400字程度	
	食物文化	男女	30%程度	○		○		40分	400字程度	

学校名	学科名	男女	特色選抜の定員の割合	面接の形式		作文・小論文				学校独自検査
				個人面接	集団面接	作文	小論文	所要時間	文字数	
那須清峰	機械	男女	30%程度	○		○		30分	400字程度	
	機械制御	男女	30%程度	○		○		30分	400字程度	
	電気情報	男女	30%程度	○		○		30分	400字程度	
	建設工学	男女	30%程度	○		○		30分	400字程度	
	商業	男女	30%程度	○		○		30分	400字程度	
那須	普通	男女	30%程度	○		○		30分	400字程度	
	リゾート観光	男女	30%程度	○		○		30分	400字程度	
黒磯	普通	男女	20%程度	○		○		40分	600字程度	
黒磯南	総合学科	男女	30%程度	○		○		40分	500~550字	
矢板	農業経営	男女	30%程度	○		○		30分	400字以内	
	機械	男女	30%程度	○		○		30分	400字以内	
	電子	男女	30%程度	○		○		30分	400字以内	
	栄養食物	男女	30%程度	○		○		30分	400字以内	
	介護福祉	男女	30%程度	○		○		30分	400字以内	
矢板東	普通	男女	30%程度	○		○		40分	500~600字	
高根沢	普通	男女	20%程度	○		○		30分	400字程度	
	商業	男女	30%程度	○		○		30分	400字程度	
さくら清修	総合学科	男女	30%程度	○		○		40分	500~600字	

※中高一貫教育に係る併設型高等学校のうち宇都宮東高校については、一般選抜を行わないことがあります。

2022(令和4)年度実施済 栃木県立高校全日制 特色選抜合格結果

学校名	学科名	男女	募集定員	特色選抜の割合・人数		受検者数	受検倍率	合格内定者	合格内定倍率
				割合	人数				
宇都宮	普通	男	280	10%	28	40	1.43	18	2.22
宇都宮東	普通	男女	*160	100%	55	83	1.51	57	1.46
宇都宮南	普通	男女	320	30%	96	132	1.38	103	1.28
宇都宮北	普通	男女	320	10%	32	112	3.50	48	2.33
宇都宮清陵	普通	男女	200	20%	40	58	1.45	50	1.16
宇都宮女子	普通	女	280	10%	28	51	1.82	26	1.96
宇都宮中央	普通	男女	240	10%	24	118	4.92	30	3.93
	総合家庭	男女	40	20%	8	23	2.88	9	2.56
宇都宮白楊	農業経営	男女	40	30%	12	39	3.25	14	2.79
	生物工学	男女	40	30%	12	24	2.00	14	1.71
	食品科学	男女	40	30%	12	33	2.75	14	2.36
	農業工学	男女	40	30%	12	28	2.33	14	2.00
	情報技術	男女	40	30%	12	28	2.33	14	2.00
	流通経済	男女	40	30%	12	37	3.08	14	2.64
	服飾デザイン	男女	40	30%	12	30	2.50	14	2.14
宇都宮工業	機械システム	男女	120	30%	36	63	1.75	42	1.50
	電気情報システム	男女	80	30%	24	36	1.50	28	1.29
	建築デザイン	男女	40	30%	12	27	2.25	14	1.93
	環境建設システム	男女	80	30%	24	35	1.46	26	1.35
宇都宮商業	商業	男女	200	30%	60	112	1.87	70	1.60
	情報処理	男女	80	30%	24	31	1.29	28	1.11
鹿沼	普通	男女	240	20%	48	96	2.00	60	1.60
鹿沼東	普通	男女	200	30%	60	66	1.10	64	1.03
鹿沼南	普通	男女	40	20%	8	12	1.50	10	1.20
	食料生産	男女	40	20%	8	13	1.63	10	1.30
	環境緑地	男女	40	20%	8	14	1.75	10	1.40
	ライフデザイン	男女	40	30%	12	22	1.83	14	1.57
鹿沼商工	情報科学	男女	40	20%	8	29	3.63	10	2.90
	商業	男女	120	30%	36	61	1.69	42	1.45
今市	総合学科	男女	160	30%	48	75	1.56	54	1.39
今市工業	機械	男女	80	30%	24	24	1.00	24	1.00
	電気	男女	40	30%	12	7	0.58	7	1.00
	建設工学	男女	40	30%	12	13	1.08	13	1.00
日光明峰	普通	男女	80	30%	24	21	0.88	21	1.00

学校名	学科名	男女	募集定員	特色選抜の割合・人数		受検者数	受検倍率	合格内定者	合格内定倍率
				割合	人数				
上三川	普通	男女	160	20%	32	47	1.47	39	1.21
石橋	普通	男女	240	20%	48	110	2.29	60	1.83
小山	普通	男女	200	20%	40	78	1.95	50	1.56
	数理科学	男女	40	20%	8	11	1.38	10	1.10
小山南	普通	男女	80	30%	24	21	0.88	21	1.00
	スポーツ	男女	80	50%	40	42	1.05	42	1.00
小山西	普通	男女	200	20%	40	87	2.18	50	1.74
小山北桜	食料環境	男女	40	20%	8	17	2.13	10	1.70
	建築システム	男女	40	20%	8	17	2.13	10	1.70
	総合ビジネス	男女	40	20%	8	13	1.63	10	1.30
	生活文化	男女	40	20%	8	19	2.38	10	1.90
小山城南	総合学科	男女	200	20%	40	76	1.90	50	1.52
栃木	普通	男	240	20%	48	113	2.35	54	2.09
栃木女子	普通	女	240	20%	48	93	1.94	58	1.60
栃木農業	植物科学	男女	40	20%	8	11	1.38	9	1.22
	動物科学	男女	40	20%	8	27	3.38	10	2.70
	食品科学	男女	40	20%	8	18	2.25	10	1.80
	環境デザイン	男女	40	20%	8	14	1.75	10	1.40
栃木工業	機械	男女	80	30%	24	29	1.21	28	1.04
	電気	男女	40	30%	12	17	1.42	14	1.21
	電子情報	男女	40	30%	12	19	1.58	14	1.36
栃木商業	商業	男女	120	30%	36	57	1.58	42	1.36
	情報処理	男女	40	30%	12	19	1.58	14	1.36
栃木翔南	普通	男女	160	20%	32	74	2.31	40	1.85
壬生	普通	男女	160	30%	48	71	1.48	50	1.42
佐野	普通	男女	*160	30%	16	34	2.13	19	1.79
佐野東	普通	男女	200	20%	40	79	1.98	50	1.58
佐野松桜	情報制御	男女	80	30%	24	28	1.17	28	1.00
	商業	男女	80	30%	24	46	1.92	28	1.64
	家政	男女	40	30%	12	26	2.17	14	1.86
	介護福祉	男女	30	30%	9	21	2.33	10	2.10
足利	普通	男女	240	20%	48	126	2.63	60	2.10
足利南	総合学科	男女	160	30%	48	84	1.75	56	1.50

学校名	学科名	男女	募集定員	特色選抜の割合・人数		受検者数	受検倍率	合格内定者	合格内定倍率
				割合	人数				
足利工業	機械	男女	80	30%	24	28	1.17	28	1.00
	電気システム	男女	40	30%	12	15	1.25	14	1.07
	産業デザイン	男女	40	30%	12	28	2.33	14	2.00
足利清風	普通	男女	120	30%	36	54	1.50	42	1.29
	商業	男女	80	30%	24	44	1.83	28	1.57
真岡	普通	男	200	20%	40	61	1.53	49	1.24
真岡女子	普通	女	200	20%	40	79	1.98	50	1.58
真岡北陵	生物生産	男女	40	30%	12	22	1.83	14	1.57
	農業機械	男女	40	30%	12	14	1.17	14	1.00
	食品科学	男女	40	30%	12	25	2,08	14	1.79
	総合ビジネス	男女	40	30%	12	18	1.50	14	1.29
	介護福祉	男女	30	30%	9	17	1.89	10	1.70
真岡工業	機械	男女	40	30%	12	20	1.67	14	1.43
	生産機械	男女	40	30%	12	15	1.25	14	1.07
	建設	男女	40	30%	12	30	2.50	14	2.14
	電子	男女	40	30%	12	20	1.67	14	1.43
益子芳星	普通	男女	160	30%	48	51	1.06	49	1.04
茂木	総合学科	男女	160	30%	48	87	1.81	56	1.55
烏山	普通	男女	160	30%	48	42	0.88	41	1.02
馬頭	普通	男女	80	20%	16	9	0.56	9	1.00
	水産	男女	25	30%	7	8	1,14	7	1.14
大田原	普通	男	200	20%	40	50	1.25	40	1.25
大田原女子	普通	女	200	20%	40	84	2,10	50	1.68
黒羽	普通	男女	120	30%	36	45	1.25	42	1.07
那須拓陽	普通	男女	80	30%	24	39	1.63	28	1.39
	農業経営	男女	40	30%	12	24	2.00	14	1.71
	生物工学	男女	40	30%	12	23	1.92	14	1.64
	食品化学	男女	40	30%	12	31	2.58	14	2.21
	食物文化	男女	40	30%	12	35	2.92	14	2.50

学校名	学科名	男女	募集定員	特色選抜の割合・人数		受検者数	受検倍率	合格内定者	合格内定倍率
				割合	人数				
那須清峰	機械	男女	40	30%	12	20	1.67	14	1.43
	機械制御	男女	40	30%	12	9	0.75	9	1.00
	電気情報	男女	40	30%	12	29	2.42	14	2.07
	建設工学	男女	40	30%	12	20	1.67	14	1.43
	商業	男女	40	30%	12	12	1.00	12	1.00
那須	普通	男女	80	30%	24	23	0.96	23	1.00
	リゾート観光	男女	40	30%	12	12	1.00	12	1.00
黒磯	普通	男女	160	20%	32	76	2.38	40	1.90
黒磯南	総合学科	男女	160	30%	48	85	1.77	56	1.52
矢板	農業経営	男女	40	30%	12	23	1.92	14	1.64
	機械	男女	40	30%	12	15	1.25	14	1.07
	電子	男女	40	30%	12	16	1.33	14	1.14
	栄養食物	男女	40	30%	12	27	2.25	14	1.93
	介護福祉	男女	30	30%	9	13	1.44	10	1.30
矢板東	普通	男女	＊160	30%	27	40	1.48	31	1.29
高根沢	普通	男女	80	20%	16	23	1.44	20	1.15
	商業	男女	120	30%	36	36	1.00	36	1.00
さくら清修	総合学科	男女	240	30%	72	132	1.83	84	1.57
合計			11,395		2,744	4,766	1.74	3,122	1.53

［備考］

1　受検倍率＝ 受検人員 ／ 特色選抜の割合の人数

2　合格内定倍率＝ 受検人員 ／ 合格内定人員

3　定員の割合(%)＝ 合格内定人員 ／ 募集定員 ×１００

4　一般選抜定員＝(募集定員)－(特色選抜内定者数)－(Ａ海外特別選抜内定者数)

ただし、宇都宮東高等学校、佐野高等学校及び矢板東高等学校の一般選抜定員は、
一般選抜定員＝(募集定員)－(特色選抜内定者数)－(Ａ海外特別選抜内定者数)－(内部進学による内定者数)

栃木県立高校
定時制／通信制

2022(令和4)年度実施済

県立定時制高校入試結果

学校名	学科名	男女	一般選抜定員	出願人員		合格人員		面接の形式	
				出願人員	出願倍率	合格人員	合格倍率	個人面接	集団面接
宇都宮工業	(午後部)普通	男女	40	35	0.88	31	1.00	○	
	(夜間部)工業技術	男女	40	14	0.35	14	1.00	○	
宇都宮商業	普通	男女	40	19	0.48	18	1.00	○	
	商業	男女	40	5	0.13	5	1.00	○	
鹿沼商工	普通	男女	40	3	0.08	3	1.00	○	
学悠館	(Ⅰ部)普通	男女	36	47	1.31	36	1.22	○	
	(Ⅱ部)普通	男女	36	21	0.58	28	1.00	○	
	(Ⅲ部)普通	男女	20	6	0.30	6	1.00	○	
足利工業	工業技術	男女	40	10	0.25	10	1.00	○	
真岡	普通	男女	40	20	0.50	19	1.05	○	
大田原東	普通	男女	40	11	0.28	11	1.00	○	○
矢板東	普通	男女	40	5	0.13	5	1.00	○	
合計			452	196	0.43	186	1.01		

一般選抜

1.出願

入学志願者は、次のア、イの場合を除き、1校1学科に限り出願するものとする。

ア　宇都宮商業高等学校を志願する場合は、当該校の中の異なる学科を第2志望まで出願することができる。

イ　学悠館高等学校については、普通科のⅠ部(午前の部)、Ⅱ部(午後の部)、Ⅲ部(夜間の部)の3つの中から第3志望まで出願することができる。

2.学力検査問題

国語、社会、数学、理科及び外国語（英語）について基礎的な事項を総合して行い、配点はそれぞれについて100点とする。ただし、2022(令和4)年4月1日現在で満20歳以上の志願者については、高等学校長の判断により学力検査を行わず、作文をもってこれに代えることができる。

3.作文による受検

作文による受検を希望する志願者は、「作文による受検許可願」を期間中に「入学願書」とともに提出し、志願先高等学校長の許可を得る。

4.学力検査期日及び集合時刻

2022(令和4)年3月17日（木）午前9時集合　※令和5年度については17ページを参照のこと。

5.検査日程

時間	9：30～10：30	10：55～11：35
学力検査	国語・社会・英語	数学・理科
作文による検査	作文	

6.合格者の発表

3月23日（水）午前10時

合格者の発表は、各高等学校に掲示するほか、合格者に対し「合格通知書」を交付する。その際、合格者は「受検票」を提示する。

◇フレックス特別選抜について

栃木県立学悠館高校は、フレックス・ハイスクールです 。

フレックス制とはライフスタイルに応じて、学校で学習する時間帯を選択できるしくみのことをいいます。学悠館では定時制課程I部（午前の部）・Ⅱ部（午後の部）・Ⅲ部（夜間の部）の3コースに加え、通信制課程も併設しています。

1.募集　各部・各学科の募集定員のそれぞれ50%を上限とする。

募集定員
☆定時制課程（募集定員　200名）　Ⅰ部（午前の部）… 普通科　80名
Ⅱ部（午後の部）… 普通科　80名
Ⅲ部（夜間の部）… 普通科　40名
☆通信制課程（総定員　普通科　450名）

2.出願条件

☆栃木県内に住所を有する者（定時制の場合は隣接県の一部地域を含む）
☆出願の時点で中学校を卒業、または卒業見込みの者
定時制課程においては入試は定時制課程の一般選抜とフレックス特別選抜の2種類があります。
フレックス特別選抜は、昼夜間開講の定時制・通信制課程を置く、単位制による県立高校（フレックス・ハイスクール）の定時制課程において実施します。現在のところ、栃木県内では学悠館高校定時制課程のみです。
フレックス特別選抜の定員の割合については、各部・各学科の募集定員のそれぞれ50%を上限とし、普通科のI部（午前の部）、Ⅱ部（午後の部）、Ⅲ部（夜間の部）の3つのなかから第3志望まで出願できます。ただし、全日制課程と併願はできません。
学力検査は行わず面接および作文をもってそれに代えます。面接は個人面接、作文は50分、600文字程度です。
※詳しくは学悠館高等学校までお問い合わせください。　**電話 0282-20-7073**

◇通信制課程について

通信制とは、報告課題（レポート）の提出と面接指導（スクーリング）および試験により単位を修得し、3年あるいは4年で卒業する課程です。栃木県で通信制課程を置く高等学校は、栃木県立宇都宮高等学校（宇都宮市）と、栃木県立学悠館高等学校（栃木市）の2校です。

1.通信制高校では

●生涯学習の観点から生涯学習機関としての役割も果たしています。
●さまざまな理由で毎日の学習ができない生徒にも自宅学習の機会を提供しています。

2.通信制高校での学習は

●報告課題（レポート）
自学自習の状況を報告するのがレポートです。レポートは、添削されて指導助言・解答例などとともに返送されます。
●面接指導（スクーリング）
スクーリングは年間23日程度、日曜日に行われますが、仕事の都合で日曜日に登校できない人のために火曜スクーリング制度もあります。スクーリングでは各教科の指導を受けるとともに、クラブ活動や生徒会活動、遠足や文化祭・体育祭等の特別活動があります。特定の教科は、放送視聴により面接指導の一部代替とする制度もあります。
●試験
試験は所定のレポートに合格し、かつ定められた出席時間を満たした人が受験できます。前期試験（8･9月）と後期試験（1･2月）の年2回です。
●年間履修科目は
4年間で卒業するコースは、年間７～8科目程度、3年で卒業する３修コースは、年間11科目程度履修します。

2022(令和4)年度実施済 栃木県内私立高校 生徒募集要項

学校名	部・科	男女別	募集人数	募集期間	試験日	合格発表通知日	試験科目
作新学院	トップ英進部 SIクラス	男女	20人	第1回 インターネット出願 11月22日～12月2日 第2回 インターネット出願 1月15日～18日	第1回 トップ英進部・英進部 1月7日 総合進学部・情報科学部 1月6日 第2回 1月31日	第1回 1月11日 第2回 2月4日	第1回 国・数・英(リスニング含む)・理・社 第2回 国・数・英(リスニング含む)
	トップ英進部 SIIクラス	男女	60人				
	英進部 英進選抜クラス	男女	70人				
	英進部 英進クラス	男女	150人				
	総合進学部 特別進学クラス	男女	60人				
	総合進学部 進学クラス	男女	450人				
	情報科学部 商業システム科	男女	80人				
	情報科学部 電気電子システム科	男女	80人				
	情報科学部 自動車整備士養成科	男女	80人				
	情報科学部 美術デザイン科	男女	80人				
	情報科学部 ライフデザイン科	男女	80人				
	情報科学部 普通科総合選択コース	男女	280人				
	計		1,490人				
文星芸術大学附属	英進科 I類	男女	20人	第1回入試 インターネット 11月22日～12月2日 調査書等 12月7日～10日 第2回入試 インターネット 1月14日～20日 調査書等 1月24日～28日	第1回入試 1月7日又は 1月8日 第2回入試 2月2日	第1回入試 1月11日 第2回入試 2月4日	第1回・第2回 5教科型/国(作文含む)・社・数・理・英(リスニング含む) 3教科型/国・数・英・面接(単願受験者のみ)
	英進科 II類	男	40人				
	普通科 進学コース	男	60人				
	普通科 総合コース	男	200人				
	普通科 美術デザインコース	男	20人	推薦入試 インターネット 11月22日～12月2日 調査書等 12月7日～10日	推薦入試 1月7日	推薦入試 1月11日	推薦入試 普通科(進学・総合コース)作文・面接 普通科(美術デザインコース) 作品提出・作文・面接 総合ビジネス科 作文・面接
	総合ビジネス科	男	180人				
	計		520人				
宇都宮文星女子	秀英特進科 秀英特進コース	女	40人	第1回入試 インターネット出願 11月22日～12月2日 第2回入試 インターネット出願 1月14日～20日	第1回入試 1月7日 第2回入試 2月2日	第1回入試 1月11日 第2回入試 2月4日	第1回・第2回 5教科型 国(作文含む)・社・数・理・英(リスニング含む) 3教科型 国(作文含む)・数・英(リスニング含む)・実技(美術デザインコースのみ)・面接(単願受験者のみ)
	秀英特進科 英語留学コース	女	30人				
	普通科 美術デザインコース	女	30人				
	普通科 選抜進学コース	女	35人				
	普通科 文理探究コース ・文理進学系 ・教養進学系 ・幼児教育系 ・食物栄養系 ・社会福祉系	女	205人 ※2学年から分かれる				
	総合ビジネス科 ICTコース	女	20人	推薦入試 インターネット出願 11月22日～12月2日	推薦入試 1月7日	推薦入試 1月12日	推薦入試 美術デザインコース 作文・実技 その他の科・コース 作文・面接
	総合ビジネス科 会計・流通コース ・会計系 ・流通系	女	120人 ※2学年から分かれる				
	計		480人				
宇都宮短期大学附属	普通科 特別選抜コース	男女	30人	第1回(単願・併願) インターネット 11月22日～12月2日 第2回(単願・併願) インターネット 1月9日～15日	第1回 1月4日又は 1月5日 (音楽科は5教科終了後に実技面接) 第2回 2月1日	第1回 1月8日 第2回 2月3日	第1回・第2回 国・数・英(リスニング含む)・社・理 音楽科は実技・面接あり
	普通科 特進コース	男女	90人				
	普通科 進学コース	男女	160人				
	普通科 応用文理コース	男女	230人				
	生活教養科	女	120人				
	情報商業科	男女	120人				
	調理科	男女	80人				
	音楽科	男女	40人				
	計		870人				
足利短期大学附属	普通科 特進コース	女	25人	学特推薦・一般単願 12月6日～10日 学特併願 12月6日～10日 一般併願 1月20日～21日	学特推薦・一般単願 1月5日 学特併願 1月15日 一般併願 1月29日	学特推薦・一般単願 1月7日 学特併願 1月19日 一般併願 1月31日	学特推薦:面接 一般単願:国・数・英・面接 学特併願:国・社・数・理・英(リスニング含む) 一般併願:国・数・英(リスニング含む)
	普通科 進学コース	女	90人				
	普通科 福祉教養コース	女	45人				
	計		160人				
佐野清澄	普通科	男女	70人	第1回 インターネット 11月29日～12月10日 第2回 インターネット 1月18日～22日 第3回 インターネット 2月2日～5日	第1回 1月7日 第2回 1月29日 第3回 2月11日	第1回 1月12日 第2回 2月1日 第3回 2月15日	第1回・第2回・第3回 国・数・英
	生活デザイン科 ライフ・プロデュースコース スイーツ・プロデュースコース 食物調理コース	男女	90人				
	計		160人				
青藍泰斗	普通科	男女	160人	第1回(単願・併願) インターネット 11月23日～12月3日 調査書等 12月13日・14日 第2回(単願・併願) インターネット 1月19日～24日 調査書等 1月25日	第1回(単願) 1月6日 第1回(一般併願) 1月6日 (学業特待生試験) 1月7日 第2回 1月28日	第1回 (単願・併願) 1月13日 第2回 2月1日	第1回 単願 国・数・英 一般併願 国・数・英 学業特待生試験 国・数・英(リスニング含む)・理・社 第2回 単願・併願 国・数・英
	総合ビジネス科	男女	120人				
	総合生活科	女	120人				
	計		400人				

学校名	部・科		男女別	募集人数	募集期間	試験日	合格発表通知日	試験科目
白鷗大学足利	普通科	特別進学コース	男女	35人	学業特待 インターネット出願 11月27日～12月7日 特別進学コース インターネット出願 11月27日～12月7日 一般入試 インターネット出願 1月11日～18日	学業特待 1月5日 特別進学コース 1月5日 一般入試 1月30日	学業特待 1月11日 特別進学コース 1月11日 一般入試 2月3日	学業特待 国・社・数・英・理 特別進学コース 国・社・数・英・理・面接 一般入試 国・数・英・面接
		進学コース	男女	210人				
		文理進学コース	男女	175人				
		総合進学コース	男女	245人	推薦入試 インターネット出願 11月28日～12月8日	推薦入試 1月5日	推薦入試 1月12日	推薦入試 国・数・英・面接
	計			665人				
宇都宮海星女子学院	普通科	特別選抜コース	女	20人	第1回 インターネット出願 11月22日～12月2日 調査書等 12月7日～10日 第2回 インターネット出願 1月12日～20日 調査書等 1月25日～27日	第1回 1月5日 第2回 1月29日	第1回 1月7日 第2回 1月31日	第1回 国・数・英(リスニング含む) 第2回 国・数・英(リスニング含む)
					推薦入試(単願・併願) 第1回 インターネット出願 11月22日～12月2日 調査書等 12月7日～10日 第2回 インターネット出願 1月12日～20日 調査書等 1月24日～26日	推薦入試 第1回 1月5日 第2回 1月29日	推薦入試 第1回 1月7日 第2回 1月31日	推薦入試 第1回・第2回 特別選抜コース 国・数・英(リスニング含む) 進学コース 作文・面接
		進学コース		130人	海外帰国生徒入試 インターネット出願 11月22日～12月2日 調査書等 12月7日～10日	海外帰国生徒入試 1月5日	海外帰国生徒入試 1月7日	海外帰国生徒入試 特別選抜コース 国・数・英(リスニング含む)・作文・面接 進学コース 作文・面接
					自己推薦 インターネット出願 11月22日～12月2日 調査書等 12月7日～10日	自己推薦 1月5日	自己推薦 1月7日	自己推薦 特別選抜コース 国・数・英(リスニング含む)・作文・面接 進学コース 作文・面接
	計			150人				
國學院大學栃木	普通科	特別選抜Sコース	男女	30人	第1回インターネット 11月21日～12月16日 調査書等 11月24日～12月16日 第2回インターネット 11月21日～12月16日 調査書等 11月24日～12月16日 第3回インターネット 1月8日～26日 調査書等 1月8日～27日	第1回 1月6日 第2回 1月7日 第3回 1月29日	第1回 1月12日 第2回 1月12日 第3回 1月31日	第1回・第2回・第・3回 国・英・数・面接(単願のみ)又は 国・英・数・理・社・面接(単願のみ)
		特別選抜コース	男女	150人				
		選抜コース	男女	150人				
		文理コース	男女	270人	推薦入試(インターネット) 11月21日～12月16日 調査書等 11月24日～12月16日	推薦入試 1月6日	推薦入試 1月12日	推薦入試 面接
	計			600人				
矢板中央	普通科	特進コース	男女	60人	一般入試 12月6日・7日	一般入試 1月8日	一般入試 1月12日	一般入試 国・数・英(リスニング含む)・社・理 *スポーツ科のみ実技あり
		普通コース	男女	300人				
	スポーツ科		男女	40人	推薦入試 12月6日・7日	推薦入試 1月8日	推薦入試 1月12日	推薦入試 国・数・英・作文・面接
	計			400人				
佐野日本大学	普通科	特別進学コースαクラス	男女	30人	第1回インターネット 12月1日～16日 調査書等 12月10日～18日 第2回インターネット 1月4日～19日 調査書等 1月12日～15日 第3回インターネット 1月20日～27日 調査書等 1月22日～29日	第1回 1月6日 第2回 1月22日 第3回 1月30日	第1回 1月11日 第2回 1月25日 第3回 2月2日	第1回・第2回・第3回 国・数・英(リスニング含む)又は国・数・英(リスニング含む)・社・理
		特別進学コース	男女	120人				
		スーパー進学コース	男女	160人				選抜推薦(単願) 国・数・英(リスニング含む)又は 国・数・英(リスニング含む)・社・理 併願推薦(併願) 国・数・英(リスニング含む)又は 国・数・英(リスニング含む)・社・理
		進学コース	男女	200人	推薦入試 インターネット 12月1日～16日 調査書等 12月10日～18日	推薦入試 1月6日	推薦入試 1月11日	
	計			510人				
足利大学附属	普通科	特進コース	男女	160人	第1回(学業特待単願) インターネット 11月20日～12月4日 調査書等 12月7日～11日 第2回(学業特待併願) インターネット 11月20日～12月4日 調査書等 12月7日～11日 第3回(併願) インターネット 1月22日～29日 調査書等 2月2日～5日	第1回 1月7日 第2回 1月15日 第3回 2月13日	第1回 1月14日 第2回 1月21日 第3回 2月18日	第1回 国・数・英・面接(個人) 第2回 国・社・数・理・英(リスニング含む) 第3回 国・数・英・面接(個人)
		フロンティアコース	男女					
	工業科	機械科	男女	320人				
		電気科	男女					
		建築科	男女					
	自動車科		男女	100人				
	情報処理科		男女	40人				
	計			620人				
幸福の科学学園	普通科		男女	40人	1月17日～21日	2月2日	2月7日	国・数・英・面接(必要者のみ・保護者同伴)
	計			40人				
合計				7,065人				

(注) ・推薦入試の合格発表通知日は、合格発表又は合格内定の日 ・特待生(奨学生)のみ対象とする入試については、掲載していない。

学校名	部・科		男女別	募集人数	募集期間	試験日	合格発表通知日	試験科目
日々輝学園(通信制)	普通科	総合クラス	男女	40人	一般入試 (第1回目) 12月6日～16日 (第2回目) 1月4日～19日 (第3回目) 1月24日～2月9日 (第4回目) 2月14日～22日 (第5回目) 3月7日～16日	一般入試 (第1回目) 1月8日 (第2回目) 1月22日 (第3回目) 2月11日 (第4回目) 2月26日 (第5回目) 3月19日	一般入試 (第1回目) 1月13日 (第2回目) 1月26日 (第3回目) 2月17日 (第4回目) 3月2日 (第5回目) 3月24日	本校、宇都宮キャンパス 総合クラス(一般) 面接、国、数・英(合同問題) STクラス 面接(シートへの記入)、小テスト(国) 3DAYSクラス 単願 面接(シートへの記入)、小テスト(国) 併願 面接、国、数・英(合同問題)
		STクラス		40人				
		3DAYSクラス		10人				本校、宇都宮キャンパス 総合クラス(単願推薦) 面接(シートへの記入)、小テスト(国)
		オンラインコース		20人	一般入試 (第1回目) 1月4日～19日 (第2回目) 1月24日～2月9日 (第3回目) 2月14日～22日 (第4回目) 3月7日～16日	一般入試 (第1回目) 1月22日 (第2回目) 2月11日 (第3回目) 3月2日 (第4回目) 3月19日	一般入試 (第1回目) 1月26日 (第2回目) 2月16日 (第3回目) 3月2日 (第4回目) 3月24日	作文・面接
合計				110人				

※これは昨年度の各校の学校案内をもとに下野新聞社で作成したものです。令和5年度入試募集要項は7月～9月ごろ発表の予定です。

県内の主な奨学金一覧 令和4年度実施済

奨学金制度とは、学業資金の給付（返済が不要）、貸与（将来返済する義務がある）を行う制度で、在学中の経済的負担をかなりの割合で軽減できます。貸与の場合でも無利子や低金利で金利水準が決められていることが多いが、関心のある人は問い合わせ先に返済計画まで含めて質問するとよいでしょう。

設置者	主な対象	金額		人数	募集時期	問い合わせ先	TEL
県	高校など	月額1万8千円～3万5千円	貸与	150人程度	6月中旬	県教委総務課	028-623-3354
	公立高校など	一時金3万2300円～14万1700円	給付	—	7月中		
	私立高校など	一時金5万100円～15万円	給付	—	7月～10月中旬	県文書学事課	028-623-2056
宇都宮市	高校など	月額1万7千円または1万8千円	貸与	150人程度	2月～1月	市教育企画課	028-632-2704
	高校など	一時金20万円以内		25人程度	9月～3月中旬		
足利市	高校など	月額1万5千円	貸与	数名程度	2月中	市教育総務課	0284-20-2216
栃木市	高校など	月額1万2千円	貸与	10人以内	11月～1月	市教育総務課	0282-21-2462
鹿沼市	高校など	月額1万5千円	貸与	制限なし	1月上旬～3月中旬（期間外も随時募集）	市教育総務課	0289-63-2234
	高校など	一時金6万円			1月中旬～2月上旬		
日光市	高校など	月額2万円または3万円	貸与	制限なし	10月～3月中旬まで	市学校教育課	0288-21-5181
	高校など	一時金10万円以内					
小山市	高校など	月額1万円または1万2千円	貸与	10人以内	2月～3月	市教育総務課	0285-22-9644
真岡市	高校など	月額2万円	貸与	20人程度	1月～3月下旬	市学校教育課	0285-83-8180
大田原市	高校など	月額1万2千円	貸与	制限なし	2月中旬～3月中旬	市教育総務課	0287-23-3111
矢板市育英会	高校など	月額1万5千円	貸与	若干名	2月中旬～3月中旬	市教育総務課	0287-43-6217
那須塩原市	高校など	月額1万8千円	貸与	若干名	11月～12月	市教育総務課	0287-37-5231
さくら市	高校など	月額1万5千円	貸与	若干名	2月中	市学校教育課	028-686-6620
那須烏山市	高校	年額10万円	給付	5人程度	12月～1月中旬	市学校教育課	0287-88-6222
下野市	高校など	月額2万円、月額2万円+入学一時金10万円	貸与	10人程度	11月～12月	市教育総務課	0285-32-8917
上三川町	高校など	毎年度年額16万円	給付	若干名	1月中	町教育総務課	0285-56-9156
益子町	高校など	月額1万円	貸与	15人程度	1月中旬～3月中旬	町学校教育課	0285-72-8861
茂木町	高校など	月額1万5千円～2万円	貸与	若干名	1月中旬～2月下旬	町生涯学習課	0285-63-3337
市貝町	高校など	月額1万円以内	貸与	若干名	1月～3月	町こども未来課	0285-68-1119
芳賀町	高校など	月額2万円以内	貸与	若干名	2月～3月下旬	町こども育成課	028-677-6024
壬生町	高校	毎年度年額5万円または10万円	給付	20人程度	3月中旬まで	町学校教育課	0282-81-1870
塩谷町	高校	月額1万5千円以内	貸与	若干名	11月上旬～3月下旬	町学校教育課	0287-48-7501
那須町	高校など	月額1万5千円	貸与	若干名	12月～2月中旬	町学校教育課	0287-72-6922
那珂川町	高校など	月額1万3千円	貸与	3人程度	11月～12月中旬	町学校教育課	0287-92-1124
	高校	月額1万円	給付	7人程度			
栃木県育英会	高校など	月額1万8千円または3万円	貸与	76人	10月～11月中旬	同育英会事務局	028-623-3459
				50人	5月～6月中旬		
	高校など	一時金5万円または10万円		35人	10月～11月中旬		
下野奨学会	高校	月額2万円 +入学準備金5万円+入学祝金15万円+卒業祝金5万円	給付	20人程度	9月～12月中旬	同奨学会事務局	028-625-1565

※人数や金額は変更になる可能性があります。詳しくは各問い合わせ先でご確認ください。

社会
数学
理科
英語
国語

栃木県
高校入試
の対策
2023

社　会

栃木県
高校入試
の対策
2023

1 地理 1

1 (1) **ユーラシア** (2) **オセアニア**
(3) **ロシア連邦** (4) **ア** (5) **エ**
(6) **乾燥帯が広がっているため，水が得やすいナイル川沿い。** (7) **ア**

解説 (1) ユーラシア大陸は，太平洋，大西洋，インド洋のすべてに面している。
(2) オーストラリアの他にニュージーランド，太平洋の島々がオセアニア州に属する。
(3) ロシアの面積は日本の約45倍である。
(4) 赤道は緯度0度で，緯度を測る基準となる。経度0度の線である本初子午線はイギリスのロンドンを通り，北極点から南極点までを結ぶ。
(5) **ア**－Aは東京から見て，ほぼ北西の方向にあるが，東京から最も遠いのはC。**イ**－Bは東京から見て，ほぼ南西の方向にある。**ウ**－Cは東京から見て，ほぼ東の方向にある。**エ**－Dは東京から見て，ほぼ北東の方向にあり，Bの次に東京に近い。
(6) エジプトは乾燥帯にある。乾燥した地域では，水が得られる場所が限られている。よって乾燥帯に住む人々の多くは水が得やすい場所に住む。
(7) イタリアは温帯にあり，地中海性気候である。温帯は四季の変化がみられ，地中海性気候は夏に乾燥し，冬に雨が多い。

2 (1) **ウ** (2) **ア** (3) **Ⅰ群－ウ Ⅱ群－キ** (4) **a－ウ b－イ c－ウ d－イ** (5) **偏西風** (6) **ユーロ**

解説 (1) **ウ**はスイス。スイスはフランス，ドイツ，イタリアと国境を接する多言語国家である。**ア**はベルギー。ベルギーでは，オランダ語，フランス語，ドイツ語が公用語として認められている。**イ**はハンガリー。主にハンガリー語が話されている。**エ**はポルトガル。主にポルトガル語が話されている。
(2) イスラム教徒は豚肉を食べない。
(3) Ⅰ群－モンゴルは国土が海に面していない内陸国である。Ⅱ群－サウジアラビアも韓国も国土がそれぞれアラビア半島，朝鮮半島に位置している。サウジアラビアの首都リヤドの緯度は東京より低い。韓国の首都ソウルの緯度は東京より高い。
(4) ヒンドゥー教はインドの人々の約8割が信仰している。インド東部を流れているのはガンジス川。降水量の多いガンジス川流域では稲の栽培がさかん。綿花は乾燥したインド北西部やデカン高原で栽培がさかん。インドの産業で注目されているのは情報技術産業。インドの数学の教育水準が高いことや，英語を話せる技術者が多いことが情報技術産業が発展した要因。
(5) 偏西風の影響を受けてヨーロッパの大部分は気候が温暖。特に大西洋に面した地域は冬の寒さがあまり厳しくない西岸海洋性気候となっている。
(6) EU加盟国の多くは共通通貨ユーロを導入している。これにより隣国どうしで両替をする必要がなくなり，国境をこえた買い物や旅行などが活発になった。

2 地理 2

3 (1) **レアメタル** (2) **ヒスパニック**
(3) **ア** (4) **焼畑農業** (5) **ウ**
(6) **農産物から鉱産資源へと変化した。**
(7) **ポリネシア** (8) **a**

解説 (1) レアメタルは高度な工業製品の生産に欠かせない。また採掘できる地域が限られている。
(2) ヒスパニックの多くはアメリカで比較的低賃金で働いている。
(3) センターピボット方式による大規模なかんがいが行われているカンザス州では円形の農地がならんでいて，地下水をくみ上げ，回転式のスプリンクラーで散水する。
(4) 森林や草原を焼きはらい，その灰を肥料として作物を栽培するのが焼畑農業。数年たつと土地がやせて，作物がそだたなくなり，他の場所へ移動して再び耕作をする。
(5) パンパでは小麦栽培や牛の放牧が行われている。牛肉はアルゼンチンのおもな輸出品の一つである
(6) オーストラリアは鉱産資源が豊富であり，羊毛中心だった輸出品が鉱産資源へと変化している。
(7) ミクロネシアは「小さい島々」，メラネシアは「黒い島々」，ポリネシアは「多くの島々」という意味である。
(8) 二酸化炭素排出量が突出している**c**が中国だとわかる。インドは総人口が多いため，国民1人あたりのGDPは高くない。よって**a**。

4 (1) **1月3日午前10時** (2) a **択捉** b **ウ** (3) **前橋市** (4) **フォッサマグナ** (5) **ア** (6) **大陸棚** (7) a **黒潮** b **親潮** (8) a **イ** b **エ** (9) **石炭**

解説 (1) 日本の標準時は兵庫県明石市を通る東経135度の経線が基準。東経と西経の時差を求める際にはまず経度差を求める。ニューヨークと日本の時差は(135＋75)÷15＝14 で14時間。日本を1月3日午前10時20分に出発した飛行機が13時間40分飛行することからニューヨークには日本時間1月4日午前0時に到着する。その時のニューヨークの日時はそこから14時間前である。したがって，1月3日午前10時。

(2) 北方領土のうち日本の最北端にあるのは択捉島。また日本は，およそ東経122度から東経154度の間にある。

(3) 新潟県に隣接する関東地方の県は群馬県。群馬県の県庁所在地は前橋市。

(4) 日本アルプスの東側にフォッサマグナがあり，日本列島はここを境として折れ曲がっている。

(5) 扇状地は山地から流れ出す川によって運ばれた土砂が，山のふもとにたまってできた地形。また扇状地の中央部は，つぶの大きい砂や石からできていて水がしみこみやすいため果樹園に利用されている。**ア**の地図記号は果樹園。**イ**の地図記号は田。

(6) 大陸の周辺にみられる，海岸からゆるやかに傾斜しながら続く海底を，大陸棚という。

(7) 日本周辺には，暖流の黒潮(日本海流)と対馬海流が南から北に流れ，寒流の親潮(千島海流)とリマン海流が北から南に流れている。

(8) 太平洋側では夏に南東の季節風が吹き，日本海側では冬に北西の季節風が吹く。

(9) 1950年代に中東やアフリカに相次いで大油田が発見され，エネルギーの主役が石炭から石油へと移行した。

3 地理 3

5 (1) **イ** (2) **養殖漁業，湾が多く，波が少なく海がおだやかである。** (3) **エ** (4) **ウ** (5) **カルデラ** (6) **環境モデル都市** (7) **松山市**

解説 (1) 農産物の貿易の自由化によって，牛肉や果実，小麦などが海外から輸入されるようになった。国内産の農産物は安い輸入農産物におされていて日本の食料自給率は大幅に低下している。消費量は減少しているが，生産量も減少しているため，自給率100％を維持するXが米。豊富な種類が輸入され，消費量も増えている果実がY。

(2) 養殖とは魚介(かい)類，海藻などを人工的に育て繁殖させることをいう。三陸海岸は波が少なく，おだやかなリアス海岸で，こんぶやわかめ，かきの養殖がさかん。

(3) 北九州工業地帯は製造出荷総額が低い。よって**エ**。現在の北九州工業地帯は，国内の他工業地帯・地域の発展や外国からの輸入もあり，工業製品の生産が低下している。機械工業の割合が多い**ア**は中京工業地帯。化学工業の割合が多い**イ**が瀬戸内工業地域。金属工業の割合が多い**ウ**が阪神工業地帯。

(4) 1990年において，X・Yとも最も高い割合を占めるⅡは，高速道路の整備によって輸送量を伸ばした自動車。通勤・通学や新幹線の利用をもとに，1990年でも3割の輸送量を占めるYのⅢは鉄道による旅客輸送。船は燃料の輸送に適しており，1950年・1990年とも一定の割合を占めるXのⅠが船による貨物輸送。

(5) 火山の爆発や噴火による陥没などによってできた大きなくぼ地をカルデラという。阿蘇山のカルデラは世界最大級のカルデラで，カルデラの中に広がる平野には多くの人々が暮らしている。

(6) 水俣市では，1950～60年代にかけて，有機水銀をふくんだ水に汚染された魚などを食べた住民に健康被害が生じた。その後，環境保全活動が行われ，現在の水俣市は環境先進都市になっている。

(7) 本州四国連絡橋で広島県と結ばれているのは愛媛県。愛媛は有数のミカン産地。愛媛県の県庁所在地は松山市。

6 (1) **阪神** (2) **冬の積雪量が多く，農業ができないから。** (3) **ヒートアイランド現象** (4) **ア** (5) **首都である東京には，多くの情報が集まってくるから。** (6) **やませ** (7) **津軽** (8) **エ** (9) **エ**

解説 (1) 大阪の臨海部は原料や製品を船で輸送するのに便利なことから，大阪市から堺市にかけての埋立地には化学工場や製鉄所が建ち並んでいる。

(2) 冬になると雪におおわれる北陸では，冬の間の農作業が難しかったため，家の中で作業ができる工芸品をつくる農家の副業が，古くから発達した。
(3) ヒートアイランド現象とは，都市の中で気温が高くなる現象で，同じ温度の線を引くと，温度が高いところだけ熱の島のようにみえることから名前が付いた。
(4) 東京の周辺では，新鮮な農産物を生産し，都市の住民に届ける近郊農業が発達した。**イ**－北海道の農業の特徴。**ウ**－九州南部の農業の特徴。**エ**－瀬戸内地方の農業の特徴。
(5) 多くの人口がいる東京では，膨大な情報が集まり新聞社や出版社が多いので，印刷業がさかん。
(6) やませが吹くと，東北地方の太平洋側で曇りの日が続き，日照時間が不足して気温が低くなる。その結果，冷害がおきる。
(7) 津軽海峡は北海道と本州(青森県)との間にあって，日本海と太平洋とを結ぶ海峡である。
(8) **ア**－北海道は多くの火山があり，その景観と温泉が人気で観光業が発達している。**イ**－北海道は冷帯に属しているが，米の品種改良が重ねられた結果，大量の米を効率的に生産できるようになった。**ウ**－北海道は農家1戸あたりの耕地面積が広く，大規模に農業が行われている。**エ**－北海道には，独自の言語や文化をもつアイヌの人々が古くから住んでいる。北海道では，アイヌ語に起源をもつ地名が今も使われている。
(9) 6cm×50000＝300000(cm)＝3000(m)

4 歴史 1

7 (1) **イ** (2) **貝塚** (3) **高床倉庫**
(4) **エ** (5) **渡来人** (6) **儒教**
(7) **白村江の戦い** (8) **ウ** (9) **イ**
(10) **エ**

解説 (1) チグリス川・ユーフラテス川流域におこったのはメソポタミア文明。メソポタミアでは，青銅器がつくられ，くさび形文字も使われていた。また，太陰暦や60進法が考え出された。
(2) 貝塚とは，集落近くのごみ捨て場のこと。貝がらだけでなく，石器や土器などもふくまれている。
(3) 縄文時代の終わりごろ，北九州で稲作は本格的に始められた。収穫した米は湿気やねずみから守るために高床倉庫にたくわえた。
(4) 須恵器は灰色でかたい性質の土器。
(5) 古墳時代に中国や朝鮮半島から，倭国に移住してきた渡来人によって須恵器や鉄器の製造，機織，漢字などが伝えられた。
(6) 孔子は，思いやりの心(仁)で行いを正し，日常の生活や政治に取り組むことにより，国はよく治まると説いた。
(7) 唐が新羅と結んで百済を攻めたので，倭国は百済を支援するために軍を送り，唐・新羅の連合軍と戦った。
(8) 701年，律(刑罰のきまり)，令(政治のきまり)にもとづいて国を治める律令国家のしくみを定めた大宝律令がつくられた。
(9) 班田収授法の制度では，6年ごとに作成される戸籍にもとづき，家族ごとに口分田という土地が朝廷から与えられ，その土地を与えられた農民に税がかけられた。租は稲の収穫の3％を納める税。
(10) 墾田永年私財法では，新たな開墾地であればいつまでも自分のものにしてよいとされた。その結果，貴族や寺社は開墾に力を入れ，広大な私有地を独占するようになった。**ア**－江戸時代の五人組についての記述。**イ**－戦国時代の記述。**ウ**－豊臣秀吉による太閤検地についての記述。

8 (1) **エ** (2) **エ**
(3) **仏教の力により，国家を守ろうとした。**
(4) **エ** (5) **院政** (6) **エ** (7) **ウ**
(8) **エ** (9) **イ** (10) **琵琶法師**

解説 (1) 奈良時代には，唐の制度や文化を取り入れようと，日本は遣唐使をたびたび中国に送ったため，国際的な文化が栄えた。東大寺の正倉院の宝物には遣唐使が持ち帰ったものが多数ふくまれている。**ア**－平安時代。**イ**－飛鳥時代。**ウ**－古墳時代。
(2) 奈良時代の書物には日本書紀，古事記，風土記，万葉集がある。方丈記は鎌倉時代の書物。
(3) 聖武天皇は仏教の力によって，伝染病や災害などの不安から国家を守ろうとし，都には東大寺を，国ごとに国分寺と国分尼寺をつくらせた。
(4) 桓武天皇は，朝廷に従わない東北地方の蝦夷に対し，たびたび大軍を送り，特に坂上田村麻呂の働きもあって，その勢力を広げた。

⑸ 白河天皇は，天皇の位をゆずって上皇になった後，摂政や関白の力をおさえて政治を行った。上皇やその住まいは「院」とよばれたので，この政治を院政という。
⑹ 源頼朝の死後，朝廷の勢力を回復しようとした後鳥羽上皇は，1221年鎌倉幕府をたおそうとし，兵をあげた。これを承久の乱という。
⑺ 御成敗式目を定めたのは北条泰時。よってaは誤り。御成敗式目は武士の社会で行われていた慣習に基づいており，朝廷の律令とは別の独自の法である。よってbも誤り。
⑻ モンゴル帝国を建設したチンギス・ハンの孫のフビライ・ハンは，都を大都(北京)に移し,国号を元と定めて中国を支配した。
⑼ 鎌倉幕府の支配を支えていた御家人は，領地の分割相続などにより生活が苦しくなった。幕府は御家人が手放した土地を返させるために，徳政令を出して救おうとしたが効果は上がらなかった。
⑽ 武士の戦いを記した軍記物の平家物語は，分かりやすい文章で武士の活躍をえがき，琵琶法師によって語り伝えられた。

5 歴 史 2

9 ⑴ **浄土宗** ⑵ **足利義満** ⑶ **A**
⑷ **エ** ⑸ **フランシスコ・ザビエル**
⑹ **ウ** ⑺ **イ** ⑻ **かぶき踊り**

解説 ⑴ 浄土信仰の教えを徹底することを目指した法然は，念仏を唱えれば，だれでも極楽浄土に生まれ変わると説いた。
⑵ 室町幕府第三代将軍である足利義満は，南北朝の動乱をしずめて統一を実現させた。また勘合貿易を始めた。
⑶ 室町時代の仕組みは，鎌倉幕府の仕組みと大きく変わらないが，執権に代わって管領が有力な守護から選ばれた。
⑷ 室町時代の農村では，有力な農民を中心に村ごとにまとまり，惣と呼ばれる自治組織が作られた。また交易の盛んなところでは，物資を運ぶ馬借や，問とよばれる運送業を兼ねた倉庫業者が活躍した。
⑸ イエズス会の宣教師ザビエルが，キリスト教を伝えた。
⑹ 織田信長が室町幕府をほろぼしたのは，1573年。本能寺の変がおき，織田信長が自害したのは，1582年。豊臣秀吉が宣教師の国外追放を命じたのは，1587年。
⑺ 安土桃山時代には，南蛮貿易がさかんに行われ，活版印刷の技術により聖書や「平家物語」などの日本の書物が印刷された。ア－鎌倉時代の文化。ウ－室町時代の文化。エ－平安時代の文化。
⑻ 17世紀の初め，出雲の阿国という女性が始めたかぶき踊りが人気を集めた。

10 ⑴ **農民を耕作に専念させ，一揆を防ぐため。** ⑵ **徳川家康**
⑶ **多くの費用がかかり，藩の財政を圧迫した。** ⑷ **公家** ⑸ **オランダ風説書**
⑹① **米を売る目的** ② **新田開発により，収穫量が増えた米が大量に市場に出回ることを防ぐことで，米の価格が安定する点。**
⑺ **ウ** ⑻ **イ** ⑼ **エ**

解説 ⑴ 豊臣秀吉は刀狩などの政策によって,武士と農民の身分の区別を明確にした。
⑵ 1600年，全国の大名は石田三成と徳川家康を中心とする西軍と東軍に分かれて戦った。(関ヶ原の戦い)この戦いに勝利した家康は朝廷から征夷大将軍に任命された。
⑶ 大名は領地と江戸とを往復する費用や江戸での生活のため多くの出費を強いられた。
⑷ 江戸幕府は，禁中並公家諸法度という法令で天皇や公家の行動を制限し，政治上の力を持たせなかった。
⑸ 江戸幕府は，オランダ人にヨーロッパやアジアの情勢を報告するように義務づけ，海外の情報を独占した。
⑹ 江戸は，将軍の城下町で，18世紀初めには人口が約100万人の大都市に発展した。また,大阪は全国の商業の中心地となった。徳川吉宗は新田開発を進めたが，大量の米が市場に出回り，米の価格が下がることを防ぐため，年貢米が江戸，大阪に大量に流入することを防止した。
⑺ 田沼意次は，年貢だけにたよる従来の政策を転換し，発展してきた商品の流通や生産から得る利益によって財政の立て直しをはかった。
⑻ ロシアの使節ラクスマンが蝦夷地の根室に来航し，江戸幕府に通商を求めた。
⑼ 本居宣長は，日本古来の伝統を評価する「古事記伝」を著し，国学を大成させた。

6 歴 史 3

11 (1) **エ** (2) **イ** (3) **ア**
(4) **王政復古の大号令** (5) **中央集権国家を確立するため。** (6) **学制**
(7) **福沢諭吉** (8) **殖産興業** (9) **イ**

解説 (1) イギリスの船が長崎の港に侵入する事件を受け，江戸幕府は異国船打払令を出した。アメリカの商船を砲撃する事件がおこると，蘭学者の渡辺崋山と高野長英は幕府を批判する書物を書いたため，厳しい処罰を受けた。(蛮社の獄)

(2) イギリスがインドで栽培させたアヘンを清に持ち込んで売り，茶などを買うようにしたが，清がアヘンを厳しく取り締まると，イギリスは清に戦争を起こして勝利した。

(3) 日米修好通商条約は，アメリカに治外法権(領事裁判権)を認め，日本の関税自主権がないなど，日本にとって不利な条約であった。朝廷の許可を得ずに条約を結んだ井伊直弼は反対派を処罰したが(安政の大獄)，桜田門外の変で暗殺された。

(4) 大政奉還後，徳川慶喜は，江戸幕府にかわる新政権の中で主導権をにぎろうとしたが，朝廷が王政復古の大号令を出し，徳川家の政治的な影響力をとりのぞこうとした。

(5) 明治新政府は中央集権国家をつくり上げる目的で廃藩置県をおこなった。各県には県令を中央から派遣して治めさせた。

(6) 学制が定められことにより，全国各地で小学校がつくられた。

(7) 福沢諭吉は西洋の様子を紹介する一方，封建制を強く批判し，日本を西洋的な文明国にしようと教育に力を注いだ。

(8) 明治政府は富国強兵の政策をとり，「富国」を実現するため，殖産興業政策を進め，産業を育てることで経済の資本主義化を図った。

(9) 岩倉使節団には，7歳の津田梅子も同行した。後に女子教育の発展に力を尽くした。

12 (1) **征韓論** (2) **地租改正**
(3) **自由民権運動** (4) **伊藤博文**
(5) **ウ** (6) **ア** (7) **陸奥宗光**
(8) **下関条約** (9) **ロシアの南下に対抗するため。** (10) **黒田清輝** (11) **田中正造**
(12) **辛亥革命**

解説 (1) 明治政府内には武力で朝鮮に開国をせまる征韓論が高まったが，欧米から帰国し，国力の充実が先だと考えた大久保利通などは軍隊の派遣を延期させた。

(2) 明治政府は国家の財政を安定させるため地租改正を行った。地租は全国統一の税になり，国家財政を安定させた。

(3) 板垣退助らは議会の開設を主張し民撰議院設立建白書を政府に提出した。

(4) 伊藤博文は明治政府の中心人物として，憲法の制定に力を尽くした。

(5) 大日本帝国憲法では，国民の権利は法律の範囲内で認められた。**ア**－大日本帝国憲法では天皇が国を統治すると定められた。**イ**－貴族院は国民の選挙で選ばれなかった。**エ**－日本国憲法の内容。

(6) ノルマントン号事件ではイギリス人船長が軽い罰を受けただけだったため，不平等条約の改正を求める世論が高まった。

(7) 1894年，陸奥宗光外務大臣は日英通商航海条約を結び，領事裁判権の撤廃に成功した。

(8) 日清戦争の講和条約である下関条約で清は，朝鮮の独立を認め，遼東半島などを日本にゆずりわたし，賠償金を支払うことなどが決められた。

(9) 三国干渉の後，日本国民の間にはロシアへの対抗心が高まった。清での利権確保に日本の軍事力を利用したいイギリスは，日英同盟を結び，ロシアの南下に対抗した。

(10) フランスに留学した黒田清輝は印象派の明るい画風を日本に紹介した。

(11) 栃木県出身の田中正造は鉱毒問題で政府の責任を追及した。

(12) 辛亥革命の翌年，アジアで最初の共和国である中華民国が建設された。

7 歴 史 4

13 (1) **エ** (2) **ガンディー** (3) **ア**
(4) **エ** (5) **イ** (6) **全国水平社**
(7) **民本主義** (8) **勧告に反発し，国際連盟から脱退した。** (9) **蒋介石**

解説 (1) 第一次世界大戦の講和条約であるベルサイユ条約で，ドイツはばく大な賠償金を課せられ，海外の植民地を失った。また日本はドイツが持っていた中国の山東半島の権益を引き継いだ。**エ**－日露戦争の講和条約であるポーツマス条約の内容。

(2) インドでは,ガンディーの指導によって,イギリスに対する非暴力・不服従の抵抗運動が行われた。
(3) 新渡戸稲造は国際連盟の事務局次長を務めた。またアメリカのウィルソン大統領の提案をもとに,国際連盟が発足した。
(4) 1921年に開かれたワシントン会議では,各国の海軍の軍備を制限し,中国の独立と領土の保全を確認した。また,米・英・仏・日で四か国条約が結ばれ,日英同盟が解消された。**ウ**ー樺太・千島交換条約の内容。
(5) 藩閥政治を批判し,憲法に基づく政治を守ることをスローガンとする運動が護憲運動。
(6) 1922年に京都で全国水平社が結成され,被差別部落の人々が部落解放運動を進めた。
(7) 吉野作造は,政治の目的を一般民衆の幸福や利益におき,一般民衆の意向に沿って政策を決定することを主張した。
(8) 国際連盟は,1933年に開かれた総会で,満州国を認めず,日本軍の撤兵を求める勧告を採択した。これに反発した日本は,国際連盟を脱退した。
(9) 中国では,国民党の指導者となった蒋介石が,南京に国民政府を樹立した。

14 (1) **二・二六事件** (2) **ア**
(3) **公共事業をおこした。** (4) **ウ**
(5) **農地改革** (6) **ア** (7) **エ**
(8) **アジア・アフリカ会議**
(9)A **エ** B **ア** C **イ**

解説 (1) 二・二六事件以降,軍部は政治的な発言力を強め,軍備の増強を推し進めていった。
(2) **ア**ーイタリアではファシスト党を率いるムッソリーニが政権を握った。**イ**ーイタリアが武力で併合したのはエチオピア。**ウ**ードイツでナチスが第一党になったあと,ヒトラーは軍備を拡大した。**エ**ードイツがポーランドに侵攻し,第二次世界大戦が始まったあと,1940年に日独伊三国同盟が結ばれた。
(3) アメリカのルーズベルト大統領は世界恐慌への対策として,ニューディール政策を始め,積極的に公共事業をおこして失業者を助け,労働組合を保護した。
(4) 1937年,北京郊外の盧溝橋付近でおこった日中両軍の武力衝突をきっかけに日中戦争が始まった。
(5) 地主が持つ小作地を政府が強制的に買い上げて,小作人に安く売り渡す農地改革が第二次世界大戦後行われた。その結果,多くの自作農が生まれた。
(6) 佐藤栄作内閣はアメリカ政府と交渉し,1972年に沖縄が日本に復帰した。
(7) 昭和に東京オリンピックが行われたのは1964年。高度経済成長下で行われた。**ア**ー石油危機がおこったのは1973年。高度経済成長が終わった。**イ**ーバブル景気がおこったのは1980年代後半。**ウ**ー財閥の解体が行われたのは,第二次世界大戦直後。
(8) 欧米の植民地支配から独立した国々の多くが集まり,1955年に,インドネシアでアジア・アフリカ会議が開かれた。
(9) 冷戦下で,ソ連は東ドイツ,アメリカは西ドイツを支援した。また朝鮮戦争では,ソ連と中国が北朝鮮を支援し,アメリカが韓国を支援した。キューバ危機で対立したのはソ連とアメリカ。

8 公民 1

15 (1) **ア** (2) **立憲** (3) **平和主義**
(4) **エ** (5)a **象徴** b **主権** (6) **ア**
(7) **非核三原則**

解説 (1) **ア**ーワイマール憲法は1919年ドイツで制定。初めて社会権を取り入れた。**イ**ー権利の章典は1689年にイギリスで制定された。**ウ**ー1948年に世界人権宣言が国際連合で採択された。**エ**ーフランス革命がおきたのは1789年。よって古いものから順に並べると,**イ→エ→ア→ウ**。
(2) 立憲主義の考え方は,政治が人の支配によってではなく,法の支配に基づいて行われることを求めている。
(3) 日本国憲法は,戦争を放棄して世界の恒久平和のために努力するという平和主義をかかげた。
(4) 日本国憲法は,国の最高法規である憲法について,一般の法律とは異なる,慎重な手続きを定めている。
(5) 日本国憲法では,天皇は主権者ではなく,日本国と日本国民統合の象徴となり,その地位は主権者である国民の総意に基づくと定められた。(憲法第1条)
(6) 天皇は,国の政治についての権限を持たず,憲法に定められている国事行為のみを行う。法律や条約の公布は天皇の国事行為である。イ－国会の役割。ウ－司法の役割。エ－国会の役割。

(7) 日本は非核三原則をかかげてきた。核兵器の廃絶と軍縮による世界平和を推進することが，国際社会において日本の果たすべき役割である。

16 (1) **イ** (2) **性別** (3) **エ**
(4) **公共の福祉** (5) **エ** (6) **団結権**
(7) **環境アセスメント** (8) **イ**
(9) **プライバシーの権利(プライバシー権)**

解説 (1) 障がいのある人々も，公共の建物や交通機関を利用しやすいように，段差をなくすといったバリアフリー化が進められている。ア－製品やサービスが，だれでも利用しやすいように工夫されているのがユニバーサルデザイン。ウ－途上国の人々が生産した農作物や製品を，その労働に見合う公正な価格で貿易するのがフェアトレード。エ－患者が治療方法を自分で決定できるように，十分に説明して同意を得るのがインフォームド・コンセント。

(2) 憲法14条は性別による差別を禁止している。

(3) 検閲によって表現の自由が制限される。表現の自由は精神の自由に関する。ア－自由権のうち身体の自由。イ－社会権。ウ－自由権のうち身体の自由。

(4) 人権には，他人の人権を侵害しない範囲で保障されるという限界がある。

(5) 病気や失業などで生活に困っている人々には，生活保護法に基づいて，生活に必要な費用が支給される。社会権の一つである生存権の行使の具体例である。

(6) 団結権は労働組合を作る権利。労働基本権として他に，団体交渉権，団体行動権がある。

(7) 高度経済成長期に深刻な公害が発生したため，環境権が主張されるようになった。

(8) 最高裁判所の国民審査権は参政権の一種。ア，ウ，エはすべて請求権。

(9) プライバシーの権利には，自分の姿や顔などを写真や映像などに勝手に撮影されたり，公表されない肖像権も含まれる。

9 公民 2

17 (1) **ウ** (2) **公職選挙法** (3) a **1**
b **政党** (4) **連立政権** (5) a **内閣**
b **国会** (6) **国民の意思をより反映できる** (7) a **ア** b・c **ウ・オ(順不同)**
(8) **内閣が国会に対し，連帯して責任を負う制度。** (9) **本会議**

解説 (1) 多くの国では代表者を選挙で選び，その代表者が集まって議会を作り，物事を話し合って決めるというやり方が採られている。これを間接民主制または議会制民主主義という。

(2) 日本の選挙の方法については公職選挙法に定められている。

(3) 小選挙区制は一つの選挙区から一人の代表を選ぶ制度。また比例代表制は，得票に応じて各政党の議席数を決める制度。

(4) 一つの政党が持つ議席では過半数に達しない場合など，内閣が複数の政党によって組織されることがある。このような政権を連立政権という。

(5) 内閣が作成した国の予算は，国会が審議し，議決する。

(6) 衆議院は参議院に比べ任期が短く，解散もあるため，選挙が頻繁に行われる。よって国民の意見をより反映できると考えられている。

(7) 衆議院で可決後，参議院で否決された法律案は，衆議院で出席議員の3分の2以上の多数で再び可決した場合，法律となる。条約の承認，予算の議決は参議院で衆議院と異なった議決をし，両院協議会で意見が一致しない場合，または参議院が衆議院の可決したものを受け取った後，30日以内に議決しない場合，衆議院の議決が国会の議決となる。内閣総理大臣の指名については，参議院で衆議院と異なった議決をし，両院協議会で意見が一致しない場合，または参議院が衆議院の可決したものを受け取った後，10日以内に議決しない場合，衆議院の議決が国会の議決となる。

(8) 内閣は国会の信任に基づいて成立し，国会に対し連帯して責任を負う。

(9) 法律案は，通常，委員会で審査された後，議員全員で構成される本会議で議決される。

18 (1) **罪刑法定主義** (2) **司法権**
(3) **ア** (4) **ア** (5) **条例**
(6) a **直接請求** b **ア** (7) **ア**
(8) **NPO**

解説 (1) どのような行為が犯罪に当たり，

処罰されるのかについては，予め法律によって定められている必要がある。
(2) 法に基づいて争いを解決することを司法(裁判)という。司法権は裁判所に属する。また，裁判所や裁判官が公正中立であるための原則が司法権の独立である。
(3) 民事裁判は，私人間の争いについての裁判。訴えた人が原告で，訴えられた人が被告。
(4) 行政権を担う内閣は，最高裁判所長官を指名し，その他の裁判官を任命する。逆に内閣は，裁判所による違憲審査の対象となる。
(5) 地方議会は，地方公共団体独自の法である条例を定める。
(6) 地方自治では，住民の意思を強く反映するために，住民による直接請求権が認められている。条例の制定・改廃の請求先は，地方公共団体の首長である。
(7) 地方税は自主財源。国から支払われる依存財源には地方交付税交付金や国庫支出金がある。使途が限定されているのは国庫支出金。地方債は地方公共団体の借金。
(8) 利益目的ではなく公共の利益のために自発的に活動する団体はNPO(非営利組織)と呼ばれる。

10 公民 3

19 (1) **クーリング・オフ制度**
(2) **自由** (3) **ウ** (4) **ア** (5) **エ**
(6) **少数の企業に生産が集中している状態**
(7) **日本銀行** (8) **エ**

解説 (1) クーリング・オフ制度は消費者保護の仕組みの一つで，訪問販売や電話勧誘などで商品を購入した場合に，購入後8日以内であれば消費者側から無条件で契約を取り消せる制度。
(2) だれと，どのような契約を，どのような方法で結ぶのかは，基本的に自由である。これを契約自由の原則という。
(3) 現代では，企業は利潤を追求するだけでなく，企業の社会的責任(CSR)を果たすべきだと考えられている。雇用の確保や働きやすい条件を整えることも企業の社会的責任の一つである。
(4) 株主は出資した金額以上の負担は負わない。これを有限責任という。また，公立病院など，国や地方公共団体が資金を出して運営する企業は，利潤目的でなく公共の目的のために活動する。これを公企業という。
(5) 図の右下がりの曲線が需要曲線で，右上がりの曲線が供給曲線である。価格がPのとき，供給量が需要量を上回っている。よって売れ残りが生じる。
(6) 商品の価格は需要量と供給量の関係で変化するが，工業製品の場合は貯蔵できるため，価格が商品の需要量と供給量を反映しにくい傾向がある。価格の働きがうまく機能しない原因の一つとして，独占と寡占がある。独占は市場で供給する企業が1社だけの状態，寡占はそれが少数の状態を指す。
(7) 日本の中央銀行は日本銀行。政府の資金の出し入れを行うことから，政府の銀行と呼ばれる。
(8) 資金が不足している人と余裕がある人との間でお金を融通することを金融という。商品の売り上げからお金を調達することは金融ではない。また，企業が出資者から直接資金を集めることを直接金融という。これに対し，銀行など金融機関を通じて資金を集めることを間接金融という。

20 (1) **イ** (2) **間接税** (3) **エ** (4) **ウ**
(5) **安全保障理事会** (6) **WHO**
(7) **難民** (8) **ア**

解説 (1) 好景気のとき，政府は公共投資を減らして企業の仕事を減らす。また，増税をして企業や家計の消費を減らそうとする。
(2) 納税者と担税者が一致する税金を直接税，一致しない税金を間接税という。
(3) 社会保障制度には，社会保険，公的扶助，社会福祉，公衆衛生がある。感染症の予防は公衆衛生の仕事。
(4) 1ドル＝100円が90円になるのは円高。100ドルの洋服を買うのに1ドル＝100円ならば，1万円。1ドル＝90円ならば9000円で買える。また，200万円の自動車は，1ドル＝100円ならば，2万ドル。1ドル＝90円ならば，約2万2千ドルとなる。
(5) 安全保障理事会の常任理事国は，アメリカ・ロシア・中国・フランス・イギリスの五か国。常任理事国は拒否権を持つ。
(6) WHOは世界保健機関の略称。
(7) 紛争地域では，難民が発生している。国連難民高等弁務官事務所は難民を支援している。
(8) 途上国は，農林水産業に従事している人の割合が多い。

MEMO

数　学

栃木県
高校入試
の対策
2023

1 文字式と計算・資料の整理

1 (1) -2 (2) -6 (3) -12 (4) 8
(5) -4 (6) -2 (7) $-x+5y$
(8) $-5ab$ (9) $\frac{3}{2}y^2$ (10) $\frac{4x+21y}{15}$

解説(1) $3+(-5)=3-5=-(5-3)=-2$
(2) **かけ算が先** $10-2\times8=10-16=-6$
(3) **わり算が先** $18\div(-6)-9$
$=-(18\div6)-9=-3-9=-(3+9)=-12$
(4) $5-(-6)\div2=5+6\div2=5+3=8$
(5) **累乗が先** $-3^2=-(3\times3)=-9$
$5-3^2=5-9=-(9-5)=-4$
(6) $(-4)^2=(-4)\times(-4)=16$
$(-4)^2\div(-8)=16\div(-8)=-2$
(7) $x+3y-2(x-y)=x+3y-2x+2y$
$=x-2x+3y+2y=-x+5y$
(8) $10ab^2\div(-2b)=-\frac{10ab^2}{2b}=-5ab$
(9) **分数のわり算は，かけ算になおす。**
$\frac{9}{4}xy^3\div\frac{3}{2}xy=\frac{9xy^3}{4}\div\frac{3xy}{2}$
$=\frac{9xy^3}{4}\times\frac{2}{3xy}=\frac{2\times9xy^3}{4\times3xy}=\frac{3}{2}y^2$
(10) **分数のたし算，ひき算は通分する。**
$\frac{3x+2y}{5}-\frac{x-3y}{3}=\frac{3(3x+2y)}{3\times5}-\frac{5(x-3y)}{5\times3}$
$=\frac{3(3x+2y)-5(x-3y)}{15}$
$=\frac{9x+6y-5x+15y}{15}=\frac{4x+21y}{15}$

2 (1) $3a$分 (2) $a=10b+c$
(3) $3x<5(y-4)$ (4) $2a$ g (5) 5個
(6) -4.4℃ (7) $39.5\leqq a<40.5$
(8)① 21m ② 17m

解説(1) **時間＝道のり÷速さ**
$210a\div70=3a$(分)

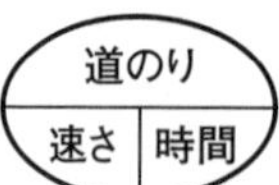

(2) a 個のあめを10人に b 個ずつ配ると $10b$ 個必要。配ったあと，c 個余ったから $a=10b+c$
(3) x を3倍した数は $3x$，y から4をひくと $y-4$，これを5倍すると $5(y-4)$
$3x$ の方が小さいから $3x<5(y-4)$
(4) **食塩＝$\frac{\%濃度}{100}$×食塩水** a％の食塩水 200gに含まれる食塩は $\frac{a}{100}\times200=2a$ g
(5) 絶対値が3になる数は，

-3 -2 -1 0 1 2 3（数直線：0から左右に3）

数直線上で原点との距離が3になる数で，3と-3 絶対値が3より小さい整数は -2，-1，0，1，2 の5個
(6) 高度が100m増すごとに0.6℃ずつ低くなる。上空2000mでは $\frac{2000}{100}\times0.6=12$℃ 低くなるから $7.6-12=-4.4$(℃)
(7) 四捨五入する位の小数第1位に5があるとして，0.5を考える。次に $40-0.5$，$40+0.5$ を計算すると，a の値の範囲は $40-0.5\leqq a<40+0.5$ **左側の不等号には等号をつけ，右側の不等号には等号はつけない** 40.5未満を表し $39.5\leqq a<40.5$
(8) 中央値は，データの値を小さい方から順に並べたときの中央の値。最頻値は，データの中で最も多く出てくる値のこと。
16 17 17 17 20 22 23 25 25 28
① データの個数は10個で偶数だから，中央に並ぶ5番目と6番目の値の合計を2でわって $(20+22)\div2=21$(m)
② データの中で最も多く出てくるのは17mの3個だから，最頻値は 17m

3 (1) 15枚 (2) n^2枚 (3) 28cm

解説(1) 白タイルは，1番目1枚，2番目 $1+2=3$(枚)，3番目 $1+2+3=6$(枚)となるから5番目は $1+2+3+4+5=15$(枚)
(2) 白タイルと黒タイルの合計枚数は，1番目 1^2 枚，2番目 $2^2=4$(枚)，3番目 $3^2=9$(枚) となるから n 番目は n^2 枚
(3) 階段状の図形の周の長さは，それを囲む長方形の周の長さに等しい。5番目の図形の周の長さは縦5cm，横 $2\times5-1=9$(cm)の長方形の周の長さに等しいから $(5+9)\times2=28$(cm)

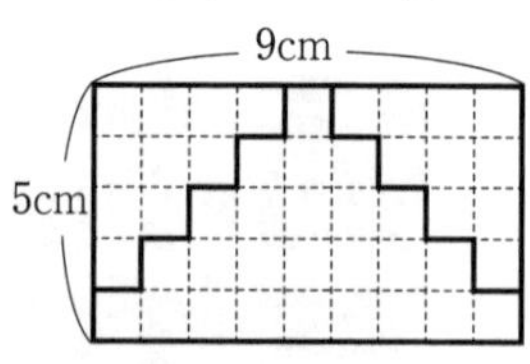

2 1次方程式と連立方程式

4 (1) $x=-3$ (2) $x=-2$ (3) $x=3$
(4) $x=4$ (5) $x=-1$，$y=1$
(6) $x=2$，$y=3$ (7) $x=4$，$y=2$
(8) $x=3$，$y=-1$ (9) $x=3$，$y=-2$ (10) $x=1$，$y=-1$

解説(1)　xを左辺に3を右辺に移項する。**移項すると符号が変わる**。$4x+3=x-6$，$4x-x=-6-3$，$3x=-9$，$x=-3$

(2)　$2x+7=1-x$，$2x+x=1-7$，$3x=-6$　両辺を3でわって　$x=-2$

(3)　$1-2(x-4)=3$，$1-2x+8=3$，$-2x=3-9$，$-2x=-6$，$x=3$

(4)　$3(x-1)=5x-11$，$3x-3=5x-11$，$3x-5x=-11+3$，$-2x=-8$，$x=4$

(5)　$3x+4y=1$…①　$y=2x+3$…②　②を①に代入して　$3x+4(2x+3)=1$，$3x+8x+12=1$，$x=-1$　②より $y=1$

(6)　$3x-2y=0$…①　$2x+y=7$…②　①+②×2より　$7x=14$，$x=2$　これを②に代入して　$2\times2+y=7$，$y=3$

(7)　$2x-3y=2$…①　$x+2y=8$…②　②×2－①より　$7y=14$，$y=2$　これを②に代入して　$x+2\times2=8$，$x=4$

(8)　$x-3y=6$…①　$2x+y=5$…②　①+②×3より　$7x=21$，$x=3$　これを②に代入して　$2\times3+y=5$，$y=-1$

(9)　$x+2y=-1$…①　$3x-4y=17$…②　①×2+②より　$5x=15$，$x=3$　これを①に代入して　$3+2y=-1$，$y=-2$

(10)　$5x-4y=9$…①　$2x-3y=5$…②　①×3－②×4より　$7x=7$，$x=1$　これを②に代入して　$2\times1-3y=5$，$y=-1$

5 (1)　**$a=3$**　(2)　**60mL**　(3)　**地点A～地点P　15分，地点P～地点B　8分**　(4)　**大　18個，小　27個**　(5)　**2％の食塩水 100g，6％の食塩水 300g**　(6)　**Mサイズ6枚，Lサイズ5枚**　(7)　**75，84，93**

解説(1)　**解は代入する**。$x=5$を方程式に代入して　$7\times5-3a=4\times5+2a$，$-3a-2a=20-35$，$-5a=-15$，$a=3$

(2)　容器Aに入っていた牛乳の量をxmLとすると，容器Bには$2x$mL入っている。容器Aに140mLの牛乳を加えるから　$(x+140):2x=5:3$，$2x\times5=3(x+140)$　$10x=3x+420$，$x=60$(mL)

(3)　地点Aから地点Pまでx分，地点Pから地点Bまでy分かかったとすると，

道のり	
速さ	時間

かかった時間から　$x+y=23$…①　道のりから　$240x+75y=4200$，両辺を15でわると　$16x+5y=280$…②　②－①×5より　$11x=165$，$x=15$(分)　これを①に代入して　$15+y=23$，$y=8$(分)

(4)　大きいプランターをx個，小さいプランターをy個とすると　$x+y=45$…①　スイセンの球根は大きいプランターに6個ずつ，小さいプランターに2個ずつ植えるから$(6x+2y)$個。チューリップの球根は小さいプランターに2個ずつ植えるから$2y$個。球根は全部で216個あるから　$(6x+2y)+2y=216$，$6x+4y=216$，$3x+2y=108$…②　②－①×2より　$x=18$(個)，①より　$y=45-18=27$(個)

(5)　**食塩水の問題では食塩の量に着目する。**

$\text{食塩}=\dfrac{\text{％濃度}}{100}\times\text{食塩水}$，$\underset{(\%)}{\text{濃度}}=\dfrac{\text{食塩}}{\text{食塩水}}\times100$

2％の食塩水をxg，6％の食塩水をygとすると　$x+y=400$…①　2％と6％の食塩水に含まれる食塩の量を加えたものが，5％の食塩水400gに含まれる食塩の量に等しいから　$\dfrac{2}{100}x+\dfrac{6}{100}y=\dfrac{5}{100}\times400$　$x+3y=1000$…②　②－①より $2y=600$　$y=300$(g)　①より　$x=100$(g)

(6)　Mサイズのレジ袋をx枚，Lサイズのレジ袋をy枚購入したとすると，ペットボトルの本数から　$5x+8y=70$…①　レジ袋の代金の合計から　$3x+5y=43$…②　②×5－①×3より　$y=5$(枚)　これを①に代入して　$5x+8\times5=70$，$5x=30$，$x=6$(枚)

(7)　2桁の自然数Aの十の位の数をx，一の位の数をyとすると　$A=10x+y$　自然数Bは，Aの十の位の数と一の位の数を入れかえた数だから　$B=10y+x$　AとBの和が132になるから　$(10x+y)+(10y+x)=132$，$11x+11y=132$，$x+y=12$…①　x，yは1桁の自然数で，十の位の数が一の位の数より大きいから　$x>y$…②　①，②より　$12=7+5$，$8+4$，$9+3$　$x=7$，$y=5$；$x=8$，$y=4$；$x=9$，$y=3$　自然数Aは　75，84，93

6　**市内在住　240人，市外在住　260人**

解説　問題文に「今年度は昨年度に比べて」とあるから昨年度を基準にしている。このような問題では，**基準の方をx，yとする。**

　昨年度の市内在住の生徒数をx人，市外在住の生徒数をy人とすると　$x+y=500$…①　今年度は市内在住の生徒数がx人の20％，$0.2x$人減った。また，

市外在住の生徒数は y 人の30%，$0.3y$ 人増えた。しかし，全校生徒数は昨年度と同じだから，増加と減少の生徒数の合計は 0 人になる。**増加を＋，減少を－で表す**と
$-0.2x+0.3y=0$ …② ①×2＋②×10 より $5y=1000$，$y=200$ ①より
$x=500-200=300$ したがって，今年度の市内在住の生徒数は
$300-0.2\times300=240$（人） 市外在住の生徒数は $200+0.3\times200=260$（人）

3 平面図形と空間図形

7 (1) **右の図**
(2) **36度** (3) **110度**

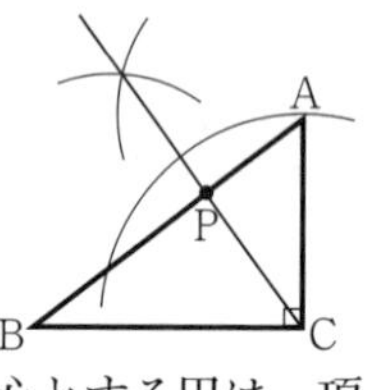

解説 (1) 点Cを通り斜辺ABに垂直な直線を作図し，ABとの交点にPを記入する。点Cを中心とする円は，頂点Aを通ってもよい。

(2) 図のように記号を定める。平行線の錯角は等しいから110°を移す。**△ABCの外角は，それと隣り合わない2つの内角の和に等しいから** $\angle x+74°=110°$，$\angle x=36°$

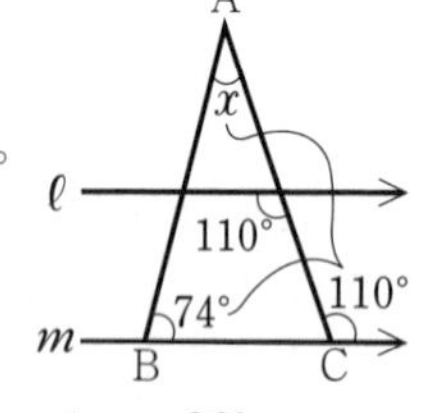

(3) ***n*** **角形も五角形も外角の和は360°**
$55°+85°+(180°-\angle x)+90°+60°=360°$
$470°-\angle x=360°$，$\angle x=110°$

8 (1) $\boldsymbol{42\pi}$ **cm²** (2) $\boldsymbol{32\pi}$ **cm³**
(3)① $\boldsymbol{288\pi}$ **cm³** ② $\boldsymbol{144\pi}$ **cm²**

解説 (1) 表面積は展開図の面積。底面は円が2つ，側面は縦 4 cm，横は底面の円周に等しい $2\pi\times3=6\pi$（cm）の長方形。表面積は

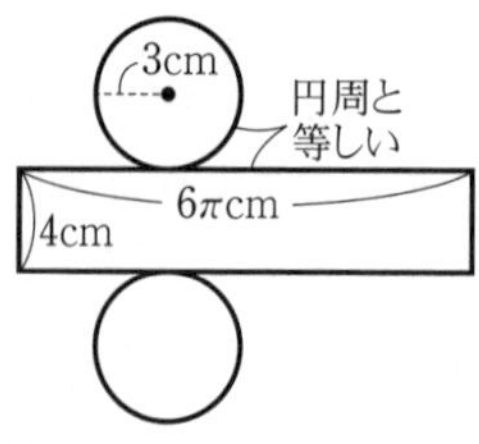

$\pi\times3^2\times2+4\times6\pi=18\pi+24\pi=42\pi$
(2) 底面の半径が 4 cm，高さが 6 cm の円錐ができるから $\frac{1}{3}\times\pi\times4^2\times6=32\pi$
(3) 立方体に接しているのは半径 6 cm の球。
① 半径 r の球の体積は $\boldsymbol{\frac{4}{3}\pi r^3}$（身(み)の上(うえ)に心配(しんぱい)あーる参上(さんじょう)する） $\frac{4}{3}\pi\times6^3=288\pi$
② 半径 r の球の表面積は $\boldsymbol{4\pi r^2}$（心配(しんぱい)あーる事情(じじょう)と思われる，窮(きゅう)せし面を見るにつけても） $4\pi\times6^2=144\pi$（cm²）

9 (1)① **2：7：3** ② $\boldsymbol{\frac{12}{7}}$**倍**
(2)① $\boldsymbol{36\pi}$ **cm²** ② **160度**

解説 (1)① △ABE と △EBC と △ECD は AE，BC，ED を底辺と考える。（底辺は常に下側にあるとは限らない）AD // BC だから3つの三角形は**高さの等しい三角形で，面積の比は底辺の比に等しい。**

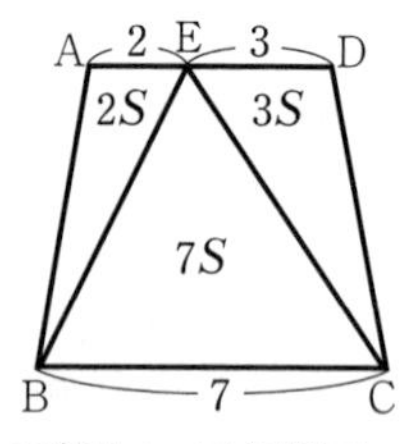

AE：BC：ED＝2：7：3 より，3つの三角形の面積の比も 2：7：3
② △ABE＝$2S$，△EBC＝$7S$，△ECD＝$3S$ とおくと 台形ABCD＝$2S+7S+3S=12S$ 台形ABCDの面積$12S$は△EBCの面積$7S$の $12S\div7S=\frac{12}{7}$（倍）

～は…の何倍か ⇒（～は）÷（…の）

(2)① 円錐の側面積は
π×底面の半径×母線の長さ で求められる。
$\pi\times4\times9=36\pi$（cm²）

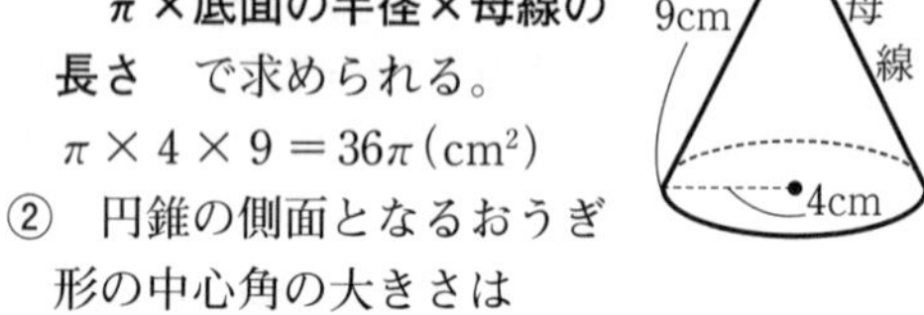

② 円錐の側面となるおうぎ形の中心角の大きさは
$\boldsymbol{360°\times\frac{底面の半径}{母線の長さ}}$ $360°\times\frac{4}{9}=160°$
母線：円柱や円錐の側面をつくり出す線分

4 三角形の合同と確率

10 △ABD と △ACD において，仮定より AB＝AC …①
共通な辺だから
AD＝AD …② AD は∠Aの二等分線だから
∠BAD＝∠CAD …③
①，②，③より2組の辺とその間の角がそれぞれ等しいから △ABD≡△ACD

解説 △ABD≡△ACD より，BD＝CD，∠ADB＝∠ADC また，∠ADB＋∠ADC＝180°，∠ADB＝90° すなわち AD⊥BC **二等辺三角形の頂角の二等分線は，底辺を垂直に2等分する。**

11 △ADFと△CFEにおいて，仮定より　AD＝CF＝BE…①　△ABCは正三角形だから
CA＝BC…②
AF＝CA－CF
CE＝BC－BE
であり，①，②より　AF＝CE…③
また　∠DAF＝∠FCE＝60°…④
①，③，④より２組の辺とその間の角がそれぞれ等しいから　△ADF≡△CFE

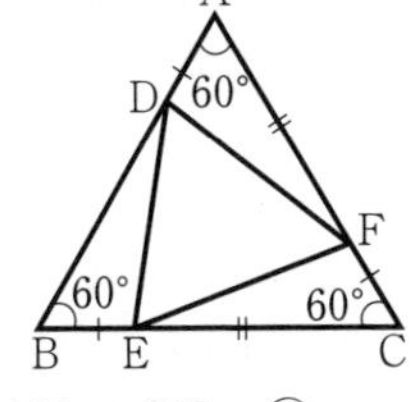

解説　△ADF≡△CFE≡△BEDより，DF＝FE＝EDとなるから△DFEは，正三角形になる。

12 △AFDと△CGEにおいて，仮定より　AD＝CE…①
AB∥GCより，平行線の錯角は等しいから
∠FAD＝∠GCE…②　FD∥BEより，平行線の同位角は等しいから　∠ADF＝∠AEB…③
対頂角は等しいから　∠CEG＝∠AEB…④　③，④より　∠ADF＝∠CEG…⑤　①，②，⑤より１組の辺とその両端の角がそれぞれ等しいから
△AFD≡△CGE

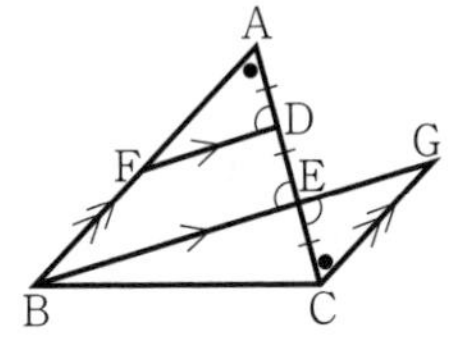

解説　平行線が２組現れることに注意する。平行線の錯角は等しい。平行線の同位角は等しい。対頂角は等しい。

13 (1)①　$\frac{1}{3}$　②　$\frac{1}{4}$　(2)　$\frac{1}{2}$　(3)　$\frac{7}{10}$

(4)　$\frac{13}{25}$　(5)　$\frac{7}{10}$　(6)　$\frac{8}{25}$

解説 (1)①　大小２つのさいころを同時に投げると目の出方は全部で　6×6＝36(通り)　出る目の数の和が３の倍数３，６，９，12になるのは12通りある。求める確率は

$\frac{12}{36}=\frac{1}{3}$

大	1	2	3	4	5	6
小	2 5	1 4	3 6	2 5	1 4	3 6

②　大きい方の目の数が，小さい方の目の数の２倍以上になるのは９通りある。求める確率は

$\frac{9}{36}=\frac{1}{4}$

小	1	2	3
大	2 3 4 5 6	4 5 6	6

(2)　硬貨には表と裏の２通りある。硬貨３枚の表と裏の出方は　2×2×2＝8(通り)　**(同時のときは，かける)**　表を○，裏を×で示すと次のようになり，矢印のように○や×を移すと書きやすい。表が１枚以下になるのは，表１枚，裏２枚と，裏３枚の４通りある。求める確率は　$\frac{4}{8}=\frac{1}{2}$

A	○	○	○	×	○	×	×	×
B	○	○	×	○	×	○	×	×
C	○	×	○	○	×	×	○	×

(3)　少なくとも１人が当たりをひく確率は
１－(２人ともはずれをひく確率)
はずれは5－2＝3(本)あるからＡさんがはずれをひく確率は $\frac{3}{5}$，はずれくじは１本減るから次にひくＢさんがはずれる確率は

$\frac{2}{4}$　よって　$1-\frac{3}{5}\times\frac{2}{4}=1-\frac{3}{10}=\frac{7}{10}$

続けるときは，かける

(4)　２回とも同じ色が出るのは赤-赤，白-白の２つの場合がある。１回目に取り出した玉は袋に戻すから１回目赤玉，２回目も赤玉になる確率は　$\frac{3}{5}\times\frac{3}{5}=\frac{9}{25}$　１回目白玉，２回目も白玉になる確率は　$\frac{2}{5}\times\frac{2}{5}=\frac{4}{25}$

赤-赤，白-白　となる場合は同時には起こらない。求める確率は　$\frac{9}{25}+\frac{4}{25}=\frac{13}{25}$

(5)　５個の数字から同時に２個の数字を取り出す取り出し方は，10通り。

1，2　1，3　1，4　1，5
2，3　2，4　2，5
3，4　3，5
4，5

このうち２個とも奇数が書かれているのは　1，3　1，5　3，5　の３通り。したがって，

求める確率は　$1-\frac{3}{10}=\frac{7}{10}$

(6)　１，２，３，４，５の５枚のカードから１枚取り出し，それを箱に戻してもう一度カードを取り出すから，カードの取り出し方は全部で　5×5＝25(通り)　このうち，aとbの積が12以上になるのは８通りだから　$\frac{8}{25}$

a	3	4	5
b	4 5	3 4 5	3 4 5

5　比例と１次関数

14 (1) $\boldsymbol{y=-6x}$ (2) $\boldsymbol{y=\dfrac{24}{x}}$ (3) $\boldsymbol{-2}$

(4) $\boldsymbol{y=-2x+7}$ (5) $\boldsymbol{(2,\ 3)}$

(6) $\boldsymbol{a=-2,\ b=6}$

解説 (1) y は x に比例するから $\boldsymbol{y=ax}$ に
$x=-3$, $y=18$ を代入して
$18=-3a$, $a=-6$ より $y=-6x$

(2) y は x に反比例するから $\boldsymbol{y=\dfrac{a}{x}}$, $\boldsymbol{xy=a}$
x と y の積が比例定数になる。$x=6$,
$y=4$ を代入して $a=6\times4=24$, $y=\dfrac{24}{x}$

(3) $y=\dfrac{6}{x}$ で $x=1$ のとき $y=\dfrac{6}{1}=6$,
$x=3$ のとき $y=\dfrac{6}{3}=2$
変化の割合＝$\dfrac{y\text{の増加量}}{x\text{の増加量}}$ $=\dfrac{2-6}{3-1}=-2$

(4) 2点を通る直線を $\boldsymbol{y=ax+b}$ とする。
点(2, 3)を通るから $3=2a+b$…①
点(4, −1)を通るから $-1=4a+b$…②
②−①より $-4=2a$, $a=-2$ これを
①に代入して $3=2\times(-2)+b$, $b=7$
したがって $y=-2x+7$

＊直線の傾き $\dfrac{-1-3}{4-2}=\dfrac{-4}{2}=-2$ を利用して直線の式を求めてもよい。

(5) **交点の座標は連立方程式の解**
$y=2x-1$…①を $y=-x+5$…②に代入して $2x-1=-x+5$, $3x=6$, $x=2$
これを①に代入して $y=2\times2-1=3$
交点の座標は (2, 3)

(6) 関数 $y=ax+b$ のグラフは, x の変域 $1\leqq x\leqq4$ と y の変域 $-2\leqq y\leqq4$ でつくる**長方形の対角線**になる。$a<0$ より右下がりの直線で,

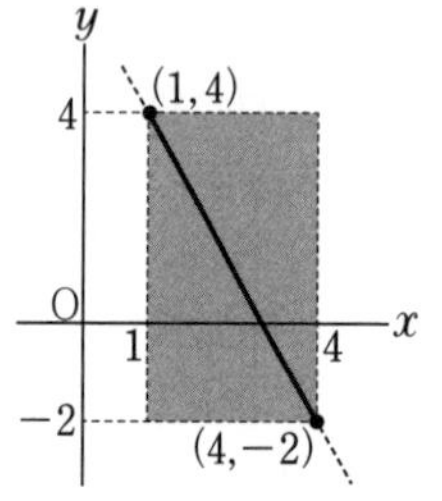

2点(1, 4), (4, −2)を通るから
$4=a+b$…① $-2=4a+b$…②
①, ②より $a=-2$, $b=6$

15 (1) $\boldsymbol{(10,\ -5)}$ (2) $\boldsymbol{(2,\ 3)}$

(3) $\boldsymbol{(13,\ 4)}$

解説 (1) 点Bの x 座標は10, 直線BCは y 軸に平行だから式は $x=10$
点Cの x 座標も10
$y=-x+5$ に
$x=10$を代入して

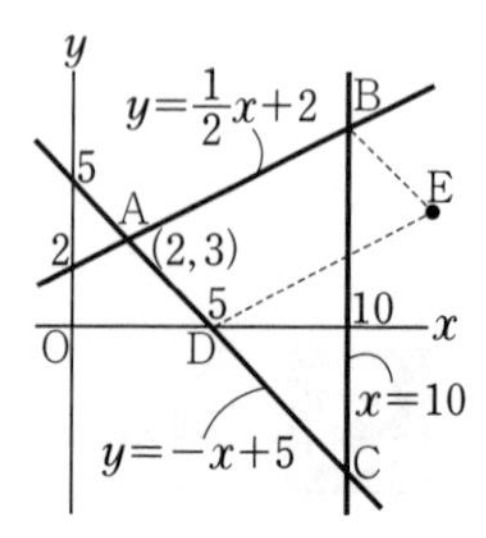

$y=-10+5=-5$ より C(10, −5)

(2) **交点の座標は連立方程式の解**
$y=\dfrac{1}{2}x+2$…① を $y=-x+5$…②に代入して $\dfrac{1}{2}x+2=-x+5$, $x=2$
これを②に代入して $y=3$ より A(2, 3)

(3) 点Bの x 座標は 10 $x=10$を $y=\dfrac{1}{2}x+2$ に代入して $y=7$
B(10, 7) 点Dは直線 $y=-x+5$ と x 軸との交点。**x 軸上の点の y 座標は0**, $0=-x+5$, $x=5$
D(5, 0) AからBまで右へ $10-2=8$,
上へ $7-3=4$ DからEまでも同様に進めばよいから, 点Eの x 座標は $5+8=13$,
y 座標は $0+4=4$ より E(13, 4)

16 (1) $\boldsymbol{y=-x+11}$ (2) **47** (3) $\boldsymbol{(2,\ 0)}$

解説 (1) 直線PRを $y=ax+b$ とする。A(3, 8)を通るから
$8=3a+b$…②
P(11, 0)を通るから
$0=11a+b$…③ ②, ③より $a=-1$,
$b=11$ より $y=-x+11$

(2) 直線PRの式からR(0, 11) **傾き−1の直線では y 切片と x 切片は等しい**から
P(11, 0) また, ①の式から S(0, 2)
四角形ASOP＝△ROP－△RSA
$=11\times11\div2-(11-2)\times3\div2$
$=\dfrac{121}{2}-\dfrac{27}{2}=\dfrac{94}{2}=47$

(3) 点Sを通り直線AP(PR)に平行な直線をひく。この直線と x 軸との交点が点B,
△APSと△APBは**底辺APが共通で, AP∥SBより高さが等しいから面積は等しい**。直線APの傾きは−1, 平行な直線の傾きは等しいから直線SBの傾きも−1
傾き−1の直線では y 切片と x 切片は等しい。S(0, 2) より B(2, 0)

17 (1) $\boldsymbol{a=-12}$ (2) **4個**

(3) $\boldsymbol{y=-\dfrac{1}{2}x+5}$

解説 (1) 関数 $y=\dfrac{a}{x}$, $xy=a$ のグラフ上に
A(−2, 6)があるから $a=(-2)\times6=-12$

(2) 2点A$(-2,\ 6)$, C$(4,\ 9)$を通る直線を$\boldsymbol{y = mx + n}$とすると $6 = -2m + n$, $9 = 4m + n$ より $m = \frac{1}{2}$, $n = 7$

$y = \frac{1}{2}x + 7$

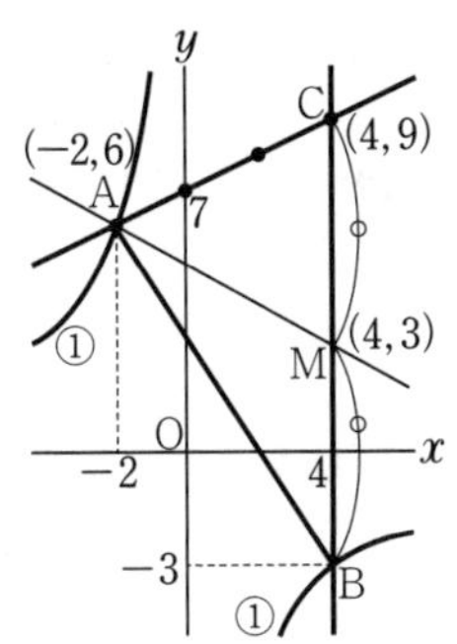

x座標が2の倍数のとき，x座標もy座標も整数になる。線分AC上では$-2 \leqq x \leqq 4$, $x = -2,\ 0,\ 2,\ 4$であればよい。求める点は $(-2,\ 6)$, $(0,\ 7)$, $(2,\ 8)$, $(4,\ 9)$ の4個。

(3) 点Bのx座標は4，y座標は$4 \times y = -12$ $y = -3$, B$(4,\ -3)$ また，C$(4,\ 9)$ 点Aを通り△ABCの面積を2等分する直線は，線分BCの中点Mを通る。Mのx座標は $\frac{4+4}{2} = 4$，y座標は $\frac{-3+9}{2} = 3$

M$(4,\ 3)$ 直線AMを$y = cx + d$とすると $6 = -2c + d$, $3 = 4c + d$ より $c = -\frac{1}{2}$, $d = 5$となるから $y = -\frac{1}{2}x + 5$

6 1次関数の利用

18 (1) **880m** (2) $\boldsymbol{y = -75x + 5400}$
(3) **10分間** (4) $\boldsymbol{y = -60x + 4500}$
(5) **9時28分** (6) **10時9分**

解説 (1) 希さんの家から図書館までの2400mを30分で歩くから 分速$2400 \div 30 = 80$(m) 9時11分には家から $80 \times 11 = 880$(m) 離れた地点にいる。

(2) 図書館から駅までは分速75mで進む。速さが一定のときyはxの1次関数で，グラフは直線になる。また，**速さは直線の傾きに等しい**。希さんは図書館から家の方向に向かっているから，傾きは負になる。
$y = -75x + b$と表せ，点$(60,\ 900)$を通るから $900 = -75 \times 60 + b$, $b = 900 + 4500 = 5400$ したがって $y = -75x + 5400$

(3) 図書館の位置は$y = 2400$ これを(2)の式に代入して $2400 = -75x + 5400$, $x = 40$ より，9時40分に図書館を出発した。希さんは9時30分に図書館に着いたから，図書館には10分間とどまっていた。

(4) 求める式を$\boldsymbol{y = mx + n}$とすると，2点$(60,\ 900)$, $(75,\ 0)$を通るから
$900 = 60m + n$…① $0 = 75m + n$…②
①，②を連立方程式として解くと$m = -60$, $n = 4500$ より $y = -60x + 4500$

(5) 希さんの姉は分速200mで図書館に向かうから $2400 \div 200 = 12$，家から図書館まで12分かかる。図書館に着くのは希さんが図書館を出発する9時40分だから，家を出発したのは $40 - 12 = 28$，9時28分

(6) 希さんの兄は10時5分に家を出発し10時15分に駅に着くから，駅までの900mを$15 - 5 = 10$(分)で進んだ。速さは，分速$900 \div 10 = 90$(m) **速さは直線の傾きに等しいから** $y = 90x + c$，10時5分＝9時65分より点$(65,\ 0)$を通る。$0 = 90 \times 65 + c$ $c = -5850$, $y = 90x - 5850$ これを希さんの式 $y = -60x + 4500$ に代入して
$90x - 5850 = -60x + 4500$, $150x = 10350$
$x = 69$ これは9時69分を表すから，求める時刻は 10時9分

19 (1) $\boldsymbol{y = 30x}$ (2) $\boldsymbol{y = \frac{25}{2}x + 105}$
(3) **17.5L** (4) **8分後** (5) **8分24秒後**

解説 (1) $0 \leqq x \leqq 6$のとき，6分間に180Lの水が出るから1分間に$180 \div 6 = 30$(L)出る。これは原点を通る直線の傾きに等しいから $y = 30x$

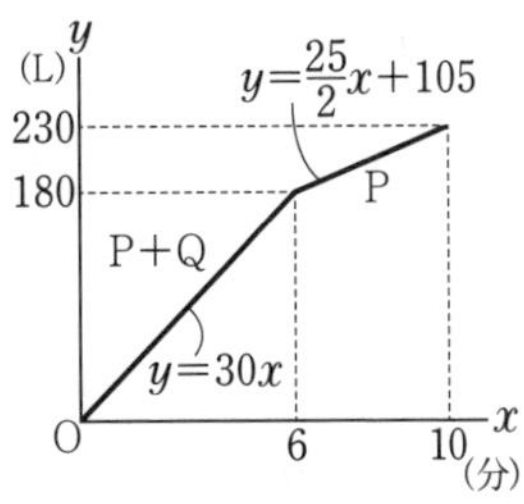

(2) $6 \leqq x \leqq 10$のとき，2点$(6,\ 180)$, $(10,\ 230)$を通る直線の式を求めればよい。
$y = ax + b$とすると $180 = 6a + b$…①
$230 = 10a + b$…② ①，②を連立方程式として解くと $a = \frac{25}{2}$, $b = 105$ より
$y = \frac{25}{2}x + 105$

(3) **直線の傾きが1分間に出る水の量を表している**。$0 \leqq x \leqq 6$のとき，PとQを使用していて，1分間に30Lの水が出る。
$6 \leqq x \leqq 10$のとき，Pだけを使用していて

1分間に $\frac{25}{2}=12.5$(L)の水が出るから

Qからは $30-12.5=17.5$(L)の水が出る。

(4) グラフから水槽の水の量が205Lになるのは $6 \leqq x \leqq 10$ のときで，$y=205$ を $y=\frac{25}{2}x+105$ に代入して $205=\frac{25}{2}x+105$

$25x=200$，$x=8$(分後)

(5) Qは1分間に17.5Lの水を6分間出し続けるから $17.5\times6=105$(L)の水が出る。一方，Pは10分間水を出すがPの方が1分間に出す水の量は少ない。したがって，Pが105Lの水を出したとき，PとQの水の量が等しくなる。Pは1分間に12.5Lの水を出すから $105\div12.5=8.4$(分後)

$=8$分$+0.4\times60$秒後$=8$分24秒後

7 多項式・平方根・2次方程式

20 (1) $\boldsymbol{3\sqrt{7}}$ (2) $\boldsymbol{2\sqrt{5}}$ (3) $\boldsymbol{3\sqrt{5}}$
(4) $\boldsymbol{\sqrt{3}}$ (5) $\boldsymbol{5}$ (6) $\boldsymbol{2}$ (7) $\boldsymbol{8-7\sqrt{15}}$
(8) $\boldsymbol{1+2\sqrt{10}}$ (9) $\boldsymbol{x^2-12y^2}$
(10) $\boldsymbol{-6x+25}$

解説 (1) $\sqrt{7}+\sqrt{28}=\sqrt{7}+\sqrt{2^2\times7}$
$=\sqrt{7}+2\sqrt{7}=(1+2)\sqrt{7}=3\sqrt{7}$

(2) $4\sqrt{5}-\sqrt{20}=4\sqrt{5}-2\sqrt{5}=2\sqrt{5}$

(3) $\sqrt{10}\times\sqrt{2}+\sqrt{5}=\sqrt{10\times2}+\sqrt{5}$
$=\sqrt{2^2\times5}+\sqrt{5}=2\sqrt{5}+\sqrt{5}=3\sqrt{5}$

(4) $\sqrt{48}-3\sqrt{6}\div\sqrt{2}=\sqrt{4^2\times3}-\frac{3\sqrt{6}}{\sqrt{2}}$
$=4\sqrt{3}-3\sqrt{3}=\sqrt{3}$

(5) $(\sqrt{8}+\sqrt{18})\div\sqrt{2}=\frac{\sqrt{8}}{\sqrt{2}}+\frac{\sqrt{18}}{\sqrt{2}}$
$=\sqrt{4}+\sqrt{9}=2+3=5$

(6) $(\sqrt{7}+\sqrt{5})(\sqrt{7}-\sqrt{5})$
$=(\sqrt{7})^2-(\sqrt{5})^2=7-5=2$

(7) $(\sqrt{5}+\sqrt{3})^2-9\sqrt{15}$
$=(\sqrt{5})^2+2\times\sqrt{5}\times\sqrt{3}+(\sqrt{3})^2-9\sqrt{15}$
$=5+2\sqrt{15}+3-9\sqrt{15}=8-7\sqrt{15}$

(8) $(3\sqrt{2}-\sqrt{5})(\sqrt{2}+\sqrt{5})$
$=3\times2+3\sqrt{10}-\sqrt{10}-5=1+2\sqrt{10}$

(9) $(x-3y)(x+4y)-xy=x^2+4xy-3xy$
$-12y^2-xy=x^2-12y^2$

(10) $(x-3)^2-(x+4)(x-4)=x^2-2\times x\times3$
$+3^2-(x^2-4^2)=x^2-6x+9-x^2+16$
$=-6x+25$

21 (1) $\boldsymbol{3a(a-3)}$ (2) $\boldsymbol{(x-2)(x+4)}$
(3) $\boldsymbol{(x+3)(x-4)}$ (4) $\boldsymbol{(a+5)^2}$
(5) $\boldsymbol{(a+2b)(a-2b)}$ (6) $\boldsymbol{(x+1)(y-6)}$

解説 (1) 共通因数 $3a$ をかっこの外にくくり出す。$3a\times a+3a\times(-3)=3a(a-3)$

(2) 積が-8，和が$+2$となる2つの整数は-2と$+4$，$x^2+2x-8=(x-2)(x+4)$

(3) 積が-12，和が-1となる2つの整数は$+3$と-4，$x^2-x-12=(x+3)(x-4)$

(4) $a^2+10a+25=a^2+2\times a\times5+5^2$
$=(a+5)^2$

(5) $a^2-4b^2=a^2-(2b)^2=(a+2b)(a-2b)$

(6) $x+1=A$とおくとAは共通因数。
$yA-6A=A(y-6)=(x+1)(x-6)$

22 (1) $\boldsymbol{x=-8\pm\sqrt{2}}$ (2) $\boldsymbol{x=0,\ 9}$
(3) $\boldsymbol{x=1,\ -6}$ (4) $\boldsymbol{x=-4,\ 8}$
(5) $\boldsymbol{x=-2,\ 9}$ (6) $\boldsymbol{x=3,\ 7}$
(7) $\boldsymbol{x=4}$ (8) $\boldsymbol{x=-2,\ 10}$
(9) $\boldsymbol{x=\frac{-5\pm\sqrt{21}}{2}}$ (10) $\boldsymbol{x=\frac{3\pm\sqrt{17}}{4}}$

解説 (1) $x+8$が2の平方根。$x+8=\pm\sqrt{2}$
8を右辺に移項して $x=-8\pm\sqrt{2}$
＊左辺を展開してから解の公式を使うような計算をしてはならない。

(2) $9x$を左辺に移項して $x^2-9x=0$
$x(x-9)=0$，$x=0$ または $x-9=0$
より $x=0,\ 9$ $x=0$も解である。

(3) 左辺を因数分解する。$(x-1)(x+6)=0$
$x-1=0$または$x+6=0$，$x=1,\ -6$

(4) $x^2-4x-32=0$，$(x+4)(x-8)=0$，
$x+4=0$または$x-8=0$，$x=-4,\ 8$

(5) $x^2-7x-18=0$，$(x+2)(x-9)=0$，
$x+2=0$または$x-9=0$，$x=-2,\ 9$

(6) -21を左辺に移項して $x^2-10x+21=0$
$(x-3)(x-7)=0$，$x=3,\ 7$

(7) $x^2-3^2=8x-25$，$x^2-8x+16=0$，
$(x-4)^2=0$，$x-4=0$，$x=4$

(8) $x^2+x-30=9x-10$，$x^2-8x-20=0$，
$(x+2)(x-10)=0$，$x=-2,\ 10$

(9) 左辺が因数分解できないときは，解の公式をつかう。2次方程式 $ax^2+bx+c=0$ の解は $\boldsymbol{x=\frac{-b\pm\sqrt{b^2-4ac}}{2a}}$

口で何度も唱えて，必ず覚えること。導き方も理解しておくとよい。

$x^2+5x+1=0$で $a=1$，$b=5$，$c=1$

$x=\frac{-5\pm\sqrt{5^2-4\times1\times1}}{2\times1}=\frac{-5\pm\sqrt{21}}{2}$

(10) $a=2$，$b=-3$，$c=-1$だから

$$x=\frac{-(-3)\pm\sqrt{(-3)^2-4\times2\times(-1)}}{2\times2}$$
$$=\frac{3\pm\sqrt{9+8}}{4}=\frac{3\pm\sqrt{17}}{4}$$

23 (1) $\sqrt{14}$ (2) $\sqrt{2}$ (3) $\boldsymbol{n=7}$
(4) **8個** (5) **6** (6) $\boldsymbol{a=3,\ b=-10}$
(7) **3 m**

解説 (1) 14の平方根は2乗すると14になる数。正と負の2つあり$\pm\sqrt{14}$，正の数は$\sqrt{14}$

(2) $\sqrt{8}-\frac{2}{\sqrt{2}}=2\sqrt{2}-\frac{2\times\sqrt{2}}{\sqrt{2}\times\sqrt{2}}$
$=2\sqrt{2}-\sqrt{2}=\sqrt{2}$

＊ $\boldsymbol{2=\sqrt{2}\times\sqrt{2}}$ と考えると約分できる。

(3) 素因数分解したとき，**指数がすべて偶数であれば自然数の2乗になる。** $28=2^2\times7$ これに7をかけると $(2^2\times7)\times7=2^2\times7^2=(2\times7)^2=14^2$ したがって $n=7$

(4) $4<\sqrt{n}<5$の各辺を2乗すると $4^2<(\sqrt{n})^2<5^2$，$16<n<25$ nは17から24までの自然数で，その個数は $(24-17)+1=8$(個)のように計算する。

(5) $3.14=3+0.14$で3を整数部分，0.14を小数部分という。$3^2<15<4^2$ だから $\sqrt{9}<\sqrt{15}<\sqrt{16}$，$3<\sqrt{15}<4$ より $\sqrt{15}=3.\cdots$となるから$\sqrt{15}$の整数部分は3 小数部分aは $a=\sqrt{15}-3$ と表せる。
$a^2+6a=a(a+6)=(\sqrt{15}-3)(\sqrt{15}-3+6)$
$=(\sqrt{15}-3)(\sqrt{15}+3)=(\sqrt{15})^2-3^2$
$=15-9=6$

(6) 解が2，-5である2次方程式の1つは $(x-2)(x+5)=0$，$x^2+3x-10=0$ これが $x^2+ax+b=0$と一致するから各項の係数を比較して $a=3$，$b=-10$

(7) 縦の長さをx mとすると，横の長さは$(x+5)$m，花壇の面積から $x(x+5)=24$
$x^2+5x-24=0$，$(x-3)(x+8)=0$
$x=3, -8$ $x>0$より$x=3$が適する。

24 nを整数とすると連続する2つの偶数は $2n$，$2n+2$ と表される。連続する2つの偶数の積に1を加えた数は
$2n(2n+2)+1=4n^2+4n+1$
$=(2n+1)^2$
nは整数だから$2n+1$は奇数である。したがって，連続する2つの偶数の積に1を加えた数は，奇数の2乗になる。

解説 教科書にのっている類題の証明を何度も書き写して，証明に慣れることが大切。証明や説明は配点が高く，得点源になる。

8 2乗に比例する関数

25 (1) $\boldsymbol{y=-2x^2}$ (2) $\boldsymbol{0\leqq y\leqq4}$
(3) $\boldsymbol{a=-4}$ (4) $\boldsymbol{-3}$ (5) **毎秒2 m**
(6) $\boldsymbol{a=3}$

解説 (1) yはxの2乗に比例するから $\boldsymbol{y=ax^2}$，$x=2$，$y=-8$を代入して $-8=a\times2^2$，$a=-2$より $y=-2x^2$

(2) xの変域$-2\leqq x\leqq1$に$x=0$が含まれている。$x=-2$，0，1のとき $y=(-2)^2=4$，$y=0^2=0$，$y=1^2=1$ yの変域は $0\leqq y\leqq4$

(3) **xの変域とyの変域で長方形をつくる。** 放物線は，直線$x=-2$，$x=3$，$y=0$(x軸) $y=-36$で囲まれた長方形の頂点の1つ，点$(3, -36)$を通るから $-36=a\times3^2$，$9a=-36$，$a=-4$

(4) $y=3x^2$について，$x=-2$，1のとき $y=3\times(-2)^2=12$，$y=3\times1^2=3$

変化の割合＝$\frac{\boldsymbol{y}\text{の増加量}}{\boldsymbol{x}\text{の増加量}}$ $=\frac{3-12}{1-(-2)}=\frac{-9}{3}$
$=-3$

＊ $y=ax^2$について，xの値がpからqまで増加するときの変化の割合は
$\frac{aq^2-ap^2}{q-p}=\frac{a(q^2-p^2)}{q-p}=\frac{a(q+p)(q-p)}{q-p}$
$=a(q+p)=\boldsymbol{(p+q)\times a}$のように表せるから $(-2+1)\times3=-3$

(5) **平均の速さは変化の割合に等しい。** $y=\frac{1}{2}x^2$ について，xの値が1から3まで増加するから 毎秒$(1+3)\times\frac{1}{2}=2$(m)

(6) $y=ax^2$について，xの値が-1から2まで増加するときの変化の割合は $(-1+2)\times a=a$ また，関数$y=3x-4$の変化の割合は一定で，傾きに等しく3 2つの変化の割合は等しいから $a=3$

26 (1) $\boldsymbol{0\leqq y\leqq8}$ (2) $\boldsymbol{1\leqq a\leqq2}$
(3) **(0，12)**

解説 (1) $x=-2$，0，4を$y=\frac{1}{2}x^2$に代入

して　$y=\frac{1}{2}\times(-2)^2=2$，$y=\frac{1}{2}\times 0=0$

$y=\frac{1}{2}\times 4^2=8$，$-2\leqq x\leqq 4$ のときの y の変域は　$0\leqq y\leqq 8$

(2)　(1)より $A(-2,\ 2)$ $B(4,\ 8)$　また，$C(6,\ 18)$　直線ABの傾きは　$\frac{8-2}{4-(-2)}=1$，直線ACの傾きは　$\frac{18-2}{6-(-2)}=\frac{16}{8}=2$　直線 ℓ の傾き a は　$1\leqq a\leqq 2$

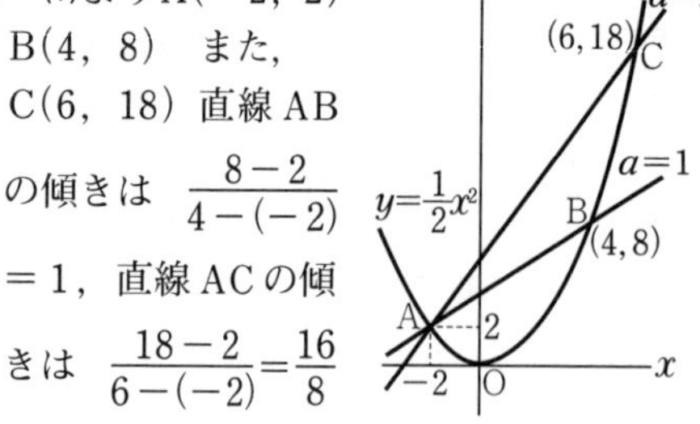

(3)　点Bと y 軸について対称な点 $B'(-4,\ 8)$ をとり，B′とCを結ぶ。線分B′Cと y 軸との交点がPになる。このとき $BP=B'P$，$BP+PC=B'P+PC=B'C$

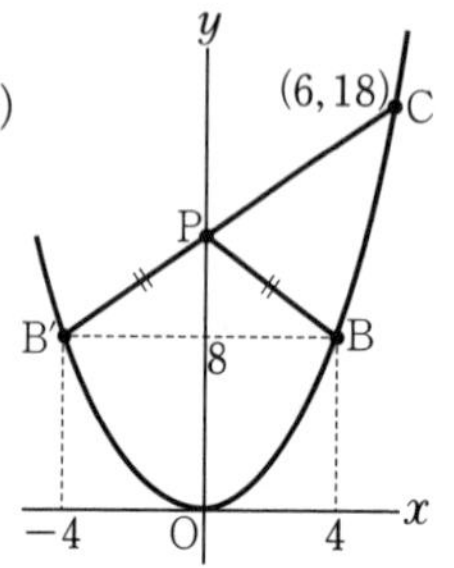

直線B′Cを $\boldsymbol{y=mx+n}$ とすると

$8=-4m+n$…①　$18=6m+n$…②

①, ②を連立方程式として解くと　$m=1$，$n=12$ で $y=x+12$　切片から $P(0,\ 12)$

＊折れ線の最小の長さは，対称な点をとる。

27 (1)　**$(-2,\ 1)$**　(2)　**$\frac{1}{2}$**　(3)　**$y=\frac{1}{2}x+2$**

(4)　**6**　(5)　**$(2,\ 3)$**

解説 (1)　点Aの x 座標は -2，これを①に代入して　$y=\frac{1}{4}\times(-2)^2=1$，$A(-2,\ 1)$

(2)　関数①について，x の値が -2 から4まで増加するから，変化の割合は **$(p+q)\times a$** を利用して　$(-2+4)\times\frac{1}{4}=\frac{1}{2}$

(3)　点Bの y 座標はAの y 座標より3大きいから $y=1+3=4$　これを①に代入して　$4=\frac{1}{4}x^2$，$x^2=16$　$x>0$ より $x=4$

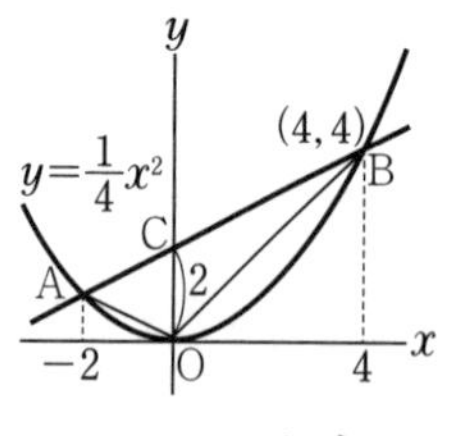

$B(4,4)$　直線ABを $\boldsymbol{y=ax+b}$ とする。2点A，Bを通るから　$1=-2a+b$，$4=4a+b$　これらを連立方程式として解くと　$a=\frac{1}{2}$，$b=2$，$y=\frac{1}{2}x+2$

(4)　△OABをOCで分ける。直線ABの切片は2で $OC=2$　OCを共通な底辺とし A，Bの x 座標の絶対値を高さとする。

△OAB＝△OAC＋△OBC

$=(2\times 2\div 2)+(2\times 4\div 2)=2+4=6$

(5)　点Pの x 座標を t とする。Pは直線AB上の点で　$P\left(t,\ \frac{1}{2}t+2\right)$

また，$Q\left(t,\ \frac{1}{4}t^2\right)$

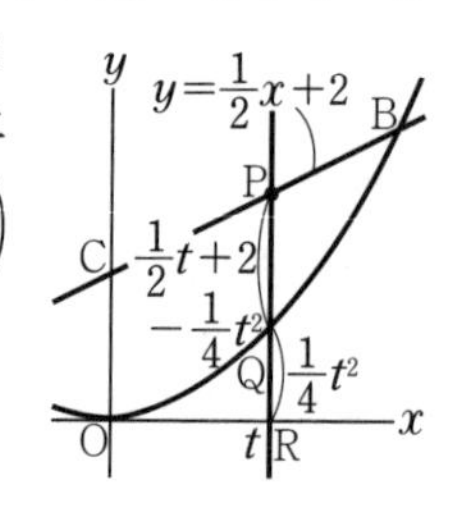

$PQ=\frac{1}{2}t+2-\frac{1}{4}t^2$

$QR=\frac{1}{4}t^2$　$PQ:QR=2:1$ より

$\left(\frac{1}{2}t+2-\frac{1}{4}t^2\right):\frac{1}{4}t^2=2:1$

$2t^2=2t+8-t^2$，$3t^2-2t-8=0$

$t=\frac{-(-2)\pm\sqrt{(-2)^2-4\times 3\times(-8)}}{2\times 3}$

$=\frac{2\pm\sqrt{100}}{6}=\frac{2\pm 10}{6}=2,\ -\frac{4}{3}$

$0<t<4$ より $t=2$ が適する。Pの y 座標は　$\frac{1}{2}\times 2+2=3$，$P(2,\ 3)$

9　円と相似

28 (1)　**106度**　(2)　**64度**

(3)　**4 cm，3：2**

解説 (1)　$\overset{\frown}{ADC}$ に対する中心角 $\angle AOC=360°-148°=212°$

$\angle x$ は $\overset{\frown}{ADC}$ に対する円周角だから，中心角の $\frac{1}{2}$

$\angle x=212°\div 2=106°$

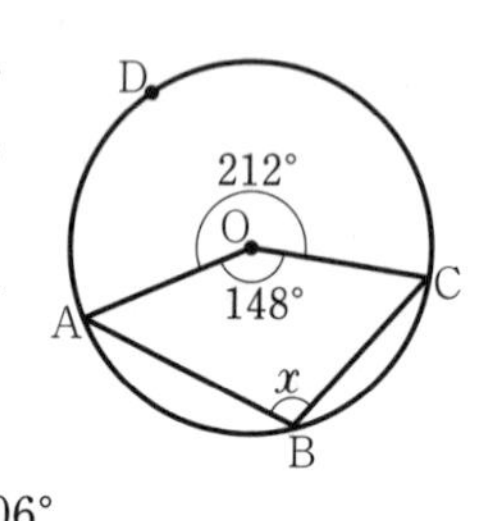

(2)　**直径 ⇔ 直角**

ACは円Oの直径だから $\angle ADC=90°$

$\overset{\frown}{AD}$ に対する円周角は等しいから

$\angle ACD=\angle ABD=\angle x$　△ADCは直角三角形，**直角三角形では直角を除いた2つの内角の和は90°** だから　$\angle x+26°=90°$，$\angle x=64°$

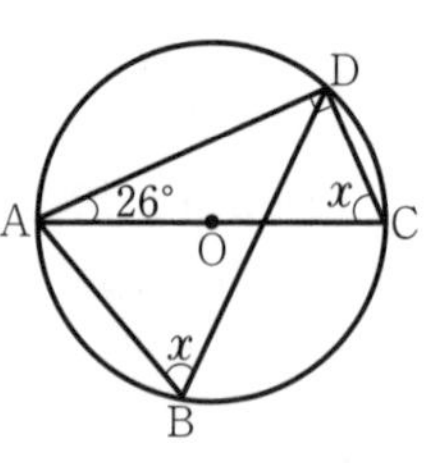

(3)　AP // DC より，平行線の同位角と錯角は等しいから

$\angle BAP=\angle ADC$

$\angle CAP=\angle ACD$

仮定より　$\angle BAP=\angle CAP$ だから

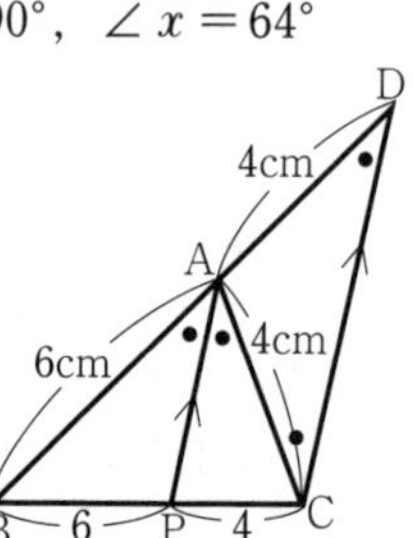

∠ADC＝∠ACD　△ACD は二等辺三角形になるから AD＝AC＝4 cm，また三角形と比の定理から

BA：AD＝BP：PC＝6：4 ＝ 3：2

＊**AB：AC＝BP：PC**　が成り立つ。

29　△ACH と△CBH において，

∠AHC＝∠CHB＝90°…①　∠ACH＋∠BCH＝90°より

∠ACH＝90°－∠BCH

∠CBH＋∠BCH＝90°

より　∠CBH＝90°－∠BCH　よって

∠ACH＝∠CBH…②　①，②より，

2 組の角がそれぞれ等しいから

△ACH ∽△CBH

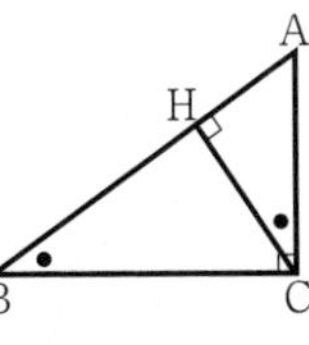

解説　直角三角形で，直角から斜辺に垂線をひくと　△ACH ∽△CBH ∽△ABC

30　△ABE と△BDE において，共通な角だから

∠AEB＝∠BED…①　AE は∠BAC の二等分線だから

∠BAE＝∠CAE

$\overset{\frown}{CE}$ に対する円周角は等しいから　∠DBE＝∠CAE　よって

∠BAE＝∠DBE…②　①，②より，

2 組の角がそれぞれ等しいから

△ABE ∽△BDE

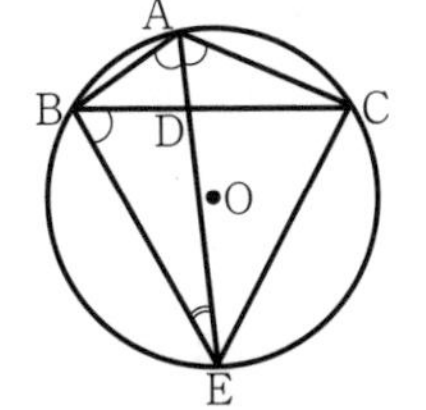

解説　∠BAE＝∠CAE＝∠CBE＝∠DBE になる。

31 (1)　**4 cm**　(2)　**4 cm**　(3)　**1：1：1**

(4)　$\frac{2}{3}$**倍**

解説(1)　△EBC で，辺 EB の中点が M

三角形の 1 つの辺の中点を通り他の 1 辺に平行な直線は，残りの辺の中点を通るから N は辺 EC の中点。中点連結定理より

MN＝$\frac{1}{2}$BC＝$\frac{1}{2}$×8＝4(cm)

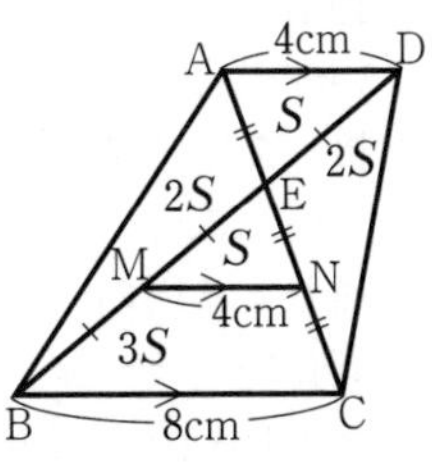

(2)　1 組の辺とその両端の角がそれぞれ等しいから△EDA≡△EMN で，ED＝EM

また，EM＝MB より DE：EB＝1：2

BD＝12cm より DE＝12×$\frac{1}{1+2}$＝4 cm

(3)　△EDA≡△EMN より，AE＝EN

また，EN＝NC だから AE＝EN＝NC

したがって，AE：EN：NC＝1：1：1

(4)　△AED と△ABE は DE，EB を底辺と考えると**高さの等しい三角形で，面積の比は底辺の比に等しい**。DE：EB＝1：2 より面積の比も 1：2　△AED＝S，△ABE＝$2S$　とする。△EDA≡△EMN より△EMN＝S，△EMN ∽△EBC で相似比は 1：2　**相似な図形では，面積の比は相似比の 2 乗に等しい**から　$1^2:2^2$＝1：4，△EBC＝$4S$　四角形 MBCN＝$4S-S=3S$　したがって，△ABE の面積 $2S$ は四角形 MBCN の面積 $3S$ の

$$2S \div 3S=\frac{2S}{3S}=\frac{2}{3}(倍)$$

～は…の何倍か⇒(～は)÷(…の)

10 三平方の定理

32 (1)　**28cm³**　(2)　**$3\sqrt{3}$ cm**　(3)　**65π cm²**

解説(1)　直角二等辺三角形の 3 辺の比は

1：1：$\sqrt{2}$　△ABC で AC：4＝1：$\sqrt{2}$

AC＝$\frac{4}{\sqrt{2}}=\frac{4\times\sqrt{2}}{\sqrt{2}\times\sqrt{2}}$

＝$2\sqrt{2}$　一方，点 C から斜辺 AB に垂線 CH をひくと△CBH も直角二等辺三角形。

AH＝BH＝CH＝2　△ABC 面積は 4×2÷2＝4　△ABC を底面とする高さ 7cm の三角柱の体積は　4×7＝28(cm³)

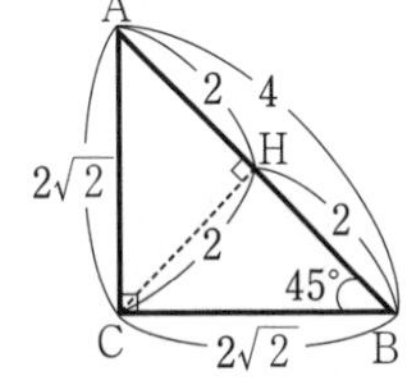

(2)　△AOH は 30°，60°の直角三角形で 3 辺の比は　**1：2：$\sqrt{3}$**

3 倍して 3：6：$3\sqrt{3}$

AO＝BO＝6 cm より　AH＝$3\sqrt{3}$ cm

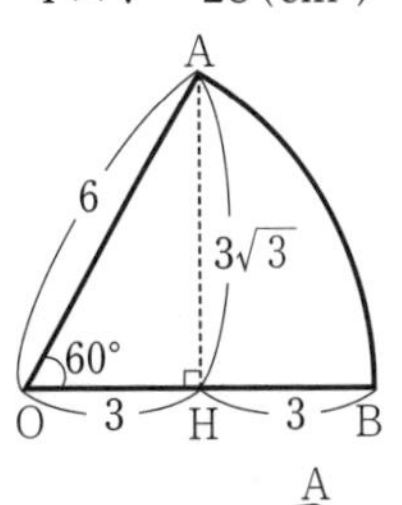

(3)　△ABC で，

$AB^2=5^2+12^2$

＝169，AB＞0

より AB＝$\sqrt{169}$

＝13(cm)

辺 BC を軸として△ABC を 1 回転させると，底面の半径が 5cm，母線の長さが 13cm の円錐ができる。**円錐の側面積＝π×底面の半径×母線の長さ**　π×5×13＝65π(cm²)

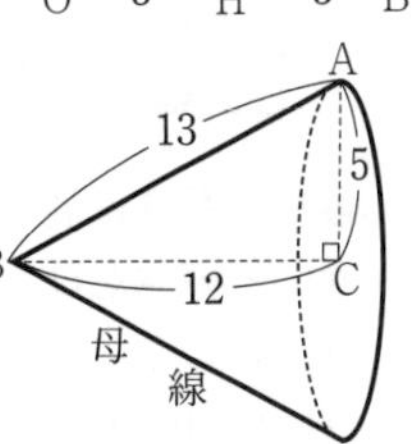

＊直角三角形の3辺の比　3：4：5，
6：8：10，5：12：13　は覚えておく。

33 (1)　10cm　(2)　$10\sqrt{3}$ cm　(3)　$\dfrac{500}{3}$ cm^3
(4)　$50\sqrt{3}$ cm^2　(5)　$\dfrac{10\sqrt{3}}{3}$ cm
(6)　$5\sqrt{13}$ cm

解説 (1)　1000＝10×10×10　だから立方体の1辺の長さは 10cm

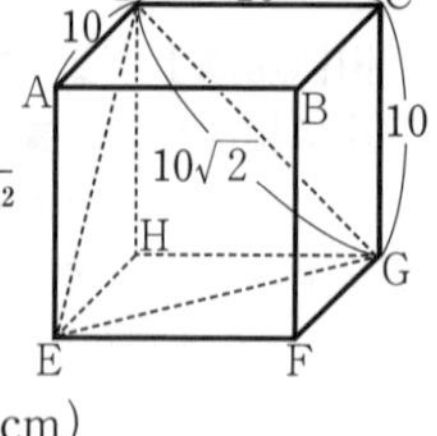

(2)　直方体・立方体の対角線の長さは
$\sqrt{(縦)^2+(横)^2+(高さ)^2}$
で求められる。
$\sqrt{10^2+10^2+10^2}$
$=\sqrt{10^2\times3}=10\sqrt{3}$ (cm)

(3)　△HEG を底面，DH を高さとする三角錐の体積から　$\dfrac{1}{3}\times\dfrac{1}{2}\times10\times10\times10=\dfrac{500}{3}$

(4)　△DCG は直角二等辺三角形。DC：DG＝1：$\sqrt{2}$　より
DG＝$10\sqrt{2}$ cm
△DEG は1辺の長さが $10\sqrt{2}$ cm の正三角形。D から EG に垂線 DN をひくと△DGN は30°，60°の直角三角形で3辺の比は **1：2：$\sqrt{3}$**　$10\sqrt{2}$：DN＝2：$\sqrt{3}$
より　DN＝$5\sqrt{6}$ cm　△DEG の面積は　$10\sqrt{2}\times5\sqrt{6}\div2=50\sqrt{3}$ (cm^2)

(5)　三角錐 H‐DEG で，△DEG を底面としたときの高さを h cm とする。(3)で求めた体積から　$\dfrac{1}{3}\times50\sqrt{3}\times h=\dfrac{500}{3}$

$\sqrt{3}h=10$，$h=\dfrac{10}{\sqrt{3}}=\dfrac{10\times\sqrt{3}}{\sqrt{3}\times\sqrt{3}}=\dfrac{10\sqrt{3}}{3}$

(6)

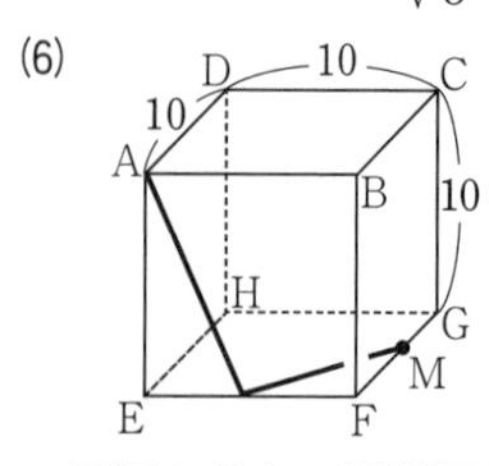

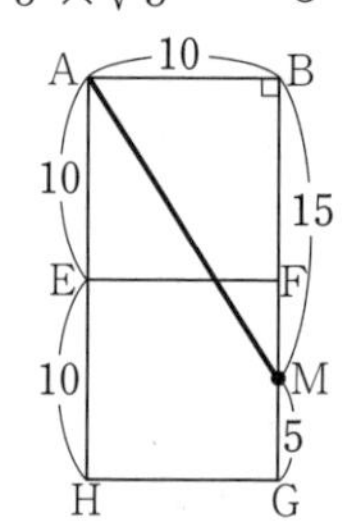

最短の長さは展開図をかいて直線をひく。糸の長さが最も短くなる場合の糸は，展開図の線分 AM
AB＝10cm，BM＝10＋5＝15cm
直角三角形 ABM で，三平方の定理より
$\mathrm{AM}^2=10^2+15^2=(2\times5)^2+(3\times5)^2$
$=2^2\times5^2+3^2\times5^2=5^2\times(2^2+3^2)$
$=5^2\times13$　AM＞0より
AM＝$\sqrt{5^2\times13}=5\sqrt{13}$ (cm)

34 (1)　$r=\dfrac{3}{2}$　(2)　$3\sqrt{2}$ cm
(3)　$9\sqrt{2}$ cm　(4)　$4\sqrt{2}\pi$ cm

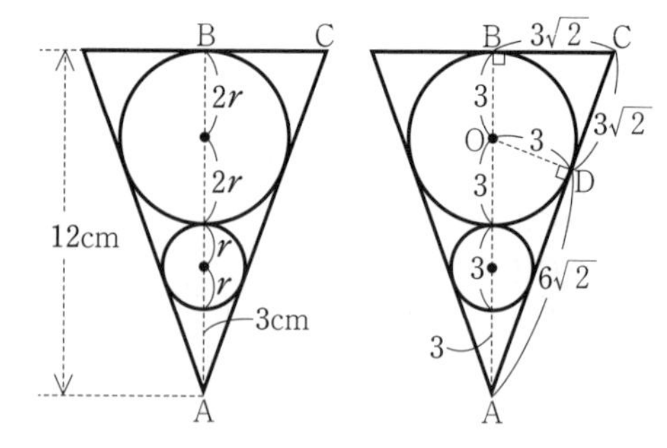

解説 (1)　円錐の高さ 12cm から
$(2r+2r)+(r+r)+3=12$，$6r=9$，$r=\dfrac{3}{2}$

(2)　図のように O，D を定める。OA＝3＋3＋3＝9 (cm)，OD＝3cm　△DOA で　$3^2+\mathrm{AD}^2=9^2$，$\mathrm{AD}^2=81-9=72$
AD＞0より　AD＝$\sqrt{72}=6\sqrt{2}$ (cm)
△BCA ∽ △DOA より
BC：3＝12：$6\sqrt{2}$　比を簡単にして
BC：3＝2：$\sqrt{2}$，$\sqrt{2}$ BC＝3×2
2＝$\sqrt{2}\times\sqrt{2}$　だから　BC＝$\dfrac{3\times2}{\sqrt{2}}$
$=\dfrac{3\times\sqrt{2}\times\sqrt{2}}{\sqrt{2}}=3\sqrt{2}$ (cm)

(3)　△BCA ∽ △DOA より
$3\sqrt{2}$：3＝AC：9，比を簡単にして
$\sqrt{2}$：1＝AC：9，AC＝$9\sqrt{2}$ cm
＊円外の1点からひいた2本の接線の長さは等しいから　CB＝CD＝$3\sqrt{2}$ cm
AC＝AD＋CD＝$6\sqrt{2}+3\sqrt{2}=9\sqrt{2}$

(4)　点 D から OA に垂線 DH をひく。大きい球が容器の側面に接している部分の長さは，線分 DH を半径とする円の円周に等しい。

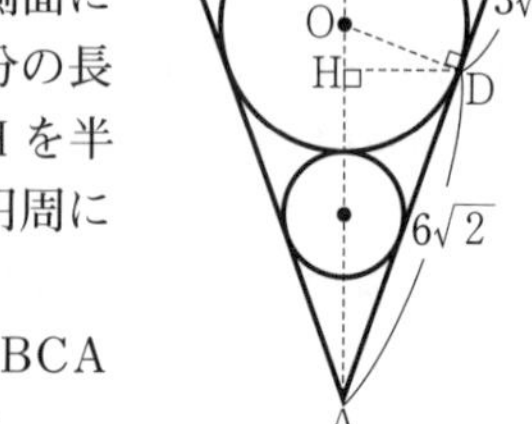

△HDA ∽ △BCA
AD＝$6\sqrt{2}$ cm
AC＝$9\sqrt{2}$ cm，BC＝$3\sqrt{2}$ cm より
$6\sqrt{2}$：$9\sqrt{2}$＝DH：$3\sqrt{2}$　比を簡単にして　2：3＝DH：$3\sqrt{2}$
3DH＝$6\sqrt{2}$，DH＝$2\sqrt{2}$ cm
したがって，容器の側面に接している部分の長さは　$2\pi\times2\sqrt{2}=4\sqrt{2}\pi$ (cm)

理　科

栃木県
高校入試
の対策
2023

1 光・音・力による現象

1 (1) **ウ** (2) **エ**
(3) **右図** (4) **ア**

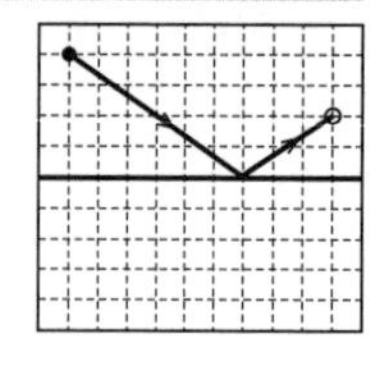

解説 (1) 反射角は，鏡の面に垂直な直線と反射光の間の角度である。
(2) 水面に映った文字は，実際の文字と上下が逆転して見えている。

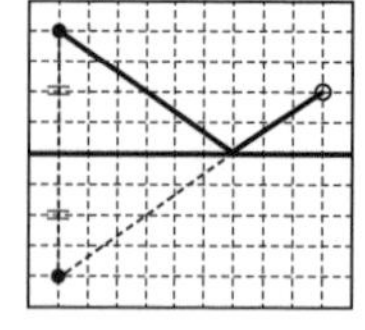

(3) 右図のように，水面に映った像は，実際の文字と水面をはさんで線対称の位置に見える。その位置から勇斗さんの目の位置に向かって線を引いたときの水面との交点で光が反射する。
(4) 右図のように，鉛筆から出た光は半円形レンズの境界面 b a で屈折して進むので，図5の矢印の方向から観察すると，鉛筆の下側が左にずれて見える。

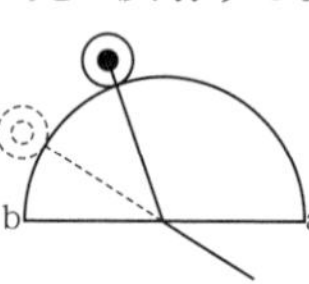

2 (1) **音源(発音体)** (2) **(例)振幅は大きく，振動数は少ない。** (3) **345 m/s**

解説 (1) 音は，音源となる物体が振動することによって生じる。
(2) 振幅が大きいほど音は大きくなり，振動数が多いほど音は高くなる。
(3) $\dfrac{690\,\mathrm{m}}{2.0\,\mathrm{s}}=345\,\mathrm{m/s}$

3 (1) **フックの法則** (2) **10.0cm**
(3) **110g** (4) **100g**

解説 (2) 表より，おもりの質量が20g増加すると，ばねの長さが2.0cm大きくなっている。よって，何もつるしてないときのばねの長さは20gのおもりをつるしたときの12.0cmより2.0cm短い10.0cmである。
(3) ばねののびは11.0cmなので，両端にそれぞれ110gのおもりがつるしてあることになる。
(4) 右図のように，二つのばねXによる力を合成すると，方眼の5目盛りになる。よって，おもりがばねを引く力は $5\times0.2\,\mathrm{N}=1.0\,\mathrm{N}$

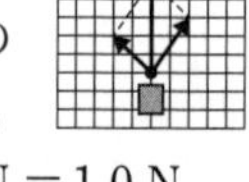

4 (1)① **イ** ② **ウ** (2) **0.33 N**

解説 (1) 物体Xが沈んでいるのは，浮力の大きさより重力の大きさの方が大きいからである。それに対して物体Yは浮力の大きさと重力の大きさが等しいので浮いている。
(2) 物体Xにはたらく浮力の大きさは
$0.84\,\mathrm{N}-0.73\,\mathrm{N}=0.11\,\mathrm{N}$ である。物体Xと物体Yの両方にはたらく浮力の大きさは
$(0.84\,\mathrm{N}+0.24\,\mathrm{N})-0.64\,\mathrm{N}=0.44\,\mathrm{N}$ である。
よって，物体Yにはたらく浮力は
$0.44\,\mathrm{N}-0.11\,\mathrm{N}=0.33\,\mathrm{N}$ である。

2 物質の変化

5 (1) **(例)エタノールの沸点が水の沸点よりも低いから。** (2) **蒸留**

解説 (1) エタノールの沸点は78℃，水の沸点は100℃である。水とエタノールの混合物を加熱すると，沸点の低い方のエタノールを多く含んだ気体が先に出てくるので，最初に集めた液体はエタノールの割合が高いが，しだいにその割合が低くなる。はじめに出てくる気体の中にも少量の水蒸気が含まれている。
(2) 蒸留を利用すると，混合物中の物質の沸点の違いにより，目的の物質を分離することができる。

6 (1) **a：発熱 b：上が**
(2) **試験管：B 結果：(例)加熱によってできた物質は，もとの鉄や硫黄とは性質の異なる物質である。** (3) **a：C b：イ**

解説 (1) 試験管Aでは $Fe+S\rightarrow FeS$ の化学反応式で表される反応が起こり，硫化鉄という黒い物質ができる。
(2) 試験管Bは鉄がそのまま残っているので磁石にひきつけられる。
(3) 試験管Dに塩酸を加えると，鉄と塩酸が反応して水素を発生するが，試験管Cの硫化鉄に塩酸を加えると，硫化水素という卵の腐ったような臭いの気体が発生する。

7 (1) **(例)ガラス管を石灰水から取り出しておく。**
(2) **(例)試験管A内の銅が空気中の酸素と反応するのを防ぐため。**
(3) **a：$2Cu+CO_2$**
b：還元

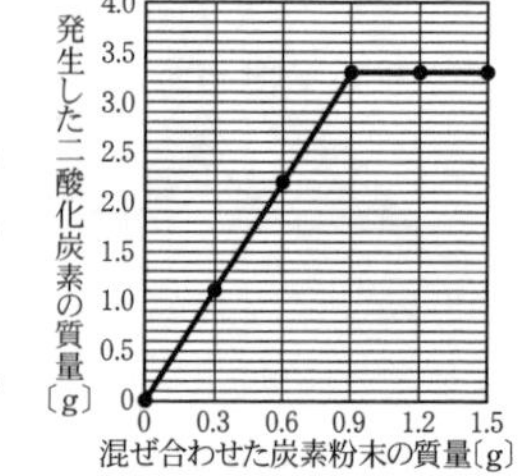

c：酸化　(4)　イ，エ　(5)　左下図

(6)　気体：0.44g　酸化銅：0.40g

解説　(1)　火を消す前にガラス管を石灰水から取り出しておかないと，石灰水が試験管Aに逆流することがあり，危険である。

(2)　加熱をやめた後ピンチコックでゴム管を閉じないと，空気(酸素)が試験管Aに吸い込まれてしまい，銅が再び酸化されてしまう可能性がある。

(3)　酸化銅と炭素の混合物を加熱すると，炭素が酸化銅から酸素を奪い取り，二酸化炭素になる。酸化銅は炭素によって酸素を奪い取られて銅になる。このように，物質が酸素と結びつくとき，その物質は酸化されたといい，酸化物から酸素が取り除かれたとき，その物質は還元されたという。

(4)　炭酸水素ナトリウムを加熱すると，熱分解されて炭酸ナトリウムと水と二酸化炭素になる。また，石灰石に塩酸を加えると，二酸化炭素が発生する。選択肢**ア**では水素が，**ウ**では酸素，**オ**では塩素と水素が発生する。

(5)　混合物の質量から試験管Aの中に残った固体の質量を引いた値が，発生した気体の質量になる。

(6)　発生した気体の質量は

$2.00\,g + 0.12\,g - 1.68\,g = 0.44\,g$

また，反応後にできた銅の質量は

$9.60\,g \times \frac{0.12\,g}{0.9\,g} = 1.28\,g$　である。

よって，未反応の酸化銅の質量は

$1.68\,g - 1.28\,g = 0.40\,g$

3　電流とその利用

8　**(1)　12Ω　(2)　a：0.06　b：ア　c：0.25　d：イ**

解説　(1)　回路Aに3.0Vの電圧を加えたとき，流れた電流は，図2より，0.06Aである。よって，回路A全体の抵抗は，

$\frac{3.0\,V}{0.06\,A} = 50\,\Omega$　である。回路Aは直列接続なので，抵抗Xと抵抗Yの抵抗値の和が50Ωということになる。よって，抵抗Yの抵抗の値は　$50\,\Omega - 30\,\Omega = 20\,\Omega$である。回路Bでは抵抗Xと抵抗Yが並列接続なので，回路B全体の抵抗Rは

$\frac{1}{R} = \frac{1}{30\Omega} + \frac{1}{20\Omega}$

より求められる。これを解くと，R＝12Ω

(2)　a：図2では－端子を500mAに接続しているので，一番下の目盛りで読む。

$60\,mA = 0.06\,A$

b：直列回路の抵抗は各抵抗の和になるので，回路全体の抵抗は各抵抗の大きさより大きくなる。

c：回路Bは並列回路で，回路全体の抵抗は(1)より12Ωである。よって回路全体を流れる電流の大きさは

$\frac{3.0\,V}{12\Omega} = 0.25\,A$

d：並列回路では，回路全体の抵抗は，(1)で求めたように，各抵抗の大きさより小さくなる。

9　**(1)　a：(例)電流を流した時間に比例する。　b：(例)電熱線の電力に比例する。**

(2)①　ア　②　イ

解説　(1)　図2のグラフを見ると，すべて原点を通る直線になっている。また，電流を流した時間が同じときの水の上昇温度を比べてみると，電力が2倍になれば，水の上昇温度も2倍になっていることがわかる。

(2)　①電熱線Qに6Vの電圧を加えると，

$6\,W \div 6\,V = 1\,A$の電流が流れる。

よって抵抗は，　$\frac{6\,V}{1A} = 6\,\Omega$

同様に，電熱線Rの抵抗は，$12W \div 6V = 2A$

$\frac{6\,V}{2\,A} = 3\,\Omega$

②電熱線Rに加える電圧を6Vの半分の3Vにすると，

流れる電流は　$\frac{3\,V}{3\Omega} = 1\,A$

消費電力は　$3\,V \times 1\,A = 3W$

である。一方，電熱線Qに6Vの電圧を加えたときの消費電力は6Wである。

10　**(1)　5Ω　(2)　ウ　(3)　エ**

解説　(1)　$\frac{6\,V}{1.2\,A} = 5\,\Omega$

(2)　実験②を実験①と比べると，電圧は等しく抵抗は小さくなっているので，流れる電流が大きくなり，コイルが磁界から受ける力(振れ方)は大きくなる。また，実験②の電流の向きは実験①とは逆なのでコイルの振れる向きが実験①とは逆になる。

(3)　コイルが磁界から受ける力が大きくなる

のは，電流が大きくなるか，磁界を強くした場合である。選択肢**ア**は，電気抵抗を大きくすると電流が小さくなる。**イ**はコイルの巻き数を小さくすると磁界は弱くなる。**ウ**は磁石の向きを逆にすると，コイルの振れる向きが逆になるだけである。

11 (1) **電磁誘導** (2) **(例)磁石を速く動かす。** (3) **(例)はじめ左に振れ，次に，右に振れた。**

解説 (1) 棒磁石をコイルに出し入れしたり，近づけたり遠ざけたりすると，コイルに電流が流れる。この現象を電磁誘導といい，このとき流れる電流を誘導電流という。磁石を動かさずじっとしたままだと電流は流れない。

(2) 誘導電流の大きさを大きくするには，①磁石を速く動かす(コイルの中の磁界を速く変化させる) ②強い磁石に変える ③コイルの巻き数を大きく多くするなどの方法がある。

(3) 最初は棒磁石のS極がコイルに近づくので，実験①とは逆に，検流計の指針は左に振れる。次にS極が遠ざかるので検流計の指針は右に振れる。

4 水溶液とイオン

12 (1) **電離** (2) **$NaOH \rightarrow Na^+ + OH^-$**
(3) **a：酸素 b：0.5**
(4) **$2H_2 + O_2 \rightarrow 2H_2O$** (5) **化学エネルギー**
(6) **燃料電池** (7)① **60 J** ② **45 J**
(8) **(例)塩素は水に溶けやすいから。**
(9) **エ**

解説 (1) イオンに分かれることを電離といい，水に溶けてイオンに分かれる物質を電解質という。

(2) 水酸化ナトリウム$NaOH$は電解質なので，水に溶けると，ナトリウムイオンNa^+と水酸化物イオンOH^-に分かれる。

(3) 水(水酸化ナトリウム水溶液)を電気分解すると，陽極に酸素，陰極に水素が発生する。その化学反応式は $2H_2O \rightarrow 2H_2 + O_2$ と表され，水素と酸素が2：1の体積比で生じる。

(4) 実験②では，実験①とは逆に，発生した水素と酸素から水が生じる化学反応をさせて電気エネルギーを取り出している。

(5) 化学エネルギーとは物質がもともともっているエネルギーのことである。

(6) 燃料電池とは，水の電気分解と逆の化学反応を起こすことで，水素と酸素がもつ化学エネルギーを電気エネルギーとして取り出す装置である。

(7) 実験①で消費した電力量は
$3\,V \times 0.2\,A \times 100s = 60\,J$
実験②で消費した電力量は
$0.5\,W \times 90s = 45\,J$

(8) 塩酸を電気分解すると，
$2HCl \rightarrow H_2 + Cl_2$ の反応が起こり，陰極に水素，陽極に塩素の気体が発生する。水素は水に溶けにくいが，塩素は水に溶けるので，集まる体積は小さい。

(9) 選択肢**ア**はアンモニア，**イ**は塩素，**ウ**は酸素の性質である。

13 (1) **a：水素 b：水酸化物 c：水**
(2) **a＜c＜b** (3) **$BaSO_4$**
(4) **(例)生じた塩がほとんど水に溶けないので，イオンがなくなったから。** (5) **ウ**

解説 (1) BTB溶液は酸性で黄色，中性で緑色，アルカリ性で青色になる。酸性の性質を示すもとになるのは水素イオンH^+で，アルカリ性を示すもとになるのは水酸化物イオンOH^-である。酸とアルカリを混ぜると$H^+ + OH^- \rightarrow H_2O$ の中和の反応が起こるので，酸の性質やアルカリの性質が打ち消される。

(2) pHとは，酸性の強さやアルカリ性の強さの程度を表す数値である。pHの値が7のときが中性で，7より小さいほど酸性が強く，7より大きいほどアルカリ性が強い。

(3) 硫酸中の硫酸イオンと水酸化バリウム水溶液中のバリウムイオンが結びついて硫酸バリウムという塩ができた。

(4) 硫酸バリウムは水に溶けにくいので，白色の沈殿となる。ビーカーBでできた塩は塩化バリウムで，水に溶け，バリウムイオンと塩化物イオンの状態で溶液中に存在しているので電流が流れる。

(5) 水酸化バリウム水溶液を$20cm^3$加えたときまで沈殿は増え続け，その後は硫酸イオンがなくなったので，一定のままである。

5 運動と力・エネルギー

14 (1) **ア** (2) **右図**
(3) **ウ** (4) **135 cm/s**
(5) **ア：大きく**
イ：(例)運動の向きと反対の向きにはたらく力が小さい
(6) **22本**

解説 (1) 点a，b，cのいずれの位置でも，斜面の角度は一定なので，斜面に平行な下向きの力の大きさは変わらない。
(2) 斜面上の物体にはたらく重力は，斜面に垂直な分力と斜面に平行な分力に分解できる。斜面に垂直な分力は，斜面からの垂直抗力とつりあっている。斜面に平行な分力が斜面上の物体の運動に関係する。
(3) 力学台車は，斜面を下るにつれて速さが増していく。最初(テープの右側)は打点の間隔がせまく，進むにつれてしだいに広くなっていく。
(4) 1秒間に50回打点するので，5打点は0.1秒に相当する。よって，平均の速さは
13.5cm ÷ 0.1s = 135cm/s
(5) 斜面Xと同じく，斜面Yの木片も3個のときは，斜面Yの点Rから点Sまでの記録テープは図3と対称な図になる。実験④では木片が1個になったので，重力の分力を考えると，斜面に平行な下向きの力が木片3個のときと比べて小さいので，減速される割合が小さい。
(6) 図4より，1本目と2本目のテープの長さの差は 19.8cm − 18.9cm = 0.9cm である。同様に，2本目から3本目，3本目から4本目も0.9cmずつ短くなっている。
19.8cm ÷ 0.9cm = 22

15 (1) **運動エネルギー：Q 位置エネルギー：S** (2) **1.5倍** (3) **オ**

解説 (1) 位置エネルギーの大きさは基準面からの高さに比例する。また，位置エネルギーと運動エネルギーの和は常に一定である(力学的エネルギー保存の法則)。よって，位置エネルギーが最大になるのはP点とS点(これらの位置では，運動エネルギーはゼロ)であり，運動エネルギーが最大になるのは位置エネルギーが最小になるQ点になる。
(2) 18cm ÷ 12cm = 1.5
(3) 力学的エネルギーは運動エネルギーと位置エネルギーの和であり，常に一定である。

16 (1) **1 J**
(2) **0.5 N**
(3) **図1：0.1W**
図2：0.05W
(4) **右図** (5) **150 N**

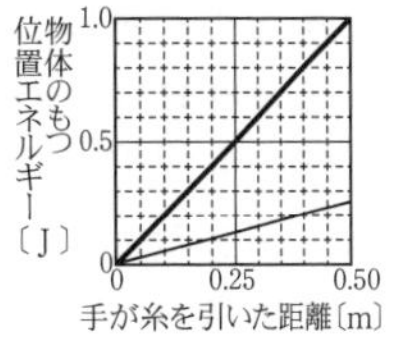

解説 (1) 図1では，質量200gの物体なので力の大きさは2N，動いた距離は0.5mである。よって，仕事は
2N × 0.5m = 1.0 J である。
図2では動滑車を使っているので，力の大きさは図1の半分になるが，糸を引く距離が2倍になるので仕事の大きさは図1と変わらない。
(2) 図3は二つの動滑車を使っているので，力の大きさは図1の4分の1でよい。
(3) (1)より，図1，図2のいずれの場合も仕事の大きさは 1J である。図1で仕事にかかった時間は
50cm ÷ 5cm/s = 10s
同様に，図2で仕事にかかった時間は
100cm ÷ 5cm/s = 20s
よって仕事率はそれぞれ
1.0 J ÷ 10s = 0.1W
1.0 J ÷ 20s = 0.05W となる。
(4) 図3では，物体を50cm引き上げるためには，糸を図1の4倍の距離引かなければならない。よって，50cm引いたときの位置エネルギーは，図1の4分の1の0.25 Jになる。
(5) 物体を20cm持ち上げるのに，棒を40cm(2倍の距離)押し下げているので，加える力は300Nの2分の1でよい。

6 大地の変化

17 (1) **ⓐ：ア ⓑ：Y ⓒ：イ**
(2) **ア，イ** (3) **等粒状組織**
(4) **火山岩** (5) **(例)マグマが地下深くで長い時間をかけて冷やされたから。**
(6) **D：流紋岩 形：Y**

解説 (1) マグマのねばりけが大きいと流れにくいので，傾斜が急な盛り上がった形(ドーム状)の火山になる。北海道の昭和新山や長崎県の雲仙普賢岳の平成新山がその例である。逆に，マグマのねばりけが小さいと流れやすいので傾斜がゆるやかな火山になる。ハワイのマウナロアがその例である。
(2) セキエイとチョウセキが無色鉱物である。

チョウセキはほぼすべての火成岩に含まれる。クロウンモは有色鉱物であるが，白っぽい火成岩に含まれる。

⑶　図２のＡとＢは深成岩であり，ＣとＤは火山岩である。マグマが地下深いところで長い時間をかけて固まると，それぞれの鉱物が十分成長し，等粒状組織の岩石になる。

⑷　図２のＣとＤのようなつくりを，斑状組織という。

⑸　斑晶は，マグマが地下深いところにあるときゆっくり冷えてできた鉱物であり，石基の部分は，そのマグマが地表付近に上昇し，急に冷やされてできた部分である。

⑹　火山岩には黒っぽい順に，玄武岩，安山岩，流紋岩などがあり，深成岩には黒っぽい順に，斑れい岩，せん緑岩，花こう岩などがある。

18　①　**イ**　②　**ア**

解説　河口まで運ばれたれき，砂，泥は，細かい粒ほど沈みにくいので遠くへ運ばれる。

19　⑴　**主要動**　⑵　**イ**　⑶　**イ**

解説　⑴　震源ではＰ波とＳ波が同時に発生するが，Ｐ波の方がＳ波より伝わる速さが速い。最初にくる小さなゆれはＰ波によるもので初期微動といい，後からくる大きなゆれはＳ波よるもので主要動という。

⑵　初期微動が始まってから主要動が始まるまでの時間を初期微動継続時間という。図１より，各地点の初期微動継続時間の比は
Ⅰ：Ⅱ：Ⅲ＝20秒：30秒：40秒＝２：３：４
初期微動継続時間は震源からの距離に比例するので，震源からの距離がこの比になる点を選ぶ。

⑶　初期微動継続時間の比から，震源から地点Ⅰまでの距離は，地点Ⅰと地点Ⅲの間の距離に等しい。よって，地震発生時刻は地点ⅠにＰ波が到達した８時23分10秒の20秒前である。

20　⑴　**(例)流れる水のはたらきによって，角がけずられたから。**
⑵　**あたたかくて浅い海であった。**　⑶　**右図**

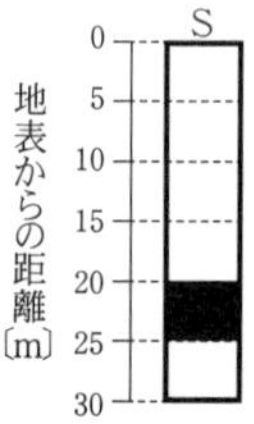

S
地表からの距離〔m〕
0
5
10
15
20
25
30

解説　⑴　れき岩，砂岩，泥岩は，流れる水のはたらきで，角がとれたまるみをおびた粒でできているものが多い。火成岩や凝灰岩は，マグマや火山灰が固まった岩石なので，角ばった鉱物の結晶からできている。

⑵　サンゴのなかまはあたたかくて浅い海にすむ。Ｅ層にはサンゴの化石が含まれていたことから，Ｅ層が堆積した当時の環境を知ることができる。このように，その地層が堆積した当時の環境を知ることができる化石を示相化石という。

⑶　Ｅ層の上の面の標高は，
地点Ｐでは　200ｍ－10ｍ＝190ｍ，
地点Ｑでは　190ｍ－５ｍ＝185ｍ，
地点Ｒでは　200ｍ－15ｍ＝185ｍなので，
この付近の地層は南に向かって低くなっていて，東西方向には水平であることがわかる。よって，地点Ｓでは地点Ｐと同じく標高190ｍにＥ層の上の面がある。地表からの距離は　210ｍ－190ｍ＝20ｍで，Ｅ層の厚さは５ｍである。

7　植物と動物の世界

21　⑴　**イ，ウ，ア，エ**　⑵　**離弁花**
⑶　**被子植物**　⑷①　**柱頭**　②　**花粉管**
③　**胚**　⑸　**胞子のう**　⑹　**ｃ：ある**
ｄ：ない　⑺　**名称：仮根　はたらき：(例)からだを地面に固定させるはたらき。**

解説　⑵　離弁花に対して，花弁が一つにくっついている植物は合弁花という。

⑶　被子植物に対し，マツのように子房がなく胚珠がむき出しの植物は裸子植物という。

⑷　受精卵は細胞分裂を繰り返して胚になり，胚珠全体は種子となる。子房は果実になる。

⑸　イヌワラビはシダ植物，コスギゴケはコケ植物のなかまである。これらの植物は種子ではなく，胞子でふえる。

⑹　シダ植物には維管束があり，コケ植物には維管束がない。

⑺　仮根は水分を吸収するはたらきはなく，水分はからだ全体で吸収する。

22　①　**茎**　②　**根**　③　**(例)水に溶けやすい**

解説　デンプンは水に溶けやすい糖に変わってからだ全体に運ばれ，成長に使われたり，再びデンプンにもどって蓄えられたりする。

23　⑴①　**ウ**　②　**イ**　③　**ア**　④　**エ**

(2)① **外とう膜** ② **軟体** ③ **外骨格**
④ **節足**

解説 (1) ②カエルやイモリなどの両生類は，子はえらや皮膚で呼吸し，親は肺や皮膚で呼吸する。③セキツイ動物の鳥類(ペンギンやハト)と哺乳類(クジラやイルカ)は，まわりの温度が変化しても体温はほぼ一定に保たれている。まわりの温度の変化に伴って体温が変化する動物は変温動物という。④哺乳類は母親の子宮内である程度成長してから生まれる。

(2) 軟体動物は水中で生活し，えらで呼吸するものが多いが，マイマイのように，陸上で生活し，肺で呼吸するものもいる。

24 (1) **対照実験** (2) **(例)ヒトの体温に近い状態にするため。**
(3) **(例)試験管Aにはデンプンがなくなった。** (4) **(例)試験管Cでは，だ液のはたらきでデンプンが分解されて糖ができた。**
(5) **アミラーゼ**

解説 (1) 対照実験は，調べたい条件のみを変え，他の条件はすべて同じにして行う。

(2) 消化酵素は体温に近い温度で最もよくはたらく。

(3) デンプンがあるとヨウ素溶液で青紫色になる。試験管Aはだ液のはたらきでデンプンが分解されてなくなったが，試験管Bはデンプンがそのまま残っている。

(4) ベネジクト溶液で赤褐色の沈殿ができるのは，糖があるときである。試験管Cはデンプンが分解されてできた糖がある。

8 天気の変化

25 (1) **イ** (2) **a：ア b：ア c：ア**
(3) **エ**

解説 (1) 氷で冷やされた空気は密度が大きいのであたたかい空気の下にもぐりこむ。

(2) 海と陸を比べると，海より陸の方があたたまりやすく冷めやすい。晴れた日の日中は，陸の空気の方があたたまって膨張し，密度が小さくなって上昇する。そこに海側から冷たい空気が流れ込んでくる。これが海風である。夜は，陸の空気の方が冷えるので，日中とは逆向きの風が吹く。

(3) ユーラシア大陸が陸側，太平洋が海側と考える。夏は大陸の空気が海側よりあたたまるので海側から陸側に向かって風がふく。

26 (1) **a：イ b：ア** (2) **ウ**

解説 (2) 標高1000m，温度が10℃の地点Yで雲が発生したので，地点Yでの水蒸気量は図2より，10℃の飽和水蒸気量である9g/m³であり，地点Xでの水蒸気量もこの値である。地点Xでの空気の温度は(1000－200)÷100＝8〔℃〕だけ地点Yより高いので，18℃である。18℃の飽和水蒸気量は図2より約15g/m³。よって地点Xの湿度は $\frac{9\,g/m^3}{15\,g/m^3}\times 100=60\%$

27 (1) **1012hPa** (2) **停滞前線** (3) **ウ**
(4) **a：小笠原 b：偏西風**

解説 (1) 等圧線は4hPaごとに引かれている。

(2) 停滞前線は寒気と暖気の勢力が同じくらいのときにできる。

(3) 北半球では，低気圧(台風)の中心に向かって反時計回りに風がふきこむ。台風が地点P，Q，Rと移動するにつれて，地点Bは，台風の北側，西北西，南西の位置になる。

28 (1) **A：梅雨 B：冬 C：夏**
D：春 (2) **a：太平洋 b：南高北低**
c：シベリア d：西高東低 (3) **ア**

解説 (1) Aは停滞前線があるので梅雨，Bは西高東低の気圧配置で，日本付近の等圧線が縦になっているので冬，Cは日本付近が高気圧で覆われ，南高北低の気圧配置なので夏，Dは大陸に移動性が見られ，周期的に天気が変わる春である。

(3) 赤道付近では地面が熱せられるので上昇気流が生じ，北極付近では空気が冷やされるので下降気流が生じる。

9 生命の連続性

29 (1) **根毛** (2) **(例)細胞一つ一つを離れやすくするため。** (3)① **a** ② **(例)分裂したそれぞれの細胞が大きくなる**
(4) **ア，エ** (5) **体細胞分裂**

解説 (1) 根毛があることで根の表面積が大きくなり水分や養分を効率よく吸収できる。

(2) 塩酸は細胞壁どうしを結びつけている物質をとかすはたらきがあるので，細胞ひとつひとつが離れやすくなり，細胞の重なりが少なくなる。

(3) 植物では，根や茎の先端近くで細胞分裂が盛んに行われており，その部分を成長点という。

(4) 染色体数は動物の種類によって異なる。体細胞分裂の前には，染色体が複製されて同じものが2本ずつできる。

(5) 生殖細胞ができるときの細胞分裂は減数分裂といい，体細胞分裂とは異なり，染色体の数がもとの細胞の半分になる。

30 (1) **発生** (2) **a：組織　b：器官**

解説 (1) 受精卵から胚を経て成体になるまでの過程を発生という。

31 (1) **a：核　b：DNA** (2) **対立形質** (3) **減数分裂** (4) **Rr** (5) **100%**

解説 (1) DNAはデオキシリボ核酸の略称。

(3) 減数分裂によって染色体の数が半分になった生殖細胞は，受精によって親と同じ数の染色体をもつようになる。

(4) 赤色の花の純系であるYの遺伝子はRRなので，Xの遺伝子もRRだと，子も孫もすべて赤色になってしまう。孫に白色の花rrが現れたことから，Xはrをもっていることがわかる。

(5) Zの親の赤色の花の遺伝子はRrであり，そのときのRはYから，rはXから受け継いだものである。

32 (1) **食物連鎖** (2) **a：ウ　b：ア　c：イ**

解説 (2) 肉食動物が増加すると，食べられる草食動物が減少する(ウ)→草食動物が減少すると，食べられる植物が増加し，草食動物を食べる肉食動物が減少する(ア)→植物が増加すると，植物を食べる草食動物が増加する(イ)。

10 地球と宇宙

33 (1) **日周運動**
(2) **(例)円の中心Oにくるようにする。**
(3) **イ** (4) **ウ**
(5) **右図**

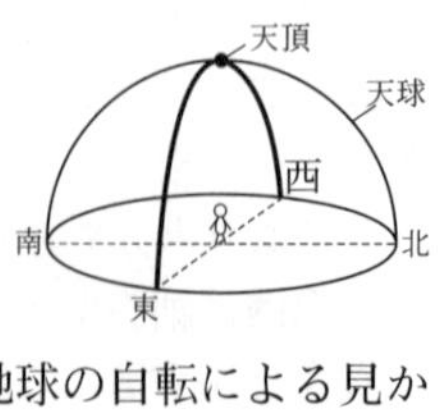

天頂　天球　西　O　南　北　東

解説 (1) 日周運動は地球の自転による見かけの運動で，天体は東から西に動いているように見える。

(2) 円の中心Oが観測者の位置である。

(3) 北極側から見ると地球は反時計回りに回っている。太陽の光が来る方向(地球の左側)が正午にあたるので，アは15時頃，イは9時頃，ウは21時頃，エは3時頃になる。

(4) 点Eを記録してから日の入りまでの時間は $\frac{4.2\text{cm}}{7.2\text{cm}} \times 2 \times 60$分$=70$分

(5) (春分の日の南中高度)＝90°－(観測地点の緯度)なので，赤道付近の南中高度は90°となる。春分の日は太陽は真東から出て天頂を通り真西に沈む。

34 (1) **公転** (2)① **イ** ② **イ** (3) **251分**

解説 (2) 地球型惑星は，水星，金星，地球，火星で，表面は岩石，内部は岩石より重い金属でできているので密度が大きい。これに対して，木星，土星，天王星，海王星は木星型惑星と呼ばれ，水素やヘリウムのような軽い物質でできている。

(3) $500 \times 30.11 = 15055$秒＝251分

35 (1) **①：ア　②：イ　③：ア　④：自転** (2) **ア**

解説 (1) 地球の自転により，北の空の星は北極星を中心にして反時計回りに動いて見え，南の空は東から西へと動いて見える。

(2) 星座を1日の動きで考えると，星座は1日に1°ずつ西へ動いて見える。1か月後の同じ時間(11時)には，オリオン座は西へ30°動いた位置に見える。1時間の動きで考えると，星座は1時間に15°ずつ西へ動いて見える。よって同じ位置に見えるのは11時の2時間前(9時)である。2か月後の11時には60°西に移動しているので，同じ位置に見えるのは11時の4時間前になる。

36 (1) **夏至** (2)① **ア** ② **イ** ③ **ア** ④ **ア** (3) **黄道** (4) **(例)さそり座は太陽と同じ側にあるから。**

解説 (1) 地軸が太陽側に傾いている方が夏至である。

(2) 地球がQの位置にあるとき，真夜中の南の空には，太陽と反対側にあるうお座が見える。太陽を背にしたとき，右手側が西にあたる。地球がSの位置にあるときの明け方は，太陽を左手側にしている状態である。

英　語

栃木県
高校入試
の対策
2023

1 動詞の形 現在形・過去形・進行形

1 (1) イ (2) ア (3) カ (4) ウ (5) エ (6) ウ (7) オ (8) イ (9) カ (10) オ

解説 be動詞を選ぶ際に注意するポイント。①主語が三人称単数か，それ以外の単数や複数か。②内容が現在のことか，過去のことか。③助動詞やto不定詞の後では原形(be)であること。④現在完了では，have(has)の後にくるbe動詞は，beenという過去分詞であること。(1)複数形のmany booksとevery day。(2)現在進行形の疑問文で主語がI。(3)your classmatesは複数形。yesterdayなので過去の内容。(4)主語my fatherは三人称単数。(5)want to不定詞の後に続くので原形。(6)「写真に写っている女性(単数形のlady)」について聞いている。callで現在とわかる。(7)主語が三人称単数。5年前の話なので過去。(8)「今楽しんでいるところ」という意味の現在進行形。主語は複数形で代名詞ではtheyに相当する。(9)「放課後何をしていたか」を聞いている過去進行形の疑問文。主語はTom and Mikiで複数形。(10)高校時代の夢だから過去の内容。主語my dreamは単数。

2 (1) gets (2) ○ (3) did (4) looking (5) turned (6) laughing (7) goes (8) doesn't (9) eats (10) ○

解説 一般動詞の形(変化)は，文が日常や習慣を表す現在か，過去の内容か，ある動作の現在や過去における進行を表しているかなどで決まる。否定文(don't～／doesn't～／didn't)，疑問文(Do～?／Does～?／Did～?)では，現在，過去，また主語が三人称単数かどうかにかかわらず動詞は原形を用いる。(2)はDidで始まる過去の疑問文。動詞を過去形に変化させる必要はない。(3)中学生の時に，持っていたCDの枚数を聞いている過去の疑問文。(4)(6)は，be動詞isやareとともに一般動詞lookやlaughを用いて，動作の進行を表している。進行形はbe+～ingの形をとる。(5)foundが不規則動詞の過去形なので，turn(規則動詞)も過去形にする。(1)(7)(8)(9)(10)は，日常や習慣を表す現在の文である。(1)(7)(9)は，主語が三人称単数(Daniel, My brother, Keiko)の肯定文なので，動詞に-sや-esをつける。(8)は否定文なので，主語の三人称単数(Mao)に合わせてdoesn'tにする。(10)は，主語が三人称単数(my aunt)だが，動詞がdoesn'tという否定の後にくるので，-sをつけずに原形を用いる。

3 (1) Does ／ doesn't (2) Do ／ don't (3) does ／ leaves (4) Are ／ am (5) Did ／ did (6) was ／ was

解説 (1)(2)(5) Do, Does, Didで始まる疑問文にYes-Noで答えるときは，do／don't，does／doesn't，did／didn'tを用いる。(3)「家を出る時間」を聞いている。三人称単数の主語(your father／he)に合わせて，doesやleavesを答える。(4)(6) be動詞を含む疑問文である。文の主語と呼応するbe動詞を答える。(6)は過去進行形の文。

4 (1) studies (2) doesn't have (3) were (4) was showing (5) does ／ come (6) didn't take

解説 (1)日常や習慣を表す現在形を用いる。主語に合わせてyをiに変えてstudiesとする。(2)「～がない」→「持っていない」三人称単数の主語(My city)に合わせて，doesn't haveとする。(3)There is ／ areの過去の文で，two big lions(複数形)に合わせてwereを用いる。(4)「～を見せていました」過去進行形の文。主語に呼応するbe動詞と合わせてwas showingとする。(5)現在の疑問文。Our new classmate(heまたはshe)が三人称単数なのでdoesと動詞の原形comeを答える。(6)過去の否定文。didn't(=did not) takeを入れる。takeは原形。「連れて行く」という意味。

5 (1) It was cloudy.
(2) She bought a pair of shoes.
(3) They went to a Chinese restaurant.

解説 be動詞やいろいろな一般動詞(規則動詞，不規則動詞)の過去形が使われているので，注意しながら読む。(1)過去の天気を聞かれているので，It was …で答える。(2)間接疑問文の形で，買ったものを聞いている。Yoshiko's mother bought [what] ?と考え，bought(buyの過去形)をそのまま用いて，買ったものを答える。(3)買い物の後に何をしたかを尋ねている。過去の疑問文中のgoは，答えるときに過去形のwentにする。Yoshiko and her parentsは三人称複数の代名詞theyに言い換える。

2 未来を表す表現・助動詞

6 (1) ウ (2) エ (3) イ (4) ウ (5) ウ (6) エ

解説 (1)(4)助動詞の後では，動詞は原形を用いる。(2)(3)be going to ～は，ほぼ確実な未来の予定を表す。(5)canの否定は，can't (cannot)。(6)助動詞を用いた疑問文は，You can make ～. → Can you make～？のように，助動詞を文頭に置く。be動詞の疑問文と同様の考え方。

7 (1) **May I [Can I]** (2) **Is ／ going** (3) **Shall I** (4) **Could you [Would you]** (5) **will you**

解説 (1)相手がOf course. Go ahead.「どうぞ」と答えているので，許可を求めていることがわかる。Can I～？よりもMay I～？のほうが丁寧である。(2)次の日曜日の予定についてのやりとり。be going to～を使った疑問文。(3)応答がYes, please.「お願いします」なので，相手の申し出に応えていることがわかる。ここでは，窓を開けることを申し出ている。Shall I～？は，「～しましょうか。」という意味。(4)「明かりをつけてほしい」ことを丁寧に頼む表現。Can [Will] you～？も可であるが，丁寧さの度合いは低い。(5)won't (＝will not)やI'll (＝I will)で答えていることから，willを用いて「旅行からいつ戻ってくるの」と相手の予定を尋ねている。

8 (1) **won't** (2) **can't [cannot]** (3) **will** (4) **May [Can] I** (5) **must** (6) **should**

解説 日本文から，助動詞を迷わずに判断できるようにしたい。(1)今夜というこれから先の天気のこと。「～ないでしょう。」なので，未来を表す助動詞willの否定形won't (＝will not)を入れる。(2)「～できない」can't。(3)レストランなどで注文をする場合，「～をください。～にします」という意味でwill haveを使う。(4)許可を求めるmayまたはcan。(5)義務を表すmust（≒have to)。(6)「～したらいいですか」→「～すべき(しなくてはならない)ですか」と考える。

9 (1) **Would you like some tea**
(2) **hope my grandfather will get well soon**
(3) **is going to talk about Christmas**
(4) **When are you going to make a plan**
(5) **You must not spend too much money**

解説 (1)Would you like ～？飲み物や食べ物を勧める際の定型表現。(2)hope＋主語＋助動詞＋動詞＋soon.の語順。(3)(4)be going toを含む文の語順に注意する。(6)must notで禁止を表す。Don't ～.と言い換えることができる。

10 (1) **Can you see**
(2) **What will you [are you going to] buy [get]**
(3) **Should I study**
(4) **You won't [will not] be late for school**
(5) **Could [Can ／ Would ／ Will] you call me**
(6) **Everyone [All of us] must be kind**

解説 (1)(3)(5)助動詞を使った疑問文は，助動詞を文頭に置く。ただし，(2)のように疑問詞whatなどを用いる場合は，疑問詞を文頭に，助動詞はその疑問詞の後に置く。(3) Should I～？は，義務や必要性を尋ねている。(4)「～はしないよ。」→「しないでしょう(することはないでしょう)。」と考えて，will notの短縮形won'tを入れる。(5)依頼，お願いをするときのCould [Can] you～？ (6)義務を表す助動詞must。kindは形容詞なのでbe動詞が必要。禁止を表す場合は，mustn't (＝must not)。

3 現在完了

11 (1) ウ (2) イ (3) ウ (4) エ (5) ア (6) ア

解説 現在完了はhave (has)＋過去分詞の形で，文の内容が「過去のある時点に始まったことが，現在とも関係している，現在に影響を与えている」ことを表す。現在完了の表す意味合いから，完了，継続，経験の用法に分けられる。(1)several times「数回」という語句から,「行ったことがあるという経験」を表していると判断して,現在完了形を選ぶ。has visitedは正しい英語だが,to Hokkaidoとあるので,has been to Hokkaidoとなる。has visited to〜とは言わない。(2)(3)主語の後にhave, hasがあるので過去分詞を選ぶ。knowは不規則動詞,stayは規則動詞。現在完了は,期間を表すforやsinceを使った語句を伴うことが多い。(4)「夕食を作る」という日常的な行動なので,三人称単数現在の形cooksを選ぶ。(5)read, yetがあるのでhaveを選ぶ。文意は「もう読んだの」。(6)have never に続く動詞なので,不規則動詞writeの過去分詞writtenを選ぶ。neverは現在完了と一緒によく用いられ,「決して〜ない」を表す否定の言葉。

12 (1) **I have lived in this town for many years.**
(2) **Ken and Kumi have been good friends since they were children.**
(3) **My daughter has never traveled to foreign countries before.**
(4) **It has just started snowing very hard.**

解説 現在完了の基本の形have(has)+過去分詞と,加える語句やその位置に注意をして書き換える。(1)for〜「〜の間[期間]」。「ずっと住んでいる」の意。(2) since〜「〜以来[〜のときから]」。「ずっと仲良し」の意。(3)never「決して[一度も]〜ない」はhaveの後に,before「以前に」は文末に置く。「一度も旅行したことがない」の意。(4) just「ちょうど[たった]今」。「今,雪が降り始めた」の意。

13 (1) **ア** (2) **オ** (3) **イ** (4) **ウ** (5) **カ** (6) **エ**

解説 現在完了の文で頻繁に使われる語句の意味を理解して,文意に沿うように選ぶ。(1)「もう[既に](家を出た)。」(2)「長い間(ずっとほしかった)。」(3) I want to try someday.から,「以前に一度も(弾いたことが)ない」と考える。(4)「今までに(行ったことがありますか)。」(5)「まだ(到着してい)ない。」否定文の中のyetは「まだ〜ない」,疑問文では「もう〜(しましたか)」のように,alreadyと同じ意味で使われる。(6)「(子どもの頃)から,(興味がある)。」

14 (1) **How long have you been a teacher**
(2) **My sister has been practicing the piano for**
(3) **I have been to Hawaii twice before**
(4) **Have you already finished your homework**
(5) **I have been running more than twenty kilometers**

解説 疑問文の語順や,期間を表す語句,already, yet, beforeなど,現在完了と一緒に頻繁に使われる語句をよく理解すること。(1)How longを文頭に置き「教師をしている期間」を聞いている。「継続」を表している。(2) for eight yearsは「8年間」という意味。用法はこれも「継続」。現在完了進行形で今も続いていることを強調している。(3)have been toは「経験(〜へ行ったことがある)」を表す。twiceは「2度,2回」の意で,two timesとも言う。1度はonce。3回以降は,〜times。(4)already「もう〜(しましたか)」。文中の位置に注意。用法は「(動作の)完了」。(5)現在完了進行形have+been+〜ing。「ずっとしていて,今もそれが継続している」ことを強調している。more thanは「〜以上」の意。

15 (1) **How many books have you read since**
(2) **long have you played [been playing] table tennis**
(3) **haven't seen my parents since I was**
(4) **Have you ever eaten [had] a pizza**
(5) **My family has lived in this house for**

解説 現在完了では,have(has)に続く動詞の過去分詞,特に不規則動詞の過去分詞を確実に覚えておきたい。(1)How many booksを文頭において読んだ冊数を聞く。動詞readは,read-read-readと現在形,過去形,過去分詞とも形は変化しない。発音は,過去形,過去分詞は[red]と変化する。(2) How longを用いて期間を尋ねる。動詞playは規則動詞なので,語尾に-edをつけて,play-played-playedと変化する。現在完了進行形(been playing)も可能。(3)否定文なので,have not(=haven't),もしくはnever(一度もない)を用いる。動詞seeの変化はsee－saw－seen。(4)疑問文Have you ever eaten－？ever「今までに」の位置に注意。動詞eatの変化はeat－ate－eaten。haveの過去分詞hadを使ってもよい。
(5)動詞live規則動詞なので，過去分詞はlived。「～間」forを忘れないこと。

16 (1) have (2) gone (3) have
(4) studied (5) for (6) Have (7) you
(8) cooked［made］ (9) yet (10) haven't

解説 日本文の内容をよく読み，会話の流れをしっかりと把握する。(1)(2)have goneは「出かけていて今ここにいない」という意味合いをもつ表現。went toという表現もあるが「出かけたままか，帰ってきたか」については触れていない。「出かけています」という日本語から，「今ここにはいない」ことがわかる。(3)(4)(5)現在完了で「3時間勉強した」という完了を表している。studyは規則動詞だが過去分詞は，yをiに変えてstudiedとする。forは時間（期間）の長さを表す前置詞。(6)(7)(8)過去分詞は，cookedまたはmadeのどちらを使ってもよい。(9)文末のyetは，疑問文で用いて「もう（～しましたか）」の意味。

4 名詞・冠詞・代名詞・接続詞・前置詞

17 (1) children (2) leaves (3) feet
(4) countries

解説 複数形は語尾が原則 -s, -esで終わるが，原則から外れて，不規則な変化をするものがある。(1)childに-renを付ける。(2)fをvに変えて-esを付ける。(3)語尾ではなく，語中の綴り，母音の発音ともに変わる。綴りはoo→eeへ。母音は［u］→［iː］へ。(4)yをiに変えて-es。city→citiesも同様である。また，名詞の中には，fishのように単数形と複数形が通常同じものもある。

18 (1) fall［autumn］ (2) days
(3) January (4) Saturday
(5) vacation［holidays］ (6) aunt

解説 (1)「冬は～の後に来る。」(2)「1年は365日。」(3)「新年のある月」「一年の最初の月」などから判断する。(4)「金曜日は○○曜日の前の日」。(5)「7月と8月に授業がない」のは？ summer～から考える。(6)母親の姉妹は「おば」。

19 (1) ×／a (2) ×／× (3) a／an
(4) a／The (5) a／× (6) ×／the

解説 (1)myなどの代名詞の所有格と冠詞は同時に使わない。good teacherは世の中にたくさんいるので，その一人という意味でaを付ける。(2)地名には，冠詞は付けない。また，this weekendのthisなどと冠詞は一緒に使われない。(3)banana, appleは単数形なので，a, anをそれぞれの名詞の前に付ける。anは名詞の最初の音が母音（aeiouなどの文字で始まる音）の場合に使われる。(4)初めて話題の中に出てくる名詞にはaを付け，話し手同士が理解している「その犬」という意味でtheを用いる。(5)コーヒーや紅茶などは，a cup of coffee, two cups of teaなどと答える。(6)「午後に」「午前中に」in the～のようにtheが必要。classesの前にtwo（数詞）がある。数詞とa, an, theは同時に使われない。

20 (1) his (2) them (3) yours (4) it
(5) He ／ his (6) They

解説 一覧表にあるように，代名詞は，主格（～は，が），所有格（～の），目的格（～を，～に）や所有代名詞（～のもの）まで様々である。どの名詞を受けているか，文中での役割によって，どの形を使うかを考える。
(1)「Mr. Satoの靴」→ his shoes（所有格）(2)前置詞の後には，目的格を用いる。two cats → them。(3)「誰のテキストですか。」に「僕のじゃない。」と答えていることから，「君のものですか。」と聞いていることがわかる。yours ＝ your textbook（所有代名詞）。(4) a sweaterを受ける代名詞 → it（主格：主語の位置）。(5)Hakase Taro → He（主格：主語 の位置）とhis（所有格：名詞soundの所有者 を説明する所有格）で受ける。(6)these boys and girls→主語の位置で主格のtheyで受ける。

		主 格	所有格	目的格	所有代名詞
単数	1人称	I	my	me	mine
	2人称	you	your	you	yours
	3人称	he she it	his her its	him her it	his hers ―
複数	1人称	we	our	us	ours
	2人称	you	your	you	yours
	3人称	they	their	them	theirs

英語
基礎編◆解答・解説

21 (1) before (2) at (3) so (4) and (5) on (6) for

解説 (1)接続詞のbefore。ここでは「寝る前に」。(2)「決まっている時間」に使う前置詞at。ここでは,「給食が○時□分に」。(3)「A,それで[だから]B」。Aの内容を受けて,その後の流れや結果につなげる接続詞so。(4)「Aと[そして]B」のように並べる時の接続詞and。(5)「何曜日に」「ある特定の日に」という場合は前置詞on。(6)「誕生日のために,に向けて」という場合の前置詞for。

22 (1) in (2) of (3) at (4) with (5) for

解説 同じ前置詞でも,異なる意味で使われることがあることに注意したい。(1)「(何年)に」。「〜の中に」。(2)one of them「それら(ケーキ)の中のひとつ」, what kind of movie「どんな種類の映画」という意味。(3)「〜の場所に着く」。「何時に」。(4)どちらも「一緒に」を表す前置詞。(5)「母親のために」。「〜年以上の間に」。

23 (1) if (2) before (3) after (4) until [till] (5) or (6) because

解説 (1)接続詞「もし〜だったら」。(2)接続詞「〜する前に」。(3)接続詞「〜した後は,〜してから」。(4)前置詞「〜まで」。(5)接続詞「〜か…,〜または…」。(6)理由を述べる接続詞「〜ので,なぜなら〜だから」。

5 形容詞・副詞・比較級

24 (1) happier / the happiest
(2) hotter / the hottest
(3) more careful / the most careful
(4) better / the best

解説 形容詞や副詞の比較級や最上級の多くは,規則的に-er, the -estの形をとる。長めの単語はmore -, the most -となるので,単語ごとに確認しながら覚えていくとよい。(1)語尾のyをiに変えて,-er / the -est。(2)語尾のtを重ねて,-er / the -est。(3)importantやbeautiful, interestingなども,more -, the most -で比較級,最上級をつくる。(4)副詞のwellも同じ形の比較級,最上級である。

25 (1) a few (2) well (3) many (4) easily (5) enough (6) much (7) much (8) a little (9) much

解説 形容詞は名詞を修飾し,副詞は動詞や形容詞を修飾する。また,名詞が数えられるものか,数えられないものかで,manyやmuch, a fewやa little「少しある」を,またはfewやlittle「あまりない」を使い分ける。(1)minute(s)は数えられる名詞。in a few minutesは「数分で」。(2)(6)副詞wellは「上手に」という様子を,副詞muchは「たいへん,非常に」という程度を表すので,それぞれの動詞の意味と呼応するものを選ぶ。(3)book(s)は数えられる名詞。(4)「容易に見つけられる」。動詞findを修飾する副詞easilyを選ぶ。(5)(7)(9)sugar, money, milkは数えられない名詞。数えられない名詞には,manyは使わない。(8)a littleが「少し値段が高い」という意味で形容詞expensiveを修飾する。

26 (1) higher (2) largest (3) cold (4) longer (5) more difficult

解説 -er thanやthe -mostなどから,比較級最上級かは判断できるが,各英文の意味も確認すること。(1)二つの山の高さを比べる文である。(4)(5)も(1)と同じくthanがあるので比較級。(4)のthan any other river in Japanは,「日本の他のどの川より」の意。(2)theから,最上級の文であることが分かる。「日本で一番大きい湖」という意味。(3)〈A is as 〜 as B.〉は,「AはBと同じくらい〜だ」という意味で「同等比較級」と呼ばれる。as〜 asの間には形容詞や副詞の「原級」(-erも-estもつかない基の形)を用いる。

27 (1) Which / better
(2) smaller than (3) always
(4) as fast as (5) only
(6) most beautiful

解説 (1)betterはmuchの比較級。(2)黒い猫と白い猫を比べている。oneは名詞catの繰り返しを避けるための代名詞。(3)(5)always, onlyは頻度や程度を表す副詞。(4)同等比較級as〜 as。(6)beautifulは長い形容詞なので最上級にthe mostを用いる。

28 (1) Basketball is as exciting as

American football
(2) *Shogi* and *go* are much more interesting than computer games
(3) Who runs the fastest in your class
(4) peace is more important than money
(5) How often do you go to *juku*
(6) The last song was the most popular of all among
(7) There is more water than usual in the river

解説 (1)同等比較級。asとasの間に形容詞の原級を置く。(2)(4)のinterestingやimportantは長い形容詞なので，moreを用いて比較級にする。(3)the fastestが動詞runsを説明している。「速い」はfast，「早い」early。(5)How often「どのくらいの頻度で」。そのほか，How long, How many, How muchなども確認しておきたい。(6)of all ～「全ての(～の)中で」。「すべての歌の中で」の意。popularは長い形容詞なので，the mostを用いて最上級をつくる。(7)「～がある」は，There is ～。than usualは「いつもより／いつもと比べて」の意。

29 (1) The sun is bigger than the Earth.
(2) What is your favorite subject?
(3) My mother walks more slowly than my father.
(4) Rugby is one of the most popular sports in the UK.
(5) I am the shortest of the three boys. [the shortest boy of the three.]
(6) I can't swim as fast as he can.

解説 (1)bigの比較級のスペルに注意。biggerとgが重なり，biggerとなる。(2)favoriteは「一番好きな，最も気に入っている」という意味なので，最上級を使う必要はない。(2)以外は，-er than, more - than, the -est, the most, as ～ asを使って考える。(3)more slowly「もっとゆっくり」。(4)「英国」のように，一つの場所やグループなどには，in the UK, in the classroomのようにinを用いる。また，one of ～「～のひとつ」なので，sportsと複数形にする。(5)「3人の中で」のように，比較の対象が複数の時はofを用いる。allの時も～of all.「すべての中で」となる。allには比べる範囲の数が意識されていて，of all (the subjects)やof all (the students)がallの後に続いていると考えるとよい。(6)〈not as ～ as …〉「…ほど～ではない」の意。

6 受け身(受動態)

30 (1) イ (2) ア (3) エ (4) ウ (5) ウ (6) イ

解説 すべて受け身の文を扱っている。be動詞＋過去分詞の形を基本に，疑問文や否定文，助動詞を含む受け身の文にも慣れておきたい。(1)「誰が選ばれましたか」の意。疑問文だが，Was (　　) chosen to give a speech?の(　　)の部分を知りたいので，whoとして文頭に出している。chooseは不規則動詞。choose - chose - chosenと変化する。(2)computerは単数なのでwasを選ぶ。(3)助動詞canに続くのでbe動詞は原形(be)。文意は「パンは家庭で簡単に作ることができる。」(4)this morningから過去のことだと分かる。「病院に運ばれた」の意。不規則動詞takeの変化は，take - took - taken。(5)文意は「どうして警察に捕まったのですか。」疑問詞を含む疑問文の語順に注意。疑問詞＋be動詞＋主語＋過去分詞の順。(6)introducedは一般動詞の規則動詞の過去分詞。「今朝紹介されました」の意。

31 (1) built (2) loved (3) cleaned (4) found (5) given (6) be seen

解説 (1)build - built - builtと変化する。(2)受け身の肯定文。loveは規則動詞で，過去分詞は-edで終わる。(3)受け身の否定文。cleanは規則動詞で，過去分詞は-edで終わる。(4)find - found - foundと変化する。(5)giveの変化はgive - gave - given。(6)助動詞canの後に動詞が来るので，be動詞は原形のまま。seeの変化はsee - saw - seen。

32 (1) is used ／ by
(2) was ／ opened
(3) was not painted by
(4) was written (5) be eaten
(6) are ／ grown

解説 by ～「～によって」は，次のような場合には省略されることがある。
1. 話の流れから，誰かが明らかな場合
2. 誰かが分からない場合
3. 広く一般の人たちの場合

問題の(2)(5)(6)では，by以下が省かれている。(1)useは規則動詞で，過去分詞は-edで終わる。(2)疑問詞が文頭にある受け身の疑問文。openは規則動詞。(3)受け身の過去の否定文。動詞paintは規則動詞。 (4)(　　　) was written in the email …? の(　　)を聞くためにwhatを文頭に置いた受け身の疑問文。(5)助動詞の否定can'tの後に動詞が来るので，be動詞は原形のまま。eat – ate – eaten。(6)Grapes for good wine are grown (in ～). の(　　)を聞くためにwhereを文頭に置いた受け身の疑問文。grow – grew – grown。

33 (1) **What was found in that place**
(2) **A wonderful story was told by Shohei**
(3) **This picture was drawn by my friend**
(4) **What are those flowers called in your country**
(5) **a new tablet will be given to you by next week**
(6) **Japanese is not used in other countries**

解説 (1)「何が」が主語なので，疑問詞whatを文頭において，be動詞＋過去分詞を続ける。動詞の変化はfind – found – found。(2) tell – told – told。(3)draw – drew – drawn。(4)Those flowers are called (　　) in your country. の(　　)を聞くためにwhatを文頭に置いた受け身の疑問文。callは規則動詞。(5)助動詞を含む受け身の文であることに注意。will be given「与えられるでしょう」→「渡される(渡る)」と考える。ここでのbyは「～によって」ではなく，「next weekまでに」の意味。give – gave – given。(6)asは「～として」。受け身の否定文。useは規則動詞。一般的なことを述べているので，by ～は省略されている。(1)(4)(5)でも，by以下が省かれている。

34 (1) **was brought**
(2) **Was the picture drawn [painted]**
(3) **was drawn [painted] by**
(4) **be displayed**

解説 (1)「運ぶ」は不規則動詞bring。bring – brought – brought。(2)「君の先生が描いたのですか」→「君の先生によって描かれたのですか」draw – drew – drawn。paintの場合は規則動詞。-edをつけて過去分詞。(3)「有名な画家が描いた」→「有名な画家によって描かれた」。(4)副詞のsoonは文末に置くこともあるが，ここでは助動詞の後に置かれている。soonがあっても助動詞のある受け身なので，〈be動詞の原形＋過去分詞〉の形をとる。displayは規則動詞。過去分詞はdisplayed。

7 不定詞・動名詞

35 (1) エ (2) イ (3) エ (4) イ (5) イ

解説 (1)〈where to visit〉「どこを訪れるべきか(訪れたらよいか)」。(2)〈ask ～ to …(動詞の原形)〉は「～に…することを頼む」という意味。「宿題を手伝うこと」を頼んでいる。(3)ディズニーランドに行く目的は，to meet Micky Mouse「ミッキーに会うため」(4)〈It … for 人 to ～(動詞の原形)〉構文。for all of us「私たち全員にとって」。itは形式的な主語と呼ばれ，to以下の内容(日本史を勉強すること)が文全体の主語となっている。(5)動名詞の名詞的用法。「趣味はギターを弾くこと」。

36 (1) **to visit** (2) **watching**
(3) **to wear** (4) **to eat** (5) **cleaning**

解説 (1) I'd likeに続く動詞はto不定詞。名詞的用法。(2)(5)enjoyやfinishに続く動詞は，動名詞。(3)〈It … to ～(動詞の原形)〉構文を使った疑問文。to以下が主語。「外出時も制服を着用すること」。(4)to不定詞の形容詞的用法。anythingをto eatが後ろから修飾。「食べるための何か」→「(何でもいいから)食べ物」と考え，「冷蔵庫に何か食べるものある？」と聞いている。

37 (1) **to make** (2) **Teaching math**
(3) **to tell** (4) **It, to**

解説 (1)動名詞とto不定詞は，ほぼ同じ意味で使うことができる。(2)動名詞を使って，主語をteaching「教えること」にする。(3)「授業でたくさんの話をしてくれる。」→「授業で私たちに伝える(ための)話をもっている。」to不定詞の形容詞的用法。(4)〈It … for 人 to ～(動詞の原形)〉構文。to collect

英語
基礎編◆解答・解説

stampsが意味を考える際の主語。

38 (1) **Watching［To watch］**
(2) **swimming** (3) **to win［get］**
(4) **meeting** (5) **to read**

解説 (1)動名詞を主語に使った文。「～することは，very excitingだ」のように主語が長くなっている。(2)動詞finishの後に来る動詞なので，動名詞。(3)to不定詞の副詞的用法の中の「原因や理由」を表すもの。happy to win～「～勝ててうれしい」。(4) look forward to～は「～を楽しみにして待つ」という意味。この熟語では，toの後に動名詞を用いる。(5)to不定詞の形容詞的用法。「読むもの」→「読むための何か」。

39 (1) **found a pair of shoes to run faster**
(2) **Can I ask you to clean my room**
(3) **is a good place to stay in summer**
(4) **She asked me to help her with her bags**
(5) **told us to study very hard**
(6) **know how to get to the stadium**

解説 英語は日本語の語順とは異なるので，注意が必要。「意味のかたまり」を押さえて，並べかえるとよい。(1)を例に取ると，英文は「～を見つけた」「(一足の)靴を」「速く走るための」という意味のかたまりで並んでいる。(1)不定詞の形容詞的用法。a pair of shoesをto不定詞が修飾している。(2)不定詞名詞的用法。〈ask人to不定詞〉は「～に…することを頼む」という意味。かたまりは，「頼んでいいですか」「あなたに」「掃除することを」「私の部屋を」。(3)不定詞の形容詞的用法。かたまりは，「いい所です」「訪れるための」「夏に」。(4)〈ask ～ to …(動詞の原形)〉は「～に…することを頼む」。かたまりは，「彼女は私に頼んだ」「彼女を手伝ってほしいと」「彼女の荷物を(運ぶのを)」。(5)〈tell ～ to …(動詞の原形)〉は「～に…するように言う(指示する)」。かたまりは，「私たちに言った」「勉強するように」「一生懸命」。(6)how to～「やるべき方法・手段」→「どのように～するか」→「～する方法」。would like to～は，want to～よりも丁寧な言い方。かたまりは，「知りたいのですが」「方法を」「スタジアムへ行く」。

40 (1) **enjoyed** (2) **watching**
(3) **watching** (4) **playing** (5) **want**
(6) **to** (7) **to** (8) **go** (9) **to** (10) **do**

解説 (1)enjoyは規則動詞。(2)enjoyの後には動名詞を使う。(3)動名詞「～することが好き」。to不定詞でも表現できる。(4)be good at～「～がうまい，～が得意だ」。前置詞atの後は動名詞。(5)(6)want to～「～することがほしい」→「～したい」。不定詞の名詞的用法。(7)(8)Would you like to go～で「行きたいですか」。不定詞の名詞的用法。(9)(10) to不定詞の形容詞的用法。to doはmany thingsを修飾する。「やるための，やるべきことがある」→「やることがある」と考える。

8 分詞・関係代名詞

41 (1) **smiling** (2) **cooked** (3) **running**
(4) **sleeping** (5) **written**

解説 名詞を修飾する単語が，「～している」(現在分詞)または「～された」(過去分詞)のどちらで使われるかを考える。現在分詞と過去分詞は，多くの場合，修飾語句，例えばin the parkやby my motherを伴って名詞を後ろから修飾するが，単独で使われる場合は，a crying babyのように名詞の前に置かれる。(1)「笑っている子供たち」(2)「私の母親によって料理されたランチ」(3)「(犬と一緒に)走っている女の子」(4)「(郵便局の前で)寝ている犬」(5)「夏目漱石によって書かれた本」

42 (1) **which［that, ×］**
(2) **which［that］** (3) **who［that］**
(4) **×［that］**

解説 先行詞(関係代名詞の前にある名詞語句)が「人」か「人以外のもの」かで，どの関係代名詞が適切かを考える。人の場合はwho，人以外の場合はwhichを使うが，thatは両方の場合に使うことができる。(1)先行詞はa dictionary。「佳代が毎日使っている辞書」。文後半のKayo uses［　］の［　］の部分，つまり目的語の役割をしている。目的格の関係代名詞は省略してもよい。(2)先行詞はa library。人ではないことに注意。文意は「たくさん絵本のある図書館」。(3)先行詞はthe tall man。「駅までの道を教えてくれた警察官」。(2)(3)の関係代名詞は

「主格」と呼ばれ，文の後半，つまり関係代名詞以降では主語の役割をしている。したがって，関係代名詞の後には必ず動詞が続いている。(4)先行詞はa baseball player。「多くの人が大好きな野球選手」。この関係代名詞は，文後半のmany people like [　　].の[　　]部分(目的語)を受けていて，主格の役割しかもたないwhoは通常使わない。目的格の関係代名詞は，省略できる。

43 (1) **the [a] man sitting on the chair**
(2) **the [a] teacher respected by (the) students**
(3) **the [a] girl swimming in the pool**
(4) **the [a] window broken by someone**

解説　日本語と英語の語順の違いに注意して考える。(1)英語に直す際の語順は，「男の人」「座っている(現在分詞)」「椅子に」(2)「先生」「尊敬されている(過去分詞)」「生徒に(よって)」。respectは規則動詞。(3)「女の子」「泳いでいる(現在分詞)」「プールで」(4)「窓」「割られた」「誰かに(よって)」。breakは不規則動詞。break - broke - broken。なお，(1)〜(4)は次のように関係代名詞を使って表すこともできる。

(1) the [a] man who is sitting on 〜
(2) the [a] teacher who is respected by 〜
(3) the [a] girl who is swimming in 〜
(4) the [a] window which [that] was broken by 〜

44 (1) **carrying**　(2) **I use**
(3) **caught by**　(4) **who [that] works**

解説　(1)現在分詞が名詞を修飾している部分が文の主語となっている。The men carrying heavy boxes looked …。「重い箱を運んでいる男の人たちは」。(2)目的格の関係代名詞が省略されていると考える。The dictionaries (whichまたはthat) I use is…。(1)と同じく，[　　]の部分は文の主語である。(3)も過去分詞が名詞を修飾している部分が，文の主語となっている。The fish caught by my father in the lake were …。「湖で私の父によって[私の父が]捕まえられた[捕まえた]魚」(4)関係代名詞の主格who＋動詞works。ここでも，関係代名詞を含む部分One of my friends (　　)(　　) at a flower shopは，文の主語となっている。「花屋で働いている友だちのひとりは」。

45 (1) **eating [having]**
(2) **called [named]**　(3) **who [that]**
(4) **you bought**　(5) **which [that]**

解説　(1)「〜している」(現在分詞)。My friend eating lunch with meは文の主語。(2)「〜されている」(過去分詞)。a dog called [named] Koroの部分は動詞haveの目的語。(3)先行詞が人で，is eatingと動詞が続いているので，主格の関係代名詞who [that]を入れる。現在分詞だけを使っても表現できる。the girl eating ice cream over there.この部分は文の主語となっている。(4)the jacket (whichまたはthat) you bought meのように，関係代名詞が省略されていると考える。この部分は文の補語(this＝the jacket)。(5)先行詞が人以外で，comesと動詞が続いているので，主格の関係代名詞whichまたはthatを入れる。

46 (1) **girl who is playing the piano so beautifully**
(2) **He found many pictures that were taken**
(3) **boys running around the school ground**
(4) **remember every word you learned**
(5) **who brings presents to children all over the world**

解説　日本語と英語の語順の違いに注意して考える。(1)英語に直す際の語順は，「あの女の子は」「ピアノを弾いている」「とても上手に」。〜ingが後ろからgirlを修飾すると考えれば，who isを使わなくても同じ意味。(2)「彼は見つけた」「たくさんの写真を」「カナダで撮られた」。下線部は，語句の指定がなければ，過去分詞だけを使って，pictures taken in Canadaとも表現できる。(3)「あの男の子たち」「走り回っている」「校庭を」。(4)「覚えている」「すべての単語を」「(あなたが)習った」。(5)「男の人は」「運んでくる」「プレゼントを」「子どもたちに」「世界中の」。

47 (1)　**公園で鳥の写真を撮っている男の人は僕のおじです。**
(2)　**僕が友だちとよくやるオンラインゲームはとても面白い。**
(3)　**英語は，世界中で多くの人に使われている言葉です。**

解説　(1)the manを現在分詞taking以下が修

飾している。主語は，The man ～ in the park まで。(2)The online games をI often play with my friends が修飾している。games とIの間の関係代名詞(that [which])が省略されている。この文の主語は，The online games ～ my friendsまでの部分。(3)a language を関係代名詞which以下が説明している。この文は文法的にはThis is a pen.と同じで，this = a pen，English = a language which is …の関係にある。

48 **My father showed me a letter (which ／ that) my mother wrote to my grandmother.**

解説 (1)(2)で伝えたいことを整理すると，「父は，母が祖母にあてて書いた手紙を，私に見せた」。これを，英語の語順で意味のかたまりを考えると，「私の父は」「私に見せた」「一通の手紙を」「私の母が書いた」「祖母にあてて」となる。関係代名詞は省略して，関係代名詞以下をa letter my mother wrote to ～としてもよい。

9 命令文・間接疑問文・いろいろな文型

49 (1) エ (2) ア (3) イ (4) ウ

解説 (1)How about ～？は「～してはどうですか／～しませんか」のように，相手に提案したり誘ったりするときの表現。～の部分には，動名詞または文が使われる。
(2)cheerful は形容詞なのでbe動詞が必要。「もっと元気を出そう」と注意を喚起している。(3)仮定法過去。実際のことではないが，「～だといいなあ」という現在の願望を表現する。I wish I were (Iでも原則wereでwasではない)～／I wish I could ＋動詞の原形～では，下線を引いた部分には必ず過去形を用いる。(4)間接疑問文(文の中に疑問文が含まれているもの)なので，語順に注意。ここでは，一般動詞の疑問文で使われるdoをとる。

50 (1) **Would [Could] ／ open**
(2) **how to** (3) **what to** (4) **Shall we**
(5) **Don't worry** (6) **Were there**

解説 (1)「窓を開けてほしい」という依頼の表現。Will you ～？／Can you ～？よりも丁寧。(2)how to ～「どのように～するのか」→「～の 仕方」。(3)what to ～「何を～すべきか」。what to see「何を見る(見学)したらよいか」。☆〈疑問詞＋to不定詞〉の他の例として，what to do, what to read, what to say, where to go, when to start, how to drive a car, how to swim, how to play chess など，様々なものがある。(4)「誘う，提案する」ときの表現。(5)否定の命令文なので，Don't で始める。worry about ～は「～ について心配する」。(6)There is ～. ／ There are ～の構文。「～があります。～がいます。」過去の疑問文。

51 (1) ア (2) エ (3) イ (4) ア
(5) オ

解説 代名詞itには，「それ」と何か特定のものを指す使い方の他に，特に意味をもたずに「日時や天気(天候)，距離・時間など」を表す使い方もある。(1)(3)(5)がそれに当たる。(2)は，最初何かわからなかったものを指して，それがa catだったことを言っている。具体的ものを指す代名詞。(4)このitは形式的な主語で，実際の主語はto have something to drinkの部分である。

52 (1) **where I can buy those cool shoes**
(2) **what time the soccer game starts**
(3) **how he came here**
(4) **who visited me**

解説 間接疑問文の問題。疑問文が文の一部になった時の語順や動詞の変化に注意する。(1)助動詞の位置は主語の後に戻す。can I buy はI can buy になる。(2)一般動詞の疑問文が文の一部となった場合は，do, does, did は使わない。この文では，the soccer game (三人称単数の主語)に合わせて，動詞start に -s を付ける。(3)(2)の説明のとおり，did は必要なくなる。疑問文が過去なのでcome をcame に直す。(4)疑問詞が主語(誰が)を聞いていて，do, does, did も使われていないので，疑問文の語順や動詞はそのままに文の一部となる。

53 (1) **We always call him Bill**
(2) **I was too tired to get up yesterday morning**
(3) **Please take this CD player to your English teacher**
(4) **is so difficult that I can't**

understand it easily
(5) You don't need to come to school so early
(6) My sister gave me a few hints

解説 言葉のかたまりを考えながら並べかえる。(1)「私たちは」「いつも」「呼んでいる」「彼を」「Billと」。(2)〈too ～ to不定詞〉「～過ぎて…できない」という表現。「私は疲れすぎていて」「起きられなかった」「昨日の朝」。(3)「(丁寧さを出す言葉)」「持っていく」「このCDプレーヤーを」「あなたの英語の先生の所へ」。なお, pleaseは語尾にあっても構わない。その際, pleaseの前にカンマを付ける。(4)〈so ～ that…〉は,「とても～なので…だ」。ここでは, can'tがあるので「とても～なので…できない」。「この本は」「とても難しい(ので)」「私はできない」「それを理解することを」。(5)don't need to ～「～する必要はない」。「あなたは」「必要ない」「学校に来る」「そんなに早く」。(6)「私の姉が」「くれた」「私に」「いくつかヒントを」。

54 (1) You mustn't talk loudly in the art museum.
(2) I want to [would like to] learn how to build a spaceship in college [university].
(3) Her big smile makes me (feel) very happy.

解説 (1)You mustn't ～を文頭に置いて, 禁止を表す。英語のかたまりで考えると「～してはいけません」「大声で話す」「美術館の中では」。(2)〈want to ～〉「～したい」,〈how to ～〉「～の作り方」。「私は」「学びたい」「宇宙船の造り方を」「大学で」。(3)〈make＋人・もの＋…〉「人・ものを…にする」。「彼女の満面の笑顔は」「私を…にする」「とてもしあわせに」。happyをfeel happyとしてもよい。

10 会話文・さまざまな疑問文

55 (1) ク (2) カ (3) ア (4) オ (5) イ (6) エ／ケ

解説 解答する際のポイント①文中の動詞がbe動詞か, 一般動詞か。②主語は何か。主語は単数か複数か。③現在か, 過去か, 未来のことか, 今も続いているのか, など。(1)「週末の天気」だから未来のこと。(2)sometimesだから, 頻繁ではないが日常的なこと。(3)放課後やることの提案, 勧誘。(4)昨夜のこと。一般動詞の疑問文。(5)父親か母親に関する二者択一の疑問文。(6)10歳の時から続けていて, 今も続けているのかを聞く現在完了進行形の疑問文。

56 (1) What is ／ date
(2) Which is taller (3) Whose
(4) Where does (5) How many
(6) isn't she

解説 (1)日付を聞く定形表現。(2) 2つの塔の高さを比べている。(3)Keiko's (敬子のもの)と答えていることから, 疑問詞whose「誰の」を入れる。(4)in Utsunomiyaと場所を答えている。疑問詞where「どこに」。(5) more than tenと答えているので, 物の数をたずねる表現How many。(6)付加疑問。「～ですよね？」のように軽い「確認」や「疑問」の気持ちを表す。She is ～(肯定)なら文末は, isn't she?(否定), She isn't ～(否定)なら文末は, is she?(肯定)となる。

57 (1) How much is your Japanese-English dictionary?
(2) What time [When] are they going to meet this evening?
(3) Why did you close all the windows?
(4) How do you want to travel to Sapporo?
(5) What day was (it) yesterday?

解説 (1)「値段」を答えているのでHow muchを文頭に置く。(2)「時間」を答えているので, What timeを文頭に置く。疑問詞whenを使ってもよい。be going toを使った疑問文なのでbe動詞の位置に注意する。(3)「理由」を述べているので, 疑問詞whyで始まる疑問文を作る。closedと過去形を使っていることに注意。(4)「電車で」と交通手段を答えているので, 疑問詞howを使った疑問文。相手の現在の意向を聞いている。(5)「曜日」をたずねる表現。ただし, 昨日のことを答えているところに注意。

58 (1) Shall I [Can I]
(2) Would ／ like (3) How about you
(4) Nice to meet (5) Excuse me
(6) May I

解説 (1)「一人ではできないのでお願いしま

す」というBの答えから，Aが「～しましょうか」と申し出ていることが分かる。(2)飲み物や食べ物を，「～はいかがですか」と勧めるときの定形表現。(3)質問者に同じ質問を繰り返さずに，「あなたはどうですか」と聞き返していると考える。(4)初対面の時に使うあいさつ。「初めまして(お会いできてうれしいです)」。(5)相手に何かを聞きたいときに，「すみませんが…」と切り出す表現。Do you have the time? は，What time is it now? と同じく時間をたずねる表現。(6)答えから，名前を聞いていることが分かる。What is your name? よりも丁寧な表現。

59 (1) **ア** (2) **オ** (3) **エ** (4) **イ** (5) **ウ**

解説 (1)Shall I ～ ?は「～しましょうか。」と相手に何かを申し出るときの表現。Yes, please.「はい，お願いします」と返している。断る場合は，No, thank you.。(2)How do you like ～ ?は，相手に「感想」や「印象」をたずねる表現。I love it. の it は living in a small town を指している。(3)Shall we ～ ?は，「～をしませんか」と提案をする表現。sound の意味は「～のように聞こえる」であるから，応答の Sounds nice! は「nice に聞こえる」→「いいですね！」という意味。(4)Would you like to come with me? は「一緒にどうですか(行きませんか)」。I'd love to, but ...「ぜひ行きたいのだけれど…」。以下行けない理由を述べている。(5)Could you tell me ～ ?「お話しいただけますか。」と丁寧に頼んでいる。No problem. は，くだけた気軽な言い方で，Sure と同様「いいですよ／もちろん」という意味。Certainly という答え方もあるが，No problem. や Sure. よりも丁寧な感じのする言葉である。

車の中で声をかけなかったことが読み取れる。よって気まずさを感じていると言える。
(2) 僕の考えは傍線部②を含む段落の最後の一文「その～なかったのだ」から読み取れる。
(3) 父の人柄を表す表現「無口」「席をゆずる度胸なんかあるはずがなかった」「照れくさくて」「恥ずかしくて」などからウが適切。
(4) 「父の後ろ姿が目に入」り僕は驚いた。つまり先に他の駅で降りて、ここにいるはずのない父がいたことに驚いたのだ。
(5) 傍線部③を含む段落の次の段落に、今までの父の行動を理解した僕の考えが述べられている。また傍線部④の直後に「何だか～気分だった」とあり、父を好意的に思っていることが読み取れるためエが適切。

10 文学的文章Ⅲ〔小説3〕

23 (1) **絵をかく時に自分がぶつぶつ言っていたことと同じことをそばにいなかったミーミが話したこと。(44字)** (2) **ア** (3) **ウ**

解説
(1) 傍線部①直後のヒッキーとミーミの会話をまとめる。
(2) 傍線部②「まちがっていなかった」についてヒッキーが「なにが?」と尋ね、ミーミが「あたしは～見るの。」と答えている。よってこの絵の見方が「まちがっていなかった」と言えるため、**ア**が適切。
(3) **ウ**は本文後半「あの絵、～あったたかった」から本文最後の部分より読み取れるため、適切。

6 論説的文章〔Ⅱ〕

19 (1) **大画面に映～な「風景」** (2) **主人公** (3) **(例) クローズアップという手法が多用されることで、人が世界の主人公であるととらえられ、「風景」の一部であることが忘れられてきた時代。(63字)** (4) **ウ** (5) **ア**

解説

(1) 設問の「見出された」とは、第三段落一文目中の「発見」のこと。よって発見された部分を抜き出す。

(2) 「風景」が、これまでは物事の後ろにある「背景」だったが実は中心である「主人公」だ、という対比関係を読み取ろう。

(3) 傍線部**3**は「アナログによる映像」の時代のこと。この時代は第四、五段落で説明され、ここから「主人公」は人間であること、その人間が「風景」の一部であることが忘れられてきたこと、「クローズアップ」が多用されてきたことをまとめる。

(4) 空欄の前後で具体的な映像の例を複数提示しているため「あるいは」が適切。

(5) **ア**は最後の段落から読み取れる。**イ**「デジタル技術は～新しい技術の魔術だ」、**ウ**「影響は少ない」、**エ**「今後も大切にすべきだ」の部分は本文から読み取れず不適。

7 論説的文章〔Ⅲ〕

20 (1) **ア** (2) **(例) 人間は過去に作られた様々な技術やシステムを産まれた時から利用できるということ。(39字)** (3) **ア** (4) **ウ**

解説

(1) 空欄を含む一文中には「コミュニケーション能力」が「サバイバルにとって有利に働く」とあることから、野生動物と比較して「劣っていない」と肯定的にとらえる**ア**が適切。

(2) 傍線部中の「スタート」とは傍線部を含む一文直前の「産まれたとき」を指しているため、この直前部分をまとめる。

(3) ①段落最後の一文中の「私はなぜ地球上で～のさばっていられるのだろうか」という疑問に対し、②段落で「コミュニケーション能力」が「サバイバルにとって有利に働く」という答えを導いているため**ア**が適切。

(4) **ウ**は⑦段落より適切。**ア**「他者との違いに気づく」、**エ**「他の動物に～体系化すべき」は本文に書かれておらず不適。**イ**は⑦段落より「同様の経験が必要だ」が不適。

8 文学的文章Ⅰ〔小説1〕

21 (1) **(例) 脚の痛みはほぼなくなったが、二人に付いていくことはできない上に、もう限界だと思ったから。(44字)** (2) **エ** (3) **ア**

解説

(1) 傍線部①は坂場先輩の「続けるか？」に対する返答。この坂場先輩の発言から傍線部①までの間にゆきなの決断に至る気持ちが述べられているため、ここをまとめる。

(2) **エ**は傍線部②の三段落後から読み取れる。**ア**の「前向きな気持ち」、**イ**の「恨む気持ち」、**ウ**全体は本文中から読み取れず不適。

(3) **ア**の「擬声語」は本文「うぅあぁん」、「擬態語」は本文「ぽたぽたと」、「比喩」は本文「微熱のように」からそれぞれ読み取れ、いずれもゆきなの心情に関する部分のため適切。**イ**は「お互いの～通い合う」、**ウ**は「先輩への敬意」、**エ**は「相手への怒り」が不適。

9 文学的文章Ⅱ〔小説2〕

22 (1) **ア** (2) **(例) おばあさんに席をゆずるためではなく、次の駅で用事があったから。(31字)** (3) **ウ** (4) **(例) そこにいるはずのない父が目の前を歩いていたから。(24字)** (5) **エ**

解説

(1) 傍線部①を含む段落の次の段落で、僕は、無口な父と会話するのが苦手なため、電

の部分が理由となる。匡衡は雇われていたのに「値」＝お金（給料）を取らなかった。

(4) **イ**の「学問を〜工夫して」は匡衡が光を得るために壁に穴を開けたこと、「私欲も捨て」は匡衡が仕事の給料をもらわなかったこと、また「後に〜出世した」は最後の一文「後に〜なれり」から読み取れる。

〈通釈〉 匡衡が常に学問に励んでいたとき、家が貧しくて（夜になっても）あかりがなかった。隣の家にあかりがあるが（その光は）届かなかった。そこで匡衡は（隣の家に面した）西側の壁を削って穴を開けてその隣の家の光を引き入れて書物を読んだ。

（彼の住む）その里には家がとても裕福で、書物をたくさん持っている人がいた。匡衡は、この人に雇われて、仕事をした。しかしながら、一度も給料を受け取らないので、主人は不思議に思って、その訳を尋ねたところ、匡衡は「できることなら、あなたの書物を読むことが、私の望みです。」と言う。主人はその心に感動して、書物を貸して給料とした。後に、とうとう（匡衡は）世間でも有名な学者となった。

16 (1) **京師ニテ得タリ二家書ヲ一** (2) **只道ふ早く郷に帰れ** (3) **イ**

解説 (1) 京①師②ニテ得⑤タリ家③書④ヲ は書き下し文から判断して番号の順番で読み、④から⑤に返って読むには、二字以上離れた文字から上にある文字に返る「一・二」点を使う。

(2) 只①道②フ早③ク帰⑤レ郷④ニ の番号の順番で送り仮名をつけて読む。「レ」点は下の一字から上の一字に返って読む。

(3) 手紙は十五行と短いが「早く故郷に帰ってこい」としか書かれていないことを考えると、家族は袁凱に強い気持ちを持っていたと考えられるため**イ**が適切。

〈通釈〉 都で家族からの手紙を得た 長江は三千里を流れている。（それに比べて）家族からの手紙は十五行である。手紙の中に他の言葉はなく ただ早く故郷に帰ってくるようにとのみ言っている。

17 ① **ウ** ② **ウ** ③ **イ** ④ **エ**

解説 漢文は原則、上から順に読み、「レ」点は一文字下を読んでから返って読む。「一・二」点は一から二に返って読む。

① 百①年②俟⑤二河③清④一 の順に読む。

② 逐②レ鹿①者③不⑥レ見⑤レ山④ の順に読む。助動詞の「不」は書き下し文ではひらがなにする。

③ 男①児②立④レ志③出⑦二郷⑤関⑥一 の順に読む。

④ 君①汲④二川②流③一我⑤拾⑦レ薪⑥ の順に読む。

5 論説的文章〔Ⅰ〕

18 (1) **ウ** (2) **a （例）吐くための脳回路が備わっている（15字）** **b （例）吐く（2字）**

(3) **（例）嘔吐の研究には今どんな問題があって、何が望まれているかという「問題意識」をもっているかいないかという違い。（53字）** (4) **ウ**

解説 (1) 空欄を含む一文中の「これ」は齋藤教授が「嘔吐する小動物」を発見したことを指すため、今までになかったことを始めて、その分野で新しい時代を開くさまを表す**ウ**の「画期的」が適切。

(2) 傍線部**1**直前の二文より、吐くための脳回路が備わっていないラットやマウスが使えないからイヌやネコを使うことがわかる。つまりイヌやネコは吐くための脳回路が備わっていると言える。

(3) 傍線部**2**の二文後に齋藤教授が「問題意識」をもっていたと述べられている。またその直後に「問題意識」の説明があることから、字数内に収まるようにまとめる。

(4) **ウ**は最後の段落の一文目「むしろ〜かかっています」と第五、六段落より読み取れる。**ア**は「意識〜人だけが」、**イ**は「一つの〜行った人」、**エ**「人からの〜できる」の部分がそれぞれ不適。

③ **わたし／は／ずっと／彼女／に／あこがれ／て／い／た。**
④ **何／も／し／なけれ／ば／貴重な／時間／が／むだに／過ぎ／て／いく。**

解説

(1) 文節とは、文の意味を壊さない程度に短く区切ったもの。話す調子で「ネ」「サ」「ヨ」などをつけて自然に入るところで区切る。

(2) 単語とは、言葉の最小の単位で、それ以上分けられないもの。

3 古文の学習〔Ⅰ〕

13 (1) **わらいあわれけり** (2) **ア**
(3) **A 時雨 B 車** (4) **ウ**

解説

(1) 歴史的かなづかいでは文中の「はひふへほ」は「わいうえお」と読む。

(2) 主語を判断する時は、「誰（何）が何をしているか」に注意しよう。

(3) 四行目の「車の～さし入れよ」が言い間違えたところである。

(4) 顕雅の「車が降る」という言い間違いを逆手にとり、車にまつわる部分の中から、通り雨の降る様子から連想した「車軸」をあげている。また冗談であったことは本文最後の「笑ひ」から読み取れる。

〈通釈〉楊梅大納言顕雅卿は、若い頃からひどく言い間違いをしなさったそうだ。

十月の頃、ある皇女の子のもとに参上して、すだれの外で、女房たちと世間話をなさっていた時に、時雨がサァーと降ってきたので、お供の召使いを呼んで、「車が降ってきたから、時雨をしまえ」とおっしゃったので、「車軸でも降ってくるのかしら、怖いなあ」と（女房の一人が）言って、すだれの内側で、笑い合ったそうだ。

14 (1) **いわいたり** (2) **ア**
(3) **(例) 初春の朝に菓子を入れておく鉢を家の者が落として割ってしまったから。(三十三字)**
(4) **(例) 初春の朝にいつも出てくるはずの茶菓子が待っても出てこなかったから。(三十三字)** (5) **ウ**

解説

(1) 13の解説(1)を参照。

(2) アの主語は「妻」。イ、ウ、エの主語は亭主。

(3) 傍線部①の前文中「その者、～うち割りぬ」が解答の主軸。字数条件を考えて割った鉢の説明も付け足すとよい。

(4) 傍線部②前文中の「初春の～出でず」が解答のポイント。

(5) ウの「鉢を～連想し」は本文中にはっきりとは書かれていないが、発音が同じようであることを考えると否定はできない。「今年の～とらえたから」は本文最後の一文中「めでたや～上がらむよ」から読み取れる。

〈通釈〉ある商人の家に、正月の朝ごとに、昆布、かちぐりなどの菓子を入れて出して置く鉢がある。（正月の前日の）宵から（商人の）妻が（その鉢を）取り出して、家の使用人に、きれいに十分すすいでおきなさいと言って渡すと、どうしたことだろうか、その使用人は、（鉢を）取り落として割ってしまった。妻は、たいそう驚いていたうちに、夜が明けたので、「正月のいつもの茶菓子は出るだろうか。」と思って、亭主は待つが、出てこない。そのまま機嫌を損ねて、妻を叱っていると、使用人が、割れた鉢を持ち出して、ありのままに言った。亭主はよく考えはじめ、機嫌を直し、「めでたいなあめでたいなあ。今年は、私の商売は八割は上がるだろうよ。」と祝った。

4 古文の学習〔Ⅱ〕

15 (1) **ゆえに** (2) **(例) 西面の壁を削り穴を開け、隣の家の灯火の光をひいて本を読んだ。(三十字)** (3) **(例) 匡衡が給料をもらおうとしなかったから。(十八字)**
(4) **イ**

解説

(1) 歴史的かなづかいでの「ゑ」は現代かなづかいでは「え」と読む。

(2) 傍線部①の二文後「よつて～書を読む」が匡衡が行ったことである。

(3) 傍線部②直前の「ゆゑに」は「だから」という理由を表す。よって「ゆゑに」直前

③ 非常に親密な交際のこと。
④ 腸がちぎれるほど悲しい思い。
⑤ 大きな団体で人のしりについているよりも、小さな団体でもその長となるほうがよい。

2 文法・敬語・詩歌の学習

7 ① **ア** ② **オ** ③ **エ** ④ **ウ**
⑤ **イ**

解説
① 主語は「何が」「だれが」を表す。
② 他の文節に関わりが無いので独立語。
③ 「ので」は理由を表す接続語。
④ 「どのように」を説明する修飾語。
⑤ 述語は「どうする、どんなだ」を表す。

8 ① **上一段活用・連体形**
② **カ行変格活用（カ変）・終止形**
③ **下一段活用・連用形**
④ **五段活用・仮定形**
⑤ **サ行変格活用（サ変）・命令形**
⑥ **サ行変格活用（サ変）・未然形**

解説
活用の種類の見分け方は、カ変の動詞は「来る」、サ変の動詞は「する」しかないので暗記する。他は動詞に「ない」をつけて活用させた場合、「ない」の直前がア段の音なら五段活用、イ段の音なら上一段活用、エ段の音なら下一段活用となる。活用形はその活用形に続く代表的な言葉やどのような形かを覚える。未然形は「ない」。連用形は「た」・「ます」。終止形は言い切りの形。連体形は「こと」などの「体言（名詞）」。仮定形は「ば」。命令形は命令する形。

9 ① **お目にかかれ（お会いでき）**
② **存じ** ③ **くださった**
④ **いらっしゃい** ⑤ **申し**
⑥ **いただいた**
⑦ **お考えになって（考えなさって）**
⑧ **ご覧になり**

解説
尊敬語は相手（目上）を敬う言葉、謙譲語は自分（身内）がへりくだった言い方のため、相手（目上）が行う動作なら尊敬語を使い、自分（身内）が行う動作なら謙譲語を使う。
① 「自分」が「会う」ので謙譲語。
② 「自分」が「思う」ので謙譲語。
③ 目上の「先輩」が「くれる」ので尊敬語。
④ 目上の「先生」が「行く」ので尊敬語。
⑤ 「自分」が「言う」ので謙譲語。
⑥ 「自分」が「もらう」ので謙譲語。
⑦ 「相手」が「考える」ので尊敬語。
⑧ 「相手」が「見る」ので尊敬語。

10 ① **イ** ② **ア** ③ **エ** ④ **エ**
⑤ **イ** ⑥ **ア** ⑦ **ア** ⑧ **ウ**

解説
① 設問とイは形容詞の仮定形の一部。
② 設問とアは動詞「ながめる」の連用形。
③ 設問とエは「でさえ」に言い換え可能な類推の副助詞。
④ 設問とエは助動詞「られる」の連用形。
⑤ 設問とイは格助詞。
⑥ 設問とアは形容詞「よい」の連用形。
⑦ 設問とアは勧誘の助動詞。
⑧ 設問とウは結果を示す格助詞。

11 (1) **枕詞** (2) **B** **初句切れ**
C **三句切れ** (3) **イ**

解説
(1) 枕詞は特定の言葉の上につけて調子を整える言葉。「ひさかたの」は「光」につく。
(2) 句切れは一首の途中で、文として意味のつながりが切れる部分。
(3) Dの「淵」は川などで水が深くよどんでいるところ、「ひまなく」は「絶え間なく」という意味よりイが適切。

12 (1) ① **日本の／都には、／中国や／西洋の／都には／ある／城壁が／ない。**
② **人は／心の／中に／作り上げた／理想像に／向かって／生きて／いく。**
③ **ぼくは／急いで／家の／裏手に／回った。**
④ **兄が／五年ぶりに／故郷へ／戻って／きた。**
(2) ① **厳しい／父／の／おかげ／で／行動／に／責任／を／持つ／習慣／が／つい／た。**
② **日本人／は／不完全な／もの／の／なか／に／美／を／見出す。**

1 漢字・語句の基礎知識

【一】

1 (1) ① ぎょうにんべん ② すいにょう ③ にすい ④ りっとう ⑤ つつみがまえ ⑥ まだれ ⑦ こへん ⑧ したみず

(2) ① エ ② ウ ③ ウ ④ ア ⑤ エ ⑥ ア

(3) ① 大目 ② 心 ③ 手 ④ あいそ ⑤ 腰 ⑥ 息

(4) ① 金 ② 銭 ③ 水 ④ 劫（功） ⑤ 桂馬 ⑥ 赤子 ⑦ 仏 ⑧ 大山

(5) ① 不離（ふり） ② 四温（しおん） ③ 左往（さおう） ④ 無縫（むほう） ⑤ 未聞（みもん） ⑥ 動地（どうち）

解説 (1) 部首は意味を表す。「にすい」は寒さ、「りっとう」はかたなという意味。

(2) 各構成は①特定の意味を示す接尾語。②上の語が下の語を修飾。③対義語。④類義語。⑤下の語が上の語の目的語。⑥主語、述語。

(3) それぞれの意味は
① 厳しくとがめず寛大に扱う。
② 胸騒ぎがする。
③ 手助けする。
④ すっかりきらいになる。
⑤ 落ち着いて事に当たる。
⑥ はっとして一瞬息を止める。

(4) それぞれの意味は
① 時は貴重なもので浪費できない。
② 安い物はそれだけで質が悪いから結局買って損をする。
③ 急なことであわてるたとえ。
④ 長年の経験が貴重である。
⑤ 身分不相応に高い地位に上ったものが実力不足で失敗すること。
⑥ たやすくできること。
⑦ 危難や苦しみの時に思いがけない助けにあった喜びのたとえ。
⑧ 前ぶれは大きいが、結果は小さいことのたとえ。

(5) それぞれの意味は
① つかず離れずの関係にあること。
② 三日寒さが続くと四日暖かさが続くことをくり返す冬季の気候。
③ 多くの人が右へ行ったり左へ行ったり混乱すること。
④ 詩文に技巧の跡がなく完全で美しいこと。また人柄が天真爛漫なこと。
⑤ 今までに聞いたこともない珍しいこと。
⑥ 世間をひどく驚かすこと。

2 ① せま ② はげ ③ ゆる ④ いさ ⑤ さ ⑥ と ⑦ いそが ⑧ ひび ⑨ かな ⑩ あつ ⑪ おだ ⑫ とな ⑬ つぐな ⑭ くず ⑮ いちじる ⑯ さまた

【二】

3 (1) ① 15画 ② 10画 ③ 3画 ④ 4画 ⑤ 4画 ⑥ 8画

(2) ① じゃり ② かわら ③ もより ④ もめん ⑤ かわせ ⑥ はたち ⑦ おじ ⑧ ついたち ⑨ はとば ⑩ うわき ⑪ つゆ ⑫ しゃみせん

4 ① そうげい ② じんそく ③ こうせき ④ えつらん ⑤ じんぼう ⑥ しょうこ ⑦ せんさい ⑧ せんせい ⑨ こうえき ⑩ さいだん ⑪ しょうきゃく ⑫ せんりょう ⑬ えんばん ⑭ こんせつ ⑮ しょくたく ⑯ しゅうしょく

5 ① 節電 ② 供給 ③ 知識 ④ 招待 ⑤ 達人 ⑥ 優美 ⑦ 平均 ⑧ 移住 ⑨ 日照 ⑩ 興味 ⑪ 利益 ⑫ 看病 ⑬ 発展 ⑭ 冷蔵庫 ⑮ 放送局 ⑯ 台所

【三】

6 (1) ① 渡 ② 健 ③ 子育 ④ 重 ⑤ 帰 ⑥ 類 ⑦ 物知 ⑧ 洗 ⑨ 遠 ⑩ 作 ⑪ 笛 ⑫ 改 ⑬ 小 ⑭ 熟 ⑮ 色 ⑯ 垂 ⑰ 構 ⑱ 貸 ⑲ 芽 ⑳ 張

(2) ① 白 ② 虎 ③ 交わり ④ 断腸 ⑤ 牛後

解説 (2) それぞれの意味は
① 同類の中で最もすぐれたもの。
② 悪政の害は虎の害よりはなはだしい。

国　語

栃木県高校入試の対策2023

令和4年度
県立入試
令和3年度
県立入試
令和2年度
県立入試
令和元年度
県立入試
平成30年度
県立入試
平成29年度
県立入試
平成28年度
県立入試

栃木県
高校入試
の対策
2023

MEMO

令和4年度
県立入試

栃木県立高校入試(R4)

社　会　【解答用紙】

(令4)

社　会　解　答　用　紙

受検番号 (算用数字ではっきり書くこと。)	番

得点計	

◎「得点」の欄には受検者は書かないこと。

問題			答え				得点
1	1		(　　　) 〔都市〕				
1	2		(　　　)	3 (　　　)		4 (　　　)	
1	5		(　　　)	6 (　　　)		7 (　　　)	
1	8						
2	1	(1)	(スペイン ―　　　ロシア ―　　　)				
2	1	(2)	(　　　)				
2	1	(3)	(　　　)	(4)	(　　　)		
2	1	(5)	X： Y：				
2	2	(1)	(　　　)	(2)	(　　　)		
3	1		(　　　)	2	(　　　)		
3	3		(　　　)	4	(　　　)		
3	5		(　　　)	6	(　　　) 〔貿易〕		
3	7						
3	8		(　　　) 〔時代〕				
4	1		(　　　)	2	(　→　→　→　)		
4	3						
4	4		(　　　)	5	(　　　)		
4	6	(1)	(　　　)	(2)	(　　　)		
5	1	(1)	(　　　)	(2)	(　　　)		
5	1	(3)	(　　　)				
5	2	(1)	(　　　)	(2)	(　　　) (　　　)		
5	2	(3)	(　　　)				
5	2	(4)	(X ・ Y) の政策に賛成				
6	1	A	(　　　)	B	(　　　) 〔協定〕		
6	2		(　　　)	3	(　　　)		
6	4		(　　　)	5	(　　　)		
6	6		X： Y：				

実戦編◆社会　解答用紙

県立 R4

栃木県立高校入試(R4)

数学 【解答用紙】

(令4)

数学解答用紙 (1)

受検番号 (算用数字ではっきり書くこと。)	番

得点	(1)	(2)	計

◎「得点」の欄には受検者は書かないこと。

<table>
<tr><th colspan="3">問題</th><th colspan="3">答え</th><th>得点</th></tr>
<tr><td rowspan="4">1</td><td colspan="2">1</td><td></td><td>2</td><td></td><td rowspan="4"></td></tr>
<tr><td colspan="2">3</td><td></td><td>4</td><td>$x =$</td></tr>
<tr><td colspan="2">5</td><td></td><td>6</td><td>cm</td></tr>
<tr><td colspan="2">7</td><td>度</td><td>8</td><td></td></tr>
<tr><td rowspan="3">2</td><td colspan="2">1</td><td colspan="3">$n =$</td><td rowspan="3"></td></tr>
<tr><td colspan="2">2</td><td colspan="3">答え(大人 円, 子ども 円)</td></tr>
<tr><td colspan="2">3</td><td colspan="3">$a =$, $x =$</td></tr>
<tr><td rowspan="5">3</td><td colspan="2">1</td><td></td><td>2</td><td>およそ 個</td><td rowspan="5"></td></tr>
<tr><td rowspan="4">3</td><td rowspan="3">(1)</td><td colspan="3">第1四分位数 日</td></tr>
<tr><td colspan="3">第2四分位数(中央値) 日</td></tr>
<tr><td colspan="3">A市 0 5 10 15 20 25 30(日)</td></tr>
<tr><td>(2)</td><td colspan="3">市
(理由)</td></tr>
</table>

栃木県立高校入試(R4)

数学 【解答用紙】

(令4)

数 学 解 答 用 紙 (2)

受検番号 (算用数字ではっきり書くこと。)	番

得点	

◎「得点」の欄には受検者は書かないこと。

問題		答え				得点
4	1	A ℓ B	2	(1)	cm	
				(2)	cm^3	
	3	D A B C (証明)				
5	1	(1)		(2)	$a =$	
		(3)	答え($a =$)			
	2	(1)	kWh	(2)		
		(3)				
6	1	記号( ),( )度目	2		回	
	3	Ⅰ( )	Ⅱ($b =$)			

栃木県立高校入試(R4)

理科 【解答用紙】

(令4)

理　科　解　答　用　紙

受検番号 (算用数字ではっきり書くこと。)	番

得点計	

◎「得点」の欄には受検者は書かないこと。

問	題	答え				得点	
1	1	(　　)	2 (　　)	3 (　　)	4 (　　)		
	5	(　　)		6 (　　)			
	7	(　　)		8 (　　)			
2	1	(　　)		2 (　　)			
	3	斑晶(　　)					
		石基(　　)					
3	1			2	発生する気体の質量(　　)g		
	3	記号(　　)					
		理由					
4	1	(　　)mA					
	2	電圧(　　)V　電気抵抗(　　)Ω					
	3	記号(　　)　電流の大きさ(　　)A					
5	1	(　　)					
	2	①(　　)　②(　　)　③(　　)					
	3	①(　　)　②(　　)					
6	1	(　　)					
	2						
	3						
	4	(　　)					
7	1	(　　)					
	2	①(　　)　②(　　)					
	3	(　　)					
	4	①(　　)度　②(　　)度　③ 地点(　　)					
8	1	(　　)		2 (　　)			
	3	(　　)					
	4						
9	1	(　　)cm/s		2 (　　)			
	3	(　　)		4 (　　)			

（令４）

英　語　解　答　用　紙

受検番号 （算用数字ではっきり書くこと。）	番

得点計	

◎「得点」の欄には受検者は書かないこと。

問	題	答　え	得　点	
1	1	(1) (　　) (2) (　　) (3) (　　) (4) (　　)		
	2	(1) (　　) (2) (　　) (3) (　　)		
	3	(1) (　　　　) (2) (　　　　)		
		(3) (　　　　)		
2	1	(1) (　　) (2) (　　) (3) (　　) (4) (　　)		
		(5) (　　) (6) (　　)		
	2	(1) (　→　→　→　) (2) (　→　→　→　)		
		(3) (　→　→　→　→　)		
3	1	(　　　　) (　　　　)		
	2	(1)		
		(2)		
		(4)		
	3	(　　)		
	4	（30字の解答欄：10, 20, 30）		
	5	(　　)		
	6			
4	1			
	2			
	3			
	4			
	5	(　　)		
5	1	(　　)		
	2	(　→　→　→　)		
	3			
	4	(　　)		

栃木県立高校入試（R4）

国語

【解答用紙】

（令4）

国語解答用紙 (1)

受検番号（算用数字ではっきり書くこと。） 番

得点	
(1)	
(2)	
計	

◎「得点」の欄には受検者は書かないこと。

5は「国語解答用紙(2)」を用いること。

問題		答え	得点 小計	計
1	1	(1) 礼儀　(2) 健やか　(3) 陳列　(4) 著しい　(5) 稚拙		
	2	(1) ヒロう　(2) ウンチン　(3) サまし　(4) コウセキ　(5) ダンショウ		
	3	（　　　）		
	4	（　　　）		
	5	（　　　）		
	6	（　　　）		
	7	（　　　）		
2	1	（　　　）		
	2	（　　　）		
	3	（　　　）		
	4	（　　　）		
	5	夜道を歩いているとき、臆病な気持ちによって		
3	1			
	2	（　　　）		
	3	（　　　）		
	4	(I)　(II)		
	5	（　　　）		
4	1			
	2	（　　　）		
	3	（　　　）		
	4	という生き方		
	5			
	6	（　　　）		

（令４）　国　語　解　答　用　紙　(2)

受検番号（算用数字で横書きに、はっきり書くこと。）	番

得点	甲	乙	計

5

◎受検者名と題名は書かないこと。

100字

200字

240字

300字

栃木県立高校入試(R4)

社会 【解答・解説】

(令4)

社会採点基準 (総点100点)

〔注意〕
1 この配点は，標準的な配点を示したものである。
2 定められた答えの欄に答えが書かれていないときは，点を与えない。
3 指示された答えと違う表現で答えの欄に記入されていても，正答と認められるものには点を与える。
4 定められた数より多く答えたときは，点を与えない。
5 採点上の細部については，各学校の判断によるものとする。

問題			正答	配点		
1	1		(政令指定)〔都市〕	2点×7	14	18
	2		(エ)			
	3		(イ)			
	4		(ア)			
	5		(ウ)			
	6		(イ)			
	7		(エ)			
	8		(例)道路の開通により観光客が増加し，自然環境が損なわれたため，自然環境の保全と観光の両立を目指す取り組みをしてきた。	4点	4	
2	1	(1)	(スペイン ― ア　ロシア ― ウ)（完答）	2点×4	8	16
		(2)	(バイオ燃料(バイオエタノール，バイオマス燃料，バイオマスエタノール))			
		(3)	(イギリス)			
		(4)	(ア)			
		(5)	X：(例)輸出の多くを農産物や鉱産資源に依存しているため，天候や国際価格などの影響を受けやすいこと Y：(例)生産量が上位ではないのに，輸出量が上位なのだろうか	4点	4	
	2	(1)	(ウ)	2点×2	4	
		(2)	(イ)			
3	1		(イ)	2点×6	12	18
	2		(ア)			
	3		(ウ)			
	4		(イ，ウ)（完答）			
	5		(エ)			
	6		(朱印船)〔貿易〕			
	7		(例)兵庫と比べて神戸は住居が少なく，外国人と日本人の交流を制限しやすかったから。	4点	4	
	8		(大航海)〔時代〕	2点×1	2	
4	1		(ア)	2点×2	4	16
	2		(エ → イ → ア → ウ)			
	3		(例)関東大震災によって大規模な火災が発生したことから，区画整理を行い，災害に強い便利で暮らしやすい都市を目指した。	4点	4	
	4		(全国水平社)	2点×4	8	
	5		(ウ)			
	6	(1)	(エ)			
		(2)	(安保闘争)			
5	1	(1)	(国内総生産(GDP))	2点×6	12	16
		(2)	(ウ)			
		(3)	(エ)			
	2	(1)	(条例)			
		(2)	(ア) (エ)（完答）			
		(3)	(イ)			
		(4)	(X・Y)の政策に賛成 (例1)Xの政策は，「大きな政府」の政策であり，企業の経済活動を保護したり，税金を使って公共サービスを充実させたりする。 (例2)Yの政策は，「小さな政府」の政策であり，企業の自由な競争を促したり，税金の負担を軽くしたりする。	4点	4	
6	1		A (持続可能)　B (パリ)〔協定〕	2点×6	12	16
	2		(ア)			
	3		(エ)			
	4		(ウ)			
	5		(難民)			
	6		X：(例)発電効率が低い Y：(例)新たな発電技術を確立させて，二酸化炭素排出量を減らす	4点	4	

1 1　政令指定都市は，人口50万人以上で，政令によって都道府県並みの特別な権限を持っている大都市をいう。

2　**ア**－年間気温が低く，梅雨がないことから，北海道の気候である札幌市の雨温図。**イ**－夏の降水量が多いことから，太平洋側の気候である鹿児島市の雨温図。**ウ**－冬の降水量が多いことから，日本海側の気候である新潟市の雨温図。**エ**－年間降水量が少ないことから，瀬戸内の気候である大阪市の雨温図。よって**エ**。

3　マングローブは熱帯および亜熱帯地域に生育する植物。熱帯であるインドネシアでよく見られる。

4　大阪府には東京から新幹線で訪れる人が多い。よってⅠが鉄道，Ⅱが航空。東京都から新潟県を訪れる時には通常航空を利用しない。よってCが新潟県。北海道は観光産業がさかん。よって宿泊旅行者数・東京都からの旅客輸送数がともに多いAが北海道。Bが鹿児島県。よって**ア**。

5　阪神工業地帯にある大阪府は中小企業の町工場が多い。よって全事業所数に対する従業者10人未満の事業所の占める割合，製造品出荷額が多いPが大阪府。阪神工業地帯は金属製品の製造が多いからXが金属製品。よって**ウ**。

6　米の産出額，農業産出額に占める米の割合ともに多い**ウ**が新潟県。農地が少なく農業産出額も少ない**エ**が大阪府。農業産出額が最も多く，米の産出額が**ウ**に次いで多い**ア**が北海道。農業産出額が多いものの畜産がさかんで，米の産出額が多くない**イ**が鹿児島県。よって**イ**。

7　**ア**－千里ニュータウンは京阪神大都市圏の大阪にある。**イ**－桜島があるのは鹿児島県。**ウ**－アイヌの人々が多く住むのは北海道。**エ**－フォッサマグナの断面は新潟県で見られる。よって**エ**。

8　図6，7から知床横断道路開通以降，観光客数が年々増加していることがわかる。その結果自然環境が損なわれたが，自動車の乗り入れ規制の開始や，ガイドラインの策定により自然環境の保全と観光の両立を目指す取り組みをしてきたことがわかる。

2 1(1)　ロシアの首都モスクワは冷帯に属し，年平均気温が低い。よってロシアが**ウ**。インドの首都ニューデリーは熱帯に属し，年平均気温が高く，6月から8月までの降水量が多い。よってインドが**エ**。アメリカの首都ワシントンは温暖湿潤気候。スペインの首都マドリードは地中海性気候。地中海性気候は夏の降水量が少ない。よってスペインが**ア**。アメリカが**イ**。

(2)　バイオ燃料はさとうきびやとうもろこしなど，主に植物を原料として作られる燃料。

(3)　オーストラリアはイギリスの植民地であった。

(4)　北アフリカや西アジアで多く信仰されているのはイスラム教。イスラム教徒はアルコールを飲まない。よって**ア**。

(5)　図3からコートジボワールでは，輸出の多くを農産物や鉱産資源が占めていることがわかる。これらは天候や国際価格などの影響を受けやすい。また，図4からベルギーとオランダがカカオ豆の生産量が上位でないのに，輸出量が上位であることがわかる。

2(1)　日本は島国であるため，領土の面積に対し，排他的経済水域の割合が多い。よってQが日本。アメリカは太平洋，大西洋両方に接しているが，ブラジルは大西洋にのみ接している。したがって，アメリカの方がブラジルに比べ排他的経済水域の面積が大きいからアメリカがP，ブラジルがR。よって**ウ**。

(2)　中国は1970年時点で出生率が高い。よって**ウ**が1970年の中国。その後中国では一人っ子政策が行われ，少子化が進行した。2015年時点で，30代より若い世代の少子化が進行したことがわかる**イ**が2015年の中国。**ア**は1970年の日本。**エ**は2015年の日本。

3 1　小野妹子は政治の制度や文化を学ぶため，隋につかわされた。

2　唐の僧で，日本に仏教の教えや決まりを伝えたのは鑑真。栄西は禅宗を日本に伝えた。

3　日宋貿易を進めたのは平清盛。

4　マルコ・ポーロがフビライ・ハンに仕えていたのは，日本の鎌倉時代。**ア**－金閣が建てられたのは，室町時代。**イ**－平等院鳳凰堂が建てられたのは，平安時代。**ウ**－中尊寺金色堂が建てられたのは，平安時代。**エ**－安土城が建てられたのは，安土桃山時代。よって**イ・ウ**。

5　豊臣秀吉はキリスト教の力をおそれ，宣教師の海外追放を命じて，キリスト教を禁止した。よって**エ**。

6　徳川家康が奨励した東南アジア諸国との貿易は，朱印船貿易。

7　江戸幕府は，キリスト教の禁止を徹底し，日本人と外国人の自由な交流を制限するため，外国との交易を出島に限定した。日米修好通商条約が結ばれた時点ではキリスト教は禁止されていたため，兵庫と比べ住居が少なく，出島と同じように外国人と日本人の交流を制限しやすい神戸に外国人居住区を設置した。

8　ヨーロッパ人による新航路の開拓が続いた時代を大航海時代という。

[4]　1　江戸を東京としたのは江戸幕府滅亡直後の1868年。五箇条の御誓文が出されたのも江戸幕府滅亡直後の1868年。よって**ア**。

2　**ア**－1880年。**イ**－1874年。**ウ**－1885年。**エ**－1871年。よって**エ→イ→ア→ウ**。

3　大正時代におこった震災は関東大震災。資料から，震災をきっかけに，東京を災害に強い便利で暮らしやすい都市にするため，区画整理を行うこととしたことがわかる。

4　部落差別問題の解決を目指して，全国水平社が結成された。

5　学徒出陣が行われたのは，太平洋戦争で日本の戦局が悪化した頃。ミッドウェー海戦をきっかけに日本の戦局は悪化していった。よって**ウ**。

6⑴　日本国憲法が施行されたのは1947年。昭和に東京オリンピックが開催されたのは1964年。**ア**－1951年。**イ**－1956年。**ウ**－1950年。**エ**－1973年。よって**エ**。

⑵　日米安全保障条約の改定に反対する人々は大きな反対運動を行った。

[5]　1⑴　国内総生産（GDP）は，ある国や地域の中で一定期間に生産された，財やサービスの付加価値の合計。

⑵　図中の①が需要曲線，②が供給曲線。②から②’の位置に移動するということは供給量が増えるということ。その結果，均衡価格は下がる。よって**ウ**。

⑶　公開市場操作を行うのは日本銀行。好景気の時，日本銀行が国債を一般の銀行に売ることで，一般の銀行が貸し出せるお金が減る。企業はお金を借りにくくなり，景気の行き過ぎを抑えられる。よって**エ**。

2⑴　地方公共団体の独自の法は条例。

⑵　条約の締結と天皇の国事行為への助言と承認は内閣の仕事。よって**ア・エ**。法律の制定・予算の審議は国会の仕事。

⑶　内閣不信任決議案が可決された場合，内閣は，10日以内に衆議院を解散するか，総辞職しなければならない。衆議院を解散した場合は，解散後の総選挙の日から30日以内に，特別会（特別国会）が召集される。よって**イ**。

⑷　小さな政府は，国民から取る税金は少ないが，政府が最小限の仕事のみ行う政府。大きな政府は，国民から多くの税金を取るが，政府が社会保障や教育などの多様な仕事を行う政府。Xの政策が大きな政府。Yの政策が小さな政府。Xの政策は，タクシー会社が利益を確保できるようにし，バス路線を税金を使って維持するようにしており，企業の経済活動を保護したり，税金を使って公共サービスを充実させている。一方，Yの政策は，タクシー運賃を自由化したり，バス路線を廃止しており，企業の自由な競争を促したり，税金の負担を軽くしている。

[6]　1　SDGsは持続可能な開発目標。2015年に採択された温室効果削減のための国際的な枠組みはパリ協定。

2　1ドル＝100円から150円になるのは円安。日本の輸出企業にとって，円安はアメリカでの販売価格が安くなるため，有利である。よって**ア**。

3　常任理事国が一か国でも拒否権を行使すると決議できないのは国際連合の安全保障理事会。よって**エ**が当てはまらない。

4　教育を受ける権利は社会権の一つ。

5　迫害，戦争，暴力のために故郷から逃れることを余儀なくされた人々は難民。

6　図1から，太陽光発電は火力発電と比べて，発電効率が低いことがわかる。また，図2から，石炭火力発電と天然ガス火力発電どちらにおいても，新たな発電技術を確立させて，二酸化炭素排出量を減らす取り組みをしていることがわかる。

栃木県立高校入試(R4)

数学 【解答・解説】

数学採点基準 (総点100点)　　(令4)

〔注意〕
1 この配点は，標準的な配点を示したものである。
2 定められた答えの欄に答えが書かれていないときは，点を与えない。
3 指示された答えと違う表現で答えの欄に記入されていても，正答と認められるものには，点を与える。
4 採点上の細部については，各学校の判断によるものとする。

問題		正答		答	配点	計
1	1	-2	2	$\frac{11}{12}a$	2点×8	16
	3	$x^2+9x+20$	4	$(x=)\frac{3\pm\sqrt{17}}{4}$		
	5	$2\leqq y\leqq 4$	6	3π(cm)		
	7	61(度)	8	ウ		
2	1	$(n=)$ 1，6，9			1は3点 2は7点 3は5点	15
	2	(例) $\begin{cases} 2x+5y=3800 & \cdots\cdots① \\ 0.8(5x+10y)=6800 & \cdots\cdots② \end{cases}$ ②より　$x+2y=1700$　……③ ①−③×2より　$y=400$ ③に代入して　$x+800=1700$ よって　$x=900$ この解は問題に適している。 答え(大人 900 円，子ども 400 円)				
	3	$(a=)$ 7，$(x=)$ 5				
3	1	$\frac{1}{9}$	2	(およそ)240(個)	1は3点 2は3点 3(1)は6点 3(2)は4点	16
	3 (1)	(第1四分位数)4.5(日) (第2四分位数(中央値))7(日) A市（箱ひげ図） 0　5　10　15　20　25　30(日)				
	3 (2)	C(市) (例) 範囲と四分位範囲がともにB市よりC市の方が大きいから。				

問題		正答	配点	
4	1	(例) A, P, ℓ, B	1は4点 2(1)は3点 2(2)は4点 3は7点	18
	2	(1) $2\sqrt{5}$ (cm) (2) $\frac{28}{3}$ (cm^3)		
	3	D, A, B, C (例) △DBC と △DCA において 二等辺三角形の底角は等しいから ∠ABC = ∠ACB ……① 仮定より ∠ACB = ∠ACD ……② ①, ②より ∠DBC = ∠DCA ……③ 共通な角だから ∠BDC = ∠CDA ……④ ③, ④より 2組の角がそれぞれ等しいから △DBC ∽ △DCA		
5	1	(1) $y = -x^2$ (2) $(a =)\frac{1}{8}$	1(1)は2点 1(2)は4点 1(3)は6点 2(1)は3点 2(2)は3点 2(3)は4点	22
		(3) (例) 点A(2, 4), 点C(4, 16a), 点D(−4, 16a)より 直線ACの傾きは $\frac{16a-4}{4-2} = 8a-2$ 直線DOの傾きは $\frac{0-16a}{0-(-4)} = -4a$ AC//DOより傾きは等しいから $8a - 2 = -4a$ よって $a = \frac{1}{6}$ この解は問題に適している。 答え($a = \frac{1}{6}$)		
	2	(1) 300(kWh) (2) $y = 28x + 1200$		
		(3) (例) B社のグラフが通る点(200, 7000)はC社のグラフが通る点(200, 7500)より下にあり, B社のグラフの傾き24はC社のグラフの傾き25より小さい		
6	1	記号(エ), (6)度目	1は4点 2は3点 3は6点	13
	2	$12a$(回)		
	3	Ⅰ($3b-1$) Ⅱ($(b=)9$)		

1 1　$14\div(-7)=-(14\div7)=-2$

2　$\frac{2}{3}a+\frac{1}{4}a=\frac{8}{12}a+\frac{3}{12}a=\frac{11}{12}a$

3　$(x+5)(x+4)=x^2+(5+4)x+5\times4$
$=x^2+9x+20$

4　$x=\frac{-(-3)\pm\sqrt{(-3)^2-4\times2\times(-1)}}{2\times2}$
$=\frac{3\pm\sqrt{9+8}}{4}=\frac{3\pm\sqrt{17}}{4}$

5　$y=\frac{12}{x}$について，$x=3$のとき$y=4$，$x=6$のとき$y=2$　より　$2\leqq y\leqq4$

6　弧の長さは　$2\pi\times9\times\frac{60}{360}=3\pi$(cm)

7　$\overset{\frown}{\mathrm{BC}}$ に対する中心角は円周角の２倍だから $\angle\mathrm{BOC}=29°\times2=58°$　△OBCは二等辺三角形で　$58°+\angle x+\angle x=180°$，$\angle x=61°$

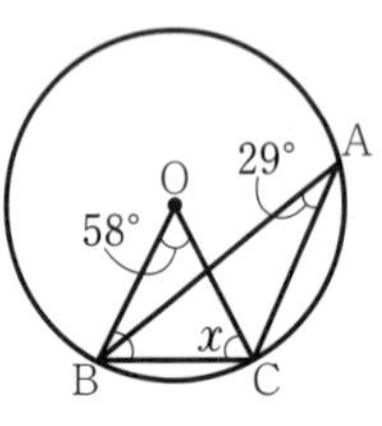

8　ウ

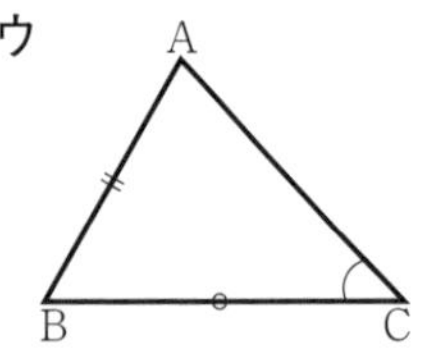

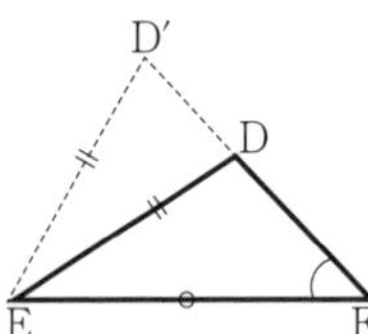

２組の辺と１つの角がそれぞれ等しくても間の角が等しくなければ，常に△ABC≡△DEFが成り立つとは限らない。

2 1　$10-n=$(自然数)^2 になればよいから　$1\leqq n\leqq9$　$10-n=1^2$ のとき　$n=9$，$10-n=2^2$ のとき　$n=6$，$10-n=3^2$ のとき　$n=1$　より　$n=1, 6, 9$

2　大人２人と子ども５人の運賃から　$2x+5y=3800$，２割引となる団体割引の運賃から　$(1-0.2)(5x+10y)=6800$
連立方程式を解いて　$x=900$，$y=400$

3　$x=3$が解だから方程式に代入すると　$3^2-8\times3+2a+1=0$，$2a=14$，$a=7$
このとき，方程式は　$x^2-8x+15=0$
$(x-3)(x-5)=0$　もう１つの解は　$x=5$

3 1　大小２つのさいころを同時に投げると目の出方は全部で　$6\times6=36$(通り)　出る目の数の積が25以上になるのは４通りだから　$\frac{4}{36}=\frac{1}{9}$

大	5	6
小	5 6	5 6

2　赤色のキャップがおよそx個含まれているとすると　$15:50=x:800$，
$50x=15\times800$，$x=240$，およそ240個

3 (1)　データを小さい方から順に並べると

1　3　4　5　6　6　8　11　13　13　15　21

第１四分位数　中央値 第２四分位数　第３四分位数

第１四分位数：$(4+5)\div2=4.5$(日)
第２四分位数：$(6+8)\div2=7$　(日)
第３四分位数：$(13+13)\div2=13$(日)
最小値：１日，最大値：21日
これらを箱ひげ図に表せばよい。

(2)　B市の範囲は　$18-4=14$(日)，四分位範囲は　$12.5-6.5=6$(日)，C市の範囲は　$20-3=17$(日)，四分位範囲は　$13-5=8$(日)　どちらもB市よりC市の方が，データの散らばりぐあいは大きい。

4 1　AP＝BPである点Pは，線分ABの垂直二等分線上にある。ABの垂直二等分線とℓの交点にPを記入する。

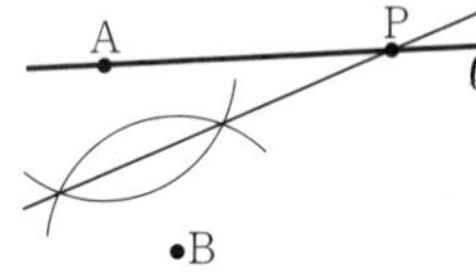

2 (1)　△ABGで
$BG^2=2^2+4^2=20$
$BG>0$より
$BG=\sqrt{20}=2\sqrt{5}$

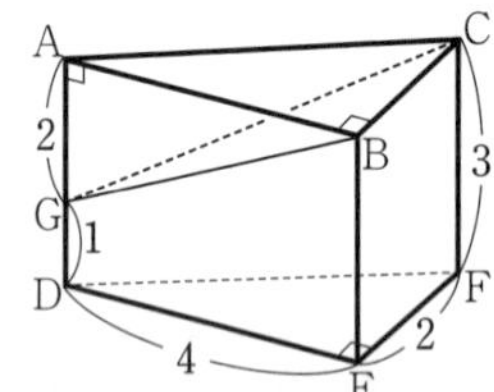

(2)　頂点Dを含む立体の体積は三角柱ABC - DEFから三角錐G - ABCをひく。
$\frac{4\times2}{2}\times3-\frac{1}{3}\times\frac{4\times2}{2}\times2=12-\frac{8}{3}=\frac{28}{3}$

3　△ABCは二等辺三角形だから
$\angle\mathrm{ABC}=\angle\mathrm{DBC}=\angle\mathrm{ACB}$　仮定より$\angle\mathrm{DCA}=\angle\mathrm{ACB}$で　$\angle\mathrm{DBC}=\angle\mathrm{DCA}$　共通な角から$\angle\mathrm{BDC}=\angle\mathrm{CDA}$
２組の角がそれぞれ等しいから相似になる。

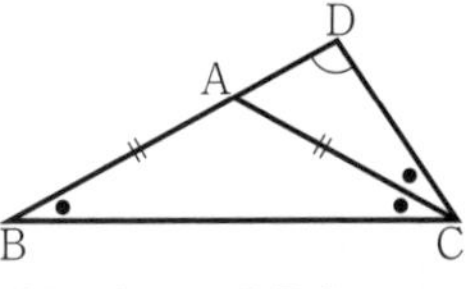

5 1

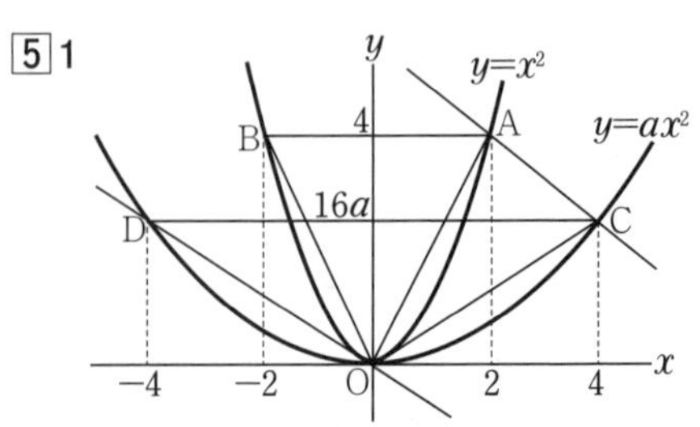

(1)　$y=x^2$ のグラフとx軸について対称なグラフはx軸の下側にあって　$y=-x^2$

(2)　AとB，CとDはそれぞれy軸について対称。$y=x^2$に$x=2$を代入して$y=2^2=4$，A(2，4)，B(−2，4)　$y=ax^2$に

$x=4$ を代入して $y=a\times 4^2=16a$

C$(4,\ 16a)$，D$(-4,\ 16a)$　△OABで底辺AB $=2-(-2)=4$，高さは4

△OCDで　底辺CD $=4-(-4)=8$，高さは $16a$，2つの三角形の面積は等しいから　$4\times 4\div 2=8\times 16a\div 2$，$64a=8$，

$a=\dfrac{1}{8}$

(3)　A$(2,\ 4)$，C$(4,\ 16a)$，D$(-4,\ 16a)$，O$(0,\ 0)$で，AC // DOだから直線ACと直線DOの傾きは等しい。

$\dfrac{16a-4}{4-2}=\dfrac{0-16a}{0-(-4)}$ より $\dfrac{16a-4}{2}=\dfrac{-16a}{4}$

$8a-2=-4a$，$a=\dfrac{1}{6}$

2 (1)　電気使用量を x kWhとすると，電気料金が9400円だからグラフより　$x>200$

B社は基本料金が3000円，200kWh までは1kWh あたり20円，200kWh を超えた分は1kWh あたり24円の電力量料金だから　$3000+20\times 200+24(x-200)=9400$

$3000+4000+24x-4800=9400$

$24x=7200$，$x=300$ (kWh)

(2)　A社の料金プランについて，電気使用量が200kWh を超えると1kWh あたり28円の電力量料金がかかるから　$y=28x+b$ と表せる。グラフから $x=200$ のとき $y=6800$ だから　$6800=28\times 200+b$

$b=6800-5600=1200$，$y=28x+1200$

(3)

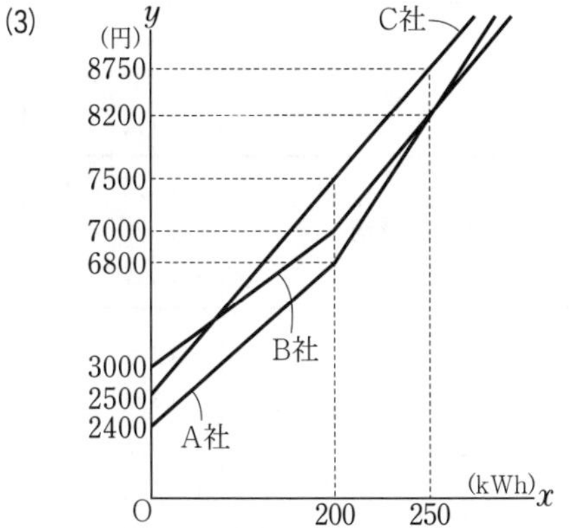

$x=200$ のとき，B社は点$(200,\ 7000)$を通り，C社は太郎さんの最初の発言より点$(200,\ 7500)$を通るから，B社の方が下側にある。さらに，200kWh を超えた分について，1kWhあたりの電力量料金はB社が24円，C社は25円だからB社のグラフの傾きは24，C社のグラフの傾きは25となり，C社よりB社の傾きの方が小さいから，B社のグラフはC社のグラフの下側にある。なお，$x\geqq 200$ のとき，B社の式は $y=24x+2200$，C社の式は $x\geqq 0$ で $y=25x+2500$　B社の方が安い。

6 1　図のように0，1，2と数字を書き込むと，19回目のときにまたいでいる線は**エ**。また，**エ**の線をまたいでいるのは1，3，9，11，17，19回あるから6度目。

左端　中央　右端
2本　2本
ア　イ　ウ　エ　オ

0 → 1 → 2
6 ← 5 ← 4 ← 3 ←┘
└→ 7 → 8 → 9 → 10
14 ← 13 ← 12 ← 11 ←┘
└→ 15 → 16 → 17 → 18
20 ← 19 ←┘

2　$n=a$ のとき，図のように1往復したときの「全体の回数」は $4a$ 回になるから，3往復したときの「全体の回数」は　$4a\times 3=12a$(回)

左端　中央　右端
a本　a本

0 → a
$3a$ ← $2a$ ←┘
└→ $4a$ → $5a$
$7a$ ← $6a$ ←┘
└→ $8a$

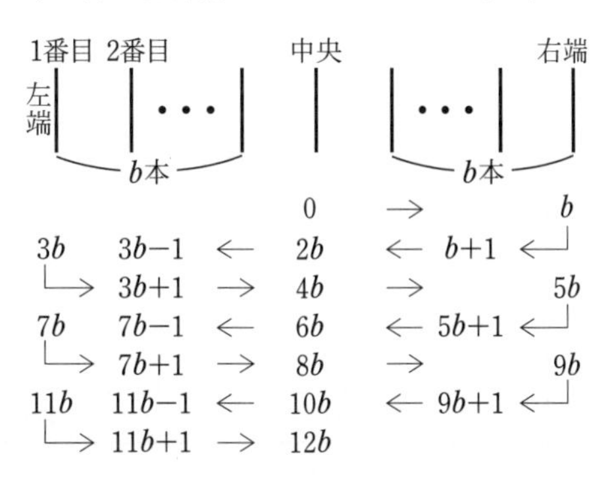

3　$n=b$ のとき，図のように$12b$回までを書き込んで調べる。左から2番目の線を1度目にまたいだときの「全体の回数」は$(3b-1)$回…(Ⅰ)　次に12度目の12は偶数だから偶数番に着目する。左から2番目の線を2度目，4度目にまたいだときの「全体の回数」は$(3b+1)$回，$(7b+1)$回。中央の線をまたいだときの$4b$回，$8b$回を用いると　2度目は　$3b+1=4b-b+1=(2b\times 2)-b+1$，4度目は　$7b+1=8b-b+1=(2b\times 4)-b+1$ のように表せる。したがって，左から2番目の線を12度目にまたいだときの「全体の回数」は $(2b\times 12)-b+1=23b+1$(回)　これが(Ⅰ)で求めた$(3b-1)$回の8倍と等しくなるから　$23b+1=8(3b-1)$

$23b+1=24b-8$，$b=9$…(Ⅱ)

栃木県立高校入試(R4)

理 科 【解答・解説】

(令4)

理科採点基準 (総点100点)

〔注意〕 1 この配点は，標準的な配点を示したものである。
2 定められた答えの欄に答えが書かれていないときは，点を与えない。
3 指示された答えと違う表現で答えの欄に記入されていても，正答と認められるものには点を与える。
4 定められた数より多く答えたときは，点を与えない。
5 採点上の細部については，各学校の判断によるものとする。

問	題	正答	正答	配点	
1	1	(ウ) 2 (エ)	3 (イ) 4 (イ)	2点×8	16
	5	(受粉)	6 (乱反射)		
	7	(気団)	8 (中性子)		
2	1	(ウ)	2 (イ)	1は2点 2は2点 3は4点	8
	3	斑晶 (例) 地下深くで，ゆっくりと冷え固まってできた。 石基 (例) 地表付近で，急に冷え固まってできた。			
3	1	CO_2	2 発生した気体の質量〔g〕(0, 0.5, 1.0)／加えた炭酸水素ナトリウムの質量〔g〕(0, 0.5, 1.0, 1.5, 2.0) 発生する気体の質量(1.2)g	1は2点 2は3点 3は4点	9
	3	記号(×) 理由 (例) 塩酸の濃度を変えても，加える炭酸水素ナトリウムの質量が同じであるため，発生する気体の質量は変わらないから。			
4	1	(120)mA		1は2点 2は4点 3は4点	10
	2	電圧(2.0)V	電気抵抗(15)Ω		
	3	記号(エ)	電流の大きさ(1.0)A		
5	1	(ア)		1は2点 2は3点 3は4点	9
	2	①(えら) ②(肺) ③(皮膚) ②③は順不同			
	3	①(食物連鎖) ②(ウ)			
6	1	(ア)		1は2点 2は3点 3は4点 4は3点	12
	2	(例) 水溶液の水を蒸発させる。			
	3	H^+ Na^+			
	4	(エ)			
7	1	(日周運動)		1は2点 2は2点 3は4点 4は5点	13
	2	①(Q) ②(S)			
	3	(ア，イ)			
	4	①(53)度 ②(22)度 ③ 地点(Y)			
8	1	(ウ)	2 (デンプン)	1は2点 2は3点 3は3点 4は4点	12
	3	(ア)			
	4	(例) 光合成によって吸収された二酸化炭素の量と，呼吸によって放出された二酸化炭素の量がつり合っているから。			
9	1	(40)cm/s	2 (等速直線運動)	1は2点 2は3点 3は3点 4は3点	11
	3	(ウ)	4 (エ)		

1 1　大きな力を受けて地層が割れてずれ動くと断層になる。

2　肝臓はアンモニアを尿素に変えるほか，胆汁をつくる，食物に紛れ込んだ有害物質を無害化する，小腸で吸収した栄養分を体に必要な別の物質に作り変えたり蓄えたりするなど，多くのはたらきを行っている。

3　熱の放射は，熱を外に放出することである。体に直接触れずに体温をはかるのは放射を利用している。わきの下ではかる体温計は高温部から低温部に熱が移動する熱の伝導を利用している。

4　20℃のとき液体である物質は，融点が20℃より低く，沸点が20℃より高い。

5　めしべの柱頭についた花粉は，子房の中の胚珠に向かって花粉管をのばす。

6　乱反射によって，どの方向からでも物体を見ることができる。

7　気団は，広大な大陸上や海洋上に大規模な高気圧ができ，その中の大気があまり動かないとできる。

8　原子の中心にある原子核は，＋の電気をもつ陽子と電気をもたない中性子からできている。

2 1　火成岩Xのように，肉眼で見分けられるくらいの大きさの鉱物が組み合わさった火成岩のつくりを等粒状組織，火成岩Yのように，斑点状に見える比較的大きめの鉱物が粒を識別できない固体によって囲まれている火成岩のつくりを斑状組織という。

2　花こう岩は，セキエイやチョウ石，クロウンモが含まれているが，最も多く含まれているのはチョウ石である。チョウ石はほぼすべての火成岩に含まれる。

3　実験の(2)からわかるように，ゆっくりと冷やしたペトリ皿Pは同じような大きさの結晶が多くでき，火成岩Xと同じつくりになった。それに対して，しばらくはゆっくりと冷やして，その後急に冷やしたペトリ皿Qは火成岩Yと同じようなつくりになった。先に地下深くでゆっくり冷えて斑晶ができ，噴火によって地表付近に来たとき，急に冷えて石基ができたと考えられる。

3 1　炭酸水素ナトリウムと塩酸が反応すると，二酸化炭素が発生する。その化学反応式は

$NaHCO_3 + HCl \rightarrow NaCl + H_2O + CO_2$

である。

2　反応前の容器全体の質量（反応後にふたをゆるめる前の質量）から反応後にふたをゆるめたあとの質量を引いた値が，発生した気体の質量である。容器Aではゼロ，容器Bでは0.2g，容器Cでは0.4g，容器Dでは0.6g，容器Eでは0.8gである。この値を縦軸の値にしてグラフにする。また，加えた炭酸水素ナトリウムの質量が1.0gのとき（容器C），0.4gの気体が発生したので，3.0gでは3倍の1.2gの気体が発生する。

3　表あるいは2のグラフからわかるように，発生した気体の質量は加えた炭酸水素ナトリウムの質量に比例している。これは炭酸水素ナトリウムと反応する相手である塩酸が十分に存在しているためである。よって，これ以上塩酸の濃度を濃くしても，発生する気体の質量は変わらない。

4 1　マイナス端子は電流計の500mAに接続されているので，最下段の目盛りを読む。

2　図2の抵抗器は直列つなぎなので，抵抗器Yと抵抗器Zの和が回路全体の抵抗になる。回路全体の抵抗は

$5.0\,V \div 0.20\,A = 25\,\Omega$　である。よって，抵抗器Zの電気抵抗は

$25\,\Omega - 10\,\Omega = 15\,\Omega$　であり，抵抗器Yに加わる電圧は

$0.20\,A \times 10\,\Omega = 2.0\,V$　である。

3　電流計の値が最も大きくなるのは，回路の抵抗が最も小さいときである。スイッチAのみを閉じると，抵抗は10Ω，スイッチBのみを閉じると，抵抗は

$10\,\Omega + 10\,\Omega = 20\,\Omega$，スイッチAとBを閉じると　$\frac{1}{R} = \frac{1}{10} + \frac{1}{20}$ より $R = \frac{20}{3}\Omega = 6.6\cdots\Omega$，

スイッチAとCを閉じると　$\frac{1}{R} = \frac{1}{10} + \frac{1}{10}$

より　$R = 5\,\Omega$　となり抵抗が最小になる。そのときの電流の大きさは

$5.0\,V \div 5\,\Omega = 1.0\,A$　である。

5 1　カニは節足動物の甲殻類に属する。一方，イカ，マイマイ，アサリは軟体動物で，内臓は外とう膜で覆われている。

2　イモリとサンショウウオは両生類のなかまで，子はおもにえら，親は肺と皮膚で呼吸する。カニ，イカ，サケ，アサリは水中で生活するのでえらで，キツネ，マイマイ，

カメ，ウサギは陸上で生活するので肺で呼吸する。

3　ウサギは草食動物であり，キツネは肉食動物である。草食動物は目が側面についているため視野が広い。肉食動物は目が正面についているため視野はせまいが，立体的にものをみることのできる範囲が広く，獲物を捕らえるのに適している。

6　1　酸性を示すもととなるイオンは水素イオンで，アルカリ性を示すもととなるイオンは水酸化物イオンである。水溶液にBTB溶液を加えると，酸性では黄色，中性では緑色，アルカリ性では青色になる。

2　塩酸と水酸化ナトリウムの中和では，塩化ナトリウム(食塩)という塩と水ができる。塩化ナトリウムを取り出すには，水を蒸発させる。

3　うすい塩酸 $10.0cm^3$ と水酸化ナトリウム水溶液 $10.0cm^3$ が過不足なく反応したので，水酸化ナトリウム水溶液 $5.0cm^3$ を加えたときには，うすい塩酸 $5.0cm^3$ は中和し，残りの $5.0cm^3$ は反応していない状態である。最初のうすい塩酸中の水素イオンと塩化物イオンの数を10個と仮定すると，加えた水酸化ナトリウム水溶液中のナトリウムイオンと水酸化物イオンの数はそれぞれ5個ずつとなる。5個の水酸化物イオンは塩酸中の5個の水素イオンと結びついて水になってしまうので，残りは，塩化物イオン10個，水素イオン5個，ナトリウムイオン5個となる。

4　水酸化ナトリウム水溶液が $10.0cm^3$ までは，加えた水酸化物イオンは水素イオンと反応してしまうので増えず，ナトリウムイオンの増加数は水素イオンの減少数と同じなので，イオンの総数は一定のままである。加えた水酸化ナトリウム水溶液が $10.0cm^3$ を越えると，ナトリウムイオンも水酸化物イオンも一定の割合で増加する。

7　1　地球は24時間で1回転(360°)自転しているので，1時間では15°自転している。

2　太陽は東から上り西へ動いて見えるので，影は最初西側にでき，しだいに東側に移動する。秋分から3か月後は，冬至の頃で，太陽の高度が低くなるので，影が長くなる。

3　棒の長さと影の長さが等しくなるのは，棒と影で直角二等辺三角形をつくるとき。それは太陽の南中高度は45°になるときである。また，春分・秋分の南中高度は，(90°－緯度)で計算できる。地点Xの秋分と春分の南中高度は　$90° - 37° = 53°$，
地球の地軸の傾きが23.4°なので，冬至の南中高度は　$53° - 23.4° = 29.6°$，
夏至の南中高度は　$53° + 23.4° = 76.4°$
である。よって，南中高度が45°になるのは秋分と冬至の間と，冬至と春分の間である。

4　秋分の地点Xの南中高度は53°なので，太陽光のあたる角度を垂直にするには，ソーラーパネルと地面とのなす角を37°にすればよい。地点Yの秋分の南中高度は
$90° - 40° = 50°$ なので，ソーラーパネルと地面とのなす角は40°にする。

8　1　エタノールで葉を脱色すると，ヨウ素溶液にひたしたときの色の変化がみやすくなる。

2　葉の細胞の中にある葉緑体が光を受けると，水と二酸化炭素からデンプンなどの栄養分をつくり出す(光合成)。デンプンがあると，ヨウ素溶液を加えたとき青紫色になる。

3　袋Aと袋Cの違いは光の有無だけである。

4　袋Eは，弱い光が当たっているので，光合成によってある程度の二酸化炭素が消費された。また，植物は光の有無に関係なく，常に呼吸をして二酸化炭素を放出している。実験(4)で二酸化炭素の割合が変化しなかったのは，これらの量がちょうどつり合っていたためである。

9　1　1秒間に50打点記録するので，5打点は0.1秒に相当する。テープAの長さは
4.0cm なので，平均の速さは
$4.0cm \div 0.1s = 40cm/s$　となる。

2　おもりが床についた後は，台車の運動の向きに力がはたらかないので，台車は等速直線運動になる。

3　台車の速さは，図2のテープの長さからわかるように，おもりが床につくまではしだいに大きくなり，おもりが床についた後は一定になる。一方，木片は摩擦がはたらくので，台車ほど速さは増加しない。さらにおもりが床につくまでの時間が台車より長くかかる(**ア**ではない)。おもりが床についてしまうと運動の向きに力がはたらかないので，速さが減少し，やがて止まる。

栃木県立高校入試(R4)

英　語　【解答・解説】

英語採点基準　(総点100点)　　(令4)

〔注意〕
1 この配点は，標準的な配点を示したものである。
2 定められた答えの欄に答えが書かれていないときは，点を与えない。
3 指示された答えと違う表現で答えの欄に記入されていても，正答と認められるものには点を与える。
4 定められた数より多く答えたときは，点を与えない。
5 採点上の細部については，各学校の判断によるものとする。

問題		正答	配点		点	
1	1	(1) (ア) (2) (ウ) (3) (エ) (4) (ウ)	2点×4	26		
	2	(1) (エ) (2) (イ) (3) (ウ)	3点×3			
	3	(1) (sea) (2) (hours) (3) (same)	3点×3			
2	1	(1) (ア) (2) (イ) (3) (イ) (4) (エ) (5) (ウ) (6) (ア)	2点×6	18		
	2	(1) (ウ → イ → エ → ア) (2) (エ → イ → ア → ウ) (3) (イ → オ → ア → エ → ウ)	2点×3			
3	1	(How) (long)	3点	28		
	2	(1) (例1) it will rain (例2) it is going to rain (2) (例1) The story was written by (例2) The person who wrote the story is (4) (例) is easy for them	3点×3			
	3	(イ)	3点			
	4	ツバメの巣が人に壊されたり，ひなが巣から落ちたりすること。(29字)	4点			
	5	(ア)	3点			
	6	(例1) When I become a high school student, I will go to school by bike every day. Using cars is not good for the earth. I think using buses and trains is good, too. Also, I will turn off the light when I leave a room. I hope my action will save the earth. (例2) I usually try to reduce trash [garbage]. For example, using plastic bags is bad for the earth. So, I always use my own bag when I go to a supermarket. I also want to use things again and again.	6点			
4	1	(例1) shall we join (例2) why don't we join	2点	14		
	2	(例) リサのいない英語部に入ること。	3点			
	3	(例) 本当にやりたいことがあるならば，挑戦すること。	3点			
	4	open a Japanese restaurant	3点			
	5	(ウ)	3点			
5	1	(エ)	3点	14		
	2	(ウ → ア → エ → イ)	4点			
	3	(例) 種類によって，花が咲く時間が異なるという性質。	4点			
	4	(イ)	3点			

1 話の概要・要点を聞き逃さないことが大切である。「傾向と対策」に例示したように段階を踏んで練習する。

［解説］

1 話題の中心は何かを聞き取る。

(1) ピザを作るのに必要な野菜を聞き取る。複数の野菜名が出てくるが惑わされない。

(2) 何歳の誕生日か，カードの絵柄は何かを聞き取る。

(3) 次にすることは何かを聞き取る。

(4) 本を探していること，何冊借りられるかなどについて話していることから，どんな場所での会話かを聞き取る。

2 選択肢から，質問を予想しながら聞く。

(1) トムがマラソン大会に参加しようと決めた理由を聞き取る。

(2) エミがどのレースを走るかを聞き取る。

(3) マラソン大会の開催月を答える。「今日から3か月先」であることを聞き取る。

3 メモの空所に入る内容を予想して聞く。基本的な単語なので書けるようにしておく。

(1) その島国が何で有名か。「美しい海」。

(2) その国の気候，具体的には「日照時間」。

(3) 国土の広さ。as large as Utsunomiya ～ →「宇都宮と同じ広さ」

2 1 友だちに宛てた手紙を読んで，空所に入る適切な語や語形を選ぶ問題。2 不定詞，最上級，関係代名詞など，文法・語法上の基本的な理解を問う並べかえ問題。

［解説］

1 (1) 「元気ですか。」基本的な挨拶の表現。

(2) 現在完了を用いて「久しぶり」という意味の文。haven't に続く動詞は過去分詞。

(3) 「日本語を学ぶことは…」主語の役割をできるのは「動名詞」。

(4) 「初めて」という意味の熟語で用いる前置詞。

(5) 主語 To keep practicing を説明する形容詞を選ぶ。「練習を続けることは～だ。」

(6) 「彼女の言葉が私を happy にした。」make の〈AをBの状態にする〉という用法。

2 (1) 不定詞の名詞的用法
to go shopping「買い物に行くこと」

(2) 長めの形容詞の最上級
the most interesting movie「最も面白い映画」

(3) 関係代名詞 who による後置修飾
the boy who is drinking … the boy を who 以下が説明。「コーヒーを飲んでいる少年」。

3 ［問題文の要旨］

イギリスのツバメは，春にアフリカ南部から，1万キロもの距離を3週間以上もかけて渡ってくる。一方，日本では1週間ほどかけて東南アジアから飛来し，動物が近寄ってこない人家の軒下に巣を作る。

日本では，「ツバメが空を低く飛ぶと次の日は雨になる」という言い伝えがある。また，イギリスでは，物語「Happy Prince」の中で，王子の命を受けツバメが貧しい人々に宝石を配ることが語られている。

$$\frac{36000-9500}{36000}=\frac{26500}{36000}\fallingdotseq 0.736$$

日本では過去35年間にツバメの数が4分の1近くまで激減し，それは日本人が西洋式の住宅を好むようになったことと関係している。伝統的な日本家屋のほうが軒下が広く，ツバメにとっては巣作りがしやすい。

巣作りのほかにも，人間に巣を壊されたり，ひなが巣から落ちたりしてしまうなど，子育て上の問題もある。

大都市化が進み自然が失われる中，餌を見つけるのも難しくなり，ツバメにとって都市生活は簡単なことではない。環境にやさしい生活を目指さなくてはいけない。

［解説］

1 アリスの for more than three weeks という答えから，飛んでいる期間を聞いている。

2 図の表す内容を自分の言葉で表現する。(1) ツバメが低く飛ぶ時の「天気の変化」を表現する。(2) 物語「Happy Prince」の著者について説明する。解答の例1は受動態で「～によって書かれた」，例2は関係代名詞を用いて「物語を描いた人物は～」と表現している。(4) 日本家屋の構造が，ツバメの巣づくりを容易にすることを表現する。〈It is ～ for … to －.〉「－することは，…にとって～である」を用いる。

3 下線部(3)に続く英文には，住宅が増加するにつれて，ツバメの数も減少していることが書かれている。

4 other problems when they grow their babies から，「子育て上の問題」であることがわかる。続く英文に具体例が書かれている。

5 空所Bの前後の関係は後半が前半の原因・理由になっていると考えられる。because 以外の接続詞では意味がつながらない。

6　考えを述べる際の表現や接続詞などを用いたり，具体例を盛り込んだりするなどして，短文の羅列にならないようにする。

4　［段落ごとの概要］

［段落1］マリとリサは幼なじみで仲良し。中学では二人ともテニス部に所属し，ダブルスを組んで楽しく活動していた。

［段落2］高校でどの部活動に入るかという話になった。決まっていないなら，一緒にテニス部に入ろうとリサに言われたが，マリは英語部に入りたいと思っていた。

［段落3］マリは帰宅途中，自分が中2の時に母親と一緒にオーストラリアに留学していた兄のテルを訪ねたことを思い出した。夏休みの滞在中，兄の友達は皆親切で，マリもお寿司を作ってあげたりした。英語はよく分からなかったけど，彼らの笑顔を見て「将来，オーストラリアで日本食レストランを開きたい。」と思った。そのためにも，高校で英語をもっと伸ばしたいと思うが，リサのいない英語部にも不安があった。

［段落4］家に帰り，マリはテルに悩みを相談した。「テニス部に入って満足できるか。」とテルは質問し，自身の夢について語り始めた。「将来外国で日本語を教えたい。だから英語を外国で勉強する必要がある。誰も知らず，不安で新しい生活は大変だった。やがて友達もでき，経験も積んでたくさんのことを学んだ。夢に近づいている気がして，自分の選択は間違っていなかった。」マリはテルの「やりたいことがあるなら，挑戦しろよ！」という言葉に勇気をもらった。

［段落5］次の日，マリが自分の決めたことを伝えると，リサは，部活動は違っても，いつまでも友達であること，そしてマリの夢がかなってほしいと言って笑顔を見せた。

［解説］

1　同じ部活動で一緒に活動したい友達が，マリをテニス部に誘っている。

2　第3段落の最後の二つの文にマリの葛藤が書かれている。

3　第4段落の最後から三つ目の文にThat's the thing I believe.とあり，その直前の英文にテルの信念が書かれている。

4　第3段落の終わりのほうでI want to open ...と夢を語る部分がある。

5　ア　because she liked sportsが×
　　イ　she(＝Mari's mother) could not goが×
　　ウ　第4段落に書かれている内容と合致
　　エ　Risa got angry ... Mari's decisionが×

5　［簡易訳例］

毎日どれだけ時計を見るだろう。今日，時計なしでの生活は難しい。今や多くの種類の時計を身の回りで目にする。

約6,000年前，エジプト人は太陽を利用し，地面に棒を刺して，その影で時間を把握した。しかし，これには「影が出なければ，この手の時計は使えない。」という問題があった。そこで，曇りでも夜でも時間がわかる水を利用した時計が発明された。エジプト人は，水の落ちる速さや使った水量を測ることで，時間を知っていた。その後に砂時計が発明され，船乗りたちの役に立った。

花が時間を知らせる花時計を知っているか。ある花は7時に，ある花は正午に咲く。花の種類によって1日の中で開花する時間が異なることから，1750年ごろ一人のスウェーデン人が，特定の種類の花を使い，花時計を作った。正確ではないが，花の開花で時間がわかる。素晴らしいと思わないか。

時計clockには，watch（小型で身に着けるもの）という，もう一つの種類がある。懐中時計は16世紀に発明され，腕時計は1900年ごろに使われはじめて，どこでも時間を知ることができるようになった。今では，健康状態を確認するなど，腕時計で多くのことができる。

様々な時計が発明されてきたが，あなただったらどんな種類の時計を創るだろうか。

［解説］

1　第1段落の「私たちが1日に何度も時計を見る」や「私たちの周りには時計があふれている」ということから判断する。

2　以下のように段落内の論の流れをつかむ。

〈太陽の利用（日時計）→ 　B　 →水時計の発明→砂時計の発明〉

空所Bでは，「日時計の欠点から水時計の発明につながった経緯」を表すように選択肢を並べ替える。

3　下線部から3文目のLike this, different flowers open at ... of a day.の部分で花の性質が述べられている。Like thisは，直前の文にある「性質の具体例」に言及している。

4　各段落では，時を計るための人々の工夫や発明が語られ，最後に筆者はこれからの時計に対する期待を投げかけている。アウエは部分的に話に出てくるが，説明文全体に関わるものではない。

いうことを表す「自然の美しさは複製にすぎないと悟る」が**ウ**の「自然本来の～できなくなる」と対応している。よって**イ**の「実際の～思い知らされる」、**エ**の「メディアで～思えなくなる」は不適。**ア**の「すぐ～記録してしまう」は本文中から読み取れない。

3　空欄直後の「見直すべき」という態度と合うのはおごりたかぶらず素直なさまを表す**エ**「謙虚」。**ア**「傲慢」はおごりたかぶって人をみくだすこと。**イ**「寛大」は度量が大きく、思いやりがあること。**ウ**「貪欲」はきわめて欲が深いこと。

4　(I)「かつて」の空欄を含む一文と同様の文が第一段落三文目中にある。また「現代」の空欄を含む一文と同様の部分が第六段落冒頭にある。そこから共通する語を探し出す。

(II)「手作り生産の道具や器の形」が美しい理由は第八段落二、三文目「道具や～美しいのである」にあり、「自然界のつくりだす形」が美しい理由は第十一段落一文目中「自然が～なるから」にあり、ほぼ共通の内容が読み取れることから、同内容の表現を利用してまとめる。

5　〈A〉では日本人は自然主義的な美への完成を育んできたという考えを西洋と比較して述べている。〈B〉では日本人が自然と接する機会が少なくなり、美への感性が薄れてきており、先人たちのように自然から形への美を探るべきだと論を展開している。**イ**、**ウ**、**エ**は本文から読み取れない。

4

1　弟の翔は傍線部(1)だけ守ればいいと言っており、傍線部(1)の三文後に「景色を守るってことは…」とある。翔は「景色」について傍線部(1)より前の部分で「俺、大島の～風景がすごい好き」と発言していることからここを二十一字で抜き出す。

2　「熱に浮かされる」とは夢中になって理性を失うこと。よって**ア**が適当。

3　**イ**は傍線部(3)の次とその次の段落とその次の会話文「人と～いいと思う」から読み取れる。**ア**は「リレーを～学んだ」、**エ**は「リレーを～知った」の部分が本文から読み取れず、**ウ**の「自分が～大きさ」は傍線部(3)の次の段落の三文目中「俺はもらうばっかりだから」と矛盾する。

4　「俺」の酪農家の生き方に対する捉え方が読み取れる傍線部(4)を含む会話文の二段落前からを確認すると「それ(酪農)は～できることじゃない」とあることから字数条件に合わせて抜き出す。

5　「俺」の両親への思いは傍線部(4)直前の一文「けど～思う」から否定的に捉えていることがわかる。また傍線部(4)直後の部分から「翔」の強い覚悟を知って「信じてみよう」と「俺」は思ったことがポイント。

6　傍線部(6)直前の内容から二人が異なる方向へ行くことがわかる。それまで「翔」の今後やりたいことについて語っていたことから**エ**が適切。よって**イ**の「助け合っていく」は不適。また異なる方向へ行くことが「互いの成長のため」とは述べられておらず不適。**ウ**は本文中から読み取れない。

5

作文を書く際は、「何について書くのか」「条件は何か」に注意して書くことになる。この問題では『言葉』を使用する際に心がけたいことについての意見を資料を参考に、自分の体験を踏まえて書くことが求められており、体験をどのくらいの分量で書くのかによって意見の分量が少なくなってしまうことも考えられるので注意が必要である。

〔作文例〕

資料中の表を見ると、言い換え語のほうがわかりやすいものもあれば、外来語のほうがピンとくるものもある。会話を見てもどの言葉がわかりやすいかはまちまちに感じる。

テレビ番組の中のコメントで、資料中会話1のようにやたらと外来語を使っているものがあった。一緒に見ていた妹は、何を言っているのかさっぱりわからないと言っていた。私自身も半分も理解できなかった。「言葉」とは自分の考えや思いを相手と共有するためのものでもあると思う。その場合相手の持つ語彙に合わせてわかりやすくするのが理想だと考える。外来語の使用についても状況や相手を踏まえてより適切な選択をすることが「言葉」を使用するうえで大切だと思う。

[1]

1 訓読み二、音読み三で、標準的なものが多い。

2 書き取りも使用頻度の高いものが多い。

3 設問とアの「そうだ」は推測、それ以外は伝聞を表す。

4 「お目にかかる」は「会う」の謙譲語。謙譲語は動作の受け手に対して敬意を表す。

5 ウは「私の将来の夢」＝「生活に役立つものを発明すること」という係り受けになっており正しい。それ以外の選択肢の正しい係り受けは、ア「この商品の良い点は、値段が安いところだ」、イ「高校時代の一番の思い出は、校内球技大会で優勝したことだ」、エ「この話は、おばあさんの家に子供が住むことになった話だ」などとなる。

6 設問の「無」とウの「不」はどちらも打ち消しの接頭語。それ以外の構成はアは上が動作、下が対象で、イは似た意味の字を重ねており、エは反対の意味の字を重ねている。

7 「東風」は春になって吹く風のこと。また紀友則の和歌では木に花が咲いているのに雪も降っていることから、季節が早春と考えられ、早春に咲く「梅」が適当。

[2]

〔出典〕『百物語評判』から

〔現代語通釈〕

一人が言うことには、「先日、大宮四条坊門のあたりに、和泉屋介太郎とかいう者が、夜が更けて外から帰ったときに、門をあわただしく叩いたので、(家の人が)中から驚いて開けた。そうして介太郎は門から中に入ると同時に、気を失った。色々な気付け薬などを飲ませたところ、やっと回復していうことには、『自分が帰るときに、月は薄暗く、なんとなく荒涼としているところに、どこそこの十字路で、三丈あまり(の高さ)である坊主が、後ろから覆いかぶさるように来た時に、あっと思って逃げたところ、ますます急に追いかけてきたが、この門の入り口で見失った。それだからこのようになった。』と言ったので、聞いた人は、皆驚いて、『なんとまあ、あぶないことだよ。それこそ見こし入道でございましょう。』と言って、怖さのあまり舌を震わせていた。この事は、身近な出来事であって、その入道に会った人は、現在もどこそこに(いる)。」と言うと、同席の人全部が、いずれも恐ろしいことだなあと言ったので、

先生が、論じていうことには、「このものは、昔から別名を高坊主とも言い伝えている。墓が点在する野原などでもなく、ただ民家の十字路の、軒下の石橋などの辺りから出ると言っている。これは愚かな人に臆病な気持ちが加わって、気落ちして歩いた夜道で、(臆病な)気持ちが出る以前から生じていた、人の影であるはずだ。その理由はこの者は、前からも来ず、脇からも迫らず、後ろから見こすと言うので、町々の門の出入り、あるいは夜番の火の光、月や星の光がぼんやりしている時に、自分の影法師が、背が高く映ると、これは大変と思い、気を失うと見えた。」

1 歴史的かなづかいでは文中の「はひふへほ」は「わいうえお」と読み、「やう」は「よう」と読む。

2 二重傍線部アは家に帰ってきた人が門を叩いたので主語は介太郎。イ、ウ、エは坊主に追いかけられ逃げてその坊主を見失った介太郎の話から、イとエの主語は介太郎、ウは坊主。

3 「〜とひとしく」は「〜すると同時に」、「人心」は「正気」という意味。また傍線部(1)直後に「気つけなど呑ませければ」とあり、「気つけ」は気絶した人の意識を回復させる薬や酒のことからも「人心なし」は気を失ったことだとわかる。

4 「まぢかき」は「間近し」という形容詞。空間や時間的に近いことを表す。

5 臆病な気持ちから人が自分の影を「見こし入道」という妖怪に見間違えていることを先生の話から読み取る。

[3]

1 西洋思想の芸術表現における自然の対象の捉え方は傍線部(1)の直後の段落の「西洋の芸術表現に見る自然の対象は、〜人間を主体とする表現の従属的な存在であり」から読み取れる。また西洋では自然の対象が「決して表現の主体的なモチーフにはなりえなかった」とあるため、正反対の日本では「表現の主体的なモチーフになりえた」と考えられる。

2 傍線部(2)直前の一文中の「二重写し」がウの「実際の〜思い起こされ」と対応し、自然よりもテレビやメディアが本物の美しさと感じると

栃木県立高校入試(R4)

国語 【解答・解説】

(令4)

国語採点基準

(総点100点)

〔注意〕
1 この配点は、標準的な配点を示したものである。
2 定められた答えの欄に答えが書かれていないときは、点を与えない。
3 指示された答えと違う表現で答えの欄に記入されていても、正答と認められるものには、点を与える。
4 定められた数より多く答えたときは、点を与えない。
5 採点上の細部については、各学校の判断によるものとする。

問題			正答	配点	小計	点
1	1	(1)	れいぎ	2	30	
		(2)	すこ(やか)	2		
		(3)	ちんれつ	2		
		(4)	いちじる(しい)	2		
		(5)	ちせつ	2		
	2	(1)	拾(う)	2		
		(2)	運賃	2		
		(3)	冷(まし)	2		
		(4)	功績	2		
		(5)	談笑	2		
	3		ア	2		
	4		エ	2		
	5		ウ	2		
	6		ウ	2		
	7		イ	2		
2	1		いうよう	2	10	
	2		ウ	2		
	3		イ	2		
	4		エ	2		
	5		(例)夜道を歩いているとき、臆病な気持ちによって自分の影を見こし入道に見間違えたもの。	2		
3	1		(例)西洋では自然を人間を主体とする表現の従属的な存在として捉えたのに対し、日本では自然を表現の主役として捉えた。	4	20	
	2		ウ	3		
	3		エ	3		
	4	(I)	(答)感性	3		
		(II)	(例)長い時間を経て少しずつ改良され、機能を満たした結果、無駄のない形となるから。	4		
	5		ア	3		
4	1		(答)大島の牧草地で牛がのびのびと過ごしてる風景	4	20	
	2		ア	2		
	3		イ	3		
	4		(答)生き物と自然に人生を捧げるという生き方	4		
	5		(例)「翔」の覚悟を知って、両親が「翔」の思いを知らずに反対するのは違うと思い、両親にも理解してほしいと思ったから。	4		
	6		エ	3		
5			(評価の観点) 1 形式 目的に応じた適切な叙述であるか。 字数が条件に合っているか。 2 内容 第一段落 ・【資料】から、気づいたことについて述べているか。 第二段落 ・自分の体験(見聞したことを含む)を踏まえて、テーマに対して自分の考えを明確に表現しているか。 3 表現・表記 文体に統一性や妥当性があるか。主述関係や係り受けなどが適切であるか。 語句が適切に使用されているか。誤字・脱字がないか。 ※ これらの項目に照らし、各学校の実態に即して総合的に評価するものとする。	20		

令和3年度
県立入試

栃木県
高校入試
の対策
2023

栃木県立高校入試（R3）

社　会　【解答用紙】

（令 3）

社　会　解　答　用　紙

受検番号（算用数字ではっきり書くこと。）	番

得点計	

◎「得点」の欄には受検者は書かないこと。

問題		答え	得点
1	1	（　　）	
	2	（　　）	
	3	（　　）	
	4	（　　）	
	5	(1)（　　）〔現象〕	
		(2)　〔ので〕	
	6	（　　）（　　）	
	7	（　　）	
2	1	（　　）	
	2	（　　）	
	3	（　　）	
	4	（　　）	
	5	アフリカ州 —（　　）ヨーロッパ州 —（　　）	
	6	オーストラリア —（　　）　石油 —（　　）	
	7	〔記号〕（　　）〔理由〕	
3	1	（　　）	
	2	（　　）	
	3	（　　）	
	4	（　　）	
	5	(1)（　　）	
		(2)	
	6	（　　）	
	7	（　→　→　→　）	
4	1	(1)（　　）	
		(2)（　　）	
		(3)	
	2	（　　）	
	3	（　　）	
	4	（　　）	
	5	（　　）	
5	1	(1)（　　）	
		(2)（　　）	
	2	（　　）	
	3	図 2 ：	
		図 3 ：	
	4	(1)（　　）	
		(2)（　　）	
		(3)（　　）	
6	1	（　　）	
	2	（　　）〔制度〕	
	3	(1)（　　）	
		(2)（　　）	
	4	（　　）	
	5	（　　）	
	6		

栃木県立高校入試(R3)

数学 【解答用紙】

(令3)

数　学　解　答　用　紙　(1)

受検番号 (算用数字ではっきり書くこと。)	番

得点	(1)	(2)	計

◎「得点」の欄には受検者は書かないこと。

問題		答		え	得点
1	1		2		
	3		4		
	5	$c=$	6		
	7	度	8	$y=$	
	9	cm^3	10	$x=$	
	11		12		
	13	$x=$	14		
2	1	A, B, C	2		
			3	①(AB＝　　) ②(a＝　　)	
3	1	答え(大きい袋　　枚，小さい袋　　枚)			
	2	(1)		分	
		(2)			
		(3)		分	

(令3)

数　学　解　答　用　紙　(2)

受検番号 (算用数字ではっきり書くこと。)	番

得点	

◎「得点」の欄には受検者は書かないこと。

問題		答え				得点
4	1	(証明) 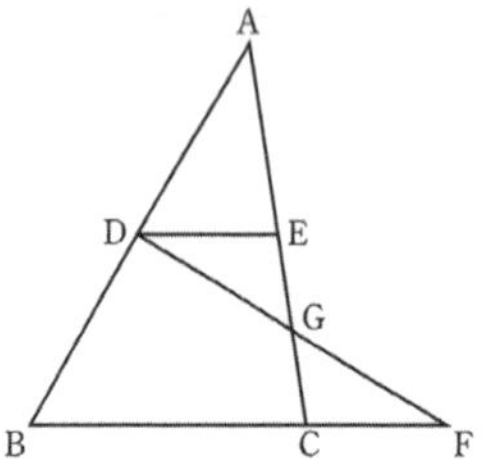				
	2	(1)	cm	(2)	cm^2	
5	1	cm^2				
	2	答え(　　)				
	3	$t=$				
6	1	【作り方Ⅰ】(　　)	【作り方Ⅱ】(　　)			
	2	答え($x=$ 　　)				
	3	① ($n=$ 　　)	② ($n=$ 　　)			

栃木県立高校入試(R3)

理　科　【解答用紙】

（令3）

理　科　解　答　用　紙

受検番号（算用数字ではっきり書くこと。）	番

得点計	

◎「得点」の欄には受検者は書かないこと。

問題		答え	得点
1	1	(　　　) 2 (　　　) 3 (　　　) 4 (　　　)	
	5	(　　　) 6 (　　　)	
	7	(　　　) 8 (　　　)%	
2	1	(　　　) 2 ①(　　　) ②(　　　) ③(　　　)	
	3	記号(　　　) 理由(　　　)	
3	1	(　　　)	
	2		
	3	葉の表側(　　　) 葉以外(　　　)	
	4	記号(　　　) 理由(　　　)	
4	1	(　　　) 2 ①(　　　) ②(　　　)	
	3	コイルがつくる磁界の強さは	
5	1	(　　　)	
	2	①(　　　) ②(　　　) ③(　　　)	
	3	(　　　)	
	4		
6	1	(　　　) 2 (　　　)	
	3	丸い種子の数：しわのある種子の数＝(　　　)：(　　　)	
7	1	(　　　)	
	2	①(　　　) ②(　　　)	
	3		
	4	地表からの深さ〔m〕 0 10 20 30 40 50 60	
8	1		
	2	①(　　　) ②(　　　) ③(　　　)	
	3	記号(　　　) 理由(　　　)	
9	1	(　　　)	
	2	R	
	3	(　　　)	
	4	凸レンズ(　　)の方が(　　)cm 長い	

栃木県立高校入試(R3)

英　語　【解答用紙】

(令3)

英　語　解　答　用　紙

受検番号(算用数字ではっきり書くこと。)	番

得点計	

◎「得点」の欄には受検者は書かないこと。

問	題	答え	得点	
1	1	(1) (　) (2) (　) (3) (　)		
	2	(1) ① (　) ② (　) (2) ① (　) ② (　)		
	3	(1) (　) (2) (　)		
		(3) (　) (4) (　)		
2	1	(1) (　) (2) (　) (3) (　) (4) (　)		
		(5) (　) (6) (　)		
	2	(1) (　→　→　→　) (2) (　→　→　→　)		
		(3) (　→　→　→　→　)		
3	1	(　) (　)		
	2	(1)		
		(2)		
		(5)		
	3	カナダと比べ日本では, □□□□□□□□□□(10)□□ / □□□□□□(20)□□□□□□□□□□(30)		
	4	(　)		
	5	① (　) ② (　)		
	6			
4	1	(　)		
	2	(　) (　)		
	3			
	4	① □□□□□□□□□□(10)□□		
		② □□□□□□□□□□(10)□□□□□(15)□□		
	5	(　)		
5	1	(　)		
	2			
	3	(　)		
	4	(　)		

栃木県立高校入試(R3)

国語 【解答用紙】

(令3) 国語解答用紙(1)

受検番号（算用数字で横書きにはっきり書くこと。） 番

得点	
(1)	
(2)	
計	

◎「得点」の欄には受検者は書かないこと。
5は「国語解答用紙(2)」を用いること。

問題		答え	得点 小計	得点 計
1	1	(1) 専属　(2) 爽快　(3) 潤す　(4) 慰める　(5) 草履		
	2	(1) ギョコウ　(2) ヒキいる　(3) ショウタイ　(4) チヂむ　(5) ジュクレン		
	3	(1)（　）(2)（　）(3)（　）(4)（　）		
	4	（　）		
2	1	（　）		
	2	（　）		
	3	（　）		
	4			
	5	（　）		
3	1	（　）		
	2	という不思議な現象。		
	3	（　）		
	4	（　）		
	5			
	6	（　）		
4	1	（　）		
	2	（　）		
	3	（　）		
	4	と考えたから。		
	5			
	6	（　）		

実戦編◆国語　解答用紙

県立R3

（令3）

国語解答用紙 ②

受検番号（算用数字で横書きに はっきり書くこと。）	番

得点		
甲	乙	計

5

◎受検者名と題名は書かないこと。

100字

200字

240字

300字

栃木県立高校入試(R3)

社会 【解答・解説】

社会採点基準 (総点 100 点)　　(令 3)

〔注意〕
1 この配点は，標準的な配点を示したものである。
2 定められた答えの欄に答えが書かれていないときは，点を与えない。
3 指示された答えと違う表現で答えの欄に記入されていても，正答と認められるものには点を与える。
4 定められた数より多く答えたときは，点を与えない。
5 採点上の細部については，各学校の判断によるものとする。

問題		正答	配点		
1	1	(冷害)	2点×5	10	18
	2	(エ)			
	3	(ウ)			
	4	(ア)			
	5 (1)	(ヒートアイランド)〔現象〕			
	5 (2)	(例)地面がコンクリートやアスファルトで舗装されていることが多く，降った雨がしみこみにくい〔ので〕	4点	4	
	6	(イ) (エ) (完答)	2点×2	4	
	7	(エ)			
2	1	(B)	2点×6	12	16
	2	(東南アジア諸国連合(ASEAN))			
	3	(ア)			
	4	(エ)			
	5	アフリカ州 —(イ) ヨーロッパ州 —(ウ) (完答)			
	6	オーストラリア —(A) 石油 —(D) (完答)			
	7	〔記号〕(Y) 〔理由〕(例)日本への輸出品目の中心が軽工業製品から重工業製品へと変化しており，日本の輸入総額に占める割合も増加しているため。	4点	4	
3	1	(ウ)	2点×5	10	18
	2	(調)			
	3	(座)			
	4	(勘合)			
	5 (1)	(前方後円墳)			
	5 (2)	(例) 3 世紀に大和地方を中心に分布していた古墳が，5 世紀には国内各地に広がっており，埼玉県や熊本県の古墳で大王の名が刻まれた鉄剣や鉄刀が出土していることから，大和政権(ヤマト王権)の勢力が関東地方や九州地方にも拡大したと考えられる。	4点	4	
	6	(エ)	2点×2	4	
	7	(C → A → B → D)			
4	1 (1)	(富岡製糸場)	2点×2	4	16
	1 (2)	(イ)			
	1 (3)	(例)薩英戦争で列強の軍事力を実感し，攘夷が難しいことを知ったので，列強の技術などを学び，幕府に対抗できる実力を備えようとしていたから。	4点	4	
	2	(岩倉使節団)	2点×4	8	
	3	(エ)			
	4	(エ)			
	5	(ウ)			
5	1 (1)	(イ)	2点×3	6	16
	1 (2)	(世論)			
	2	(ア)			
	3	図2：(例)地方は，生活により身近な行政事務を担っている。 図3：(例)小都市は，政令指定都市と比較して地方税による歳入が少ないため，地方公共団体間の格差を抑える地方交付税に依存している。	4点	4	
	4 (1)	(イ)	2点×3	6	
	4 (2)	(独占禁止法)			
	4 (3)	(ウ)			
6	1	(男女雇用機会均等法)	2点×6	12	16
	2	(介護保険(公的介護保険))〔制度〕			
	3 (1)	(公共の福祉)			
	3 (2)	(ア)			
	4	(イ)			
	5	(エ)			
	6	(例)テレビだけでなくインターネットを活用し，選挙への関心を高められるよう，政党の政策や候補者の人物像などの情報を分かりやすく発信する。	4点	4	

1 1　やませが吹いておこる自然災害は冷害。
2　宮古市の太平洋岸に見られるのはリアス海岸。波がおだやかであることを生かし，養殖漁業が行われている。よって**エ**。
3　海に面していない奈良県では，漁業に従事する人口がほとんどいないことから**イ**が漁業。沖縄県は，宿泊・飲食サービスがさかんであることから**ア**が宿泊・飲食サービス業。全国的に農林業に比べ，製造業に従事する人口が多いことから**エ**が農林業，**ウ**が製造業とわかる。よって**ウ**。
4　世界最大級のさんご礁が見られるのはグレートバリアリーフがあるオーストラリア。
5⑴　都市の中心部で，自動車やエアコンからの排熱により周辺部と比べ気温が高くなる現象はヒートアイランド現象。
⑵　都市部では，地面がコンクリートやアスファルトで舗装されていることが多く，降った雨がしみこみにくい。その結果，集中豪雨では大規模水害が発生することがある。
6　**ア**－地図上で，交番から「海峡ゆめタワー」を測定すると約2.5cm。2万5千分の1の地図での実際の距離は2.5cm×25000＝62500cm＝625mとなる。よって誤り。**イ**－海峡ゆめタワーの後に歩いた経路上の北に図書館の地図記号がある。よって正しい。**ウ**－地図上の等高線を読み取ると，下関駅よりも日和山公園の標高が高い。よって誤り。**エ**－市役所は寺院から北東方向にある。したがって正しい。よって**イ・エ**。
7　道路網の整備にともない，貨物輸送に占める割合は自動車の方が圧倒的に高くなっている。よって**エ**が当てはまらない。

2 1　東京と問題の都市の時差は6時間。1時間の時差につき15°の経度差があるので，東京と問題の都市の経度差は15×6＝90°。東京と本初子午線が通るロンドンの経度差は135°であるから，問題の都市は東京とロンドンの真ん中よりやや西に位置する。よってB。
2　東南アジア諸国連合（ASEAN）は，東南アジア地域の安定と発展を求めて，1967年に設立された。
3　降水量が少なく，7月の平均気温が高いため**エ**が砂漠気候であるB。1月の平均気温が7月よりも高いことから，**ウ**が南半球に位置するD。7月の降水量が多いことから，**イ**がC。7月はさほど暑くならず，また1月も高緯度の割には気温が低くないことから，**ア**が西岸海洋性気候であるA。よって**ア**。
4　ドイツはキリスト教徒の割合が多く，またイスラム教徒の移民が多いのでa。タイは仏教徒が圧倒的に多いのでb。韓国はキリスト教徒の割合が多く，次いで仏教徒が多いのでc。よって**エ**。
5　世界人口に占める割合が最も多いアジア州が**ア**。人口爆発がおきているアフリカは**イ**。先進国が多く，少子化の影響で人口増加していないヨーロッパ州が**ウ**。北アメリカ州は**エ**。
6　鉄鉱石や牛肉を日本が輸入していることからAがオーストラリア。原油関連製品が多いBがサウジアラビア。日本はオーストラリアから多くの石炭を輸入し，サウジアラビアからは多くの石油を輸入している。よってCが石炭。Dが石油。
7　中国から日本への輸出品の中心は衣類などから電気機器に移っている。よってYが中国。Xがアメリカ。Zが韓国。

3 1　Aの資料が使われていたのは奈良時代。よって**ウ**。**ア**－鎌倉時代。**イ**－飛鳥時代。**エ**－鎌倉時代。
2　調は地方の特産物を納める税。
3　Bの資料が使われていたのは室町時代。室町時代に商工業者による同業者の団体である座が，営業の権利を独占した。
4　日本と明との貿易（日明貿易）は，勘合を使ったことから勘合貿易とよばれる。
5⑴　稲荷山古墳や江田船山古墳の形は前方後円墳。
⑵　分布図から，前方後円墳の分布が大和地方から国内各地に広がっていることが読み取れる。埼玉県や熊本県で同じ大王の名が刻まれた鉄剣や鉄刀が出土しており，大和政権（ヤマト王権）の勢力が関東地方や九州地方に拡大したことがわかる。
6　生類憐みの令を出したのは江戸幕府第5代将軍徳川綱吉。**ア**－第8代将軍徳川吉宗が行った享保の改革の内容。**イ**－第3代将軍徳川家光が定めた参勤交代の制度。**ウ**－

老中松平定信が行った寛政の改革の内容。徳川綱吉は，朱子学を重視し，学問や礼節を重んじる政治を行った。よって**エ**。

7　C（古墳時代）→A（奈良時代）→B（室町時代）→D（江戸時代）

4　**1**(1)　1872年に群馬県に建てられた官営工場は富岡製糸場。

(2)　葛飾北斎が活躍したのは化政文化の頃。よって**イ**。**ア**－安土桃山時代に活躍。**ウ**・**エ**－元禄文化の頃に活躍。

(3)　薩英戦争で敗北した薩摩藩は，攘夷が難しいことを知り，幕府に対抗できる実力を備えようとし，ヨーロッパ列強との交流を深めた。

2　明治初頭に，条約改正交渉と欧米視察を行ったのは岩倉使節団。

3　1875年に，日本はロシアと樺太・千島交換条約を結び，樺太島全域をロシア領とするかわりに，千島列島を日本領とした。日露戦争開始は1904年。よって**エ**。

4　**ア**－1918年。**イ**－1929年。**ウ**－1932年。**エ**－1937年。1931年におこった満州事変の後，日本は「満州国」を承認しなかった国際連盟を1933年に脱退した。よって**エ**。

5　佐藤栄作内閣のときに，沖縄は日本に返還された。よって**ウ**。

5　**1**(1)　国会は，弾劾裁判所を設置して，問題のある裁判官を辞めさせることができる。よって**イ**。

(2)　世論の形成にはマスメディアの影響が大きい。

2　所得税や相続税には，所得が多くなればなるほど高い税率を適用する累進課税の方法が採られている。よって**ア**。

3　地方は，小中学校の運営，ごみ処理等，生活に身近な行政事務をになっている。また，地方交付税交付金は地方公共団体間の財政格差をおさえるために国から分配されるが，小都市は政令指定都市に比べ，地方交付税交付金に依存する割合が高い。

4(1)　Ⅰ－日本銀行は日本で流通している紙幣を発行するため，「発券銀行」とよばれている。よって正しい。Ⅱ－国民から集めた税金の使い道を決める予算の審議・議決を行うのは国会であり，日本銀行ではない。よって誤り。Ⅲ－日本銀行は一般の銀行との間でお金の出し入れをするため，「銀行の銀行」とよばれている。よって正しい。したがって**イ**。

(2)　市場における企業どうしの公正かつ自由な競争を促進するために制定された法律は独占禁止法。

(3)　**ア**－日本の企業の約99％が中小企業。よって誤り。**イ**－水道やバスなどの公企業は，利潤目的ではなく，公共の目的のために活動する。よって誤り。**ウ**－従来，賃金が年齢とともに上昇していく年功序列賃金を採用する企業が多かったが，近年，個人の能力や仕事の成果を基準にして賃金などを決定する，能力主義や成果主義を導入する企業が増えてきている。よって正しい。**エ**－株主の責任は有限責任であり，出資した金額以上の負担は負わない。よって誤り。

6　**1**　雇用における女性差別を禁止する法律は男女雇用機会均等法。

2　介護保険制度は40歳以上の人が加入し，介護が必要になったときに介護サービスを受けられる制度。

3(1)　日本国憲法は，国民の権利は，公共の福祉に反しない限り，最大の尊重を必要とする，と定めている。

(2)　憲法の改正は，各議院の総議員の３分の２以上の賛成で国会が発議し，国民投票において，その過半数の賛成が必要である。よって**ア**。

4　日本国憲法には，被疑者や被告人の権利が保障されている。警察が逮捕する場合，原則として令状が必要である。また弁護人を依頼する権利が保障されており，国が費用を負担して国選弁護人を選ぶことになっている。よって**イ**。

5　議会制民主主義においては，政治が人の支配によってではなく，法の支配に基づいて行われることが必要である。よって**エ**が当てはまらない。

6　図２から，投票を棄権した理由が，選挙への関心の薄さと，政党の政策や候補者の人物像のわかりにくさにあることがわかる。若い世代はインターネットを情報入手の手段としていることから，インターネットを使い，情報を発信することが必要である。

栃木県立高校入試(R3)

数　学　【解答・解説】

数学採点基準　(総点 100 点)　(令 3)

〔注意〕 1　この配点は，標準的な配点を示したものである。
2　定められた答えの欄に答えが書かれていないときは，点を与えない。
3　指示された答えと違う表現で答えの欄に記入されていても，正答と認められるものには，点を与える。
4　採点上の細部については，各学校の判断によるものとする。

問	題	正		答	配	点
1	1	4	2	$2ab^2$	2 点× 14	28
	3	11	4	$(x-4)^2$		
	5	$(c=)-5a+2b$	6	ア		
	7	116(度)	8	$(y=)\frac{18}{x}$		
	9	72(cm^3)	10	$(x=)\frac{-5\pm\sqrt{17}}{2}$		
	11	$-5\leqq y\leqq 3$	12	$\frac{a}{60}+\frac{b}{100}\leqq 20$		
	13	$(x=)\frac{8}{5}$	14	ウ		
2	1	(例)	2	$\frac{5}{12}$	1 は 4 点 2 は 4 点 3 は 4 点	12
			3	①　(　(AB =) $4-4a$　) ②　(　$(a=)\frac{1}{5}$　)		
3	1	(例) $\begin{cases} x+y=40 & \cdots\cdots① \\ 5x+3y+57=7x+4y & \cdots\cdots② \end{cases}$ ②より　$2x+y=57$　……③ ③−①より　$x=17$ ①に代入して　$17+y=40$ したがって　$y=23$ この解は問題に適している。 答え(　大きい袋　17　枚，小さい袋　23　枚　)			1 は 7 点 2 (1)は 2 点 2 (2)は 2 点 2 (3)は 3 点	14
	2	(1)		12(分)		
		(2)		0.4		
		(3)		10，17，19(分)		

問題		正答	配点	
4	1	(例) $\triangle$DGE と $\triangle$FGC について $\triangle$ABC で，点 D，E はそれぞれ 辺 AB，AC の中点であるから DE // BC ……① $DE=\frac{1}{2}BC$ ……② ①より DE // BF だから，錯角は等しいので $\angle GED=\angle GCF$ ……③ $\angle EDG=\angle CFG$ ……④ また，BC : CF = 2 : 1 から $CF=\frac{1}{2}BC$ ……⑤ ②，⑤より DE = FC ……⑥ ③，④，⑥より，1 組の辺とその両端の角がそれぞれ等しいから $\triangle DGE\equiv\triangle FGC$	1 は 8 点 2 (1)は 3 点 2 (2)は 4 点	15
	2	(1) 6 (cm)　(2) $2\pi-2\sqrt{3}$ (cm^2)		
5	1	9 (cm^2)	1 は 3 点 2 は 7 点 3 は 5 点	15
	2	(例) 点 P が動き出して 10 秒後から 20 秒後までのグラフの傾きは $\frac{0-15}{20-10}=-\frac{3}{2}$ であるから，x と y の関係の式は $y=-\frac{3}{2}x+b$ と表される。 グラフは点 (20, 0) を通るから $0=-\frac{3}{2}\times 20+b$ よって　$b=30$ したがって，求める式は　$y=-\frac{3}{2}x+30$ 答え（ $y=-\frac{3}{2}x+30$ ）		
	3	$(t=)\,65$		
6	1	**【作り方Ⅰ】**（ 28 ）　**【作り方Ⅱ】**（ 82 ）	1 は 4 点 2 は 7 点 3 は 5 点	16
	2	(例) $a=x$，$b=x+25$，$c=x+50$，$d=x+75$ と表される。 $a+2b+3c+4d=ac$ に代入して $x+2(x+25)+3(x+50)+4(x+75)=x(x+50)$ $10x+500=x^2+50x$ $x^2+40x-500=0$ $(x+50)(x-10)=0$ $x=-50$，$x=10$ x は正の整数だから　$x=10$ 答え（ $x=10$ ）		
	3	①（ $(n=)\,4m-39$ ）　②（ $(n=)\,17，21，25$ ）		

1 1　$-3-(-7)=-3+7=4$

2　$8a^3b^5 \div 4a^2b^3=\dfrac{8a^3b^5}{4a^2b^3}=2ab^2$

3　$a+b^2=2+(-3)^2=2+9=11$

4　$x^2-8x+16=x^2-2\times x\times 4+4^2=(x-4)^2$

5　$a=\dfrac{2b-c}{5}$　両辺に5をかけて分母を払うと　$5a=2b-c$，$c=-5a+2b$

6ア　9の平方根は3と-3，正しい。
イ　$\sqrt{16}=\sqrt{4^2}=4$　ウ　$\sqrt{5+7}=\sqrt{12}$
エ　$(\sqrt{2}+\sqrt{6})^2=8+4\sqrt{3}$
$(\sqrt{2})^2+(\sqrt{6})^2=2+6=8$

7　かどを通りℓ，mに平行な直線をひく。$31°$と$95°-31°=64°$を移すと　$\angle x+64°=180°$，$\angle x=116°$

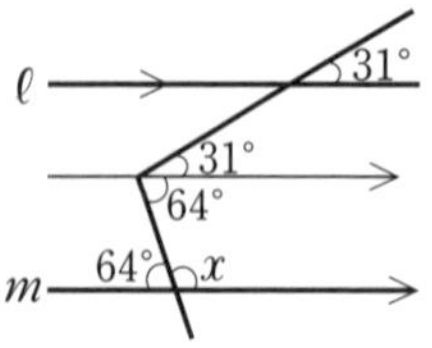

8　yがxに反比例するから$y=\dfrac{a}{x}$，$xy=a$
グラフは点$(3,\ 6)$を通るから
$a=3\times 6=18$　より　$y=\dfrac{18}{x}$

9　底面は1辺が6 cmの正方形，高さが6 cmの正四角錐の体積は　$\dfrac{1}{3}\times 6\times 6\times 6=72$

10　$x=\dfrac{-5\pm\sqrt{5^2-4\times 1\times 2}}{2\times 1}=\dfrac{-5\pm\sqrt{17}}{2}$

11　関数$y=-2x+1$のグラフは右下がりの直線。$x=3$のとき　$y=-2\times 3+1=-5$，$x=-1$のとき　$y=-2\times(-1)+1=3$　yの変域は　$-5\leqq y\leqq 3$

12　分速60mでam歩くと$\dfrac{a}{60}$分，分速100mでbm走ると$\dfrac{b}{100}$分かかる。20分以内でB地点に到着したから　$\dfrac{a}{60}+\dfrac{b}{100}\leqq 20$

13　**相似な図形は，向きをそろえて対応する辺を比べる。**
$5:4=2:x$
$5x=4\times 2$，$x=\dfrac{8}{5}$

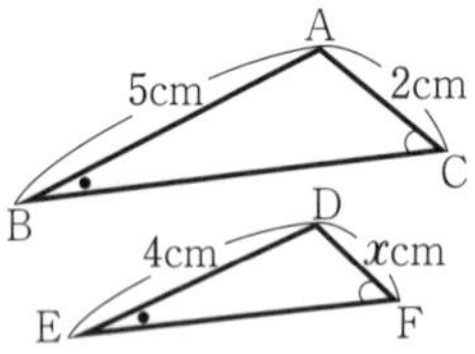

14　平行四辺形に，ウの$AC=BD$が加わると対角線の長さが等しくなり長方形になる。
ア，イ，エの条件では，ひし形になる。

2 1　点Bを通り△ABCの面積を2等分する直線は，辺ACの中点を通る。辺ACの垂直二等分線を作図し，ACの交点にPを記入する。

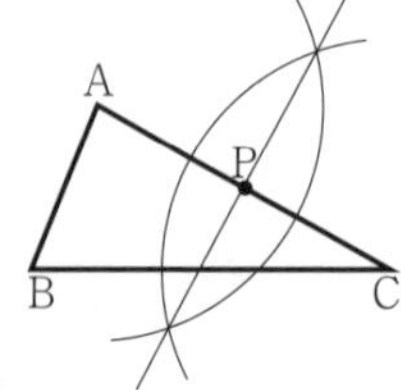

2　大小2つのさいころを同時に投げると目の出方は全部で　$6\times 6=36$(通り)　$a-b$の値が正の数になるのは15通り

a	2	3	4
b	1	1 2	1 2 3

で　$\dfrac{15}{36}=\dfrac{5}{12}$

a	5	6
b	1 2 3 4	1 2 3 4 5

3①　$x=-2$を$y=x^2$，$y=ax^2$に代入すると
A$(-2,\ 4)$
B$(-2,\ 4a)$
$AB=4-4a$ 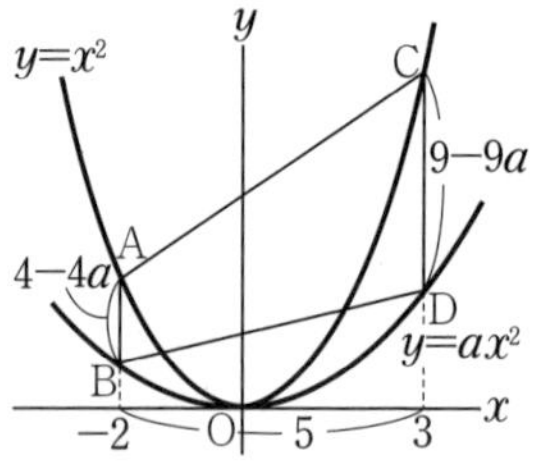
②　$x=3$を$y=x^2$，$y=ax^2$に代入して　C$(3,\ 9)$，D$(3,\ 9a)$　$CD=9-9a$　四角形ABDCは高さが$3-(-2)=5$の台形。面積が26より　$\{(4-4a)+(9-9a)\}\times 5\div 2=26$
$5(13-13a)=26\times 2$，$65a=13$，$a=\dfrac{1}{5}$

3 1　袋の枚数から　$x+y=40$　袋に入れたりんごの個数から　$5x+3y+57=7x+4y$
連立方程式を解いて　$x=17$，$y=23$

2(1)　資料の中で12分が3個で最も多いから，最頻値は12分。
(2)　資料を整理すると5分以上10分未満の階級には6人いる。相対度数は
$6\div 15=0.4$

階級(分) 以上　未満	度数(人)
0 ～ 5	1
5 ～ 10	6
10 ～ 15	5
15 ～ 20	2
20 ～ 25	1
計	15

(3)　3 5 7 7 8 9 9 11(中央値) 12 12 12 14 16 18 20
中央値は8番目の11分。中央値と範囲は変わらないから1番目3分，8番目11分，15番目20分は変化しない。2番目から7番目の資料に5分を加えても11分より小さい値は　$5+5=10$(分)，9番目から14番目の資料に5分を加えても20分より小さい値は
$12+5=17$(分)，$14+5=19$(分)

4 1　2点D，Eはそれぞれ辺AB，ACの中点。中点連結定理より
$DE /\!/ BC$，
$DE=\dfrac{1}{2}BC$
$BC:CF=2:1$
で$FC=\dfrac{1}{2}BC$，$DE /\!/ BF$より平行線の錯角は等しいから　$\angle DEG=\angle FCG$，$\angle EDG=\angle CFG$　より合同である。

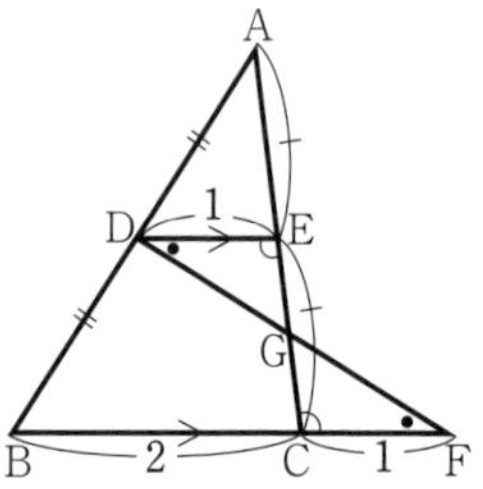

2(1)　**接線⊥半径**より$\angle \mathrm{OBA}=90°$　$\angle \mathrm{OAB}=30°$で△OABは30°，60°の直角三角形。3辺の比は

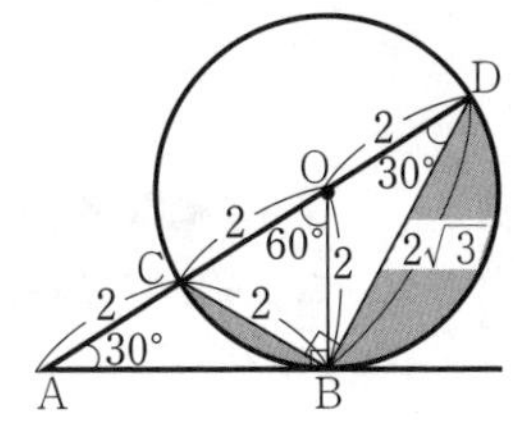

1：2：$\sqrt{3}$　$\mathrm{OB}=2$，$\mathrm{OA}=4$，$\mathrm{OD}=2$より　$\mathrm{AD}=4+2=6$(cm)

(2)　色のついた部分の面積は半円から△DCBをひく。△DCBで，DCは直径だから$\angle \mathrm{DBC}=90°$（**直径⇔直角**）　$\angle \mathrm{CDB}=\frac{1}{2}\angle \mathrm{COB}=30°$　△DCBも30°，60°の直角三角形。$\mathrm{CD}=4$，$\mathrm{BC}=2$，$\mathrm{DB}=2\sqrt{3}$ より　$\pi\times 2^2\div 2-2\times 2\sqrt{3}\div 2=2\pi-2\sqrt{3}$(cm²)

5 1　2点P，Qは毎秒1cmの速さで動くから動き出してからx秒後$x$cm進む。6秒後，$\mathrm{AP}=\mathrm{DQ}=6$cm
△$\mathrm{APQ}=3\times 6\div 2=9$(cm²)

2　グラフから2点(10，15)，(20，0)を通る直線の式を求める。$y=ax+b$とすると　$15=10a+b$，$0=20a+b$　連立方程式を解いて

$a=-\frac{3}{2}$，$b=30$　より　$y=-\frac{3}{2}x+30$

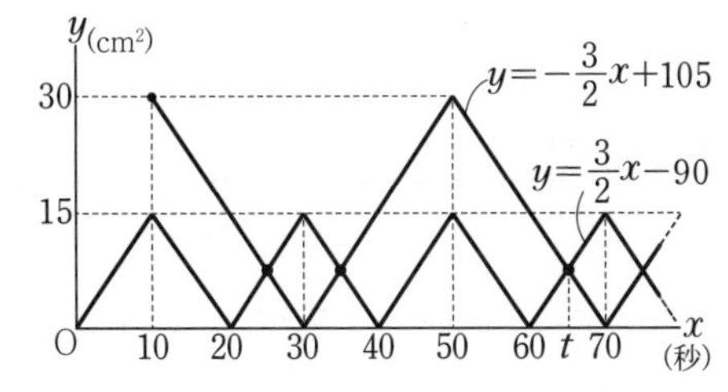

3　2点P，Qが動き出してから10秒遅れて2点R，Sは動き出す。毎秒0.5cmの速さで動くから辺AB，DC上を　$10\div 0.5=20$(秒)かけて繰り返し往復する。2点P，Qが動き出してからx秒後の四角形BCSRの面積を$y$cm²とする。四角形BCSRは長方形で，$x=10$のとき長方形ABCDと重なり　$y=10\times 3=30$，$x=10+20=30$のとき，2点R，SはB，C上にあるから$y=0$　2点R，Sは一定の速さで動くから，四角形BCSRの面積を表すグラフは直線になる。このグラフを△APQのグラフに書き加えると上の図のようになる。

△APQの面積と四角形BCSRの面積が等しくなるとき，グラフの直線は交わる。tの値が小さい方から3番目のときは，グラフが3回目に交わる$60\leqq x\leqq 70$のとき。△APQの面積を表すのは2点(60，0)，(70，15)を通る直線で式は　$y=\frac{3}{2}x-90$
四角形BCSRの面積を表すのは，2点(50，30)，(70，0)を通る直線で式は

$y=-\frac{3}{2}x+105$，$\frac{3}{2}x-90=-\frac{3}{2}x+105$

より　$3x=195$，$x=65$　すなわち　$t=65$

6 1

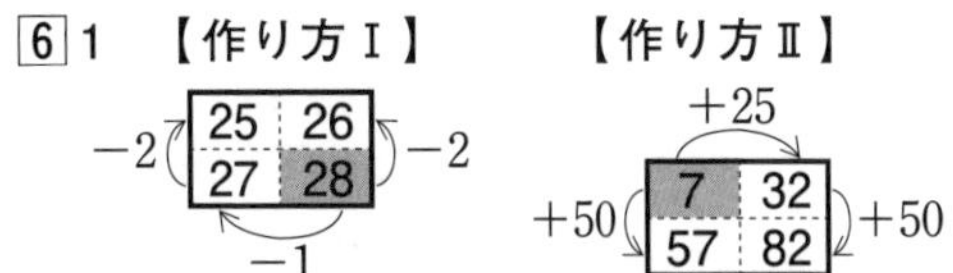

【作り方Ⅰ】では，最も大きい右下の数に着目する。右下の数は4の倍数になっていて，7枚目のシートでは　$7\times 4=28$
【作り方Ⅱ】では，最も小さい左上の数に着目する。左上の数は枚数と一致するから7枚目のシートでは7で，最も大きい数は右下の　$7+25+50=82$

2　**【作り方Ⅱ】**では，x枚目のシートの数は

x	$x+25$
$x+50$	$x+75$

$a=x$，$b=x+25$，$c=x+50$，$d=x+75$
$x+2(x+25)+3(x+50)+4(x+75)$
$=x(x+50)$　より　$x^2+40x-500=0$
$(x+50)(x-10)=0$，$x>0$より$x=10$

3　**【作り方Ⅰ】**のm枚目　**【作り方Ⅱ】**のn枚目

$4m-3$	$4m-2$
$4m-1$	$4m$

n	$n+25$
$n+50$	$n+75$

①　**【作り方Ⅰ】**のm枚目のシートの4つの数の和は　$(4m-3)+(4m-2)+(4m-1)+4m=16m-6$　**【作り方Ⅱ】**のn枚目のシートの4つの数の和は　$n+(n+25)+(n+50)+(n+75)=4n+150$
Ⅰ，Ⅱの4つの数の和は等しいから
$4n+150=16m-6$，$4n=16m-156$
両辺を4でわると　$n=4m-39$…①

②　①を満たすm，nのうち$m<n$，書き直すと$n>m$となるmは，この不等式に①を代入して　$4m-39>m$，-39とmをそれぞれ移項して　$3m>39$，両辺を3でわると　$m>13$，mは14以上の整数である。
$m=14$のとき，①に代入して
$n=4\times 14-39=17$　$m=15$のとき，①より　$n=4\times 15-39=21$　$m=16$のとき，①より　$n=4\times 16-39=25$
ただし，m，nはそれぞれ25以下の正の整数とするから　$n=17$，21，25…②

栃木県立高校入試(R3)

理科 【解答・解説】

理科採点基準 (総点100点)　(令3)

〔注意〕
1 この配点は，標準的な配点を示したものである。
2 定められた答えの欄に答えが書かれていないときは，点を与えない。
3 指示された答えと違う表現で答えの欄に記入されていても，正答と認められるものには点を与える。
4 定められた数より多く答えたときは，点を与えない。
5 採点上の細部については，各学校の判断によるものとする。

問	題	正答	配点	
1	1	(ウ)	2点×8	16
	2	(ア)		
	3	(イ)		
	4	(ウ)		
	5	(放電)		
	6	(マグマ)		
	7	(発生)		
	8	(20)%		
2	1	(エ)	1は2点	9
	2	①(P) ②(強い) ③(積乱雲)	2は3点	
	3	記号(ウ) 理由 (例) 気温が急激に下がり，風向が南よりから北よりに変わったから。	3は4点	
3	1	(道管)	1は2点	12
	2	(例) 水面からの水の蒸発を防ぐ。	2は2点	
	3	葉の表側(ウ) 葉以外(イ)	3は4点	
	4	記号(エ) 理由 (例) 明るくなると気孔が開いて蒸散量が多くなり，吸水量がふえるから。	4は4点	
4	1	(ア)	1は2点	9
	2	①(下向き) ②(D)	2は3点	
	3	コイルがつくる磁界の強さは (例) コイルからの距離が近いほど強く，流れる電流が大きいほど強い。	3は4点	
5	1	($HCl \longrightarrow H^+ + Cl^-$)	1は2点	12
	2	①(陽イオン) ②(−) ③(イ)	2は3点	
	3	(ア)	3は3点	
	4	(例) 塩酸と触れる金属板の面積は変えずに，塩酸の濃度だけを変えて実験を行う。	4は4点	
6	1	(対立形質)	1は2点	9
	2	(ウ)	2は3点	
	3	丸い種子の数：しわのある種子の数＝(5)：(1)	3は4点	
7	1	(示準化石)	1は2点	12
	2	①(堆積岩) ②(チャート)	2は3点	
	3	(例) 下から泥，砂，れきの順に粒が大きくなっていったことから，水深がしだいに浅くなった。	3は3点	
	4	地表からの深さ〔m〕 0 10 20 30 40 50 60	4は4点	
8	1	NH_3	1は2点	9
	2	①(青) ②(赤) ③(酸)	2は3点	
	3	記号(イ) 理由 (例) 試験管Xの方が試験管Y(空気)よりも酸素の割合が高いから。	3は4点	
9	1	(エ)	1は2点	12
	2	R	2は3点	
	3	(ア)	3は3点	
	4	凸レンズ(Q)の方が(8)cm長い。	4は4点	

1　1　化学変化は，化学反応をして別の物質になる変化である。状態変化や溶解は別の物質にはなっていないので，物理変化という。砂糖がこげて黒くなるのは，砂糖の成分のうち，水素と酸素が2：1の比でとれて炭素が残った結果である。

2　垂直抗力は面(この場合は斜面)が物体に押されたとき，その力に逆らって面が物体を押し返す力である。この力は，面に対して垂直にはたらく。

3　惑星とは，恒星(太陽系の場合は太陽)のまわりを回っていて，自ら光を出さず，ある程度の質量と大きさをもった天体である。太陽系には，水星，金星，地球，火星，木星，土星，天王星，海王星の八つの惑星があり，ほぼ同じ平面上で，同じ向きに太陽のまわりを公転している。月は地球の衛星であり，彗星は太陽系の小天体である。

4　リパーゼは脂肪を，ペプシンやトリプシンはタンパク質を分解する消化酵素である。

5　圧力を低くした気体中を電流が流れる現象を真空放電という。

6　マグマが地表に噴き出してできた山が火山である。

8　$\dfrac{40〔g〕}{40〔g〕+160〔g〕}\times 100 = 20$〔%〕

2　1　風向は風のふいてくる方位で表す。

2　図2の寒気と暖気の境界線の形に注目する。右側の寒気を表す線は丸くカーブしている。これは寒気が暖気の下にもぐりこみ，暖気を押し上げている形である。よって右側が寒冷前線である。左側の寒気を表す線は直線状である。これは暖気が寒気の上にはい上がり，寒気を押しやりながら進んでいく温暖前線を表している。左側が温暖前線，右側が寒冷前線になるのはPの方向から見たときである。

3　寒冷前線が通過すると，気温が下がり，風向が南寄りから北寄りに変わる。この両方にあてはまるのは12時～15時である。

3　1　根で吸収された水の通り道は道管，葉でつくられた栄養分の通り道が師管である。道管と師管は維管束内にあり，道管は茎の中心側，師管は茎の表皮側にある。

2　水面から水が蒸発してしまうと，正しい値が得られない。

3　葉の表側と裏側以外からの蒸散量を茎からと考えると，装置Aによる水の減少量は，「表＋裏＋茎」によるものである。同様に，装置Bは葉の表側の気孔をふさいであるので「裏＋茎」，装置Cはの裏側の気孔をふさいであるので「表＋茎」によるものである。よって，葉の表側からの蒸散量は
$A-B=12.4-9.7=2.7$〔cm^3〕　であり，葉以外(茎)からの蒸散量は
$B+C-A=9.7+4.2-12.4=1.5$〔cm^3〕
である。

4　気孔はふつう昼は開き，夜は閉じる。暗室では気孔が閉じているので蒸散量が減り吸水量が減少するが，明るいところでは気孔が開いて蒸散が盛んになり，水の吸水量が増加する。

4　1　まっすぐな導線に電流を流すと，導線を中心とした同心円状の磁力線で表される磁界ができる。

2　導線に流れる電流がつくる磁界は，右ねじが進む向きに電流を流すと，右ねじを回す向きに磁界ができる。位置Aの磁針の向きから，できた磁界は厚紙の上から見たときに右まわりになっていることがわかる。よって電流は上から下に向かって流れた。このとき，位置Bで右まわりの方位は北西，位置Cで右まわりの方位は北東，位置Dで右まわりの方位は南東である。電流を逆の向き(下から上)に流すと，磁界の向きが逆になるので，位置Aでは北東，位置Bでは南東，位置Cでは南西，位置Dでは北西になる。

3　磁界の強さは，電流が大きいほど強くなり，導線に近いほど強い。磁界が弱いほど磁針は北をさすようになる。

5　1　塩酸は塩化水素という気体が水に溶けたもので，塩酸中では塩化水素が水素イオンと塩化物イオンに電離している。

2　電解質水溶液に入れた2種類の金属を導線でつなぐと電池になる。亜鉛と銅では亜鉛の方が陽イオンになりやすいので亜鉛が亜鉛イオンZn^{2+}になって水溶液中に溶けだし電子を亜鉛板に残す。これらの電子が導線を通ってモーター，銅板へと流れる。このとき電子が流れ出す電極を－極(負極)という。電流の向きは実際の電子が移動する向きとは逆なので，銅板から亜鉛板に向かう向きになる。

3　塩酸を水酸化ナトリウム水溶液で中和す

ると，塩化ナトリウム水溶液になる。塩化ナトリウム水溶液も電解質水溶液なので，モーターは回る。

4　塩酸の濃度による影響を調べるときには塩酸の濃度のみを変え，他の条件はすべて同じくして行わなければならない。塩酸に触れる金属板の面積の影響を調べるときには，金属板の面積のみを変え，他の条件はすべて同じくして行わなければならない。このように，調べたい一つの条件のみを変え，他の条件はすべて同じくして行う実験を対照実験という。二つの条件を同時に変えてしまうと，どちらの条件の影響かを判断することができない。

6　2　親として用いた丸い種子の遺伝子は，AAとAaのどちらかであり，しわのある種子の遺伝子はaaである。丸い種子がAAだとすると，子の遺伝子はAA，Aa，Aa，aaとなり，丸としわが3：1の比でできる。Aaとaaのかけあわせだと，子の遺伝子はAa，Aa，aa，aaとなり，丸としわが1：1の比でできる。よって，親の丸い種子の遺伝子はAaであることがわかる。子の丸い種子の遺伝子はすべてAaなので，子の丸い種子が成長してつくる生殖細胞はAをもつものとaをもつものが1:1でできる。

3　実験の結果を遺伝子で表すと下図のようになる。図より，孫の丸い種子だけを自家受粉させてできる種子は丸としわが10：2＝5：1の比で現れる。

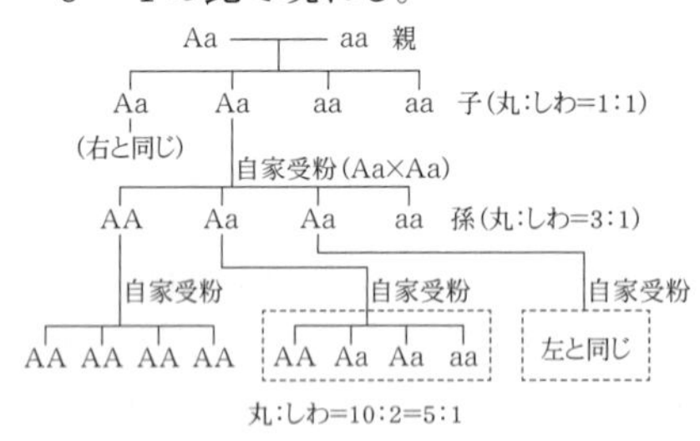

7　1　示準化石に対して，地層ができた当時の環境を知ることができる化石を示相化石という。

2　マグマが冷え固まった火成岩はでき方によって等粒状組織や斑状組織をしている。堆積岩のうち，生物の遺骸や水に溶けていた成分が堆積したものに石灰岩とチャートがあるが，くぎでひっかいても傷がつかないくらいかたくて，うすい塩酸をかけても反応しないのはチャートである。石灰岩は塩酸をかけるととけて二酸化炭素を発生する。

3　れき，砂，泥では，粒の大きいれきや砂は岸に近い浅いところに堆積し，細かい粒の泥は岸から離れた深いところに堆積しやすい。

4　凝灰岩の層の上の面の標高を調べてみると，地点Aでは，110－30＝80〔m〕，地点Bでは，120－40＝80〔m〕と等しいのに対して，地点Aの真南に当たる地点Cでは，90－20＝70〔m〕と10m低くなっている。よって，地点Bの真南に当たる地点Dでも70mであると考えられる。100－x＝70〔m〕になるのは地表から30mの深さである。

8　1　4種類の気体のうち，臭いがあるのはアンモニアだけである。

2　実験(2)より，気体Bは空気より軽い水素であることがわかる。気体Cは，水でぬらしたリトマス紙が青色から赤色に変化したことから，水に溶けて酸性を示す二酸化炭素であることがわかる。よって，気体Dが酸素である。

3　酸素の割合が大きい方が激しく燃える。

9　1　凸レンズを通すと上下左右が逆向きの実像ができる。Aの方向から観察したとき，右上にある髪飾りは，スクリーン上では左下になる。

2　物体の1点からでた光は凸レンズを通って，再び1点に集まり，そこに像ができる。①凸レンズの軸に平行な光は，凸レンズの反対側の焦点を通る。②凸レンズの中心を通る光はそのまま直進する。③焦点を通る光は，凸レンズを通った後，軸と平行に進む。これら①～③の線を引き(①，②のみでも可)，これらの線の交点を求める。その交点が像ができる位置であり，点Rからでた光はその交点を通る。

3　凸レンズの半分を黒いシートで覆うと，光の量が少なくなるので像が暗くなる。像は同じくできる。

4　物体が焦点距離の2倍の位置にあるとき，焦点距離の2倍の位置に物体と同じ大きさの実像ができる。凸レンズPではaの距離とbの距離が等しくなるのが24cmのときなので，凸レンズPの焦点距離は12cmである。また，凸レンズQでは，aの距離とbの距離が等しくなるのは40cmのときなので，焦点距離は20cmである。

栃木県立高校入試(R3)

英語 【解答・解説】

(令3)

英語採点基準 (総点100点)

〔注意〕 1 この配点は，標準的な配点を示したものである。
2 定められた答えの欄に答えが書かれていないときは，点を与えない。
3 指示された答えと違う表現で答えの欄に記入されていても，正答と認められるものには点を与える。
4 定められた数より多く答えたときは，点を与えない。
5 採点上の細部については，各学校の判断によるものとする。

問	題	正答	配	点
1	1	(1) (ア) (2) (ウ) (3) (イ)	2点×3	26
	2	(1) ① (エ) ② (ア) (2) ① (ウ) ② (イ)	3点×4	
	3	(1) (leave) (2) (drink)	2点×4	
		(3) (second) (4) (dictionary)		
2	1	(1) (イ) (2) (ア) (3) (エ) (4) (ウ)	2点×6	18
		(5) (イ) (6) (エ)		
	2	(1) (ウ → イ → エ → ア) (2) (エ → ウ → ア → イ)	2点×3	
		(3) (イ → ア → オ → エ → ウ)		
3	1	(How) (many)	2点	28
	2	(1) (例) open the door	3点×3	
		(2) (例1) is happy to meet new people (例2) is happy because he can meet new people		
		(5) (例1) send things which we do not use (例2) send things which are not used		
	3	カナダと比べ日本では，(例) 補助犬がレストランなどの建物に入るのは難しいということ。 (28字)	3点	
	4	(イ)	2点	
	5	① (need) ② (without)	3点×2	
	6	(例1) I think I can help people in my town. For example, I will visit an elementary school. I will help the students when they do their homework. I can also visit old people who don't live with their families. I want to talk with them.	6点	
		(例2) I learned that many children in the world do not have pens and notebooks. I can collect and send them to those children. I think they will be happy if they get pens and notebooks. I hope every child can get a chance to study.		
4	1	(ウ)	2点	14
	2	(listened)(to)	2点	
	3	(例) ノブが，見た目が良くないトマトを採っていたこと。	3点	
	4	① (例) それぞれの良い所 (8字)	2点×2	
		② (例) 私たち一人一人を特別にしている (15字)		
	5	(イ)	3点	
5	1	(エ)	3点	14
	2	(例) バナナの葉を強くして，バナナの葉の皿をより長く使うこと。	4点	
	3	(エ)	3点	
	4	(ア)	4点	

1 話の概要・要点を聞き逃さないことが大切であり，段階を踏んで練習(cf.「対策」)をすること。
1 選択肢の絵の違いに注目して聞く。
(1) 人や動物の数に注目する。
(2) スポーツの種類と髪型を聞き分ける。
(3) 便名と搭乗口の番号を聞き取る。集合時刻に惑わされないこと。
2(1) 選択肢から，質問を予想して聞く。
① 剣道部に入部する理由を答える。
② 1週間に何日練習するかを答える。
(2) 音声から絵の情報を正しく聞き取る。
① 一番安い(the cheapest)メニューAとアップルパイの合計金額。
② 無料券で購入したのはポテトフライ。
3 メモの空所に入る内容を予想して聞く。基本的な単語なので書けるようにしておく。
(1) 8:10は，出発時刻。
(2) 持ち物は，飲み物。something to drinkは，「飲むための何か」→「飲みもの」。
(3) 待合場所の階は，2階。
(4) 持ち物は，辞書。

2 1 英文の流れに沿って，空所に入る適切な語を選ぶ問題。2 前置詞句，不定詞，～ingの後置修飾など，基本的な理解を問う並べかえ問題。
1(1)(2) 「川に釣りに初めて行って，つりの仕方を教えてもらった」という話の流れ。
(3) 前半のcaught，後半のcouldn't catchから判断。
(4) 前置詞の後には目的格の代名詞を使う。
(5) thanから比較していることが分かる。
(6) had a great timeから考える。excitedは人に，excitingは物や状況に使う。
2(1) 前置詞句「～の前に」in front of ～
(2) 不定詞「…に～してほしい」want 人 to ～
(3) 現在分詞(-ing)の後置修飾「～している少年」

3 ［問題文の要旨］
高校生のひろしがリーフレットを見ながら，補助犬について，留学生クリスと話をしている。リーフレットには，補助犬の数や種類，仕事の内容，利用者の感想などが書かれている。
補助犬のお陰で利用者がとても助かっているのに，クリスの国とは違って，日本ではレストランや病院，スーパーなどの建物に補助犬が入れないという利用者の声が話題となっている。ひろしは，その理由として補助犬に対する人々の理解不足(清潔さ，安全性，能力)を挙げている。
徐々に，補助犬の重要性が理解され状況も改善されつつあり，「補助犬ＯＫ」のステッカーが店舗やレストランの多くに見られるようになった。
その一方で，日本の補助犬の数は十分でない。訓練に要する時間や費用，犬を訓練する人の不足などの理由から，数を増やすことは容易でない。それでも，支援を必要としている「訓練センター」からのお知らせにあるように，不用なものをセンターに送るなど，出来ることはある。
最後に，カナダの高校生のボランティア活動に話は移り，ひろしは高校生として出来るボランティア活動の可能性について考えていこうとしている。

［解説］
1 ひろしの言葉のover 1,000 assistance dogsから，数を聞いていることがわかる。
2 チラシの関連する箇所を参照しながら考える。
(1) ... helping its user. から，補助犬が「ドアを開ける」様子を表現する。
(2) The user in this leaflet says ... から，ユーザーの発言を表現する。「～してうれしい」は，be happy to ～。
(5) The training center ... needs some help. から，リーフレット下の服やおもちゃに関する部分を参照する。
3 下線部(3)直前のひろしとクリスの補助犬の建物への入場制限に関する会話を指す。
4 補助犬の置かれている状況改善には，多くの人の理解が「大切だ」ということ。
5 ①補助犬が少ないことで困るのは誰か。「生活支援が必要な人たち」。
②状況を変えるには「～が必要」→「～なしでは難しい」。
6 意見を述べる際の表現や，接続詞などを用いて，短文の羅列にならないようにする。また，具体例などを盛り込むことも大切である。

4 ［段落ごとの概要］
［段落1］小さい頃から物静かで無口だった結衣。中学生になっても上手く話ができず，そんな自分が好きになれない。保育園で職

場体験をすることになったが，結衣はどうしたら園児たちと話ができるか不安でしかたがない。

［段落2］気が進まず参加した職場体験。早速，園児たちが寄ってきたが，何を言っていいか分からずに黙っていると，子どもたちは離れていった。すると，ノブという男の子が寄って来て，何も言えずにいる結衣にお構いなしに話し続けた。結衣は頷きながら話を聞いたが，何かしてあげたい気持ちにはなれなかった。

［段落3］トマトの収穫の日，他の子とは違い，形のよくないトマトをノブが収穫しているのを見て，結衣はその理由を聞いてみた。ノブは色や形の違うトマトを見せながら言った。「どれもみんな違って，僕にはどれも特別なんだ。」「先生はいつも僕の話を聞いてくれる。だから先生は僕にとって特別なんだ。」それを聞いた結衣はうれしくなった。

［段落4］結衣は帰宅途中にノブの言葉を思い出し自信が湧いてきた。ノブには「話すこと」，自分には「聞くこと」という，違った良さがあり，その違いがそれぞれを特別なものにしていると結衣は思った。

［段落5］中学校教師になった結衣は，自分の学級の元気な生徒，静かな生徒たちを見ると，ノブと彼から学んだことをいつも思い出している。

［解説］

1　(A)，(B)ともに直前の文章から気持ちを読み取る。

2　第2段落下から2行目から分かる。
just ～は，「～しただけ」の意。

3　Thenとあるので，次の文を読む。didn't look niceは，「見た目の良くない」の意。

4　第4段落の結衣の独り言の部分を読む。
I said to myself… 以下の部分。
make ～ …「～を…にする」。

5　ア　Yui didn't want to talk like her friendsが×　イ　didn't say anythingが問題文中のdidn't say a wordと合致　ウ Nobu asked Yuiが×　エ　tell ... to be morecheerfulが×

5　［訳例］

多くの人はバナナが大好きです。世界にはたくさんのバナナの食べ方があります。例えば，ある人たちは，ケーキ，ジュース，サラダ，そしてスープにもバナナを入れたりします。バナナは健康にも良いし，そのほかにも良い点があります。実際に，バナナはプラスチックの問題も解決するかもしれません。

インドにはバナナの葉をお皿として使っている人たちがいますが，そのお皿はほんの数日しか使われません。今日，他の国の人たちと同じように，インドの人たちはプラスチック製品を使っています。例えば，プラスチック製のお皿を使っているのです。(プラスチックの)お皿は使用後には，ふつう捨てられてしまいます。そのことがずっと問題となっています。ある日，一人のインド人の少年がこの問題を解決しようと決心したのです。彼は，バナナの葉をもっと丈夫にしたい，そしてバナナの葉のお皿をもっと長く使いたいと思いました。彼はバナナの葉について研究し，とうとう成功を収めました。今では，プラスチックの廃棄物を減らせるようになりました。

これだけではありません。トルコではある女の子が，石油製品のプラスチックを減らしたいと思いました。そこで，彼女はバナナの皮に注目しました。その理由は，世界で多くの人々がバナナの皮を捨てているからです。(そして)とうとう彼女は地球に優しいプラスチックの作り方を見つけ出しました。2年間の努力の後に，その種の(地球に優しい)プラスチックを作ることができました。彼女によれば，バナナの皮でプラスチックを作るのは簡単なので，誰でも家で作れるそうです。

さて，これでバナナのもつ素晴らしい長所がわかりました。バナナは人気の食べ物であると同時に，地球を救うことができるのです。

［解説］

1　For example以下に様々な食べ方が例示されていることから判断する。way(s)は，ここでは「道」ではなく，「方法」「手段」の意味で用いられる。

2　直後の文のmake banana leaves stronger以下を答える。

3　so ～「だから～」に注目して，文の前後の流れがつながるものを選ぶ。

4　筆者は，バナナの皮の再利用を一つの例にして，環境に優しくする方法を考えていることを押さえる。

本文中で確認すると、その直前に「ドレミファソラシド」の音階はどこで弾いても同じように聞こえることが述べられている。よってこれらを字数内にまとめる。

3　傍線部⑵を含む段落の最後の一文中「この『図』を～想定できる」より、二つの前提、つまり二つ理由があることがわかり、それが次の段落で説明されている。この段落の三文目「二つは～知っている」より**ア**と**イ**は「『立方体』を知らない」の部分が不適。**ウ**と**エ**は同じ段落の一、二文目の「一つは～志向するのである」より「想像力」があることが分かるため、**ウ**が適当。

4　**イ**「意図を想像する」「作品理解に深みが出る」、**ウ**「想像力が豊かになる」「多様性が生まれる」、**エ**「作者の情報を得る」「自由な想像ができる」は本文中から読み取れず不適。

5　設問では理由を問われている。傍線部⑷の直前に理由を示す「だからこそ」があることから、その直前の「小説にとって～『物語』なのである」が解答の核となる。また本文最後の段落より「知っているゴール（＝結末）にたどり着く」から「安心感がある」ことがわかる。

6　**ア**は「筆者の～対立させている」、**イ**は「普遍性がある」、**ウ**は「欧米の～明示」の部分が本文からそれぞれ読み取れず不適。**エ**は、「大橋洋一」の見解を『新文学入門』から引用し、それを「立方体」という具体例で補足しているため適当。

4

1　空欄の三文前「清澄はどんどん～縫い目をほどいていく」より**ア**が適当。

2　傍線部⑴の七文後の「でも仕事してる姉ちゃん～真剣ぽかった」から**イ**が適当。**ア**は「夢をみつけて」が姉の普段の発言と矛盾するため不適。**ウ**と**エ**は本文中から読み取れない。

3　設問の一文は祖母が清澄の心情を察している内容と言える。「自分で決めたこと」は清澄がドレスを作り直すことを指している。二重空欄**ウ**の直前には、祖母がドレスを縫う時のこれまでの清澄の真剣な顔を思い出し、「涙がこぼれそうにな」っている記述があるため、**ウ**が適当。

4　傍線部⑵から十文前の「わかってない僕が～似合わへん」という清澄の発言が解答の核となる。また、それまでの清澄の発言から、姉の本当の姿を「わかっていなかった」こと、つまり姉のことを理解していなかったことが読み取れる。

5　今回の設問のように理由を問われているが、本文中には理由がはっきりと書かれてはいない場合、傍線部⑶までの内容を踏まえて解答を考える。傍線部⑶は、プールに通うことにしたが「七十四歳に～勇気がいる」という祖母の少し弱気な発言の後、「でも、今から～ゼロ年のままやけど」という清澄のポジティブな発言を受けてのものなので、祖母が清澄の発言で心を動かされ、それが声の震えとして現れそうになったと考えられる。また「お腹にぐっと力をこめた」のはその声の震えを止めようとした、つまり自分の感情を見せまいとしていると考えられる。

6　**ア**は「他者と協調」、**ウ**は「実社会に～積み」「自分の弱さを克服」、**エ**は「言葉の感覚」「他者との意思疎通」といった内容がそれぞれ本文中が読み取れず不適。

5

作文を書く際は、「何について書くのか」「条件は何か」に注意して書くことになる。この問題では「世の中が便利になること」についての考えを、具体的な例を挙げて書くことが求められており、具体例をどのくらいの分量で書くのかによって意見の分量が少なくなってしまうことも考えられるので注意が必要である。

〔作文例〕

現在の社会で便利だと感じるものは多いが、その中でもリチウムイオン電池を挙げたい。毎日使うスマホ、ワイヤレスイヤホンなど、小型軽量でありながら長時間使用可能なのはリチウムイオン電池の性能のおかげである。

「世の中が便利になること」によって、むしろ自然環境破壊が進行してしまったり、人間が本来持つべき能力が低下してしまったりという負の側面が語られていることも事実である。確かに人間の便利さのために何かが犠牲になってしまうことは望ましいことではない。だが様々な改善の糸口もまた科学技術の進展によってもたらされてきていて、「便利」を求める心がその元となっていることも事実ではないだろうか。

1　1　訓読み二、音読み二、熟字訓一で、標準的なものが多い。

2　書き取りも使用頻度の高いものが多い。

3　(1)　物である「木の芽」に対し「わめく」という語を使って、人以外のものを人にたとえる擬人法が用いられている。

(2)　「木の芽」の季節は春。**ア**の俳句の季語は「チューリップ」で季節は春。それ以外の季語と季節は、**イ**は「雪」で冬、**ウ**は「兜虫」で夏、**エ**は「稲」で秋。

(3)　自分が先生から「教えてもらう」ので、「もらう」を自分がへりくだった表現である謙譲語「いただく」に改めた**イ**が適当。**ウ**と**エ**は尊敬表現。**ア**は謙譲表現だが、自分が「教える」という意味になるので不適。

(4)　「出る」は主語の動作・作用を表し、目的語を必要としない自動詞、「出す」は他への動作・作用を表すため、目的語を必要とする他動詞。③は直前に「芽を」という目的語があるため「出す」が適当。④は目的語がないため「出る」が適当。

4　「レ」点は一文字下を読んでから返って読む。ここでは過①　則②　勿⑤レ　憚④レ　改③　の番号の順番で送り仮名をつけて読む。

2　〔出典〕『天羽衣（あまのはごろも）』から

〔現代語通釈〕

時に十月の初めのころ、いつものように、（三保と磯田が）碁を打っていたところ、三保の長者の妻が急に出産の気配があって、苦しんだので、家の中は忙しく動きまわり、大騒ぎしたところ、苦労せずに男の子を出産した。磯田も、この騒動に碁を打つのを途中でやめて、そのまま家に帰ったが、これも（偶然）その日のことだが、夜になって、（磯田の）妻であるものが、同じく男の子を出産した。両家とも、たいへんな大金持ちであったので、出産のお祝いとして、出入りする人が絶え間ない。にぎやかなことは、いまさら言うまでもない。

そうして一、二日を過ごして、長者二人が出会って、互いに出産の喜びを言い交して、磯田が言ったことは、「あなた様と私と、常に碁を打って遊んで、仲良く語らう中で、一日の間に、お互いともに妻が出産したことは不思議なことと言うべきだ。（そこで）どうだろうか、この子どもたちに今から兄弟の縁を結んで、生涯親しみを失わないようなことが望ましい。」と言うので、三保も喜んで「それならば子どもの代に至っても、ますます深くつきあうだろう。」と言って、（誓いの）杯を取り交わして、一緒に誓いを立てた。磯田が「名前をどのように呼んだらよいか。」と言うので、三保の長者はしばらく考えて、「時は十月である。十月は良い月である。あなた様の子は夜生まれ、私の子は昼に生まれたので、私の子は白良と呼び、あなた様の子は黒良と呼ぶのはどうだろうか。」と言うので、磯田はにっこりして、「黒白で、昼と夜になぞらえたことは面白い。白良は、さきに生まれ出たので、兄と決めましょう。」と言って、これからますます仲良く付き合った。

1　歴史的かなづかいでは文中の「はひふへほ」は「わいうえお」と読む。

2　二重傍線部①の直前の会話文の前に「磯田言ひけるは」とあるので①の主語は磯田。②の直前の会話文の前に「三保の長者～案じて」とあるので②の主語は三保。

3　**ア**は「三保が～予感し」の部分が不適。**イ**と**エ**は本文から読み取れない。

4　名前に「良」とあるのは「十月は良月」が由来。「黒」は三保の「御身の子は夜生まれ」という発言と、磯田の「黒白を以て～おもしろし」から黒という色で夜になぞらえていること、またこの「黒」という色は注1より碁の石の色であることから名づけられた。

5　**ア**は本文中から読み取れない。**ウ**の「難産」は本文最初の一文中の「やすやすと、～産みける」より不適。**エ**の「三保は～兄として慕いたいと言われて」は、磯田の最後の発言中の「白良は、～兄と定むべし」より「白良」を兄とするので不適。

3　1　空欄は「まだ知らない世界をもう知っている」という矛盾した内容を示す語が入る。「逆説」は一見矛盾しているが、実は真実を言い当てていることを表す。

2　傍線部(1)の直前の一文中「絶対音や音の種類が違うのに」とある。「違うのに」どうなのかを

栃木県立高校入試(R3)

国語 【解答・解説】

(令3)

国語採点基準 (総点100点)

〔注意〕
1 この配点は、標準的な配点を示したものである。
2 定められた答えの欄に答えが書かれていないときは、点を与えない。
3 指示された答えと違う表現で答えの欄に記入されていても、正答と認められるものには、点を与える。
4 定められた数より多く答えたときは、点を与えない。
5 採点上の細部については、各学校の判断によるものとする。

問題			正答	配点		点
1	1	(1)	せんぞく	2	30	
		(2)	そうかい	2		
		(3)	うるお(す)	2		
		(4)	なぐさ(める)	2		
		(5)	ぞうり	2		
	2	(1)	漁港	2		
		(2)	率(いる)	2		
		(3)	招待	2		
		(4)	縮(む)	2		
		(5)	熟練	2		
	3	(1)	エ	2		
		(2)	ア	2		
		(3)	イ	2		
		(4)	ア	2		
	4		ウ	2		
2	1		いわいごと	2	10	
	2		エ	2		
	3		ウ	2		
	4		(例)黒石を連想させる夜に生まれ、誕生月が良月である十月だから。	2		
	5		イ	2		
3	1		ウ	2	20	
	2		(例)絶対音や音の種類が違う「ドレミファソラシド」であっても、同じように聞こえる という不思議な現象。	4		
	3		ウ	3		
	4		ア	3		
	5		(例)読者の中に既知の「物語」があることで、結末までの見通しをもって小説を読み進めることができるから。	4		
	6		エ	4		
4	1		ア	2	20	
	2		イ	3		
	3		ウ	3		
	4		(例)姉のことを理解せずに作ったドレスは姉に似合わないだろう と考えたから。	4		
	5		(例)清澄の率直な言葉に勇気をもらったことでこみ上げてくる感情を、見せまいとしているから。	4		
	6		イ	4		
5			(評価の観点) 1 形　式　目的に応じた適切な叙述であるか。 字数が条件に合っているか。 2 内　容　第一段落 ・テーマに関する具体例を挙げて説明しているか。 第二段落 ・第一段落に書いたことを踏まえて、テーマに対して自分の考えを明確に表現しているか。 3 表現・表記　文体に統一性や妥当性があるか。主述関係や係り受けなどが適切であるか。 語句が適切に使用されているか。誤字・脱字がないか。 ※ これらの項目に照らし、各学校の実態に即して総合的に評価するものとする。	20		

栃木県
高校入試
の対策
2023

令和2年度
県立入試

栃木県立高校入試(R2)
社　会　【解答用紙】

（令2）

社　会　解　答　用　紙

受検番号 （算用数字ではっきり書くこと。）	番

得点計	

◎「得点」の欄には受検者は書かないこと。

問題		答え	得点	
1	1	(1)（　　）　(2)（　　）		
		(3)（　　）　2（　　）		
	3	(1)（　→　→　→　）　(2)（　　）		
	4	〔課題〕 〔特徴・成果〕		
2	1	（　　）　2（　　）　3（　　）		
	4	（　　）〔教〕　5（　　）		
	6	〔記号〕（　　）　〔理由〕		
3	1	（　　）　2（　　）　3（　　）		
	4	（　　）　5（　　）　6（　　）		
	7			
	8	（　A　→　→　→　→　→　F　）		
4	1	（　　）　2（　　）		
	3	（　→　→　→　）　4（　　）		
	5	（　　）		
	6			
5	1	（　　）　2　(1)（　　）　(2)（　　）		
	3	（　　）　4　(1)（　　）　(2)（　　）		
6	1	（　　）　2（　　）		
	3	（　　）		
	4	（　　）　5（　　）		
	6			
7	1	（　　）　2（　　）　3（　　）		
	4	（　　）		
	5	Ⅰ　〔です。〕 Ⅱ　〔です。〕		

栃木県立高校入試(R2)

数学 【解答用紙】

（令2）

数　学　解　答　用　紙　(1)

受 検 番 号 (算用数字ではっきり書くこと。)	番

得　点	(1)	(2)	計

◎「得点」の欄には受検者は書かないこと。

問題		答		え	得　点
1	1		2		
	3		4		
	5		6	$a =$	
	7		8	度	
	9	$x =$	10		
	11	cm^3	12	$x =$	
	13		14	およそ　個	
2	1	C A B	2	①（　）②（　）③（　）	
			3	$a =$	
3	1	答え（ A中学校　人，B中学校　人 ）			
	2	(1)			
		(2)	℃		
		(3)			

栃木県立高校入試(R2)

数学 【解答用紙】

(令2)

数　学　解　答　用　紙　(2)

受検番号 (算用数字ではっきり書くこと。)	番

得点	

◎「得点」の欄には受検者は書かないこと。

<table>
<tr><th colspan="2">問題</th><th colspan="4">答え</th><th>得点</th></tr>
<tr><td rowspan="2">4</td><td>1</td><td colspan="4">(証明)
F
A　D
B　E　C</td><td rowspan="2"></td></tr>
<tr><td>2</td><td>(1)</td><td>cm²</td><td>(2)</td><td>cm²</td></tr>
<tr><td rowspan="3">5</td><td>1</td><td colspan="2">倍</td><td>2</td><td>m</td><td rowspan="3"></td></tr>
<tr><td>3</td><td colspan="4">答え(　　　)</td></tr>
<tr><td>4</td><td colspan="4">分　　秒</td></tr>
<tr><td rowspan="3">6</td><td>1</td><td colspan="2">番目</td><td>2</td><td>個</td><td rowspan="3"></td></tr>
<tr><td>3</td><td colspan="4">答え($n=$ 　　　)</td></tr>
<tr><td>4</td><td colspan="4">① ($b=$ 　　　)　② ($a=$ 　　　)</td></tr>
</table>

実戦編◆数学　解答用紙

県立 R2

栃木県立高校入試(R2)

理　科　【解答用紙】

(令2)

理　科　解　答　用　紙

受　検　番　号 (算用数字ではっきり書くこと。)	番

得点計	

◎「得点」の欄には受検者は書かないこと。

問	題	答	え	得	点
1	1	(　) 2 (　) 3 (　) 4 (　)			
	5	(　)	6 (　)		
	7	(　)	8 (　)cm/s		
2	1	(　)	2		
	3	(　)			
3	1	(　)A			
	2	白熱電球Pの電力量(　)Wh　LED 電球の使用時間(　)時間			
	3				
4	1	(　)	2 (　)		
	3	① (　)　② (　)			
	4				
5	1	(　)cm³	3		
	2				
	4	(　)cm³			
6	1	(　)			
	2				
	3	(　)秒			
7	1	(　)g/cm³	2 (　)		
	3	液体(　) 実験結果(　)			
8	1	(　)℃	2 (　)g		
	3	(　)	4 (　)		
9	1	(　)N	3		
	2	(　)N			
	4	① (　) ② (　) ③ (　) ④ (　)			

栃木県立高校入試(R2)

英語 【解答用紙】

(令2)

英　語　解　答　用　紙

受検番号 (算用数字ではっきり書くこと。)	番

得点計	

◎「得点」の欄には受検者は書かないこと。

問	題	答え	得点
1	1	(1) (　　) (2) (　　) (3) (　　)	
	2	(1) ① (　　) ② (　　) (2) ① (　　) ② (　　)	
	3	(1) (　　) (2) (　　)	
		(3) (　　) (4) (　　)	
2	1	(1) (　　) (2) (　　) (3) (　　) (4) (　　)	
		(5) (　　) (6) (　　)	
	2	(1) (　→　→　→　) (2) (　→　→　→　)	
		(3) (　→　→　→　→　)	
3	1	(　　) (　　)	
	2	(　　)	
	3	(　　)	
	4	(3)	
		(4)	
		(5)	
	5	(　　)	
	6		
	7		
4	1	(　　)	
	2	(　　) (　　) (　　)	
	3	①	
		②	
	4	(　　) (　　)	
5	1	(　　)	
	2		
	3	(　　)	
	4	(　　)	

栃木県立高校入試（R２）

国語 【解答用紙】

（令2）　国語解答用紙（1）

受検番号（算用数字で横書きに、はっきり書くこと。）	番

得点	
(1)	
(2)	
計	

◎「得点」の欄には受検者は書かないこと。　5は「国語解答用紙(2)」を用いること。

問題		答え	得点 小計	得点 計
1	1	(1) 貢献　(2) 映える　(3) 承諾　(4) 背ける　(5) 赴く		
	2	(1) ケンキュウ　(2) カりる　(3) ニた　(4) フタン　(5) コウザ		
	3	(1) (　)　(2) (　)　(3) (　)　(4) (　)　(5) (　)		
2	1	(　)		
	2	(　)		
	3	(　)		
	4			
	5	(　)		
3	1	(　)		
	2			
	3	(　)		
	4	(　)		
	5	状態。		
	6	(　)		
4	1	(　)		
	2			
	3	(　)		
	4	(　)		
	5			
	6	(　)		

【解答用紙】

（令２）

国　語　解　答　用　紙　(2)

受検番号（算用数字で横書きに　はっきり書くこと。）　番

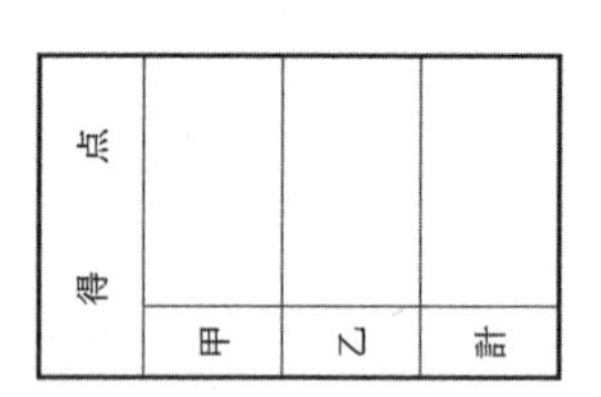

5

◎受検者名と題名は書かないこと。

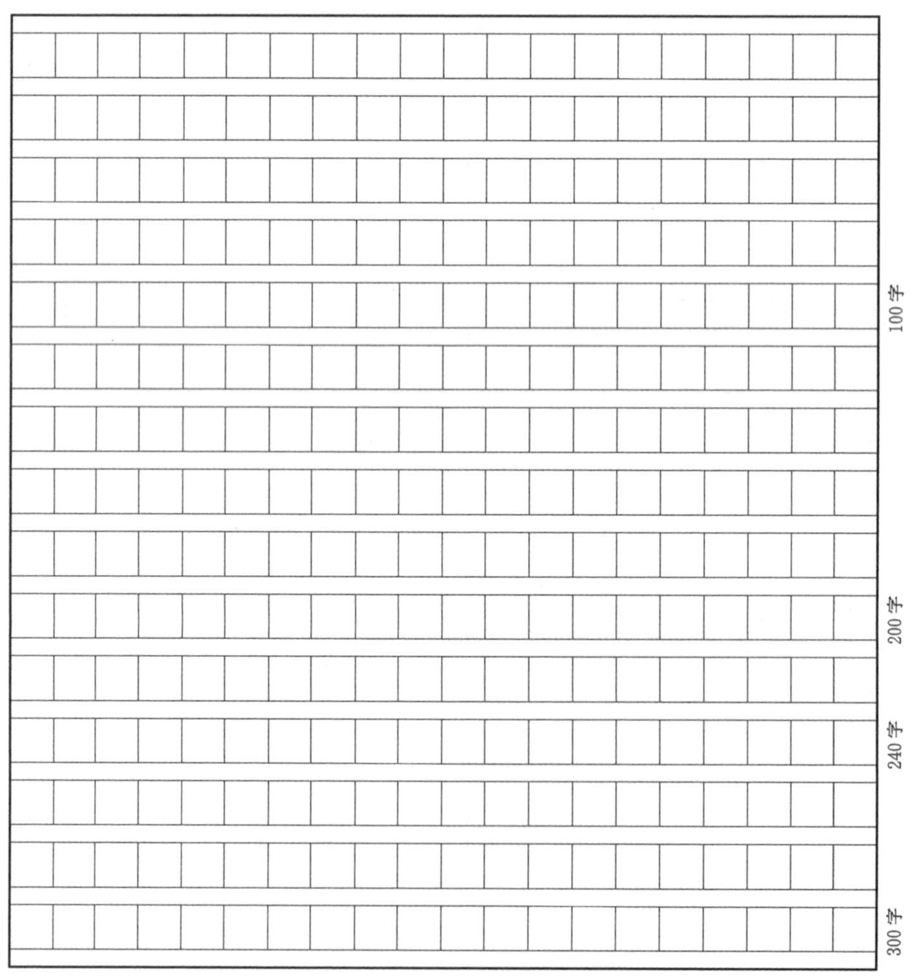

栃木県立高校入試(R2)

社 会 【解答・解説】

社会採点基準

(総点100点)　(令2)

〔注意〕
1 この配点は，標準的な配点を示したものである。
2 定められた答えの欄に答えが書かれていないときは，点を与えない。
3 指示された答えと違う表現で答えの欄に記入されていても，正答と認められるものには点を与える。
4 定められた数より多く答えたときは，点を与えない。
5 採点上の細部については，各学校の判断によるものとする。

問題		答え	得点		
1	1	(1) (ア)　(2) (太平洋ベルト)	2点×6	12	16
		(3) (世界遺産)　2 (エ)			
	3	(1) (ウ → エ → ア → イ)　(2) (ウ)			
	4	〔課題〕(例)人口減少や高齢化が進行している。 〔特徴・成果〕(例)ゆず加工品の開発・生産に取り組んでおり，ゆずの生産量とゆず加工品の販売高が伸びた。	4点	4	
2	1	(ウ)　2 (ブラジル)　3 (エ)	2点×5	10	14
	4	(イスラム)〔教〕　5 (ウ)			
	6	〔記号〕(a)〔理由〕(例)輸出総額に占める農産物の輸出額の割合が高い。また，総産業従事者に占める農業従事者の割合は低いが，一人あたりの農地面積が大きいことから，輸出向けに大規模な農業を広い農地で行っているアメリカ合衆国であると考えられる。	4点	4	
3	1	(渡来人(帰化人))　2 (ア)　3 (遣唐使)	2点×6	12	18
	4	(イ)　5 (鉄砲(火縄銃))　6 (ウ)			
	7	(例)日本が大日本帝国憲法を作成する際に，伊藤博文は憲法調査のためにヨーロッパへ向かい，ドイツ(プロイセン)の憲法を参考にしていたこと。	4点	4	
	8	(A → B → E → D → C → F)	2点	2	
4	1	(イ)　2 (ウ)	2点×5	10	14
	3	(ウ → エ → イ → ア)　4 (ア)			
	5	(石油危機(オイルショック))			
	6	(例)高度経済成長によって収入が増加し，生活も便利で豊かになっていったが，大気汚染や水質汚濁などに関する苦情・陳情の数も増えるなど，公害問題が深刻化した。	4点	4	
5	1	(ウ)　2 (1) (イ)　(2) (エ)	2点×6	12	12
	3	(ア)　4 (1) (エ)　(2) (直接請求権)			
6	1	(ウ)　2 (イ)	2点×5	10	14
	3	((例)レジ袋や割り箸などをもらわない，エコバッグを使う　など)			
	4	(技術革新(イノベーション))　5 (エ)			
	6	(例)生産年齢人口が減少しているので，労働者の不足を補うために，在留外国人を労働者として雇用するとともに，セルフ精算レジの設置をすすめる。	4点	4	
7	1	(イ)　2 (寺子屋)　3 (ウ)	2点×4	8	12
	4	(エ)			
	5	Ⅰ (例)建物や設備を充実させるために資金が必要だから〔です。〕 Ⅱ (例)外国の援助がなくなったとしても，現地の人々が技術などを身に付け自立して生活を維持していくことが必要だから〔です。〕	4点	4	

1 1(1)　三角州は河川によって運ばれた土砂が，河口部に堆積した地形。よって**ア**。

(2)　関東地方から九州地方北部にかけてのびる帯状の工業地域は太平洋ベルト。

(3)　貴重な自然環境や文化財などのうち，人類共通の財産としてユネスコが作成したリストに登録されたものは世界遺産。

2　製造品出荷額が最も多いので**イ**は中京工業地帯だとわかる。それに次ぐ出荷額であり，金属製品の割合が多い**ウ**が阪神工業地帯。瀬戸内工業地域は化学工業がさかんである。よって正解は**エ**。**ア**は東海工業地域。

3(1)　一番最初に訪れた道の駅は広島県と島根県の間に位置する。山間部にあり，降雪量が多いので**ウ**。次に訪れた道の駅は鳥取県にある。日本海側の気候であり，冬の降雪量が多いので**エ**。３番目に訪れた道の駅は瀬戸内海の島にある。瀬戸内の気候であり，比較的降水量が少ないので**ア**。最後に訪れた道の駅は高知県にある。太平洋側の気候であり，冬でも温暖で日照時間が長いので**イ**。よって正解は**ウ→エ→ア→イ**。

(2)　松山空港から所要時間がもっともかかるのは沖縄県の那覇空港で**エ**。人の往来が多いため，出発便数が多く，松山空港から２番目に所要時間がかかる空港が東京都の羽田空港で**ア**。同様に出発便数が多く，東京より松山に近い大阪府の伊丹空港が**イ**。したがって福岡空港は**ウ**。

4　資料１から馬路村の人口が減少しており，65歳以上の人口の割合も高く，高齢化が進行していることが読み取れる。また資料２から，ゆず加工品の開発・生産に取り組んでいることが読み取れる。さらに資料３からは，ゆずの生産量とゆず加工品の販売高が伸びていることが読み取れる。

2 1　大陸から吹く乾いた風は季節風。Ｂ市は日本海側にあり，暖流の対馬海流の影響により冬季に大雪が降る。よって**ウ**。

2　Ｃ国はポルトガル。ポルトガル語を公用語とし，赤道を通過する国土を持ち，流域面積が世界最大となるアマゾン川が流れているのはブラジル。

3　北緯40度を示す緯線は，イタリア南部，地中海を通る。よって**エ**。

4　Ｄ国はトルコ。トルコは人口のほとんどがイスラム教の信者。またイスラム教徒は豚肉を食べないのでトルコの豚の飼育頭数は少ない。よってイスラム教。

5　Ｙで示された３州は北緯37度より南のサンベルトの一部であり，先端技術産業が発達していて半導体の生産がさかん。よって①がＹ。Ⅰが半導体。Ｘで示された３州では自動車工業がさかん。自動車の生産には大量の鉄鋼が必要。よって②がＸ。Ⅱは製鉄。したがって正解は**ウ**。

6　アメリカ合衆国は輸出向けに大規模な農業を広い農地で行っている。**図８**のａは輸出総額に占める農産物の輸出額の割合が高い。また，**図９**のａは総産業従事者に占める農業従事者の割合が低いが，一人あたりの農地面積が大きい。よってａがアメリカ合衆国。

3 1　Ａのカードの時代に役人として朝廷に仕え，財政や外交などで活躍していた，中国や朝鮮半島から日本に移り住んで来た人々は渡来人(帰化人)。

2　仏教と儒教はともに古墳時代に日本に伝えられた。よって**ア**。**イ**の土偶は縄文時代につくられた。**ウ**の青銅器，**エ**の稲作は弥生時代に中国や朝鮮から日本に伝わった。

3　唐の衰退により廃止されたのは遣唐使。菅原道真の提案により廃止された。

4　下線部ⓑの戦争はアヘン戦争(1840年)。**ア**は1800年，**イ**は1854年，**ウ**は17世紀初頭，**エ**は1669年のできごと。よってアヘン戦争と最も近い時期におきたできごとは**イ**。

5　Ｄのカードに述べられているのはポルトガル人を乗せた中国人の倭寇の船が種子島に漂着し，鉄砲(火縄銃)が伝えられたときの様子。城壁に円形の狭間が設けられるようになったのは，城へ攻めてくる敵を壁の内側から鉄砲で撃つため。

6　Ｅのカードの道元は鎌倉時代の禅僧で曹洞宗を開いた。**ア**は江戸時代，**イ**は戦国時代，**ウ**は鎌倉時代，**エ**は平安時代。よって**ウ**。

7　日本の初代内閣総理大臣は伊藤博文。伊藤博文は大日本帝国憲法を作成する際に，憲法調査のためにヨーロッパへ向かい，ドイツ(プロイセン)の憲法を参考にした。

8　Ａは古墳時代。Ｂは平安時代。Ｃは江戸時代。Ｄは戦国時代。Ｅは鎌倉時代。Ｆは明治時代。よってA→B→E→D→C→F。

4 1 工場制手工業が始まったのは江戸時代。よってイ。

2 第一次世界大戦の戦場になったのはヨーロッパ。また造船業や鉄鋼業などは重化学工業。よってウ。

3 アは1943年。太平洋戦争中のできごと。イは1941年。太平洋戦争のきっかけとなった。ウは1932年。エは1938年。1937年に始まった日中戦争の長期化に対処するため制定された。よってウ→エ→イ→ア。

4 Cの時期に家庭に普及したのは電気冷蔵庫。よってア。高度経済成長期にテレビ・電気洗濯機・電気冷蔵庫の家電は三種の神器とよばれ，家庭に普及した。

5 第4次中東戦争をきっかけに石油危機(オイルショック)がおこった。

6 図1からわかるように，高度経済成長期には世帯収入が増加し，生活が便利で豊かになった。その反面，図2からわかるように，公害に関する苦情・陳情の数も増え，大気汚染や水質汚濁などの問題が深刻化した。

5 1 問題解決のための判断基準となるのは「公正」と「効率」である。効率とは配分について無駄のないこと。ウは商店街の空き店舗を活用し，地域の特産物を販売しており，商店街の店舗を無駄なく活用している。よってウ。

2⑴ 近年，高齢化により，国の歳出における社会保障関係費の割合は大幅に増えている。よってイ。

⑵ 政府は，不景気のとき，財政政策として，公共事業への支出を増やしたり，減税をしたりするなど，企業の生産活動を促そうとする。よってエ。

3 民事裁判において，裁判官は，原告と被告のそれぞれの意見をふまえ，判決を下したり，当事者間の和解を促したりする。よってア。イ，ウ，エは刑事裁判についての記述。

4⑴ 得票に応じて各政党の議席数を決めるのは比例代表制。比例代表制は小政党が当選しやすいため，死票が少なくなる。よってエ。

⑵ 地方公共団体の住民が，地方の政治に直接参加できる権利は直接請求権。

6 1 株主総会で議決権を行使できるのは株主のみ。よってウが労働者の権利として当てはまらない。

2 欠陥商品で消費者が被害を受けたときの企業の責任を定めたのは製造物責任法。よってイ。

3 環境に配慮する3Rとは，リデュース(ごみの削減)，リユース(再使用)，リサイクル(ごみの再生利用)。コンビニで会計するときに消費者が取り組めることは，レジ袋や割り箸などをもらわない，エコバッグを使うなどしてゴミを削減することである。

4 企業の研究・開発により画期的な技術を生み出すことが技術革新(イノベーション)。

5 環境権，自己決定権，知る権利，プライバシー権などの「新しい人権」は憲法13条の幸福追求権を根拠に認められる。よってエ。

6 図1から日本の生産年齢人口が減少する一方，在留外国人が増えていることがわかる。労働者の不足を補うためには在留外国人を労働者として雇用することが考えられる。また図2からスーパーにおけるセルフ精算レジの設置が増えていることがわかる。セルフレジの設置をすすめることで労働者の不足を補うことができる。

7 1 非政府組織の略称はNGO。よってイ。

2 江戸時代の日本において町人や農民の子どもたちが学んだ民間教育施設は寺子屋。

3 総人口に対して安全な水資源を確保できない人の割合は発展途上国で高い。したがって正解はアフリカの割合が高く，ヨーロッパの割合が低いウ。

4 妊産婦死亡率を下げるためには，技術の高い助産師を育成する必要がある。そのためには実技中心の講習を行えばよい。よってエ。

5 図1から先進国からの援助や支援で建物や設備が充実しているのがわかる。そのためには資金が必要である。また，図1から経済的援助があっても，現地の人材不足により，様々な課題があることがわかる。外国の援助がなくなったとしても，現地の人々が技術などを身に付け自立して生活を維持するために人材を育てることが必要である。

栃木県立高校入試(R2)

数学 【解答・解説】

数学採点基準 (総点100点) (令2)

〔注意〕
1 この配点は，標準的な配点を示したものである。
2 定められた答えの欄に答えが書かれていないときは，点を与えない。
3 指示された答えと違う表現で答えの欄に記入されていても，正答と認められるものには，点を与えない。
4 採点上の細部については，各学校の判断によるものとする。

問題		正		答	配	点
1	1	-9	2	$-2x+7y$	2点×14	28
	3	$-\frac{2}{3}a^3b^2$	4	$15\sqrt{2}$		
	5	x^2-64	6	$(a=)16$		
	7	$100-6x=y$	8	51(度)		
	9	$(x=)\ 0,\ 9$	10	$\frac{6}{7}$		
	11	54π(cm^3)	12	$(x=)\frac{8}{5}$		
	13	ウ	14	(およそ)90(個)		
2	1	(例) C P A B	2	①(6) ②(12) ③(36)	1は4点 2は3点 3は4点	11
			3	$(a=)\ 3$		
3	1	(例) $\begin{cases} x+y=1225 & \cdots\cdots① \\ \frac{4}{100}x-\frac{2}{100}y=4 & \cdots\cdots② \end{cases}$ ②より $4x-2y=400$ から $2x-y=200$ ……③ ①+③より $3x=1425$ よって $x=475$ ①に代入して $475+y=1225$ したがって $y=750$ この解は問題に適している。 答え(A中学校 475人，B中学校 750人)			1は6点 2(1)は2点 2(2)は2点 2(3)は3点	13
	2	(1)		$28.65 \leqq a < 28.75$		
		(2)		32.5(℃)		
		(3)		(例) 表1において35.0℃以上40.0℃未満の日が1日あり，表2において36.0℃以上の日がないから。		

問題		正答	配点	
4	1	(例) △ADF と △BFE において 四角形 ABCD は平行四辺形なので AD // BC より，同位角は等しいから ∠DAF ＝ ∠FBE ……① 仮定より　AB ＝ CE ……② BF ＝ BC ……③ ここで　AF ＝ BF − AB ……④ BE ＝ BC − CE ……⑤ ②，③，④，⑤より　AF ＝ BE ……⑥ 平行四辺形の対辺は等しいから AD ＝ BC ……⑦ ③，⑦より　AD ＝ BF ……⑧ ①，⑥，⑧より，2 組の辺とその間の角がそれぞれ等しいから △ADF ≡ △BFE	1 は 7 点 2 (1)は 3 点 2 (2)は 4 点	14
	2	(1) $\sqrt{3}$ (cm^2)　(2) $\sqrt{10}$ (cm^2)		
5	1	1.5 (倍)	1 は 3 点 2 は 3 点 3 は 6 点 4 は 5 点	17
	2	1000 (m)		
	3	(例) 明さんの長距離走の区間のグラフの傾きは $\frac{8400-6300}{26-16}=210$ であるから，x と y の関係の式は $y=210x+b$ と表される。 グラフは点(16，6300)を通るから $6300=210\times16+b$ よって　$b=2940$ したがって，求める式は $y=210x+2940$ 答え($y=210x+2940$)		
	4	2 (分) 12 (秒)		
6	1	11 (番目)	1 は 2 点 2 は 3 点 3 は 6 点 4 は 6 点	17
	2	6 (個)		
	3	(例) 最も外側にある輪の面積は $\pi n^2-\pi(n-1)^2=\pi(2n-1)$ これが 77π cm^2 になるから $\pi(2n-1)=77\pi$ $2n=78$ よって　$n=39$ この解は問題に適している。　答え($n=39$)		
	4	① ($(b=)\frac{9a-2}{5}$)　② ($(a=)8$)		

1 1　$(-18)\div 2=-(18\div 2)=-9$

2　$4(x+y)-3(2x-y)=4x+4y-6x+3y$
$=4x-6x+4y+3y=-2x+7y$

3　$\dfrac{1}{6}a^2\times(-4ab^2)=-\dfrac{a^2\times 4ab^2}{6}=-\dfrac{2}{3}a^3b^2$

4　$5\sqrt{6}\times\sqrt{3}=5\sqrt{6\times 3}=5\times 3\sqrt{2}=15\sqrt{2}$

5　$(x+8)(x-8)=x^2-8^2=x^2-64$

6　**解は代入する。**$x=7$ を方程式に代入して　$2\times 7-a=-7+5,\ 14-a=-2,$
$a=16$

7　いちごを6人に x 個ずつ配ると $6x$ 個必要で y 個余るから　$100-6x=y$　または
$6x+y=100$

8　**直径⟺直角**　ABは円Oの直径だから
$\angle\mathrm{ACB}=90°$
△OACは二等辺三角形で　$\angle\mathrm{OAC}=\angle\mathrm{OCA}=39°$，$\angle x+39°=90°$，$\angle x=51°$

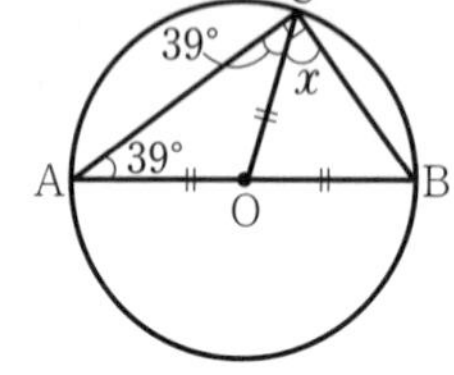

9　$x^2-9x=0,\ x(x-9)=0,$
$x=0$ または $x-9=0$　より　$x=0,\ 9$

10　赤玉9個，白玉2個，青玉3個の計14個が袋に入っている。この中から白玉以外の12個から1個取り出せばよいから　$\dfrac{12}{14}=\dfrac{6}{7}$

11　底面の半径が3cm，高さが6cmの円柱ができる。体積は　$\pi\times 3^2\times 6=54\pi\,(\mathrm{cm}^3)$

12　$\ell\,/\!/\,m$ より
$x:4=2:5$
$5x=4\times 2,\ x=\dfrac{8}{5}$

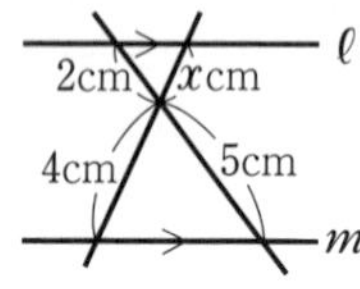

13　関数 $y=ax+b$ のグラフは右下がりの直線だから傾き a は $a<0$，切片 b は y 軸の正の部分にあるから $b>0$　**ウが正しい。**

14　含まれる不良品の割合は，ほぼ等しいと考えられるから　$4500\times\dfrac{2}{100}=90$（個）

2 1　$\angle\mathrm{A}=50°$ より
∠Aの二等分線を作図して25°をつくり，点Aを中心とする半径ACの円と二等分線の交点にPを記入する。

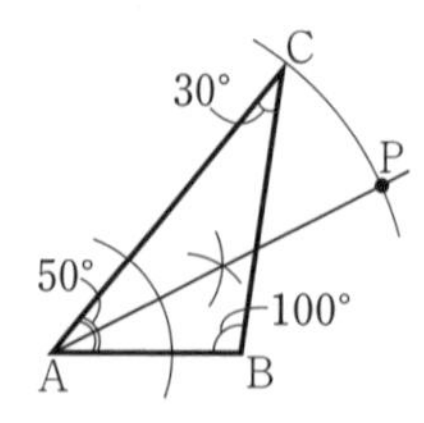

2　枠(わく)の中の数は　$10=4+6,\ 16=4+12$
$b=a+6,\ c=a+12$　より　$b^2-ac=(a+6)^2-a(a+12)=a^2+12a+36-a^2-12a$
$=36$　つねに同じ値36となる。

3　点A，Bの x 座標は1，$x=1$ を2つの式に代入して $\mathrm{A}(1,\ a)$　$\mathrm{B}(1,\ -4)$　点C，Dの x 座標は4だからC$(4,\ 16a)$，D$(4,\ -1)$
$\mathrm{AB}=a-(-4)=a+4$
$\mathrm{CD}=16a-(-1)$
$=16a+1$
$\mathrm{AB}:\mathrm{CD}=1:7$
より　$(a+4):(16a+1)=1:7$
$16a+1=7(a+4),\quad 9a=27,\ a=3$

3 1　昨年度の生徒数から　$x+y=1225$…①
今年度の増加と減少から $0.04x-0.02y=4$…②　②×50より　$2x-y=200$…③
①，③より　$x=475,\ y=750$

2 (1)　小数第2位を四捨五入した近似値が28.7だから，小数第2位の数を5とする0.05を考える。真の値 a の範囲は，
$28.7-0.05\leqq a<28.7+0.05$　のように表せるから　$28.65\leqq a<28.75$

(2)　**最頻値は度数が最も多い階級の階級値。**
30.0℃以上35.0℃未満の階級の度数が最も多いから　$(30.0+35.0)\div 2=32.5$（℃）

(3)　表1には，35.0℃以上40.0℃未満の日が1日だけあり，表2には，36.0℃以上の日はない。したがって，35.0℃以上36.0℃未満の日数は1日だけである。

4 1　$\mathrm{AD}=\mathrm{BC}=\mathrm{BF}$，
$\mathrm{AB}=\mathrm{CE}$ で
$\mathrm{AF}=\mathrm{BF}-\mathrm{AB}$
$\mathrm{BE}=\mathrm{BC}-\mathrm{CE}$
より　$\mathrm{AF}=\mathrm{BE}$
$\angle\mathrm{DAF}=\angle\mathrm{FBE}$
2組の辺とその間の角がそれぞれ等しい。

2 (1)　図の△DEFで△DEMの3辺の比は　$1:2:\sqrt{3}$
$\mathrm{DM}=\sqrt{3}$ cm
△ABC≡△DEF
△ABCの面積は
$2\times\sqrt{3}\div 2=\sqrt{3}$

(2)　△ABGで
$\mathrm{AG}^2=2^2+2^2=8$
△GNHで　$\mathrm{GH}^2=1^2+2^2=5$，△ACHで　$\mathrm{AH}^2=2^2+3^2=13$　$\mathrm{AG}^2+\mathrm{GH}^2=\mathrm{AH}^2$ となるから△AGHは $\angle\mathrm{AGH}=90°$ の直角三角形。面積は
$2\sqrt{2}\times\sqrt{5}\div 2=\sqrt{10}\,(\mathrm{cm}^2)$

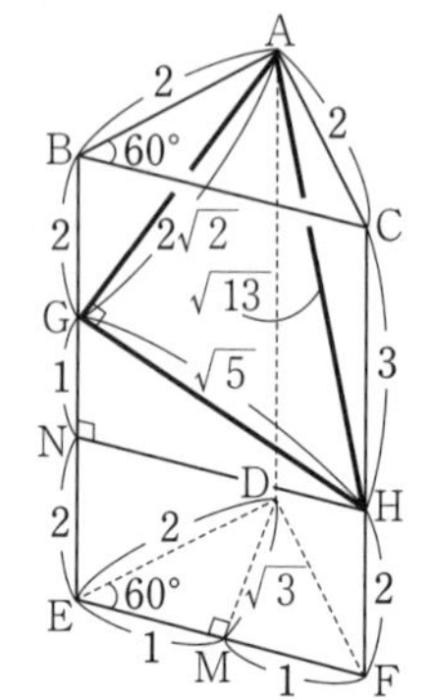

5 1　水泳の区間300mを明さんは4分で泳ぐから，分速 $300\div4=75$(m)　拓也さんは6分で泳ぐから，分速 $300\div6=50$(m)　明さんが泳いだ速さは拓也さんが泳いだ速さの　$75\div50=1.5$(倍)

2　スタートしてから6分後，拓也さんはA地点にいるから300m進んだ。一方，明さんはスタートしてから4分後，300m進んだA地点にいる。その後，6分後までの2分間は自転車で進む。明さんの自転車は，$16-4=12$(分間)に $6300-300=6000$(m)進むから，分速 $6000\div12=500$(m)　スタートしてから4分後から6分後までの2分間に　$500\times2=1000$(m)進む。スタートしてから6分後における2人の道のりの差は　$(300+1000)-300=1000$(m)

3　明さんの長距離走の区間における x と y の関係は，グラフで　$16\leqq x\leqq26$　のとき。2点(16，6300)，(26，8400)を通る直線の式を求めればよい。$y=ax+b$　で
$6300=16a+b$…①　　$8400=26a+b$…②
②－①より　$2100=10a$，$a=210$　これを①に代入して　$6300=16\times210+b$，
$b=2940$　したがって　$y=210x+2940$

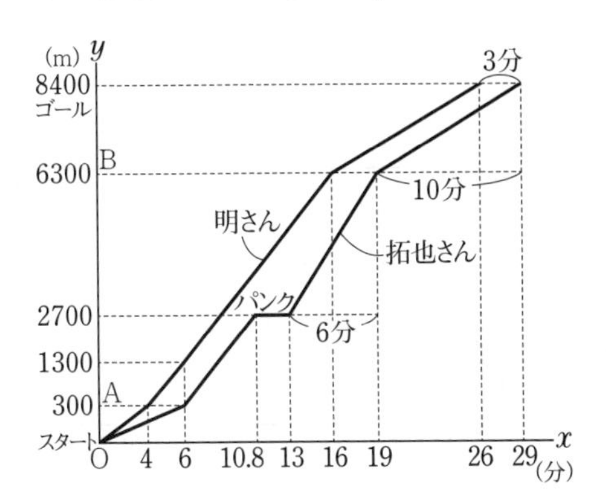

4　2人の会話から明さんと拓也さんはパンクするまで自転車を同じ速さで走らせている。自転車は分速500m，拓也さんは自転車を $2700-300=2400$(m)走らせるから $2400\div500=4.8$(分)　パンクしたのはスタートしてから　$6+4.8=10.8$(分後)　修理が終わってからの，残りの自転車の区間は $6300-2700=3600$(m)　分速600mで走るから　$3600\div600=6$(分)　かかり，長距離走の区間は10分で走った。拓也さんがゴールしたのは明さんがゴールした26分より3分遅い29分。パンクの修理に t 分かかったとすると　$10.8+t+6+10=29$，$t=2.2$(分)$=2$分$+0.2\times60$秒$=2$分12秒

6

1番目	2番目	3番目	4番目	5番目	6番目
白色	灰色	黒色	白色	灰色	黒色

7番目	8番目	9番目	10番目	11番目	12番目
白色	灰色	黒色	白色	灰色	黒色

1　白色，灰色，黒色の順に3色を繰り返し塗っていくから，これら3色を一組とする。「灰色の輪」は，1個目が2番目，2個目が $2+3=5$ 番目，3個目が $5+3=8$ 番目，4個目が $8+3=11$ 番目　にできる。したがって，11番目の図形。

2　$20=3\times6+2$，20番目の図形には3色一組が6組と，白色，灰色の2色の輪がある。「黒色の輪」は3色一組の中に1個ずつ含まれるから，6組の中に6個ある。

3　n 番目の図形の最も外側の輪は，半径 n cmの円から半径 $(n-1)$cmの円を除いたものである。面積が 77π cm^2 だから

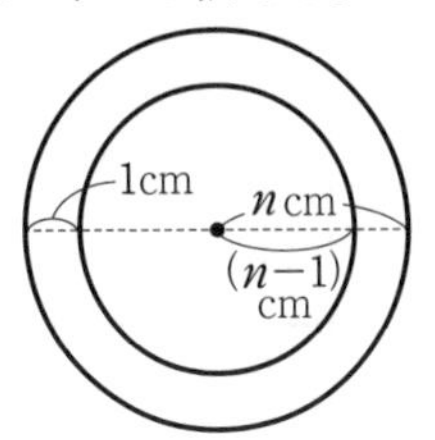

$\pi n^2-\pi(n-1)^2=77\pi$，両辺を π でわると　$n^2-(n-1)^2=77$，$n^2-n^2+2n-1=77$
$2n=78$，$n=39$

4　$n=a$，$m=5$ の「1ピース」は，半径 a cmの円から半径 $(a-1)$cmの円を除いた最も外側の輪を5等分したものである。また，$n=b$，$m=9$ の「1ピース」は，半径 b cmの円から半径 $(b-1)$cmの円を除いた最も外側の輪を9等分したものである。周の長さは，内側と外側の2本の曲線(弧)の長さと両端の2本の線分2cmの和になる。2つの「1ピース」の周の長さが等しいから

$$\frac{2\pi a+2\pi(a-1)}{5}+2=\frac{2\pi b+2\pi(b-1)}{9}+2$$

$\dfrac{4a-2}{5}=\dfrac{4b-2}{9}$，$5(4b-2)=9(4a-2)$，

$20b=36a-8$，$b=\dfrac{9a-2}{5}$…①

a，b は2以上の整数だから①の分子 $9a-2$ は分母5の倍数。$a=3$ のとき

$b=\dfrac{9\times3-2}{5}=\dfrac{25}{5}=5$，3番目と5番目の色は黒色と灰色で適さない。$a=8$ のとき

$b=\dfrac{9\times8-2}{5}=\dfrac{70}{5}=14$　　$8=3\times2+2$，

$14=3\times4+2$　より，8番目と14番目の色は，ともに2番目と同じ灰色になる。2つの値は問題に適しているから　$a=8$…②

栃木県立高校入試(R2)

理　科 【解答・解説】

理科採点基準　(総点100点)　　(令2)

〔注意〕
1　この配点は，標準的な配点を示したものである。
2　定められた答えの欄に答えが書かれていないときは，点を与えない。
3　指示された答えと違う表現で答えの欄に記入されていても，正答と認められるものには，点を与える。
4　定められた数より多く答えたときは，点を与えない。
5　採点上の細部については，各学校の判断によるものとする。

問題		正答		正答	配点	
1	1	(ウ) 2 (イ)	3	(エ) 4 (イ)	2点×8	16
	5	(発熱反応)	6	(マグニチュード)		
	7	(DNA(デオキシリボ核酸))	8	(23)cm/s		
2	1	(黄　道)	2		1は3点 2は3点 3は3点	9
	3	(エ)				
3	1	(0.60)A			1は2点	9
	2	白熱電球Pの電力量(120)Wh　LED電球の使用時間(16)時間			2は4点	
	3	(例)　LED電球は，同じ消費電力の白熱電球より熱の発生が少ないから。			3は3点	
4	1	(柱　頭)	2	(ア)	1は2点	12
	3	① (葉，茎，根)　② (からだの表面)			2は3点	
	4	(例)　胚珠が子房の中にあるかどうかという基準。			3は4点 4は3点	
5	1	(45)cm^3	3	酸素の質量〔g〕 0.4 0.3 0.2 0.1 0 0 0.1 0.2 0.3 0.4 0.5 マグネシウムの質量〔g〕	1は3点	12
	2	$2Mg + O_2 \rightarrow 2MgO$			2は3点 3は3点	
	4	(196)cm^3			4は3点	
6	1	(ウ)			1は3点	9
	2	(例)　小腸は栄養分を吸収し，肝臓はその栄養分をたくわえるはたらきがあるから。			2は3点	
	3	(40)秒			3は3点	
7	1	(1.5)g/cm^3	2	(エ)	1は3点	9
	3	液体(イ)			2は3点	
		実験結果　(例)　ポリプロピレンはなたね油に浮き，ポリエチレンはなたね油に沈む。			3は3点	
8	1	(17)℃	2	(5705)g	1は3点 2は3点 3は3点 4は3点	12
	3	(C)	4	(イ，オ)		
9	1	(0.30)N	3	重力　糸が引く力	1は2点	12
	2	(0.50)N			2は3点	
	4	① (×) ② (×) ③ (○) ④ (×)			3は4点 4は3点	

1 1　塩化ナトリウムは塩素とナトリウム，アンモニアは窒素と水素，二酸化炭素は炭素と酸素からなる化合物である。石油は何種類かの化合物が混じっている。

2　深成岩とは，マグマが地下深くでゆっくり冷えて固まってできた岩石で，花こう岩，せん緑岩，斑れい岩などがこれにあたる。玄武岩は火山岩（マグマが地表や地表近くで急に冷えて固まってできた岩石）であり，チャートは生物の遺骸や水にとけていた成分が堆積してできた堆積岩，凝灰岩は火山の噴出物が堆積してできた堆積岩である。

3　陰極線（電子線）の正体は－の電気をもつ粒子（電子）の流れである。電子は－極（電極X）から出て＋極（電極Y）に向かって流れる。このとき，上下の電極板を電源につないで電圧を加えると，－の電気を帯びている電子は＋極の方に引き寄せられて曲がる。よって陰極線が曲がった方の電極Bが＋極であることがわかる。

4　イカ，タコ，マイマイ，アサリなどが軟体動物である。軟体動物には外とう膜とよばれる筋肉でできた膜があり，内蔵がある部分を包んでいる。アサリのように，外とう膜を覆う貝殻があるものも多い。

5　発熱反応とは逆に，化学変化のときに熱が吸収される反応は吸熱反応という。

6　地震の規模を表すマグニチュードが1ふえると地震のエネルギーは約32倍に，2ふえると約1000倍になる。地震によるゆれの大きさは震度で表す。

7　遺伝子の本体はデオキシリボ核酸（略してDNA）である。

8　1秒間に50打点なので，5打点は0.1秒にあたる。よって平均の速さは
2.3〔cm〕÷0.1〔s〕＝23〔cm/s〕

2 1　太陽は星座の間を西から東へ1年かけて移動しているように見える。この天球上の太陽の通り道を黄道という。これは地球の公転によって生じる見かけの動きである。

2　**図1**のボールの，光源に面していない半分を黒く塗りつぶしてから，カメラからボールを見ると，光ってみえるのは左側の，半分より狭い部分である。

3　**図**のように，実験(3)のカメラ（地球）の位置は，おとめ座が真夜中に南中する日なので，おとめ座と光源（太陽）の間になる。また，そのときボール（金星）が**図2**のように右半分が光って見えるのは光源とふたご座の間にあるときである。この位置から半年後は，右図の矢印のように移動して，カメラは光源とうお座の間，ボールはもとの位置より少し手前になる。この位置のカメラからボールを見ると，ふたご座とおとめ座の間に見える。

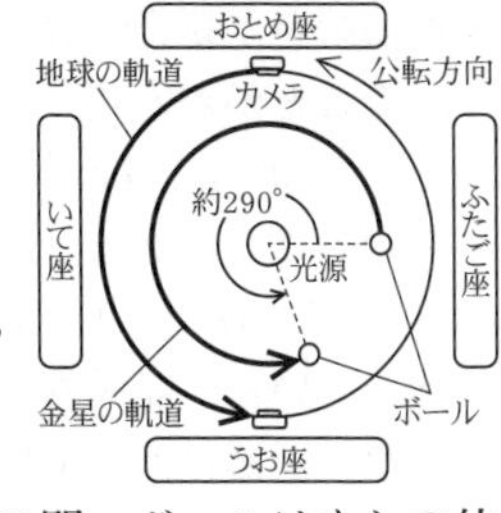

3 1　60〔W〕÷100〔V〕＝0.60〔A〕

2　白熱電球Pを2時間使用したときの電力量は　60〔W〕×2〔h〕＝120〔Wh〕
一方，LED電球の電力は7.5Wなので同じ電力量になるのは
7.5〔W〕×x〔h〕＝120〔Wh〕　$x=16$
より，16時間使用したときである。

3　白熱電球は，フィラメント（金属）に電流を流して発熱させ，その熱で明るく光るので，電気エネルギーは光エネルギーとして使われるよりも，熱エネルギーとして使われる割合の方が大きい。実験(2)，(3)より得られた**図3**はこのことを確かめる実験である。消費電力の等しい白熱電球とLED電球を比べると，白熱電球の方が発熱量が大きいことがわかる。

4 1　おしべのやくからでた花粉がめしべの柱頭につくことを受粉という。

2　葉脈が網状脈であることから，キャベツは被子植物の双子葉類に属することがわかる。よって茎の維管束は輪のように並んでいて，根は主根と側根からなる。

3　イヌワラビはシダ植物，ゼニゴケはコケ植物に属する。どちらも種子はつくらず，胞子でふえる。シダ植物は維管束があり，根・茎・葉の区別もあるが，コケ植物は維管束も，根・茎・葉の区別もない。コケ植物の根のように見える部分は仮根といい，おもに体を地面などに固定するはたらきをする。

4　サクラやキャベツは胚珠が子房の中にある被子植物である。それに対して，マツは胚珠がむきだしになっている裸子植物である。スギ，イチョウ，ソテツなども裸子植物のなかまである。

5 1　試験管Aに注目すると，塩酸と水酸化ナトリウム水溶液がともに6.0cm^3のとき，すなわち体積の比が1：1のとき，BTB

溶液の色が緑色になり，過不足なく中和されたことがわかる。よって，試験管Bでは，$8.0-4.0=4.0$〔cm^3〕の塩酸が未反応で残っていることになる。同様に，試験管Cでは $8.0cm^3$，Dでは $12.0cm^3$ の塩酸が未反応で残っている。試験管A，B，Cではマグネシウムが溶け残っていたので，マグネシウムは十分にあり，未反応の塩酸の体積に比例して気体が発生したと考えられる。すなわち，試験管Bで発生する気体は試験管Cの半分になる。試験管Dではマグネシウムが溶け残っていないことと，発生した気体が試験管Cの1.5倍より小さいことから，0.12gのマグネシウムはすべて反応し，塩酸の方が過剰だったことがわかる。なお，発生した気体は水素である。

2　左辺と右辺の原子の数が合うように，係数を正しくつける。

3　質量が変化しなくなるまで加熱した後の質量から加熱前の質量を引いたものが，化合した酸素の質量である。1～4班の値を•で記入し，原点を通り，•が線の上下に同程度散らばるような直線を引く。•が必ずしも直線上にのらないのは実験の誤差である。

4　5班において，5回の加熱でマグネシウムと反応した酸素の質量は
0.61〔g〕-0.45〔g〕$=0.16$〔g〕である。
マグネシウムと酸素は3：2の質量の比で反応するので，酸素と反応したマグネシウムの質量は
$x:0.16=3:2$　$x=0.24$〔g〕であり，
0.45〔g〕-0.24〔g〕$=0.21$〔g〕のマグネシウムが未反応で残っている。

実験(1)より，0.12gのマグネシウムがすべて塩酸と反応したとき発生する気体の体積は $112cm^3$ なので0.21gでは
$0.12:0.21=112:y$　　$y=196$〔cm^3〕
の気体が発生する。

6　1　肺では空気中の酸素がとりこまれ，細胞呼吸でできた二酸化炭素が排出される。アンモニアは肝臓で尿素に変えられ，血液にとりこまれて腎臓へと送られる。腎臓では尿素が血液中からこしだされて尿になる。

2　図で，Pは肺，Qは肝臓，Rは小腸，Sは腎臓を表している。血管aを流れる血液が栄養分の濃度が高いのは，ブドウ糖，アミノ酸などが小腸で吸収されるからである。

3　1分(60秒)で左心室から送り出される血液は　80〔mL〕×75＝6000〔mL〕である。よって，4000mL送り出されるまでには
$60:x=6000:4000$　　$x=40$〔s〕かかる。

7　1　4.3〔g〕$\div 2.8$〔cm^3〕$=1.53$〔g/cm^3〕
これを四捨五入する。密度の値からプラスチックAはポリ塩化ビニルである。

2　体積や質量は違っても，密度はBと変わらないので水に沈む。Bはポリスチレンである。

3　CとDはポリエチレンとポリプロピレンのいずれかなので，密度が $0.91g/cm^3$ より大きく $0.94g/cm^3$ より小さい液体を選べばよい。

8　1　乾球の示度が19℃で湿度が81%になるとき，乾球と湿球の示度の差は2℃なので，19℃の2℃下が湿球の示度になる。

2　理科室の露点が19℃であることから，空気に含まれている水蒸気の量は $16.3g/m^3$ である。よって理科室全体では
16.3〔g/m^3〕$\times 350$〔m^3〕$=5705$〔g〕
となる。

3　A，B，Cは含まれる水蒸気量が等しいので，最も温度が高いCが，飽和水蒸気量に対する割合が最も小さくなる。CとDは温度が等しいので含まれる水蒸気量が少ないCの方が湿度が低い。

4　2組の教室は，湿度が1組と同じでも，気温が高いので，空気に含まれる水蒸気量は1組より多い。よって露点は6℃より大きくなる。また，露点が気温を上回ることはないので28℃より小さい。

9　1　容器Pが水に浮いているとき，容器Pにはたらく重力と浮力がつりあっている。

2　水に沈めると，はたらく浮力の分だけばねばかりの値が小さくなる。
5.00〔N〕-4.50〔N〕$=0.50$〔N〕

3　重力は水中であっても変わらないので，物体の中心から3目盛り分，下向きの矢印をかく。糸を引く力の大きさはばねばかりの値と等しいので，糸の端を作用点として2目盛り分，下向きの矢印をかく。

4　①　物体全体が水中にある場合は，物体にはたらく浮力の大きさは水面からの深さに関係しない。　②　水中にある物体の体積が大きいほど，浮力は大きい。浮力の大きさは，物体の質量には関係しない。③　正しい。　④　物体の一部でも全体でも，水中につかっていれば，つかっている体積に応じて浮力がはたらく。

栃木県立高校入試(R2)

英語 【解答・解説】

（令2）

英語採点基準 （総点100点）

〔注意〕 1 この配点は，標準的な配点を示したものである。
2 定められた答えの欄に答えが書かれていないときは，点を与えない。
3 指示された答えと違う表現で答えの欄に記入されていても，正答と認められるものには点を与える。
4 定められた数より多く答えたときは，点を与えない。
5 採点上の細部については，各学校の判断によるものとする。

問	題	正答	配		点	
1	1	(1) （ エ ） (2) （ ア ） (3) （ ウ ）	2点×3	26		
	2	(1) ① （ イ ） ② （ ウ ） (2) ① （ エ ） ② （ ア ）	3点×4			
	3	(1) （ story ） (2) （ reason ）	2点×4			
		(3) （ favorite ） (4) （ April ）				
2	1	(1) （ エ ） (2) （ イ ） (3) （ ア ） (4) （ イ ）	2点×6	18		
		(5) （ ウ ） (6) （ ウ ）				
	2	(1) （ ウ → ア → エ → イ ） (2) （ イ → エ → ア → ウ ）	2点×3			
		(3) （ オ → イ → ア → エ → ウ ）				
3	1	（ Cleaning ） （ Time ）	2点	28		
	2	（ Who ）	2点			
	3	（ エ ）	2点			
	4	(3) (例1) are carrying the desk (例2) are moving the teacher's desk	3点×3			
		(4) (例1) important to keep (例2) necessary for us to keep				
		(5) (例1) they feel good (例2) they can feel nice				
	5	（ ア ）	3点			
	6	(例) みんなが使うものを大切に使うべきだということ。	4点			
	7	(例1) Our school has the chorus contest in September every year. We practice very hard after school to win the contest. On the day of the contest, we sing on the stage, and many people are invited. We look forward to it very much.	6点			
		(例2) We visit an elementary school every month. We teach English to the children. We sing English songs, play games and so on. They enjoy learning English. I feel happy when I see their smiles.				
4	1	（ ウ ）	2点	14		
	2	(例1) （ Can ） （ you ） （ help ） (例2) （ Would ） （ you ） （ help ）	2点			
	3	① (例) 助けがなくても，すべてのことをしなければならない (24字)	3点×2			
		② (例) 共に生き，共に働き，お互いに助け合うのだ (20字)				
	4	（ イ ） （ オ ）	2点×2 順不同			
5	1	（ ア ）	2点	14		
	2	(例) 船が橋の下を通る時，帆が橋に当たるから。	4点			
	3	（ イ ）	4点			
	4	（ エ ）	4点			

1 話の展開を追いながら聞く。文字で確認してから，何度も音声を聞くとよい。

1 選択肢から聞くべきポイントがわかる。

(1) somethingの部分に注意。

(2) 15と50を聞き分ける。

(3) needに続く交通手段に注意。

2 (1) 複雑なので展開をしっかり追う。

① went to his roomからわかる。

② I want to ～の部分からわかる。

(2) 図を見ながら聞いてみよう。

① ～ eat it in Sky Garden on the eighth floorと言っている。

② 場所が後で述べられることに慣れる。

3 事前に設問からポイントを見つけておく。(1)(2)(4)は，聞き取ったままで答えることができるが，(3)は，you like the best の部分を一語に言い換える必要がある。

2 1 空所の前後がヒントになる。そこから相応しい形や単語を考える。(4)は意味を考える。 2 基本的な文型の語順の問題。

1 (1) the best of all ～の構文。

(2) ～ us that …の語順からtellとわかる。

(3) 前後の内容から考える。

(4) how to ～＝どのように～するか

(5) If ～が表す条件と，to meet people から考える。

(6) 動詞の意味と，music が単数であることからわかる。

2 (1) 現在完了形。neverの位置に注意。

(2) decide to ～「～することを決める」

(3) 疑問文。Doで始める。

3 ［本文の要旨］

エマと美樹が話をしている。前半では学校の清掃を話題にしている。日本では生徒が清掃を行うが，フランスでは生徒は行わないので，美樹が清掃を取り上げた学校新聞を使って，エマに説明する。エマは，日本と違ってフランスでは教科書は借り物で後輩へ引き継ぐことを美樹に話す。どちらの場合も物を大切にすることが学べることに二人は気が付き，興味を持つ。

［解説］

1 戻りながら探す。前文のCleaning Time。

2 cleans ～の主語をたずねる疑問文なので，Who。後の応答もヒント。

3 直前に「清掃員が清掃する」とあるので，「生徒は清掃する必要がない」にする。

4 新聞を見ながら考える。(3) 「男子生徒は机を動かしている」moveかcarryが使える。(4) it is ～ to …の構文を使う。「…することが大切である」という文にする。後にour school cleanとあるので，keep ～ cleanが使える。(5) グラフでは14人は「清掃をした後は気分がいい」とある。feel goodが使える。

5 前後から「～を返す」となることがわかる。

6 事例から考える。前の文の we use our textbook carefully から考えると，物を大切にすることであることがわかる。

7 様々なことを書くことで表現力を上げる。文のつながりを意識しながら書く練習をする。

4 ［訳例］

「竜がボランティアクラブの新しいリーダーだ」と助言者の山田先生がミーティングで言いました。それを聞いて嬉しく思いました。大声で「リーダーとしてがんばります」と言いました。見上げると，美しい空が見えました。希望に満ちていました。

家に歩いて帰るときに，叔父のヒロさんに会いました。叔父さんは地域のリーダーです。そこで暮らす人たちに尊敬されています。叔父さんが「竜，どうした」と言いました。「クラブのリーダーになったよ」と答えました。叔父さんは，「すごいな。ところで，夏祭りのボランティアを探しているんだ。祭りを手伝ってくれないか」と言いました。「いいですよ」

次の日，クラブ員に夏祭りについて話しました。「ヒロさんからボランティアとして祭りに参加するように頼まれた。ポスターを五枚作って，校内に貼るように言われてもいる」何人かが「僕たちがポスターを作る」と言いました。僕は「ありがとう，でもそれは一人でやるよ」と答えました。「本当？」「もちろんさ。一人でやらないといけないんだ，だってリーダーなんだから」

一週間後のクラブのミーティングで山田先生が僕に「竜，ポスターはできましたか」と尋ねました。僕は小さな声で，「まだです。２枚しか終わっていません」と答えました。「まあ，たいへん，みんな竜を手伝って」と先生は言いました。他のメンバーがポスターを作っている間，彼らの顔を見ることができませんでした。僕は気分がよくありませんでした。

数週間後，祭りが行われました。クラブ員たちはボランティア活動を楽しんでいました。でも，僕は一人でポスターを終わせなかったので，楽しくありませんでした。「自分は良いリーダーではないんだ」と思っていました。花火が始まっても地面を見ていました。

そのときヒロさんが来て，「竜，どうした」と尋ねてきました。「リーダーとして，すべてのポスターを一人で仕上げようとしたけど，できなかったのです」と答えました。「よく聞け，リーダーは助けなしですべてをやらなければならないと思うのか？違うと思うよ。私はここに住む人たちと一緒に活動している。共に暮らし，共に活動し，そしてお互いに助け合っているんだよ」とヒロさんは言いました。ヒロさんの言葉は僕に元気を与えてくれました。「わかったよ，ヒロさん。クラブのみんなと活動するよ」

次のクラブのミーティングで，僕は「ごめんなさい。リーダーはあらゆることを助けてもらわずにやらなければならないと思っていました。でも，それは間違っていました」と話しました。みんな僕の話を静かに聞いていました。「一緒に活動することが大切だということを学びました。みんなと一緒に活動していきたいと思います」僕は続けて，「今日は，新しい活動について話しましょう。何をやりたいですか」と話しました。一人のメンバーが，「駅に花を植えるのはどうでしょうか」と言いました。そうすると，全員が話し始めました。「いいね」「地元の人に一緒にやってくれるように頼もう」「その人たちと一緒に活動するのは楽しそうだ」みんなが笑顔でした。空を見ると，太陽が輝いていました。

［解説］

1　どちらも直前の内容から気持ちを考える。

2　応答から何かを依頼されたことがわかる。～ us with…の部分に合う help を使う。

3　①　竜の発言の I believed that leaders must do everything without help の部分になる。②　前の段落のヒロさんの発言の We live together, work together, and help each other の部分になる。

4　ア　一段落の最初　イ　二段落後半　ウ　三段落　エ　四段落　オ　最終段落　カ　最終段落

5　［訳例］

「ロンドン橋おちる」は，何度も落下した橋についての有名な歌です。この橋はロンドンを流れる川にかけられていました。19世紀に，その川は船で物を輸送するのにとても役立ちました。毎日帆のついた大きな船が川に多く見られました。多くの人が川沿いに集まり，ロンドンのような街を作りました。問題が一つありました。船が橋の下をくぐるとき，帆が橋に当たりました。そのため，川にはほんの少しの橋しかありませんでした。人々は簡単には対岸に行くことができませんでした。そのころ，ある人々が川の下にトンネルを作ろうと考えました。その人たちはトンネルを「シールド工法」で作りました。この工法では，トンネルが「シールド」と呼ばれるパイプで内側から支えられていたので，より強いトンネルを作ることができました。水がトンネルに入り込まないので，トンネルは簡単には壊れなかったのです。人々はこのような頑丈なトンネルができたことを喜びました。

トンネルを作るためのこの工法はどのようにして発見されたのでしょうか。小さな生き物が木の中に穴を作る方法から，それは発見されました。当時，船は木材で作られました。フナクイムシと呼ばれる生き物は，船の木材を食べて，穴をあけました。フナクイムシが木材を食べるときに，体からでる特殊な液体を穴の壁に付けます。この液体が固くなると，穴が丈夫になります。このようにして，トンネルを頑丈にする方法が見つけられました。

今日，世界中の海や山の下にトンネルがたくさんあります。小さな生き物が，丈夫なトンネルを作るための発想を与えてくれました。注意深く見ていけば，小さなものから素晴らしい発想が得られるかもしれません。そうすることで，もっと良い物を作れるでしょう。

［解説］

1　後続する cities との組み合わせを考える。cities を目的語に使えるのは built。意味からでも分かるであろう。

2　So は，前に理由があることを表すので，When ships went under the brides, the sail hit the bridges の部分が理由。

3　such a strong tunnel「このような頑丈なトンネル」という内容と合う部分を選ぶ。

4　「ある生き物から世界中のトンネルを丈夫にする発想がえられた」ということ。

対応し、「感覚・感情」が「個人メガネ」と対応する。

3　空欄を含む一文では「対象を[　]し、事実に即して述べたとしても、実際は自分を通して考えたり感じたりした思考・記述となる」ということを言っている。よって主観的に判断する「実際の思考」とは逆の内容の**エ**が適切。**ア**と**ウ**は「実際の思考・記述」に当たるため不適。**イ**は「効果的」が文脈からずれるため不適。

4　**ウ**は二重空欄を含む一文の文末が「〜からだ」となっていないため不適。「自己としての『私』」について二重空欄の直前には「さまざまな認識や判断によって〜つくられていく」こと、直後には「少しずつ変わっていくこと」と違う方向性について述べているため**ア**が適切。話の転換を表す**エ**や具体例を表す**イ**は不適。

5　設問を言い換えると「自分探し」がどのような状態かということを聞いている。傍線部(3)の七〜五行前に「『自分探し』」では「本当の〜何も出て」こないこと、また三行前にはその「『自分』とは〜存在するものでな」いことが述べられている。

6　**ウ**は第五、六、十四段落などから読み取れる。**ア**は「意見を〜なり」、**イ**は「利便性の〜創造される」、**エ**は「対等な〜築く」「対話の〜社会」が本文中から読み取れず不適。

4

1　傍線部(1)中の「それ」とは「勤務先」を指す。直後の父の発言に「名古屋」へ「一か月で引っ越さなくちゃならない」とあることから**ウ**が適切。**ア**、**イ**、**エ**は本文中から読み取れず不適。

2　「ばつが悪い」とは「きまりが悪い」という意味。傍線部(2)直前の母と妹の発言と直後の父の発言「これから〜思ってたんだがなあ」から陸上勤務で家族の時間が増えることを喜んでもらえずに母と妹に反発されてきまり悪くしていることが分かる。

3　父のせっかちさ、さわやかさが読み取れる記述がないため**ウ**と**エ**は不適。また父が異動届を出した時点で家族に相談していなかったことから**ア**よりも細かいことにこだわらない**イ**の「おおらか」さが適切。

4　傍線部(3)直前の、母が非難していた父に同調した航輝の発言に対し「母の視線が鋭くなった」つまり視線が強くきびしくなったと読み取れる。よって**ア**が適切。**イ**は「母に航輝が反発を始めた」、**ウ**は「母が絶望した」が読み取れず不適。**エ**は航輝は「父を味方につけようとした」のではなく同調しただけなので不適。

5　傍線部(3)直後の航輝の発言中の「お父さんは〜本当に、船を降りてもいいと思っていたのかな」から航輝の考えが分かる。このように考えたのは、傍線部(4)に続く回想の場面より船と関連のある名前を息子につけるほど船に乗ることが好きだという父の実感のこもった言葉を航輝が聞いたことがあったからだとわかる。よってこれらの内容を字数内に収まるよう工夫して説明する。

6　**ア**は擬音語・擬態語で家族の性格がわかる記述はないので不適。**イ**は、回想の場面で「新しい家族の姿」がわかる記述はないので不適。**ウ**は「情景描写」が本文中にないため不適。**エ**は否定できるところがないため適切。

5

作文を書く際は、「何について書くのか」「条件は何か」に注意して書くことになる。この問題では「様々な国の人とコミュニケーションをとる際に心がけたい」ことについての意見を資料を参考に、自分の体験を踏まえて書くことが求められており、体験をどのくらいの分量で書くのかによって意見の分量が少なくなってしまうことも考えられるので注意が必要である。

〔作文例〕

「左手に整理券があります」というAの表現に対して、Bでは「左の箱から小さな白い紙が出ています」といった直観的にわかりやすい表現をするように工夫している。

以上のことから、私は様々な国の人とコミュニケーションをとる際に、視覚などの感覚的に理解しやすい言葉を選んでいくことを心がけたい。なぜなら、視覚的な表現ならば見てその場で理解しやすいので、たとえ外国には無いような事柄でも誤解されにくいと思うからだ。実際に先日見ていたテレビでも、来日した外国の方へのインタビューでは見てわかる表現を多用し、通じていたように感じた。だから私は感覚に訴えることを心がけたい。

1

1　訓読み三、音読み二で、標準的なものが多い。

2　書き取りも使用頻度の高いものが多い。

3　(1)　問題文中とエの俳句の季語は「スケート」「みぞれ」で季節は冬。それぞれの季語と季節は、アは「雲雀」で春、イは「名月」で秋、ウは「花火」で夏。

(2)　Aさんの発言中の「わくわくした心情」と同じ意味のアが適切。イは「ひやりとする」、ウは「感心し、驚くさま」、エは「心が動揺するさま」を表す。

(3)　②は「像を想う」という意味で、上の「想」が動作、「像」が目的の構成。イは「海の底」という修飾・被修飾の関係。ウは似た意味の字を重ねる構成。エは「未」という接頭語で下の「来」を打ち消す構成。

(4)　ウは「おもしろい」と「い」で言い切れるため、「幼い」と同じく形容詞。アは「結ぶ」、エは「言う」とウ段の音で言い切れるため動詞。イは活用せず「する」という用言(動詞)を修飾しているため副詞。

(5)　④の直前に「AさんとCさんが言うように」とあるところから二人の発言中の「心情」「情景を想像した」をヒントにする。

2

〔出典〕『長崎夜話草』から

〔現代語通釈〕

浜の町というところに、島原屋市左衛門とかいった者がいた。十二月初め、雪が降り積もった朝に、(市左衛門は)用があって朝早く(家を)出て、浜にある路を行くと、雪と雪の隙間に奇妙な物が見えたので、立ち寄って引き上げたところ、ひどく重い袋で、中に銀貨の大きなものが三包ほどと思われるものがあった。おどろいて、きっと持ち主がいるはずなので、すぐに探しに来るだろうと、その場を去らないで二時(現在の時間で四時間)ほど待っていたが、尋ねてくる人もいないので、きっと旅人が落としたのであろうと、そのあたりの町の中心部から離れたところの、旅人が宿泊する家をすべて尋ねて行って、旅人でものをなくしなさった人などがいるかと会う人すべてに尋ねたが、その日の夕方、ようやく持ち主にめぐりあった。事の始めから終わりまで詳しく尋ねて聞いたところ本物の持ち主であったので、先ほどの袋のままで返しました。この持ち主は喜び拝んで、「私は薩摩の国で、(自分を)信頼している人が様々なものを買い求めに(行ってほしい)と言って、私を派遣したので、もしこの銀貨がなかったならば、私の命はあるだろうか、いやない。本当にありがたいことでございますなあ」と、その銀貨を分かち合って(恩に)報いたが(市左衛門は)決して受け取る事もしないので、(持ち主は)どうしようもなくて酒とつまみを用意して心を込めて敬いもてなして帰った。

1　歴史的かなづかいで母音が「アウ」の場合、「オー」と読むので「らう」は「ろー(ろう)」と読む。

2　二重傍線部ウの直前の「旅人の」の「の」は主語を示す「が」という意味。よってウの主語は旅人。それ以外の主語は市左衛門。

3　市左衛門が銀貨を見つけて考えたことは傍線部(1)直前の「いかさま主有る～来なまし」の部分。よってエが適切。

4　持ち主は市左衛門が落し物の持ち主を探し出し、「さきの袋のままにて返しはべりぬ」という行動に対し、「喜び拝み」、「有り難きこと」と言っている。

5　傍線部(3)の直前「その銀を～せねば」からイの「銀貨を受け取ってもらえない」ことが読み取れ、傍線部(3)とその直後の「懇ろに～帰りぬ」から持ち主が酒と肴を準備し、市左衛門を「敬い」、何かしたことが読み取れることから「お礼」をしたと考えられる。

3

1　傍線部(1)直後に言い換えの接続詞「すなわち」があることから「すなわち」以降が傍線部(1)の説明。イの「相手の～表現し」は本文「相手の表現を～自分の考えを述べる」、イの「伝えられたか～確認する」は本文「自分の表現したことが～確かめる」と対応している。

2　傍線部(2)を含む一文の頭に言い換えを表す「つまり」とあることから、その直前の一文「そして、～できるはずです」を確認すると、「このことによって」とあり、この指示語が指す前段落も確認する。傍線部には「あなた自身」とあることから自分だけにあるものという意味合いを前段落から探すと「あなたにしかない」が

栃木県立高校入試（R2）

国語

【解答・解説】

（令2）

国語採点基準　（総点100点）

〔注意〕
1　この配点は、標準的な配点を示したものである。
2　定められた答えの欄に答えが書かれていないときは、点を与えない。
3　指示された答えと違う表現で答えの欄に記入されていても、正答と認められるものには、点を与える。
4　定められた数より多く答えたときは、点を与えない。
5　採点上の細部については、各学校の判断によるものとする。

問	題		正答	配点	
1	1	(1)	こうけん	2	30
		(2)	は(える)	2	
		(3)	しょうだく	2	
		(4)	そむ(ける)	2	
		(5)	おもむ(く)	2	
	2	(1)	研究	2	
		(2)	借(りる)	2	
		(3)	似(た)	2	
		(4)	負担	2	
		(5)	講座	2	
	3	(1)	エ	2	
		(2)	ア	2	
		(3)	ア	2	
		(4)	ウ	2	
		(5)	イ	2	
2	1		かろうじて	2	10
	2		ウ	2	
	3		エ	2	
	4		(例)銀貨が三包入った袋の持ち主を長時間探して、拾ったときのまま返したこと。	2	
	5		イ	2	
3	1		イ	3	20
	2		あなたにしかない感覚・感情	4	
	3		エ	3	
	4		ア	3	
	5		(例)本当の自分が自己の中にはじめから明確に存在すると思い込んで、それを探している状態。	4	
	6		ウ	3	
4	1		ウ	3	20
	2		(例)陸上勤務を少しは喜んでもらえると思っていたのに、妻と娘に反発され気まずくなったから。	4	
	3		イ	3	
	4		ア	3	
	5		(例)息子に航輝と名付けるほど船に乗るのが好きな父が、家族のために船を降りても本当によいのかということ。	4	
	6		エ	3	
5			(評価の観点) 1　形　式　目的に応じた適切な叙述であるか。 字数が条件に合っているか。 2　内　容　第一段落 ・外国人にとってわかりやすい表現にするためにどのような工夫がされているかについて述べているか。 ・AとBの中の言葉を比較しているか。 第二段落 ・テーマに対して、自分の体験や見聞を踏まえ、自分の考えを明確に表現しているか。 3　表現・表記　文体に統一性や妥当性があるか。主述関係や係り受けなど適切であるか。 語句が適切に使用されているか。誤字・脱字がないか。 ※　これらの項目に照らし、各学校の実態に即して総合的に評価するものとする。	20	

令和元年度
県立入試

栃木県
高校入試
の対策
2023

(平 31)

社　会　解　答　用　紙

受検番号（算用数字ではっきり書くこと。）	番

得点計	

◎「得点」の欄には受検者は書かないこと。

問題			答		え	得点
1	1	(1)	(　　　)	(2)	(　　　)	
		(3)	(　　　)	(4)	(　　　)	
	2	(1)	(　　　　　　) 〔経済〕	(2)	(　　　　　　)	
		(3)	(　　　　　　)	(4)	(　　　　　　)	
2	1		(　　　)	2	(　　　　　　) 〔教〕	
	3		(　　　)	4	(　　　)	
	5		図3：			
			図4：			
3	1		(　　　　　　)	2	(　　　)	
	3		(　　　)	4	(　　　)	
	5					
4	1		(　　　　　　)	2	(　　　)	
	3		(　　　)			
	4		〔平清盛と藤原道長は〕			
	5		(　　　)	6	(　　　)	
	7		(　　→　　→　　→　　→ E　)			
5	1		(　　　　　　)	2	(　　　)	
	3		(　　　)	4	(　　→　　→　　→　　)	
	5		図1：			
			図2：			
6	1	(1)	(　　　　　　)	(2)	(　　　)	
		(3)	(　　　)	(4)	(　　　)	
	2	(1)	(　　　)	(2)	(　　　　　　)	
		(3)	(　　　)	(4)	(　　　　　　) 〔制度〕	
		(5)	(　　　　　　)			
		(6)				
7	1		(　　　　　　)	2	(　　　)	
	3		(　　　)			
	4	X	〔しました。〕			
		Y	〔しました。〕			

栃木県立高校入試(H31)
数　学
【解答用紙】

(平 31)

数　学　解　答　用　紙　(1)

受　検　番　号 (算用数字ではっきり書くこと。)	番

得　点	(1)	(2)	計

◎「得点」の欄には受検者は書かないこと。

<table>
<tr><th colspan="2">問　題</th><th colspan="4">答　　　　　え</th><th>得　点</th></tr>
<tr><td rowspan="7">1</td><td>1</td><td></td><td>2</td><td colspan="2"></td><td rowspan="7"></td></tr>
<tr><td>3</td><td></td><td>4</td><td colspan="2"></td></tr>
<tr><td>5</td><td></td><td>6</td><td colspan="2">度</td></tr>
<tr><td>7</td><td>$a =$</td><td>8</td><td colspan="2">cm^2</td></tr>
<tr><td>9</td><td>$x =$　　, $y =$</td><td>10</td><td colspan="2"></td></tr>
<tr><td>11</td><td>度</td><td>12</td><td colspan="2">$x =$</td></tr>
<tr><td>13</td><td></td><td>14</td><td colspan="2"></td></tr>
<tr><td rowspan="6">2</td><td rowspan="6">1</td><td rowspan="6">ℓ
A　B</td><td rowspan="5">2</td><td rowspan="2">(1)</td><td>①(　　　)</td><td rowspan="6"></td></tr>
<tr><td>②(　　　)</td></tr>
<tr><td rowspan="3">(2)</td><td>③(　　　)</td></tr>
<tr><td>④(　　　)</td></tr>
<tr><td>⑤(　　　)</td></tr>
<tr><td>3</td><td colspan="2">$a =$</td></tr>
<tr><td rowspan="3">3</td><td>1</td><td colspan="4">答え(　　　本)</td><td rowspan="3"></td></tr>
<tr><td rowspan="2">2</td><td>(1)</td><td></td><td colspan="2"></td></tr>
<tr><td>(2)</td><td colspan="3"></td></tr>
</table>

栃木県立高校入試(H31)

数学 【解答用紙】

(平 31)

数　学　解　答　用　紙　(2)

受検番号 (算用数字ではっきり書くこと。)	番
得　点	

◎「得点」の欄には受検者は書かないこと。

問題		答え				得点
4	1	(証明)				
	2	(1)	cm^3	(2)	cm	
5	1	m				
	2	答え( )	3	(1)	(グラフ)	
				(2)	m	
6	1	枚	2			
	3	答え(x =)				
	4	①( ) ②( ) ③( )枚				

理　科　【解答用紙】

(平 31)

理　科　解　答　用　紙

受検番号 (算用数字ではっきり書くこと。)	番

得点計	

◎「得点」の欄には受検者は書かないこと。

問題		答え	得点
1	1	(　　　) 2 (　　　) 3 (　　　) 4 (　　　)	
	5	(　　　) 6 (　　　)	
	7	(　　　) 8 (　　　)cm	
2	1	(　　　) 2 (　　　)	
	3	(　　　)	
3	1		
	2	(　　　)	
	3	試験管 B(　　　)　試験管 D(　　　)	
4	1	(　　　) 2 (　　　)回転	
	3	図 3 (　　　)　図 4 (　　　)	
	4	(　　　)	
5	1	(　　　) 2 (　　　)	
	3	水の方が砂に比べて	
	4	(　　　)	
6	1	(　　　)	
	2	(　　　)cm³	
	3	① (　　　) ② (　　　)	
	4	白色の沈殿の質量〔g〕 (0, 0.2, 0.4, 0.6, 0.8, 1.0) うすい硫酸の体積〔cm³〕 (0, 2, 4, 6, 8, 10)	
7	1	(　　　)J	
	2	(　　　) 3 (　　　)	
8	1	(　　　)	
	2		
	3	震央(　　　)　震源の深さ(　　　)km	
9	1	(　　　)	
	2	① (　　　)　② (　　　)　③ (　　　)	
	3	(　　　)	
	4		

英語 【解答用紙】

(平31)

英　語　解　答　用　紙

受検番号 (算用数字ではっきり書くこと。)	番

得点計	

◎「得点」の欄には受検者は書かないこと。

問	題	答え	得点
1	1	(1) (　　)　(2) (　　)　(3) (　　)	
	2	(1) ① (　　)　② (　　)　(2) ① (　　)　② (　　)	
	3	(1) (　　　　)　(2) (　　　　)	
		(3) (　　　　)　(4) (　　　　)	
2	1	(1) (　　)　(2) (　　)　(3) (　　)　(4) (　　)	
		(5) (　　)　(6) (　　)	
	2	(1) (　→　→　→　)　(2) (　→　→　→　)	
		(3) (　→　→　→　→　)	
3	1		
	2	(　　)	
	3	(　→　→　)	
	4		
4	1	(1)	
		(2)	
	2	(1) ①	
		(1) ②	
		(2)	
5	1		
	2		
	3		
	4	(　　)　(　　)	
6	1	(　　)	
	2	① (　　　　)	
		② (　　　　)	
	3	(　　)	
	4	(　　)	

栃木県立高校入試（H31）

国語

【解答用紙】

（平31）

国語解答用紙（1）

受検番号（算用数字で横書きにはっきり書くこと。）	番

得点	
(1)	
(2)	
計	

◎「得点」の欄には受検者は書かないこと。　5は「国語解答用紙(2)」を用いること。

問題		答え	得点 小計	得点 計
1	1	(1) 和訳　(2) 費やす　(3) 傾斜　(4) 把握　(5) 厳かな		
	2	(1) オヨぐ　(2) シイク　(3) トドく　(4) ケイビ　(5) フクザツ		
	3	(1)（　）(2)（　）(3)（　）(4)（　）(5)（　）		
2	1	（　）		
	2	（　）		
	3	（　）		
	4	□□□…という方法。		
	5	（　）		
3	1	（　）		
	2	人間もまた□□□…させ、死ぬと自然に戻るという循環の一部であるということ。		
	3	（　）		
	4	(Ⅰ) □□□… (Ⅱ)（　）		
	5	（　）		
4	1	（　）		
	2	（　）		
	3	（　）		
	4	□□□…		
	5	□□□□□～□□□□□		
	6	（　）		

(平31)

国語解答用紙 (2)

受検番号 (算用数字で横書きにはっきり書くこと。)	番

得点	甲	乙	計

5

◎受検者名と題名は書かないこと。

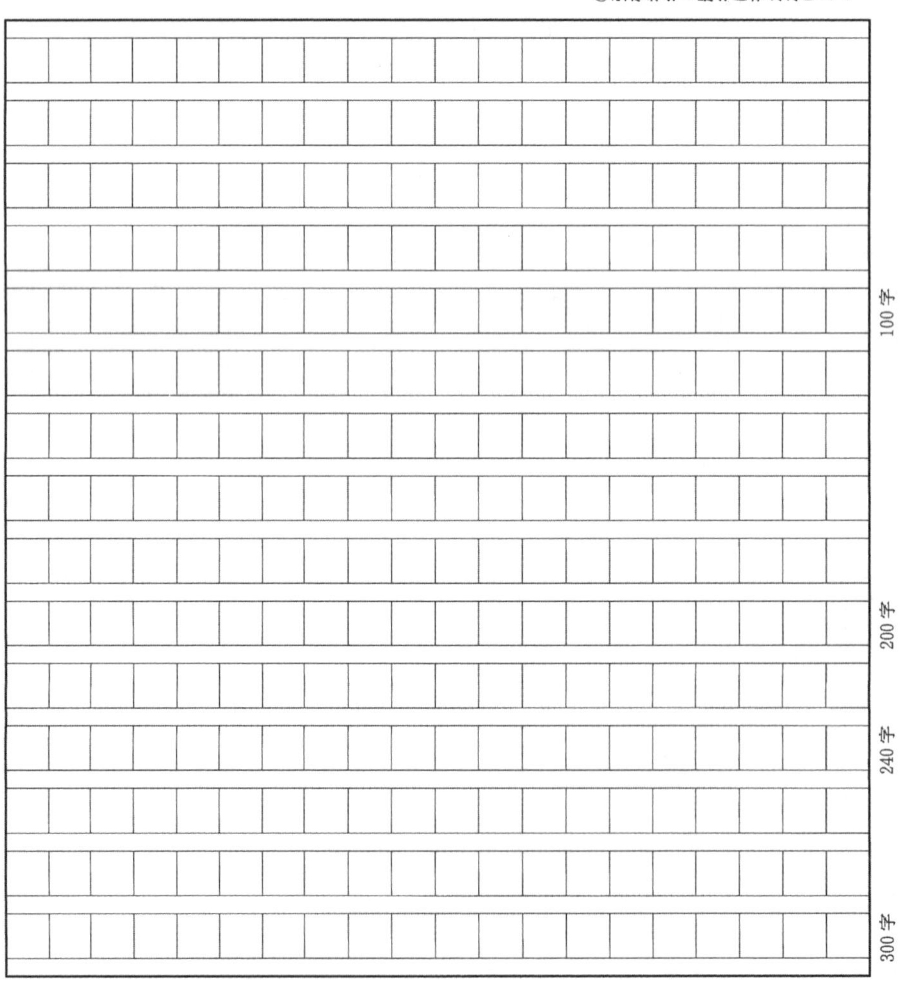

栃木県立高校入試(H31)

社 会 【解答・解説】

社会採点基準

(総点100点)

(平31)

〔注意〕
1 この配点は，標準的な配点を示したものである。
2 定められた答えの欄に答えが書かれていないときは，点を与えない。
3 指示された答えと違う表現で答えの欄に記入されていても，正答と認められるものには点を与える。
4 定められた数より多く答えたときは，点を与えない。
5 採点上の細部については，各学校の判断によるものとする。

問題		正答		配点		
1	1	(1) (エ)	(2) (イ)	2点×4	8	16
		(3) (ア)	(4) (イ)			
	2	(1) (モノカルチャー)〔経済〕	(2) (やませ)	2点×4	8	
		(3) (足利義満)	(4) (憲法の番人)			
2	1	(ア)	2 (ヒンドゥー)〔教〕	2点×4	8	12
	3	(ウ)	4 (エ)			
	5	図3：(例)ホーペイ省は小麦の生産が盛んで，コワントン省は米の生産が盛んである。 図4：(例)コワンチョウは，ペキンと比較し，1年を通して，気温が高く降水量が多い。		4点	4	
3	1	(シラス)	2 (イ)	2点×4	8	12
	3	(ウ)	4 (ウ)			
	5	(例)宮崎県は，福島県に比べ，冬でも温暖である。そのため，宮崎県では，ビニールハウスを暖める暖房費を抑えながら，冬にきゅうりを生産することができるから。		4点	4	
4	1	(東大寺)	2 (イ)	2点×3	6	16
	3	(エ)				
	4	〔平清盛と藤原道長は〕(例)自分の娘を天皇と結婚させることで権力を強め，朝廷の政治の実権を握ったから。		4点	4	
	5	(ア)	6 (ウ)	2点×3	6	
	7	(A → D → C → B → E)				
5	1	(中華民国)	2 (エ)	2点×4	8	12
	3	(イ)	4 (イ → ア → エ → ウ)			
	5	図1：(例)アメリカを中心とする西側諸国と，ソ連を中心とする東側諸国の対立があった。 図2：(例)ソ連の解体により，独立国となった。		4点	4	
6	1	(1) (配当(配当金))	(2) (ウ)	2点×4	8	22
		(3) (エ)	(4) (ア)			
	2	(1) (ウ)	(2) (世界人権宣言)	2点×5	10	
		(3) (エ)	(4) (クーリング・オフ)〔制度〕			
		(5) (プライバシーの権利(プライバシーを守る権利))				
		(6) (例)やりたくなかった人の多くが，裁判に参加してよい経験と感じているように，裁判員制度は，司法に対する国民の理解を深めることにつながるため。		4点	4	
7	1	(扇状地)	2 (ア)	2点×3	6	10
	3	(イ)				
	4	X (例)英語や中国語などの複数の言語も表記〔しました。〕 Y (例)絵や記号なども表記〔しました。〕		2点×2	4	

1 1(1) 問題文中の「スペイン語を話す」「アメリカ合衆国への移民」はエ。
(2) 聖徳太子が設けた制度はイ。
(3) 問題文中の「大西洋を横断し，西インド諸島に到達した」のはア。
(4) 問題文中の「地方公共団体間の財政格差を調整するために，国から」配分されるのはイ。
2(1) 「特定の農産物や鉱産資源などに依存している経済」はモノカルチャー経済。
(2) 「東北地方の太平洋側」で吹く，「冷たい北東風」はやませ。
(3) 「室町幕府の3代将軍」は足利義満。南北朝を統一した。
(4) すべての裁判所は違憲審査権をもっているが，「最高裁判所」は違憲かどうかを，最終的に決定できる権限をもっていることから，憲法の番人とよばれている。

2 1 世界で最も高い山(エベレスト)があるのはヒマラヤ山脈。ヒマラヤ山脈はインド，中国(チベット)，ネパールなどの国境付近に位置する。よってア。
2 インドの人口の79.8%(2011年)がヒンドゥー教徒である。
3 バンコクとジャカルタが属する気候帯は熱帯。熱帯では雨が多く，1年を通して気温が高い。よってウ。
4 タイは東南アジアの自動車産業の拠点となっていて，電気機械工業が発達していることからエとわかる。またタイは中国，インド，インドネシアと比べ人口が少ないことから，乗用車保有台数も少ない。さらにタイは工業化が進んでいることから，アの中国に次いで1人あたりのGDPが高い。イがインド，ウがインドネシア。
5 図3からホーペイ省では小麦の生産がさかんで，コワントン省では米の生産がさかんなことが読み取れる。また図4からペキンよりもコワンチョウの方が1年を通して，気温が高く，降水量が多いことが読み取れる。

3 1 九州南部には，シラスとよばれる土壌が広く分布している。厚く積もったシラスは水もちが悪いため，稲作には適さない。
2 図1のカルデラは九州の阿蘇山の特徴である。カルデラの中に広がるくぼ地には，市街地が広がっている。阿蘇山の位置はイ。
3 地熱，風力，太陽光などの再生可能エネルギーによる発電量は，水力による発電量より少ない。よってエが水力による発電量である。アは強い風が吹く東北地方で発電量が多いことから，風力による発電量である。関東，中国地方には地熱発電所がほとんどない。これに対し，九州地方には火山が多く，地熱発電所が多い。よってイが太陽光による発電。ウが地熱による発電。
4 沖縄県は，宿泊・飲食サービスなどの第3次産業の割合が多い。よってウ。
5 図5から宮崎県は，キュウリの平均価格が高い1月～3月，10月～12月の出荷量が福島県より多いことがわかる。また図6から福島県では4月～6月，7月～9月がきゅうりの生育に適した気温になることが読み取れる。それに対し，1月～3月，10月～12月は福島県より宮崎県の方が気温が高く，温暖であるため，ビニールハウスを使ってきゅうりを生育するのに適した温度にする場合，暖房費が福島県よりかからない。したがって，宮崎県では冬に福島県より多くきゅうりを出荷できる。

4 1 光明皇后は，聖武天皇の皇后。図1は東大寺の大仏である。
2 Bのカードは(徳川)慶喜が将軍になったと書かれているので，江戸時代とわかる。アは平安時代。イは武家諸法度の内容であるから江戸時代。ウの口分田制度が確立したのは奈良時代。エは鎌倉時代。よってイ。
3 出雲の阿国によって始められたかぶき踊りは現代の歌舞伎の原型となった。
4 Dのカードから，平清盛の娘である建礼門院徳子が高倉天皇ともうけた子が安徳天皇となったことがわかる。また図2から，藤原道長の娘が皇后になっていることがわかる。2人とも，自分の娘を天皇と結婚させることで権力を強め，政治の実権を握ることができた。
5 平氏が滅んだ戦いは壇ノ浦の戦い。よってア。
6 女子教育が普及した背景として，「学制が公布され，教育を受けさせることが国民の義務になったこと」，明治時代末期に「軽工業や重工業が発展し，国民生活が向上したこと」,「全国各地に小学校がつくられ」,「高等教育機関の制度も整ったこと」などがあげられる。護憲運動がおこり，政党内閣が成立したのは大正時代。よって明治時代に当てはまらないのは**ウ**。

7　**A**は奈良時代。**B**は江戸時代。**C**は安土桃山時代。**D**は平安時代。**E**は明治時代。よって**A→D→C→B→E**。

5　1　アジア最初の共和国は中華民国。孫文が中華民国の建国を宣言した。

2　下線部ⓐの時期（1914年～1931年）は大正から昭和初期。**ア**は日中戦争（1937年）の後。**イ**は高度経済成長期（1960年代）。**ウ**は明治時代の文明開化の時期。**エ**は大正時代の出来事。よって**エ**。

3　日本は，1937年に日中戦争が始まったため,オリンピックの開催権を返上した。よって**イ**。

4　**ア**は1951年。**イ**は1946年。**ウ**は1972年。**エ**は1956年。よって**イ→ア→エ→ウ**。

5　**図1**から，モスクワ大会はアメリカを中心とする西側諸国が参加を辞退し，ロサンゼルス大会はソ連を中心とする東側諸国が参加を辞退したことが読み取れる。このことから西側諸国と東側諸国の対立が参加辞退の背景だとわかる。

また，**図2**のアトランタ大会では，旧ソ連のウクライナ，ベラルーシ，カザフスタンが初めてオリンピックに参加したことが読み取れる。ソ連の解体により多くの国が独立したことで，オリンピックに初めて参加できるようになったことがわかる。

6　1⑴　株式会社が利潤を上げた場合，所有する株式に応じ，株主に支払うお金は配当（配当金）。

⑵　消費税は間接税であるため，税負担者と納税者が異なる。またその税率は所得に関係なく同じである。よって**ウ**。

⑶　仕事と家庭生活などの調和を図り，働き方や生き方の充実をめざす考え方はワーク・ライフ・バランス。よって**エ**。

⑷　ODAとは政府開発援助のこと。発展途上国の支援のため，資金の提供や，農業技術，教育などの援助を行っている。よって**ア**。

2⑴　国会は立法機関であるから**ウ**。**ア**の条例は地方公共団体が制定する。**イ**の憲法改正をするには，国会が発議し，国民投票で過半数の賛成が必要である。**エ**の政令は内閣が制定する。

⑵　第二次世界大戦の後，1948年に国際連合で採択されたのは世界人権宣言。

⑶　都道府県知事の被選挙権は30歳以上で，住民の直接選挙で選ばれる。よって**エ**。

⑷　特定の販売方法において，一定期間内であれば契約を取り消すことができる制度はクーリング・オフ制度。

⑸　個人の私生活に関する情報を，他人に知られたり，勝手に利用されたりしないために，主張されている権利はプライバシーの権利（プライバシーを守る権利）。

⑹　**図**中の上の円グラフから，裁判員に選ばれる前は，半数近くの人が「あまりやりたくなかった」または「やりたくなかった」という感想を持っていることが読み取れる。また**図**中の下の円グラフから，多くの人が裁判員として裁判に参加したことをよい経験と感じていることが読み取れる。このことから裁判員制度導入のねらいは，司法に対する国民の理解を深めることにつながるためだとわかる。

7　1　川が山地から平野に流れ出るときに堆積した土砂でできる地形は扇状地。

2　一般に古代は，弥生時代から平安時代まで。中世は，平安時代末期から戦国時代まで。近世は，安土桃山時代から江戸時代まで。近代は，明治維新から第2次世界大戦終了まで。「解体新書」が出版されたのは江戸時代（近世）。鑑真が日本に来たのは奈良時代（古代）。よって**ア**。

3　田植えの時期は4月～6月。端午の節句は5月。よって**イ**。**ア**は1月。**ウ**の盆おどりは8月（地域によっては7月）。**エ**は11月。

4　改善した観光マップには，英語・中国語・ハングルが表記されている。これにより外国人観光客が観光マップを読めるようになる。また絵や記号などを表記することで，多くの人々にも分かりやすくなっている。

栃木県立高校入試(H31)

数　学　【解答・解説】

(平 31)

数学採点基準　(総点 100 点)

〔注意〕
1　この配点は，標準的な配点を示したものである。
2　定められた答えの欄に答えが書かれていないときは，点を与えない。
3　指示された答えと違う表現で答えの欄に記入されていても，正答と認められるものには，点を与える。
4　採点上の細部については，各学校の判断によるものとする。

問題		正		答	配	点		
1	1	-2	2	$6x-4$	2 点× 14	28		
	3	$15b^2$	4	$x^2+2x-48$				
	5	± 5	6	70(度)				
	7	$(a=)-12$	8	18(cm^2)				
	9	$(x=)-3$，$(y=)4$	10	$\frac{1}{6}$				
	11	56(度)	12	$(x=)\frac{-7\pm3\sqrt{5}}{2}$				
	13	ウ	14	ア				
2	1	(例) ℓ　C　A　B	2 (1)	①(b)　②(a)	1 は 4 点 2 (1)は 2 点 2 (2)は 2 点 3 は 4 点	12		
			2 (2)	③(11)　④(91)　⑤(10)				
			3	$(a=)\frac{1}{4}$				
3	1	(例) A 店で支払った金額と B 店で支払った金額の合計は 6280 円なので $150\times(1-0.2)\times x+\{150\times(50-x)-500\}=6280$ $120x+7500-150x-500=6280$ $-30x=-720$ $x=24$ この解は問題に適している。 答え(24 本)			1 は 6 点 2 (1)は 2 点 2 (2)は 4 点	12		
	2 (1)	エ						
	2 (2)	(例)　26 個という記録は，中央値の 25 個よりも大きいから。						

実戦編◆数学　解答・解説

県立 R 1

問題		正答	配点	
4	1	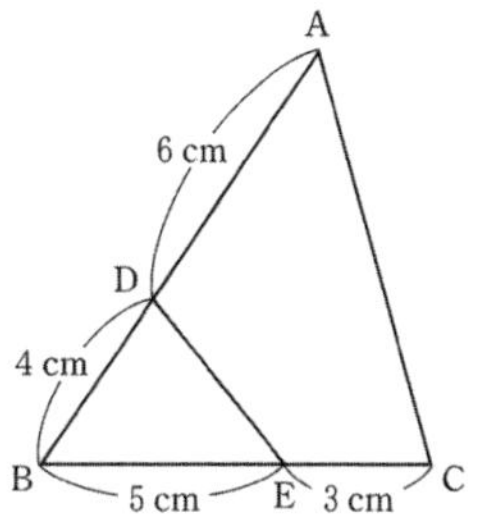 A, B, C, D, E, 6 cm, 4 cm, 5 cm, 3 cm (例) △ABC と△EBD において AB : EB = 10 : 5 = 2 : 1 ……① BC : BD = 8 : 4 = 2 : 1 ……② ①, ②より AB : EB = BC : BD ……③ 共通な角であるから ∠ABC = ∠EBD ……④ ③, ④より 2 組の辺の比とその間の角がそれぞれ等しいから △ABC ∽ △EBD	1 は 7 点 2 (1)は 3 点 2 (2)は 4 点	14
	2	(1) 128π(cm³)　(2) $6+4\sqrt{2}$ (cm)		
5	1	600 (m)	1 は 2 点 2 は 6 点 3 (1)は 4 点 3 (2)は 5 点	17
	2	(例) あすかさんが友人と合流したときから忘れ物に気がついたときまでのグラフの傾きは 60 であるから, x と y の関係の式は $y=60x+b$ と表すことができる。 グラフは点 (3, 300) を通るから $300=60\times3+b$ よって $b=120$ したがって, 求める式は $y=60x+120$ 答え ($y=60x+120$)		
	3	(1) (m) 学校, 1500, 1000, 500, 家, 0, 5, 10, 15, 20, 25 (分), (7 時) (2) 540 (m)		
6	1	10 (枚)	1 は 2 点 2 は 3 点 3 は 6 点 4 は 6 点	17
	2	98		
	3	(例) 円盤に書かれた数の合計は $2\times4+3\times4(x-2)+4\times(x-2)^2=4x^2-4x$ これが 440 になるから $4x^2-4x=440$ $x^2-x-110=0$ $(x+10)(x-11)=0$ $x=-10,\ x=11$ $x\geqq3$ より, $x=11$ 答え ($x=11$)		
	4	① (13)　② (15)　③ (168) (枚)		

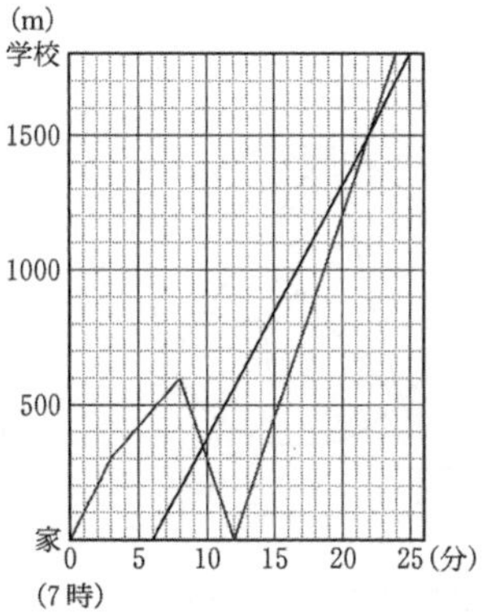

1 1　$-7+5=-(7-5)=-2$

2　$\dfrac{3x-2}{5}\times 10=(3x-2)\times 2=6x-4$

3　$5ab^2\div\dfrac{a}{3}=5ab^2\times\dfrac{3}{a}=15b^2$

4　$(x+8)(x-6)=x^2+(8-6)x+8\times(-6)$
$=x^2+2x-48$

5　2乗すると25になる数が25の平方根だから　5，-5

6　n 角形も五角形も外角の和は360°
$\angle x+60°+90°+35°+105°=360°$
$\angle x+290°=360°$，$\angle x=70°$

7　$y=\dfrac{a}{x}$，$xy=a$ に $x=6$，$y=-2$ を代入すると　$a=6\times(-2)=-12$

8　**相似な図形では，面積比は相似比の２乗に等しい。**相似比２：３より，面積比は
$2^2:3^2=4:9$，$8:\triangle\mathrm{DEF}=4:9$
$4\times\triangle\mathrm{DEF}=8\times 9$，$\triangle\mathrm{DEF}=18(\mathrm{cm}^2)$

9　$3x+y=-5$…①　　$2x+3y=6$…②
①×３－②より　$7x=-21$，$x=-3$
①より　$3\times(-3)+y=-5$，$y=4$

10　目の出方は全部で　$6\times 6=36$(通り)
２つとも同じ目が出るのは６通りだから
$\dfrac{6}{36}=\dfrac{1}{6}$

大	1 2 3 4 5 6
小	1 2 3 4 5 6

11　$\angle\mathrm{BOC}=360°-248°=112°$，$\overset{\frown}{\mathrm{BC}}$ に対する円周角$\angle x$は，中心角の半分だから
$\angle x=112°\div 2=56°$

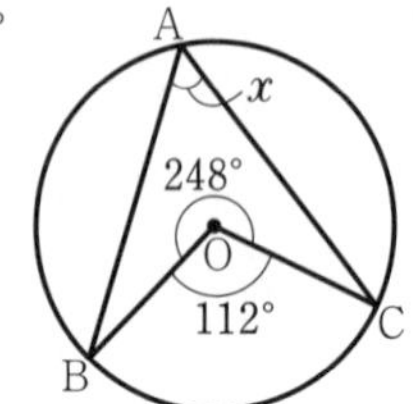

12　$x^2+7x+1=0$
$$x=\frac{-7\pm\sqrt{7^2-4\times1\times1}}{2\times1}=\frac{-7\pm3\sqrt{5}}{2}$$

13　150 mm のろうそくが毎分 2 mm ずつ短くなるから　$y=-2x+150$　**ウ**が適する。

14　真上から見た図を平面図，正面から見た図を立面図という。投影図は**ア**の四角錐を表す。

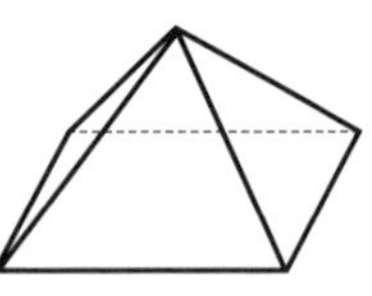

2 1　直角三角形 ABC で，辺 AC を斜辺とするから $\angle\mathrm{B}=90°$　点 B を通り半直線 AB に垂直な直線をひき，ℓ との交点に C を記入。

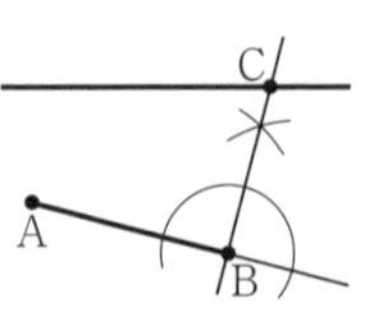

2　千の位と一の位の数を a，百の位と十の位の数を b とすると，４けたの数 N は
$N=1000\times a+100\times b+10\times b+1\times a$
$=1001a+110b=11(91a+10b)$
$91a+10b$　は整数だから N は11の倍数。

3　$y=ax^2$ に $x=-6$，4 をそれぞれ代入すると
$y=a\times(-6)^2=36a$
$y=a\times 4^2=16a$
$\mathrm{A}(-6,\ 36a)$
$\mathrm{B}(4,\ 16a)$　　直線 AB の傾きは　$\dfrac{16a-36a}{4-(-6)}=\dfrac{-20a}{10}=-2a$
$-2a=-\dfrac{1}{2}$　より　$a=\dfrac{1}{4}$

3 1　A店ではジュースを２割引きで x 本買ったから　$150\times(1-0.2)\times x$(円)，B店ではジュースを$(50-x)$本買い，値引券を使用したから　$150\times(50-x)-500$(円)
$150\times(1-0.2)\times x+\{150\times(50-x)-500\}$
$=6280$，$-30x+7000=6280$，$x=24$

2 (1) **ア**　平均値27個は，度数が最も大きい20個以上24個未満の階級に含まれていない。
イ　12個以上16個未満の階級にいる１人は，12，13，14，15個のいずれかを食べた。
ウ　24個以上の階級で最も小さい度数は２人。
エ　**範囲＝最大値－最小値**，$39-12=27$(個)
エが正しい。

(2)　中央値25個は10番目と11番目の人の平均。10番目と11番目の人は24個と26個，または25個と25個食べたことになるから，26個以上食べた人は20人の半数10人以下である。

4 1　**相似な図形は，向きをそろえて対応する辺を比べる。**２組の辺の比とその間の角がそれぞれ等しいから相似になる。

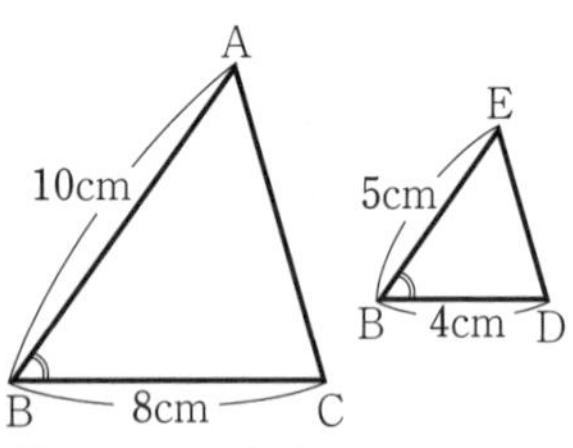

2 (1)　半径 4 cm の球がちょうど入る円柱は，底面の半径が 4 cm，高さが 8 cm の円柱。
体積は　$\pi\times 4^2\times 8=128\pi(\mathrm{cm}^3)$

(2)　球や円が接するとき，**２つの中心と接点は１直線上にある。**点Hを定めると $\mathrm{OH}=2$ cm
$\mathrm{OO'}=4+2=6$ cm
直角三角形 OO′H で
$\mathrm{O'H}=\sqrt{6^2-2^2}=\sqrt{32}$
$=4\sqrt{2}$ cm，円柱の高さは
$2+4\sqrt{2}+4=6+4\sqrt{2}$ (cm)

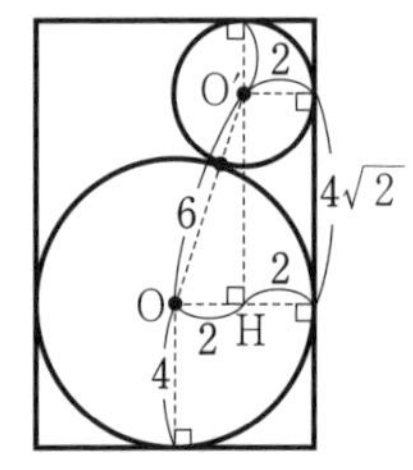

5 1　あすかさんは家を出てから毎分100mの速さで3分，毎分60mの速さで5分歩いてから忘れ物に気がついた。歩いた距離は

$100\times3+60\times5=300+300=600$(m)

＊グラフから600mを読み取ることもできる。

2　あすかさんが，友人と合流したときから忘れ物に気がついたときまでは $3\leqq x\leqq 8$ このときの速さは，毎分60m **速さは直線の傾きに等しい**から $y=60x+b$ と表せる。グラフは点(3，300)を通るから

$300=60\times3+b$，$b=120$ より

$y=60x+120$

3(1)　太郎さんは7時6分に家を出て一定の速さで学校に向かうから，グラフは直線である。図から，あすかさんが学校に着くのは7時24分。太郎さんは，あすかさんより1分遅く学校に着くから太郎さんが学校に着くのは7時25分。太郎さんが移動したようすを表すグラフは，2点(6，0)，(25，1800)を結ぶ線分になる。

(2)

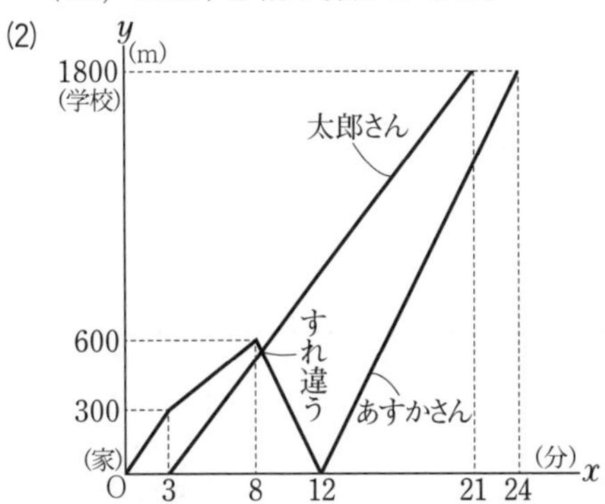

太郎さんの速さは毎分100m，速さは直線の傾きに等しいから $y=100x+c$ と表せる。7時3分に家を出るから点(3，0)を通る。$0=100\times3+c$，$c=-300$ より $y=100x-300$…① 太郎さんとあすかさんがすれ違うのは $8\leqq x\leqq12$ のとき。あすかさんは毎分150mの速さで家に戻るから傾きは負で-150，$y=-150x+d$ と表せる。あすかさんは7時12分に家に着くから点(12，0)を通る。$0=-150\times12+d$ $d=1800$ より $y=-150x+1800$…②

①，②のグラフの交点の y 座標が，太郎さんとあすかさんがすれ違う地点の家からの距離を表す。①×3＋②×2 より

$5y=2700$，$y=540$，540mの地点。

6 1　右上の図のように，3が書かれた円盤は長方形状に並べた円盤の周りにだけあって，内部にはない。$m=4$，$n=5$のとき左側と右側に

$4-2=2$(枚)ずつ

上側と下側に

$5-2=3$(枚)ずつ

あるから

$2\times2+3\times2=10$枚

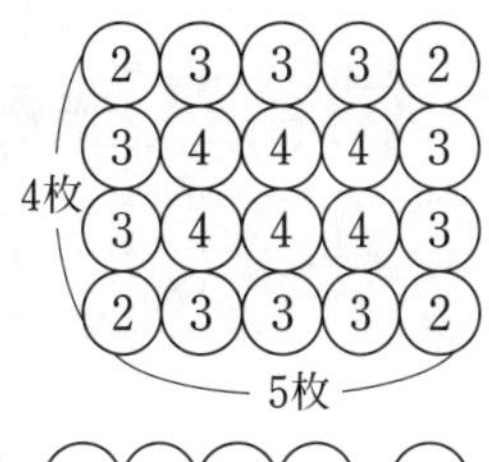

2　$m=5$
$n=6$
のとき

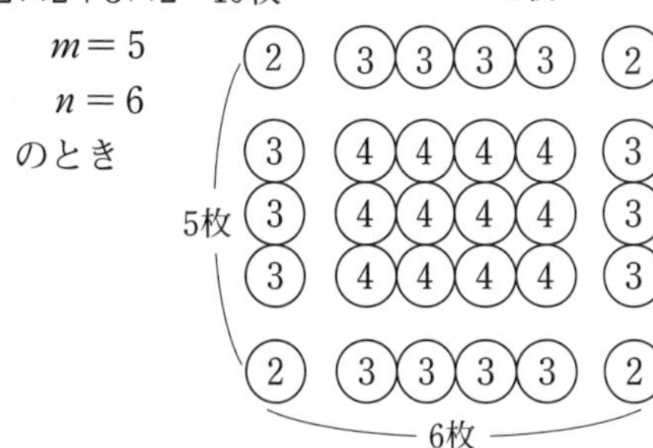

2の円盤：4つの角に4枚

3の円盤：$(5-2)\times2+(6-2)\times2=14$枚

4の円盤：$(5-2)\times(6-2)=3\times4=12$枚

数の合計は　$2\times4+3\times14+4\times12=98$

3　$m=x$，$n=x$のとき，2の円盤：4枚

3の円盤：$(x-2)\times2+(x-2)\times2=4x-8$

4の円盤：$(x-2)\times(x-2)=(x-2)^2$枚

円盤に書かれた数の合計は440だから

$2\times4+3(4x-8)+4(x-2)^2=440$

$4x^2-4x-440=0$，$x^2-x-110=0$，

$(x+10)(x-11)=0$，$x\geqq3$ より　$x=11$

4　直径2cmの円盤を縦に$(a+1)$枚，横に$(b+1)$枚並べる。

1cm　1cm　2$b$cm　$(a+1)$枚　2$a$cm　1cm　$(b+1)$枚

角にある円盤の中心を結んでつくる長方形の縦は，直径の和から上下1cmずつを引いて　$2(a+1)-1\times2=2a$(cm)，横も $2(b+1)-1\times2=2b$(cm) 長方形の面積から　$2a\times2b=780$，$ab=195$ **a，bは195の約数**で右のように求める。

一方，4が書かれた円盤は縦に$(a+1)-2=a-1$(枚)，横に$(b+1)-2=b-1$(枚)並ぶ。

1×195
3×65
5×39
13×15

枚数は　$(a-1)(b-1)=ab-(a+b)+1$

$ab=195$を代入して　$195-(a+b)+1$

$=196-(a+b)$　この値が最も大きくなるのは，$a+b$の値が最も小さくなるとき。

a，bは2以上の整数，$a<b$の条件を満たすのは右上のかけ算で求めた195の約数の中で　$a=13$，$b=15$　円盤の枚数は

$196-(a+b)=196-(13+15)=168$(枚)

栃木県立高校入試(H31)

理　科　【解答・解説】

(平 31)

理科採点基準

(総点 100 点)

〔注意〕
1　この配点は，標準的な配点を示したものである。
2　定められた答えの欄に答えが書かれていないときは，点を与えない。
3　指示された答えと違う表現で答えの欄に記入されていても，正答と認められるものには，点を与える。
4　定められた数より多く答えたときは，点を与えない。
5　採点上の細部については，各学校の判断によるものとする。

問題		正答	配点	
1	1	(ウ)	2点×8	16
	2	(イ)		
	3	(ア)		
	4	(エ)		
	5	(燃 焼)		
	6	(組織液)		
	7	(南中高度)		
	8	(4.8)cm		
2	1	(生態系)	1は3点	9
	2	(イ)	2は3点	
	3	(カエル)	3は3点	
3	1	(例) フラスコ内の液体が急に沸騰することを防ぐため。	1は3点	9
	2	(イ)	2は2点	
	3	試験管 B(ウ)　試験管 D(エ)	3は4点	
4	1	(ア)	1は3点	12
	2	(150)回転	2は3点	
	3	図3(同 じ)　図4(逆)	3は2点	
	4	(エ)	4は4点	
5	1	(エ)	1は2点	11
	2	(ア)	2は3点	
	3	(水の方が砂に比べて) (例) あたたまりにくく冷めにくい。	3は3点	
	4	(ウ)	4は3点	
6	1	(中 和)	1は2点	12
	2	(3.5)cm^3	2は3点	
	3	① ($BaSO_4$) ② (H_2O)	3は4点	
	4	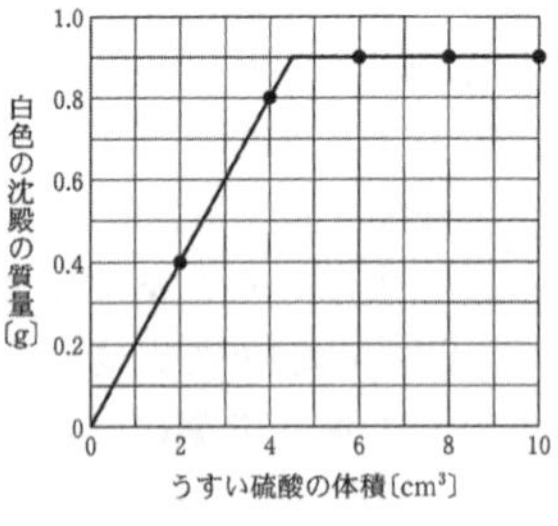	4は3点	
7	1	(0.4)J	1は3点	9
	2	(イ)	2は3点	
	3	(ア)	3は3点	
8	1	(エ)	1は3点	10
	2	(例) 震源Rで発生した地震の方が震源が浅いので震度が大きかった。	2は3点	
	3	震央(イ)　震源の深さ(40)km	3は4点	
9	1	(ア)	1は2点	12
	2	① (酸 素)　② (二酸化炭素)　③ (減 少)	2は3点	
	3	(ウ)	3は3点	
	4	(例) 森林が多い北半球が夏になり，光合成がさかんに行われているから。	4は4点	

1 1 木星は，太陽系最大の惑星で，水素やヘリウムなどでできている。

2 単体とは，1種類の原子のみでできている物質である。窒素は窒素原子が2個結びついてできた分子が集まってできている（化学式はN_2）。これに対し，2種類以上の原子でできている物質を化合物という。水H_2Oは水素原子と酸素原子で，二酸化炭素CO_2は炭素原子と酸素原子で，アンモニアNH_3は窒素原子と水素原子でできている。

3 単細胞生物は，分裂によって増える。

4 放射線には，X線，α線，β線，γ線，中性子線などがある。目では見えず，物質を通りぬけたり，物質を変質させたりするものがある。放射線を出す物質を放射性物質といい，放射線を出す性質（能力）を放射能という。自然界には，ウランのように放射線を出す物質があるが，人工的につくりだす放射線もある。

5 金属がさびるのはおだやかな酸化である。

6 組織液は，血液によって運ばれてきた栄養分や酸素を細胞に届ける。また，細胞の活動によってできた二酸化炭素やアンモニアなどの不要な物質は組織液にとけて血管の中にとりこまれる。

7 地上から見て，太陽の位置が最も高くなったときが南中である。

8 $2\,〔cm〕\times\dfrac{2.4\,〔N〕}{1\,〔N〕}=4.8\,〔cm〕$

2 1 地球全体，一つの水槽やため池なども生態系ととらえることができる。

2 **図1**のAは植物（生産者），Bは草食動物（消費者），Cは肉食動物（消費者），Dは生物の遺骸や排出物などの有機物を無機物に分解する分解者である。ミミズなどの土壌生物や，菌類，細菌類などの微生物がこれにあたる。

3 食べる，食べられるという鎖のようにつながった一連の関係を食物連鎖という。一般に，食べる生物よりも食べられる生物の方が数量が多い。バッタが増加したのは，バッタを食べるカエルが減少したためと考えられる。カエルが減少することで，カエルをえさとしていたヘビが減少し，バッタが増加したことで，バッタに食べられるススキが減少した。よって，外来種が食べた生物はカエルである。

3 2 加熱を始めて4分後から，温度の上昇があまり見られなくなる。状態変化をしている間は温度が上昇しないので，このあたりでエタノール（沸点78℃）が沸騰して盛んに気体に変化していることがわかる。

3 試験管Aは加熱を始めてから3分までなので水もエタノールも沸騰はしていないが，エタノールの方が水に比べて蒸発しやすいのでエタノールの割合が極めて高い。試験管Bは，途中からエタノールが沸騰し始めるので，エタノールが盛んに蒸発して出てくる。ただし，水も幾分蒸発するので純粋なエタノールではない。試験管Dになると，エタノールはほぼ蒸発した後なので，大部分は水である。

4 1 電流は電池の＋極から出て，導線を通って－極に向かって流れる。Q側のエナメルを半分はがしてあるので，エナメルがはがしてある部分がクリップに触れているときは，電池の＋極から回路を通って－極に電流が流れ，赤色LEDが点灯する。コイルが回転してエナメルがはがしてない部分がクリップに触れているときは回路に電流が流れないのでLEDは点灯しない。よって，赤色のみが点滅し，青色は点灯しない。

2 10回転するのに4秒かかったので，1回転するには0.4秒かかることになる。
60〔s〕÷0.4〔s〕＝150〔回転〕

3 コイルの上側と下側では，電流の向きが逆になる。**図3**では**図2**と比べて，電流の向きが逆の側に磁界の向きも逆にしたので，**図2**のときと同じ向きに回転する。**図4**では電流の向きは変わらず，磁界の向きだけを逆にしたので，回転の向きは逆になる。

4 実験⑶では，電池から電流を流すことはしていない。コイルのまわりの磁界を変化させることでコイルに電流が流れる電磁誘導という現象である。コイルに棒磁石のS極が近づくと＋に振れ，離れていくので－に振れる。次に，N極が近づくので－に振れ，N極が離れていくので＋に振れる。

5 1 日本列島全体が高気圧におおわれていて，北西部に低気圧があるので，夏に特徴的な天気図である。夏になると，日本列島の南東にある太平洋高気圧が発達し，日本列島はあたたかく湿った小笠原気団に覆われる。

2 砂は水に比べてあたたまりやすいので，日があたると，水の上の空気よりも砂の上の空気の方があたたまりやすい。空気があたためられると膨張して密度が小さくなり，上昇気流が発生して気圧の低いところができる。そこに気温の低い水の上の空気が流れ込む。陸があたたまる昼間は海から陸へ風がふくという海風の原因がこれである。

3　水は，あたたまりにくく，さめにくい物質である。

4　冬は，さめやすい大陸の方が冷え，さめにくい海洋上のほうがあたたかい。その結果，海洋上では上昇気流が生じて低気圧が発達し，大陸側では高気圧が発達する。そのため，大陸から海洋上に向かって北西の季節風がふく。

6　1　中和とは，酸性を示すもとになる水素イオンH^+とアルカリ性を示すもとになる水酸化物イオンOH^-が反応して水になり，互いの性質を打ち消しあう反応である。

2　メスシリンダーの目盛りを読むときは，水面の位置に目の高さをあわせ，ガラス面にふれているところではなく，水平になっている部分の液面の高さを読む。目盛りの10分の1まで目分量で読むので，46.5cm^3と読める。よって50cm^3にするにはさらに3.5cm^3加えればよい。

3　硫酸中の2個のH^+と水酸化バリウム水溶液中の2個のOH^-が反応して2個の水ができるので②の方は水H_2Oである。①には，硫酸中の硫酸イオンSO_4^{2-}と水酸化バリウム水溶液中のBa^{2+}イオンが結びついてできる硫酸バリウム$BaSO_4$がはいる。硫酸バリウムは水に溶けにくいので白色の沈殿になる。

4　表の値をグラフ用紙に•でかき入れ，•を直線でつなぐと，原点を通る直線と水平な直線の2本の直線ができ，1箇所で交わる。その位置で折れ曲がるグラフにする。グラフが折れ曲がったところが，うすい硫酸と水酸化バリウム水溶液が過不足なく反応した点である。

7　1　2Nの力で木片を20cm（0.2m）動かしたので，木片が受けた仕事は

2〔N〕×0.2〔m〕＝0.4〔J〕

2　図3のグラフからわかるように，木片の移動距離は小球をはなす点Pの高さに比例し，同時に小球の質量にも比例する。グラフより，点Pの高さが20cmのとき，質量50gの小球Aを衝突させると，木片は6cm移動するので，質量75gの小球では

$$6〔\mathrm{cm}〕\times\frac{75〔\mathrm{g}〕}{50〔\mathrm{g}〕}=9〔\mathrm{cm}〕$$ 移動する。

3　物体のもつ運動エネルギーと位置エネルギーの和は，常に一定に保たれる（力学的エネルギーの保存）。点Rは小球をはなした高さより低いので，位置エネルギーははなしたときよりも小さい。その差が点Rでの小球のもつ運動エネルギーになる。

8　1　日本付近の震源の分布を断面で見ると，太平洋側から日本列島に向かってだんだん深くなっているものと，陸地の比較的浅いところで起こるものとがあることがわかる。前者は海洋プレートが大陸プレートの下に沈み込んでいるため，プレートの境目に巨大な力がはたらいて起こるものであり，後者は海洋プレートの動きによって大陸プレートに力が加わり，活断層が活動して起こると考えられている。

2　図1の震源の深さに注目すると，震源Rの深さは30km以下であり，震源Qの深さは200km以上である。地震の規模（マグニチュード）が同じくらいの地震では，震源からの距離が小さい方が，ゆれは大きくなる。

3　地震の震源を点Pとし，地下の断面として△ABPを考えると，AB＝30km，BP＝40km，AP＝50kmであり，

$30^2+40^2=50^2$　と三平方の定理が成り立ち，∠ABPは直角であることがわかる。同様に△CBPに注目してみるとほぼ三平方の定理が成り立つことがわかる。すなわち，震源PはB地点のほぼ真下ということになる。

9　1　試験管AとC，試験管BとDを比べたとき，違いはオオカナダモの有無だけである。このときの試験管AとBのように，調べたいこと以外の条件をすべて同じにして実験することを対照実験という。

2　試験管Dは，光があたらないので光合成は行われず，呼吸のみが行われている。よって二酸化炭素が排出され，BTB溶液が酸性になり黄色になった。一方，試験管Cは呼吸と光合成の両方が行われ，呼吸で排出される二酸化炭素より，光合成で消費される二酸化炭素の量の方が多いので，BTB溶液はアルカリ性に傾き，青色になったと考えられる。

3　試験管Cと試験管Dの違いは，光があたるかあたらないかの違いである。

4　図3を見ると，森林は北半球に多く分布していることがわかる。北半球では，春から夏にかけて植物の生育が盛んになる。

栃木県立高校入試(H31)

英語 【解答・解説】

(平31)

英語採点基準 (総点100点)

〔注意〕
1 この配点は，標準的な配点を示したものである。
2 定められた答えの欄に答えが書かれていないときは，点を与えない。
3 指示された答えと違う表現で答えの欄に記入されていても，正答と認められるものには点を与える。
4 定められた数より多く答えたときは，点を与えない。
5 採点上の細部については，各学校の判断によるものとする。

問	題	正答	配点	
1	1	(1) (イ) (2) (イ) (3) (エ)	2点×3	26
	2	(1) ① (ア) ② (イ) (2) ① (ウ) ② (ア)	3点×4	
	3	(1) (teamwork) (2) (Friday) (3) (leg) (4) (voice)	2点×4	
2	1	(1) (イ) (2) (エ) (3) (ア) (4) (ウ) (5) (ウ) (6) (ア)	2点×6	18
	2	(1) (エ → イ → ア → ウ) (2) (ウ → ア → エ → イ) (3) (イ → エ → オ → ウ → ア)	2点×3	
3	1	(例) ギターの音	2点	12
	2	(ウ)	3点	
	3	(ウ → イ → ア)	3点	
	4	(例) 将来，世界中を旅して，多くの人々に自分の国(ペルー)について伝えること。	4点	
4	1	(1) (例1) water and air are clean (例2) we have clean water and air	2点	16
		(2) (例1) many people are kind (例2) there are many kind people	2点	
	2	(1) ① (例1) Let's have lunch together. (例2) Shall we eat lunch?	3点	
		(1) ② (例1) Do you want to eat some sandwiches? (例2) Would you like one of my sandwiches?	3点	
		(2) (例1) I like school lunch better. I don't have to bring lunch every day and my parents will be happy. I can also eat several kinds of food. It is very healthy. I look forward to the school lunch menu every month. (例2) I like box lunch better because I can eat my favorite foods. I always feel happy when I see my lunch. I sometimes make my own lunch. It takes time but it's fun.	6点	
5	1	(例) (友子と絵美が)毎朝一緒に走ること。	2点	14
	2	(例1) you won't be (例2) you will not be	2点	
	3	(例) 人生における真の勝者とは，他人のことを気にかけることができる人	4点	
	4	(ア) (エ)	3点×2 順不同	
6	1	(イ)	2点	14
	2	① ((例) 空気中の水分を捕える) ② ((例) 水を十分に得られない)	3点×2	
	3	(ウ)	3点	
	4	(エ)	3点	

1 話の展開を追いながら聞く。文字で確認してから，何度も音声を聞くとよい。

1 選択肢から聞くべきポイントがわかる。
(1) the news says に続く天気。
(2) 場所が質問されている。冒頭に注意。
(3) 数字と with a hat という表現に注意。

2 (1) 場所に注意しながら聞く。
① looking for に続く内容が答え。選択肢では，places to visit になっている。
② 終わりの方で述べている。
(2) 図をよく見て聞いてみよう。
① First と言って説明を始めている。
② 文脈からわかる。二つのレストランの位置関係に注意。

3 設問からポイントを理解しておきたい。設問の英語をヒントにする。
(1) I believeの後に注目。
(2) 音声ではEvery Fridayの方が前にある。
(3) his legであるが，聞き取りにくい。
(4) 音声ではHis voiceとあるが，His は Kenのこと。

2 1 空所の前後がヒントになる。そこから相応しい形や単語を考える。(4)は意味を考える。2 基本的な文型の語順の問題。

1 (1) My dreamに合わせるのでis。
(2) theとofの間なので，最上級。
(3) canの後では変化しない。see。
(4) save time＝「時間を節約する」
(5) 現在完了形になるので，過去分詞。
(6) duringだけがthis summer vacationと一緒に使える。

2 (1) 進行形。～ was writing …の語順。
(2) tell ～ to …の語順で，「～に…するように言う」の意味。
(3) 疑問文。Who で始める。take care of ～＝「～の世話をする」

3 ［本文の要旨］

コンサートで使われていたカホン（cajon）という楽器についての話から，綾子は自分の文化や歴史について知ることの大切さに気がつき，将来は世界の人々にそれらを伝えたいと考え始める。

［解説］

1 同じような文型の前の文からわかる。
2 A：andでhit ～とつなぐ。後で出てくるheelsもヒントになる。B：前の文に「座っていた」とあることから考える。
3 直前に「楽器を持てなかった」とある。「だから演奏するものを探した」→「木の箱を見つけた」→「楽器とした」の順にする。
4 前の発言のI want to ～の文をまとめる。

4 1 (1) 「水や空気がきれい」(2) 「親切な人が多い」を英語で表す。文型に注意する。

2 (1) 空欄の後から考える。① Let'sで，「～しましょう」という文を考える。② 何かをすすめる表現が答えになる。
(2) いろいろな意見を書く練習をすることで，表現力をあげておく。「意見→理由→説明や事例→まとめ」の順で書いてみよう。

5 ［訳例］

私の名前は絵美です。中学校3年生です。姉の友子は，高校生です。姉はとても頭が良くて，スポーツも得意です。何でも私よりよくできます。姉は完璧です。なので，私はこの前の長距離走大会までは姉が嫌いでした。

私はいつも最下位だったので，中学生のときは長距離走が好きではありませんでした。ある日，私は母と友子姉さんに，「今年は長距離走大会には行かない」と言いました。母は「なぜ？今年は最後の年よ。行った方がいいんじゃないの」と言いました。「またビリになると思うの」と私は答えました。そのとき友子姉さんが，「そうだ。考えがあるわ。一緒に毎朝走ろうよ，絵美。まだ長距離走大会まで2週間あるよ」と言いました。「2週間毎朝一緒に走るの？やりたくないわ」私は言いました。「絵美，またビリになりたいの。私が一緒に走るわよ。大丈夫だから」「本気なの？わかった。やるわ」と私は答えました。

次の日の朝から，私たちは走り始めました。私は速くは走れなかったけれども，友子姉さんといつも一緒に走って，たくさん話をしました。学校や友達，子どもの頃の思い出についての話でした。少しずつ友子姉さんと一緒に走るのが楽しくなってきました。ある日，友子姉さんが「十年前に両親と動物園に行ったときに迷子になったよね。覚えている？とても疲れて歩くのを止めると，そのとき私の方を見て，私の手を引いたよね」と私に言いました。「そうだった？」私は尋ねました。「そうだったのよ。一緒に歩いて，両親を見つけることができたのよ。嬉しかったわ」
ついに，長距離走大会の日が来ました。スタートラインで，私は逃げ出したい気持ちでした。そのとき，友子姉さんを見つけました。友子姉さんは「絵美，毎朝練習してきたじゃない，だからビリにはならないよ。きっとできるよ」と言いました。私は息を深く吸いました。
「ヨーイ，ドン」私は走って，走って，走りましたが，他の生徒は私よりも速く走っていました。私より後ろには誰も走っていませんでした。とても疲れて，あきらめそうになりました。突然，前の方で一人の生徒が転びました。「ビリにはならなそうだ」と思いました。そのとき子どもの頃のことを思い出しました。私は立ち止まると，手を伸ばして，その生徒の手を引きました。彼女と一緒に走って，私たちは一緒にゴールしました。
家に帰ると，私は友子姉さんに言いました。「またビリになっちゃった。ごめんなさい」「そんなこと言わないでよ。あなたを誇りに思うわ。みんな大きな拍手を送ったわよ。あなたの親切な行動にみんな感動していたわ。人生の本当の勝者は他の人のことを気にかけることができる人だと思うの。私にとっては，あなたが勝者よ」「私が？そうだとしたら，友子姉さんも勝者よ。毎朝早起きをして，一緒に走ってくれた。いつも私のことを気にかけてくれていたもの」
友子姉さんと私は抱き合いました。

［解説］
1　下線部の後の文に具体的に書かれている。
2　soがあるので，前で述べたことから導かれることが入ることがわかる。「あなたはビリにはならない」という内容の英語が入る。
3　友子の考えは前の文のI thinkに続く部分。
4　問題文の次の部分と比較しながら読む。
ア　第一段落　**イ**　第三段落　**ウ**　第四段落　**エ**　第五段　**オ**　第六段落　**カ**　第六段落

6　［訳例］
クモは好きですか。ほとんどの人は「いいえ」と答えるでしょう。あなたは突然クモが現れたら，怖がるかもしれません。クモは危険で，逃げ出したいと思うかもしれません。しかし，少し待って下さい。クモは驚くべき生き物なのです。
クモがクモの巣を作ることは知っていますよね。クモの巣はクモの糸で作られていて，多くのものを捕らえることができます。クモの巣が水滴で覆われているのを見たことがありますか。そうです，クモの糸は空気中の水分をとらえることができるのです。科学者はクモの糸の偉大な力を研究しています。それが水問題の解決策になりそうだと科学者たちが考えたからです。世界のある地域では，人々は十分な水が手に入りません。もしクモの糸のようなものが作れれば，人々がこのような場所で暮らす手助けになるでしょう。
クモの糸はとても細く，そのため私たちはそれが弱いと考えます。しかしながら，クモの糸は，衣服に使いたいくらいに強くて，軽く，伸縮性があります。しかしながら，たくさんのクモの糸を集めるのは難しいのです。そのため，科学者は人工のクモの糸を作る方法を見つけました。これを使って，ある会社は素晴らしい衣服を作っています。それに加えて，人工のクモの糸は地球や私たちの未来にとってよいものです。他の人工の繊維を作るためには石油を使わなくてはなりませんが，人工のクモの糸を作るのに石油に頼る必要はありません。もし人工のクモの糸を使えば，石油を節約することができます。このように，クモから未来の暮らし方を学ぶことができます。
クモが驚くべき力を持っていることがおわかりでしょう。では，もう一度同じ質問をします。クモは好きですか。

［解説］
1　二か所から肯定的な意味の単語が入ることがわかる。選択肢のなかではamazing。
2　①　前で述べられたクモの糸の特徴が入る。②　people living in such placesのこと。suchは「水が十分でない」ということ指す。
3　By using thisのthisが指すことができる内容が前に必要。artificial spider silkを指す。
4　問題文の次の部分と比較しながら読む。
ア　第一段落　**イ**　第二，三段落　**ウ**　第三段落　**エ**　第三段落

(Ⅱ) ⑨段落の一文目「ところが～弱体化することになる」から**エ**が読み取れる。

5 ②段落は①段落で説明されていることに対する問題提起がされ、③段落の一文目でその問題提起に対する筆者の意見を述べ、二文目以降には④段落以降のキーワードとなる「生きる実感」「感覚」「関係性」といった言葉が出てくるため**ア**が適切。**イ**は「解決策を提示」、**ウ**は「具体的に言い換えた」、**エ**は「一般化した」がそれぞれ不適。

4

1 リード文から母親がひさしがつけてきたことを知らなかったこと、また七行目「母親のおどろきが～強くて」から気が動転していることがわかるため**ウ**が適切。**ア**は「悲しみ嘆いている」、**イ**は「約束を破ったひさし」、**エ**は「楽しみの時間を邪魔されたこと」「悔しがっている」がそれぞれ不適。

2 設問中の「大きく場面が転換する位置に入る」が大きなヒント。**エ**の直前は母親の地蔵堂での行いを見たひさしの心情が述べられ、直後は帰り道の場面に転換しているため、**エ**が適切。

3 九行目の「寒い朝」と、傍線部(2)直後の母親の発言「待っておいで」から**ア**が適切。

4 十四～十六行目「それから、～聞かせた」より母親が毎朝地蔵堂に行ってお百度参りをしていたこと、また二十七～三十二行目「馴れた足どりで～一と廻りする」より一生懸命お参りしている様子が読み取れる。

5 図中のひさしの変化は本文の順番通りに書かれているため空欄に入る内容は四十三、四十四行目「妬ましさと～あった」以降と考えられる。四十六～四十九行目「しかし、～いかなかった」にひさしが母の行動を見る前と後では同じではいられないことが書かれており、そこから字数条件の三十字で抜き出す。

6 **イ**は、母親がひさしに自分のショールやコートを被らせている描写からひさしへの気遣いがわかり、お百度参りの記述から夫の病気が治ってほしい気持ちが読み取れるため適切。**ア**は、本文はひさしの視点で描かれていること、またひさしの父親への思いが読み取れないため不適。**ウ**は、本文では場面が現在や過去に転換していないため不適。**エ**は、本文中に父親の気持ちを読み取れる部分はないため不適。

5

作文を書く際は、「何について書くのか」「条件は何か」に注意して書くことになる。この問題では「自分の意見を伝える」ことについての意見を資料を参考に、自分の体験を踏まえて書くことが求められており、体験をどのくらいの分量で書くのかによって意見の分量が少なくなってしまうことも考えられるので注意が必要である。

〔作文例〕

「自分の意見を伝える」ということについて、私は、自分の考えや意見を積極的に表現する方が好ましいと考えています。

これからの日本は、国際化がより進行します。私が通う学校にも外国人の友人が数人在籍しています。文化や価値観の異なる私達が互いに理解を深めるためには、それぞれの意見を出し合って、受け入れるべきところは受け入れることが大切であると学びました。

場の空気を重視する日本人が、グラフのⅡのような考え方を肯定するのは自然なことと言えます。しかし、これからの私達が生活する環境を考えると、Ⅰの意識が重要になってくると考えます。

1

1　訓読み二、音読み三で、標準的なものが多い。

2　書き取りも使用頻度の高いものが多い。

3 (1)「桜花」という語をヒントにする。Aの和歌の訳は「今年初めて春を知って咲き始めた桜よ。(咲くということだけを知って)散るということは習わないでほしい。」

(2)「中」という体言で文が終わっているため体言止めが正解。

(3) 漢文は原則、上から順に読み、「一・二」点は一から二に返って読む。

(4) 傍線部④とエの「だ」は体言に接続しているため断定を表す。アは伝聞の助動詞「そうだ」の一部。イは形容動詞「静かだ」の一部。ウは過去の助動詞「た」が濁音化したもの。

(5) ⑤を発言している生徒自身が先生から本を借りているため、謙譲表現のウが適切。

2

〔出典〕『室町殿物語』から

〔現代語通釈〕

中国に負局という仙人がいた。この仙人は世にも珍しい方法などを用いて、人の喜ぶことを専ら好んでいた。あるとき、世の中の人々が、病気になって、ある人は亡くなり、ある人は苦しむことが、広く見られた。医術を(人々に)ほどこすといっても、効果を得られない。ただ(人々が)あてにする方法としては、天に心を込めて、各自祈るだけである。このようにすべての人々が嘆き悲しんだが、負局は、深くかわいそうに思い、深い谷へ行って、岩の間でしたたっている水を、八功徳水であるからと思って、自分の思った通りに湧き出させた。その水の色は、きわめて鮮やかで白い。この功徳水をくんで、瓢箪に入れ、杖の両端にそれを引っかけ、担いで、国々を巡って、病気にかかった人を見ては、その人の持っていた鏡を取って、その功徳水で磨き、改めて病人に見せたところ、すぐさま病気が治っただけでなく、肌も美しくなり、寿命も長くなるということである。病人は喜びをおさえられずに、贈り物を与えたけれども、決して一銭も受け取りませんでした。こうして四百余りの州を巡って、(病気の)人民を助けました。それゆえ、(人々は負局のことを)すべての仙人の上に立つ人と言った。年月を経て(負局が)亡くなったところ、彼の恩に感謝するために、あの八功徳水の上に神を祭る小さな社を建てて、(負局を)神として祭って敬ったということである。

1　歴史的かなづかいでは、語頭以外の「はひふへほ」は「わいうえお」と読む。

2　四行目「医工を～えず」からイの内容が読み取れる。

3　「心のままに」は「自分の心の思うままに」という意味。

4　病人を助けた方法は十～十一行目「疾病にをかさるる人を～みせければ」から読み取れるので、ここをまとめる。

5　ウの「各地を～尽力したことで」は九～十五行目「この功徳水を～たすけ侍る」から、「多くの～祭られた」は十五～十七行目「されば、～云々」より読み取れる。

3

1　「生命のふるさと」は一行目「海や土と関わりながら生産者が生きる場がふるさと」から読み取れ、そこから離れて生きることについては二、三行目「海や土との～都会的だ」より読み取れるため、ウが適切。

2　傍線部(2)中の「この」は④段落を指している。また説明した文中の「死ぬと～いうこと」は④段落中の最後の一文「私たちも～食べられる」の言い換えであるので、空欄にはその一文直前の「その自然の～持続させる」の内容が入る。

3　空欄A、Bを含む一文冒頭に「ところが」と逆接があるため、この一文は、⑤段落の始めから空欄A、Bを含む一文の直前まで述べられた「人間は非言語の時代には無意識の領域が大きいこと」とは逆の内容になると考えられる。また一文の直後に「その意識の世界一色になった現代」とあることから現代が「無意識」の世界から「意識」の世界になったことが読み取れるため、イが適切。

4 (I)の「かつて」については、⑧段落で述べられており、また⑨段落ではその後のことについて書かれているため(II)のヒントとなる。

(I) ⑧段落中の四文目「だからこそ～生きていた」から「人間同士の関係をどう築いたか」が読み取れる。

栃木県立高校入試（H31）

国語

【解答・解説】

（平31）

国語採点基準（総点100点）

〔注意〕
1　この配点は、標準的な配点を示したものである。
2　定められた答えの欄に答えが書かれていないときは、点を与えない。
3　指示された答えと違う表現で答えの欄に記入されていても、正答と認められるものには、点を与える。
4　定められた数より多く答えたときは、点を与えない。
5　採点上の細部については、各学校の判断によるものとする。

問	題		正答	配点	計
1	1	(1)	わやく	2	30
		(2)	つい（やす）	2	
		(3)	けいしゃ	2	
		(4)	はあく	2	
		(5)	おごそ（かな）	2	
	2	(1)	泳（ぐ）	2	
		(2)	飼育	2	
		(3)	届（く）	2	
		(4)	警備	2	
		(5)	複雑	2	
	3	(1)	ア	2	
		(2)	エ	2	
		(3)	イ	2	
		(4)	エ	2	
		(5)	ウ	2	
2	1		あわれ	2	10
	2		イ	2	
	3		ア	2	
	4		（例）病人の鏡を八功徳水で磨き、改めて病人に鏡を見せ、病を治すという方法。	2	
	5		ウ	2	
3	1		ウ	3	20
	2		（例）人間もまた自然の生命を取り入れて自己の生命を持続させ、死ぬと自然に戻るという循環の一部であるということ。	4	
	3		イ	3	
	4	(Ⅰ)	（例）群れを作りコミュニティを形成し、互いが役割を果たし協力し合うことで築かれた。	4	
		(Ⅱ)	エ	3	
	5		ア	3	
4	1		ウ	3	20
	2		エ	3	
	3		ア	3	
	4		（例）一生懸命にお百度参りをしていたこと。	4	
	5		もう、それ～なかった。	4	
	6		イ	3	
5			（評価の観点） 1　形　式　目的に応じた適切な叙述であるか。字数が条件に合っているか。 2　内　容　テーマに対して、自分の体験を踏まえているか。また自分の考えとその理由が明確に表現されているか。 3　表現・表記　文体に統一性や妥当性があるか。主述関係や係り受けなどが適切であるか。語句が適切に使用されているか。誤字・脱字がないか。 ※　これらの項目に照らし、各学校の実態に即して総合的に評価するものとする。	20	

栃木県 高校入試 の対策 2023

平成30年度
県立入試

栃木県立高校入試(H30)

社　会　【解答用紙】

(平 30)

社　会　解　答　用　紙

受検番号 (算用数字ではっきり書くこと。)	番

得点計	

◎「得点」の欄には受検者は書かないこと。

問題		答え				得点
1	1	(1)	(　　)	(2)	(　　)	
		(3)	(　　)	(4)	(　　)	
	2	(1)	(　　)	(2)	(　　)	
		(3)	(　　)	(4)	(　　)	
2	1	(　　)				
	2	(　　)		3	(　　)	
	4	(　　)				
	5					
3	1	(　　)		2	(　　)	
	3	(　　)		4	(　　)〔農業〕	
	5					
4	1	(　　)		2	(　　)	
	3	移り住んだ理由： 文化的な影響：				
	4	(　　)		5	(　　)	
	6	(　　)				
	7	(　→　→　→　)				
5	1	(　　)		2	(　　)	
	3	(　　)		4	(　　)〔政策〕	
	5					
6	1	(1)	(　　)	(2)	(　　)	
		(3)	(　　)	(4)	(　　)〔権〕	
		(5)	(　　)			
	2	(1)	(　　)〔的〕			
		(2)				
		(3)	(　　)	(4)	(　　)	
		(5)	(　　)			
7	1	(　　)		2	(　　)	
	3	(　　)				
	4	A				
		B				

実戦編◆社会　解答用紙

県立 H30

栃木県立高校入試(H30)

数 学 【解答用紙】

(平 30)

数 学 解 答 用 紙 (1)

受検番号 (算用数字ではっきり書くこと。)	番

得 点	(1)	(2)	計

◎「得点」の欄には受検者は書かないこと。

問題		答		え	得点
1	1		2		
	3		4		
	5	$a=$	6		
	7	$x=$	8	cm^3	
	9	$x=$, $y=$	10	$x=$	
	11		12	度	
	13		14		
2	1	A・	2		
			3	$a=$	
3	1	(証明)			
	2	答え($x=$)			

(平 30)

数 学 解 答 用 紙 (2)

受検番号 (算用数字ではっきり書くこと。)	番

得点	

◎「得点」の欄には受検者は書かないこと。

<table>
<tr><th colspan="2">問題</th><th colspan="4">答え</th><th>得点</th></tr>
<tr><td rowspan="2">4</td><td>1</td><td colspan="4">(証明)
A
B D E C</td><td rowspan="2"></td></tr>
<tr><td>2</td><td>(1)</td><td>度</td><td>(2)</td><td>cm²</td></tr>
<tr><td rowspan="4">5</td><td rowspan="2">1</td><td>(1)</td><td colspan="3">a =</td><td rowspan="4"></td></tr>
<tr><td>(2)</td><td colspan="3">答え(　　　　)</td></tr>
<tr><td>2</td><td>(1)</td><td></td><td>(2)</td><td></td></tr>
<tr><td>3</td><td colspan="4">秒後</td></tr>
<tr><td rowspan="3">6</td><td>1</td><td colspan="2">cm</td><td>2</td><td>枚</td><td rowspan="3"></td></tr>
<tr><td>3</td><td colspan="4">答え(x =　　　　, y =　　　　)</td></tr>
<tr><td>4</td><td colspan="4">a =</td></tr>
</table>

栃木県立高校入試(H30)

理　科　【解答用紙】

(平 30)

理　科　解　答　用　紙

受 検 番 号 (算用数字ではっきり書くこと。)	番

得 点 計	

◎「得点」の欄には受検者は書かないこと。

問	題	答　え	得　点
1	1	(　　　) 2 (　　　) 3 (　　　) 4 (　　　)	
	5	(　　　) 6 (　　　)J	
	7	(　　　) 8 (　　　)	
2	1	(　　　) 2 (　　　)	
	3	日本の上空では	
3	1	(　　　)	
	2		
	3	(　　　)	
	4	① (　　　) ② (　　　)	
4	1	(　　　)	
	2	① (　　　) ② (　　　)	
	3		
5	1	(　　　)Ω	
	2	電圧(　　　)V 電流(　　　)mA	
	3	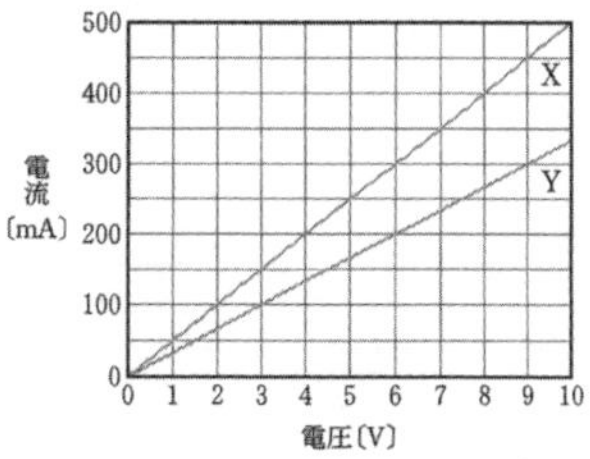	
	4	(　　　)	
6	1	試験管 C(　　　)　試験管 D(　　　)	
	2	(　　　)g	
	3	濃度(　　　)%　温度(　　　)	
7	1	(　　　) 2 (　　　)	
	3	(　　　)秒	
	4		
8	1	(　　　)	
	3	(　　　)	
	2	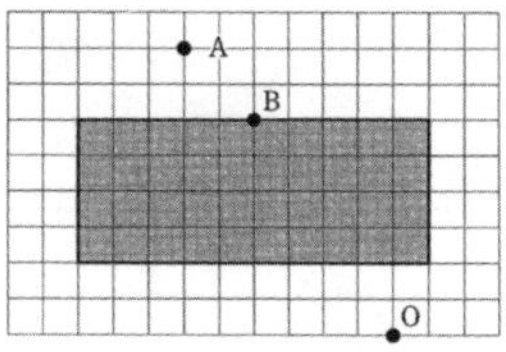見え方(　　　)	
9	1	(　　　) 2 (　　　)	
	3	① (　　　) ② (　　　)	
	4	(　　　)度	

栃木県立高校入試(H30)

英語 【解答用紙】

(平 30)

英　語　解　答　用　紙

受検番号 (算用数字ではっきり書くこと。)	番

得点計	

◎「得点」の欄には受検者は書かないこと。

問	題	答　え	得	点
1	1	(1) (　　) (2) (　　) (3) (　　) (4) (　　) (5) (　　)		
	2	(1) ① (　　) ② (　　) (2) ① (　　) ② (　　)		
	3	(1) (　時　分) (2) (　時　分)		
		(3) (　　) (4) (　　)		
2	1	(1) (　　) (2) (　　) (3) (　　) (4) (　　)		
		(5) (　　) (6) (　　)		
	2	(1) (　→　→　→　) (2) (　→　→　→　)		
		(3) (　→　→　→　→　)		
3	1			
	2	① (　　) ② (　　)		
	3	(　　)		
	4			
4	1	(1)		
		(2)		
	2	(1)		
		(2)		
	3			
5	1			
	2	(　　)		
	3			
	4	(　　) (　　)		
6	1	(　　) (　　)		
	2	① (　　) ② (　　)		
	3	(　　)		
		(　　)		
	4	(　　)		

栃木県立高校入試(H30)

国語 【解答用紙】

(平30) 国語解答用紙 (1)

受検番号（算用数字ではっきり書くこと。）	番

得点	(1)	(2)	計

◎「得点」の欄には受検者は書かないこと。 5は「国語解答用紙(2)」を用いること。

問	題	答え	得点 小計	得点 計
1	1	(1) 咲く　(2) 掃除　(3) 舞台　(4) 濃厚　(5) 稼ぐ		
	2	(1) ウつ　(2) ヤッキョク　(3) ホウボク　(4) センモン　(5) フルい		
	3	(1) (　) (2) (　) (3) (　) (4) (　)		
	4	(　)		
2	1	(　)		
	2	(　)		
	3	人々が立て札を見て □□□□□□□□□□□□□□□ と考えたことに対して、予想が外れたから。		
	4	(　)		
	5	(　)		
3	1	(　)		
	2	□□□□□□□□□□□□□□□□□□□□□□□□□		
	3	(　)		
	4	(　)		
	5	□□□ と筆者は考えている。		
	6	(　)		
4	1	(　)		
	2	□□□		
	3	□□□□□□□□□□□□□□□□□□□□□□□□□		
	4	(　)		
	5	(　)		
	6	(　)		

（平30）

国語解答用紙(2)

受検番号（算用数字で横書きに はっきり書くこと。）	番

得点		
甲	乙	計

5

候補	

◎受検者名と題名は書かないこと。

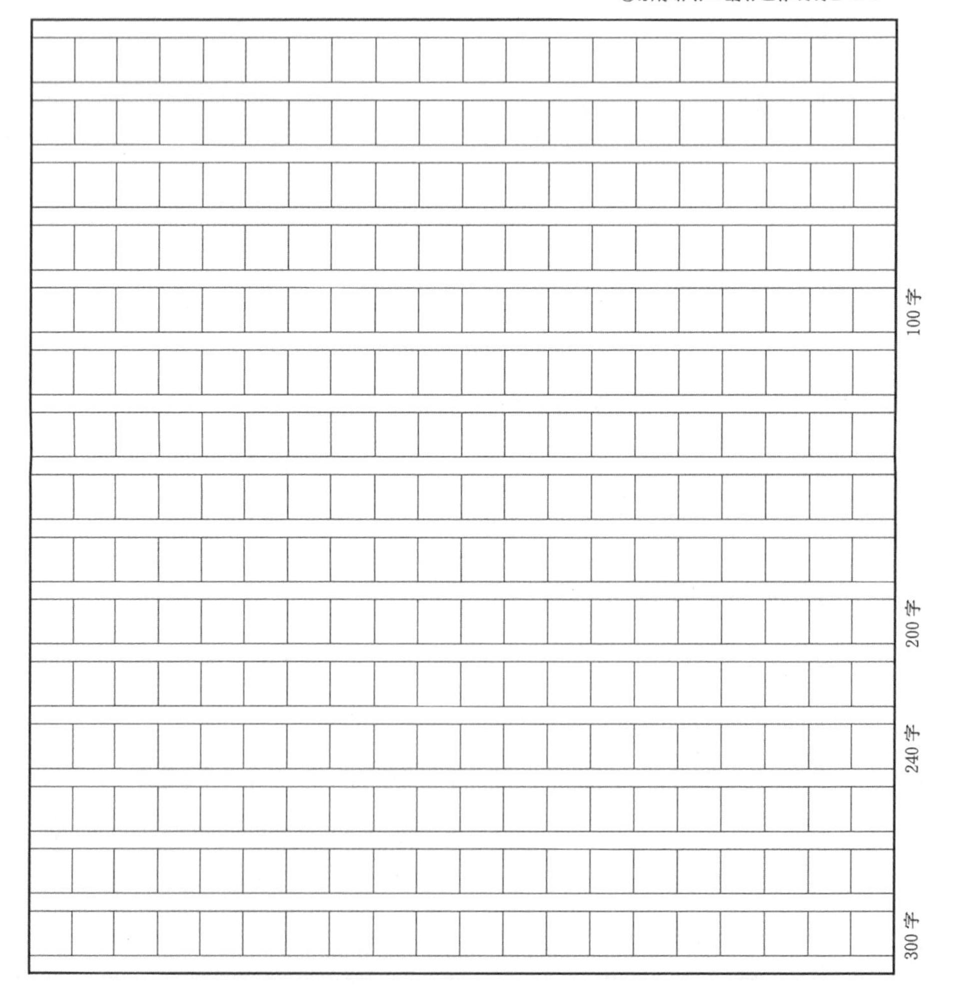

栃木県立高校入試(H30)

社　会　【解答・解説】

社会採点基準　(総点100点)　(平30)

〔注意〕
1 この配点は，標準的な配点を示したものである。
2 定められた答えの欄に答えが書かれていないときは，点を与えない。
3 指示された答えと違う表現で答えの欄に記入されていても，正答と認められるものには点を与える。
4 定められた数より多く答えたときは，点を与えない。
5 採点上の細部については，各学校の判断によるものとする。

問題		正答	正答	配点		
1	1	(1) (エ)	(2) (ア)	2点×4	8	16
		(3) (イ)	(4) (ウ)			
	2	(1) (シリコンバレー)	(2) (レアメタル(希少金属))	2点×4	8	
		(3) (前方後円墳)	(4) (領域)			
2	1	(氷河)		2点×4	8	12
	2	(ア)	3 (イ)			
	4	(エ)				
	5	(例) EU内では国境に関係なく，人や物などが自由に移動できるので，EU加盟国同士での貿易がさかんであること。		4点	4	
3	1	(ア)	2 (ウ)	2点×4	8	12
	3	(ア)	4 (近郊) 〔農業〕			
	5	(例) 東京都に比べ地価の安い周辺の県に居住している多くの人々が，東京都にある事業所や大学等に通勤・通学していると考えられる。		4点	4	
4	1	(法隆寺)	2 (エ)	2点×2	4	16
	3	移り住んだ理由：(例) 応仁の乱で京都の町が荒れ果てたため。 文化的な影響：(例) 中央の文化を地方に広めた。		4点	4	
	4	(ウ)	5 (イ)	2点×4	8	
	6	(オランダ)				
	7	(ウ → エ → イ → ア)				
5	1	(横浜)	2 (ウ)	2点×4	8	12
	3	(ア)	4 (ニューディール) 〔政策〕			
	5	(例) 工業が発展し，当時の最大需要電力に供給能力が追いついていなかったこと。		4点	4	
6	1	(1) (デフレーション(デフレ))	(2) (ウ)	2点×5	10	22
		(3) (エ)	(4) (団結) 〔権〕			
		(5) (イ)				
	2	(1) (文化) 〔的〕		2点	2	
		(2) (例) 選挙区により議員一人あたりの有権者数に差があることで，一票の格差が生じ，平等権を侵害しているということ。		4点	4	
		(3) (ウ)	(4) (ア)	2点×3	6	
		(5) (南南問題)				
7	1	(イ)	2 (ウ)	2点×3	6	10
	3	(エ)				
	4	A (例) 子どもを預けられる場所を用意すること B (例) 子育てに必要な資金を援助すること		2点×2	4	

1 1(1) 問題文中の「大きくなるまで育てる漁業」はエ。
(2) 問題文中の「天台宗をもたらした」のは，平安時代初期のア。
(3) 「藩閥を批判」はアも当てはまるが，「大正時代」と「政党による議会政治」を合わせるとイとわかる。
(4) 国際連合のうち，「平和の維持に主要な役割」を果たし，「常任理事国」が置かれているのはウ。
2(1) 「サンフランシスコ郊外」で「コンピュータ関連産業の中心地」は，シリコンバレー。
(2) 「コバルトやプラチナ」など「埋蔵量が非常に少ない金属」はレアメタル。
(3) 「大仙古墳」の「形状」は前方後円墳。
(4) 「領土，領海，領空」を合わせて領域。国家が成立するための基本。

2 1 ヨーロッパ州の北部に位置するのはスカンディナビア半島で，西海岸のフィヨルドは，氷河に削られてできた地形の代表。
2 アは西岸海洋性気候，イは地中海性気候，ウとエは冷帯の雨温図で，アはA(ダブリン)，イはD(マルセイユ)，ウはB(オウル)，エはC(ミンスク)。
3 アは穀類の自給率が高いから，小麦の生産量が多いフランス。イは穀類と乳製品の自給率はやや足りないが，果実類の自給率が高いから，国土のほぼ全域が地中海性気候で，夏に柑橘類，冬に小麦の栽培が盛んなイタリア。ウは，穀類と乳製品の自給率がやや足りなく，果実の自給がほとんど無いから，混合農業と酪農が盛んなイギリス。エは乳製品の自給率が高く，穀類や果実の自給率がほとんど無いから，牧草や花，球根の栽培が盛んなオランダ。
4 各国の公用語とキリスト教各派の分布を組み合わせる設問。各国の位置を把握しているかが問われる。プロテスタントはヨーロッパ北部に多く，正教会はヨーロッパ東部に多い。カトリックはヨーロッパ西部から中央部に多い。
5 図6からは輸出，輸入ともにEU域内が半分以上を占めていることを読み取る。図7からは，現在のEU域内では人，物，サービスの移動が完全自由化され，関税が無いことを読み取る。

3 1 北半球の海流は，北(北極)から南下する寒流と南(赤道)から北上する暖流。日本列島付近では，寒流は日本海側のリマン海流と太平洋側の千島海流(親潮)。暖流は日本海側の対馬海流と太平洋側の日本海流(黒潮)。ここでは太平洋側の寒流名と暖流名の組み合わせ。
2 アは，降水量が最も多い月が12月だから日本海側の気候でB(金沢市)。ウとエは，年間降水量が少ないから瀬戸内の気候または中央高地の気候で，1月の平均気温が氷点下になるエがA(松本市)で，ウは温暖なC(高松市)。残るイはD(熊本市)。
3 アは1位と2位が石油・石炭製品および化学製品だからコンビナートが発達する千葉県。イは1位が輸送用機械だから愛知県。エは1位が食料品で，4位がパルプ・紙製品だから北海道。残るウは鹿児島県で，4位の窯業・土石製品はガラスやコンクリート，陶磁器などが当てはまる。
4 「大都市周辺」，「消費地に近い」，「新鮮なうちに出荷」など，いずれも近郊農業を説明する場合に使用する語句。
5 図4から東京は昼間人口が圧倒的に多く，夜間人口が極端に少ない点を読み取る。図5からは，東京は地価が高いため住みにくいこと，事業所や大学・短期大学が多いから通勤・通学で流入する人口が多いことを読み取る。

4 1 「聖徳太子によって建てられた」，「現存する世界最古の木造建築」は，法隆寺。
2 アは鎌倉時代の随筆「方丈記」の作者。イ，ウ，エは国風文化に属し，イは「源氏物語」の少し前に随筆「枕草子」を執筆。ウは，「枕草子」よりも前に「古今和歌集」を編さん。
3 図は応仁の乱の様子を記した『応仁記』(作者不詳)の一部。この乱をきっかけに，雪舟が山口に移るなど，多くの僧や芸術家が，有力な守護大名を頼って地方に移住した。
4 太閤検地(1582～1598)と刀狩(1588)を通して，農民を土地にしばりつけて年貢の徴収をやりやすくし，農民とそれ以外の身分を固定化した。
5 アは老中田沼意次の改革の政策，ウは老中松平定信の寛政の改革の政策，エは第8代将軍徳川吉宗の享保の改革の政策。

6　鎖国が完成したのは1641年。これ以後，長崎で貿易を許されたのは，唐人屋敷の清国と出島のオランダのみ。朝鮮との貿易は，対馬藩にのみ釜山の倭館（朝鮮が設置）で行うことが朝鮮から許された。

7　アは1868年，イは1867年，ウは1864年，エは1866年。

5　1　日本最初の鉄道は，建設資金，機関車，運転士，建設技術など，すべてをイギリスに依存した。最初に新橋（現・汐留）～横浜（現・桜木町）に開通したのは，来日外国人の数と貿易額が最も多かったから。新橋～横浜の所要時間は，53分であった。

2　アは，1905年にロシアと結んだポーツマス条約に関する国民の反応。イは，1875年にロシアと結んだ樺太・千島交換条約の内容。エはアとイを示す。

3　アは1919年，イは1894年，ウは1876年～1877年，エは1857年。

4　ルーズベルト大統領のニューディール（新規まき直し）政策は，公共事業による労働者の救済や地位の向上，企業の統制，農民の救済など広範囲。

5　黒部ダムの建設を開始した1956年は，高度経済成長期の初期。図1は，この時期に事業所数が急増したことを示す。図2は，事業所数の急増によって電力需要が急増し，電力不足になったことを示している。

6　1⑴　デフレーションが起こると，企業は利益が減少するから，生産量を減らし，労働者の賃金を下げる。家計は所得が減り，購買力が低下する。

⑵　経済政策のうち日本銀行が行うのは金融政策，政府が行うのは財政政策。不景気の場合，日本銀行は，一般の金融機関から国債などを買い上げ，市場の資金量を増やす(ウ)。反対に好景気の場合は，市場の資金量を減らすために国債を売って金融機関から資金を吸収する(イ)。

⑶　アは独占禁止法，イは製造物責任法，エは消費者基本法を示す。

⑷　日本国憲法第28条の労働者の団結権，争議権，団体交渉権は労働基本権とよばれ，労働者が団結して組織する団体を労働組合とよんでいる。

⑸　日本国内の産業が，生産の場を海外に移すことで，日本人の職場が減少するのが「産業の空洞化」。1985年以後，急速に円高が進んだため，企業は，利益を確保する目的で，労働賃金が安い海外に生産の場を移したことから進行した。

2⑴　生存権を示しているのは日本国憲法第25条。国民に「健康で文化的な最低限度の生活」を保障し，そのための社会的使命を国に課している。

⑵　最多有権者数のA選挙区の場合，議員1人当たりの有権者数は115万人。最少有権者数のD選挙区の場合，議員1人当たりの有権者数は24万人。A選挙区有権者の1票は，D選挙区有権者の1票の約5分の1の価値。日本国憲法第14条「法の下の平等」に違反している。

⑶　アとイは国会の役割，エは裁判所の役割である。

⑷　NPO（非営利団体）は，Non-Profit Organizationの略。日本では特定非営利活動促進法によって法律的に活動が認められている。イは国連平和維持活動，ウは国際労働機関，エは世界貿易機関の略称。

⑸　「先進国と発展途上国の間」の問題は南北問題で，経済格差が最大の原因。1970年代～1980年代には，発展途上国の間にも経済発展に成功した国と経済発展に遅れた国との格差が拡大し，南南問題に発展した。

7　1　人口が最も多い州はアジア州，2位がアフリカ州。人口増加率ではアフリカ州が1位。

2　1994年，国連開発計画（UNDP）は，食料不足，貧困，難民問題，自然災害，環境破壊などの諸問題の解決には，地球規模，国家規模の対策とともに，各個人の健康や自尊心，人権などを守る視点，つまり「人間の安全保障」の考え方が必要であることを提唱した。

3　アは1968年，イは1938年，ウは1999年。エは1946年で，前年に新選挙法が公布された。

4　「さまざまな子育て支援」のうち，表の②の「具体的な内容」の各項目は，いずれも場所に関すること，③の「具体的な内容」の各項目は，いずれも資金に関することを述べている。

栃木県立高校入試(H30)

数 学 【解答・解説】

(平 30)

数学採点基準 (総点 100 点)

〔注意〕 1 この配点は，標準的な配点を示したものである。
2 定められた答えの欄に答えが書かれていないときは，点を与えない。
3 指示された答えと違う表現で答えの欄に記入されていても，正答と認められるものには，点を与える。
4 採点上の細部については，各学校の判断によるものとする。

問題		正		答	配	点
1	1	-4	2	$2xy^4$	2 点× 14	28
	3	$4\sqrt{2}$	4	$x^2+8x+16$		
	5	$(a=)\dfrac{-2b+7c}{5}$	6	$6x+y<900$		
	7	$(x=)\dfrac{3}{2}$	8	$\dfrac{35}{3}\pi(\text{cm}^3)$		
	9	$(x=)2$，$(y=)-3$	10	$(x=)-1$，7		
	11	正十二角形	12	79(度)		
	13	0.3	14	-5		
2	1	(例) (作図)	2	$\dfrac{5}{12}$	1 は 4 点 2 は 4 点 3 は 4 点	12
			3	$(a=)7$		
3	1	(例) 5 円硬貨の枚数が b 枚なので，1 円硬貨の枚数は，$(36-b)$ 枚と表される。 よって $a=5b+(36-b)$ $=4b+36$ $=4(b+9)$ b は整数だから，$b+9$ も整数である。 したがって，a は 4 の倍数である。			1 は 6 点 2 は 6 点	12
	2	(例) 直方体 Q の体積と直方体 R の体積は等しいので $(4+x)(7+x)\times 2=4\times 7\times(2+x)$ $x^2+11x+28=14x+28$ $x^2-3x=0$ $x(x-3)=0$ $x=0$，3 $x>0$ だから $x=3$ 答え $(x=3)$				

問題		正答	配点			
4	1	(例) △ABE と△ACD において 仮定より AB = AC ……① △ABC は二等辺三角形だから ∠ABE = ∠ACD ……② 仮定より BD = CE ……③ ここで BE = BD + DE ……④ CD = CE + DE ……⑤ ③, ④, ⑤より BE = CD ……⑥ ①, ②, ⑥より 2 組の辺とその間の角がそれぞれ等しいから △ABE ≡ △ACD	1 は 7 点 2 (1)は 3 点 2 (2)は 4 点	14		
	2	(1) $180 - 2a$(度)　(2) 36π(cm^2)				
5	1	(1) ($a =$) 6	1 (1)は 2 点 1 (2)は 6 点 2 (1)は 2 点 2 (2)は 2 点 3 は 5 点	17		
		(2) (例) 2 点 P, Q が A を出発してから 10 秒後から 15 秒後までのグラフの傾きは $\frac{0-600}{15-10} = -120$ であるから, x と y の関係の式は $y = -120x + b$ と表される。 グラフは点(15, 0)を通るから $0 = -120 \times 15 + b$ よって $b = 1800$ したがって, 求める式は $y = -120x + 1800$ 答え($y = -120x + 1800$)				
	2	(1) ウ　(2) ア				
	3	$\frac{190}{9}$(秒後)				
6	1	2 (cm)	1 は 2 点 2 は 3 点 3 は 6 点 4 は 6 点	17		
	2	$n + 3$ (枚)				
	3	(例) $\begin{cases} x + y = 12 & \cdots\cdots ① \\ x = 2y & \cdots\cdots ② \end{cases}$ ②を①に代入すると $2y + y = 12$ $y = 4$ ②に代入すると $x = 8$ これらの解は問題に適している。 答え($x = 8$, $y = 4$)				
	4	($a =$)21, 32, 40				

1 1　$(-12)\div3=-(12\div3)=-4$

2　$\dfrac{1}{4}xy^3\times8y=\dfrac{xy^3\times8y}{4}=2xy^4$

3　$\sqrt{2}+\sqrt{18}=\sqrt{2}+3\sqrt{2}=4\sqrt{2}$

4　$(x+4)^2=x^2+2\times x\times4+4^2=x^2+8x+16$

5　$5a+2b=7c$，$2b$を右辺に移項して

$5a=-2b+7c$，$a=\dfrac{-2b+7c}{5}$

6　1個xgのトマト6個で$6x$g，ygの箱に入れると重さの合計は$(6x+y)$g
これが900gより軽いから　$6x+y<900$

7　$5:(9-x)=2:3$，$5\times3=2\times(9-x)$，
$15=18-2x$，$2x=3$，$x=\dfrac{3}{2}$

8　底面積が5πcm^2，高さが7cmの円錐の体積は　$\dfrac{1}{3}\times5\pi\times7=\dfrac{35}{3}\pi$(cm^3)

9　$x-2y=8$…①　　$3x-y=9$…②
②×2－①より　$5x=10$，$x=2$　これを②に代入して　$3\times2-y=9$，$y=-3$

10　$x^2-6x-7=0$，$(x+1)(x-7)=0$，
$x+1=0$，$x-7=0$　より　$x=-1,\ 7$

11　1つの内角が150°である正n角形の外角は　$180°-150°=30°$　正n角形もn角形も外角の和は360°だから　$30°\times n=360°$，
$n=12$　より　正十二角形。

12　かどを通りℓ，mに平行な直線をひく。平行線の同位角，錯角は等しいから
$\angle x=43°+36°=79°$

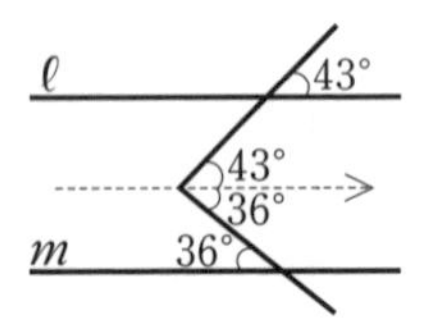

13　度数が最も多いのは，130cm以上150cm未満の階級で12人。全員で40人いるから，相対度数は　$12\div40=0.3$

14　$y=-x^2$について，xの値が1から4まで増加するときの変化の割合は
$(1+4)\times(-1)=-5$　のように計算できる。

2 1　点Aとの距離が最も長い円周上の点Pは，Aを通る直径の両端のうち，Aから遠い方の点。Aを中心とする円と円周との交点をB，Cとする。B，Cを中心とする半径の等しい円をかき，交点とAと通る直線をひく。

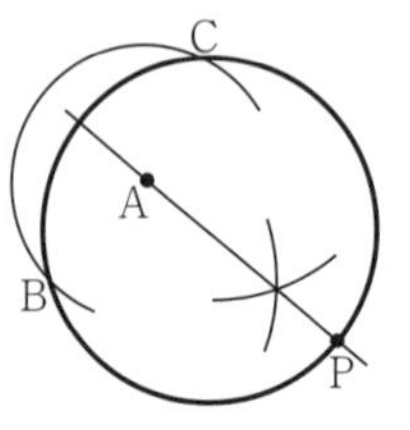

2　カードは1枚ずつ2回ひくから1回目4通り，2回目，1枚減って3通り。全部で　$4\times3=12$(通り)

12	13	14
21	23	24
31	32	34
41	42	43

素数は13，23，31，41，43の5通りで　$\dfrac{5}{12}$

3　$x=2$を$y=\dfrac{a}{x}$，
$y=-\dfrac{5}{4}x$に代入して
$y=\dfrac{a}{2}$，$y=-\dfrac{5}{2}$
$A\left(2,\ \dfrac{a}{2}\right)$，$B\left(2,\ -\dfrac{5}{2}\right)$
$AB=\dfrac{a}{2}-\left(-\dfrac{5}{2}\right)$
$=\dfrac{a+5}{2}$，$\dfrac{a+5}{2}=6$より　$a+5=12$，$a=7$

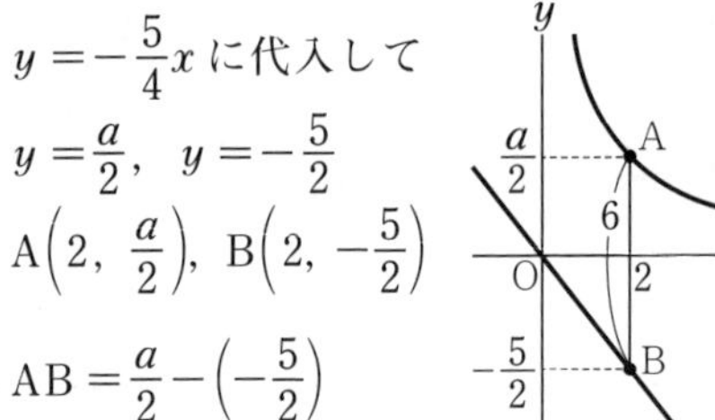

3 1　5円硬貨がb枚だから，1円硬貨は$(36-b)$枚。合計金額a円は
$a=5b+1\times(36-b)=4(b+9)$，$b+9$は整数だから$4(b+9)$は4の倍数である。

2

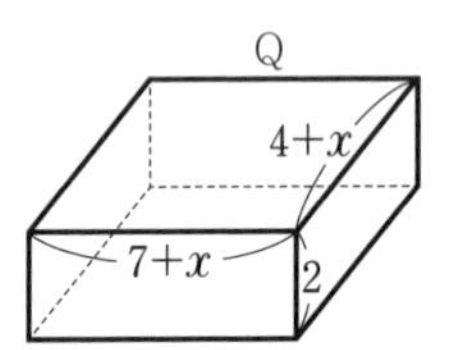

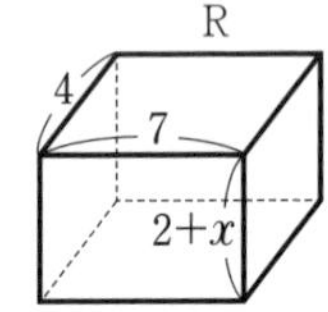

直方体Qと直方体Rの体積は等しいから
$(4+x)(7+x)\times2=4\times7\times(2+x)$
$x^2-3x=0$，$x(x-3)=0$，$x>0$で$x=3$

4 1　AB＝AC，
∠ABE＝∠ACD
BE＝BD＋DE
CD＝CE＋DE
BD＝CEより
BE＝CDを導く。
BE＝BC－CE
CD＝BC－BD　のようにも表せる。

2(1)　△OEDは
OE＝ODの二等辺三角形。∠OED
＝∠ODE＝a°
ABは円Oの直径で∠BCA＝90°
∠ODA＝90°より OD // BC　同位角は等しいから∠OBC＝∠EOD＝$180°-2a°$

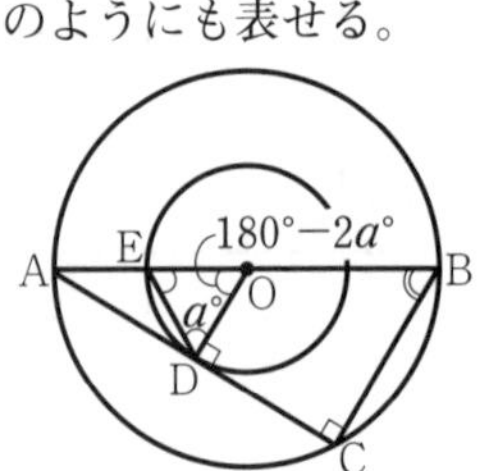

(2)　Oは辺ABの中点。
OD // BCよりDは辺ACの中点になる。
$AD=12\div2=6$
$OE=OD=4\div2=2$，$AO=\sqrt{6^2+2^2}$
$=\sqrt{40}=2\sqrt{10}$　色のついた部分の面積は
$\pi\times(2\sqrt{10})^2-\pi\times2^2=40\pi-4\pi=36\pi$

5 **1** (1)　$0 \leqq x \leqq 10$ のとき，$y = ax^2$　このグラフは点(10, 600)を通るから
$600 = a \times 10^2$, $100a = 600$, $a = 6$

(2)　2点(10, 600), (15, 0)を通る直線の式を求めてもよい。$y = mx + n$ とすると
$600 = 10m + n$…①　　$0 = 15m + n$…②
①, ②より $m = -120$, $n = 1800$ だから
$y = -120x + 1800$

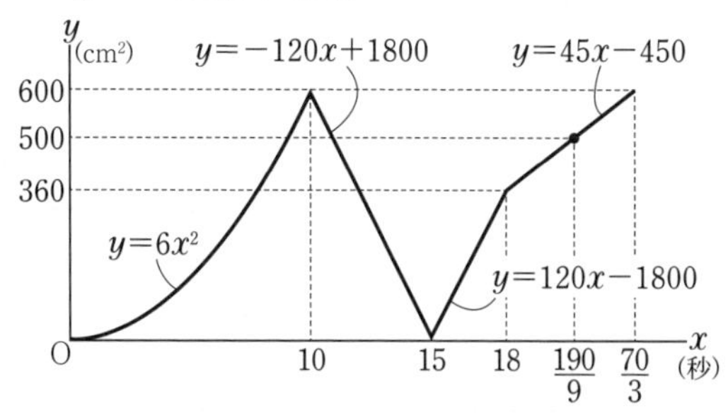

2 (1)　出発してから18秒後，点Pは毎秒3cmで進むから $3 \times 18 = 54$，Bからでは $54 - 30 = 24$(cm)進む。点Qは毎秒 5cm で進むから $5 \times 18 = 90$，$AC + CB = 50 + 40 = 90$(cm)だから，点QはB上にあり，**ウ**。

(2)　$x = 15$ のとき $y = 0$ になるから，15秒後2点P，Qは辺BC上ですれ違う。18秒後点Pは $3 \times 18 = 54$(cm)進み，点QはB上にあるから $PQ = PB = 54 - 30 = 24$(cm)
$y = 24 \times 30 \div 2 = 360$　$15 \leqq x \leqq 18$ のとき，直線は2点(15, 0), (18, 360)を通る。これを $y = cx + d$ とすると　$0 = 15c + d$, $360 = 18c + d$ より $c = 120$, $d = -1800$,
$y = 120x - 1800$　また，点PはAからCまで　$(30 + 40) \div 3 = \frac{70}{3}$(秒)かかる。PがC上に着くとき，$PQ = CB = 40$cm だから　$y = 40 \times 30 \div 2 = 600$　$18 \leqq x \leqq \frac{70}{3}$ のとき，直線は2点(18, 360), $\left(\frac{70}{3}, 600\right)$ を通る。これを $y = ex + f$　とすると
$360 = 18e + f$, $600 = \frac{70}{3}e + f$　となるから
$e = 45$, $f = -450$ より　$y = 45x - 450$
18秒後からの変化の割合は45，15秒後から18秒後までの変化の割合は120だから，18秒後からの変化の割合の方が小さく(直線の傾きが小さく)，(1)のグラフが適し，**ア**。

3　△APQ の面積が3度目に 500cm^2 になるのは $18 \leqq x \leqq \frac{70}{3}$ のとき。$y = 45x - 450$ に $y = 500$ を代入して　$500 = 45x - 450$
$45x = 950$, $x = \frac{950}{45} = \frac{190}{9}$(秒後)

6 **1**　$a = 4$, $b = 6$ の長方形の紙は，図のように切り取ることができる。3枚の正方形のうち，最も小さい正方形の1辺は 2cm

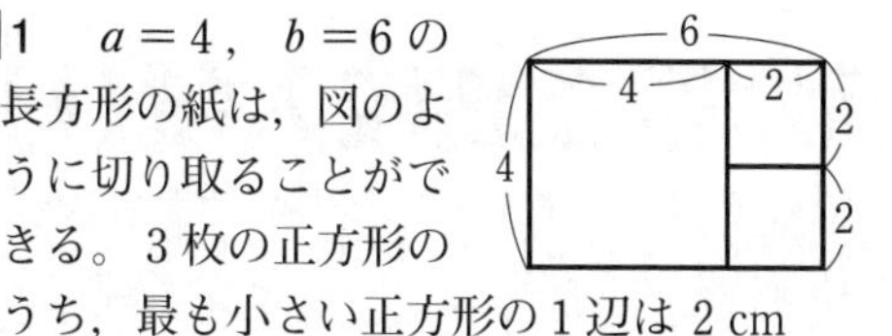

2

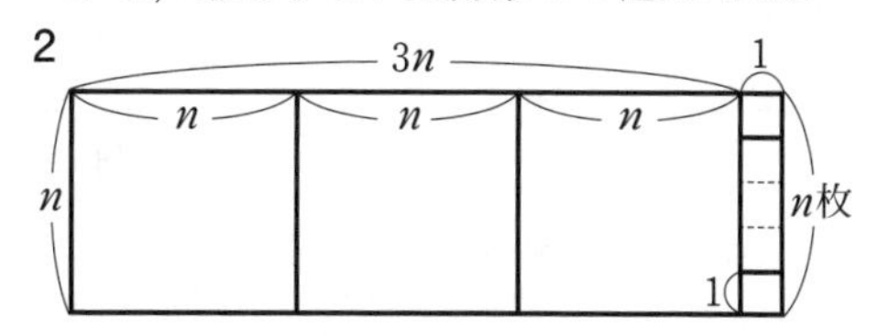

$a = n$, $b = 3n + 1$ のとき，上の図のように1辺が n cm の正方形が3枚，1辺が1cm の正方形が n 枚できる。正方形は全部で　$(n + 3)$ 枚。

3　4枚の正方形は図のようになるから
$x + y = 12$…①
$x = 2y$…②
②を①に代入して
$2y + y = 12$, $y = 4$　②より $x = 2 \times 4 = 8$

4　3種類の大きさの異なる正方形の1辺の長さを，長い方から順に $a$cm, ℓcm, $m$cm とする。正方形は全部で5枚だから $5 = 1 + 1 + 3$, $1 + 2 + 2$　さらに，1辺の長さが最も短い $m$cm の正方形の枚数が最も多くなることを **1**, **2**, **3** でみつける。

(i)　a が1枚，ℓ が1枚，m が3枚の場合
$a + \ell = 56$…①
$\ell + m = a$…②
$\ell = 3m$…③
①, ②より
$2\ell + m = 56$…④
③, ④より $\ell = 24$, $m = 8$, ②より $a = 32$

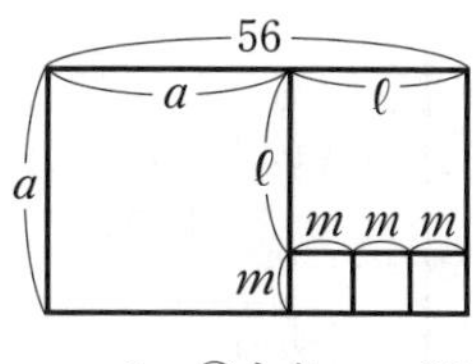

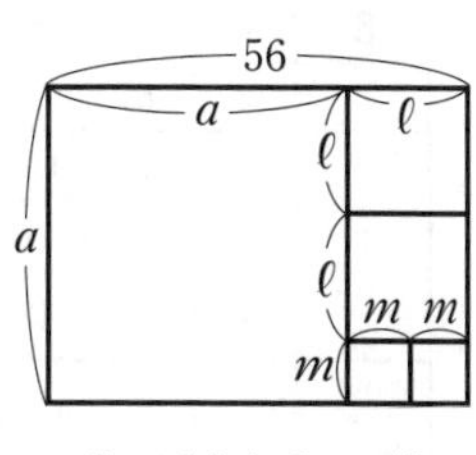

(ii)　a が1枚，ℓ が2枚，m が2枚の場合
$a + \ell = 56$…①
$2\ell + m = a$…②
$\ell = 2m$…③
①, ②より
$3\ell + m = 56$…④
③, ④より
$\ell = 16$, $m = 8$, $a = 2 \times 16 + 8 = 40$

(iii)　a が2枚，ℓ が1枚，m が2枚の場合
$2a + \ell = 56$…①
$\ell + m = a$…②
$\ell = 2m$…③
①, ②より
$3\ell + 2m = 56$…④　　③, ④より $\ell = 14$, $m = 7$　②より　$a = 14 + 7 = 21$
したがって　$a = 21$, 32, 40

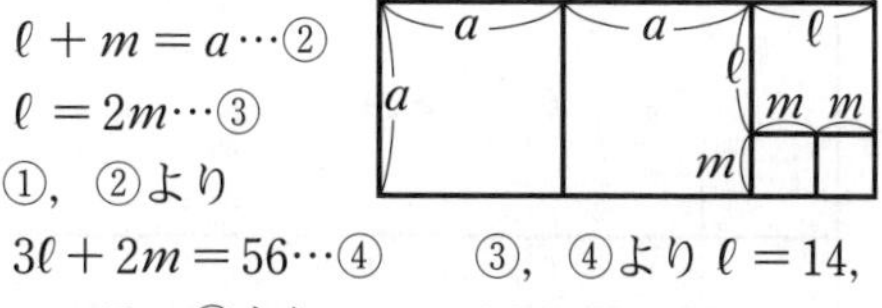

栃木県立高校入試(H30)

理　科　【解答・解説】

(平 30)

理科採点基準

(総点 100 点)

〔注意〕
1　この配点は，標準的な配点を示したものである。
2　定められた答えの欄に答えが書かれていないときは，点を与えない。
3　指示された答えと違う表現で答えの欄に記入されていても，正答と認められるものには，点を与える。
4　定められた数より多く答えたときは，点を与えない。
5　採点上の細部については，各学校の判断によるものとする。

問題		正答	配点	
1	1	(ウ)	2 点× 8	16
	2	(ア)		
	3	(イ)		
	4	(ウ)		
	5	(炭素)		
	6	(125)J		
	7	(組織)		
	8	(露点)		
2	1	(鉱物)	1 は 3 点	9
	2	(ア)	2 は 3 点	
	3	日本の上空では (例) 偏西風が吹いているから。	3 は 3 点	
3	1	(ウ)	1 は 2 点	11
	2	(例) 火のついたマッチを試験管 Y の口に近づける。	2 は 3 点	
	3	(エ)	3 は 2 点	
	4	① (Na_2CO_3)　② (CO_2)	4 は 4 点	
4	1	(イ)	1 は 2 点	9
	2	① (花粉管)　② (精細胞)	2 は 4 点	
	3	(例) 親と同じ形質をもつイチゴを育てることができる。	3 は 3 点	
5	1	(20)Ω	1 は 2 点	12
	2	電圧(3.0)V　電流(250)mA	2 は 4 点	
	3	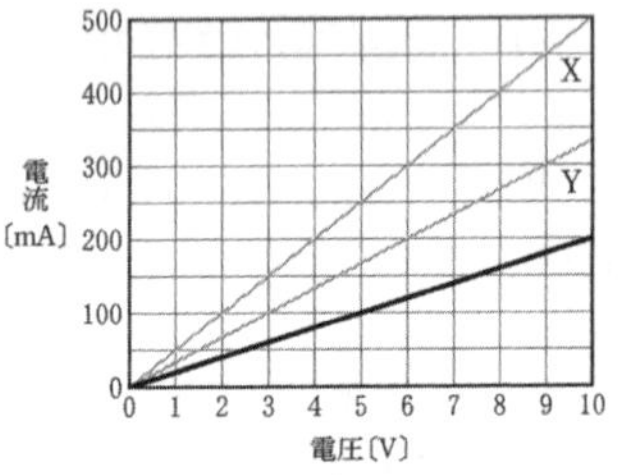	3 は 3 点	
	4	(ア)	4 は 3 点	
6	1	試験管 C(ショ糖)　試験管 D(ミョウバン)	1 は 4 点	10
	2	(5.8)g	2 は 2 点	
	3	濃度(38)%　温度(ウ)	3 は 4 点	
7	1	(エ)	1 は 2 点	12
	2	(皮ふ)	2 は 3 点	
	3	(0.21)秒	3 は 3 点	
	4	(例) 刺激の信号が脳を通らずに，せきずいから筋肉に伝わるから。	4 は 4 点	
8	1	(イ)	1 は 2 点	9
	2	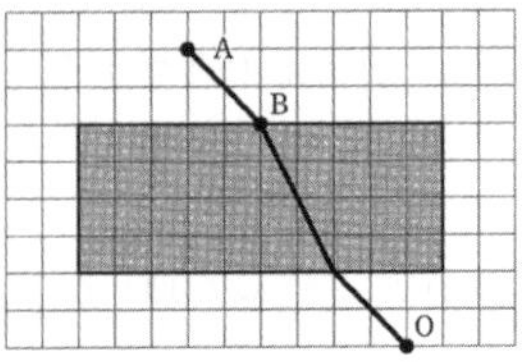 見え方(ア)	2 は 4 点	
	3	(全反射)	3 は 3 点	
9	1	(恒星)	1 は 2 点	12
	2	(エ)	2 は 2 点	
	3	① (球形)　② (自転)	3 は 4 点	
	4	(0.5)度	4 は 4 点	

1 1 アサガオの花弁は互いにくっついているので合弁花であるが，サクラ，アブラナ，チューリップの花弁はひとつひとつ離れているので，離弁花に属する。

2 pHは酸性やアルカリ性の強さの程度を表す数値(最大で14)で，7が中性，7より小さいと酸性，7より大きいとアルカリ性である。レモン汁は酸性なので，7より小さい数値を選ぶ。

3 右ねじが進む向きに電流を流すと右ねじを回す向きに磁界ができる(右ねじの法則)。上から下に向かって電流が流れた場合は**ア**のような向きの磁界ができる。問題のように下から上に電流が流れた場合は，**ア**と反対向きの**イ**の磁界ができる。

4 ある時期だけに栄えて広い範囲にすんでいた生物の化石からは，地層が堆積した地質年代を知ることができる。このような化石を示準化石といい，フズリナや三葉虫は古生代の示準化石である。

5 有機物には必ず炭素原子が含まれている。しかし，炭素原子が含まれる化合物の中には，二酸化炭素のように無機物に分類されるものも一部ある。

6 **仕事〔J〕＝物体に加えた力〔N〕×**
力の向きに移動させた距離〔m〕 より
25〔N〕×5〔m〕＝125〔J〕

7 形やはたらきが同じ細胞の集まりを組織といい，組織が集まって特定のはたらきをするものを器官と言う。ヒトでは目，耳，心臓などが器官である。被子植物では，葉，茎，根などが器官にあたる。器官が集まって個体がつくられている。

8 飽和水蒸気量は，温度が高くなると大きくなり，温度が低くなると小さくなる。気温が下がると空気中の水蒸気の量が飽和水蒸気量と同じ値になり，それ以上空気中に存在できないので，水滴ができ始める。このときの温度が露点である。

2 1 マグマが噴出して，冷えて固まってできた結晶を鉱物という。石英や長石などは鉱物である。

2 ねばりけが強いマグマには無色の鉱物が多く含まれるため，白っぽく見える。これに対し，ねばりけが弱いマグマには有色の鉱物が多く含まれるため,黒っぽく見える。鹿沼土は白っぽく見えるので，無色の鉱物を多く含み，赤城山のマグマはねばりけが強いと思われる。マグマのねばりけが強いと激しく爆発的な噴火になる。

3 日本の上空では偏西風とよばれる風が西から東にふいている。日本付近の天気が西から東に変わっていくことが多いのも偏西風の影響による。

3 1 炭酸水素ナトリウムのような固体を試験管で加熱する場合，発生した水が加熱部分にふれて試験管が割れたりすることがないように，試験管の口を少し下げて加熱する。

2 水素にマッチの火を近づけると爆発的に燃える。

3 試験管Yの中の気体が酸素であれば，線香の火が激しく燃える。二酸化炭素の中に線香の火を入れると火が消えるが，火が消えただけで試験管Yの中の気体が二酸化炭素だと断定することはできない。なぜなら，仮に試験管Yの中の気体が窒素だとしても，線香の火は消えるからである。この場合確認できるのは「酸素でない」ことだけである。試験管Yに石灰水を加えて振り混ぜ，白く濁れば二酸化炭素だと断定できる。

4 炭酸水素ナトリウムを熱分解したあとに残る白色の固体は炭酸ナトリウムであり，発生する気体は二酸化炭素である。炭酸ナトリウムの化学式はNa_2CO_3である。

4 2 精細胞と卵細胞が受精して増える増え方を有性生殖という。

3 親のからだの一部を分けて育てる増やし方は，無性生殖とよばれ，親の形質をそのまま受け継ぐ。

5 1 抵抗器Xは，**図2**より，電圧が10Vのとき電流が500mAなので，
10〔V〕÷ 0.5〔A〕＝20〔Ω〕
同様に，抵抗器Yの抵抗は
9〔V〕÷ 0.3〔A〕＝30〔Ω〕 である。

2 15Vの－端子につないであるので，電圧計の読みは3.0Vである。抵抗器Xと抵抗器Yにはどちらにも3.0Vの電圧がかかっていることになる。回路全体の抵抗をRとすると

$$\frac{1}{R}=\frac{1}{20}+\frac{1}{30} \quad より \quad R=12〔\Omega〕$$

よって回路に流れる電流は

$$\frac{3.0〔V〕}{12〔\Omega〕}=0.25〔A〕=250〔mA〕$$

3 実験(4)は，抵抗器Xと抵抗器Yの直列回路なので，回路全体の抵抗は
20〔Ω〕＋30〔Ω〕＝50〔Ω〕

となる。よって電圧が10Vのときの電流は
10〔V〕÷50〔Ω〕=0.2〔A〕
この点と原点を直線で結ぶ。

4　消費する電力は電流と電圧の積である。直列つなぎ(**図4**)と並列つなぎ(**図3**)では並列つなぎの方がそれぞれの抵抗器にかかる電圧は大きい。さらに，**図3**の場合，抵抗の値が小さい方が流れる電流は大きいから，抵抗器Xの消費電力が最も大きい。

6　1　物質A～Dはそれぞれ8.0gを10gの水に溶かしたので，100gの水に換算すると，80g溶かしたことになる。グラフより，20℃で80g以上溶けるのはショ糖だけなので，試験管Cはショ糖である。次に，ショ糖以外で60℃ですべて溶けるのは，グラフより，硝酸カリウムだけなので，Bは硝酸カリウムである。10℃にしたとき，AとCでは新たに出てくる結晶はほとんど見られなかったことから，Aは温度が変わっても溶解度の値がほとんど変わらない塩化ナトリウムであると推測できる。硝酸カリウムとミョウバンは，10℃まで温度を下げると溶解度が著しく小さくなるので，結晶がでてくる。よってDはミョウバンである。

2　グラフより，硝酸カリウムは10℃の溶液では100gの水に22gまで溶ける。よって10gの水には2.2gまでしか溶けないので，
8.0〔g〕－2.2〔g〕=5.8〔g〕
の結晶が出てくる。

3　60℃では3.0gの硝酸カリウムが5.0gの水にすべて溶けたので，その質量パーセント濃度は

$$\frac{3.0}{3.0+5.0}\times 100 = 37.5〔\%〕$$

これを四捨五入すると38%となる。

また，5.0gの水を100gの水に換算するために，3.0gの硝酸カリウムを20倍すると，水100gに60gの硝酸カリウムが溶けている溶液ということになる。グラフより，溶解度が60gになるのは38℃くらいである。よって最も近いのは40℃となる。

7　1　ひじの関節をはさんで肩側の骨についている2つの筋肉は，互いに向き合うように，関節をまたいで手首側の2つの骨についている。筋肉は，縮むことはできるが，自らのびることはできない。2つの筋肉のどちらか一方が縮むと，もう一方がのばされるので，うでを曲げたりのばしたりすることができる。

2　外部から刺激を受け取るのが感覚器官である。ヒトの感覚器官は，目，耳，鼻，舌，皮ふなどである。感覚器官には刺激を受け取る特定の細胞があり，刺激を電気的な信号に変える。

3　Aが信号を受け取ってから反応するまで(Jが手をにぎるのを見てストップウォッチを押すまで)にかかった0.26秒と，残りの9人が信号を受け取ってから反応するまでにかかった時間の合計が2.17秒なので
(2.17－0.26)÷9=0.212〔秒〕

4　感覚器官(この実験では右手)で受け取った刺激は，電気信号となり，感覚神経→せきずい→脳→せきずい→運動神経→運動器官と伝わるが，熱いものにふれたときに手を引っこめるような無意識の反応は，感覚器官→感覚神経→せきずい→運動神経→運動器官と伝わり，脳を通らないので，刺激を受けてから反応が起きるまでの時間が短い。このように意識とは無関係に反応が起こることを反射という。

8　1　屈折角とは，境界面に垂直な線と屈折した光のなす角をいう。

2　2本のまち針が重なって見えることから，点Aと点Bをつなぐ線を引き，それと平行な線を点Oからガラスの前面まで引く。さらにその点(点Pとする)から点Bに向かって線を引く。点Oから見ると，まち針は点Pの延長線上に立っているように見える。

3　光が水やガラスから空気中に進むとき，入射角が大きくなると，屈折角が90°を越えるので屈折して進む光はなくなり，すべての光が反射してしまう。

9　1　太陽が恒星であるのに対して，地球は，自ら光を出さず，太陽のまわりを回っている惑星である。

2　太陽は水素を多くふくむ高温の気体のかたまりである。太陽の表面温度が約6000℃，黒点の温度は約4000℃である。

3　黒点の形に注目すると，周辺付近ではだ円形に近い形をしているが，中央付近では円形に近い。このことから太陽の形状は球形であると考えられる。また，黒点の位置が少しずつ移動していることから，太陽は自転していると考えられる。

4　太陽の日周運動を考えると，360°を24時間で回るので，1時間(60分)で15°移動することになる。よって2分では
60：15=2：x　　x=0.5〔度〕

栃木県立高校入試(H30)
英語 【解答・解説】

英語採点基準

(総点100点)

(平30)

〔注意〕 1 この配点は，標準的な配点を示したものである。
2 定められた答えの欄に答えが書かれていないときは，点を与えない。
3 指示された答えと違う表現で答えの欄に記入されていても，正答と認められるものには点を与える。
4 定められた数より多く答えたときは，点を与えない。
5 採点上の細部については，各学校の判断によるものとする。

問	題	正答	配		点
1	1	(1) (イ) (2) (エ) (3) (ウ) (4) (ア) (5) (イ)	2点×5	26	
	2	(1) ① (エ) ② (イ) (2) ① (ウ) ② (ア)	2点×4		
	3	(1) (2時58分) (2) (3時12分) (3) (食べ物と飲み物) (4) (左(側))	2点×4		
2	1	(1) (イ) (2) (エ) (3) (ア) (4) (ア) (5) (エ) (6) (ウ)	2点×6	18	
	2	(1) (イ → ウ → ア → エ) (2) (ウ → イ → エ → ア) (3) (ウ → オ → イ → エ → ア)	2点×3		
3	1	(例) アグスが毎朝，納豆を食べていること。	2点	12	
	2	① (popular) ② (use)	2点×2		
	3	(ウ)	2点		
	4	(例) テンペを使った多くの種類の日本の食べ物の作り方について考えること。	4点		
4	1	(1) (例1) I like collecting (例2) One of my hobbies is collecting	2点	16	
		(2) (例1) I want to be (例2) My dream is to become	2点		
	2	(1) (例1) Which do you like to eat (例2) Which fruit do you want	3点		
		(2) (例1) can you give me a cup of (例2) may I have some	3点		
	3	(例1) I agree. I often go to the library. The library is quiet, so I can study hard. There are many kinds of books. When I have some questions, I can read books to find the answers. (例2) I don't agree, because it takes a lot of time for me to go to the library. At home, I don't need to think about other people. I like to study in my room. I can also use my own computer to do my homework.	6点		
5	1	(例) He drew the faces of his friends (on it).	3点	14	
	2	(イ)	2点		
	3	(例) 絵を描くことを楽しむこと。	3点		
	4	(エ) (カ)	3点×2 順不同		
6	1	(eat)(tomatoes (them))	3点	14	
	2	① (many cold days) ② (enough food)	2点×2		
	3	((例) トマトには注意して水をあげなければならないということ。) ((例) トマトには強い太陽の光が必要だということ。)	2点×2 順不同		
	4	(save)	3点		

1 話の展開がわかりにくいことがある。文字で確認してから,再び音声を聞くとよい。

1 選択肢から問題を予想できることがある。

(1) 過去の時期をたずねている。

(2) 命令に対する典型的な返答を選ぶ。

(3) 場所が質問されている。

(4) 好きな食べ物を答える。

(5) 時間に注目する。過去のこと。

2 (1) 曜日などに注意しながら聞く。

① Sunday is better for me からわかる。

② tomorrow が文末にあるので注意。

(2) 図を見ながら聞いてみよう。

① between ～ and …に注意。間のこと。

② I want her to ～の部分からわかる。

3 場所と時刻に注意。特に場所に注意。

(1)(2) 到着は stop, 発車は leave で表されている。

(3) something to eat and drink の部分。

(4) From Stone River to Moon Lake の中に Old Bridge があるので,左。

2 1 (　　)の前後と文章の内容を読み取ることが大切。2 基本的な文型の語順の問題。

1 (1) Yesterday とあるので過去形の made。

(2) speech を指す代名詞は it。

(3) 文脈から緊張していた(nervous)ことがわかる。

(4) decide に動詞を続けるには to が必要。

(5) living～で my friend を修飾する。

(6) 後に前置詞を使わないのは visit。

2 (1) don't have to～=「～する必要がない」になる。

(2) give ～ …の語順。made は後ろから a toy を修飾する。

(3) 〈Don't + 命令文〉で禁止を表す。afraid は形容詞なので,命令文では be が必要。afraid of ～=「～をするのを恐れる」of に動詞続けるときは～ ing になる。

3 [本文の要旨]

納豆とテンペは大豆から作られる点では共通しているが,食べ方が異なる。テンペは他の食品にまぜたり,肉の代用として使われたりすることなどをアグスが話している。

[解説]

1 直前の Agus の発言からわかる。

2 ① among もヒント。popular になる。

② use で「～で使う」の意味。in ～にも注意。

3 A:話題をかえる表現。B:例をあげる表現

4 直前の文をまとめる。how to ～で,「～のやり方」の意味。

4 1 (1) 趣味は, I like ～ ing, One of my hobbies is ～などで表せる。(2) I want to be ～で,「～になりたい」を表せる。

2 (1) 選択をたずねる。Which と or を使う。

(2) 応答からコーヒーをお願いしていることがわかる。May I have ～? Could you give me ～? などで表せる。coffee には a cup of をつけるとよい。

3 いろいろな意見を書く練習をすることで,表現力をあげておく。「理由→説明や事例→まとめ」の順で書いてみよう。

5 [訳例]

アキラは絵を描くのが大好きだった。アキラの祖母のキミヨさんは,以前美術の先生をしていて,アキラに絵の描き方を教えた。いつも「好きな物を描きなさい。絵を描くのを楽しみなさい」と言っていた。キミヨさんが毎月アキラに絵手紙を送ると,必ずアキラは返信をした。アキラはキミヨさんと絵手紙を交換するのがとてもうれしかった。友達が大好きだったので,最初の絵手紙には友達の顔を描いた。小学校を卒業すると,絵手紙に新しい学校の桜の花を描いた。アキラは新生活を楽しみにしていた。

中学校で,アキラは美術部に入った。秋には,絵画コンテストがあり,アキラは優勝をねらった。良い絵を描きたいと思い,再び桜の木の絵を描いた。やっと,絵を描きあげると,それは良いできだと思ったが,コンテストでは入賞できなかった。アキラはもう絵を描くことが楽しめなくなった。キミヨさんは絵手紙を送ったが,アキラは返信を出さなかった。

冬のある日,アキラの母親が,「おばあちゃんの具合が悪いの,今入院している」と言った。アキラは「本当?大丈夫なの?」と言った。お母さんは「わからないわ。行かなければならないの。一緒に行く?」と答えた。アキラは「もちろん。大丈夫かどうか知りたいよ。おばあちゃんに伝えなければ」と言った。病院に向かうあいだ,アキラは下を向いて,一言も話さなかった。

病院で，キミヨさんはベッドで何かを見ていた。アキラは「おばあちゃん。具合はどう」と言った。キミヨさんは「少し疲れたけど，大丈夫だよ。ありがとう，アキラ」と答えた。アキラは「何を見ているの」とたずねた。「あなたからの絵手紙よ。見て，これは，かわいくて素敵よ」と言った。「絵を描くのを止めちゃって，手紙に返事をできなかったんだ。おばあちゃん，ごめんなさい」とアキラは言った。キミヨさんが「アキラ，絵を描くのが好きかい？いつもあなたに大事なことを言っていたでしょう。私の言葉を覚えているかい」と言った。「好きな物を描きなさい，ということ？」とアキラが答えた。すると，キミヨさんが桜の花の絵手紙を見せて，「この絵の中の桜の花は輝いているよ，とても美しいわ。この絵を描いたときは幸せだったのでしょうね。そこからあなたの希望を感じることができるの」と言った。アキラは「だから，コンテストに向けて，一番好きな桜の木を描いたんだけど，賞が取れなかった。僕の絵はよくないんだ」と言った。キミヨさんは「アキラ，本当に私の言ったことを覚えているかい。もう一つの大切なことを忘れているよ。もしこれを覚えていたら，アキラの絵は美しくなるよ。いつでもアキラの絵は大好きだよ」と言った。

アキラは家に帰ると，好きな物を描き始めた。キミヨさんの顔を絵手紙に描いた。アキラは，再び絵を描くのを楽しんだ。

［解説］

1　第一段落の後半に，on his first picture-letter とある。この文からわかる。

2　第二，第三段落から考える。具合を心配し，手紙を出さなかったことを申し訳なく思っている。

3　Draw the things that you like and enjoy drawing pictures. の二つの内，前者はすでにあげているので，後者が答え。

4　問題文の次の部分と比較しながら読む。
ア　第一段落　**イ**　第二段落　**ウ**　第三段落の最後　**エ**　第四段落の前半　**オ**　第四段落の中央　**カ**　第五段落

6　［訳例］

これまでにトマトを栽培したことがありますか。簡単に栽培できるので，今では多くの人が家庭でトマトの栽培を楽しんでいます。世界中で多くの人々がトマトを食べます。しかしながら，ヨーロッパの人々は，昔は違いました。美しいトマトを見て楽しむだけでした。

16世紀初頭に，トマトは中央・南アメリカから運ばれました。最初のうちは，有毒な植物のように見えたので，食べませんでした。16世紀には，イタリアで寒い日が多く，食べ物がよく育たなくて，十分な食べ物がありませんでした。とうとう，ある人がトマトを食べて，食べられるくらいにおいしいことを発見しました。それから，トマトを食べ始めました。

現在では，世界中でトマトが栽培され，食べられています。トマトを栽培するときに，少なくとも二つのことを覚えておいたほうがよいでしょう。一つは，水をやるときには慎重にやらなければならないということです。水が多すぎるとトマトが死んでしまいます。二つ目は，トマトには強い日差しが必要だということです。これらの点を頭におけば，砂漠のような，とても暑く乾いた土地でさえもトマトを栽培できます。

宇宙でトマトを栽培しようという壮大な計画を知っていますか。この計画では，科学者は宇宙でトマトを育てようとしています。現在，宇宙に食料を運ぼうとすると多くの費用がかかります。もしこの計画が成功すれば，多くのお金を節約できます。宇宙に多くの食料を運ぶ必要がありません。将来，人間は宇宙で暮らすかもしれません。宇宙は暮しにくいけれども，もし新鮮なトマトのような食べ物を食べられれば，健康に良さそうですよね。だから，トマトのような新鮮な食べ物が宇宙で命を救ってくれるかもしれないと言えそうです。

［解説］

1　直前の文を見る。

2　第二段落参照。①　had の後の many cold days を抜く。②　get は「手に入れる」という意味なので，enough food を抜く。

3　First, Second とある。その二か所をまとめる。

4　save には，「（お金を）節約する」という意味と「（命を）救う」という意味がある。

段落以降の話の中心となる「歴史」について言及しているため適切。**イ**は「仮説」、**ウ**は「前段落までを総括」、**エ**は「例外的な場合に触れ」が読み取れず不適。

5　傍線部(2)の直後の「暦を作り～事件を暦によって管理して、記録にとどめる」という内容と関連する⑬段落中の「暦を作って時間を管理することと、記録をとること」の部分が、「歴史が成立する」条件の一つであることがわかる。また⑭段落冒頭「歴史の成立には～感覚だ」より、「因果関係があるという感覚」がもう一つの条件だと読み取れる。

6　**ウ**は「人間の心理と関連付けながら」、**エ**は「物理学的な知見に基づいて」が本文から読み取れず不適。**ア**「日本と世界の文化の比較」は⑤段落から読み取れるが、この段落は④段落の「時計とか～気持ちによる」の具体例であり、「歴史の違い」について述べているわけではないので不適。**イ**は、①～⑥段落で「時間に対する考え方」を説明し、⑦～⑯段落で歴史についての考察をしているので適切。

4

1　**ア**は、本文中に「隼」が「私」を心配しているという記述がないため不適。**イ**や**エ**は、傍線部(1)の直前に「隼」や「先生」を気遣う記述があるため不適。**ウ**は第一段落中から読み取れる。

2　傍線部(2)の五行前の『夢の中では～悲しいじゃないか』」という「隼」の発言に対して「私」は「ばかだよね」と述べ、傍線部(2)の直後の段落から「私」の考えが読み取れる。よってこの部分をまとめる。

3　「隼」の行為とは傍線部(3)直前の「物差しを当てようとする」ことであり、これは傍線部(3)を含む段落の最後の一文を踏まえると「悲しい」という物差しを当てることと考えられる。ここの言い換えが傍線部(3)の前文「太いクレヨンで～感情は、悲しいという単語～に肩代わりさせ」る、という部分となる。本文中の表現のままだと字数条件が厳しいので、自分なりに言い換えてまとめる。

4　空欄直前の「隼」の発言からマイナスの感情が読み取れる。これに合うのは**イ**。

5　**エ**は傍線部(4)の八～四行前『悲しいって～じいちゃんのこと』」や傍線部(4)自体から読み取れる。**ア**、**イ**は本文中から読み取れず不適。**ウ**は傍線部(2)から否定できる。

6　**ウ**は、本文中の外来語によって「隼」の心情は述べられていないため不適。**エ**は、「情景描写」が本文中にないため不適。本文では終始「私」の視点で描かれているため**イ**「登場人物それぞれの視点」は不適。**ア**は否定できる所がなく適切。

5　作文を書く際は、「何について書くのか」「条件は何か」に注意して書くこと。特に本問は、海外の中学生の訪問に際して、グループごとに日本について紹介、グループのメンバーに向けての提案という条件で、提案する文章を書くので、条件が多少複雑である。この点に注意して書くようにする。

〔作文例〕

　私達のグループでは食文化を取り上げて紹介するのがよいと考えます。食文化以外の映像メディア・科学技術等も、日本を知ってもらうという意味では、どれもすばらしい事柄だと思います。ただ、例えば映像メディアや科学技術について中学生である私達がそのすばらしさを伝えきることが出来るでしょうか。おそらくインターネット等を調べて資料をまとめるだけになってしまうでしょう。

　普段から身近に感じている郷土料理等をテーマにすることで、私達の生の声や感想を、日本に興味を持ってやってきた海外の中学生に伝えることができるのではないでしょうか。そして、そうすることで日本についてより理解してもらえると考えました。

[1]

1 訓読み二、音読み三で、標準的なものが多い。

2 書き取りも使用頻度の高いものが多い。

3 (1) 「銀杏散る」と**ウ**の「野菊」は秋の季語。**ア**は「菜の花」が春、**イ**は「粉雪」が冬、**エ**は「蝉」が夏の季語。

(2) 傍線部②と**イ**は「講演」。**ア**は「公園」、**ウ**は「後援」、**エ**は「好演」。

(3) **ア**は「見せてもらう」の謙譲語。**イ**は先生の「見せる」という行動を「お～する」という謙譲語にしているため不適。**ウ**と**エ**は生徒自身の「見る」という行動を「ご覧になる」「なさる」という尊敬語としているため不適。

(4) **エ**「もし」は空欄④直後の「よかったら」という仮定表現と呼応する。

4 「花」と**エ**「葉」の部首はくさかんむり。

[2]

〔出典〕『十訓抄』から

〔現代語通釈〕

昔、西八条の舎人であった老人が、賀茂祭の日、一条東洞院の辺りに、

ここは老人(の私)が見物する予定の場所である(他の)人は(ここへ)寄ってはならない

という立て札を、夜明け前から立てていたので、人々は、その老人のしわざとは知らずに、「陽成院が、祭りを見物なさろうとしてお立てになっているようだ。」といって、人が(そこへ)寄らなかった間に、祭りの時間になって、この老人が、浅葱かみしもを着ていた。扇を開いて(あおいで)使って、得意気な様子で、祭りを見ていた。人々は、注目していた。

陽成院は、このことをお聞きになって、前述の老人をお呼びになって、院司に(事情を)尋ねさせなさったところ、「年齢は八十歳になって、見物しようという志は、まったくございませんが、今年、(自分の)孫であります男が、内蔵寮の小使で、祭りを(行列の一員として)通りますのが、あまりに見たくて、単に見物しますのには、人に踏み殺されそうに思われて、祭りの行列を安全に見物しますために、札を立てました。ただし、陽成院がご覧になるということは、全く書いておりません。」と申したところ、「そのようなこともあるだろう。」と(陽成院は)言って、(処分の)ご命令もなくて、(老人は)許された。

これは、度胸がある行動だけれども、かわいそうなほど(老人がいろいろ考えて)行動したことは、おもしろいことだ。

1 歴史的かなづかいでは、語頭以外の「はひふへほ」は「わいうえお」と読む。

2 **イ**の主語は陽成院、それ以外はすべて翁。

3 人々が立て札を見て考えたことは、本文五行目『陽成院、物御覧ぜむとて～なめり。』」から読み取れる。

4 傍線部(2)前後から、翁が、祭りを見物するのに人に踏み殺されそうだ、つまり危険だと感じて札を立てたことがわかる。よって「やすく」は「安全に」という意味となる。

5 **ウ**の「周囲が～ある」の部分は第一段落から、また「自分の気持ちに正直」は第二段落の、祭に出ていた自分の孫を見たくて立て札を立てたという内容から読み取れる。**ア**は「涙もろく」、**イ**は「周囲の～行動する」、**エ**は「権力者に逆らう」が本文中から読み取れない。

[3]

1 空欄の前後では①段落三～四行目「時間にははじめもなく、終わりもない。」ということがどういうことかを言い方を変えて説明している。よって**ウ**が適切。

2 傍線部(1)直前の「そういうふうに」が指す②段落が「人工的なはかりかた」の説明となる。②段落の始めに「そういうわけで」と理由を示す言葉があることから、この指示語が指す①段落最後の「わかりやすい～存在しない」が理由となる。解答にはこの部分とほぼ同内容の傍線部(1)直後の一文の言葉を利用してもよいだろう。

3 設問の一文中の「それ」が指す内容を空欄それぞれで確認する。「時間の感じかた」は空欄**ア**の直前の一文中の「時間の感覚」と言い換えられるのでここが適切。空欄**イ**の直前は「現代人の感覚」に限定した内容なので不適。空欄**ウ**の直前は時間の認識の仕方が集団によって異なることについて、空欄**エ**の直前は時間の管理のしかたについて述べられているため不適。

4 **ア**は、⑦段落最初の一文で「こうした時間の感覚は」と前段落までを指した上で、その内容をまとめており、また⑦段落最後の一文で、⑦

栃木県立高校入試(H30)

国語

【解答・解説】

(平30)

国語採点基準

(総点100点)

〔注意〕
1 この配点は、標準的な配点を示したものである。
2 定められた答えの欄に答えが書かれていないときは、点を与えない。
3 指示された答えと違う表現で答えの欄に記入されていても、正答と認められるものには、点を与える。
4 定められた数より多く答えたときは、点を与えない。
5 採点上の細部については、各学校の判断によるものとする。

問題			正答	配点	
1	1	(1)	さ(く)	2	30
		(2)	そうじ	2	
		(3)	ぶたい	2	
		(4)	のうこう	2	
		(5)	かせ(ぐ)	2	
	2	(1)	打(つ)	2	
		(2)	薬局	2	
		(3)	放牧	2	
		(4)	専門	2	
		(5)	奮(い)	2	
	3	(1)	ウ	2	
		(2)	イ	2	
		(3)	ア	2	
		(4)	エ	2	
	4		エ	2	
2	1		ひらきつかいて	2	10
	2		イ	2	
	3		(例) 人々が立て札を見て 陽成院が祭見物にいらっしゃる と考えたことに対して、予想が外れたから。	2	
	4		ア	2	
	5		ウ	2	
3	1		ウ	2	20
	2		(例) 自然界には絶対的な時間の経過を示すものはないから。	4	
	3		ア	3	
	4		ア	3	
	5		(例) 暦を作って時間を管理、記録し、ものごとの因果関係を考えることが、歴史が成立するための前提条件となると筆者は考えている。	5	
	6		イ	3	
4	1		ウ	3	20
	2		(例) 先生の様子が変わってしまっても、先生の大事なものは先生の心の中に残っているということ。	4	
	3		(例) 複雑な感情を悲しいという言葉に肩代わりさせたこと。	4	
	4		イ	3	
	5		エ	3	
	6		ア	3	
5			(評価の観点) 1 形式 目的に応じた適切な叙述であるか。字数が条件に合っているか。 2 内容 テーマに対して、適切な具体例が挙げられているか。また、自分の考えとその理由が明確に表現されているか。 3 表現・表記 文体に統一性や妥当性があるか。主述関係や係り受けなどが適切であるか。語句が適切に使用されているか。誤字・脱字がないか。 ※ これらの項目に照らし、各学校の実態に即して総合的に評価するものとする。	20	

栃木県 高校入試の対策 2023

平成29年度
県立入試

栃木県立高校入試(H29)

社　会　【解答用紙】

(平 29)

社　会　解　答　用　紙

受検番号（算用数字ではっきり書くこと。）	番

得点計	

◎「得点」の欄には受検者は書かないこと。

問題		答		え		得点
1	1	(1)	(　　　)	(2)	(　　　)	
		(3)	(　　　)	(4)	(　　　)	
	2	(1)	(　　　)〔山脈〕	(2)	(　　　)〔マップ〕	
		(3)	(　　　)	(4)	(　　　)	
2	1		(　　　)			
	2	(1)	(　　　)	(2)	(　　　)	
	3		(　　　)			
	4					
3	1		(　　　)	2	(　　　)	
	3		(　　　)	4	(　　　)	
	5					
4	1		(　　　)	2	(　　　)	
	3		(　　　)	4	(　　　)	
	5		(　　　)			
	6		理由： 場所：			
	7		(　　　)			
5	1		(　　　)〔権〕	2	(　　　)	
	3					
	4		(　→　→　→　)	5	(　　　)	
6	1	(1)	(　　　)	(2)	(　　　)〔システム〕	
		(3)	(　　　)	(4)	(　　　)	
		(5)	(　　　)			
	2	(1)	(　　　)	(2)	(　　　)	
		(3)	(　　　)	(4)	(　　　)	
		(5)				
7	1		(　　　)	2	(　　　)	
	3		(　　　)			
	4					

数　学　【解答用紙】

（平 29）

数　学　解　答　用　紙　(1)

受 検 番 号 （算用数字ではっきり書くこと。）	番

得　点	(1)	(2)	計

◎「得点」の欄には受検者は書かないこと。

問題		答		え	得点
1	1		2		
	3		4		
	5	$x =$	6	$a =$	
	7	$y =$	8	$x =$	
	9		10	度	
	11	$n =$	12		
	13		14	cm^3	
2	1	D C A B	2 (1)		
			2 (2)	およそ　　人	
			3	$a =$	
3	1	（証明）			
	2	答え（自宅からバス停まで　　m，バス停から駅まで　　m）			

栃木県立高校入試(H29)

数学 【解答用紙】

(平 29)

数　学　解　答　用　紙　(2)

受検番号 (算用数字ではっきり書くこと。)	番

得　点	

◎「得点」の欄には受検者は書かないこと。

<table>
<tr><th colspan="2">問　題</th><th colspan="4">答　え</th><th>得　点</th></tr>
<tr><td rowspan="2">4</td><td>1</td><td colspan="4">(証明)
A, B, C, D, E</td><td rowspan="2"></td></tr>
<tr><td>2</td><td>(1)</td><td>cm</td><td>(2)</td><td>S : T = 　　:</td></tr>
<tr><td rowspan="3">5</td><td rowspan="2">1</td><td>(1)</td><td>L</td><td>(2)</td><td>分後</td><td rowspan="3"></td></tr>
<tr><td>(3)</td><td colspan="3">答え(　　　　　)</td></tr>
<tr><td>2</td><td colspan="4">分　　　秒後</td></tr>
<tr><td rowspan="3">6</td><td>1</td><td>(1)</td><td>個</td><td>(2)</td><td>cm^2</td><td rowspan="3"></td></tr>
<tr><td>2</td><td colspan="4">答え(x =　　　　　)</td></tr>
<tr><td>3</td><td colspan="4">個</td></tr>
</table>

栃木県立高校入試(H29)

理　科　【解答用紙】

(平29)

理　科　解　答　用　紙

受検番号 (算用数字ではっきり書くこと。)	番

得点計	

◎「得点」の欄には受検者は書かないこと。

問題		答え			得点	
1	1	(　) 2 (　)	3	(　) 4 (　)		
	5	(　)	6	(　)		
	7	(　)	8	(　)Ω		
2	1	(　)	2	(　)		
	3	染色体の数(　)本　名称(　)				
3	1	(　)				
	2					
	3	(　)g				
4	1	(　)				
	2	月の位置(　)　月の満ち欠け(　)				
	3	(　)				
5	1	(　)				
	2	(　)回				
	3	(　)m				
6	1	(　)	2	(　)		
	3	(　)	4	(　)		
7	1	(　)	2	(　)		
	3	(　)				
	4	柔毛をもつことで				
8	1	(　)				
	2	①(　)　②(　)				
	3	(　)%				
	4					
9	1	(　)cm/s	2			
	3	(　)				
	4	(　)				

栃木県立高校入試(H29)

英 語 【解答用紙】

(平 29)

英 語 解 答 用 紙

受 検 番 号 (算用数字ではっきり書くこと。)	番

得点計	

◎「得点」の欄には受検者は書かないこと。

問	題	答 え	得 点	
1	1	(1) ( ) (2) ( ) (3) ( ) (4) ( )		
		(5) ( )		
	2	(1) ① ( ) ② ( ) (2) ① ( ) ② ( )		
	3	(1) (月 日 曜日) (2) ( ) (3) ( )		
		(4) ( ) (5) (時 分) (6) ( )		
2	1	(1) ( ) (2) ( ) (3) ( ) (4) ( )		
		(5) ( ) (6) ( )		
	2	(1) (→ → →) (2) (→ → →)		
		(3) (→ → → →)		
3	1	( )		
	2	① ( ) ② ( ) ③ ( )		
		④ ( )		
	3	( )		
4	1	(1)		
		(2)		
	2	(1)		
		(2)		
	3			
5	1	( )		
	2	( )		
	3	千秋(Chiaki)が( )		
	4	( ) ( )		
6	1	( ) ( )		
	2	( )		
	3	( )		
	4	( )		

栃木県立高校入試（H29）

国語 【解答用紙】

（平29）

国 語 解 答 用 紙 (1)

受検番号（算用数字で横書きにはっきり書くこと。）	番

得点		
(1)	(2)	計

◎「得点」の欄には受検者は書かないこと。 5は「国語解答用紙(2)」を用いること。

問題		答え	得点 小計	得点 計
1	1	(1) 速やか　やか (2) 愉快 (3) 田舎 (4) 遂げる　げる (5) 即興		
	2	(1) アびる　びる (2) モウける　ける (3) キュウシュウ (4) ハッキ (5) カンケツ		
	3	(　　　)		
	4	(　　　)		
	5	(　　　)		
	6	(　　　)		
	7	(　　　)		
2	1	(　　　)		
	2	(　　　)		
	3	□□□□□□□□□□□□□□□□□□□□□□□□□		
	4	(　　　)		
	5	(　　　)		
3	1	(　　　)		
	2	□□□□□□□□□□□□□□□□□□□□		
	3	(　　　)		
	4	(　　　)		
	5	a □□□□□□□□□□□□□□□□□□□□　b □□□□□□□		
	6	(　　　)		
4	1	(　　　)		
	2	□□□□□□□□□□□□□□□		
	3	□（記述欄）		
	4	(　　　)		
	5	(　　　)		
	6	(　　　)		

(平29)

国語解答用紙 (2)

受検番号 (算用数字で横書きにはっきり書くこと。) 番

得点		
甲	乙	計

5

◎受検者名と題名は書かないこと。

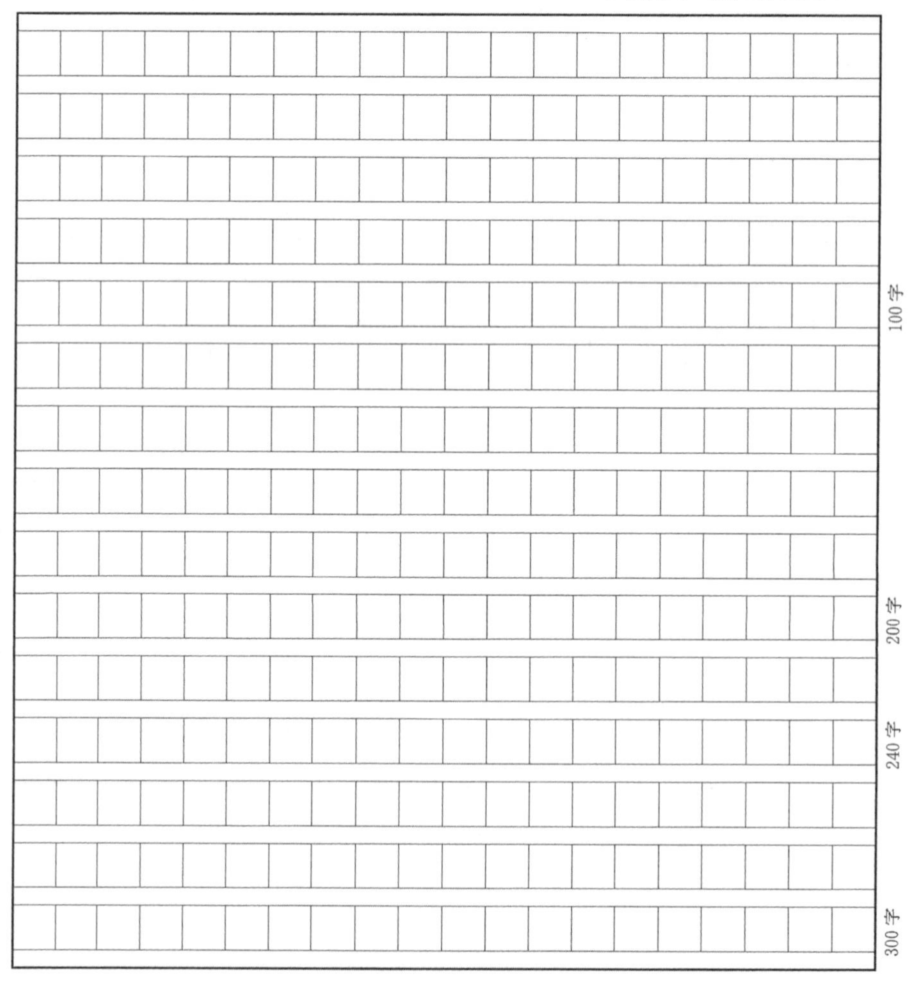

栃木県立高校入試(H29)

社会 【解答・解説】

社会採点基準 (総点100点) (平29)

〔注意〕
1 この配点は，標準的な配点を示したものである。
2 定められた答えの欄に答えが書かれていないときは，点を与えない。
3 指示された答えと違う表現で答えの欄に記入されていても，正答と認められるものには点を与える。
4 定められた数より多く答えたときは，点を与えない。
5 採点上の細部については，各学校の判断によるものとする。

問題		正答				配点		
1	1	(1)	(ウ)	(2)	(エ)	2点×4	8	16
		(3)	(イ)	(4)	(ア)			
	2	(1)	(アンデス) 〔山脈〕	(2)	(ハザード(防災)) 〔マップ〕	2点×4	8	
		(3)	(学制)	(4)	(公共事業)			
2	1	(エ)				2点×4	8	12
	2	(1)	(イ)	(2)	(エ)			
	3	(ア)						
	4	(例) エジプトと異なり，ナイジェリアには共通する言語がなかったため，同じ国内で言葉が通じないと困るので，植民地時代から使われてきた英語を公用語としたから。				4点	4	
3	1	(フォッサマグナ)		2	(ア)	2点×4	8	12
	3	(イ)		4	(ア)			
	5	(例) アルミの生産に必要な大量の電力を安く手に入れることができ，また，銅器の加工技術をアルミ加工に生かすことができたから。				4点	4	
4	1	(防人)		2	(イ)	2点×5	10	16
	3	(奉公)		4	(ウ)			
	5	(朝鮮通信使)						
	6	理由：(例) 船の輸送は，陸上の輸送よりも一度に大量のもの(米)を運ぶことができるから。 場所：(例) 宿場や街道に近い場所。				4点	4	
	7	(生糸)				2点	2	
5	1	(関税自主) 〔権〕		2	(ア)	2点×2	4	12
	3	(例) 多くの人が犠牲になったり，多額の戦費を調達するために増税が行われたりするなど，国民への負担が大きかったにも関わらず，賠償金が得られなかったから。				4点	4	
	4	(エ → ウ → ア → イ)		5	(エ)	2点×2	4	
6	1	(1)	(ベンチャー企業)	(2)	(POS(販売時点情報管理)) 〔システム〕	2点×5	10	22
		(3)	(ウ)	(4)	(イ)			
		(5)	(ウ)					
	2	(1)	(リンカン(リンカーン))	(2)	(議院内閣制)	2点×4	8	
		(3)	(条例)	(4)	(エ)			
		(5)	(例1) 企業を積極的に誘致することが， (例2) 地方への移住を促進することが， (例3) 誰もが活躍できる地域社会を実現することが，		人口の増加につながり，地方税の増収が見込めるから。	4点	4	
7	1	(イ)		2	(ウ)	2点×3	6	10
	3	(温室効果ガス)						
	4	(例) 日本はヨーロッパのおもな国よりも一人当たりの年間電力消費量が多いにもかかわらず，電力供給量に占める再生可能エネルギーの割合が低いこと。				4点	4	

1 1(1) 小麦やライ麦などの食用穀物と飼料用作物の栽培および家畜の飼育を組み合わせた農業は，混合農業。アルプス山脈の北側で広く行われていた。

(2) 奈良時代末期に起こった蝦夷の抵抗は，789年に阿弖流為（アテルイ）らの行動に発展したため，桓武天皇は797年に征夷大将軍坂上田村麻呂を派遣してしずめた。

(3) 「将門記」など平安時代から作られた武士の活躍を描く軍記物は，鎌倉時代に発展。中でも「平家物語」は人気が高く，おもに盲目の旅芸人琵琶法師が語り伝えた。

(4) 刑事裁判は，検察官が被疑者を起訴することで始まるから，検察官が原告，被疑者が被告人になる。

2(1) 南アメリカ大陸の太平洋岸を南北に走るアンデス山脈は，太平洋を囲む環太平洋造山帯の南東部を構成。

(2) 災害が発生する前に被害を予測し，想定できる被害状況を地図に記入した図を，国や地方公共団体が作成。

(3) 国民皆学，教育の機会均等などを理念とする近代的教育制度の確立を目指して，フランスの教育制度を取り入れて学制をつくったが，当初は反対も多かった。

(4) 道路・港湾・公園・上下水道などの社会資本の整備は，利潤追求を目的とする民間企業の仕事としてそぐわないので，国や地方公共団体が行う。

2 1 分布図を作る場合，緯線と経線が直角に交わる地図は，高緯度地方の陸地が実際より上下に拡大され，分布の疎密を正しく表現できないので不適切。

2(1) a線は，スペイン中央部とイタリア半島南部を通り秋田県北部に至る北緯40度。b線は，赤道を挟んでa線と等距離だから南緯40度。c線と本初子午線の間隔は，赤道から北緯40度までの半分。赤道付近では同じ度数の緯線や経線の間隔はほぼ同じだから，c線は西経20度。d線は赤道からc線までのおよそ3倍だから東経60度。

(2) ケープタウンは地中海性気候で，夏に乾燥し冬に雨が降る。南半球なので季節は北半球と反対。**図2**では下半分のうちの右半分に当てはまる。

3 モノカルチャー経済の国の輸出品は，地下資源や農林水産品。グラフ中の輸出品目が，農産品などの一次産品であるから，X も同様の地下資源と考える。

4 この国は，民族や言語，宗教が異なる人々がモザイク状に居住するため，共通する植民地時代の言語を公用語とした。

3 1 日本アルプスは，西から飛騨・木曽・赤石の三山脈が並行。その東側には糸魚川と静岡を結ぶ構造帯（フォッサマグナ）の西縁が通り，本州を東西に分けている。

2 A市は年降水量が他の3市より多く，特に12月～2月が多いから日本海側の**ア**（新潟市）。他の3市はいずれも12月～2月の降水量が少ないが，B市は6月～8月がC市・D市に比べて多いから太平洋側の**エ**（名古屋市）。C市は，夏の降水量がD市より多いから，太平洋からの季節風の影響をD市よりも受ける**ウ**（甲府市）。

3 地形図は静岡県牧ノ原市の北部に広がる牧ノ原台地。この地域は茶の一大産地で，地図中に果樹園は見られない。

4 **ア**は出張・業務目的が主だから中京工業地帯や三大都市の名古屋を含む愛知県。**イ**は出張・業務，観光・レクリエーションともに最少だから新潟県。**ウ**は**エ**に比べて出張・業務目的が多いから，東海工業地域や静岡市・浜松市の政令指定都市を含む静岡県。**エ**は長野県。

5 **図1**は，アルミ生産に多量の電力が必要なことを示す。**図2**は，北陸電力の電力価格が全国平均に比べて安価なことを示す。**図3**は，富山県の伝統産業に，アルミ生産に通ずる技術があることを示す。

4 1 律令制度下の兵役は，成年男子3人に1人の割合で課され，国衙に属して国内の治安維持に当たる者，都の警備に行く者，大宰府で北九州の警備をする防人に分けられた。防人は，730年以後は東国出身者に限られた。

2 律令国家は，都を起点に七道（東海道，東山道など）を整え，約16km間隔で駅を設けた。駅鈴を持った公用の役人は，宿泊や馬の交換などをここで行った。

3 鎌倉幕府を支える主従関係は，将軍が武士に与える御恩，武士が将軍に対して行う奉公で成り立つ。両者が成立した場合，従となった武士を御家人と呼ぶ。

4　アは飛鳥時代末から奈良時代。イは江戸時代後期，ウは鎌倉時代，エは江戸時代中期以後に公認。中世に含まれるのは鎌倉時代。

5　「将軍の代替わりを祝うため」に派遣された朝鮮からの使節は，（朝鮮）通信使。1607年から全12回来日し，1636年の第４回から通信使の名称を使用。

6　江戸時代は，内陸諸都市と沿岸航路を結ぶ，物資の大量輸送路として河川交通が発達。それにつれて川が，宿場あるいは街道に近付く場所に河岸（川の港）が出現。

7　江戸時代末期から明治時代の輸出品の第１位は生糸であるが，輸出量で中国を抜いて第１位になったのは，1909（明治42）年ころ。このころ国内の産業革命が進んだ。

5　1　日米修好通商条約を初めとする英・露・仏・蘭との条約は，いずれも領事裁判権と日本に関税自主権が無い点が共通。

2　1854年の日露和親条約は，樺太は両国人雑居，千島列島は択捉島以南を日本領とした。1875年の樺太・千島交換条約は，樺太はロシア領，千島列島全島を日本領とした。

3　日露戦争の死者数と戦費は，日清戦争を大きく上回り，国民は重税に耐えて戦費を負担した。しかしロシアから賠償金を得られなかったため，国内各地で講和反対集会が開かれ，東京日比谷公園の集会は，参加者が暴徒化した。

4　アは1936年，イは1940年，ウは1932年，エは1918年。

5　アは1972年，イは1978年，ウは1956年，エは1951年。

6　1⑴　中小企業の中には，半導体やバイオ産業など，大企業が着目しなかった分野で冒険的な経営を行う企業がある。これらがベンチャー（冒険）企業。

⑵　商品の製造や流通，在庫管理，販売動向，顧客管理などを一括して効率的に行うのが，コンビニエンスストアーなどで利用されているPOSシステム。

⑶　地域主義はEU，ASEANなどが有名。北米自由貿易協定（NAFTA）もその一つ。

⑷　円高は，ドルに対する円の価値が上がる現象。１ドル＝123円→１ドル＝100円は大幅な円高。円高ではアの場合は安くなり，ウの場合は減り，エの場合は増える。

⑸　アの内容はメセナとよばれ，企業による利益の社会還元。イ，エの内容は，企業の本来的使命。ウの内容は価格協定で，カルテルとよばれる。

2⑴　1863年11月19日，南北戦争の激戦地ゲティスバーグで開かれた記念式典において，リンカーンが行った演説の一部。民主主義の理念を示す言葉として有名。

⑵　設問は，日本国憲法第67条〔内閣総理大臣の指名，衆議院の優越〕①と第69条〔内閣不信任決議の効果〕および第66条〔内閣の組織，国会に対する連帯責任〕をもとにした議院内閣制。

⑶　設問は，日本国憲法第94条〔地方公共団体の権能〕の「条例」を指す。

⑷　アは「20歳」が誤りで18歳，イは「首長」が誤りで「選挙管理委員会」，ウは「25歳」が誤りで30歳。

⑸　設問の「**図２**にある具体的な政策」は，六つの小項目を示す。六つの小項目のいずれも，地方の人口を増やして，自主財源の中心となる住民税の増加を目指す政策。

7　1　アの日本全体の発電量，ウの供給源ごとの発電量，エの発電所数は，それぞれ**図１**には示されていない。

2　設問文の「1955年から」始まる高度経済成長期は，「テレビなどの電化製品が普及」に象徴されるが，その終えんは「1973年に中東戦争の影響で原油価格が引き上げられ」たことがきっかけ。

3　石油，石炭，天然ガスなどの化石燃料の燃焼で生じる二酸化炭素だけでなく，フロン，メタンなど各種の気体が，温室効果をもたらしている。

4　**図２**は，他の３か国に比べて日本は，１人当たりの年間電力消費量が多いことを示す。**図３**は，他の３か国に比べて日本は，電力供給量に占める再生可能エネルギーの割合が低いことを示す。この二点を踏まえて，「持続可能な社会の実現に向けた課題」つまり，資源消費の抑制について書く。

栃木県立高校入試(H29)

数学 【解答・解説】

(平 29)

数学採点基準 (総点 100 点)

〔注意〕 1 この配点は，標準的な配点を示したものである。
2 定められた答えの欄に答えが書かれていないときは，点を与えない。
3 指示された答えと違う表現で答えの欄に記入されていても，正答と認められるものには，点を与える。
4 採点上の細部については，各学校の判断によるものとする。

問題		正答		答	配点	
1	1	-12	2	$\frac{1}{4}x$	2 点× 14	28
	3	$5a-3b$	4	$x(x-6)$		
	5	$(x=)\ 5y+7$	6	$(a=)\ 3$		
	7	$(y=)\ 4$	8	$(x=)\frac{27}{4}$		
	9	$\frac{5}{6}$	10	112(度)		
	11	$(n=)\ 5$	12	辺 BC，辺 EF		
	13	$0 \leqq y \leqq 18$	14	$\frac{32}{3}\pi(\text{cm}^3)$		
2	1	(例) D P C A B	2 (1)	ウ	1 は 4 点 2 (1)は 2 点 2 (2)は 2 点 3 は 4 点	12
			2 (2)	(およそ) 420 (人)		
			3	$(a=)\frac{5}{2}$		
3	1	(例) $b=a+1$，$c=a+5$，$d=a+6$ と表される。 よって $bc-ad=(a+1)(a+5)-a(a+6)$ $=a^2+6a+5-a^2-6a$ $=5$ したがって $bc-ad$ の値はつねに 5 になる。			1 は 6 点 2 は 6 点	12
	2	(例) $\begin{cases} x+y=3600 & \cdots\cdots① \\ \frac{x}{80}+5+\frac{y}{480}=20 & \cdots\cdots② \end{cases}$ ②より $6x+y=7200$ ……③ ①－③より $-5x=-3600$ よって $x=720$ ①に代入して $720+y=3600$ したがって $y=2880$ この解は問題に適している。 答え(自宅からバス停まで 720 m，バス停から駅まで 2880 m)				

実戦編◆数学 解答・解説

県立 H29

問	題		正		答	配	点
4	1		(例) △ADC と △ACE において 共通な角であるから ∠DAC = ∠CAE ……① 弧 AC に対する円周角の大きさは 等しいから ∠ABC = ∠ADC ……② 仮定より △ABC は二等辺三角形であるから 2 つの底角は等しいので ∠ABC = ∠ACE ……③ ②，③より ∠ADC = ∠ACE ……④ ①，④より 2 組の角がそれぞれ等しいから △ADC ∽ △ACE			1 は 7 点 2 (1)は 3 点 2 (2)は 3 点	13
	2	(1)	$2\sqrt{5}$ (cm)	(2)	(S : T =) 15 : 2		
5	1	(1)	86 (L)	(2)	5 (分後)	1 (1)は 2 点 1 (2)は 3 点 1 (3)は 7 点 2 は 5 点	17
		(3)	(例) 排水を始めて 20 分後から 50 分後までのグラフの傾きは $\frac{0-120}{50-20}=-4$ であるから，x と y の関係の式は $y=-4x+b$ と表される。 グラフは点(50, 0)を通るから $0=-4\times 50+b$ よって $b=200$ したがって，求める式は $y=-4x+200$ 答え ($y=-4x+200$)				
	2		33 (分) 20 (秒後)				
6	1	(1)	60 (個)	(2)	47 (cm^2)	1 (1)は 2 点 1 (2)は 3 点 2 は 7 点 3 は 6 点	18
	2		(例) 1 面だけに色が塗られた積木 A が 65 個だから $(x-1)^2+4(x-1)\times 2=65$ $x^2+6x-72=0$ $(x+12)(x-6)=0$ $x=-12,\ x=6$ x は正の整数だから，$x=6$ 答え ($x=6$)				
	3		11 (個)				

1 1　$3\times(-4)=-(3\times4)=-12$

2　$\frac{3}{4}x-\frac{1}{2}x=\frac{3}{4}x-\frac{2}{4}x=\frac{1}{4}x$

3　$2(a-3b)+3(a+b)=2a-6b+3a+3b$
$=2a+3a-6b+3b=5a-3b$

4　$x^2-6x=x\times x-x\times6=x(x-6)$

5　$y=\frac{x-7}{5}$ の両辺に5をかけて分母を払うと　$5y=x-7$，$x-7=5y$，$x=5y+7$

6　**解は代入する**。$x=6$ を方程式に代入して　$6a+9=5\times6-a$，$7a=21$，$a=3$

7　y は x に比例するから　$y=ax$　$x=2$，$y=-8$ を代入して　$-8=2a$，$a=-4$ より $y=-4x$　$x=-1$ を $y=-4x$ に代入して　$y=-4\times(-1)=4$

8　ℓ，m が平行だから
$4:(4+5)=3:x$
$4x=9\times3$，$x=\frac{27}{4}$

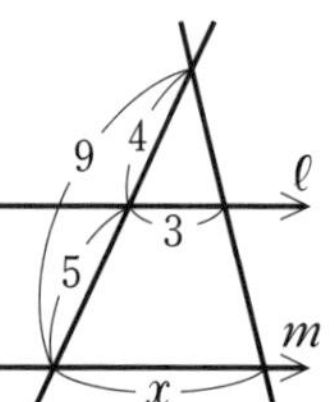

9　1個のさいころを1回投げると目の出方は全部で6通り。このうち，出る目の数が4でないのは1，2，3，5，6の5通りで　$\frac{5}{6}$

10　平行四辺形の対角は等しいから∠D＝∠B＝65°　△ABEの外角から　$\angle x=$ $47°+65°=112°$

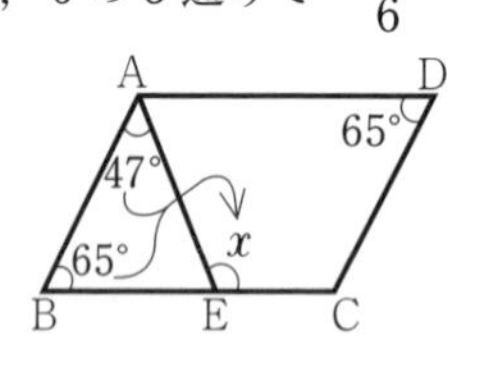

11　$\sqrt{45n}=\sqrt{3^2\times5\times n}$　根号内＝(整数)^2 になればよいから，最も小さい n は $n=5$

12　辺ADと平行でなく交わらない辺が，ねじれの位置にあるから　辺BC，辺EF

13　$-2\leqq x\leqq3$ に $x=0$ が含まれている。$x=-2$ のとき $y=2\times(-2)^2=8$
$x=0$ のとき $y=0$，$x=3$ のとき $y=2\times3^2=18$
y の変域は　$0\leqq y\leqq18$

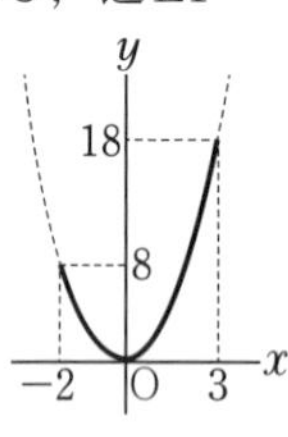

14　半径が2cmの球ができるから
$\frac{4}{3}\pi\times2^3=\frac{4}{3}\pi\times8=\frac{32}{3}\pi$ (cm^3)

2 1　2辺AB，ADから等距離にある点は，∠DABの二等分線上にある。∠DABの二等分線を作図しCDとの交点にPを記入。

2 (1)　標本の選び方として大切なのは「かたよりのない公平な標本を選ぶこと」だから，生徒全員の中から40人をくじ引きで選ぶウが正しい。

(2)　手伝いをしたおよその人数を x 人とする。
$525:x=40:32$，$40x=525\times32$，$x=420$

3　$x=2$ を $y=ax^2$，$y=x^2$ にそれぞれ代入して　$y=a\times2^2=4a$
A(2，4a)　$y=2^2=4$
B(2，4)　AB＝$4a-4$
点Bと点Dは y 軸について対称だからD(−2，4)よりDB＝4　長方形ACDBの面積が24だから
$(4a-4)\times4=24$，$4a-4=6$，$a=\frac{5}{2}$

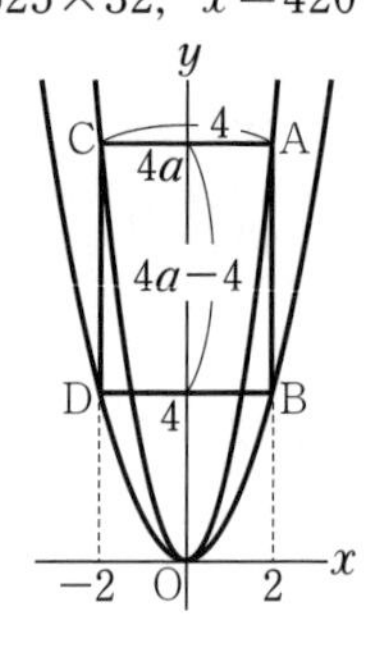

3 1　下に進むと1ずつ増え，左に進むと5ずつ増えるから

$a+5$	a
$a+6$	$a+1$

$b=a+1$，$c=a+5$，$d=a+6$　と表せる。
$bc-ad=(a+1)(a+5)-a(a+6)=5$
$bc-ad$ の値はつねに5になる。

2

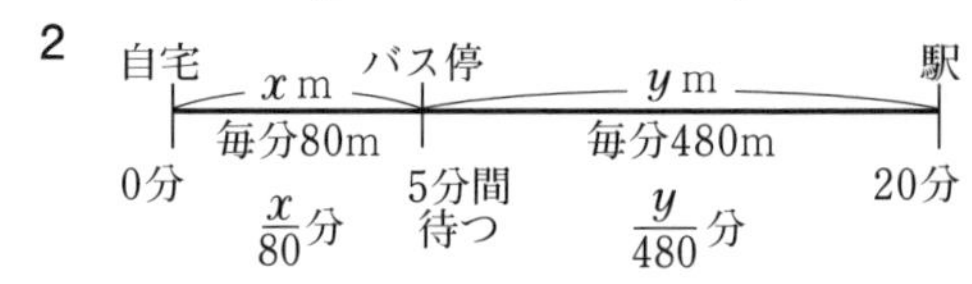

自宅から駅までの道のりから $x+y=3600$
自宅からバス停まで $\frac{x}{80}$ 分，バス停で5分間待ち，バス停から駅までは $\frac{y}{480}$ 分。自宅から駅まで20分かかったから
$\frac{x}{80}+5+\frac{y}{480}=20$，両辺に480をかけて
$6x+y=7200$　より　$x=720$，$y=2880$

4 1　∠DAC＝∠CAE（共通），AB＝ACより∠ABC＝∠ACE，$\overset{\frown}{AC}$ に対する円周角は等しいから∠ABC＝∠ADC　よって
∠ADC＝∠ACE　2組の角がそれぞれ等しいから　△ADC∽△ACE

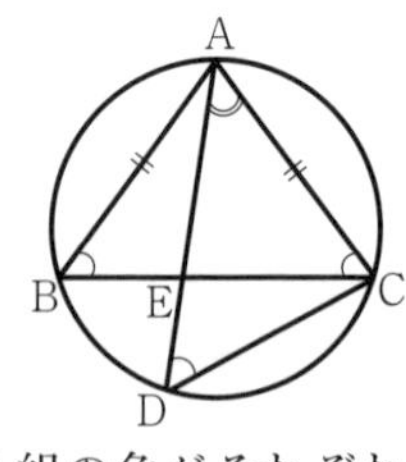

2 (1)　**最短の長さは展開図をかいて直線をひく。**
最短の長さは線分PH
PF＝5－3＝2(cm)
直角三角形PFHで
PH＝$\sqrt{2^2+4^2}=\sqrt{20}$
$=2\sqrt{5}$ (cm)

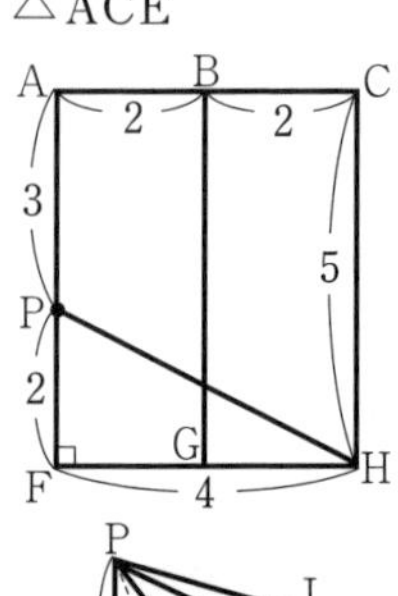

(2)　正五角柱の底面積を a cm^2 とすると，高さが5 cm の正五角柱の体積

Sは　$S=5a$，高さ PF＝2 cm の五角錐の体積Tは　$T=\frac{1}{3}\times a\times 2=\frac{2}{3}a$

$S:T=5a:\frac{2}{3}a=15:2$

＊五角錐と正五角柱の底面は共通。底面積と高さの等しい五角錐の体積は正五角柱の$\frac{1}{3}$，五角錐の高さは正五角柱の$\frac{2}{5}$だから

$\frac{1}{3}\times\frac{2}{5}=\frac{2}{15}$　より　$S:T=15:2$

5 1 (1)　排水を始めてから 3 分後，水そうAから水そうBに　6×3＝18(L)の水が流れ込み，水そうBから　4×3＝12(L)の水が排水される。水そうBには80 Lの水が入っているから　80＋18－12＝86(L)

(2)　排水を始めてからx分後，水そうAから水そうBに$6x$ Lの水が流れ込むから，水そうAの水の量は　$120-6x$ (L)　水そうBからは$4x$ Lの水が排水されるから，水そうBの水の量は　$80+6x-4x$ (L)

水そうAと水そうBの水の量が初めて等しくなるから　$120-6x=80+6x-4x$

$8x=40$，$x=5$(分後)

(3)　図 2 のグラフで$20\leqq x\leqq 50$のときの直線の式を求めればよい。これを$y=ax+b$とすると，2 点(20, 120)，(50, 0)を通るから　$120=20a+b$，$0=50a+b$　連立方程式を解いて　$a=-4$，$b=200$　より　$y=-4x+200$

2

水そうB

0分　t分間　t分後　$(40-t)$分間　40分

毎分7L　$7t$ L　毎分4L　$4(40-t)$L　150L＋110L

同時に排水を始めてからt分後に水そうBの排水を毎分 4 Lに変えたとする。t分後までに水そうAの水 150Lは全て水そうBに流れ込んでいて，水そうBからはt分間に$7t$ L 排水される。また，40分後に水そうBの水がなくなるから$40-t$(分間)は毎分 4 Lの割合で排水され　$4(40-t)$ Lの水が排水される。

水そうBの水がなくなったとき，水そうBからは水そうAと水そうBの水の量を加えた 150＋110(L)の水が排水されたことになるから　　$7t+4(40-t)=150+110$

$3t=100$，$t=\frac{100}{3}=33\frac{1}{3}=33$分$+\frac{1}{3}\times 60$秒

したがって　33分20秒後

6 1 (1)　積木Aを縦に 4 個，横に 5 個，高さに 3 個並べるから，その個数は

4×5×3＝60(個)

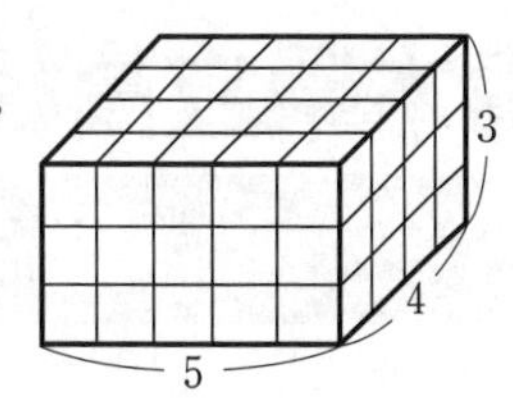

(2)　色が塗られた面は，正面が 3×5＝15(cm^2)，側面が 3×4＝12(cm^2)，上面が　4×5＝20(cm^2)　だから　15＋12＋20＝47(cm^2)

2　 1 面だけに色が塗られた積木Aは，右の図の影をつけた部分で，かどにある 2 面または 3 面が塗られた積木を除けばよい。

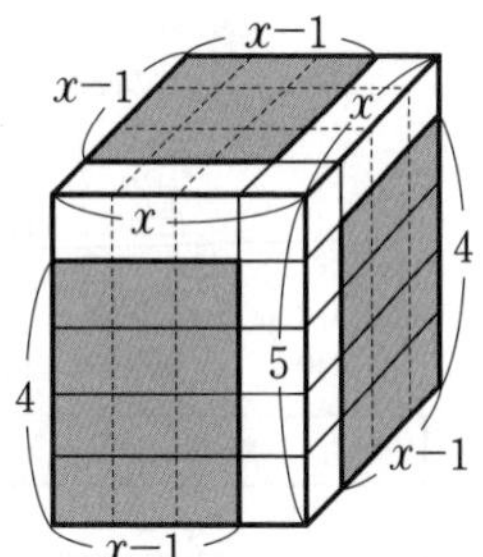

正面に$4(x-1)$個，側面に$4(x-1)$個，上面に$(x-1)^2$個あり，全部で65個あるから

$4(x-1)+4(x-1)+(x-1)^2=65$

$8x-8+x^2-2x+1-65=0$

$x^2+6x-72=0$，$(x-6)(x+12)=0$

$x=6$，-12　$x>0$ より $x=6$ が適している。

3　縦 a cm，横 b cm，高さ c cm の直方体Bで，ちょうど 2 面に色が塗られている積木Aは，右の図で影をつけた部分。縦に $a-1$(個)，横に $b-1$(個)，高さに $c-1$(個)並ぶから，その個数は

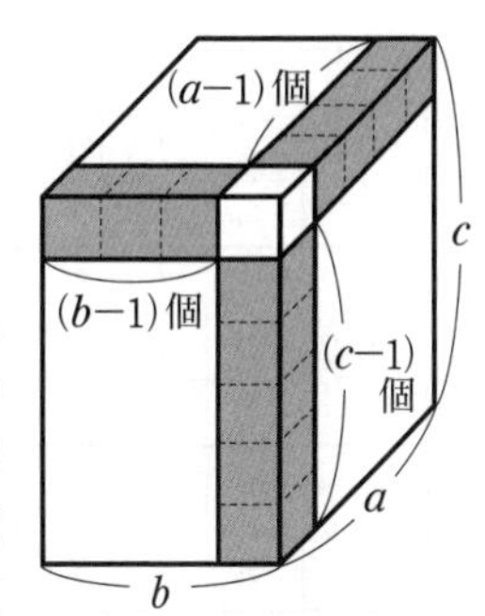

$(a-1)+(b-1)+(c-1)=(a+b+c)-3$

一方，84個の積木Aで直方体Bをつくるから　$abc=84$，$(a+b+c)-3$　の値が最も小さいとき，個数が最も少なくなるからa，b，cがそれぞれ 1 桁の自然数の場合を考える。a，b，cの積84を素因数分解して　$84=2\times 2\times 3\times 7$，$2\leqq a\leqq b\leqq c$とすると

$a=2$，$b=6$，$c=7$のとき

$(a+b+c)-3=(2+6+7)-3=12$(個)

$a=3$，$b=4$，$c=7$のとき

$(a+b+c)-3=(3+4+7)-3=11$(個)

a，b，cのうちどれか 1 つが 2 桁の自然数であれば，$(a+b+c)-3$ の値は11より大きくなるから，考えられる個数のうち最も少ない個数は　11個。

栃木県立高校入試(H29)

理　科　【解答・解説】

(平29)

理科採点基準　(総点100点)

〔注意〕
1. この配点は，標準的な配点を示したものである。
2. 定められた答えの欄に答えが書かれていないときは，点を与えない。
3. 指示された答えと違う表現で答えの欄に記入されていても，正答と認められるものには，点を与える。
4. 定められた数より多く答えたときは，点を与えない。
5. 採点上の細部については，各学校の判断によるものとする。

問題		正答							配点	
1	1	(イ)	2	(ア)	3	(エ)	4	(ウ)	2点×8	16
	5	((化学)電池)			6	(示相化石)				
	7	(胚　珠)			8	(15)Ω				
2	1	(イ)			2	(エ)			1は2点 2は3点 3は4点	9
	3	染色体の数(16)本　名称(遺伝子)								
3	1	(イ)							1は3点	10
	2	Fe + S ⟶ FeS							2は3点	
	3	(0.6)g							3は4点	
4	1	(ウ)							1は2点	9
	2	月の位置(d)　月の満ち欠け(エ)							2は4点	
	3	(ア)							3は3点	
5	1	(ウ)							1は3点	9
	2	(600)回							2は3点	
	3	(850)m							3は3点	
6	1	(ア)			2	(NH_3)			1は2点 2は3点 3は3点 4は3点	11
	3	(イ)			4	(ウ，オ)				
7	1	(ペプシン)			2	(エ)			1は2点	12
	3	(ブドウ糖)							2は3点 3は3点	
	4	柔毛をもつことで (例)　小腸の表面積が大きくなり，栄養分が吸収しやすくなる。							4は4点	
8	1	(飽和水蒸気量)							1は2点	12
	2	① ((例)　熱をよく伝える)　② ((例)　空気の温度)							2は4点	
	3	(43)%							3は3点	
	4	(例)　水蒸気量は変化せず，湿度は低くなった。							4は3点	
9	1	(165)cm/s			2	(図)			1は3点 2は3点 3は3点 4は3点	12
	3	(ウ)								
	4	(ア)								

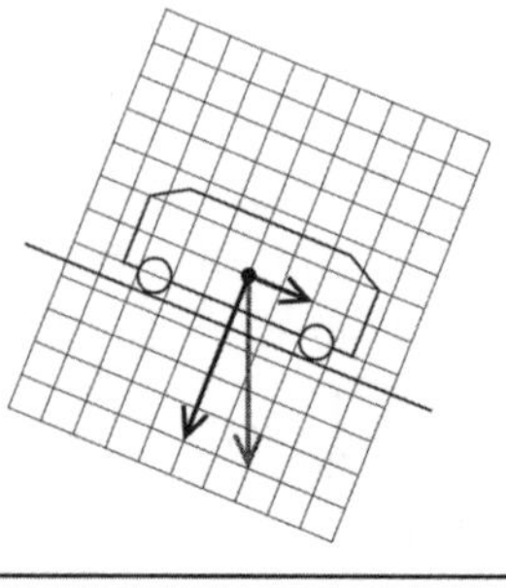

1 1 原子は，中心にある原子核とそのまわりを動きまわっている電子からなる。原子核は，＋の電気をもつ陽子という粒子と，＋の電気も－の電気ももたない中性子という粒子でできている。電子は－の電気をもつ粒子で，原子核にある陽子と同じ数存在している。

2 位置エネルギーは，基準面からの高さが高いほど大きい。高さが低くなると位置エネルギーが減少し，その分，運動エネルギーが増加する。

3 日本付近では，海洋側のプレートが大陸側のプレートの下に沈み込んでいる。

4 ルーペは，凸レンズによってできる虚像を観察している。

5 2種類の金属と電解質水溶液を用いると化学電池ができる。

6 示相化石に対して，地層ができた地質年代を推定する手がかりになるのが示準化石である。

7 種子植物が受粉した後，種子になるのが胚珠，果実になるのが子房である。

8 オームの法則より
3〔V〕÷ 0.2〔A〕＝15〔Ω〕

2 1 酢酸オルセイン溶液は，核や染色体を赤色に染色し，観察しやすくする。酢酸カーミン溶液や酢酸ダーリア溶液を用いる場合もある。

2 根の先端付近のCの部分では細胞分裂が盛んに行われているが，根もと側のAの部分では，細胞分裂は行われず，細胞分裂によってできた細胞の一つ一つが成長して大きくなっていると考えられる。**ア**と**ウ**は分裂途中の細胞が見られるのでAではない。**イ**は植物の細胞ではなく，動物の細胞である。ヒトのほおの内側の細胞を観察するとこのように見える。

3 体細胞分裂では，細胞が分裂する前に染色体が複製され，それが細胞分裂によって2つに分かれるので，染色体の数は分裂前と同じになる。

3 1 試験管Aは，単に鉄粉と硫黄を混合しただけなので，単体の鉄と硫黄の性質がそのまま残っている。それに対して，試験管Bは，加熱によって鉄と硫黄が化合して硫化鉄という物質ができていることがわかる。また，加熱後にも試験管Bの内壁には黄色の物質(硫黄)がついていることから，鉄はすべて反応したが，硫黄は過剰にはいっていたので反応しないで残っているものがあることがわかる。よって，鉄がそのまま存在する試験管Aは磁石に引きつけられ，鉄が別の物質に変化している試験管Bは，磁石に引きつけられない。また，塩酸を加えたとき，試験管Aでは鉄と塩酸が反応して水素を発生し，試験管Bでは硫化鉄と塩酸が反応して硫化水素を発生する。硫化水素は腐卵臭の有毒な気体である。

2 鉄Feと硫黄Sは1：1の比で化合し，硫化鉄FeSになる。

3 鉄と硫黄は7：4の比で反応するので，4.2gの鉄と反応した硫黄の質量をxgとすると， $4.2 : x = 7 : 4$ $x = 2.4$
よって反応せずに残った硫黄の質量は
3.0〔g〕－2.4〔g〕＝0.6〔g〕
となる。

4 1 太陽や星のように，自ら光を放つ天体が恒星，太陽のまわりを公転している水星，金星，地球，火星，木星，土星，天王星，海王星などの天体が惑星，月のように，惑星のまわりを公転している天体が衛星である。小惑星は，主に火星と木星の軌道の間にある小さな惑星で，太陽の周りを公転している。

2 地球の自転の向きは，月の公転の向きと同じである。地球から見たとき，日の入りのときは太陽が西になるので，cの方角が西であり，eの方角が南にあたる。観測では，日の入りからしばらくして西の空に月が見えているので，日の入りから少し自転が進んだdの方角が西になったと考えられる。dの位置にある月の右半分を黒くぬりつぶしてみると，月の満ち欠けのようすは**エ**のようになる。

3 **図1**より，月と金星は同じ方角に見えているので，観測した日の金星の位置は，**図3**の金星の公転軌道のうち，太陽の真下あたりであると考えられる。翌日の同じ時刻に西の空を観察すると，金星の位置はほとんど変わらず，月は1日で約12°東側に移動しているはずである。(月は約29.5日かかって地球のまわりを一周する。)

5 1 モノコードのように，弦が発する音を高く変化させたいときには，弦の長さを短くするか，おもりの重さを重くして弦の張り方を強くするか，弦を細いものに換える。

2 **図2**は，12目盛りで2回振動しているが，**図3**は，同じく12目盛りで4回振動しているので，1秒間あたりの振動数は300回の2倍の600回である。

3　1秒間に30コマ記録するビデオカメラなので，1コマ当たりの時間は30分の1秒である。よって75コマ分の時間は
1〔s〕÷30×75＝2.5〔s〕
ゆえに，花火とビデオカメラとの距離は
340〔m/s〕×2.5〔s〕＝850〔m〕となる。

6　1　実験(1)より，気体Cは空気よりきわめて軽いことから水素であることがわかる。また，水に対するとけやすさと実験(2)から，気体Aは二酸化炭素，気体Bはアンモニアだということがわかる。二酸化炭素は水に少しとけ，水溶液は酸性を示す。アンモニアは水によくとけ，水溶液はアルカリ性を示す。

2　他の気体の化学式は，二酸化炭素CO_2，水素H_2，酸素O_2，窒素N_2である。

3　気体Dと気体Eは，酸素または窒素のいずれかである。どちらもにおいはなく，水にもとけにくく，酸性もアルカリ性も示さない。酸素はものを燃やすはたらきがあるので，火のついた線香を入れると線香が激しく燃える。窒素中では線香は消えてしまう。塩化コバルト紙は，液体が水であることを確認するときに用いる。

4　**ア**ではアンモニアが発生する。**イ**と**エ**では二酸化炭素が発生する。

7　1　**図1**より，Cはだ液から消化が始まっているのでデンプン，Aは胃液から消化が始まっているので，タンパク質，残りのBが脂肪であることがわかる。胃液中でタンパク質にはたらく消化酵素はペプシンである。

2　すい液中には，デンプンにはたらく消化酵素，タンパク質にはたらく消化酵素，脂肪にはたらく消化酵素のすべてがふくまれている。

3　デンプンは，消化が進むにつれて小さくなり，麦芽糖を経て，最終的にはブドウ糖になる。

4　最終的には，Aのタンパク質はアミノ酸になり，Bの脂肪は脂肪酸とモノグリセリドになり，Cのデンプンはブドウ糖になって小腸の柔毛から吸収される。タンパク質とブドウ糖は柔毛中の毛細血管に吸収され，脂肪酸とモノグリセリドはリンパ管に吸収される。

8　1　飽和水蒸気量は，**図3**からわかるように，気温が高いほど大きな値になる。

2　実験で，金属製の容器の表面がくもり始めたのは，容器内の水によって容器の表面にふれている空気が冷やされ，水蒸気量が飽和に達したためである。そのときの温度(露点)が11℃なので，実験室内の水蒸気量は，**図3**より，10 g/m^{3}であることがわかる。また，そのときの気温が25℃なので，**図3**で25℃における飽和水蒸気量を調べると23 g/m^{3}である。よって湿度は

$\frac{10}{23}\times 100 = 43.4$　〔%〕

となる。これを四捨五入すると43%となる。

3　実験室内の水蒸気の量はほとんど変わらないので露点は変わらないが，気温が高くなると飽和水蒸気量の値が大きくなるので湿度は低くなる。

9　1　「速さ＝移動距離÷移動するのにかかった時間」であるから，**表1**より
(99－66)〔cm〕÷(0.6－0.4)〔s〕＝
165〔cm/s〕となる。

2　力を分解して分力を作図するときには，分解したい力が平行四辺形の対角線になるような四角形をつくる。この場合は，重力が対角線になるように長方形を描けば，たてと横の2辺が分力になる。

3　**表2**における0.2秒間に移動した距離を調べてみると，0～1.0秒までは移動距離がすべて36 cmであるが，1.0秒以降は，
215－180＝35〔cm〕，243－215＝28〔cm〕，
同様に，20cm，12cm，4 cmとしだいに減少していっている。これは台車の進行方向とは逆向きの力がはたらいたためである。すなわち1.0秒より後は斜面を上っていることを示している。

4　**表2**において，台車が0.2秒間に移動した距離を順に調べてみると，1.0秒まではすべて36 cmであり，それ以降は35 cm，28cm，20 cm，12 cm，4 cmとしだいに減少していっている。よって台車は実験(1)と同様に斜面を上っていることがわかる。**表1**と**表2**の0.2秒あたりの移動距離を比較してみると，水平面を移動しているときの速さは**表2**の方が速いが，斜面を上っていくときの移動距離は**表2**の方は**表1**の2倍の速さで減少している。よって実験(3)の斜面は実験(1)の斜面の2倍の角度であると予想できる。

栃木県立高校入試(H29)

英　語　【解答・解説】

(平 29)

英語採点基準

(総点 100 点)

〔注意〕 1　この配点は，標準的な配点を示したものである。
2　定められた答えの欄に答えが書かれていないときは，点を与えない。
3　指示された答えと違う表現で答えの欄に記入されていても，正答と認められるものには点を与える。
4　定められた数より多く答えたときは，点を与えない。
5　採点上の細部については，各学校の判断によるものとする。

問	題	正答	配点			
1	1	(1) (エ) (2) (イ) (3) (イ) (4) (ア)	2点×5	30		
		(5) (ウ)				
	2	(1) ① (イ) ② (イ) (2) ① (ア) ② (ウ)	2点×4			
	3	(1) (5月13日 土曜日) (2) (試合に勝った) (3) (青)	2点×6			
		(4) (試合開始) (5) (11時15分) (6) (正午)				
2	1	(1) (エ) (2) (イ) (3) (ア) (4) (ア)	2点×6	18		
		(5) (エ) (6) (ウ)				
	2	(1) (イ → エ → ア → ウ) (2) (エ → ア → ウ → イ)	2点×3			
		(3) (ウ → オ → エ → ア → イ)				
3	1	(special)	2点	9		
	2	① (市や町) ② (15) ③ (女性) ④ (家族と友人)	4点			
	3	(エ)	3点			
4	1	(1) (例1) I enjoyed watching (例2) I was happy to watch	2点	16		
		(2) (例1) I was surprised (that) (例2) It was amazing (that)	2点			
	2	(1) (例1) shorter than (例2) not as tall as	3点			
		(2) (例1) the tallest (例2) the biggest	3点			
	3	(例1) I agree, because having pets gives us good experiences. For example, if we have a pet, we will feel love from the pet. When we are lonely, the pet will be with us and make us happy. So having pets is good for us.	6点			
		(例2) I don't agree. Having pets is a big problem. If I have a dog, I have to walk with it every day and give it food. We don't have time to take care of it. Having a pet makes us busier. For these reasons, I don't think it is good for us to have pets.				
5	1	(ウ)	2点	14		
	2	(エ)	2点			
	3	(例) 千秋(Chiaki)が(世界をよりよくするために，一生懸命勉強すること。) (24字)	4点			
	4	(ア) (ウ)	3点×2			
6	1	(How)(many)	2点	13		
	2	(イ)	3点			
	3	(letters)	4点			
	4	(ウ)	4点			

1 話の展開が理解し難いことがある。文字で確認してから，音声を聞くとよいだろう。
1 選択肢から質問を予想できることがある。
(1) 最後の色の質問に答える。
(2) 提案に対する答えを選ぶ。
(3) 今は忙しいと言っている。
(4) 期間をたずねている。時間を答える。
(5) leftと言っていたことに注意。
2 (1) 順番に注意しながら聞く。
① It's the secondが答えになる。
② 後半のエピソードからわかる。
(2) メモをとりながら聞いてみよう。
① so ～とある。soの前に答えがある。
② Because of this songから考える。
3 if～や日付，時間の表現に注意。
(1) 英語では日付，曜日の順になる。
(2) if we winの部分が答え。
(3) a ___ T-shirtの下線の部分が答え。
(4) The game will startの部分が答え。
(5) that timeは11時30分のこと。
(6) before noonなので，正午前。

2 1 (　　)の前後に注意する。文章の内容を読み取ることも大切。2 基本的な文型の語順の問題。
1 (1) 進行形。How are you doing?は挨拶。
(2) anyと複数形の名詞の間なので，other.
(3) 直後に理由が述べられている。
(4) 文脈から「～も」(also)とわかる。
(5) who～でpeopleを修飾する。
(6) 英語，日本語，スペイン語。
2 (1) It is hard for…to～で，「…が～をするのは難しい」という意味の文。
(2) tell＋相手＋内容の順になる。
(3) 疑問文なのでWhen was～の順になる。

3 ［本文の要旨］
マリアと春菜が成人式の話をしている。国により，成人とされる年齢も，祝福の仕方も異なる。メキシコでは，女性は15歳で，特別な服を着てダンスを踊る。日本は，男女とも20歳で，市や町が式典を行い，特別な服を着る人もいる。イングランドでは21歳で，親が鍵の描かれたカードを送る。
［解説］
1 boysについてはusualと説明している。ここから，girlsはspecialとわかる。
2 ① Each city and townとある。②③④ Mariaの3番目の発言にある。
3 「それぞれの国にはそれぞれの文化がある」の意味にする。国＝country，文化＝culture

4 1 (1) 野球観戦は「楽しかったこと」なので，enjoyやhappyなどが使える。(2) 「驚いたこと」なので，surprisedやamazingが使える。I was surprised that ～，It was amazing that ～とする。Surprisingly, ～としてもよい。
2 比較の表現を使う。(1)は「～より背が低い」 (2)は「～で最も背が高い」と考える。(1)は，原級でも比較級でも書ける。(2)は最上級で書ける。theを忘れずに。
3 いろいろな意見を書く練習をすることで，表現力をあげておく。「理由→説明や事例→まとめ」の順で書いてみよう。

5 ［訳例］
千秋の家の裏に，大きな柿の木があった。とても古い木だった。千秋は以前祖父の庄三に「この木はどのくらい古いの」とたずねた。庄三は「わからないけど，生まれた時にはすでにあったよ」と答えた。秋には，その木はたくさんの実をつけた。庄三と千秋は一緒にベランダに座って木を見あげよく柿を食べた。庄三は千秋に「子供の頃は，チョコレートやアイスクリームのような食べ物があまりなかった。だから，この柿を食べていた」と言った。千秋は「私はチョコレートが好きだけど，柿が一番好き」と言った。
ある日，庄三が千秋に「学校は好きか」とたずねた。「好きだよ」と千秋は答えた。その後「勉強は好きか」と庄三はたずねた。「そうね，そんなに好きではないよ」庄三は木の方を見て，「千秋，私が子供のとき，戦争があった。戦争のために，勉強する時間があまりなかったんだよ。戦争はおそろしい。千秋，世の中をよりよくするために，一生懸命勉強しておくれよ」と言った。千秋は「覚えておくよ」と言った。
数年後，千秋は中学生になった。ある日，千秋の父親が「千秋，いい知らせがあるぞ。ここに新しい家を建てる」と言った。千秋は「本当，すごい。その家には，私の部屋ができるの？」と言った。「もちろん」と父は答えた。それに続けて，「でも，柿の木は大きすぎる。そこに柿の木があったのでは，家が建てられないよ」と言った。「柿の木を切るの？」千秋がたずねた。父は「そうだね」と答えた。それを聞いて，千秋はとても悲しくなった。「おじいちゃんは，その木が大好きなの，私も大好きなの。切らないで，お願い」と千秋は言った。

そのとき，庄三がやってきて千秋に「千秋，新しい家になって，新しい部屋がもてるよ」と言った。庄三は，にこにこしていた。「うれしいけど…」「どんな気持ちかわかるが，どうしようもないんだよ」と庄三は言った。千秋は庄三の目の涙を見ると何も言えなかった。

一年して，千秋の家族は新しい家を持った。千秋は自分の部屋が気に入った。千秋が部屋の掃除をしていると，庄三が入ってきた。テーブルを運んできた。「これを見てごらん。これはプレゼントだよ。このテーブルはあの柿の木から作られているんだよ」と言った。千秋は「まあ，なんて素晴らしい。自分で作ったの」と言った。「そうだよ。あの木のことを覚えておいてほしいんだ。だから，これを作ったんだ。このテーブルで勉強ができるぞ」と庄三が答えた。「おじいちゃん，どうもありがとう。このテーブルを使うよ。おじいちゃんの希望はまだ覚えているから，がんばるよ」と千秋は言った。庄三は，千秋のうれしそうな顔を見ると，笑顔をうかべた。

［解説］

1　「それを聞いて，彼女は悲しくなった」thatとsheで指せる部分と，悲しくなるような内容がある箇所を選ぶ。

2　下線部は「私たちにできることはない」の意味。したがって，have to ～で，「～しなければならない」が答えになる。

3　第2段落のI hope that you will study hard to make the world better.が祖父の希望。

4　問題文の次の部分と比較しながら読む。**ア**　第一段落　**イ**　第一段落の最後　**ウ**　第二段落　**エ**　第三段落　**オ**　第三，四段落　**カ**　第五段落

6　［訳例］

人生でどのくらいの手紙を書きましたか。おそらく，みなさんの中には1年で2，3通しか手紙は書かないけれど，電子メールは毎日送るという人がいることでしょう。電話を使い始めるまでは，手紙は非常に有益でした。

ヨーロッパでは18世紀は手紙の時代と呼ばれているのを知っていますか。今日では，手紙はある特定の人に送られます。しかし，当時は，このような私的な手紙だけでなく，公的な手紙も書きました。公的な手紙は受取人とその周囲の人々に読まれました。人々はこれらの手紙から多くの新しい情報やニュースを知りたかったのです。手紙の書き手もそれを知っていました。だから，書き手はたくさん書きたいと思っていました。公的な手紙には重要なことが含まれることがあったので，書き手は時々内容の記録として書いた手紙を写しておきました。

モーツアルトもたくさんの手紙を書きました。彼は外国をたくさん旅行しました。そして父親が時々一緒に旅行しました。モーツアルトは音楽についてすばらしい着想を得ました。人生の約三分の一を旅してすごし，35歳の時に亡くなりました。旅の間に，多くの手紙を家族に送りました。そのほとんどが自分自身と訪れた場所のニュースや情報でした。彼の手紙は長いものでした。家族の周りの人々にも手紙を読んでほしかったのです。モーツアルトの父も外国にいる間に，長い手紙をたくさん書きました。

今でも，モーツアルトと彼の父によって書かれた手紙を見ることができるので，私たちは二人のことをよく知ることができます。二人が電話で話したのではなかったので，二人の生活の記録が残っているのです。もし誰かに大切なことを伝えることがあれば，手紙を書いてみるのはどうでしょうか。

［解説］

1　質問への応答がa few lettersなので，数をたずねる疑問文にする。

2　直前のthatは，その前の文の内容，つまり，人々が多くの新しい情報やニュースを知りたがっていることを指しているので，「だから，書き手は多くのことを書きたかった」という意味の文が入る。

3　「生活の記録」とは，手紙のこと。第三段落の内容からわかる。

4　問題文の次の部分と比較しながら読む。**ア**　第一段落　**イ**　第二段落　**ウ**　第三段落 one third（三分の一）の期間旅したとあるが，35歳で亡くなっているので10年以上である。**エ**　第三，四段落

れ、その日本人の考える美を④段落五行目で「状況の美」と呼び、それに対し西欧世界の美を「実体の美」と呼んでいる。

4　③段落での古代ギリシャの美の原理の例について④段落も説明をしているため、**ア**が正解。④段落では、③段落の「美の原理」の考え方とは異なる「日本人の美意識」について説明しているため**イ**は不適。⑤段落は、段落冒頭に「例えば」とあることから、④段落の具体例を説明しているため**ウ**は不適。⑥段落の最初の一文に「日本人のこのような美意識を最もよく示す例の一つは」とあり、⑤段落の内容を踏まえていることから**エ**も不適。

5　空欄Aには日本人が敏感に反応するものが入る。傍線部(2)の二行前に「状況の美に敏感に反応する日本人」とあるが、「状況の美」だけでは字数が足りない。そこでこれを言い換えた部分を二十字で探すと④段落の四行目にある。空欄Bを含む一文では日本人が美に対しうつろいやすいものという感覚を持つ理由が述べられている。傍線部(2)の一行前に「それゆえに」と理由を表す語があるので、「それ」が指す「長くは続かない」が正解。

6　**ウ**は⑥⑦段落から読み取れるので正解。**ア**は④段落で日本人は「カノン」とは異なる美意識を持つと述べられているため「世界中に広がる」が不適。**イ**は⑤段落に『古池や～という一句は～『蛙』が美しいと言っているわけではなく』とあるため、「小さな蛙～の美しさを～見出した」が不適。**エ**は、⑧段落の一、二行目「『実体の美』は～いつでも、どこでも『美』であり得る」の例としてミロのヴィーナスが挙げられているため「西欧の～中でも異質」が不適。

[4]

1　「青雲の志」とは立身出世して高い地位につこうとする志のこと。そのような志を持つ者がする表情としては**イ**が適切。

2　永徳の絵に対する考え方は後ろから八行目に書かれている。

3　永徳の気持ちは傍線部(2)の二行前「そんな思いで～ふくらんだ」から読み取れる。「そんな思い」とは直前の父の発言「唐人の絵を～描こうというのか」から読み取れる父の絵に対する考え方を指す。これらを字数条件に合わせてまとめる。

4　傍線部(3)の五行後から「観ているもののこころが遊ぶ場所」を「気ままにこころをたゆたわせる場所」と父が説明している。

5　傍線部(3)直後の「父のことばが～永徳の胸をついた。意識してなかった絵画の本質～を～見せられた気分だった」や傍線部(4)直前「目が醒めた思い」などから**エ**が正解。**ア**は「父よりも～確信し」が「父を見直す」理由と異なるため不適。**イ**は「父への尊敬の念がさらに増した」が傍線部(4)中の「初めて～父を見直す気になった」と合わず不適。**ウ**は「分かり合えた喜び」が本文中に述べられておらず不適。

6　**ア**の「お互いを気遣う父子の心情」、**イ**の「古語や～情景を描写する」、**エ**の「物語を～移動する」がそれぞれ本文中から読み取れず不適。

[5]

作文を書く際は、「何について書くのか」「条件は何か」に注意して書くこと。本問は、一段落目にグラフ　A・Bについての読み取りを書き、二段落目に一段落目に書いたことを踏まえて、読書についての考えを書くので、条件が多少複雑である。この点に注意して書くようにする。

〔作文例〕

グラフAでは、「とても好き」・「わりと好き」と答えた高校生が60％以上であり、読書に対して肯定的な態度が見て取れるが、グラフBからは、1か月に読んだ本の冊数が、0冊もしくは1冊と答えた人が60％を超えており、グラフAの結果と矛盾している。

この結果は、高校生が時間的に忙しい生活を送っていることに関わっているように思われる。学校での勉強、部活動、アルバイト等に加え、就職や進学を控えている高校生が、読書にあてられる時間を持ちにくいのではないか。読書は、多くの知識を与えてくれるだけでなく、社会でのコミュニケーション能力を高めるものなので、積極的に時間を割くべきだと考える。

1 **3** 設問の文と正解の**イ**はどちらも「どうやら」という推測の言葉を入れられるため、「ようだ」は推定の意。**ア**、**ウ**、**エ**はいずれも「まるで～ようだ」とたとえる意味を表す比況。

4 **ア**「歓迎」は「歓んで迎える」という修飾・被修飾の構成。「登山」は「山に登る」という上が動作、下が対象の構成。**イ**「縮小」は似た意味の構成。「加減」は反対の意味の構成。**ウ**「不在」は接頭語で下を打ち消す構成。「日没」は「日が没す」という主語・述語の構成。**エ**は「価値」「身体」どちらも似た意味の字を重ねる構成。

5 ③は話し手の行動に対し尊敬語「お～になる」を用い、④は来場者の行動に対し謙譲語「お～する」を用いている点が不適。

6 「行書」とは楷書を少しくずし、点や画を続けて書いた書体。

7 「思ひつつ…」の和歌の意味は「(あの人のことを)思いながら寝るので、あの人が(夢に)見えたのだろうか。もし夢だと知っていたら目を覚まさなかっただろうに。」「うたたねに…」の和歌の意味は「うたた寝(の夢に)恋しい人を見てしまった時から、(あてにならないはずの)夢という物を頼りにし始めてしまった。」「寝れ」「覚め」「うたたね」をヒントに考える。

2 〔出典〕『雲萍雑志』から

〔現代語通釈〕

ある時、牛を引いている童が、唄などを歌いながら通っていたので、長年は(その童の)あとを追って行って、童に呼びかけて言ったことには、「私をその牛に乗せて、川の端まで行ってくれよ」と言うので、童が承諾して答えることには、「あなた様の身を乗せて行くつもりだが、報酬には何をくださるのか」と言うと、長年は自分の家をふりかえって見て、門に生えている松を指さして、「どの樹であっても、あなたが(欲しいと)望むものに従うつもりだ。(だから)はやくはやく乗せて行け。」と言うので、童は喜んで、長年を川の端まで乗せて行った。その後、三年ほど経って、一人の男が童を伴って、長年の家に来て、(その男が)長年の父に向かって、三年前の約束を話したところ、「長年が(約束したことは)幼心による冗談であるのに、この童はこれを本当だと理解し、牛に乗せた報酬をとりたてる(と言う)が、どのように言い説得しても(冗談だと)納得しない。どうしたらよいだろうか。」と(その男が)言うので、長年の父は、これを聞くとすぐに、「きっとそのとおりであろう。約束をしたことが確かであるなら、(樹を)切らせて与えよう」と言って、童に(どの樹が欲しいか)希望を聞き、門前にある大樹の松を、木を切るのを仕事とする人に命じて切らせ、牛飼(の童)に与えた。里人はこれを言い伝え、名和の約束の松と呼んで、今でも話し伝えている。

1 歴史的かなづかいでは、語頭以外の「はひふへほ」は「わいうえお」と読む。

2 ①の主語は童に呼びかけた人物である。②の主語は童を連れて長年の家に来た人物。②直前の「長年が家」の「が」は「の」という意味なので注意。

3 (1)は「報酬には何をくれるのか」という意味。(1)の直後の長年の発言をまとめる。

4 「たがひ」は漢字で「違ひ」と書き、「たがひなくば」で「違うことがないなら」つまり「確かであるなら」となる。

5 長年の父が、三年前の長年が童にした約束を実行したことを踏まえて考える。**ア**は「全財産をもなげうつ子ども思いの人物」、**ウ**は「当事者間で解決させる」、**エ**は「失敗を～ずる賢い人物」が不適。

3 **1** 空欄A前後の内容は「秩序」の説明になっており、話がつながっているため、**ウ**A「しかし」は不適。空欄B直後の内容は、その直前の一文の「春夏秋冬」の「『状況の美』の世界」の具体的な内容になっていることから言い換えを表す「すなわち」が入る。

2 「それ」が指すのは直前の「そのような原理に～制作すれば」の部分。「そのような」の指す内容を明確にし、また「それ」は指示代名詞であるので、解答の文末を「作品」という名詞で終わるようにする。

3 空欄直前の「このような」は①～③段落の西欧世界における「美」に対する考え方を指す。空欄を含む一文ではこの西欧の考え方は日本人の美意識のなかにはあまりないことが述べら

栃木県立高校入試(H29)

国語 【解答・解説】

(平29)

国語採点基準 (総点100点)

〔注意〕
1 この配点は、標準的な配点を示したものである。
2 定められた答えの欄に答えが書かれていないときは、点を与えない。
3 指示された答えと違う表現で答えの欄に記入されていても、正答と認められるものには、点を与える。
4 定められた数より多く答えたときは、点を与えない。
5 採点上の細部については、各学校の判断によるものとする。

問題			正答	配点	計	点
1	1	(1)	すみ(やか)	2	30	
		(2)	ゆかい	2		
		(3)	いなか	2		
		(4)	と(げる)	2		
		(5)	そっきょう	2		
	2	(1)	浴(びる)	2		
		(2)	設(ける)	2		
		(3)	吸収	2		
		(4)	発揮	2		
		(5)	簡潔	2		
	3		イ	2		
	4		エ	2		
	5		ア	2		
	6		ウ	2		
	7		ア	2		
2	1		いいつたえ	2	10	
	2		エ	2		
	3		(例)長年の家の松を、童の望みどおりに与えること。	2		
	4		ウ	2		
	5		イ	2		
3	1		エ	3	20	
	2		(例)客観的な原理に基づいて制作された作品。	4		
	3		イ	3		
	4		ア	3		
	5	a	どのような場合に美が生まれるかということ	4		
		b	長くは続かない			
	6		ウ	3		
4	1		イ	2	20	
	2		絵師の情念を観せて、魅せるもの	3		
	3		(例)絵の中の人物のこころを考えないで描くからつまらない絵しか描けないのだと、父をいっそう侮蔑する気持ち。	4		
	4		ア	3		
	5		エ	4		
	6		ウ	4		
5			(評価の観点) 1 形式 目的に応じた適切な叙述であるか。 字数と段落構成が条件に合っているか。 2 内容 第一段落には、二つのグラフから読み取ったことが書かれているか。 第二段落には、第一段落に書かれたことを踏まえて自分の考えが書かれているか。 3 表現・表記 文体に統一性や妥当性があるか。主述関係や係り受けなどが適切であるか。 語句が適切に使用されているか。誤字・脱字がないか。 ※ これらの項目に照らし、各学校の実態に即して総合的に評価するものとする。	20		

栃木県高校入試の対策2023

平成28年度
県立入試

栃木県立高校入試(H28)

社　会

【解答用紙】

(平 28)

社　会　解　答　用　紙

受 検 番 号 (算用数字ではっきり書くこと。)	番

得 点 計	

◎「得点」の欄には受検者は書かないこと。

問題		答			え	得	点
1	1	(1)	(　　　)	(2)	(　　　)		
		(3)	(　　　)	(4)	(　　　)		
	2	(1)	(　　　　　　) 〔川〕	(2)	(　　　　　　) 〔km〕		
		(3)	(　　　　　　) 〔王国〕	(4)	(　　　　　　)		
2	1	(　　　)		2	(　　　)		
	3	(1)	(　　　　　　)	(2)	(　　　)		
		(3)					
3	1	Ⅰ	(　　　　　　) 〔山脈〕	Ⅱ	(　　　　　　)		
	2	(　　　)		3	(　　　)(　　　)		
	4						
4	1	(　　　)					
	2						
	3	(　　　)		4	(　　　　　　)		
	5	(　　　　　　)		6	(　　　)		
	7	(　　　　　　) 〔戦争〕					
5	1	(　　　)		2	(　　　)		
	3						
	4	(　　→　　→　　→　　)		5	(　　　　　　) 〔宣言〕		
6	1	(1)	〔満〕(　　　) 〔歳以上〕	(2)	(　　　)		
		(3)	(　　　　　　) 〔法〕	(4)	(　　　)		
		(5)	(　　　)				
	2	(1)	(　　　)	(2)	(　　　　　　)		
		(3)	(　　　)				
		(4)					
		(5)	(　　　　　　)				
7	1	(　　→　　→　　→　　)		2	(　　　)		
	3						
	4	(　　　)					

実戦編◆社会　解答用紙

県立 H28

栃木県立高校入試(H28)
数　学　【解答用紙】

(平 28)

数　学　解　答　用　紙　(1)

受検番号 (算用数字ではっきり書くこと。)	番

得点	(1)	(2)	計

◎「得点」の欄には受検者は書かないこと。

問題		答		え	得点
1	1		2		
	3		4		
	5		6	度	
	7	$y =$	8		
	9		10	$x =$	
	11	cm^3	12	点	
	13		14	S : T = 　　:	
2	1	A, B, C (図)	2		
			3	$a =$	
3	1	答え(スチール缶 1 kg あたり　　円, アルミ缶 1 kg あたり　　円)			
	2	答え(　　cm)			

数学 【解答用紙】

(平 28)

数学解答用紙 (2)

受検番号 (算用数字ではっきり書くこと。)	番

得点	

◎「得点」の欄には受検者は書かないこと。

問題		答え				得点
4	1	(証明)				
	2	(1)	度	(2)	cm²	
5	1	km				
	2	(1)				
		(2)	答え ($t =$)			
	3	分 秒後				
6	1	cm²		2	cm²	
	3	(証明)				
	4	cm, cm, cm				

栃木県立高校入試(H28)

理　科　【解答用紙】

(平 28)

理　科　解　答　用　紙

受検番号 (算用数字ではっきり書くこと。)	番

得点計	

◎「得点」の欄には受検者は書かないこと。

問	題	答	え	得点
1	1	(　　) 2 (　　)	3 (　　) 4 (　　)	
	5	(　　)	6 (　　)	
	7	(　　)	8 (　　)Pa	
2	1	(　　)	2 (　　)	
	3	(　　)		
	4			
3	1	(　　)J	2 (　　)	
	3	手が加えた力(　　)N　ひもを引いた長さ(　　)m		
4	1	(　　)		
	2	地層(　　)		
		理由(　　)		
	3	①(　　)　②(　　)　③(　　)		
5	1	(　　)	2 (　　)	
	3	(　　)g/cm^3	4 (　　)	
6	1	(　　)	2 (　　)	
	3	① 黄色：緑色＝(　　)：(　　)　②(　　)		
7	1	(　　)	2 (　　)	
	3	(　　)		
	4			
8	1			
	2	(　　)		
	3	電極Cで発生した気体 (　　)	[グラフ]	
9	1	(　　)Ω	2 (　　)	
	3	(　　)J	4 (　　)	

英　語　【解答用紙】

(平 28)

英　語　解　答　用　紙

受 検 番 号 (算用数字ではっきり書くこと。)	番

得点計	

◎「得点」の欄には受検者は書かないこと。

問	題	答　え	得	点
1	1	(1) (　　) (2) (　　) (3) (　　) (4) (　　)		
		(5) (　　)		
	2	(1) ① (　　) ② (　　) (2) ① (　　) ② (　　)		
	3	(1) (　　) (2) (　　) (3) (午後　　時) (4) (　　)		
		(5) (　　) (6) (　　)		
2	1	(1) (　　) (2) (　　) (3) (　　) (4) (　　)		
		(5) (　　) (6) (　　)		
	2	(1) (　→　→　→　) (2) (　→　→　→　)		
		(3) (　→　→　→　→　)		
3	1	① (　　) ② (　　)		
	2	(　　)		
	3	① (　　) ② (　　)		
4	1	(1)		
		(2)		
	2	(1)		
		(2)		
	3			
5	1			
	2	① (　　)		
		② (　　)		
	3	You (　　) him a (　　) name		
	4	(　　) (　　)		
6	1	夏まで(　　)するために，おがくずを(　　)。		
	2			
	3	(　　)		
	4	A (　　) B (　　)		

栃木県立高校入試(H28)

国語 【解答用紙】

(平28)

国語解答用紙 (1)

受検番号 (算用数字で横書きにはっきり書くこと。)	番

得点		
(1)	(2)	計

◎「得点」の欄には受検者は書かないこと。

5は「国語解答用紙(2)」を用いること。

問題		答え	得点 小計	得点 計
1	1	(1) 乾かす　(2) 音響　(3) 虹　(4) 疾走　(5) 譲渡		
	2	(1) シュウイ　(2) ソウコ　(3) イトナむ　(4) オサめる　(5) センネン		
	3	(　　)		
	4	(　　)		
	5	(　　)		
	6	(　　)		
	7	(　　)		
2	1	(　　)		
	2	□□□□□□□□□□□□□□□□□□□□		
	3	(　　)		
	4	(　　)		
	5	(　　)		
3	1	(　　)		
	2	(　　)		
	3	初め □□□□□　終わり □□□□□		
	4	(　　)		
	5	(　　)		
	6	(3行 × 20マス)		
4	1	(　　)		
	2	(　　)		
	3	□□□□□□□□□□□□□□□□□□□□		
	4	□□□□□□□□□□□□□□□□□□□□		
	5	(　　)		
	6	(　　)		

(平28) 国語解答用紙 (2)

受検番号（算用数字で横書きにはっきり書くこと。）	番

得点	甲	乙	計

5

※次の空欄に形容詞または形容動詞を一つだけ入れなさい。

「表現することは □ 」

◎受検者名と題名は書かないこと。

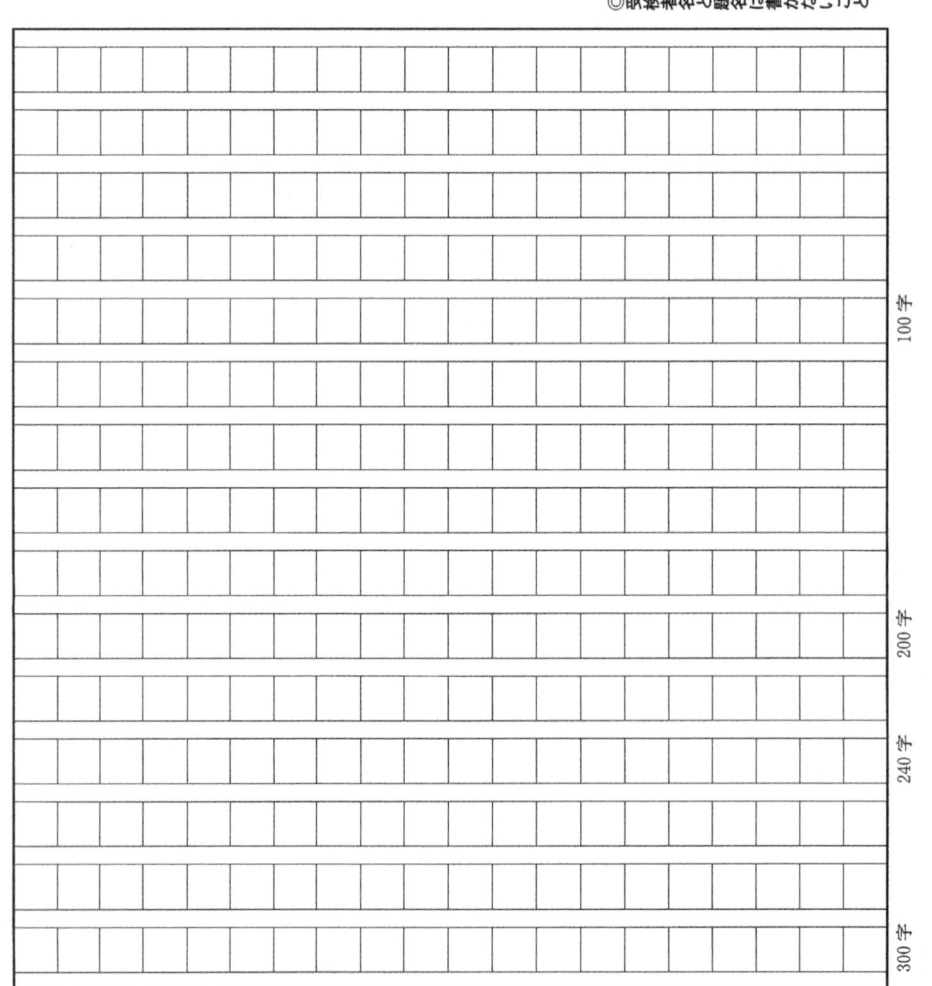

栃木県立高校入試(H28)

社　会　【解答・解説】

社会採点基準　(総点100点)　(平28)

〔注意〕
1 この配点は，標準的な配点を示したものである。
2 定められた答えの欄に答えが書かれていないときは，点を与えない。
3 指示された答えと違う表現で答えの欄に記入されていても，正答と認められるものには点を与える。
4 定められた数より多く答えたときは，点を与えない。
5 採点上の細部については，各学校の判断によるものとする。

問題			正答		答	配点		
1	1	(1)	(イ)	(2)	(イ)	2点×4	8	16
		(3)	(ア)	(4)	(ウ)			
	2	(1)	(ミシシッピ) 〔川〕	(2)	(2) 〔km〕	2点×4	8	
		(3)	(琉球) 〔王国〕	(4)	(平和主義)			
2	1		(エ)	2	(ウ)	2点×4	8	12
	3	(1)	(イギリス)	(2)	(イ)			
		(3)	(例) アジア州では，全人口に占めるキリスト教徒の割合が低いこと。			4点	4	
3	1	Ⅰ	(奥羽) 〔山脈〕	Ⅱ	(潮目(潮境))	2点×4 3は完答	8	12
	2		(ウ)	3	(ア) (ウ)			
	4		(例) 高速交通網が整備されたことによって，原材料の入手や製品の出荷が容易になったこと。			4点	4	
4	1		(エ)			2点	2	16
	2		(例) 遣唐使によってもたらされた，国際色豊かな文化。			4点	4	
	3		(ア)	4	(倭寇)	2点×5	10	
	5		(銀)	6	(ウ)			
	7		(アヘン) 〔戦争〕					
5	1		(ア)	2	(イ)	2点×2	4	12
	3		(例) 1928年の選挙では納税額による制限がなくなり，満25歳以上の全ての男子に選挙権が与えられ，1946年の選挙では満20歳以上の全ての男女に選挙権が与えられたため。			4点	4	
	4		(ウ → エ → イ → ア)	5	(ポツダム) 〔宣言〕	2点×2	4	
6	1	(1)	〔満〕 (30) 〔歳以上〕	(2)	(ウ)	2点×5	10	22
		(3)	(環境基本) 〔法〕	(4)	(エ)			
		(5)	(イ)					
	2	(1)	(エ)	(2)	(累進課税)	2点×3	6	
		(3)	(ア)					
		(4)	(例) 「都合の良い時間に働けるから」「資格・技能を生かせるから」などの積極的な理由で非正規労働を選んだ人の割合が増えている一方で，正社員として働きたくても働けないために非正規労働を選んだ人の割合も増えているから。			4点	4	
		(5)	(株主総会)			2点	2	
7	1		(ア → エ → ウ → イ)	2	(イ)	2点×2	4	10
	3		(例) GDPが低い国に対しては，技術協力より無償資金協力の割合が高い傾向があり，GDPが高い国に対しては，無償資金協力より技術協力の割合が高い傾向がある。			4点	4	
	4		(エ)			2点	2	

1 1(1) 内陸県は関東地方の栃木県，群馬県，埼玉県，中部地方の山梨県，長野県，岐阜県，近畿地方の滋賀県，奈良県。

(2) 鎌倉新仏教とよばれる浄土宗，浄土真宗，日蓮宗，時宗は，浄土信仰が出発点。平安時代末期に活動を開始した法然の浄土宗がこれらの中では最初。真言宗，天台宗は平安時代初期から，禅宗は鎌倉時代初期に栄西が宋から臨済宗をもたらした。

(3) 陸奥宗光が条約改正交渉に成功したのは，日清戦争開戦の9日前。このころロシアは，すでに東アジアへの勢力拡大を画策しており，それを警戒したイギリスが，日本への接近を積極的に図ったことが，領事裁判権の撤廃につながった。

(4) アジア太平洋経済協力会議（APEC）は，地域主義（リージョナリズム）の一つ。1989年に結成され，この地域の19か国と2地域が加盟している。

2(1) 北アメリカ大陸で最長で，最も広い流域面積を持つ河川はミシシッピ川。メキシコ湾に注ぐ。河口付近は石油が豊富に産出。

(2) 4cm×50,000（縮尺の分母）＝200,000cm＝2km

(3) 15世紀初めまで沖縄本島は，南山，中山，北山（山は国の意味）が分立。1429年に中山王尚巴志が，沖縄本島を統一して琉球王国を建国。東シナ海の中継貿易で栄えた。

(4) 日本国憲法の三大原則は国民主権，基本的人権の尊重，平和主義。平和主義を示しているのは前文と第9条。

2 1 図1は，中心から見た場合のみ距離と方位が正しい。**ア**は「P点から見て」とあるので誤。**イ**は，日付変更線が東京（中心点）の右側であるから誤。**ウ**は，図1が地球の半面を表した図ではない点に注意。R地点は東京から見て地球の裏側。

2 図2のY大陸は，全域の約60％がBの熱帯で，寒帯も含まれるから，南北に長い南アメリカ大陸。したがってXはアフリカ大陸で，Aは乾燥帯。

3(1) オーストラリアは，20世紀末ころに貿易の主要相手国を，欧米からアジア・太平洋地域の国々へと転換。1960年代に貿易の中心だったZは，オーストラリア国旗の左上に描かれているユニオンジャックの国。

(2) **ア**，**ウ**，**エ**はいずれも数量や分布の広がりあるいは疎密を表す際に用いる統計地図。**ウ**は流線図とよばれる統計地図で，矢印の太さによって貿易額を表し，矢印の方向で貿易相手国を示す。

4 図4は，オーストラリアに移住した人々の出身地。その人々が持ってきた宗教が何かを示すデータが必要である。

3 1 東北地方は西部に出羽山地，中央部に奥羽山脈，東部に北上高地が南北に走る。中央部の奥羽山脈は，太平洋側の陸奥国と日本海側の出羽国を分ける山脈。

2 **ア**は北海道地方の割合が高いから畜産，**イ**は東北地方の割合が高いから米，**エ**は関東地方の割合が高いから近郊農業として生産量が多い野菜。

3 図3の漆器の生産地は，いずれも冬に雪が多い地方で，1年を通して湿度が安定し，空気の乾燥が少ない地方。

4 1970年の工業生産額の第一位は，一次産品。2010年の第一位は小型，軽量な電子部品。その間の1980年代から2000年代に地方空港や高速道路が整備されたことに着目。

4 1 問題文は，672年の壬申の乱から710年に平城京に都を移すまでの飛鳥時代後半を示す。壬申の乱に勝利したのは大海人皇子で後の天武天皇。

2 図2は，紺瑠璃坏（こんるりのはい）。唐からの輸入品で，西アジア的な形と中国的な装飾が合体。そこに唐文化の国際的な性格が見られ，それを遣唐使がもたらした。

3 Cの元寇は1274年と1281年。**ア**の徳政令を出したのは1297年，**イ**の御成敗式目を編集したのは1232年，**ウ**の執権政治は13世紀はじめころから，**エ**の承久の乱は1221年。

4 Dのころ大陸沿岸で私貿易や略奪を行った海賊集団を，中国の人々は「倭寇」と呼んだ。五島（長崎県）や松浦（佐賀県）などを拠点に東シナ海で活動した海の武士団。

5 Eの後，ポルトガル人は1550年から，スペイン人は1584年から日本との貿易を始めた。日本は輸入品の代価をおもに銀で支払い，両国の商人は莫大な利益を得た。

6 **ア**は松平定信の改革の一政策，**イ**は太閤検地の一部，**エ**は田沼意次の改革の一政策。

ウは徳川家康の時代から行われたが，家光は武家諸法度にはじめて盛り込んだ。

7　異国船打払令は1825年に出され，1842年に水野忠邦らによって緩和された。この間の1840年7月，長崎に入港したオランダ船がアヘン戦争を伝えた。

5　1　明治六年の政変で政府を去った人々のうち，板垣退助らは自由民権運動を始めたが，地方の不平士族と結んで反政府武力闘争を始める者も現れた。その最後が西郷隆盛を中心とする西南戦争。自由民権運動は，地方の有力者層に浸透して全国に拡大し，国会期成同盟の設立へと進んだ。

2　Bは，ロシア革命への干渉とシベリア侵略をねらった事件。**ア**は日比谷焼打ち事件で1905年。**イ**の米騒動は1918年。**ウ**の八幡製鉄所は，操業開始が1901年。**エ**の樺太，千島交換条約は1875年。直接に関係するのは**イ**。

3　1928年の総選挙は，1925年に衆議院議員選挙法が改正され，納税額に関係なく25歳以上の男子全員に選挙権が認められて行われた。1946年の総選挙は，GHQが民主化政策の一つとして，1945年に20歳以上の男女全員に選挙権を与えて行った。

4　ⓐの時期は昭和前期で，日本が中国との戦争を引き起こしていく動き。**ア**は1937年，**イ**は1933年，**ウ**は1929年，**エ**は1931年。

5　これは，ドイツが降伏した1945年7月にドイツのポツダムでアメリカ，イギリス，ソ連が作成し，アメリカ，イギリス，中国の名で日本に向けて出した降伏勧告の宣言。

6　1⑴　国政選挙の被選挙権は，衆議院議員は満25歳以上，参議院議員は満30歳以上。

⑵　天皇の国事行為は憲法第7条に規定されている**ウ**。**ア**，**イ**，**エ**はいずれも国会の役割。

⑶　1992年の国連環境開発会議の成果を受けて，それまでの公害対策基本法と自然環境保全法に代えて，国内の環境政策全体に関する法として制定された。

⑷　問題文の［A］の前に「新聞やテレビなど」とあるからマスメディアと分かる。**ア**は主要国首脳会議の略，**イ**は政権公約のこと，**ウ**は地方自治における住民の解職請求のこと。

⑸　衆議院が参議院に対して優越する理由を述べた文である。

2⑴　国民経済における三つの経済主体の関係を示した図である。［X］は，家計から企業に提供される労働力の対価を示しているから**エ**。**ア**，**ウ**は公共サービスに当てはまる。**イ**は政府や家計から企業に行く。

⑵　問題文は累進課税制度を示している。ほかに法人税や相続税も累進課税される。

⑶　それぞれ**イ**は電子マネー，**ウ**はプリペイドカード，**エ**は現金支払いを示している。

⑷　グラフの3項目のうち上の2項目は，自分の意志で積極的に非正規雇用を選択しており，その数は増加傾向にある。一方，自分の意志に反して非正規雇用を選択した者の数も増加している。レポートはその点を述べている。

⑸　問題文は，企業の中の私企業のうち，法人企業の代表としての株式会社について，出資者(株主)が構成する株主総会に関する文である。

7　1　東西両陣営による冷戦の期間に関する問題。それぞれ**ア**は1950年，**イ**は1989年，**ウ**は1978年，**エ**は1968年のできごと。

2　問題文は「地球温暖化防止に向けた取り組み」を聞いているから，化石燃料の消費を直接的に抑制する政策を選ぶ。**イ**は環境省が進める政策の一つで，夏に冷房の使用を抑えるため，衣服を軽量化して涼しい服装で生活することを勧めている。

3　ODA(政府開発援助)は，発展途上国やそこに援助活動を行っている機関に対する支援で，資金協力や技術協力など多様な支援方法が設定されている。図中のGDP(国内総生産)は，一国の経済力を知る目安の一つ。GDPが203.6億ドルのアフガニスタンへの援助は，90.4％が資金援助，GDPが1558.2億ドルのベトナムへの援助は，87.9％が技術協力であることをとらえる。

4　問題文にある「持続可能な社会」は，1992年にブラジルのリオデジャネイロで行われた国連環境開発会議(地球サミット)が採択した「リオ宣言」の基本的な方向を示す言葉。これから後の世代の地球を損なわず，現在世代の社会が必要とする開発のあり方を示した言葉。

栃木県立高校入試(H28)

数　学　【解答・解説】

(平 28)

数学採点基準

(総点 100 点)

〔注意〕 1　この配点は，標準的な配点を示したものである。
2　定められた答えの欄に答えが書かれていないときは，点を与えない。
3　指示された答えと違う表現で答えの欄に記入されていても，正答と認められるものには，点を与える。
4　採点上の細部については，各学校の判断によるものとする。

問題		正		答	配	点		
1	1	9	2	$3a^3b^4$	2 点× 14	28		
	3	$4\sqrt{3}$	4	$-\frac{7}{4}$				
	5	$x^2-12x+35$	6	34(度)				
	7	$(y=)\frac{12}{x}$	8	$3a+8b>4000$				
	9	-2	10	$(x=)\frac{-5\pm\sqrt{13}}{6}$				
	11	40(cm³)	12	7 (点)				
	13	$3\sqrt{5}$	14	(S : T =) 9 : 4				
2	1	(例) 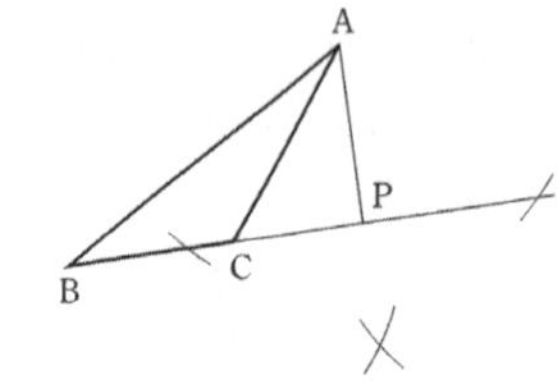	2	$\frac{4}{15}$	1 は 4 点 2 は 4 点 3 は 4 点	12		
			3	$(a=)\frac{1}{2}$				
3	1	(例) $\begin{cases}25x+10y=800 & \cdots\cdots① \\ 15x+5y=420 & \cdots\cdots②\end{cases}$ ①−②× 2 より $-5x=-40$ よって $x=8$ ①に代入して $200+10y=800$ したがって $y=60$ この解は問題に適している。 答え(スチール缶 1 kg あたり 8 円，アルミ缶 1 kg あたり 60 円)			1 は 6 点 2 は 6 点	12		
	2	(例) $\pi x^2\times2+2\times2\pi x=96\pi$ $2\pi x^2+4\pi x=96\pi$ $x^2+2x-48=0$ $(x+8)(x-6)=0$ $x=-8,\ x=6$ $x>0$ より $x=6$ 答え(6 cm)						

問題		正答	配点	
4	1	（例） △ABQ と△AEP において 平行四辺形の対辺は等しく，折り返しているので， AB ＝ AE ……① 平行四辺形の対角は等しく，折り返しているので， ∠ABQ ＝ ∠AEP ……② ∠BAP ＝ ∠EAQ ……③ ここで， ∠BAQ ＝ ∠BAP − ∠QAP ……④ ∠EAP ＝ ∠EAQ − ∠QAP ……⑤ ③，④，⑤より ∠BAQ ＝ ∠EAP ……⑥ ①，②，⑥より 1辺とその両端の角がそれぞれ等しいから △ABQ ≡ △AEP	1は7点 2(1)は3点 2(2)は4点	14
	2	(1) $45-\frac{a}{2}$(度)　(2) $\frac{4}{3}\pi-\sqrt{3}$ (cm^2)		
5	1	4 (km)	1は2点 2(1)は3点 2(2)は7点 3は5点	17
	2	(1) $y=\frac{2}{15}x$		
		(2) （例） お父さんが花子さんに初めて追い抜かれた15分後以降について 花子さんについての x と y の関係の式は $y=\frac{1}{3}x$ と表せる。 お父さんについての x と y の関係の式は $y=\frac{1}{6}x+b$ と表せる。 $x=39$ のとき $y=6$ であるから $6=\frac{1}{6}\times 39+b$ よって $b=-\frac{1}{2}$ したがって $y=\frac{1}{6}x-\frac{1}{2}$ t 分後の2人が進んだ距離の差が6 km なので $\frac{1}{3}t-\left(\frac{1}{6}t-\frac{1}{2}\right)=6$ よって $t=33$ これは問題に適している。 答え($t=33$)		
	3	28(分)48(秒後)		
6	1	400(cm^2)　2　91(cm^2)	1は2点 2は3点 3は6点 4は6点	17
	3	（例） 右方向の列の数は $m+4$ となる。 縦の長さは $\{5+4(m-1)\}$cm，横の長さは $8(m+4)$cm である。 よって $\ell=2\{5+4(m-1)+8(m+4)\}$ $=24m+66$ $=6(4m+11)$ $4m+11$ は整数なので，$6(4m+11)$ は6の倍数である。 したがって，ℓ は6の倍数になる。		
	4	15(cm)，22(cm)，23(cm)		

1 1　$5-(-4)=5+4=9$

2　$\frac{1}{3}ab^3\times 9a^2b=\frac{9\times ab^3\times a^2b}{3}=3a^3b^4$

3　$4\sqrt{6}\div\sqrt{2}=\frac{4\sqrt{6}}{\sqrt{2}}=4\sqrt{3}$

4　$2\times(-1)+\frac{1}{4}=-\frac{8}{4}+\frac{1}{4}=-\frac{7}{4}$

5　$(x-5)(x-7)=x^2+(-5-7)x+5\times 7$
$=x^2-12x+35$

6　**三角形の外角はそれと隣り合わない2つの内角の和に等しい。**

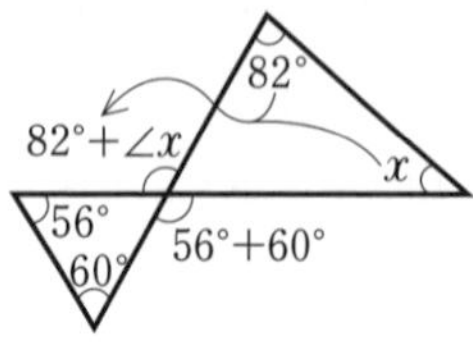

$82°+\angle x$
$=56°+60°$，$\angle x=116°-82°=34°$

7　y は x に反比例するから $\boldsymbol{y=\frac{a}{x}}$，$\boldsymbol{xy=a}$
表より $x=1$，$y=12$　$a=1\times 12=12$
したがって　$y=\frac{12}{x}$

8　入館料は大人3人で $3a$ 円，子ども8人で $8b$ 円，入館料の合計は4000円より高いから　$3a+8b>4000$

9　y について解くと　$y=-2x+\frac{5}{2}$
この直線の傾きは x の係数に等しく　-2

10　$x=\frac{-5\pm\sqrt{5^2-4\times 3\times 1}}{2\times 3}=\frac{-5\pm\sqrt{13}}{6}$

11　$\frac{1}{3}\times\frac{6\times 5}{2}\times 8=40(\text{cm}^3)$

12　資料の値を小さい方から順に並べると
1　2　6 ┆ 8　8　9　中央値は3番目と4番目の値の平均値。$(6+8)\div 2=7$ 点

13　2点A(1, 2)，B(7, 5)間の距離は
$\sqrt{(7-1)^2+(5-2)^2}$
$=\sqrt{36+9}=\sqrt{45}$
$=3\sqrt{5}$

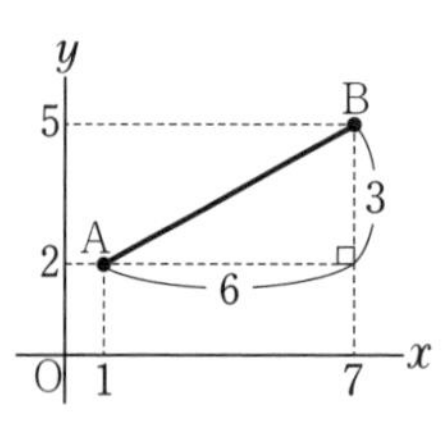

14　2つの正三角形は相似で，相似比は3：2　**相似な図形では面積比は相似比の2乗に等しい**から
$S:T=3^2:2^2=9:4$

2 1　点Aを通り，辺BCの延長に垂直な直線をひく。垂直な直線と直線BCとの交点にPを記入する。線分APが高さになる。

2　箱A，Bからカードをそれぞれ1枚ずつ取り出す取り出し方は　$5\times 3=15$(通り)
2枚のカードに書かれた数の和が4の倍数になるのは次のように4通りあるから，求める確率は　$\frac{4}{15}$

A	1 2 3 5
B	3 2 1 3

3　$y=ax^2$ について，x の値が1から3まで増加するときの変化の割合は $(1+3)\times a$ で求められるから　$4a=2$，$a=\frac{1}{2}$

3 1　A中学校の交換金額の合計から
$25x+10y=800$　B中学校の交換金額の合計から　$15x+5y=420$　連立方程式を解いて　$x=8$(円)，$y=60$(円)

2　底面の半径が x cm，高さが2 cmの円柱ができる。底面の円周は $2\pi x$ cm，底面積と側面積を合わせて表面積を求める。

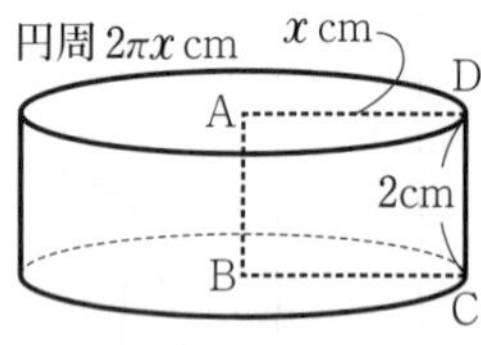

$\pi x^2\times 2+2\times 2\pi x=96\pi$
$x^2+2x-48=0$，$(x-6)(x+8)=0$
$x>0$ より　$x=6$(cm)

4 1　**折り返した図形ともとの図形は合同。**

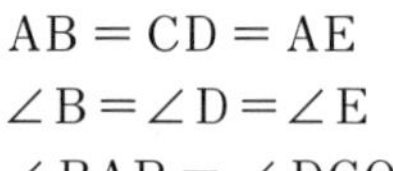

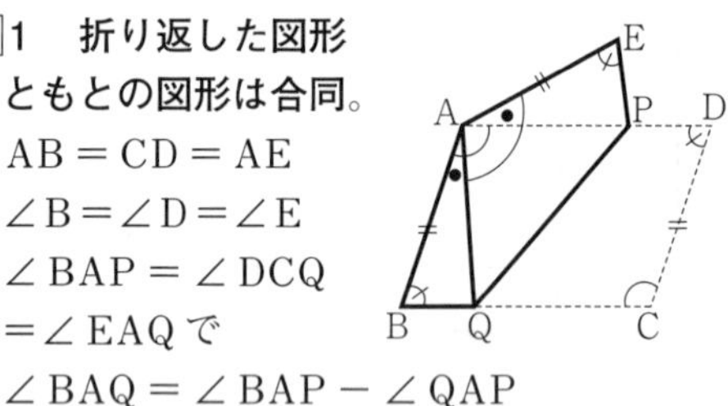

$AB=CD=AE$
$\angle B=\angle D=\angle E$

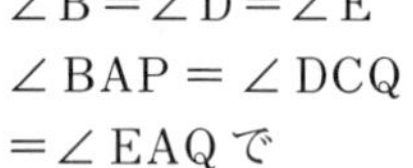

$\angle BAP=\angle DCQ$
$=\angle EAQ$ で
$\angle BAQ=\angle BAP-\angle QAP$
$\angle EAP=\angle EAQ-\angle QAP$
1組の辺とその両端の角がそれぞれ等しいことから△ABQ≡△AEPを導く。

2 (1)　OとCを結ぶ。$\angle BAC=\angle OCA=x$ とすると $\angle DOC=x+x=2x$
CD // AE より
$\angle EAB=\angle CDO=a°$，**接線⊥半径**より
$\angle OCD=90°$　直角三角形では直角を除いた2つの内角の和は90°だから
$2x+a°=90°$，$x=(90°-a°)\div 2=45-\frac{a}{2}$

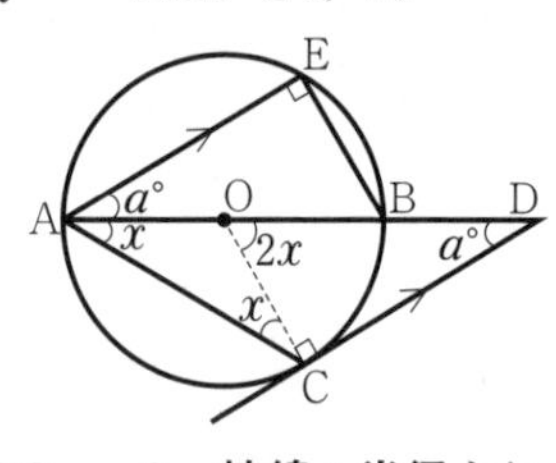

(2)　ABは円Oの直径だから $\angle AEB=90°$　$\angle EAB=90°-60°=30°$

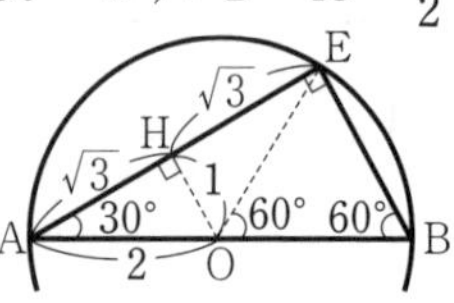

OからAEに垂線OHをひくと△OAHは30°，60°の直角三角形で3辺の比は
$1:2:\sqrt{3}$，$OA=2$ より $OH=1$，$AH=\sqrt{3}$，$AE=2\sqrt{3}$　求める面積はおうぎ形OAEから△OAEをひいて
$\pi\times 2^2\times\frac{120}{360}-\frac{1}{2}\times 2\sqrt{3}\times 1=\frac{4}{3}\pi-\sqrt{3}$

5 1　グラフより花子さんは54分間に18km走るから，分速 $18\div54=\frac{1}{3}$(km)　12分間では　$\frac{1}{3}\times12=4$(km)

2 (1)　花子さんは分速　$\frac{1}{3}$km　2人が同時に出発してから15分後，花子さんは$\frac{1}{3}\times15=5$ km 走る。お父さんは花子さんと同じ方向に進んでいて15分後，初めて追い抜かれるから花子さんはお父さんより1周分：3 km 多く進んでいる。したがって，お父さんは15分間に $5-3=2$ km 進み，分速 $\frac{2}{15}$km　**速さは直線の傾きに等しい**から

$0\leqq x\leqq15$のとき　$y=\frac{2}{15}x$

(2)　$15\leqq x\leqq39$のとき，花子さんは出発してから常に分速 $\frac{1}{3}$ km　だから $y=\frac{1}{3}x$，　一方お父さんは分速$\frac{1}{6}$kmに変わるから $y=\frac{1}{6}x+b$ …①

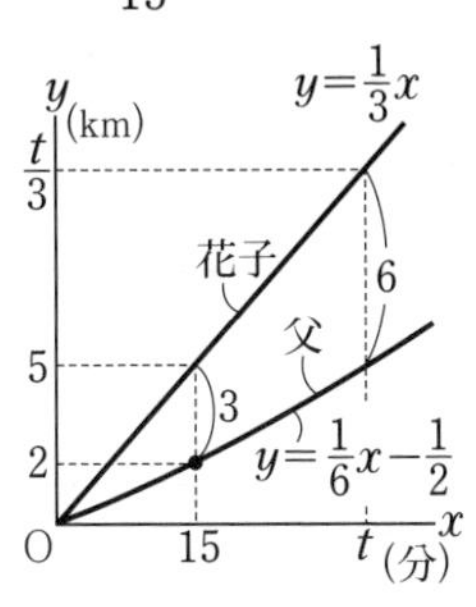

出発してから39分後，2周分 $3\times2=6$ km 進むから $x=39$，$y=6$ を①に代入して

$6=\frac{1}{6}\times39+b$，$b=6-\frac{13}{2}=-\frac{1}{2}$　より

$y=\frac{1}{6}x-\frac{1}{2}$　　t 分後，お父さんは花子さんに2度目に追い抜かれるから，花子さんはお父さんより2周分：$3\times2=6$km多く進んでいる。$\frac{1}{3}t=\left(\frac{1}{6}t-\frac{1}{2}\right)+6$　より

$2t=t-3+36$，$t=33$

3　花子さんは分速 $\frac{1}{3}$ km　太郎さんは48分間で3周：$3\times3=9$km進むから，分速 $\frac{9}{48}=\frac{3}{16}$km　花子さんと太郎さんは逆方向に進む。同時に出発してから x 分後初めてすれ違うとすると，2人の進んだ道のりの和が1周分：3kmになるから

$\frac{1}{3}x+\frac{3}{16}x=3$，$16x+9x=144$，$x=\frac{144}{25}$

（分後）　2人の速さは一定だから$\frac{144}{25}$分ごとにすれ違う。5度目にすれ違うのは

$\frac{144}{25}\times5=\frac{144}{5}=28\frac{4}{5}=28$分$+\frac{4}{5}\times60$秒

$=28$分48秒後

6 1　【つなぎ方】はすべて(イ)だから，のり付けの部分はない。$m=2$，$n=5$ のとき，紙Aを縦に2枚，横に5枚すきまなく並べたものがCで，縦は $5\times2=10$cm，横は $8\times5=40$cm　面積は　$10\times40=400$cm^2

2　【つなぎ方】はすべて(ア)で，$m=3$，$n=4$ のCをつくる。

29cm
13 cm

のり付けして重なった部分は，横に $3-1=2$ 本，縦に $4-1=3$ 本できる。一方，Cの縦は$5\times3-2=13$cm，横は$8\times4-3=29$cm　のり付けして重なった縦3本の面積は$(13\times1)\times3=39$ cm^2，　横2の面積は$(1\times29)\times2=58$ cm^2　縦3本，横2本の重なった部分は1か所あたり1 cm^{2}で $3\times2=6$(か所)，6 cm^2　求める面積は

$39+58-6=91$(cm^2)

3　紙Aをすべて(ア)でつないで下方向にm枚並べBをつくると，のり付けして重なった部分は$(m-1)$か所できる。縦の長さは $5m-(m-1)=4m+1$(cm)　次にBをすべて(イ)でつないでCをつくるとき，右方向には下方向のm枚より4枚だけ多く並べるから$(m+4)$列できる。横の長さは $8(m+4)=8m+32$(cm)　長方形Cの周には縦が2つ，横が2つあるからℓは

$\ell=2(4m+1)+2(8m+32)$

$=8m+2+16m+64$

$=24m+66=6(4m+11)$

$4m+11$は整数だから$6(4m+11)$は6の倍数，したがって，ℓは6の倍数になる。

4　Cが正方形になるときの1辺の長さを短い方から求めるから，紙Aの枚数は少ない方がよい。長い方の辺8 cmに着目して

(i)　横に2枚(右方向に2列)並べる場合

重なった部分が1か所のとき，横は $8\times2-1=15$ cm　縦は(イ)で3枚並べて $5\times3=15$ cm　正方形ができる。

重なった部分がないとき，横は $8\times2=16$ cm，縦16 cm はつくりだせない。

(ii)　横に3枚(右方向に3列)並べる場合

重なった部分が2か所のとき，横は $8\times3-2=22$cm　縦は5枚を3か所重ねると　$5\times5-3=22$cm　正方形ができる。

重なった部分が1か所のとき，横は $8\times3-1=23$cm　縦は5枚を2か所重ねると　$5\times5-2=23$cm　正方形ができる。

正方形の1辺は　15cm，22cm，23cm

栃木県立高校入試(H28)

理　科　【解答・解説】

理科採点基準

(総点100点)　　(平28)

〔注意〕
1. この配点は，標準的な配点を示したものである。
2. 定められた答えの欄に答えが書かれていないときは，点を与えない。
3. 指示された答えと違う表現で答えの欄に記入されていても，正答と認められるものには，点を与える。
4. 定められた数より多く答えたときは，点を与えない。
5. 採点上の細部については，各学校の判断によるものとする。

問題		正答			配点	
1	1	(ア) 2 (エ)	3	(イ) 4 (ウ)	2点×8	16
	5	(年周運動)	6	(進　化)		
	7	(蒸　留)	8	(50)Pa		
2	1	(側　根)	2	(イ)	1は2点 2は2点 3は4点 4は4点	12
	3	(ア，オ)				
	4	(例)　光合成の原料(材料)として使うため。				
3	1	(3.6)J	2	(ウ)	1は2点 2は3点 3は4点	9
	3	手が加えた力(2)N　ひもを引いた長さ(1.8)m				
4	1	(イ)			1は2点 2は4点 3は3点	9
	2	地層 (F　層) 理由 ((例)　岩石をつくっている粒が角張っているから。)				
	3	① (長　い)　② (遠　く)　③ (近づいた)				
5	1	(融　点)	2	(ウ)	1は2点 2は3点 3は3点 4は3点	11
	3	(0.93)g/cm^3	4	(ア)		
6	1	(受　精)	2	(エ)	1は2点 2は3点 3は4点	9
	3	①　黄色：緑色＝(3)：(1)　② (エ)				
7	1	(ウ)	2	(エ)	1は2点 2は3点 3は3点 4は4点	12
	3	(イ)				
	4	(例)　西から来る移動性高気圧と低気圧が交互に通過するから。				
8	1	$CuCl_2 \longrightarrow Cu^{2+} + 2Cl^-$			1は3点 2は3点 3は4点	10
	2	(ア)				
	3	電極Cで発生した気体 (O_2 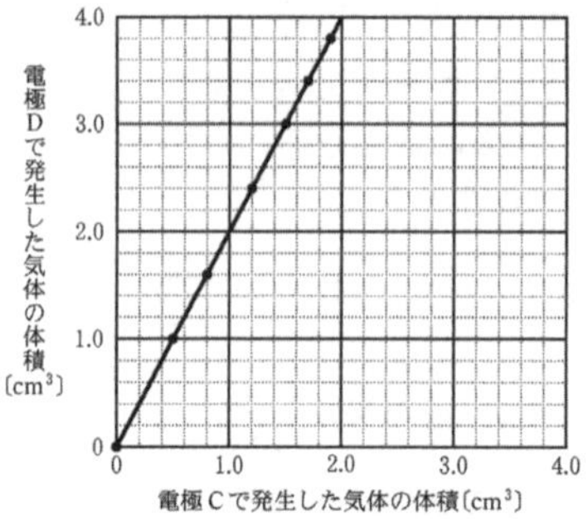)		(グラフ) 縦軸：電極Dで発生した気体の体積〔cm^3〕 0, 1.0, 2.0, 3.0, 4.0 横軸：電極Cで発生した気体の体積〔cm^3〕 0, 1.0, 2.0, 3.0, 4.0		
9	1	(250)Ω	2	(ア，エ)	1は3点 2は3点 3は3点 4は3点	12
	3	(2040)J	4	(ウ)		

1 1　水星，金星，地球，火星は，大きさ・質量は小さいが，密度が大きく，おもに岩石でできている。これらを地球型惑星という。これに対して，木星，土星，天王星，海王星は，大きさ・質量は大きいが，密度が小さく，厚いガスや氷におおわれている。これらを木星型惑星という。

2　分子とは，原子がいくつか結びついてできた粒子で，原子とは別の性質をもっている。1個の炭素原子と2個の酸素原子が結びついて一つの粒になると，二酸化炭素の分子になる。それに比べ，塩化ナトリウムは多数の塩素原子と多数のナトリウム原子がそれぞれイオンの形になり，1：1の個数の比で結びついてできて，分子という粒をつくっていない。同様に，酸化銅は銅原子と酸素原子がそれぞれイオンの形になり，1：1の個数の比で多数結びついてできている。一方，マグネシウムはマグネシウム原子のみが多数結びついてできていて，分子という粒はつくっていない。

3　**ア**は赤血球，**ウ**は血小板，**エ**は血しょうのはたらきである。

4　焦点距離の2倍の位置に物体を置くと，実物と同じ大きさの実像ができる。焦点距離の2倍の位置より離れている**ア**，**イ**の位置に物体を置くと実物より小さい実像が見え，焦点距離の2倍の位置より近い**ウ**では実物より大きい実像が見える。**エ**のように，焦点距離より近い位置に物体を置いたときは，虚像が見える。

5　同じ時刻に観測すると，星座が東から西へ動いて見えるのは，地球が1年かけて，太陽のまわりを1周している(公転)ためである。360°を365日で移動するので，1日に約1°移動しているようにみえる。

6　脊椎動物のうち，地球上に最初に現れたのは魚類である。魚類のあるものが変化して両生類になり，さらに両生類のあるものが変化しては虫類になり，さらに哺乳類，鳥類が出現したと考えられている。

7　この方法を使うと，エタノールと水の混合液のような，沸点の異なる物質の混合物を分けたり，食塩水から純粋な水を取り出したりすることができる。

8　100〔N〕÷2〔m^2〕＝50〔Pa〕

2 1　ホウセンカは被子植物の双子葉類に属する。双子葉類の根は主根と側根からなる。これに対し，単子葉類の根はひげ根と呼ばれる。

2　双子葉類の維管束は輪の形に並んでいるが，単子葉類の維管束はばらばらに散らばっている。また，シダ植物とコケ植物は種子をつくらず胞子でふえる植物である。

3　根から吸収された水は，道管を通って茎，葉へと運ばれる。茎の道管は維管束の内側にあり，葉では，葉脈の表面側にある。

4　葉の葉緑体では，根から吸い上げた水と，気孔から取り入れた二酸化炭素を原料として，光エネルギーを使って，デンプンがつくられる。このとき，同時にできた酸素が放出される。

3 1　仕事〔J〕＝力の大きさ〔N〕×力の向きに移動させた距離〔m〕　なので
　12〔N〕× 0.3〔m〕＝3.6〔J〕

2　動滑車を使うと，引く力は半分になる。ただし，引く距離が2倍になるので，仕事の量はかわらない。これを仕事の原理という。

3　動滑車を3個使っているので，引く力は6分の1になり，引く距離は6倍になる。
　12〔N〕÷ 6＝2〔N〕
　0.3〔m〕× 6＝1.8〔m〕

4 1　安山岩，花こう岩，玄武岩は火成岩である。石灰岩は生物の遺骸や水にとけていた成分が沈殿し，かたまったものである。チャートも生物の遺骸や水にとけていた成分が沈殿してできたものであるが，とてもかたい岩石で，石灰岩とは異なり，塩酸をかけてもとけない。

2　堆積岩は流水によって運ばれているため，**図3**のれき岩に見られるように，丸みを帯びているものが多い。**図2**の方は，岩石をつくっている粒が角張っていて，比較的大きな鉱物とそうでない部分があることから，火山灰が降り積もって固まってできた凝灰岩であると判断できる。

3　実験からわかるように，粒の大きい方が先に沈み，粒の小さいものは沈むのに時間がかかる。陸地に近い海では，粒の大きいものから，海岸線に近いところに堆積していき，粒の小さいものほど沖合いに堆積する。

5 1　固体から液体に状態変化することを融解といい，そのときの温度を融点という。

2　状態変化は粒子の集まり方や運動のようすが変化するだけで，粒子の数や種類が変わるわけではない。液体は，粒子と粒子の間隔はせまいが，粒子は比較的自由に移動することができる。それに比べて固体は，粒子と粒子がしっかりと結びついているので，粒子は決まった場所からほとんど移動しない。

3　25.0〔g〕÷ 27.0〔cm^3〕= 0.925〔g/cm^3〕
四捨五入すると 0.93〔g/cm^3〕

4　実験(4)から，エタノールは液体のろうより密度が小さいことがわかる。同じ物質であれば，体積と質量は比例するので，密度を表すグラフは，原点を通る直線になる。液体のろうの密度を表す点と原点を結ぶ直線を引き，その直線より下にある点が，エタノールの密度を表している。

6　1　このような増え方を有性生殖という。

2　対立形質をもつ純系どうしをかけ合わせたとき，子には優性形質だけが現れる。これを優性の法則という。

3　子葉が黄色である純系のエンドウがもつ遺伝子をYY，子葉が緑色である純系のエンドウがもつ遺伝子をyyとすると，子の遺伝子はすべてYyとなり，すべて黄色の子葉になる。それらの子を自家受粉させてつくった孫のもつ遺伝子は，YY：Yy：yy＝1：2：1の比になる。YYとYyが黄色なので，黄色と緑は3:1の比で現れる。また，子葉を緑色にする遺伝子「y」をもつのは，Yyとyyなので，8000個の4分の3にあたる6000個になる。

7　1　気圧が1008.6hPaであることから，低気圧の中心に近い位置であることがわかる。また，天気が雨であることから，温暖前線の上方，または，寒冷前線付近である。さらに，風向が西の風なので，低気圧の中心の西側であることがわかる。以上の条件を満たすのは**ウ**である。

2　図2から，寒冷前線が通過したあとであることがわかる。寒冷前線が通過すると，風向は北寄りになり，気温は下がる。

3　栃木県付近は高気圧におおわれているので，晴天であり，等圧線の間隔が広いので風は弱い。

4　日本付近の天気は，上空を吹いている偏西風の影響で，西から東に変わっていく。日本の春の天気は，移動性高気圧と低気圧が交互に通過するので，周期的に天気が変化する。

8　1　塩化銅が水に溶けると，銅イオンCu^{2+}と塩化物イオンCl^-に分かれる。銅イオンと塩化物イオンは1：2の個数の比で結びついているので，Cl^-の方は，係数を2にする。

2　塩化銅水溶液を電気分解すると，陽極(電極A)には，気体の塩素が発生し，陰極(電極B)には単体の銅が生じる。塩素は漂白作用や殺菌作用がある気体である。

3　水を電気分解するときには，電流が流れやすくなるように，少量の水酸化ナトリウム水溶液を加えて電気分解する。それは，水酸化ナトリウム水溶液を電気分解すると，水の電気分解と同じ反応，

$2H_2O \rightarrow 2H_2 + O_2$

が起こるためである。電極Cと電極Dで発生している気体の体積を見てみると，電極Dでは電極Cの2倍の体積の気体が発生している。よって，電極Dで発生した気体は水素で，電極Cで発生した気体は酸素であることがわかる。

9　1　電力〔W〕＝電圧〔V〕×電流〔A〕より，白熱電球を100Vで使用するときの電流は

40〔W〕÷ 100〔V〕＝ 0.4〔A〕

よって抵抗は

100〔V〕÷ 0.4〔A〕＝ 250〔Ω〕

2　家庭内のコンセントには，交流100Vの電圧が加わっていて，家庭の電気器具は，これにすべて並列に接続されている。よって，家庭に流れ込む電流の大きさは，各電気器具に流れる電流の和になる。誠さんの家では，40Aを越えるとブレーカーが作動する。　100〔V〕× 40〔A〕＝ 4000〔W〕
つまり，合計4000Wを越えて使用するとブレーカーが作動することになる。1500Wに電子レンジと炊飯器の消費電力を加算すると　1500＋1200＋600＝3300〔W〕
になる。　4000－3300＝700〔W〕
なので，700W以上の電気器具を使用するとブレーカーが作動することになる。

3　消費される電気エネルギー(電力量)は
電力量〔J〕＝電力〔W〕×時間〔s〕
で求められる。節約できる電力は

40〔W〕－ 6〔W〕＝ 34〔W〕

なので，節約できる電気エネルギーは

34〔W〕× 60〔s〕＝ 2040〔J〕

である。

4　家庭内のコンセントには，家庭の電気器具は，すべて並列に接続されている。

栃木県立高校入試(H28)

英　語　【解答・解説】

(平28)

英語採点基準　(総点100点)

〔注意〕
1 この配点は，標準的な配点を示したものである。
2 定められた答えの欄に答えが書かれていないときは，点を与えない。
3 指示された答えと違う表現で答えの欄に記入されていても，正答と認められるものには点を与える。
4 定められた数より多く答えたときは，点を与えない。
5 採点上の細部については，各学校の判断によるものとする。

問題		正答	配点			
1	1	(1) (ウ) (2) (イ) (3) (エ) (4) (エ) (5) (ア)	2点×5	30		
	2	(1) ① (イ) ② (エ) (2) ① (ア) ② (ウ)	2点×4			
	3	(1) (5) (2) (木) (3) (午後6時) (4) (子供) (5) (絵の描き方) (6) (クッキングデー)	2点×6			
2	1	(1) (エ) (2) (ウ) (3) (ア) (4) (イ) (5) (イ) (6) (エ)	2点×6	18		
	2	(1) (ウ → イ → ア → エ) (2) (エ → イ → ウ → ア) (3) (オ → ア → エ → ウ → イ)	2点×3			
3	1	(例) ① (自分と同じくらいの大きさ) ② (両腕で抱えている)	2点	9		
	2	(ア)	3点			
	3	① (get) ② (enjoy)	2点×2			
4	1	(1) (例1) my friends made me a cake (例2) a friend of mine gave me a cake which she made.	2点	16		
		(2) (例1) we won a basketball game (例2) our basketball team could win a game	2点			
	2	(1) (例1) he was studying English (例2) he was using the dictionary	3点			
		(2) (例1) I will go to his house (例2) I will visit his house	3点			
	3	(例1) I agree. First, we can get information in the world. Second, we can learn foreign languages. Third, we can watch our favorite sports games at home. So, we can learn something on TV and have fun at the same time. For these reasons, it is good for junior high school students to watch TV. (例2) I don't agree, because I think watching TV takes too much time. If we watch TV for many hours, we can't have much time to sleep. Then, it is bad for our minds and bodies if we don't sleep well. I think junior high school students should not watch TV.	6点			
5	1	(例) He is a science teacher at a junior high school.	2点	14		
	2	(例) ① (そばに座り，待ってくれた) ② (彼を見ながら，話を聞き)	4点			
	3	(例) You (gave) him a (good) name	2点			
	4	(イ) (カ)	3点×2			
6	1	(例) 夏まで(氷を保存)するために，おがくずを(氷の上にかける)。	4点	13		
	2	use water to clean a toilet	2点			
	3	(ウ)	3点			
	4	A (waste) B (useful)	4点			

1 CDで音声に親しむ。文字を追いながら聞いたり，文字を見ないで聞いたりする。

1 選択肢から質問を予想できることがある。
(1) 最後のThank you very muchに答える。
(2) "free"がヒントになる。
(3) 電話で伝言を依頼している。
(4) 寝なかった理由を答える。
(5) "Time flies"の意味から考える。

2 (1) 天候の表現に注意。
① Jimの持ち物についての質問。
② 足利が曇りから雨，那須は雪。
(2) メモをとりながら聞いてみよう。
① in both classesという表現がヒント。
② I want to be ～という発言に注目。

3 設問の( )の前後の内容にヒントがある。
(1) CDとDVDの前の数字が答え。
(2) 閉館はclosedで表しているので，これにつながる曜日が答え。
(3) Fridayとeveningという表現に注目。
(4) Next month, eventがヒントになる。
(5) show us～の部分が答えになる。芸術家はartistsと表されている。
(6) 野菜(vegetable)を含む発言の前に出てくる"Cooking Day"のこと。

2 1 ( )の前後にヒントがある。会話の代表的な応答の表現は暗記する。2 基本的な文型の語順の問題。

1 (1) Do you～?にはYes, I doで答える。
(2) knowの目的語なのでhim。
(3) 時刻を表す前置詞はat。
(4) 「1年前に建てられた」という文にする。受け身で過去の文になる。
(5) 「どう思うか」という意味になる。Howではない。
(6) membersが複数なので，who were。

2 (1) areとgoingの位置に注意。
(2) 比較級を作る。moreの使い方に注意。
(3) which seasonの語順になる。

3 [本文の要旨]

ニコラと拓がシュールチューテについて話している。それはドイツの習慣で，小学校に入学するときに，親，友人，隣人などからもらう贈り物である。初めて学校に行く日はそれを持参することが認められる。学校が楽しいところであると感じてほしいからだ。

[解説]

1 次の部分からわかる。
① It looks as big as you
② you are holding ～ in your arms

2 後続するbut～の内容から，否定が入ることがわかる。

3 次の意味の単語が入る。①「手に入れる」②「楽しむ」

4 1 (1) make～…(～に…を作る)が使える。giveを使うこともできる。
(2) 動詞のwinの使い方と，for the first timeが続くことに注意する。

2 (1) 「英語の勉強をしていた」または「辞書を使っていた」と表す。進行形にする。
(2) to take it to him (それを彼に持っていく)が続くので, I am goingを入れられる。

3 いろいろな意見を書く練習をすることで，表現力をあげておく。まずは，英文を書き写したり，音読したりすることが有効である。

5 [訳例]

私は中学校で理科を教えている。多くの生徒がやってきては様々なことを話していく。私はいつも座って，生徒の話に耳を傾ける。ある日，生徒が，「なぜ先生になったんですか」とたずねてきた。その質問に答えようとしたときに，私は犬のルビーのことを思い出した。

ルビーは私が子供のときに我が家にやってきた。小さな犬だった。家族の一員としてルビーを飼えることがうれしかった。父がその犬に「ルビー」と名付けた。ルビーは私にすぐになついた。ルビーは私にいつも優しかった。あるとき，ルビーと歩いていると転んでしまった。足が痛くて立てなかった。そのとき，ルビーは私の側に座って待っていた。また別の時には，学校で嫌なことがあった日に，私は犬小屋へ行って泣いた。ルビーは私の方を見て，私の言うことを聞いていた。話し終わると，ルビーは自分のお気に入りのドッグフードを口でつまむと，私の前に置いた。私はルビーの方へ微笑むと，「ルビー，食べられないよ。でも，ありがとう」と言った。

ルビーはいつも私の側に座って私の話を聞いていた。しかし9歳のときに，具合が悪くなった。私たちは病院に連れて行った。2，3日は何も食べられなかった。病室のベッドで寝ているだけだった。私はルビーの側に座って，昔の話をした。そのとき，ルビーがゆっくりと目をあけて，私を見た。「いつも僕の話を聞いてくれたね。ありがとう」と私は言った。しかし，話が終わると，ルビーは静かに目を閉じた。

その夜，私は自分の部屋で泣いていた。そのとき父が入ってきて，「ルビーはとても優しい犬だった。タケシ，なぜルビーと名付けたか知っているかい」と言った。私は，「知らないよ」と答えた。父は「教えよう。新聞を読んでいると，小さなふりがながついた難しい漢字をよく目にするだろう。このふりがなはルビとも呼ばれるんだよ。難しい漢字を読むときに助けになるよね。だから，私はルビーにタケシを助けて欲しかったんだ。それで，ルビーと名付けたんだよ」と言った。私は「これで理由がわかったよ。ルビーはいつも僕の側に座って話を聞いてくれた。話が終わると，生きる希望を持ったんだ。ぴったりの名前をつけたね。ありがとう」と言った。

その後，父が窓を開けた。「ルビーは赤い宝石の名前でもあるんだ。どんな時でも空のルビーを見られるよ。あの赤い星をみてごらん。あれがルビーだよ」と父が語った。「ルビーがいなくて寂しいよ。いつも助けてくれたね。ありがとう。ルビーのような人になるよ。約束するよ」と私は赤い星に向かって言った。

「先生，私の話を聞いていますか」と生徒が私に言った。「ごめん。今日は，私の犬のルビーの話をしよう。ルビーは私のことを心配してくれている...」と話した。

[解説]

1 「タケシの今の仕事は何ですか」という質問に答える。最初の部分でわかる。He teaches science at a junior high school. としてもよい。主語をHeにすることを忘れない。

2 ①Ruby sat by me and waited for meの部分からわかる。②第二段落の後半，Another timeから段落末までを読む。

3 「良い名前をつけた」と考える。動詞の過去形に注意。

4 [ ]にヒントをあげておく。

ア タケシは学校で忙しく，生徒の話を聞くことができない。[聞くと第一段落にある]

イ タケシはルビーと住み始めたのでうれしかった。[第二段落前半]

ウ ルビーはドッグフードが好きでなかったので，2，3日何も食べなかった。[病気のため]

エ 病院に連れていかれると，ルビーは床で寝ていた。[ベッドで寝ていた]

オ ルビは新聞の小さな難しい漢字の呼び名である。[ルビはふりがなのこと]

カ タケシはルビーのように他の人を助ける人になろうと決心した。[I want to be someone like you. とある]

6 [訳例]

のこぎりで木材を切ると，通常はある物が出ます。おがくずと呼ばれます。ほとんどの人はそれをゴミだと考えます。しかし，子供のなかにはそれをカブトムシの寝床として使う子がいます。これが，おがくずを活用する唯一の方法ではありません。

約1500年前には，氷を保存する機械がありませんでした。しかし人々は夏に氷を使ったり，食べたりしました。どうしていたのでしょうか。日本では，冬に池から特別な家に氷を運びました。この家で，氷を夏まで保存するために，大量のおがくずを氷にかけました。おがくずは低い温度を保つので，とても役に立ちました。そのため，氷は水になりません。日光には今でもこの方法で氷を保存している人がいます。

おがくずは別の方法でも使われています。おがくずをトイレに使うことができます。普通はトイレをきれいにするために水を使います。しかし，場所によってはそうすることが困難です。もしトイレが清潔でないと，簡単に病気になるかもしれません。それは問題です。だから，この水を使わない特別なトイレが必要です。おがくずをトイレに入れて，1年に2，3回交換すれば，清潔なトイレが使えて，健康的な生活がおくれます。

おがくずは決してごみではありません。本当に役に立ちます。現在ごみのように見えるものが将来役に立つものになるでしょう。おがくずの次に来るのは何でしょうか。それが私たちの生活をより豊かにしてくれるでしょう。

[解説]

1 In this house ～の文に答えがある。

2 do soの指す内容は直前の文にある。itはa toiletに変える。

3 不潔なトイレということから考える。

4 おがくずは，ごみのような物でも，役に立つことがあるということ。Aには「ごみ」，Bには「役に立つ」に相当する語を入れる。

4　傍線部(3)の直前「このような悪循環によって」より「悪循環」が理由であると分かる。よってこれを説明している⑤段落の内容が書かれているイが正解。アは「都市で～転換していった」、エは「都市に～気付き」が不適。ウは、⑤⑥段落から「栄養のリサイクル・システムが成立しなくなった」結果、「異常気象や疫病が続いたことにより各地の都市や農村が荒廃し」たことが読み取れるため、不適。

5　⑥段落までは、特定の土地で農耕をし続けると土地がやせていき、作物が育たなくなるという問題が述べられ、⑦段落では、化学者が明らかにした事柄が述べられている。アは「今後～諸問題」、イは「筆者の～解決方法」、ウは「それらを～背景」が不適。

6　傍線部(4)の直前の「つまり」より、傍線部(4)は一文前「植物の量は～決める」の言い換えである。また「植物の量」は⑧段落の二文目から「窒素」によって決まることがわかり、その「窒素」は同段落一文目より「最も早く枯渇する栄養」であることがわかる。これらを字数条件に合わせてまとめる。

④

1　傍線部(1)を含む一文の直前の「魔法は～すごいや…」から真人がミュージカルに感動していることが読み取れる。アは「やる気が高まっている」、イは「逃げ出したくなっている」、エは「優越感に浸っている」が不適。

2　空欄の二文前に「ぼくはだめだなんて二度と口にしないこと」とあることから、空欄を含む一文では、「ぼくはだめだ」と言葉にすると本当にだめになってしまうことを表していると考えられる。

3　傍線部(2)の直後に「それが証拠に、きみは～すごいことをやってのけているじゃないか」とあり、六行目後の先生の言葉の続きに「きみが、～生きているっていうこと」「きみが今日生きてここにいることは～人間の持つ最大の才能だと私は信じる」とキャンベル先生の考えが述べられている。

4　傍線部(3)を含む一文の冒頭には「ステージでは」とあることから、「ステージできみ（自分）以外の者にはなれない」とはどういうことかを考える。本文中にこの部分の言い換えに対応する所はないことから、自分なりに考える必要がある。

5　傍線部(4)までのキャンベル先生の発言や傍線部(4)直後の一文からイが読み取れる。アは「まじめに受け取らず」、ウは「本心を～繰り返していた」、エは「自分の～思い知らされた」が不適。

6　本文中の「ぼく」という記述から、真人の視点で描かれていることがわかり、またキャンベル先生の言葉や動作なども詳しく述べられている。またそこからキャンベル先生がどんな人であるかもわかるため、アが正解。イは「擬態語が多用される」、ウは「キャンベル先生が過去を振り返る」、エは「真人と～描かれる」が不適。

⑤　作文を書く際は、「何について書くのか」「条件は何か」に注意して書くこと。特に本問は、「表現することは□」というタイトルで、生徒会新聞に掲載する意見文を書くので、条件が多少複雑である。この点に注意して書くようにする。

大切だ

〔作文例〕

　表現することとは、友人と話すこと、文章を書いて読んでもらうこと、さらには絵を描いたりダンスをして見てもらうことなど様々であると思う。それらに共通するのは自分自身を周囲の人に認識してもらうということであり、表現することなしでは自分を理解してもらうことが難しくなってしまうと考える。

　私たち人間は、社会の中で生きる動物であり、周囲の人の助けなしには生きていくことさえままならない。周囲の人たちと助け合うためには、まずはお互いを理解しあうことが必要であり、その第一歩が、表現することであると思う。より多くの人と理解しあうために、自分なりの表現方法を見つけることが大切だと考える。

1 1 訓読み二、熟語の読み三で、標準的なものが多い。
2 書き取りも使用頻度の高いものが多い。
3 設問の「の」は格助詞の体言の代用で「もの」に言い換えられ、イの「の」も「こと」という体言に言い換えられる。アは「が」に言い換えられ、主語を示す。ウは「準備」を修飾する連体修飾語。エは「のに」で逆接を表す接続助詞。
4 ①は相手が「食べる」ため尊敬語にし、②は自分が「持つ」ため、謙譲語にする。
5 主語と述語の関係を確認し、意味が通るものを探す。アは正しくは「問題点は～難しいところだ」のように名詞で終わるようにすべき。イは「私は～食べてもらった」とするのが正しく、またエは「私の夢は～とることだ」とするのが正しい。
6 ア「清廉潔白」は私利私欲がなく心が清らかなこと。イ「我田引水」は自分の有利になるように取りはからうこと。ウ「森羅万象」とは宇宙間に存在するすべてのもの。エ「順風満帆」は物事がきわめて順調に運ぶこと。文脈に合うのはエ。
7 ①は、梅は早春に花を咲かせることから考える。②は「梅が咲く」ということは「生きている」と言えるため「生命の躍動感」が読み取れる。また③は、「青鮫が来ている」では「まるで」や「ようだ」などの語を用いずにたとえているため隠喩が正解。

2 〔出典〕『御伽草子集』から
〔現代語通釈〕
A 曽参は、ある時、山中へ薪を取りに行きました。母は留守番で（家に）いたところ、（曽参の）親しい友人が来た。この人をもてなしたいと思うけれども、曽参は家におらず、もとから家が貧しいので、（友人をもてなすことが）できず、曽参に帰ってきてほしいと願って、自ら指をかんだ。曽参は山で薪を拾っていたが、急に胸騒ぎがしたので、急いで家に帰ったところ、母が、ありのままを詳しく語りました。このように、指をかんだことが、遠い（曽参の）所に響いたのは、ひときわ親孝行であって、親子の情が深い証拠である。
B 母は指をわずかに噛もうとする最中だ。子どもは心が痛んで気持ちを抑えられない。薪を背負って帰ってくるのが遅い。親子の情愛は深い。
1 歴史的かなづかいでは、語頭以外の「ひ」は「い」と読み、「ゐ」も「い」と読む。
2 「かなはず」は「できない」という意味。この問いでは友人をもてなしたいけれどできなかった理由を問われている。傍線部(1)の直前の「貧しければ」の「ば」は「～ので」という理由を表しているため、「曽参は～貧しければ」の内容を説明する。
3 「帰れかし」は「帰ってこいよ」と直訳する。また設問の2で確認したように、曽参の友人を母がもてなせず、また「みづから指を噛めり」と心苦しい状況にあることがわかることから母が曽参に帰ってきてほしいことが推察される。
4 「胸騒ぎ」がしたのは子どもである「曽参」。よって「曽参」＝「児」であり、「胸騒ぎ」は「心痛」と対応している。
5 傍線部(4)の直前の「指を～こたへたるは」から、母が友人をもてなせないことを辛く思い指を噛み、それに対して遠くにいた曽参がこたえたと読み取れる。アは本文中に曽参が薪を取りに行った理由は書かれていないため不適。イは「親子の情深きしるし」の説明ではないので不適。ウは本文中から読み取れないため不適。

3 1 「ある支障」は「継続して植物を育て続けていると」来してくるものである。③段落に「作物を～抜けていく」とあることからウが正解。
2 空欄の直前には、「炭素」が「大気中」に、「水素」が「水」に、「酸素」が「大気と水～にたっぷり含まれている」と述べられている。空欄直後には、これらの「三つの元素」が足りていることが述べられていることから理由を表すアが適切。
3 設問では「(口から) 入っていく量と～身体から出て行く量がバランスしている」生き物について問われている。④段落の最初の一文中「生き物は、物質を～通過させているだけの『システム』」とあり、ここを字数条件を踏まえて抜き出す。

栃木県立高校入試（H28）

国語

【解答・解説】

（平28）

国語採点基準

（総点100点）

〔注意〕
1 この配点は、標準的な配点を示したものである。
2 定められた答えの欄に答えが書かれていないときは、点を与えない。
3 指示された答えと違う表現で答えの欄に記入されていても、正答と認められるものには、点を与える。
4 定められた数より多く答えたときは、点を与えない。
5 採点上の細部については、各学校の判断によるものとする。

問	題		正答	配点		点
1	1	(1)	かわ(かす)	2	30	
		(2)	おんきょう	2		
		(3)	にじ	2		
		(4)	しっそう	2		
		(5)	じょうと	2		
	2	(1)	周囲	2		
		(2)	倉庫	2		
		(3)	営(む)	2		
		(4)	治(める)	2		
		(5)	専念	2		
	3		イ	2		
	4		エ	2		
	5		ウ	2		
	6		エ	2		
	7		ア	2		
2	1		ひろいいたる	2	10	
	2		(例)曾参が留守で、もともと家も貧しいから。	2		
	3		ウ	2		
	4		イ	2		
	5		エ	2		
3	1		ウ	3	20	
	2		ア	2		
	3		初め 物質を単に 終わり システム」	4		
	4		イ	3		
	5		エ	3		
	6		(例)植物に必要な栄養であり最も枯渇の早い窒素は植物量を決め、植物量は食物連鎖を経て動物の使用可能なエネルギーを決めるから。	5		
4	1		ウ	3	20	
	2		エ	3		
	3		(例)人間がいま生きてここにいるということ。	4		
	4		(例)劇の役を演じることはできないということ。	4		
	5		イ	3		
	6		ア	3		
5			(評価の観点) 1 形式 目的に応じた適切な叙述であるか。字数が条件に合っているか。 2 内容 設定したタイトルについて、自分の考えとその理由が明確に表現されているか。話題が適切で説得力があるか。 3 表現・表記 文体に統一性や妥当性があるか。主述関係や係り受けなどが適切であるか。語句が適切に使用されているか。誤字・脱字がないか。 ※ これらの項目に照らし、各学校の実態に即して総合的に評価するものとする。	20		

栃木県高校入試の対策2023

実戦解答・解説編

作新学院
文星芸術大附属
宇都宮文星女子
宇都宮短大附属
宇都宮海星女子学院
国学院大学栃木
佐野日本大学
青藍泰斗
足利短大附属
足利大学附属
白鷗大学足利
矢板中央
佐野清澄

国立小山工業高等専門学校

作新学院　英進部

■社会

1　問1　エ　問2　ウ　問3　イ　問4　ア
問5　ア　問6　ウ　問7　ア　問8　エ
2　問1　ア　問2　イ　問3　ア　問4　イ
問5　ウ　問6　エ　問7　ウ　問8　カ
3　問1　エ　問2　ウ　問3　ア　問4　カ
4　問1　エ　問2　ウ　問3　イ　問4　イ
5　問1　イ　問2　エ　問3　オ　問4　ア
問5　ウ　問6　オ　問7　イ　問8　エ
6　問1　ウ　問2　カ　問3　エ　問4　ウ
問5　エ　問6　ア　問7　イ　問8　イ

■数学

解答・解説はP296

■理科

1　問1　オ　問2　イ　問3　イ　問4　エ
2　問1　イ　問2　エ　問3　ア　問4　エ
3　問1　イ　問2　オ　問3　ア　問4　ア
4　問1　ウ　問2　イ　問3　ウ　問4　ア
5　問1　エ　問2　エ　問3　イ　問4　ア
6　問1　ウ　問2　イ　問3　ウ　問4　エ
7　問1　ウ　問2　イ　問3　ウ　問4　オ
8　問1　ウ　問2　エ　問3　イ　問4　ウ
9　問1　ア　問2　イ　問3　エ　問4　ア

■英語

1　A(1)　エ　(2)　イ　(3)　エ　(4)　ア
(5)　ア　(6)　エ
B(7)　エ　(8)　イ　(9)　ウ　(10)　ウ
(11)　エ
2　(1)　ア　(2)　エ　(3)　ウ　(4)　ウ
(5)　イ
3　(1)　3番目　イ　5番目　カ
(2)　3番目　エ　5番目　カ
(3)　3番目　ウ　5番目　ア
(4)　3番目　カ　5番目　イ
(5)　3番目　エ　5番目　オ
4　(1)　エ　(2)　ウ　(3)　ウ　(4)　ア
(5)　ウ
5　(1)　イ　(2)　エ　(3)　ア　(4)　ウ
(5)　イ　(6)　エ
6　(1)　ウ　(2)　イ　(3)　ア　(4)　エ
(5)　ア　(6)　エ

■国語

一　1　ウ　2　ア　3　エ　4　エ
二　1　イ　2　エ　3　イ　4　ア
三　1　ア　2　ウ　3　エ　4　イ
5　ア　6　ウ　7　イ　8　エ
四　1　イ　2　ウ　3　ウ　4　ア
五　1　エ　2　ウ　3　エ　4　イ
5　ア　6　イ　7　ウ
六　1　ウ　2　エ　3　ア　4　イ
5　ア　6　エ

文星芸術大学附属 宇都宮文星女子　前期

■社会

1　1　イ　2　米　3(1)　ウ　(2)　(例)扇状地で水はけのよい土地が多く，内陸に位置する盆地のため，一日の気温の寒暖差が大きいため。　4　エ　5　コンビナート
6　ウ　7　ア　ウ(完答)
2　1　a　2　b　3(1)　タイガ
(2)　(例)家屋の熱が地面に伝わり，地表や永久凍土層が融け，地面がやわらかくなり，家屋が傾いたり壊れたりするのを防ぐため，高床式となっている。　4　ア　5　ウ
6　エ
3　1　出島　2　ア　3　エ
4(1)　Ⅰ－摂政　Ⅱ－関白(完答)
(2)　応仁の乱　5　徳川家光　6　エ
7　(例)堤防を築き，白村江の戦いのあとも対立関係にあった新羅や唐の攻撃に備えようとしていた。
4　1　D　2　ベトナム　3　エ　4　エ
5　幸徳秋水　6　ウ　7　(例)C国は社会主義国だったので世界恐慌の影響を受けず工業生産をのばすことができたが，その他の国は世界恐慌の影響でのばすことができなかった。
5　1(1)　イ　(2)　ア　2(1)　世界人権宣言
(2)　イ　(3)　(例)Bには，視覚に障がいがある人にもない人にも容器の判別が可能となるように，ユニバーサルデザインが採用されている。　3(1)　小選挙区比例代表並立制　(2)　衆議院の解散
6　1　イ　2　日本銀行　3(1)　エ
(2)　ア　4　イ　5　責任
6　(例)X国は自動車生産に労働力を集中し，Y国は小麦生産に労働力を集中する分業を行った方が多くの利益を得ることができる。

■数学

解答・解説はP298

■理科

1 1 ウ 2 イ 3 ウ 4 ア
5 実像 6 質量保存の法則 7 ①
8 細胞呼吸

2 1 (現象)電磁誘導 (電流)誘導電流
2 ア 3 エ 4 (例)N極を素速くコイルから遠ざける。(または，S極を素速くコイルに近づける。)

3 1 ウ 2 チョウセキ 3 (例)地下の深いところでゆっくり冷えて固まってできた。 4① 海洋 ② 大陸

4 1 イ 2 (例)細胞1つ1つを離れやすくするため。
3 あ→え→い→お→う→か 4 ウ

5 1 電解質 2 200(g)
3 (例)調べる水溶液どうしが混ざらないようにするため。 4 ア

6 1① 地球 ② 月
2 H 3 イ
4 右図

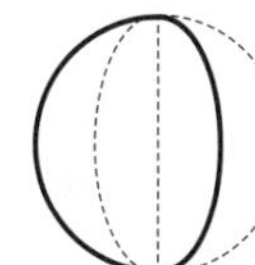

7 1 右図
2 0.8(cm)
3 25.5(cm)
4① 変わらない
② 1.0

8 1 組織液 2 ウ
3 (例)心臓に戻る血液が流れる血管。

9 1① $BaSO_4$ ② H_2O 2 ア
3① 薄い ② 同じに
4 (例)水に溶けやすい塩だったから。

■英語

1 1(1) ア (2) イ (3) ア 2(1)① エ
② イ (2)① イ ② ア 3(1) clothes
(2) shoes (3) seat(s) (4) uniform(s)

2 1(1) ア (2) ア (3) エ (4) ウ
(5) イ (6) エ 2(1) イ→ア→エ→ウ
(2) エ→イ→ア→ウ
(3) ウ→オ→ア→イ→エ

3 1(1) (例)a walking man
(3) (例1)we have to stop／
(例2)we mustn't walk
(5) (例1)is trying to reduce／
(例2)has tried to reduce 2 イ 3 エ
4 (かわいい少女のおかげで)(例)ドイツでは，交通事故の数が減り，人々はそれを見て楽しむから。(30字)
5① large ② travel
6 (例1)I think I can clean my town. For example, I will pick up the garbage in the park with my friends. Many people such as children and elderly people use the park. Therefore, it is important to keep these public places beautiful.
(例2)I can help old people who don't live with their families. There are a lot of old people who need help in my town. For those people, I can make lunch or dinner and deliver them to their houses. Also, I want to clean their house and talk with them a lot.

4 1 イ 2 had to visit
3 (例)勉強したり，部活動へ行ったり，家事を手伝ったりすること。
4① (例)心配しているだけでは(10字)
② (例)多くの大切なことを学ぶことができる(17字) 5 ウ

5 1 ア 2 ウ 3 (例)新しい再生可能エネルギーを作るために使われている。
4 ア

■国語

1 1(1) じんい (2) いまし(め)
(3) ばんぜん (4) あらわ(した)
(5) てぎわ 2(1) 観戦 (2) 不可欠
(3) 閉(ざす) (4) 緩(やか) (5) 起床
3 エ 4 ウ 5 イ 6 ア 7 ウ

2 1 イ 2 ウ 3 月
4 あわれなり 5 ウ→エ→ア→イ

3 1 (例)他者との言葉によるコミュニケーションが，文字に代わったもの。(三十字)
2 エ 3 (例)(情報過多の現代においては，)無理に大勢の人間とつながろうとする反動から逆に孤独であることが目立ってしまうと考えているため。(四十七字)
4 イ 5 エ

4 1 イ 2 ア 3 ウ 4 エ
5 (例)(父の言葉の意味はわからないが，)何か特別な意味があるのではないかと気になっている状態。(二十七字)
6 (例)過酷な旅とわかっていながら，本能に従ってひたすら家を目指す鳩たちの健気で美しい姿に感動したから。(四十八字)

5 省略

文星芸術大学附属 宇都宮文星女子 後期

■社会

[1] 1 尖閣諸島 2 イ 3 ウ 4 イ
5 谷 6(1) エ (2) ぶどう
7 (例)遠浅の海や潮などの一部を堤防で区切り，内部の水を排水して陸地を作ること。

[2] 1(1) 赤道 (2) パンパ (3) イ
2(1) フランス (2) エ (3) ユーロ
(4) (例)複数の国の領域や国境を流れ，外国の船が自由に航行できるように沿岸国間で条約を結んだ河川。

[3] 1(1) 十七条の憲法 (2) エ
2 飛鳥(文化) 3 ウ 4 ウ
5 (例)都に東大寺，地方には国ごとに国分寺や国文尼寺を建て，国家を仏教の力で保護しようとした。 6 校倉造

[4] 1 ウ 2 イ 3 大政奉還
4 五稜郭 5 エ 6 (例)農村などでは，子どもたちは働き手であり，教育費も負担しなければならなかったため，就学できない子どもが多かったから。
7 イ 8 地租改正

[5] 1 イ 2 リンカン 3 ア 4 イ
5 エ 6 3(議席) 7 (例)同盟国が攻撃を受けた場合，自国が攻撃を受けていなくても，その国の防衛活動に参加する権利。

[6] 1(1) 企業 (2) ア (3) (例)生産者から商品を仕入れ，小売店に売る。 2 ウ
3 エ 4(1) 金融 (2) エ

■数学

[1] 1 -3 2 $3x+5y$ 3 $\frac{2}{3}a^2b^3$
4 x^2-4 5 3 6 ウ 7 $(y=)6$
8 50(度) 9 $350x+300y+50 \leqq 5000$
10 $(x=)2$，$(y=)-2$
11 $(x=)\frac{-3\pm\sqrt{29}}{2}$ 12 19(℃)
13 200(個) 14 50(cm^2)

[2] 1 右図
2 $\frac{1}{2}$
3(1) A(6, 0)
(2) $\left(0,\ \frac{21}{4}\right)$

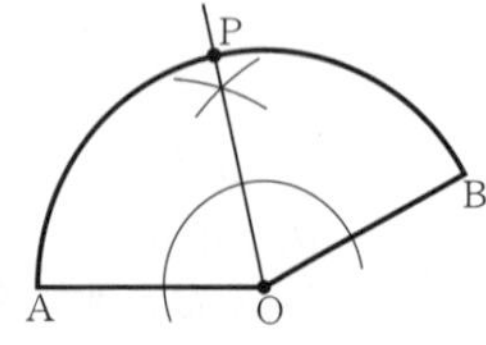

[3] 1 (例)全員で17人であるから
$x+y=17$…①
ポスターと絵画を合わせて61枚出展したから
$4x+3y=61$…②
①×4－② より $y=7$
①に代入して $x=10$
答え (ポスター)10(人)，(絵画)7(人)
2① 5.2(点) ② 中央値 ③ 5(点)
④ 6(点)

[4] 1 (例)△AOCと
△BODにおいて
円の半径より
AO＝BO……①
CO＝DO……②
AC，BDは円の接線であるから
∠ACO＝∠BDO＝90°…③
①，②，③より，直角三角形の斜辺と他の1辺がそれぞれ等しいので
△AOC≡△BOD
合同な図形の対応する辺の長さは等しいので AC＝BD
2(1) $3\sqrt{3}$(cm) (2) $27-3\pi-\frac{9\sqrt{3}}{2}$(cm^2)

[5] 1 ア
2 (例)点Pと点Qの進んだ距離の和が
$12+18+12=42$(cm) になれば良い。
a秒後に点Pが進んだ距離は$2a$(cm)，点Qが進んだ距離は$3a$(cm)であるから，
$2a+3a=42$ を解くと，$a=\frac{42}{5}$(秒)
答え $(a=)\frac{42}{5}$
3(1) $42-2x$(cm) (2) $(x=)18\pm\sqrt{2}$

[6] 1 36(枚)
(2) (例)《正方形x》における最も外側のタイルの枚数は$4x$(枚)となる。
したがって， $4x=76$
これを解くと $x=19$
答え $(x=)19$
3(1)① $8k$(枚) ② $8k-4$(枚)
(2)③ 黒い 4 $(n=)13$

■理科

[1] 1 ウ 2 エ 3 ア 4 イ
5 7.5(Ω) 6 反射 7 中和
8 慣性(の法則)

[2] 1 250(Hz) 2 X ウ Y イ
3① 重 ② 左

[3] 1 $Zn \rightarrow Zn^{2+}+2e^-$
2① マグネシウム ② 硫酸銅
3 (例)銅(線)が水溶液に溶けて銅イオンになったから。
4 マグネシウム＞亜鉛＞銅＞銀

4 1 X 初期微動 Y 主要動
2 60(km) 3 9(時)21(分)15(秒)
4 C，D

5 1① 肺呼吸 ② は虫類 ③ 鳥類
2 (変化)殻がついた (利点)乾燥に強くなる 3 相同器官 4 イ

6 1 右図
2 ウ
3 (例)一番高いところでも運動エネルギーがあり，位置エネルギーが最大とならないため。

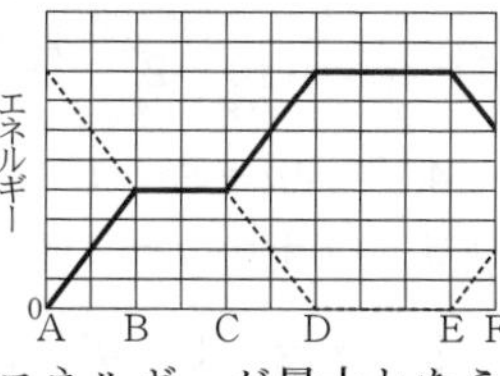

7 1 二酸化炭素 2 (例)酸素が入り込むのを防ぐため。 3 ウ 4 6.5(g)

8 1 対照実験 2① 光合成 ② デンプン ③ 呼吸 3 (例)光合成による二酸化炭素の吸収量と，呼吸による二酸化炭素の放出量が同じになるので。

9 1 ウ 2 150(N) 3 1000(N)
4 72(N)

■英語

1 1(1) イ (2) イ (3) ウ
2(1)① ア ② ウ (2)① エ ② ア
3(1) classroom(s) (2) find
(3) collect (4) order

2 1(1) エ (2) ウ (3) ア (4) ウ
(5) ウ (6) ア 2(1) ウ→イ→エ→ア
(2) エ→イ→ア→ウ
(3) エ→イ→ウ→ア→オ

3 1(1) (例1)I enjoyed talking and eating ／ (例2)I enjoyed the meal and the conversation
(2) (例1)8 people were from ／
(例2)They came from
(5) (例1)play traditional Japanese music ／ (例2)experience traditional music of Japan
2 Which 3 (2018年，)(例)宇都宮には9,530人もの外国人が生活していたこと。(26字) 4 ウ
5① government ② work
6 (例1)I am going to join the festivals in my town. Many local people will be there, so I can talk to them. I can also learn about traditional customs. By joining the local festivals,I will understand my town. better.
(例2)I am going to travel all over Japan. The weather is different from north to south. There are a lot of mountains and rivers in Japan. Traveling will give me a chance to know nature in Japan well.

4 1 (例)クラスメイトが転校生の話し方を笑い出したこと。 2 エ
3 proud of 4① (例)人々が自分とは違う(9字) ②(例)彼らをもっとよく理解するために話す(17字) 5 ア

5 1 ア 2 エ 3 (例)常にコミュニケーションをとり，環境の変化について情報交換している。 4 ウ

■国語

1 1(1) しゅしょう (2) まか(せ)
(3) げどく (4) いど(む) (5) こんだて
2(1) 辞退 (2) 従(う) (3) 困難
(4) 粉 (5) 収容
3 イ 4 エ 5 ア 6 ウ 7 エ

2 1 ゆうよう(いうよう) 2 イ
3 (例)どうかご飯を食べてください。(十四字) 4 ウ 5 ア

3 1 他者の表情や言葉など(十字)
2 エ 3 道徳的(三字)
4 (例)表情や言葉などが何を意味しているかを理解した上で他者の心の状態を推測するから。(三十九字) 5 イ 6 ウ

4 1 ウ 2 イ 3 ア
4 (例)お話が終わったら娘が乱暴な子に戻り，おじいさんとも会えなくなるのではないかと心配する気持ち。(四十六字)
5 (例)親子の存在が，孫娘の生きる支えになっていることへの感謝の涙。(三十字)
6 エ

5 省略

宇都宮短大附属

■社会

1 1 ウ 2 エ 3 エ 4 イ
5 ア 6 エ 7 ア

2 1 ア 2 ウ 3 イ 4 イ
5 ア 6 エ

3 1 ウ 2 イ 3 エ 4 ア
5 エ 6 ア

4 1 ア 2 ウ 3 エ 4 エ
5 イ 6 ア 7 イ

5 1 エ 2 ア 3 ア 4 ウ
5 ア 6 イ

6 1 アマゾン 2 露天掘り
3 パルテノン 4 北条政子
5 合計特殊出生率 6 自白

7　地方債　8　40

■数学

解答・解説はP300

■理科

1　1　イ　2　ア　3　エ　4　ア
2　1　ウ　2　エ　3　イ　4　ア
3　1　イ　2　イ　3　エ　4　ウ
4　1　イ　2　イ　3　ア　4　ウ
5　1　エ　2　エ　3　イ　4　ア
6　1　ウ　2　ア　3　ア　4　ウ
7　1　ウ　2　イ　3　ア　4　ウ
8　1　エ　2　エ　3ア　1　イ　2
　4ウ　4　エ　5
9　1　電池　2①　葉緑体　②　二酸化炭素　3　古生代　4　変形　5　1.5(g)
　6　タンパク質
　7　11時14分36秒　8　右図

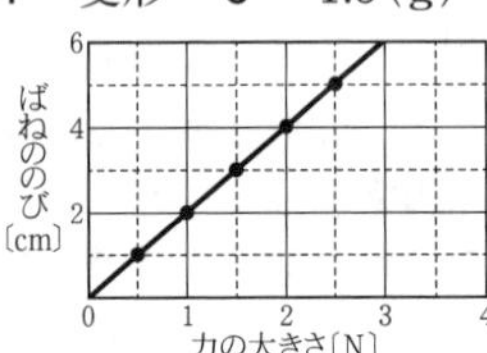

■英語

1　1　ウ　2　ア　3　ウ　4　イ　5　エ
2　1　イ　2　ア　3　ウ　4　エ　5　イ
3　1　ア　2　イ　3　エ　4　ア　5　エ
4　A 1　イ　2　ア　3　イ　4　ウ
　5　エ
　B 1　イ　2　エ　3　ウ　4　ウ
　5　ア
　C 1　used　2　How　3　thirty
5　A 1　kitchen　2　umbrella
　B 3　theirs　4　old
　C 5　Finish (the work before it begins to rain).
　6　Mt.Fuji is (one of the most beautiful mountains in) Japan.

■国語

一　問一　イ　問二　ウ　問三　イ
　問四　エ　問五　ア　問六　ウ　問七　エ
　問八　イ　問九　ア
二　問一　エ　問二　イ　問三　イ
　問四　ウ　問五　ア　問六　ウ　問七　エ
　問八　ア　問九　ウ
三　問一(1)　イ　(2)　エ　問二　ア
　問三　ア　問四　ウ　問五　エ
四　問一(a)　こば(む)　(b)　ざんまい
　(c)　へいおん　問二　倒置法
　問三　あらかじめ　問四　(誤)書→(正)欠
　問五Ⅰ　ころばぬ　Ⅱ　うれい(え)

宇都宮海星女子学院

■数学

1　1　-10　2　$\dfrac{3x+5y}{4}$　3　$30\sqrt{2}$
　4　$-4a+8b$　5　$x^2-10x+24$
　6　$(x+6)(x-2)$　7　1080(度)
　8　$x=-1,\ y=4$　9　$y=\dfrac{5}{3}x$
　10　$\dfrac{5}{18}$　11　6　12　70(度)
　13　50π(cm^3)　14　4
2　1　右図
　2　$a=\dfrac{1}{4}$
　3①　mn
　②　$m+n$
　③　$2mn+m+n$
　④　整数　⑤　奇数
3　1　(連立方程式)　$\begin{cases} x+y+10=28 \\ \dfrac{1}{10}x+\dfrac{1}{6}y=2 \end{cases}$
　$x=15,\ y=3$
　2(1)(中央値)14.2(秒)
　(第3四分位数)14.3(秒)　(2)　下図

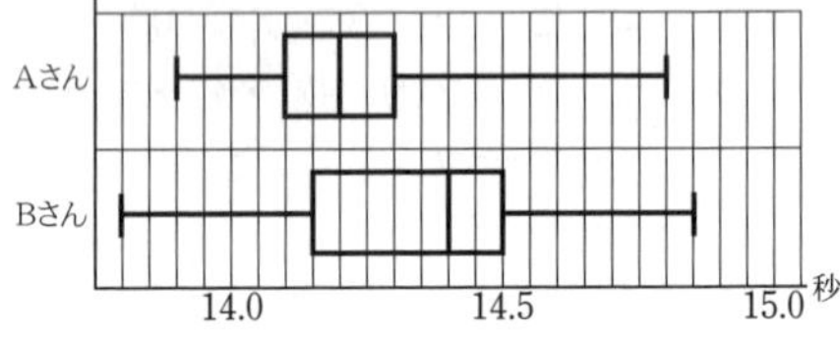

　(3)　Aさんの四分位範囲は0.2，Bさんの四分位範囲は0.35である。
　ここから中央値付近のデータの散らばりが小さいのはAさんであり，Aさんの方がBさんより安定していると考えられるから。
4　1　△AEMと△DMHにおいて
　∠EAM＝∠MDH＝90°…①
　点Mは辺AD上の点であるから
　∠AME＝180°－(∠EMH＋∠HMD)
　＝180°－(90°＋△HMD)
　＝90°－HMD…②
　三角形の内角の和は180°だから
　△DHM＝180°－(∠MDH＋∠HMD)
　＝180°－(90°＋∠HMD)
　＝90°－∠HMD…③
　②，③より
　∠AME＝∠DHM…④
　①，④より

2組の角がそれぞれ等しいから
　△AEM ∽ △DMH
2(1)　2：3：1　(2)　8：7

[5]　1　$y=2$
2①　8　②　10
③　24　3　右図 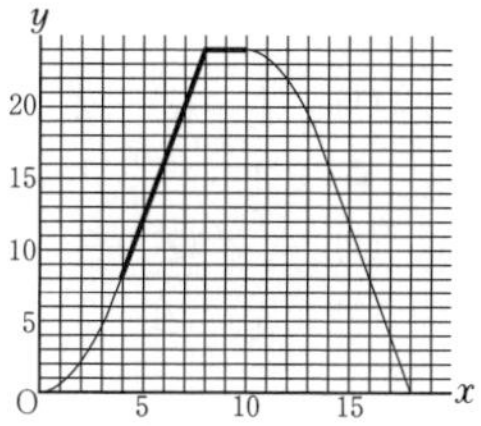
4　グラフより，
求めるxの値は
$0 \leqq x \leqq 4$と
$14 \leqq x \leqq 18$の範囲に1つずつある。
$0 \leqq x \leqq 4$のとき　$\frac{1}{2}x^2=6$　$x^2=12$
$x>0$より　$x=2\sqrt{3}$
これは$0 \leqq x \leqq 4$を満たす
$14 \leqq x \leqq 18$のとき
$4(18-x)=6$より
$-4x+72=6$　$x=\frac{33}{2}$
これは$14 \leqq x \leqq 18$を満たす
答　$x=2\sqrt{3}$，$\frac{33}{2}$

[6]　1　25(個)　2　$(k+1)^2$(個)
3　15(個)　4　$\frac{(k+1)(k+2)}{2}$(個)

■英語

[1]　1　イ　2　エ　3　イ　4(1)　ア
(2)　ウ
[2]　1(1)　ウ　(2)　ア　(3)　エ　(4)　イ
(5)　イ　(6)　エ　2(1)　ウエイア
(2)　オアウエカイ
(3)　ウアカイエオ
[3]　1　why　2　エ　3　毎年多くの生徒がこのプログラムに参加している(ということ。)　4　10(%)　5　ウ　6(6)　ウ
(7)　ア　(8)　イ
7　sing some English songs
8　Umi Home for the elderly
[4]　1　(例)to be a police officer　2　イ
3　(例)英語の勉強　(例)心身ともに強くなること　4ア　×　イ　○　ウ　×
エ　×　オ　×　カ　○
[5]　1　(例)ピクトグラムは言語，教育，経験に関わらず，視覚的にそして即座に理解するためにデザインされた視覚的なコミュニケーションの一種である。　2　エ
3　ウ　4　ウ

■国語

[一]　1(1)　ぎょうし　(2)　きんこう
(3)　すいこう　(4)　ひそ(む)
(5)　あお(ぐ)　2(1)　掃除　(2)　蓄積
(3)　紹介　(4)　臨(む)　(5)　悩(む)
3(1)　ア　(2)　ウ　(3)　イ　(4)　ア
(5)　エ
[二]　1　おさなく　2　不動明王の絵がすばらしかったから。　3　エ　4　ア
[三]　1　エ　2　ア　3　ウ
4　有機農業　自然農法　産消提携
5　女性がアグロエコロジー実践において重要な役割を果たし，また女性の能力や立場の強化に貢献している。
6　ウ　7　ウ
[四]　1　イ　2　イ　(名称)C　3　ア
4　両親が今までのように物語について熱心に教えてくれないから。
5A　周囲には黙っている
B　みんなに褒められるのが嫌
6　読んだものを暗記する能力　7　エ

国学院大学栃木

■社会

[1]　1(1)　イ　(2)　ア　(3)　ウ　(4)　ウ
(5)　イ　2(1)　SDGs　(2)　福沢諭吉
(3)　ニューディール(政策)
(4)　シラス／しらす／白砂
(5)　ハブ(空港)
[2]　1　ウ　2　ア　3　イ　4　ア　5　ア
[3]　1(1)　エ　(2)　ア　(3)　ア　(4)　イ
(5)　エ　2(1)　ウ　(2)　イ　(3)　エ
[4]　1　イ　2　ウ　3　エ　4　ア
[5]　1　唐　2　(源)頼朝
3　異国船打払令　4　田中正造
5　レーニン　6　ウ
[6]　1　ア　2　エ　3　イ　4　ウ
5　エ　6　イ
[7]　1(1)　エ　(2)　ウ　(3)　ウ　2(1)　戦争
(2)　衆議院
[8]　1(1)　ア　(2)　ワーク・ライフ・バランス　(3)　エ　2　バブル　3　ウ　4　イ

■数学

解答・解説はP302

■理科

[1]　1　イ　2　ア　3　エ　4　イ　5　ウ
[2]　1　ウ　2　ア　3　イ　4　イ　5　ウ
[3]　1　ア　2　ウ　3　エ　4　ウ　5　エ

4 1 ウ 2 ア 3 エ 4 ア 5 ウ
5 1 ウ 2 エ 3 イ 4 ウ
6 1 (完答)A 強い B 流紋
2 斑状(組織) 3 イ 4 イ
7 1 分離の法則 2 顕性(形質)
3 同じ花の花粉がつく 4 エ
8 1 電流が流れやすくなるから 2 エ
3 OH^- 4 ア
9 1 ア
2 右図
3 4(cm)
4 30(cm)

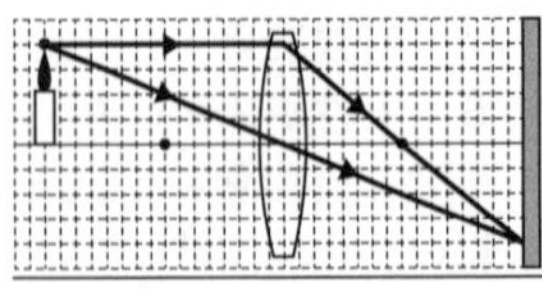

■英語
1 A 1 ア 2 エ 3 ウ
B 1 エ 2 イ 3 ウ
2 1 イ 2 エ 3 ウ 4 イ 5 ウ
6 ア 7 エ 8 エ 9 イ 10 ウ
3 1 イ 2 ウ 3 ア 4 ア
5 エ 6 イ
4 1 in , on , Monday
2 Take , not , catch
3 event , began , December
5 1 ① カ ② オ ③ ニ ④ ア
2 (a) 6ヶ月 (b) おじ (c) 言葉
6 1 イ 2 ア 3 (例)大学生と暮らすとお年寄りも幸せになる。 4 (a) 人生 (b) アドバイス 5 エ
7 1 ア 2 ウ 3 エ 4 (a) 5 (b) 10 (c) 誕生日 5 ア ウ

■国語
〔一〕 問一ア 連携 イ 濁(す) ウ 薄情
エ 警備 オ 安眠 問二ア ひんぱん
イ なめ(らかな) ウ しょせん
エ しゅういつ オ じゅうだん
問三 3三 1 2一 7レ 6二 4 5一
問四 イ 問五 エ 問六 ア
問七1 ア 2 ウ 3 ア
〔二〕 問一 エ 問二 イ 問三 エ
問四 ア 問五 ア 問六 イ
問七 一つの信号 問八 ウ 問九 ア
問十 エ
〔三〕 問一 イ 問二 しわす
問三 のぼらせたもう(たまう) 問四 ウ
問五 ア 問六 ここいづみの国
問七 エ 問八 ウ
〔四〕 問一A エ B ア 問二 ウ
問三 ウ 問四 イ 問五 イ 問六 エ
問七 ア

佐野日本大学

■社会
1 (1) 1 (2) 2 (3) 4 (4) 3 (5) 3
2 A 2 B 5 C 3 D 7 E 4
3 (1) 1 (2) 3 (3) 5 (4) 2 (5) 1
4 (1) 3 (2) 3 (3) 2 (4) 2 (5) 5 (6) 2
5 (1) 3 (2) 3 (3) 2 (4) 2
6 (1) 3 (2) 5 (3) 2 (4) 3 (5) 1 (6) 4
7 (1) 2 (2) 3 (3) 1 (4) 4
8 (1)A 3 B 2 C 7 D 4
(2)ア 6 イ 9 ウ 2 エ 7
オ 4 カ 8 (3) 4 (4)A 3
B 1 C 3 (5) 3

■数学
解答・解説はP304

■理科
1 問1 4 問2 1 問3 2 問4 5
問5 3 問6 4 問7 4 問8 4
2 問1 6 問2 4 問3 3 問4 6
3 問1 2 問2 3 問3 4 問4 3
4 問1 4 問2 4 問3 1 問4 3
5 問1 3 問2(ア) 1 (イ) 3
問3 4 問4 3 問5(ア) 2 (イ) 4
6 問1 3 問2 1 問3 1 問4 2
問5 1
7 問1 4 問2 2 問3 2 問4 4
問5 5
8 問1 4 問2 8 問3 1 問4 2
問5 2
9 問1 5 問2 4 問3 4 問4 4
問5 1

■英語
1 問1 2 問2 1 問3 1 問4 3
問5 1 問6 3
2 (1) 4 (2) 2 (3) 1 (4) 2 (5) 1
3 (1) 4 (2) 1 (3) 3 (4) 1 (5) 2
(6) 3 (7) 1 (8) 4
4 問1 1 問2 4 問3 3 問4 2
問5 2
5 (1) 3 (2) 3 (3) 1 (4) 2 (5) 4
6 (1) 2 3 1 4 (2) 4 2 3 1
(3) 1 3 4 2 (4) 3 1 2 4
(5) 4 1 3 2 (6) 2 4 3 1

7 問1　3　問2　2　問3　4　問4　4
問5　4　問6　2　問7 1.　1　2.　2
3.　1

■国語

1 問一　4　問二　1　問三　3　問四　4
問五　1　問六　3　問七　3　問八　1
問九　4　問十　3

2 問一　3　問二　3　問三　2　問四　4
問五　1　問六　1　問七　2　問八　2

3 問一　1　問二　1　問三　1　問四　4
問五　4　問六　2　問七　2　問八　2

4 問一　1　問二　1　問三　3　問四　4
問五　2　問六　4　問七　2

青藍泰斗

■社会

【1】 1　ウ　2　沖ノ鳥島　(例)この島が波の侵食等により水没すると領土と認められなくなり，多くの排他的経済水域を失うことになる為　3　イ
4　エ→イ→ウ→ア　5　共助　6　ア

【2】 1　ウ　2　ア　3　エ
4　(例)昼間の強い日差しや砂埃から身を守るため　5　アパルトヘイト(人種隔離政策)　6　ウ

【3】 1　平清盛　2　日宋貿易　3　イ
4　(例)2人の天皇が存在し，対立する南北朝の動乱の時代が始まった
5　建武の新政　6　ウ→エ→イ→ア
7　応仁の乱　8　イ

【4】 1　関税自主権　2　ア→エ→イ→ウ
3　伊藤博文　4　ア　5　(例)満25歳以上のすべての男性に選挙権が与えられた
6　吉田茂

【5】 1　エ　2　イ　3　ウ　4　ア
5　イ　6　リコール

【6】 1　ア　2　中小企業　3　ウ
4　利潤・利益　5　ベンチャー企業
6　(例)貧富の差が生じる・恐慌やインフレーションの発生

【7】 1　エ→ウ→イ→ア　2　ウ
3　毛沢東　4　エ
5　(例)安くて広い土地があり，低賃金で豊富な労働力があったから

■数学

【1】 1　-3　2　$4a^2b$　3　$\sqrt{2}$
4　$\frac{1}{6}$　5　$(x-2)(x-4)$　6　6(個)
7　$y=3$　8　$0 \leqq y \leqq 18$　9　8(km)
10　$x=\frac{-3\pm\sqrt{13}}{2}$　11　119(度)
12　30(本)　13　3(cm)　14　90π(cm^2)

【2】 1　$m+n$ を n で割ると商が4，余り9より $m+n=4n+9$ …①
$5m-2n$ を m で割ると商が4，余り22より $5m-2n=4m+22$ …②
①より $m=3n+9$　②より $m=2n+22$
よって $3n+9=2n+22$
したがって $n=13$，$m=48$
答え　$m=48$，$n=13$

2　右図
3　$\frac{1}{5}$

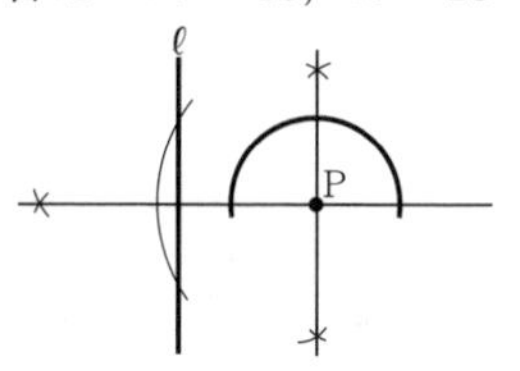

【3】 1　D$(-3,\ 9)$　2　C$(0,\ 15)$
3　30　4　$y=-\frac{3}{11}x+\frac{60}{11}$

【4】 1　EA＝CD，AB＝DE，
∠EAB＝∠CDE
2組の辺とその間の角がそれぞれ等しい
2　(証明)
正五角形の内角の和は540°なので，1つの内角は108°である。
△EBCと△EFDにおいて，
△EAB≡△EDCより∠AEB＝
∠DEC＝(180°－108°)÷2＝36°
よって∠BEC＝108°－72°＝36°
∠BEC＝∠FED＝36°…①
また，∠ECB＝108°－36°＝72°
∠EDF＝∠EDC－∠CDF＝
108°－36°＝72°
よって，∠ECB＝∠EFD…②
①，②より，2組の角が等しいから
△EBC∽△EFD　(終)
3　BF＝4(cm)　4　BD＝$2+2\sqrt{5}$(cm)

【5】 1　36(cm^3)　2　$2 \leqq x \leqq 6$
3　$0 < x \leqq 2$ のとき　$y=6x^2$
$2 \leqq x \leqq 6$ のとき　$y=12x$
$6 \leqq x \leqq 8$ のとき　$y=72$
$8 \leqq x \leqq 9$ のとき　$y=72$
あるいは
$0 < x \leqq 2$ のとき　$y=6x^2$
$2 \leqq x \leqq 6$ のとき　$y=12x$
$6 \leqq x \leqq 9$ のとき　$y=72$
4　4(秒後)

【6】 1　18(冊)　2(1)　34(冊)

(2)　$a=32$ (3)　(11, 0), (6, 3), (1, 6)

■理科

【１】 (1) 呼吸 (2) 感覚(器官)
(3) 12 g/cm^3 (4) 弾性 (5) 電池
(6) (真空)放電 (7) プロミネンス
(8) 閉塞(前線)

【２】 (1) 露点(漢字) (2) 55.4％
(3) 6.0 g (4) 0.006 g (5) ウ

【３】 (1) 酸化鉄 (2) 7 : 9 (3) 0.35 g
(4) 変化なし (5) 加熱前のスチールウール

【４】 (1) 2倍 (2) ア
(3) 光が集まらないから
(4) Fの位置を2本の光の線で確定する。

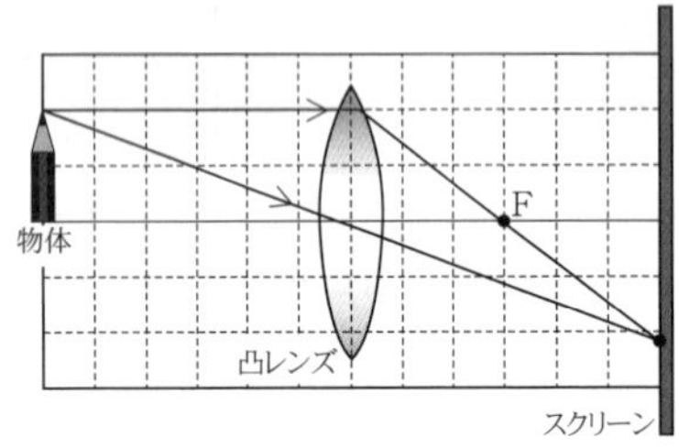

(5) 焦点距離　3 cm

【５】 (1)① 右図
② 右図
(2) (例)散在する。ばらばらになっている。 (3) ア (4) ア

①　平行脈　②　茎　ひげ根

【６】 (1) H_2SO_4 (2) 白 (3) 中和
(4) $H_2SO_4 + Ba(OH)_2 \rightarrow BaSO_4 + 2H_2O$
(5) AgCl

【７】 (1) Ⅰ 感覚　Ⅱ 運動
(2) B→C→D→E (3) ア
(4) ア　エ　カ(完全解答)

【８】 (1) ウ (2) 3(本目)
(3) (60 cm毎秒) 60 cm/s (4) 重力
(5) ウ

【９】 (1) 4(Ω) (2) 2.5(倍) (3) 4(倍)
(4) オ (5) 各器具を並列につなぐため，電力量の和が一度にテーブルタップに流れるため危険

【10】 (1) 周りより温度が低いから
(2)① ウ ② エ (3) 球体 (4) ウ
(5) E

■英語

【１】 1(1) イ (2) イ (3) ウ
2(1)① イ ② エ (2)① エ ② ウ
3(1) 5:00p.m.(PM5:00,　pm5)
(2) Monday(monday)
(3) 5(five) (4) (the) library card

【２】 1(1) エ (2) ウ (3) ウ (4) ア
(5) イ (6) イ 2(1) エ→イ→ア→ウ
(2) エ→イ→ウ→ア→オ
(3) ウ→ア→エ→イ→オ

【３】 1 エ 2 ウ 3 How
4 佐野屋 ⓕ 葛の湯 ⓑ
5 (例)Helenの家が東武新栃木駅に近いので，行きは東武鉄道が便利なのに対し，帰りは友人のJaneに会いに宇都宮に寄るので，直行できるJRが便利。
6 (ex)I recommend you to visit Matsumoto. It is very comfortable there in summer. Because it is in a high land. There is a famous castle in the center of the city. The view from the castle is great. You can see the Japanese Alps to the west and Utsukushigahara to the east.

【４】 1 イ 2 What can I do , What shall I do 3 おじいさんが，太一の東京の家で家族と一緒に暮らすこと
4① 一人暮らしをしているのが不幸せ(かわいそう) ② 彼にとっては幸せだ，幸せに過ごせる，毎日充実している　など
5 オ

【５】 1 ウ 2 水を得ること(水をとること，水をくむこと) 3 ア
4 安全な水が手に入ること ／ 簡単に水が手に入ること　etc.

■国語

【一】 1(1) がいりゃく (2) きょこう
(3) ていさい (4) ゆる (5) うなが
2(1) 延長 (2) 申請 (3) 発揮 (4) 含
(5) 尋 3 エ 4 ウ 5 ウ 6 百
7 C

【二】 1 いつのころおい 2 イ
3 子どもは，谷底の木の葉がたくさん積もっているところに落ちたので，無傷であった　等 4 ウ 5 エ

【三】 1 時代の価値観を規定している枠組み 2 エ 3 ヒートアイランド現象などの現代の都市問題や人間関係の希薄さを招いたこと。　等 4 イ 5 ア
6 ウ

【四】 1 イ 2 父から，自分と姉のためのひと月分の生活費を受け取り，預かるという内容であれば正解
3 父と茶の間で話している間に，女のひとが帰ってきてしまうのではないかと，気が気でなく心配だから。

父と二人で家で話している間に，女のひとが帰ってきてしまうのではないかと，気が気でないから。　等　4　ウ　5　ア
6　エ

足利短大附属

■社会

1　問1　イ　問2　エ　問3　エ
問4　イ　問5　イ　問6　ア　問7　イ
2　問1　イ　問2　F　問3　ウ
問4　イ　問5　3
3　問1　ア　問2　ヒスパニック
問3　露天掘り
4　問1　イ　問2　イ　問3　地場産業
問4　ア　問5　エ
5　問1　エ　問2　イ
6　問1　ア　問2　朝貢　問3　エ
問4　ウ　問5　書院　問6　キ
問7　悪党　問8　エ　問9　イ
7　問1　イ　問2　イ　問3　生糸
問4　イ　問5　ウ　問6　エ　問7　ア
問8　ウ　問9　ウ
8　問1　エ　問2　ウ　問3　小選挙区制
問4　ウ　問5　イ　問6　ア
問7　累進課税
9　問1　エ　問2　エ　問3　イ

■数学

1　(1)　$-\frac{1}{2}$　(2)　$\frac{11}{8}$　(3)　$-6a^2b^3$
(4)　36　(5)　$\frac{9x-1}{12}$　(6)　x^2-2x
2　(1)　(時速)36(km)　(2)　-1
(3)　$x=\frac{-1\pm\sqrt{5}}{2}$　(4)　2
(5)　$x=-1,\ y=-1$　(6)　22(度)
3　(1)　$(-2,\ 1)$　(2)　$\frac{1}{8}a^2$
(3)　$(4,\ 4)$，$(-4,\ 4)$
4　(1)　5，7　(2)　7(通り)
5　(1)　$\frac{25}{2}$(または)12.5(時間)
(2)　$\frac{25}{4}$(または)6.25(時間)
(3)　(ホースA：)14(時間)
(ホースB：)10(時間)
6　(1)　3　(2)　4(倍)　(3)　$\frac{3}{2}$(倍)
7　(1)　75(度)　(2)　150(度)　(3)　$2-\sqrt{3}$
8　(1)　$\frac{5}{36}$　(2)　$\frac{1}{9}$　(3)　$\frac{5}{18}$　(4)　h

■理科

1　(1)　25(%)　(2)　ウ　(3)　オ　(4)　ウ
(5)　6.5(g)　(6)　イ
2　(1)　3(つ)　(2)　イ　(3)　B(赤血球)
(4)　ウ
3　(1)　(3番目：)イ　(10番目：)キ
(2)　20.1(mL)　(3)　4000(g)
4　(1)　105(cm/s)　(2)　126(cm/s)
(3)　等速直線運動　(4)①　変わらない
②　大きくなる　③　遅くなる
5　(1)　火成岩　(2)　斑晶　(3)　a
(4)　ア　(5)　火山岩　(6)　エ

■英語

1　1　イ　2　ア　3　ア　4　エ　5　イ
2　1　is called　2　smaller than
3　to do　4　to me　5　good cooking
6　has for　7　when was　8　belong to
3　1　エ　2　エ　3　イ　4　ウ　5　ア
6　イ
4　1　lent　2　(the) fastest
3　to turn　4　taller　5　been
6　reading
5　1　ウ　2　イ　3　ア　4　ア　5　ウ
6　エ
6　問1[1]　キ　[2]　オ　[3]　ウ
問2(1)　How　(2)　as　(3)　able
問3(ア)　車　(イ)　興味深い
問4ア　He asked me many questions about
イ　writing letters in English is very good
ウ　will you have time to read
7　問1(1)　started　(2)　are
問2　one of the most popular sports
問3　ウ　問4　four　問5　イ
問6　ウ　問7　Australian football

■国語

1　問一a　海水浴　b　隣　c　しげき
d　はいりょ　e　糖分　f　こんきょ
問二　落ち着かせる　問三　2
問四　(最初)わたくしに　(最後)しかない。
問五Ⅰ　2　Ⅱ　2　Ⅲ　3　問六　4
問七　1　問八　2
2　問一　3　問二　1　問三(一)　よさのあきこ　(二)　いしかわたくぼく　問四　4
問五　4　問六　2

3 問一 (読み)こんじゃくものがたりしゅう (ジャンル)1 問二① 3 ② 2 ③ 1 ④ 2 ⑤ 2 問三 1 問四 係り結び(の法則) 問五 1 問六 さいわいに 問七 「流泉・啄木」 問八 1 問九 1

4 問一a 迫(って) b こ(えて) c 結局 d たば 問二(1) 乙松 (2) 働く 問三 女房が死ん 問四 2 問五 口 問六 1 問七 1 問八 4 問九 2 問十 3

足利大学附属

■社会

1 (1) 3 (2) 1 (3) 2 (4) 火薬庫 (5) 4 (6) ユニバーサル (7) 2

2 問1 1 問2 2 問3 B 問4 1 問5 3 問6 持続可能

3 問1 2 問2(1) ハザードマップ (2) シラス 問3 1 問4 3 問5(1) 4 (2) 3 (3) B 問6 1 問7 ハブ(空港) 問8 2

4 問1 1 問2 3 問3 3 問4 4 問5 織田信長 問6 2 問7 3 問8 シーボルト 問9 2

5 問1 4 問2 6 問3(1) ワット (2) 3 (3) 4 問4 2 問5 3 問6 3

6 問1 2 問2 連立政権 問3 3

7 (1) 6 (2) 2 (3) ベンチャー(企業)

8 問1 1 問2 4

■数学

解答・解説はP306

■理科

1 (1)① 350(m/s) ② 70(m) (2) ア, ウ, カ (3) ア (4) ウ (5) 虚像 (6) ウ

2 (1) 電気を通しやすくするため (2) 酸素 (3) ア (4) カ (5) ア (6) 11(cm^3) (7) (物質名)水素 2(cm^3)

3 (1) 双子葉類 (2) エ (3) (記号)イ (名称)道管 (4) ウ

4 (1) 右図 (2) 996(hPa) (3) 14(g) (4) エ (5) エ

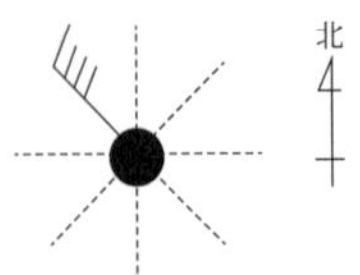

5 (1) 1.5(J) (2) 3(W) (3) B (4) C (5) ウ, オ (6) 1.5(J)

6 (1) ウ (2) 上方(置換法) (3) イ, エ (4) エ (5)a アルカリ b 赤 (6) (ねじ)A (7) オ

7 (1) ウ (2) (名称)動脈 (記号)イ (3) イ (4) エ (5) A, B

8 (1) チャート (2) オ (3) ア (4) イ (5) イ

■英語

1 1 ア 2 エ 3 エ 4 ア 5 エ 6 イ 7 ア 8 エ 9 ウ 10 イ

2 1 ア 2 エ 3 イ 4 エ 5 エ 6 ウ 7 エ 8 ウ 9 イ 10 ア

3 1 ア→ウ→イ→オ→エ
2 オ→ア→エ→イ→ウ
3 ウ→ア→エ→イ→オ
4 エ→ア→オ→イ→ウ
5 イ→ウ→エ→ア→オ

4 1 Both pianists 2 that couldn't 3 when born 4 If there 5 As soon

5 1 a オ b イ c キ d エ e カ f ア g ク h ウ
2 A movie director / film director / A director
3 Far from Heaven and Carol

6 1 a eat b gave 2① ア ② エ 3 イ

■国語

1 問1 a 4 b 3 c 5 問2 2 問3 1 問4 4 問5 ものを考える力 問6 5 問7 Ⅰ 3 Ⅱ 2

2 問1 (読み方)さつき (季節)2 問2 1 問3 4 問4 2 問5 4 問6 3 問7 係り結び(かかりむすび・係結) 問8 5 問9 紫式部

3 問1 a 延(ばせ) b 顧客 c 自慢 d 暇 e 気絶 問2 A 九(画目) B 4 C 1 D 5 E 2 問3 Ⅰ 7 Ⅱ 2 問4 5 問5 2 問6 3 問7 醜態をさらす(こと。) 問8 4 問9 1 問10 1 問11 3

白鷗大学足利

■社会

1 問1 Ⅰ ウ Ⅱ エ Ⅲ エ
問2 Ⅰ ウ Ⅱ イ Ⅲ ア Ⅳ ア
問3 エ 問4 オ 問5 イ 問6 オ

2 問1 カ 問2 エ 問3 エ
問4 イ 問5 ウ 問6 ウ

3 問1 Ⅰ 十字軍 Ⅱ エ 問2 ウ
問3 エ 問4 Ⅰ イ Ⅱ ア
問5 院政 問6 エ 問7 ア

4 問1 イ 問2 ア 問3 ウ
問4 ウ 問5 エ 問6 ウ 問7 エ

5 問1 ア 問2 イ 問3 消費者基本(法) 問4 Ⅰ 平等 Ⅱ ア 問5 ウ
問6 イ

6 問1 ア 問2 ロック 問3 循環(型社会) 問4 安く 問5 エ 問6 イ
問7 男女共同参画(社会基本法)
問8 ウ 問9 ウ 問10 エ

■数学

解答・解説はP308

■理科

1 (1) エ (2) ア (3) ア (4) エ
(5) エ (6) イ (7) ウ (8) イ

2 (1) 垂直抗力(抗力) (2) ウ
(3) 1.2 N (4) ウ

3 (1) 等速直線運動 (2) エ (3) ア
(4) オ (5) ア

4 (1) 溶媒 (2) 20(%) (3) エ
(4) オ (5) B ア C エ

5 (1) $BaSO_4$ (2) ア ウ (3)① ウ
② カ (4) エ

6 (1) c (2) B→E→C→D→A
(3) (名称)染色体 (はたらき)ア (4) エ

7 (1) エ (2) a (3) ウ (4) ウ
(5) 600(倍)

8 (1) 露点 (2) エ (3) イ (4) ウ
(5) ウ (6) ア

9 (1) イ (2) ア (3) ウ (4) 黄道
(5) エ

■英語

1 No.1 ア No.2 イ No.3 ウ
No.4 イ No.5 ウ No.6 エ No.7 ウ
No.8 ウ No.9 ア No.10 エ

2 1 islands 2 carefully 3 to
4 both 5 have moved

3 1 hair 2 back 3 medicine
4 hurry 5 born

4 1 3番目 ア 5番目 カ
2 3番目 オ 5番目 エ
3 3番目 ウ 5番目 ア
4 3番目 ウ 5番目 イ
5 3番目 ア 5番目 ウ
6 3番目 イ 5番目 カ

5 1 誤 ア 正 hobbies
2 誤 イ 正 swimming
3 誤 ウ 正 of
4 誤 イ 正 little

6 A 1 3100 2 240 B 1 ア
2 エ 3 イ

7 1 1 waited and listened
2 twenty years old 2 イ 3 ウ
4 ウ エ

8 1 ア 2 eaten 3 イ 4 エ
5 ウ

■国語

1 問1① 救急 ② 蒸(らす)
問2① うけたまわ(る) ② せいじゃく
問3 イ 問4 耳 問5 イ 問6 エ
問7 5 問8 ア

2 問1 イ 問2 ウ 問3 ウ
問4 ア 問5 川は日本人に 問6 エ
問7 ウ

3 問1 ア 問2 世界 問3 イ
問4 エ 問5 イ 問6 だれか(〜)ように 問7 あのなつかしいミツザワ書店／記憶の中のミツザワ書店
問8 不釣り合い

4 問1 この僧 問2 ア 問3 エ
問4 イ 問5 何の文にか 問6 イ
問7 エ 問8 ウ

矢板中央

■社会

1 1 オ 2 イ 3 エ
4 A 茨城(県) E 千葉(県)
5 ユネスコ(UNESCO)
6 Ⅰ 札幌(駅) Ⅱ 遠回り(行き止まり, 逆方向) 7 北東

2 1 北大西洋海流 2 アルプス・ヒマラヤ(造山帯) 3 アマゾン(川)
4 イ カ(順不同 完答)
5 (1) A C(順不同 完答)
(2) ア イ(順不同 完答)
(3) Ⅰ 伐採 Ⅱ ほとんど変わっていない

3 1 エ 2 足利義満 3 平城京
4 両替商 5(1) オ (2) 参勤交代
(3) (遠いところに配置された大名は,)(例)領地と江戸の往復で，長距離を移動するため，財政はいっそう苦しくなった。
6 イ 7 (A)→C→E→B→D→(F)(完答)

4 1 エ 2(1) ア (2) (例)日本の近代化が進んでいないので，対等な条約を結ぶことはできないと考えた。
(3) (例)日本は，欧化政策の一環として鹿鳴館を建設し，そこで舞踏会を開催し，日本の近代化を示すことで，条約改正を進めようとした。 3 人民 4 渋沢栄一
5 エ 6 イ→ア→エ→ウ(完答)

5 1 ア 2 地方自治 3(1) 生存権
(2) イ 4 ア，エ(完答) 5 ウ
6 I 満20歳以上のすべての男女(国民)
II 満18歳以上

6 1(1) エ (2) 株主総会 (3) ウ
2(1) 22,000(ドル) (2) ウ 3(1) イ
(2) (例)少子化で，高齢者の人口割合は高くなり，現役世代の割合は低くなる。その結果，現役世代が小数で高齢者を支えるため，負担は重くなる。

■数学

1 1 14 2 $5x-6$ 3 $\sqrt{2}$
4 x^2-16 5 -2 6 $(x=)7$
7 イ 8 72(度)
9 $(x=)\dfrac{5\pm\sqrt{13}}{2}$ 10 $\dfrac{1}{3}$(倍)
11 9(通り) 12 $y=-2x+2$
13 $0\leqq y\leqq 4$ 14 イ

2 1 右図
2 $\dfrac{1}{4}$
3 $(a=)3$

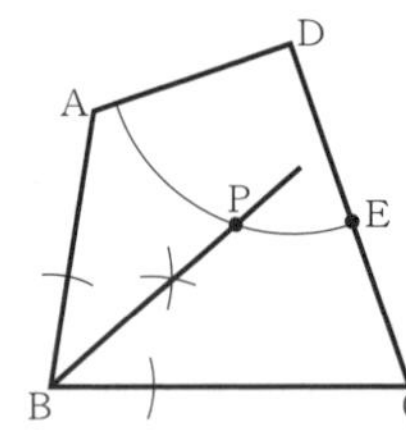

3 1(1) $(x=)1$，$(y=)2$ (2) 34(個)
2(1) 50(点) (2) A組とB組は平均が同じであるが，B組の方が散らばりが大きい。

4 1(1)ア 二等辺三角形 イ ∠BDE
ウ 180 エ 2組の角がそれぞれ等しい
(2) $\dfrac{16}{5}$(cm) 2 (表面積) $\dfrac{3}{2}\pi a^2$(cm²)
(体積) $\dfrac{1}{6}\pi a^3$(cm³)

5 1 $(a=)1$，$(b=)12$，$(c=)9$
2(1) 右図
(2) $(t=)\dfrac{1}{2}$
3 $y=\dfrac{1}{5}x+\dfrac{42}{5}$

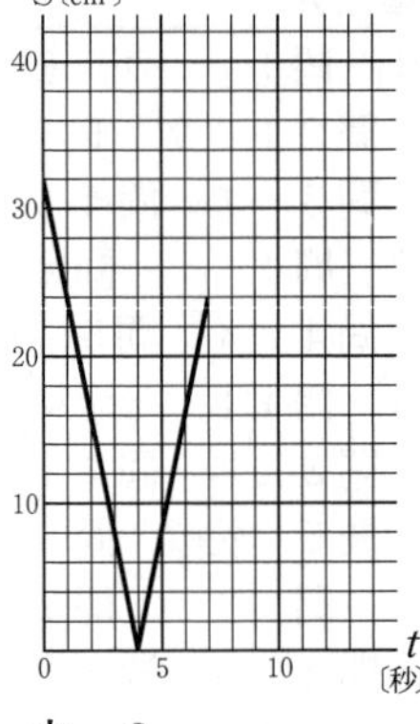

6 1ア 42 イ 38 ウ 3
2エ $30n+12$ オ $24n+20$
3 102(cm²)
4 周の長さは140cmだから，
$24\times5+20=140$となる。
よって，求める面積は，
$30\times5+24=174$(cm²)となる。

■理科

1 1 ウ 2 ア 3 ア 4 イ
5 無性生殖 6 霧 7 蒸留
8 125(Hz)

2 1 恒星 2① A ② 年周運動
③ D ④ 日周運動 3 エ

3 1 花粉のう 2① 胚珠 ② 種子
③ 子房 ④ 果実
3 (例)風によって運ばれて受粉する。

4 1 5.4(Ω) 2 ウ
3 ア→エ→イ→ウ

5 1① P
② 主要動
2 6(km/秒)
3 右図
4 150(km)

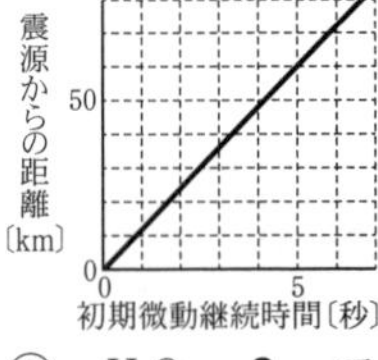

6 1 ア 2① HCl ② H_2O 3 ア
4 水酸化ナトリウム水溶液(を)30(mL加える)

7 1 500(g) 2 (ばねののび)6.0(cm)
(仕事)6.0(J) 3 100(g) 4 0.48(W)

8 1 硫化鉄 2 ウ 3① 7：4
② 硫黄 ③ 1.5(g)

9 1 G 2 軟体動物 3 (グループ)節足動物 (特徴)外骨格をもつ。
4(1) イ (2) (部分)皮膚 (特徴)うすく，湿っている。

■英語

1 1(1) エ (2) エ (3) イ
2(1)① ウ ② エ (2)① ウ ② ア

3 (1) six (2) fifth (3) without
(4) no

2 1 (1) ア (2) ア (3) エ (4) ア
(5) ウ (6) ウ 2 (1) エ→ウ→イ→ア
(2) エ→ア→ウ→イ
(3) ウ→エ→オ→ア→イ

3 1 what 2 (1) often see robots
(2) can do many things
(5) try to make interesting robots
3 イ 4 (最近のロボットの新しい役割は,)人とコミュニケーションをとったり,よい気分にさせてくれたりすること。
5 ① who ② speak
6 I want to make a robot which can cook well. If the robot makes delicious foods, we can enjoy dinner. The robot helps us cook, too. We can have much more free time. We can do anything which we want to do. The robot is useful at home and don't take any jobs from us.

4 1 ウ 2 (例)夜遅く一人で歩いて帰宅すること 3 the right thing
4 one of the strongest teams
5 ① (例)同じ地球に住んでいる
② (例)愛に満ちあふれた平和な世界
6 エ

5 1 イ 2 (例)人間が生活の中で排出させてきた二酸化炭素が地球温暖化の原因になっていること。 3 ウ 4 エ

■国語

1 1 (1) おくがい (2) たいよ
(3) どんてん (4) きず(く)
(5) あらそ(う) 2 (1) 装置 (2) 利益
(3) 冒険 (4) 羽(ばたく) (5) 拝(む)
3 (1) イ (2) ウ (3) イ (4) ウ
4 エ

2 1 こくこう 2 ア 3 ウ
4 (例)悪事をとどめ,善事を勧める心。
5 ウ

3 1 ウ 2 (例)哲学をしなくてはいけないと決まっているわけでも,哲学の定義に従って何かをしなくてはいけないわけでもないから。 3 エ 4 どの程度に
5 イ 6 ア

4 1 ウ 2 イ 3 (例)アトリエの隅で騒ぎが大きくなったので,何が起きているのか興味をそそられたから。
4 (例)開きかけた太郎の心が再び閉じてしまうということ。 5 抗議の表情

6 イ

5 省略

佐野清澄

■数学

1 (1) -3 (2) 11 (3) $-\frac{7}{6}$ (4) -17
(5) -108 (6) $-6a^2$ (7) $-2x+3y$
(8) $\sqrt{3}$

2 (1) エ (2) ウ (3) エ (4) イ
(5) ア (6) イ (7) ウ (8) ウ

3 (1) $x=4$ (2) $x=33$(°)
(3) $x=45$(°) (4) $x=2\sqrt{3}$
(5) $x=120$(°)

4 (1) 22 (2) 20 (3) 29

5 (1) $\frac{1}{8}$ (2) $\frac{3}{8}$ (3) $\frac{7}{8}$

6 (1) 9(個) (2) 100(個) (3) n^2

7 (1) $y=x+6$ (2) $0 \leqq y \leqq 9$
(3) 15(cm^2)

8 (1) ア (2) イ (3) ウ

■英語

【Ⅰ】 1 イ 2 エ 3 ウ 4 エ 5 イ
【Ⅱ】 1 エ 2 ア 3 エ 4 ウ 5 ア
【Ⅲ】 1 ア 2 ウ 3 イ 4 イ 5 ア
【Ⅳ】 1 ウ 2 エ 3 エ 4 ア 5 ウ
【Ⅴ】 1 ア 2 イ 3 エ 4 ウ 5 イ
【Ⅵ】 1 I have lived in Sano for five years.
2 I visited Tochigi to eat many strawberries.
3 This question is easier than that one.
4 We will give our grandfather a letter.
5 Where did you play soccer yesterday?
【Ⅶ】 (1)① holiday ② everyone
③ night ④ window (2)⑤ stood
⑥ felt (3)⑦ I don't want to see the doctor! (4)ア for イ of ウ into
(5) ウ オ
【Ⅷ】 ① January ② August
③ October ④ November
【Ⅸ】 ア Emi イ Bill ウ Bob
エ Yayoi

■国語

【一】 問一(a) 誠実 (b) おうべい
問二 同調 問三 反論するこ 問四 エ
問五 真理を求めて相手に反論すること
問六 エ

問七　一般的な日本人は，人間関係を重視して，互いに同調し合って話し合いを進める「同調文化」を育んでき(たから)
問八　ア　問九　イ
【二】問一(a)　てごた　(c)　通過　問二　イ
問三　ウ　問四　Ⅳ　問五　ア
問六　ここまで来い。(ここまで来い！も可)
問七(1)　ちょうどそ　(2)　イ　問八　ウ
【三】1　犬　2　馬　3　魚　4　猫　5　鳥
【四】1　二　2　一　3　四　4　万　5　千
【五】1　くさかんむり　2　いとへん
3　りっとう　4　しんにょう
5　きへん
【六】1　競争　2　接続　3　農業
4　旅行　5　天気
【七】問一　イ　問二　水　問三　ア
問四　ウ　問五　係り結び(の法則)
問六　エ　問七　翁　問八　その山，見(〜)で来つる。　問九　ア

小山工業高等専門学校

■社会
1　問1　ウ　問2　エ　問3　ア　問4　ア
2　問1　ウ　問2　ア　問3　エ
3　問1　ウ　問2　イ
4　問1　エ　問2　イ
5　問1　ア　問2　ア　問3　エ
6　問1　ウ　問2　イ　問3　エ　問4　エ
7　問1　イ　問2　カ　問3　ウ　問4　イ
8　問1　エ　問2　エ　問3　ア

■数学
1　(1)ア　4　(2)イ　−　ウ　4　エ　3
(3)オ　1　カ　5　キ　1　ク　6
(4)ケ　3　コ　7　(5)サ　0　シ　4
(6)ス　2　セ　3　(7)ソ　5　タ　0
(8)チ　1　ツ　0
2　(1)ア　1　イ　4　(2)ウ　2　エ　1
オ　4　カ　3　キ　2　ク　9　ケ　4
(3)コ　1　サ　5　シ　2　(4)ス　2
セ　4
3　(1)ア　5　イ　4　(2)ウ　1　エ　4
オ　3　(3)カ　1　キ　2　ク　2
ケ　1　コ　0　サ　2
4　(1)ア　1　イ　9　ウ　8　エ　4
(2)オ　−　カ　1　キ　2　(3)ク　3
ケ　−　コ　5　(4)サ　1　シ　4

■理科
1　問1　イ　問2　エ　問3　ウ　問4　エ
問5　イ　問6　ウ　問7　イ　問8　ア
2　問1 1　カ　2　イ　オ　キ　3ア　0
イ　8　ウ　4　問2　エ
問3 塩酸A　ウ　塩酸B　カ
3　問1ア　1　イ　5　ウ　1　エ　7
オ　3　問2 1　2　2ア　8　イ　7
ウ　5　3ア　5　イ　2　4　オ
5　イ
4　問1 1　ア　2　ウ　エ　3　エ
問2 1 Y　エ　Z　イ　2　ウ
問3 1　エ　2　オ
5　問1　ア　問2　ア　ウ　キ　問3　エ
問4 1　ク　2　オ　3　ウ
6　問1　ウ　問2①　○　②　×　③　×
④　×　問3ア　2　イ　0　問4　ウ
問5　ウ　問6　ウ　問7　ウ
問8①　カ　②　オ

■英語
1　1　エ　2　ウ　3　エ　4　イ　5　ア
2　1　ア　2　ウ　3　イ　4　エ　5　ア
3　問1(1)　イ　(2)　エ　(3)　ア　(4)　ウ
(5)　ウ　(6)　イ　問2(1)　イ　(2)　ウ
4　1　3番目　エ　5番目　イ
2　3番目　イ　5番目　エ
3　3番目　オ　5番目　エ
4　3番目　ウ　5番目　オ
5　3番目　カ　5番目　ア
5　問1(1)　イ　(2)　エ　(3)　ア
問2(1)　ウ　(2)　エ
6　問1　ウ　問2　ア　問3　ウ
問4　イ　問5　イ　問6　ア　問7　ウ

■国語
1　問1①　エ　②　イ　③　ウ　④　ウ
問2　c　問3　イ　問4　ア　問5　ウ
問6　エ　問7　ア
2　問1①　ウ　②　ア　③　エ
問2(a)　イ　(b)　エ　問3　ア　問4　イ
問5　ア　問6 A　ウ　B　ア　C　イ
問7　ウ　問8　ア
3　問1　イ　問2 A　ウ　B　エ　C　イ
問3　エ　問4　ア　問5　ウ　問6　イ
問7　エ

MEMO

1 (1)　アイ－3　(2)　ウエ－6　オ2　カ4
(3)　キク23　ケ2　コサ15
(4)　シス25　セ7

解説 (1)　$36\times\left(\frac{4}{3}-\frac{7}{4}\right)\div5=36\times\frac{16-21}{12}\times\frac{1}{5}$
$=36\times\left(-\frac{5}{12}\right)\times\frac{1}{5}=-3$

(2)　$(-2x^2y^3)^2\div\left(-\frac{2}{3}x^2y^2\right)$
$=4x^4y^6\times\left(-\frac{3}{2x^2y^2}\right)=-6x^2y^4$

(3)　$\sqrt{60}+(\sqrt{3}-2\sqrt{5})^2$
$=2\sqrt{15}+3-4\sqrt{15}+20=23-2\sqrt{15}$

(4)　両辺に100をかけると
$80x-300=-25x+75,\ x=\frac{375}{105}=\frac{25}{7}$

2 (1)　ア2　イウ－3　(2)　エ3
(3)　オカキ165　クケ16　(4)　コサ14
(5)　シス92　(6)　セ6　(7)　ソ7　タ2

解説 (1)　$2(x-4)-3y=5$ より $2x-3y=13$
…①　$2y-\frac{x+4}{2}=-9$ より $x-4y=14$…②
①－②×2 より $5y=-15,\ y=-3,\ x=2$

(2)　$\sqrt{\frac{5}{2}},\ -\sqrt{5},\ 2\sqrt{3}$ の3個が無理数。

(3)　データの値を小さい方から順に並べる。

第1四分位数　　中央値
140　148　153　157　157　162　165
第3四分位数　　第2四分位数
169　170　171　171　175　178

13人いるから中央値は　$(13+1)\div2=7$ (番目)の値で 165 cm　第1四分位数は，最小値を含む方の6人の，3番目と4番目の平均値を求めて $(153+157)\div2=155$cm
第3四分位数は，最大値を含む方の6人の10番目と11番目の平均値を求めて 171cm
四分位範囲は　$171-155=16$(cm)

(4)　毎分25Lで x 分間水を入れたとすると，
毎分30Lでは　$27-x-5=22-x$(分間)
毎分10Lの速さで5分間水も抜くから
$25x-10\times5+30(22-x)=540$
$-5x+610=540,\ x=14$(分間)

(5)　AとDを結ぶ。円に内接する四角形の対角の和は180°だから

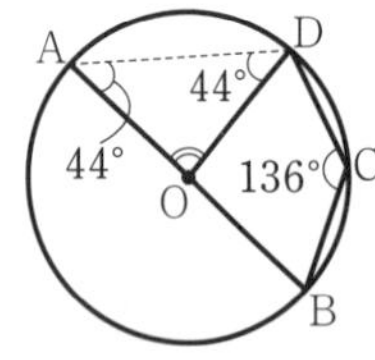

∠DAB＋136°＝180°
∠DAB＝44°
△OADはOA＝ODの二等辺三角形で
∠ODA＝∠OAD＝44°，△OADで
∠AOD＝180°－44°×2＝92°

(6)　AE：EB＝3：2 より AB＝CD＝5

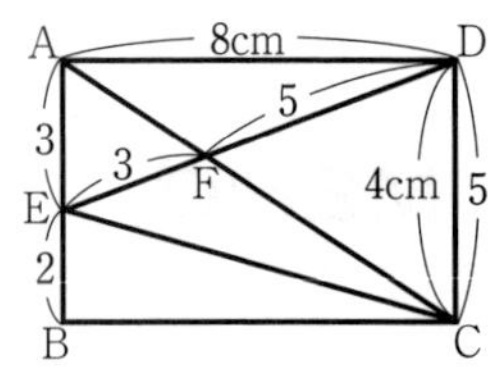

△AEF∽△CDF
EF：DF＝AE：CD＝3：5
△CEFと△CFDはEF，FDを底辺と考えると高さの等しい三角形で，面積の比は底辺の比に等しい。EF：FD＝3：5，面積の比も3：5　△ECDの面積は $4\times8\div2=16$(cm²) だから
$\triangle CEF=16\times\frac{3}{3+5}=6$(cm²)

(7)

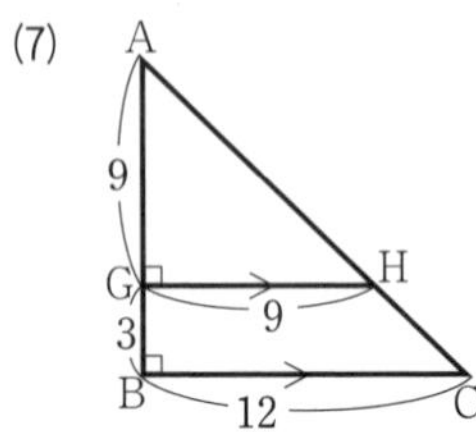

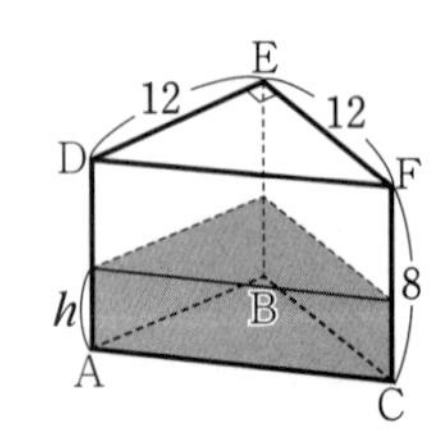

図のようにG，Hを定める。AG＝12－3＝9cm　GH∥BCで△AGH∽△ABC
△ABC，△AGHは直角二等辺三角形だから　GH＝AG＝9cm　水の体積は，台形GBCHを底面とする高さ8cmの四角柱の体積で　$(9+12)\times3\div2\times8=252$ (cm³)　面ABCを底面としたときの高さを h cmとする。水の体積は変わらないから　$(12\times12\div2)\times h=252,\ 72h=252$
$h=\frac{252}{72}=\frac{7}{2}$(cm)

3 (1)　ア1　イウ10　(2)　エ1　オ4
(3)　カキ23　クケ60
(4)　コサ11　シス60

解説 (1)　1つのさいころの目の出方は6通り。また，10枚のカードから1枚を取り出す取り出し方は10通りだから，起こる場合の数は　$6\times10=60$(通り)ある。

続けるときは，かける

さいころの目の数を a，カードに書かれた数を b とすると，$a=b$ となるのは6通りだから　$\frac{6}{60}=\frac{1}{10}$

a	1 2 3 4 5 6
b	1 2 3 4 5 6

(2)　$a>b$ となるのは15通りだから　$\frac{15}{60}=\frac{1}{4}$

a	2	3	4
b	1	1 2	1 2 3

a	5	6
b	1 2 3 4	1 2 3 4 5

(3)　$\frac{b}{a}$ が整数となるのは23通りある。

b	1 2 3 4 5 6 7 8 9 10
a	1

b	2 4 6 8 10	3 6 9	4 8	5 10	6
a	2	3	4	5	6

求める確率は $\dfrac{23}{60}$

(4) $\sqrt{ab}$ が整数となるのは $ab=1,\ 4,\ 9,\ 16,\ 25,\ 36$ になるときで11通りある。

求める確率は $\dfrac{11}{60}$

a	1	2	3	4	5	6
b	1 4 9	2 8	3	1 4 9	5	6

4 (1) アイウエ **8 8 0 0** (2) オカ **2 0** キク **9 1** ケコ **1 3**

解説 (1) レンガを縦向きに3個，横向きに4個，全部で $(3+4)\times 2=14$ 個並べて花壇を作る。花壇の内側の縦は

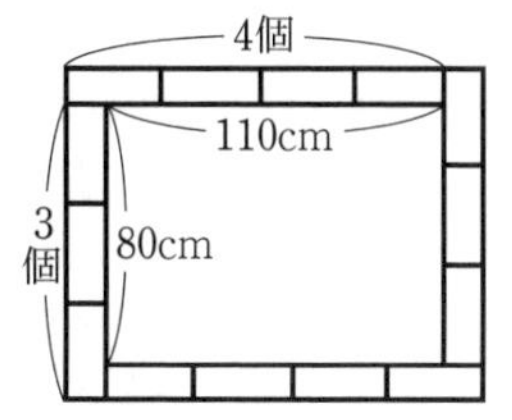

$30\times 3-10=80$(cm) 横は $30\times 4-10=110$(cm)になる。内側の部分の面積は
$80\times 110=8800$(cm^2)

(2)

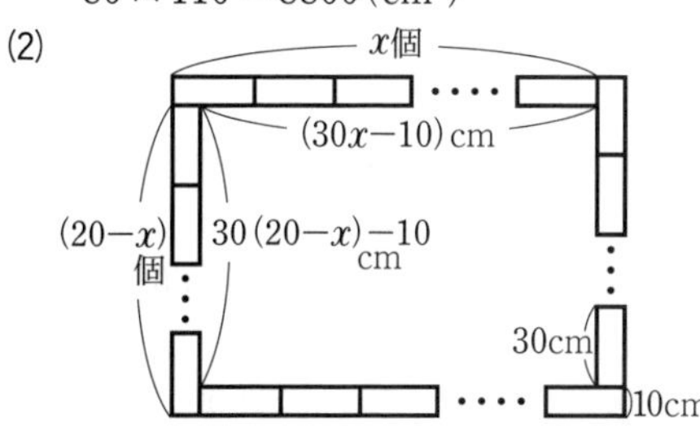

レンガを40個並べて花壇を作ると，縦向きと横向きに並ぶレンガの個数の和は $40\div 2=20$ 個 横向きに x 個並べると縦向きには $(20-x)$ 個並ぶ。花壇の内側の縦は
$30(20-x)-10=590-30x$(cm) 横は $(30x-10)$cm 内側の部分の面積から
$(590-30x)\times(30x-10)=76000$
$10(59-3x)\times 10(3x-1)=76000$
$180x-59-9x^2=760,\ x^2-20x+91=0$
$(x-7)(x-13)=0,\ x=7,\ 13$ 横の長さは縦の長さより長いから，$x>20-x$，$x>10$ より，$x=13$(個)が適している。

5 (1) ア **6** イ **7** (2) ウエ **−7** オ **3** カキ **−1** ク **2** ケ **3** コサ **1 8**

解説 (1) 点Aの x 座標は2 Aは放物線①上にあるから $y=\dfrac{3}{2}\times 2^2=6$ A(2, 6)

傾き $-\dfrac{1}{2}$ の直線を $y=-\dfrac{1}{2}x+b$ とする。

点Aを通るから $6=-\dfrac{1}{2}\times 2+b$，$b=7$

直線 ℓ の式は $y=-\dfrac{1}{2}x+7$

(2) 点 $\mathrm{B}\left(a,\ \dfrac{3}{2}a^2\right)$ は直線 ℓ 上にもあるから

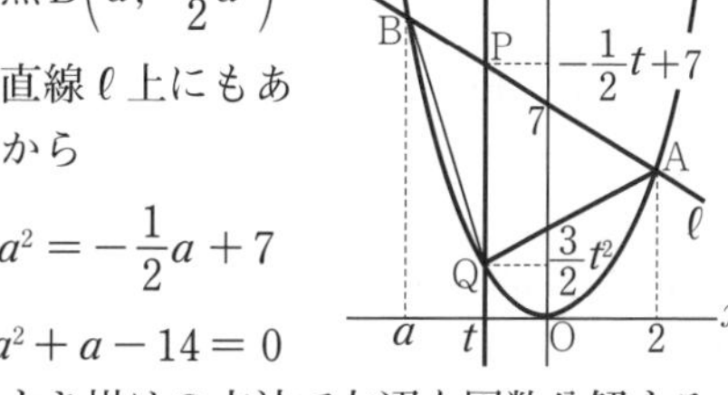

$\dfrac{3}{2}a^2=-\dfrac{1}{2}a+7$

$3a^2+a-14=0$

たすき掛けの方法で左辺を因数分解する。
$(a-2)(3a+7)=0$，$a\neq 2$ より $a=-\dfrac{7}{3}$
この値は点Bの x 座標になる。

直線 m と x 軸との交点の座標が $(t,\ 0)$ だから点Qの x 座標も t これを①の式に代入して $y=\dfrac{3}{2}t^2$

$\mathrm{Q}\left(t,\ \dfrac{3}{2}t^2\right)$

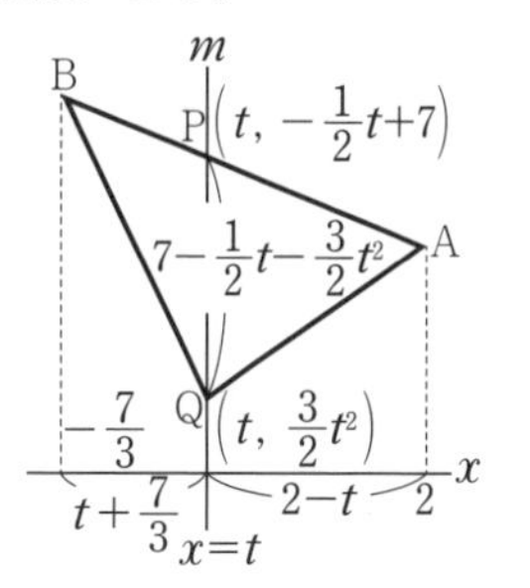

点Pの x 座標も t，これを ℓ の式に代入して $y=-\dfrac{1}{2}t+7$，$\mathrm{P}\left(t,\ -\dfrac{1}{2}t+7\right)$

△ABQをPQで分けて底辺をPQとする。

$\mathrm{PQ}=\left(-\dfrac{1}{2}t+7\right)-\dfrac{3}{2}t^2=\dfrac{14-t-3t^2}{2}$

△BPQの高さは $t-\left(-\dfrac{7}{3}\right)=t+\dfrac{7}{3}$

△APQの高さは $2-t$ △ABQの面積は $\dfrac{1}{2}\times\dfrac{14-t-3t^2}{2}\times\left\{\left(t+\dfrac{7}{3}\right)+(2-t)\right\}$
$=\dfrac{13}{12}(14-t-3t^2)$ これが13になるから
$\dfrac{13}{12}(14-t-3t^2)=13,\ 3t^2+t-2=0$,
$(t+1)(3t-2)=0,\ t=-1,\ \dfrac{2}{3}$

$t=-1$ からP，$\mathrm{Q_1}$ は
$\mathrm{P}\left(-1,\ \dfrac{15}{2}\right)$，$\mathrm{Q_1}\left(-1,\ \dfrac{3}{2}\right)$

$t=\dfrac{2}{3}$ から $\mathrm{Q_2}\left(\dfrac{2}{3},\ \dfrac{2}{3}\right)$

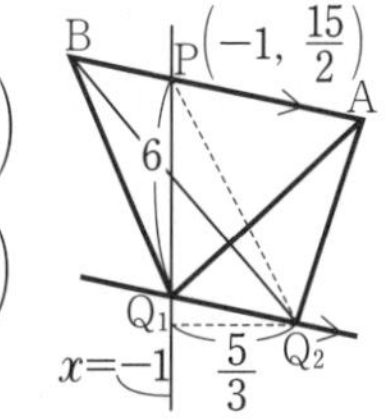

$\triangle \mathrm{ABQ_1}$ と $\triangle \mathrm{ABQ_2}$ の面積は等しく13，底辺BAが共通だから
$\mathrm{BA}\parallel\mathrm{Q_1Q_2}$ であり，$\triangle \mathrm{AQ_1Q_2}=\triangle \mathrm{PQ_1Q_2}$
四角形 $\mathrm{BQ_1Q_2A}=\triangle \mathrm{ABQ_1}+\triangle \mathrm{AQ_1Q_2}$
$=13+\triangle \mathrm{PQ_1Q_2}$，$\mathrm{PQ_1}=\dfrac{15}{2}-\dfrac{3}{2}=6$ $\mathrm{PQ_1}$ を底辺と考えると高さは $\dfrac{2}{3}-(-1)=\dfrac{5}{3}$

$\triangle \mathrm{AQ_1Q_2}=\triangle \mathrm{PQ_1Q_2}=6\times\dfrac{5}{3}\div 2=5$

四角形 $\mathrm{BQ_1Q_2A}$ の面積は $13+5=18$

[1] 1．-5　2．$3a^2b$　3．$4\sqrt{3}$　4．11
5．$(x+2)(x+3)$　6．$\angle x=144$度
7．$y=\dfrac{15}{x}$　8．$x=2,\ y=3$
9．$5a+3b>90$　10．$\angle x=33$度
11．$x=\dfrac{7\pm\sqrt{33}}{2}$　12．$\angle x=56$度
13．$0\leqq y\leqq 27$　14．6 cm

解説 1　$-2-3=-(2+3)=-5$

2　$9a^5b^3\div 3a^3b^2=\dfrac{9a^5b^3}{3a^3b^2}=3a^2b$

3　$\sqrt{12}-\sqrt{27}+\sqrt{75}=2\sqrt{3}-3\sqrt{3}+5\sqrt{3}=(2-3+5)\sqrt{3}=4\sqrt{3}$

4　$6x-\dfrac{y}{2}=6\times\dfrac{3}{2}-\dfrac{-4}{2}=9+2=11$

5　$x^2+(2+3)x+2\times 3=(x+2)(x+3)$

6　三角形の外角から
$\angle x=(70°+30°)+44°=144°$

7　yはxに反比例するから　$y=\dfrac{a}{x}$，$xy=a$
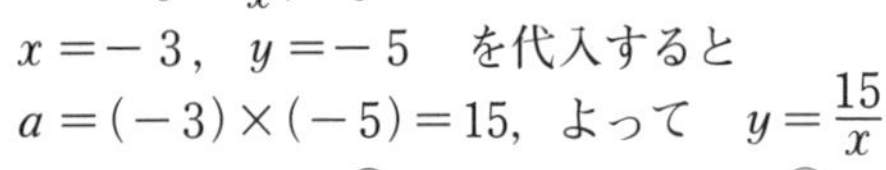
$x=-3$，$y=-5$　を代入すると
$a=(-3)\times(-5)=15$，よって　$y=\dfrac{15}{x}$

8　$x+2y=8\cdots$①　$5x-3y=1\cdots$②
①×5－②より　$13y=39$，$y=3$　これを①に代入して　$x+2\times 3=8$，$x=2$

9　90個のりんごをa人の大人に$5a$個，b人の子どもに$3b$個配ろうとするが，90個ではたりなくなったから　$5a+3b>90$

10　かどを通りℓ，mに平行な直線をひくと平行線の錯角，同位角は等しい。
$\angle x=53°-20°=33°$

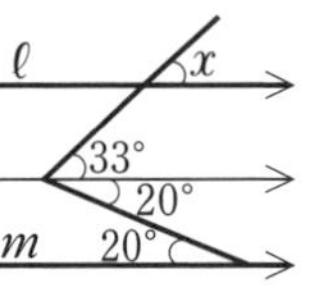

11　$x=\dfrac{-(-7)\pm\sqrt{(-7)^2-4\times1\times4}}{2\times1}=\dfrac{7\pm\sqrt{33}}{2}$

12　$\overset{\frown}{AC}$に対する中心角は円周角の2倍だから
$\angle AOC=2\angle x$
$2\angle x+68°=180°$より
$\angle x=112°\div 2=56°$

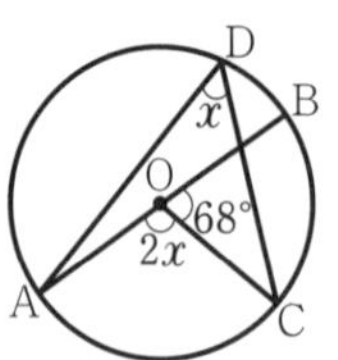

13　$x=-2$のとき$y=3\times(-2)^2=12$，$x=0$のとき$y=0$，$x=3$のとき$y=3\times3^2=27$　だから　$0\leqq y\leqq 27$

14　$9:EF=3:2$，$3EF=18$，$EF=6$ cm

[2] 1．右の図
2 (1)　奇数　(2)　$\dfrac{3}{4}$
3．$a=\dfrac{3}{8}$

解説 1　∠ACDの二等分線を作図し辺ADの交点にEを記入する。

2 (1)　(奇数)×(奇数)＝(奇数)　である。

(2)　2つのさいころを投げると目の出方は全部で36通り。目の数の積が奇数になる場合の方が少ないから奇数になる場合を調べると9通り。目の数の積が偶数になる確率は
$1-\dfrac{9}{36}=\dfrac{3}{4}$

大	1	3	5
小	1 3 5	1 3 5	1 3 5

3　$x=2$を①に代入して　$y=4a$
B(2，$4a$)
A(-2，$4a$)
$x=1$を②に代入して　$y=-3$
D(1，-3)
C(-1，-3)　△AOBで底辺AB＝4，高さは$4a$，△CODで底辺CD＝2　高さは3　2つの三角形の面積が等しいから
$4\times4a\div2=2\times3\div2$，$8a=3$，$a=\dfrac{3}{8}$

[3] 1．$x=30$　配達した商品Aの個数をx個とすると，商品Bの個数は$(45-x)$個である。1回の配達につき商品1個を配達するから，商品Aは1個あたりの価格，配達手数料，少額手数料を合わせると
$500\times(1+0.2)+50=650$(円)，商品Bは1個あたり$800\times(1+0.2)=960$(円)である。手数料も含めた売上げの合計から
$650x+960(45-x)=33900$
$-310x=-9300$，$x=30$
この値は問題に適している。

2 (1)　90分　(2)①　3　②　5　③　6

解説 1　商品Bには少額手数料はかからない。

2 (1)　箱ひげ図の箱の目盛りから第3四分位数は360分，第1四分位数は270分。四分位範囲は　$360-270=90$(分)

(2)　2つの箱ひげ図の第3四分位数は等しい。第3四分位数は最大値を含む　$18\div2=9$個のデータの中央値。これはデータの大きい方から$(9+1)\div2=5$番目の値で，360分が何人かいる場合も考えると，上位5人以上の生徒は360分＝6時間以上学習した。

[4] 1．△ABDと△ACEにおいて，仮定より
AB＝AC…①　△ABCは二等辺三角形である。
△ABC∽△ADEより
△ADEも二等辺三角形

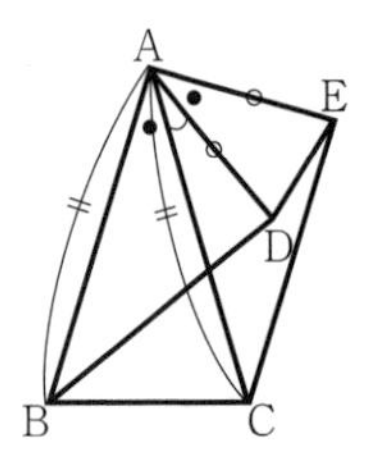

で　AD＝AE …②　対応する角は等しいから　∠BAC＝∠DAE …③　また，
∠BAD＝∠BAC＋∠CAD …④
∠CAE＝∠DAE＋∠CAD …⑤
③，④，⑤より　∠BAD＝∠CAE …⑥
①，②，⑥より２組の辺とその間の角がそれぞれ等しいから　△ABD≡△ACE

2 (1)　8π cm^2　(2)　$8\sqrt{3}$ cm^2

解説 1　∠BAC＝∠DAE を見落とさない。

2 (1)　直径に対する円周角は直角で
∠BAC＝90°
△ABC は30°，60°の直角三角形。

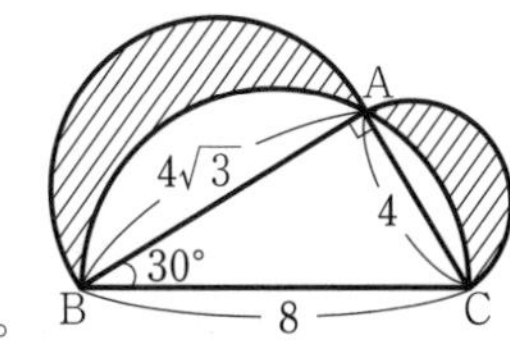

３辺の比は１：２：$\sqrt{3}$，４倍すると
４：８：$4\sqrt{3}$　より BC＝8 cm　BC を直径とする半円の面積は　$\pi\times4^2\div2=8\pi$

(2)　半円 AB の半径は $2\sqrt{3}$ cm，半円 AC の半径は 2 cm，斜線部の面積は
(半円AB＋半円AC＋△ABC)－(半円BC)
$=\pi\times(2\sqrt{3})^2\div2+\pi\times2^2\div2$
$+4\times4\sqrt{3}\div2-8\pi$
$=6\pi+2\pi+8\sqrt{3}-8\pi=8\sqrt{3}$ (cm^2)

5 1．毎分 2 cm　2．$y=-\frac{5}{2}x+275$

２点(50，150)，(90，50)を通る直線の式を求めればよい。これを $y=ax+b$ とすると　$150=50a+b$ …①　$50=90a+b$ …②
①－②より　$100=-40a$，$a=-\frac{5}{2}$
これを①に代入して　$b=275$
したがって　$y=-\frac{5}{2}x+275$

3 (1)①　$-\frac{1}{2}$　②　35　(2)　$x=\frac{355}{2}$
Bの水位　$\frac{225}{4}$ cm

解説 1　グラフから水位は50分間に
150－50＝100(cm)上昇するから
毎分 100÷50＝2(cm)上昇する。

2　２点を通る直線の式が，x と y の関係を表している。

3 (1)①　給水を始めて90分後からの30分間，タンクAでは給水と排水が同時に行われた。水位は，給水のとき毎分 2 cm 上昇し，排水のとき２の式から毎分 $\frac{5}{2}$ cm 下降する。

水位の変化の割合(1分間の水位の変化)$=2-\frac{5}{2}=-\frac{1}{2}$

②　故障に気付いたのは水位が 50 cm の90分後から30分の後。水位は毎分 $\frac{1}{2}$ cm　ずつ下がるから　$50-\frac{1}{2}\times30=35$ (cm)

(2)

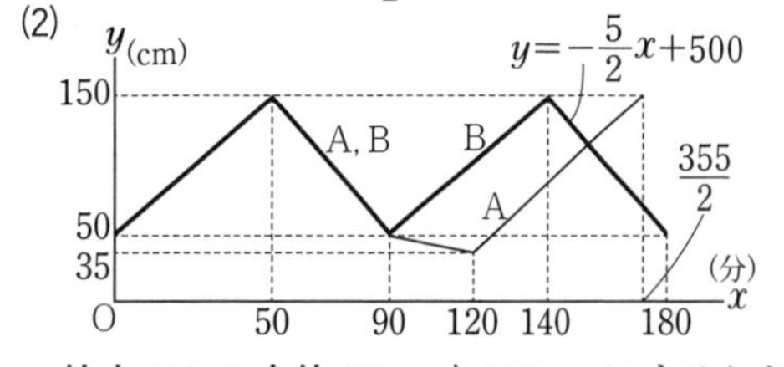

給水でAの水位35cmを150cmにするとき毎分 2 cm 上昇させるから(150－35)÷2
$=\frac{115}{2}$ 分かかる。$x=120+\frac{115}{2}=\frac{355}{2}$
$140\leqq x\leqq180$ のとき，Bは排水しているからBの式は $y=-\frac{5}{2}x+n$ と表せる。　点(180，50)を通るから　$50=-\frac{5}{2}\times180+n$
$n=500$ より $y=-\frac{5}{2}x+500$　この式に $x=\frac{355}{2}$　を代入してBの水位を求めると
$y=-\frac{5}{2}\times\frac{355}{2}+500=\frac{225}{4}$ (cm)

6 1 (1)　9 cm^2　(2)　201 cm^2
2 ①　$(n+1)^2$　②　n^2+2n
3．$m=20$　$S_m=m^2+2m$ と表せるから
$(m^2+2m)-8=432$，$m^2+2m-440=0$，
$(m-20)(m+22)=0$，$m\geqq2$ より $m=20$

解説 1 (1)　図形【1】は3枚＝1＋(1＋1)，図形【2】は5枚＝2＋(2+1)のようにタイルが並ぶ。
図形【4】では　4＋(4＋1)＝9 枚で，9cm^2
(2)　図形【100】では　100＋101＝201枚正方形のタイルが並ぶから，面積は　201cm^2

2 ①　《法則》に従って図形【n】の面積を求める。
１辺が$(n+1)$ cm の正方形から１辺が n cm の正方形の面積をひいて　$(n+1)^2-n^2$

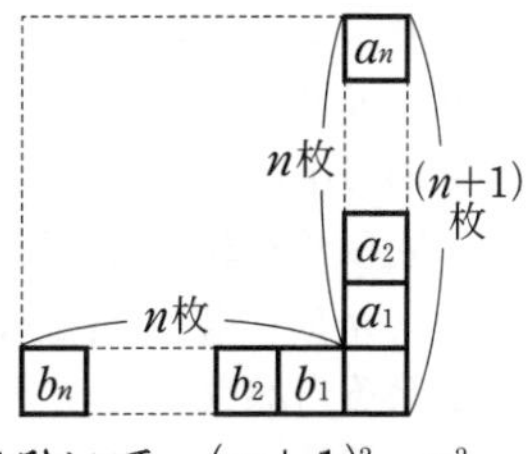

②　図形【1】，【2】，【3】を図のように重ね合わせると面積の和は
$(3+1)^2-1=15$cm^2
のように求められる。

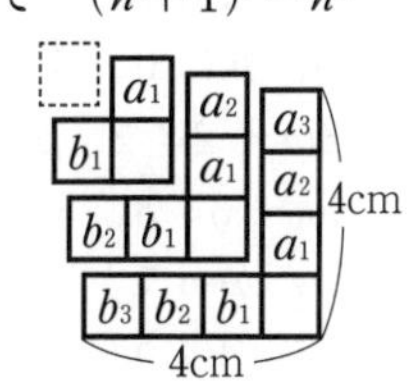

図形【1】から図形【n】までの面積の総和 S_n は
$S_n=(n+1)^2-1=n^2+2n$ (cm^2)

3　$S_n=n^2+2n$ で $n=m$ とおくと
$S_m=m^2+2m$，$(m^2+2m)-8=432$ より
$m^2+2m=440$，$(m+1)^2=441=21^2$
$m+1=\pm21$，$m\geqq2$ より　$m=20$

1 1. アイ10　2. ウ5　エ6　3. オ1　カ8　4. キク11　5. ケ4　コ4

解説 1　$(-2)^3+3\times12\div2$
$=-(2\times2\times2)+3\times6=-8+18=10$

2　$\dfrac{x-1}{2}-\dfrac{4+3x}{6}+2=\dfrac{3(x-1)}{3\times2}-\dfrac{4+3x}{6}+\dfrac{12}{6}$
$=\dfrac{3(x-1)-(4+3x)+12}{6}$
$=\dfrac{3x-3-4-3x+12}{6}=\dfrac{5}{6}$

3　$0.25^2=\left(\dfrac{1}{4}\right)^2=\dfrac{1}{16}$，$0.125=\dfrac{125}{1000}=\dfrac{1}{8}$
$3\times\dfrac{1}{16}-\left(-\dfrac{1}{16}+\dfrac{1}{8}\right)\times\dfrac{5}{1}=\dfrac{3}{16}-\dfrac{1}{16}\times5$
$=\dfrac{3}{16}-\dfrac{5}{16}=-\dfrac{2}{16}=-\dfrac{1}{8}$

4　$(2+\sqrt{5})^2-\sqrt{5}\left(4-\dfrac{2}{\sqrt{5}}\right)$
$=4+4\sqrt{5}+5-4\sqrt{5}+2=11$

5　$x-2=A$とおくと　$A^2+4A-12$
$=(A+6)(A-2)=(x-2+6)(x-2-2)$
$=(x+4)(x-4)$

2 1. ア6　イ0　2. ウエ68　3. オカ55　4. キク19　5. ケ3　コ2　6. サシ12　7. ス1　セ5　8. ソ1　タ2

解説 1　$y=2x^2$ に $y=72$ を代入すると $2x^2=72$，$x^2=36$，$x<0$ より $x=-6$
$-6\leqq x\leqq2$のとき，$0\leqq y\leqq72$ だから yの最小値は0

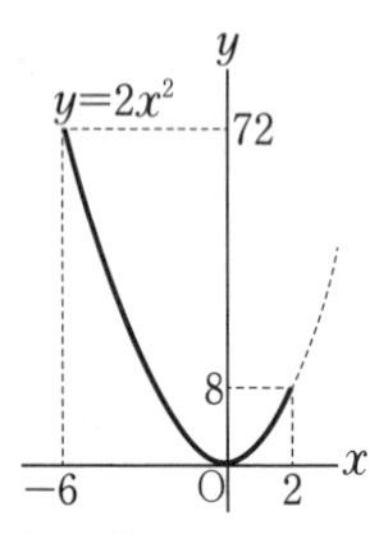

2　**割られる数＝割る数×商＋余り**
m，nを0以上の整数とする。3で割ると2余る自然数は $3m+2$，5で割ると3余る自然数は $5n+3$ と表すことができる。
m，nに0，1，2，…を順に代入すると
$3m+2$：2，5，…，$3\times(7-1)+2=20$
$5n+3$：3，8，…，$5\times(10-1)+3=48$
したがって　$20+48=68$

3　図のように記号を定める。　$\angle BAC=180^\circ-(75^\circ+55^\circ)=50^\circ$
4点A，B，C，Dについて，A，Dが直線BCの同じ側にあって $\angle BAC=\angle BDC=50^\circ$ だから，4点A，B，C，Dは1つの円周上にある。

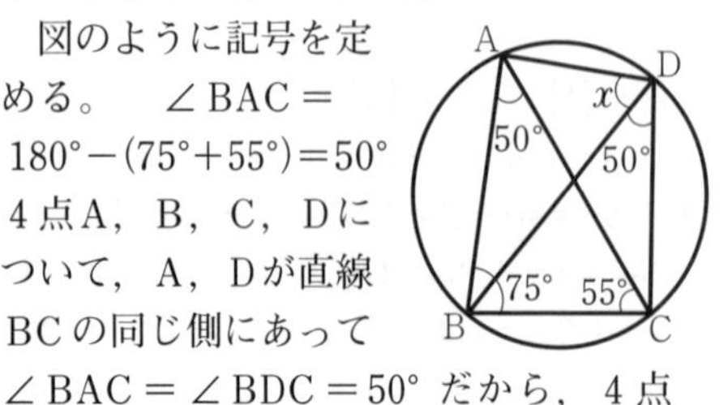

$\overset{\frown}{AB}$に対する円周角は等しいから
$\angle x=\angle ADB=\angle ACB=55^\circ$

4　長方形の枠の中央にある整数をxとすると9つの整数は右のように表される。9つの整数の和は

$x-8$	$x-7$	$x-6$
$x-1$	x	$x+1$
$x+6$	$x+7$	$x+8$

$(x-8)+(x-7)+(x-6)+(x-1)+x$
$+(x+1)+(x+6)+(x+7)+(x+8)=9x$
これが171になるから　$9x=171$，$x=19$

5　$\dfrac{x-1}{2}+\dfrac{y+2}{3}=1$ より $3(x-1)+2(y+2)$
$=1\times6$，$3x+2y=5$…①
$-0.4x+0.2y=-1.6$ の両辺を10倍して
$-4x+2y=-16$…②　　①−②より
$7x=21$，$x=3$　これを①に代入して
$3\times3+2y=5$，$y=-2$

6　**平行四辺形の対角線はそれぞれの中点で交わる**から
AF＝FC

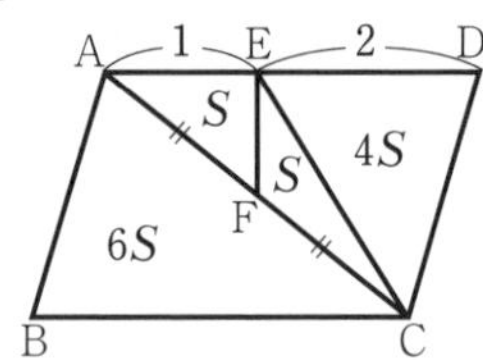

△AFEと△EFCはAF，FCを底辺と考えると，底辺と高さが等しいから面積は等しい。△AFE＝△EFC＝Sとする。△ACEと△ECDはAE，EDを底辺と考えると**高さの等しい三角形で，面積の比は底辺の比に等しい。**
AE：ED＝1：2 より面積の比も 1：2
△ACE＝$S+S=2S$より△ECD＝$2S\times2$
＝$4S$，△ACD＝$2S+4S=6S$
△ACD≡△CABより△CAB＝$6S$
平行四辺形ABCD＝△ACD＋△CAB
＝$6S+6S=12S$，したがって　12倍

7　30枚のカードから1枚のカードをひくひき方は30通り。このカードの中に5の倍数は5，10，15，20，25，30の6枚含まれるから　$\dfrac{6}{30}=\dfrac{1}{5}$

8　採点のしなおし後，7点の生徒1人が9点となり，2点増えた。また，6点の生徒1人が5点となり，1点減ったから
＋2−1＝＋1
20人の合計点は1点増えた。

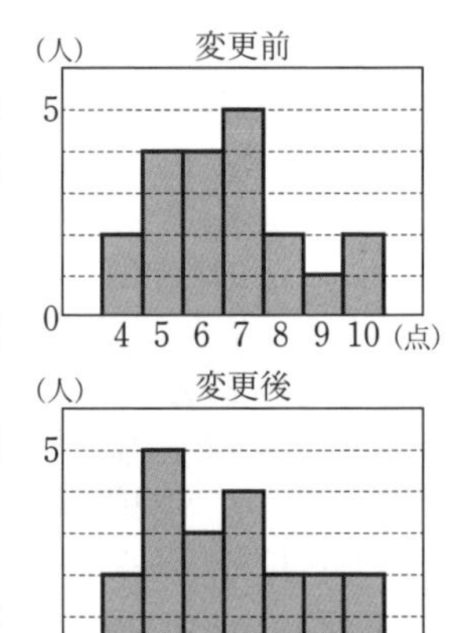

したがって，変更前に比べて変更後の平均点は大きくなる。

また，生徒は20人いるから，点数の小さい方から10番目と11番目の点数の平均値が中央値になる。

変更前

4 4 5 5 5 5 6 6 6 6 7 7 7 7 7 7 8 8 9…（6 7 が中央値）

変更後

4 4 5 5 5 5 5 6 6 6 7 7 7 7 7 8 8 9 9…（6 7 が中央値）

変更前も変更後も中央値は

$(6+7)\div 2=6.5$（点）で変わらない。

3 1．アイ96　2．ウエ84

3．オ3　カ4

解説 1　体積は　$\frac{1}{3}\times 6\times 6\times 8=96\,(\text{cm}^3)$

2　図のように記号を定める。水は容器の高さの半分まで入っているから

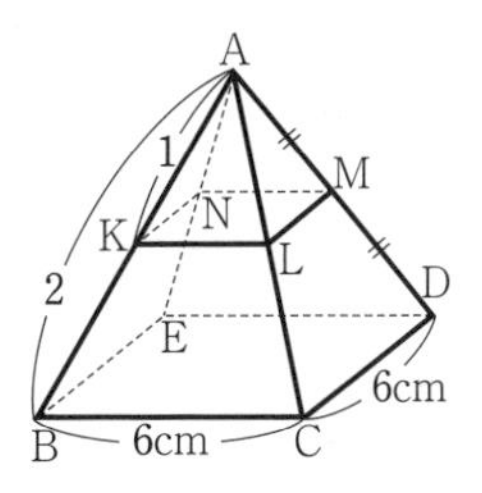

正四角錐 AKLMN

∽正四角錐 ABCDE

相似比は $1:2$

相似な立体では，体積比は相似比の3乗に等しいから　$1^3:2^3=1:8$　したがって，水の体積と正四角錐 ABCDE の体積比は $(8-1):8=7:8$　水の体積は正四角錐の体積の $\frac{7}{8}$ で　$96\times\frac{7}{8}=84\,(\text{cm}^3)$

3　CP＝x cm とすると PB＝$6-x$（cm）　水の体積は四角錐 A-PBEQ の体積に等しい。底面は長方形 PBEQ，

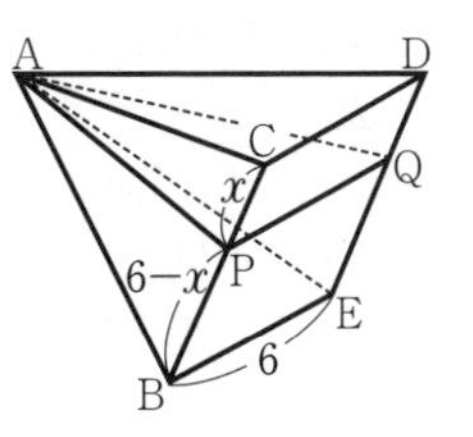

高さは 8 cm で　$\frac{1}{3}\times(6-x)\times 6\times 8=84$

$16(6-x)=84,\ 96-16x=84,\ x=\frac{3}{4}\,(\text{cm})$

4 1．アイ16　2．ウ2　エ3

3．オカ15

解説 1　傾き $-\frac{4}{3}$ の直線 ℓ を $y=-\frac{4}{3}x+b$ とする。ℓ は点 P$(t,\ 0)$ を通るから

$0=-\frac{4}{3}t+b,\ \ b=\frac{4}{3}t,\ \ y=-\frac{4}{3}x+\frac{4}{3}t$

$t=12$ のとき，切片 $\frac{4}{3}t=\frac{4}{3}\times 12=16$

点Qの x 座標は 0 だから　Q$(0,\ 16)$

2　直線 ℓ の式は

$y=-\frac{4}{3}x+\frac{4}{3}t$

P$(t,\ 0)$，Q$\left(0,\ \frac{4}{3}t\right)$

で　OQ＝$\frac{4}{3}t$，

OP＝t，　△OPQ＝$\frac{1}{2}\times t\times\frac{4}{3}t=\frac{2}{3}t^2$

3　点Rの x 座標は 12

$x=12$ を ℓ の式に代入して

$y=-\frac{4}{3}\times 12+\frac{4}{3}t=\frac{4}{3}t-16$，　AR＝$\frac{4}{3}t-16$

点Sの y 座標はCと同じ 8，また OP＝t

△ORS の面積は △SOP から △ROP をひいて求める。　△SOP－△ROP

$=\frac{1}{2}\times t\times 8-\frac{1}{2}\times t\times\left(\frac{4}{3}t-16\right)$

$=4t-\frac{2}{3}t^2+8t=-\frac{2}{3}t^2+12t$

$-\frac{2}{3}t^2+12t=30$　より　$t^2-18t+45=0$

$(t-3)(t-15)=0$，$12\leqq t<18$ より $t=15$

5 ア $\frac{9}{5}$　イ 6　ウ $\frac{1}{7},\ \frac{2}{7},\ \frac{3}{7},\ \frac{6}{7}$

エ 30

解説 ア　分子を18にそろえると，左端から

$\frac{18}{1},\ \frac{18}{2},\ \frac{18}{3},\ \frac{18}{4},\ \frac{18}{5},\ \frac{18}{6},\ \frac{18}{7},\ \frac{18}{8},\ \frac{18}{9},\ \frac{18}{10}$

左端から数えて10番目の数は　$\frac{18}{10}=\frac{9}{5}$

イ　18の約数は右のように計算して 1，2，3，6，9，18　この数の列に現れる整数は，分母が18の約数 1，2，3，6，9，18 になる6種類で

1×18
2×9
3×6

$\frac{18}{1},\ \frac{18}{2},\ \frac{18}{3},\ \frac{18}{6},\ \frac{18}{9},\ \frac{18}{18}$

ウ　分子が18で表せる数は，分子が18の約数になる。$\frac{1}{7}\sim\frac{6}{7}$　では　$\frac{1}{7},\ \frac{2}{7},\ \frac{3}{7},\ \frac{6}{7}$

$\frac{1}{7}=\frac{1\times 18}{7\times 18}=\frac{18}{126}$，　$\frac{2}{7}=\frac{2\times 9}{7\times 9}=\frac{18}{63}$

$\frac{3}{7}=\frac{3\times 6}{7\times 6}=\frac{18}{42}$，　$\frac{6}{7}=\frac{6\times 3}{7\times 3}=\frac{18}{21}$

エ　この数の列は　$\frac{18}{1},\ \frac{18}{2},\ \frac{18}{3},\ \cdots,\ \frac{18}{29},\ \frac{18}{30}$

$\frac{3}{5}=\frac{18}{30}$　だから，左端から数えて30番目。

1 (1)　**15**　(2)　$\boldsymbol{\frac{3}{2}a^5}$　(3)　$\boldsymbol{31a+2}$

(4)　$\boldsymbol{x(y-2)^2}$　(5)　$\boldsymbol{x=10}$　(6)　$\boldsymbol{x=5,\ y=-1}$　(7)　$\boldsymbol{x=3,\ -2}$　(8)　**1**

解説 (1)　$7-(-2)^3=7-(-8)=7+8=15$

(2)　$2a^2\times\frac{3}{4}a^3=2\times\frac{3}{4}\times a^2\times a^3=\frac{3}{2}a^5$

(3)　$3(5a+2)-4(1-4a)$
$=15a+6-4+16a=31a+2$

(4)　共通因数 x をかっこの外にくくり出す。
$xy^2-4xy+4x=x(y^2-4y+4)$
$=x(y^2-2\times y\times 2+2^2)=x(y-2)^2$

(5)　両辺に10をかけると
$2x+20=5x-10$，$2x-5x=-10-20$，
$-3x=-30$，$x=10$

(6)　$x-y=6\cdots$①　　$x+3y=2\cdots$②
②－①より　$4y=-4$，$y=-1$　これを①に代入して　$x-(-1)=6$，$x=5$

(7)　$(x+1)(x-2)=4$，$x^2-x-2=4$，
$x^2-x-6=0$，$(x-3)(x+2)=0$，
$x-3=0$ または $x+2=0$，$x=3,\ -2$

(8)　$a=\sqrt{2}-1$ より　$a+1=\sqrt{2}$
両辺を2乗すると　$(a+1)^2=(\sqrt{2})^2$
$a^2+2a+1=2$，$a^2+2a=2-1=1$

2 (1)　**8**　(2)　$\boldsymbol{y=-4x}$　(3)　**8個**

(4)　$\boldsymbol{a=2,\ b=4}$　(5)　$\boldsymbol{a=\frac{1}{2}}$

(6)　**400m**　(7)　$\boldsymbol{\frac{5}{9}}$　(8)　**47度**　(9)　**135度**

(10)　**1.5時間**

解説 (1)　$n<5\sqrt{3}$ の両辺を2乗すると
$n^2<(5\sqrt{3})^2$，$n^2<75$，$8^2<75<9^2$　である。n は自然数で最も大きい数になるから
$n^2=8^2$，$n=8$

(2)　y は x に比例するから　$y=ax$
$x=2$，$y=-8$ を代入して　$-8=a\times 2$，
$2a=-8$，$a=-4$，よって　$y=-4x$

(3)　$y=\frac{6}{x}$，

$xy=6$，x，y は整数だから求める点の座標は
$(1,\ 6)$，$(2,\ 3)$，$(3,\ 2)$，$(6,\ 1)$，$(-1,\ -6)$，$(-2,\ -3)$，$(-3,\ -2)$，$(-6,\ -1)$
全部で8個ある。

(4)　直線 $y=ax+b$ が点 $(1,\ 6)$ を通るから
$6=a+b\cdots$①　点 $(-3,\ -2)$ を通るから
$-2=-3a+b\cdots$②　①－②より $8=4a$，
$a=2$，これを①に代入して　$b=4$

(5)　関数 $y=ax^2$ について，x の値が p から q まで増加するときの変化の割合は
$\boldsymbol{(p+q)\times a}$ で求められるから
$(1+3)\times a=2$，$4a=2$，$a=\frac{1}{2}$

(6)　分速60mで x m歩き，分速80mで y m歩いたとすると　$x+y=1000\cdots$①　時間から　$\frac{x}{60}+\frac{y}{80}=15$，両辺に240をかけると
$4x+3y=3600\cdots$②　　①×4－②より
$y=400$(m)

(7)　3枚のカードから1枚ひくのは3通り。ひいたカードは戻すから，もう1枚ひくひき方も3通りで，全部で　$3\times3=9$(通り)
a，b の和が a，b の積より大きくなるのは5通りある。求める確率は

$\frac{5}{9}$

a	-1	0	1	1	1
b	1	1	-1	0	1
$a+b$	0	1	0	1	2
ab	-1	0	-1	0	1

(8)　$\angle\text{BCD}=180°-(44°+20°)=116°$　四角形ABCDの内角の和は360°だから
$110°+2\angle\text{ABC}+116°=360°$，$2\angle\text{ABC}=134°$
$\angle\text{ABC}=\angle\text{ADC}=67°$　点Dを通り ℓ，m に平行な直線DEをひくと，$\angle\text{EDC}=20°$，$\angle x=\angle\text{ADE}=67°-20°=47°$

(9)　円錐の側面になるおうぎ形の中心角の大きさは

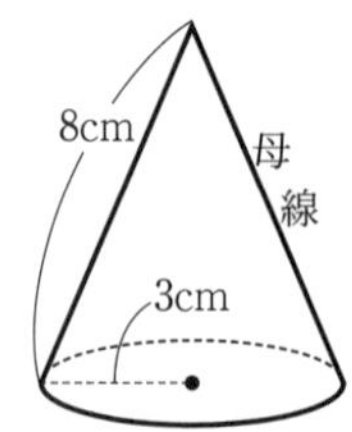

$\boldsymbol{360°\times\frac{\text{底面の半径}}{\text{母線の長さ}}}$

$360°\times\frac{3}{8}=135°$

(10)　データを小さい方から順に並べる。

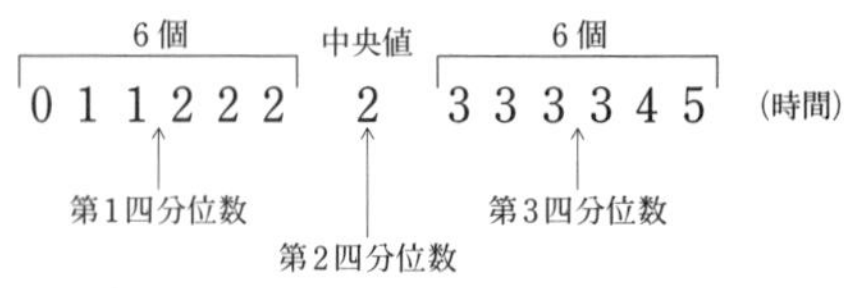

第1四分位数は，最小値を含む方の6個の中央値。3番目と4番目の平均値を求めて
$(1+2)\div2=1.5$(時間)　第3四分位数は，最大値を含む方の6個の中央値。10番目と11番目の平均値を求めて3時間。
四分位範囲＝第3四分位数－第1四分位数
$3-1.5=1.5$(時間)

3 (1)　**25個**　(2)　**441個**

解説

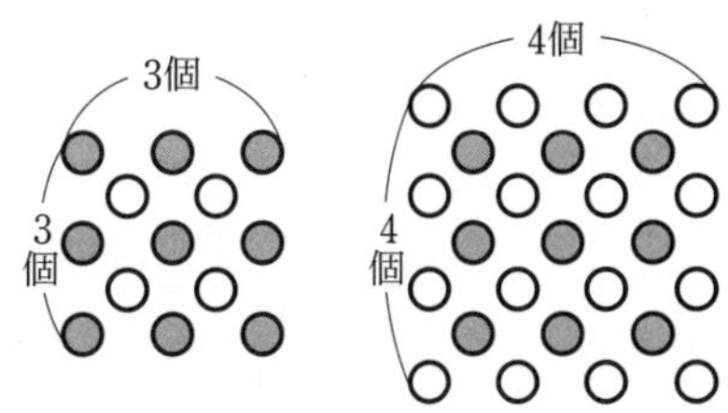

(1)　6番目は偶数番号だから4番目の図形を参考にする。黒石は縦，横に数えると $(4-1)^2=3^2=9$(個)　同様に，6番目の図形の黒石は　$(6-1)^2=5^2=25$(個)

(2)　n が奇数のとき，n 番目の黒石の個数は n^2 個。白石の個数は $(n-1)^2$ 個だから $n^2-(n-1)^2=41$，$2n-1=41$，$n=21$　21は奇数だから適している。したがって，黒石の個数は　$21^2=441$(個)

　n が偶数のとき，n 番目の白石の個数は n^2 個，黒石の個数は $(n-1)^2$ 個だから $n^2-(n-1)^2=41$，$n=21$　21は奇数だから適さない。

4 (1)　$S=11$　(2)　$x=\frac{2}{3}$，4

解説 (1)　$x=5$ のとき，点Pは点Aから $2\times5=10$cm 進み，辺CD上にある。　$PC=(6+6)-10=2$ (cm)　また，点Qは点Cから $1\times5=5$ cm 進むから $BQ=6+5=11$cm

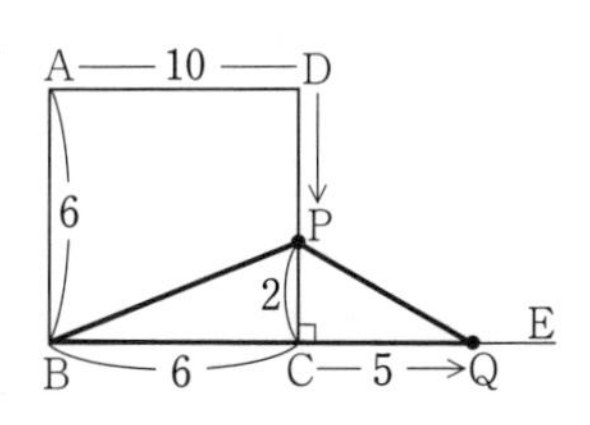

△BPQ の面積 S は　$S=11\times2\div2=11$

(2)　点Pは点Aから点Dまで $6\div2=3$(秒)　点Aから点Cまで　$12\div2=6$ (秒)かかる。

　$0\leqq x\leqq3$ のとき，点Pは辺AD上にある。

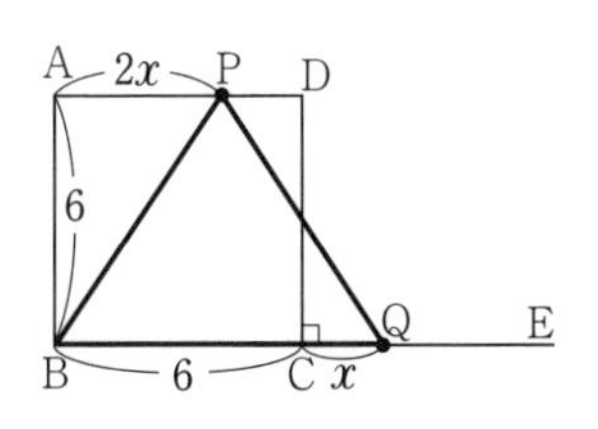

$AP=2x$，$CQ=x$，$BQ=6+x$ より
$S=(6+x)\times6\div2=3x+18$，$3x+18=20$

$3x=2$，$x=\frac{2}{3}$

　$3\leqq x\leqq6$ のとき，点Pは辺CD上にある。

A　2x　D
6
6
P
12−2x
B　6　C　x　Q　E

$AD+DP=2x$
$PC=(6+6)-2x=12-2x$，$BQ=6+x$
$S=(6+x)\times(12-2x)\div2=36-x^2$
$36-x^2=20$ より $x^2=16$，$x=\pm4$，
$3\leqq x\leqq6$ より $x=4$ が適している。

5 (1)　$y=2x+4$　(2)　8　(3)　$x=\frac{1+\sqrt{13}}{2}$

解説 (1)　2点A$(-1, 2)$，C$(2, 8)$を通る直線の式を $y=ax+b$　とすると
$2=-a+b$…①　　$8=2a+b$…②
②−①より $6=3a$，$a=2$　これを①に代入して　$b=4$ だから　$y=2x+4$

(2)　四角形OACBを△OABと△CABに分ける。底辺AB $=1-(-1)=2$
△OABの高さは2
△CABの高さは $8-2=6$

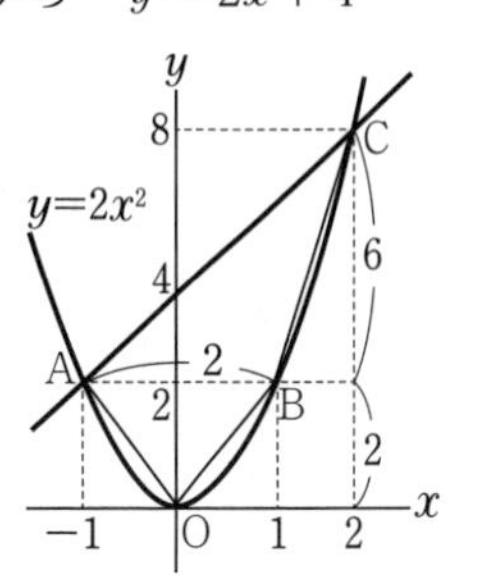

　四角形OACB
$=$△OAB$+$△CAB
$=(2\times2\div2)+(2\times6\div2)=2+6=8$

(3)　△CDEの面積は等積変形を利用して求める。点Eの x 座標を t とすると E$(t, 2t^2)$　点Eを通り直線ACに平行な直線をひき，y 軸との交点をFとすると，EF∥CDより

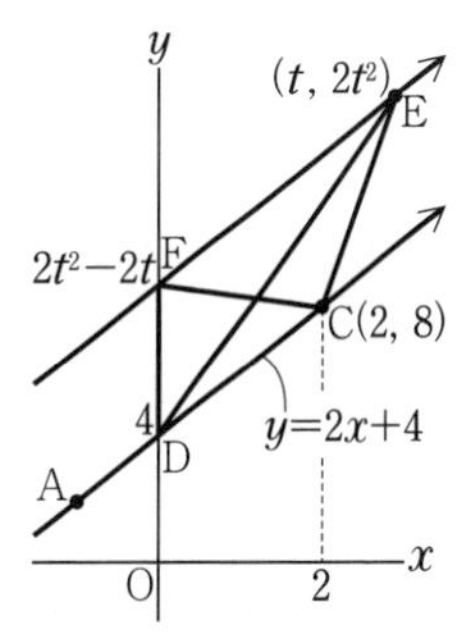

△CDE$=$△CDF　直線EFの式を $y=2x+c$ とする。点Eを通るから $2t^2=2t+c$，$c=2t^2-2t$　直線EFの式は　$y=2x+(2t^2-2t)$，点Fの y 座標は $2t^2-2t$　△CDFの底辺をFDとすると $FD=(2t^2-2t)-4$，高さは2だから
△CDE$=$△CDF$=(2t^2-2t-4)\times2\div2$
$=2t^2-2t-4$　これが四角形OACBの面積8の $\frac{1}{4}$ となる。$8\times\frac{1}{4}=2$　より
$2t^2-2t-4=2$，$2t^2-2t-6=0$，
$t^2-t-3=0$

$$t=\frac{-(-1)\pm\sqrt{(-1)^2-4\times1\times(-3)}}{2\times1}$$

$$=\frac{1\pm\sqrt{13}}{2}$$，$t>2$ より $t=\frac{1+\sqrt{13}}{2}$

が適している。点Eの x 座標は
$x=\frac{1+\sqrt{13}}{2}$　なお，$\frac{1-\sqrt{13}}{2}<0$ である。

1 (1) ア **3**　(2) イ **1**　ウ **3**　(3) エ **9** オ **7**
カキ **1 5**　(4) ク **3**　ケ **3**　コ **5**
(5) サ **6**　シ **6**　(6) ス **2**　セ **3**

解説 (1) $4\div(-2)-30\div(-6)$
$=-(4\div 2)+(30\div 6)=-2+5=3$

(2) $\dfrac{3}{2}\times\left(-\dfrac{1}{2}\right)^2\div\dfrac{9}{8}=\dfrac{3}{2}\times\dfrac{1}{4}\times\dfrac{8}{9}=\dfrac{1}{3}$

(3) $\dfrac{3a-2b}{3}-\dfrac{2a-b}{5}=\dfrac{5(3a-2b)}{5\times3}-\dfrac{3(2a-b)}{3\times5}$
$=\dfrac{5(3a-2b)-3(2a-b)}{15}$
$=\dfrac{15a-10b-6a+3b}{15}=\dfrac{9a-7b}{15}$

(4) $3x^5y^2\div(2x^2y)^2\times4x^2y^5$
$=3x^5y^2\times\dfrac{1}{4x^4y^2}\times4x^2y^5=\dfrac{12x^7y^7}{4x^4y^2}$
$=3x^3y^5$

(5) $(\sqrt{75}-\sqrt{12})(\sqrt{50}-\sqrt{18})$
$=(5\sqrt{3}-2\sqrt{3})(5\sqrt{2}-3\sqrt{2})$
$=3\sqrt{3}\times2\sqrt{2}=6\sqrt{6}$

(6) $(x+1)^2-(x+1)-6$ で $x+1=A$とおくと $A^2-A-6=(A-3)(A+2)$
$=(x+1-3)(x+1+2)=(x-2)(x+3)$

2 (1) ア **4**　イウ **3 5**　(2) エ **3**　オ **6**
カ **3**　(3) キ **0**　クケ **1 2**　(4) コ **7**
(5) サ **1**　シ **4**　(6) スセ **3 0**　ソタ **8 0**
(7) チ **5**　(8) ツテ **1 2**　(9) ト **6**　ナ **7**
(10) ニ **7**　ヌ **5**

解説 (1) $a^2-b^2=(a+b)(a-b)$
$=\{(\sqrt{7}+\sqrt{5})+(\sqrt{7}-\sqrt{5})\}$
$\times\{(\sqrt{7}+\sqrt{5})-(\sqrt{7}-\sqrt{5})\}$
$=2\sqrt{7}\times2\sqrt{5}=4\sqrt{35}$

＊　$(\sqrt{7}+\sqrt{5})^2-(\sqrt{7}-\sqrt{5})^2$
$=(12+2\sqrt{35})-(12-2\sqrt{35})=4\sqrt{35}$
のように計算してもよい。

(2) $x=\dfrac{-(-6)\pm\sqrt{(-6)^2-4\times3\times1}}{2\times3}$
$=\dfrac{6\pm\sqrt{24}}{6}=\dfrac{6\pm2\sqrt{6}}{6}=\dfrac{3\pm\sqrt{6}}{3}$

(3) $x=-1,\ 0,\ 2$のときのyの値は
$y=3\times(-1)^2=3$
$y=3\times0^2=0$
$y=3\times2^2=12$ だから $0\leqq y\leqq12$

(4) $\sqrt{\dfrac{693n}{11}}=\sqrt{\dfrac{3^2\times7\times11\times n}{11}}=3\sqrt{7n}$
これが自然数となるから　$n=7$
このとき　$3\sqrt{7\times7}=3\times7=21$

(5) 大小2つのさいころを投げると，目の出方は全部で　$6\times6=36$(通り)　小さいさいころの目の数が，大きいさいころの目の数の半分以下となるのは9通りだから

$\dfrac{9}{36}=\dfrac{1}{4}$

小	1	2	3
大	2 3 4 5 6	4 5 6	6

(6) 図のように記号を定める。$\ell\,/\!/\,m$ で平行線の錯角と同位角は等しい。

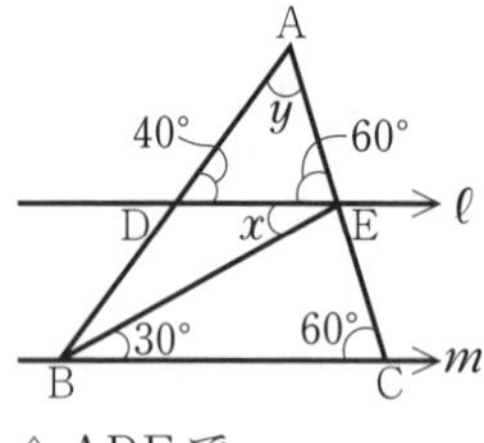

$\angle x=\angle$EBC $=30°$　$\angle$AED $=\angle$ACB $=60°$　△ADEで
$\angle y+40°+60°=180°$，$\angle y=80°$

(7) 直角三角形ABCで
AC $=1-(-2)=3$
BC $=6-2=4$
AB$^2=3^2+4^2=25$
AB >0 だから
AB $=\sqrt{25}=5$

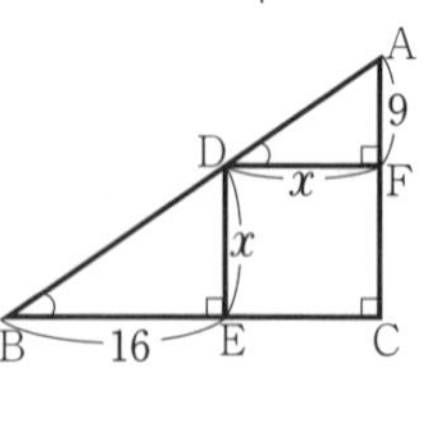

(8) 正方形の1辺をx cmとする。DF $/\!/$ BCで△ADF∽△DBE
$x:16=9:x$
$x^2=9\times16=3^2\times4^2$
$=(3\times4)^2=12^2$
$x>0$ より $x=12$cm

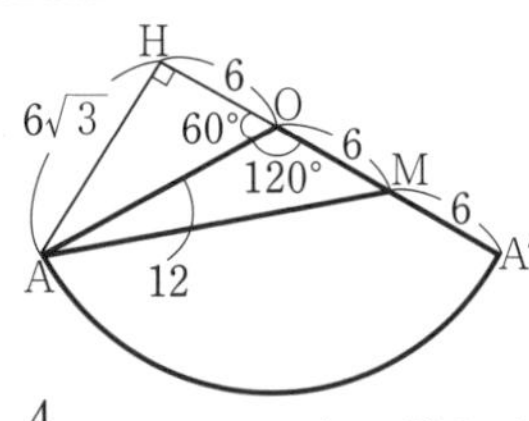

(9) 円錐の側面となるおうぎ形の中心角は
$360°\times\dfrac{\text{底面の半径}}{\text{母線の長さ}}$

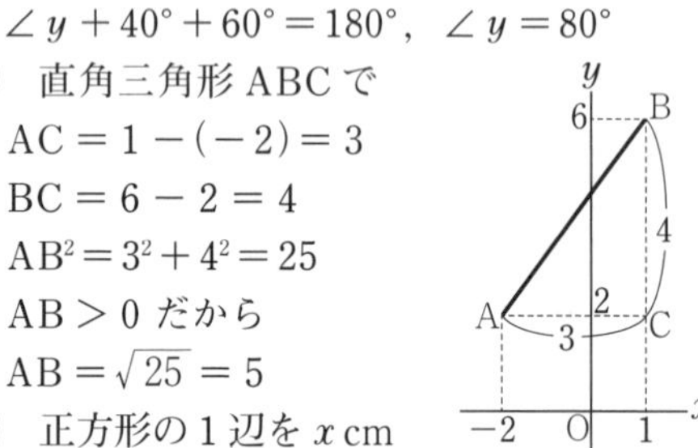

$\angle$AOA′ $=360°\times\dfrac{4}{12}=120°$　ひもの長さは展開図で示した線分AM，A′Oの延長に垂線AHをひく。$\angle$AOH $=180°-120°=60°$
△AOHは30°，60°の直角三角形で3辺の比は**1：2：$\sqrt{3}$**，**6倍して6：12：$6\sqrt{3}$**
OH $=6$，AH $=6\sqrt{3}$，MH $=6+6=12$
△AMHで　AM$^2=(6\sqrt{3})^2+12^2$
$=6^2\times3+(6\times2)^2=6^2(3+2^2)=6^2\times7$
AM >0 より　AM $=\sqrt{6^2\times7}=6\sqrt{7}$ cm

(10)

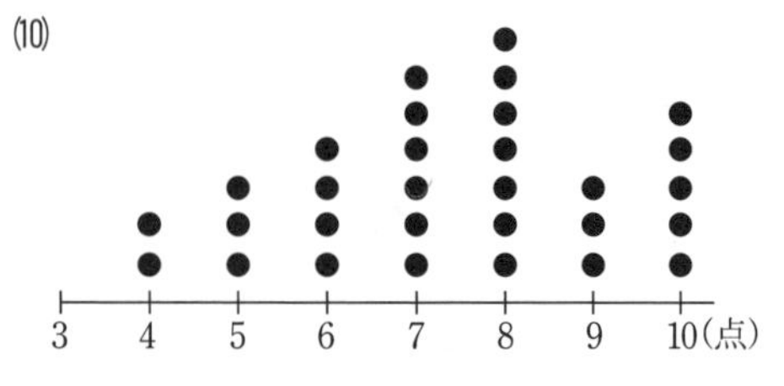

データの個数は30個で偶数だから，中央値では　30÷2＝15(番目)と16番目の平均値を求める。15番目は7点，16番目は8点だから　(7＋8)÷2＝7.5(点)

3(1)　アイ**20**　(2)　ウエ**13**　オカ**20**
(3)　キ**1**　ク**5**

解説(1)　5枚のカードが入っている袋Aから1枚取り出すのは5通り，4枚のカードが入っている袋Bから1枚取り出すのは4通りだから，全部で　5×4＝20(通り)

(2)　$a+2b$ の値が素数となるのは13通りある。求める確率は　$\frac{13}{20}$

a	1	3	5	7	9
b	2 6 8	2 4 8	4 6	2 6 8	2 4

(3)　OP＝a，OQ＝b で△OPQの面積が6の倍数になる。n を自然数とすると

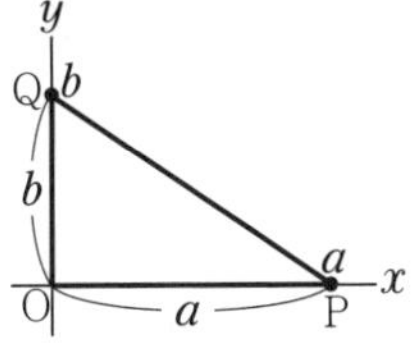

$a\times b\div 2=6n$，$ab=12n$　abは12の倍数となり4通りある。求める確率は

$\frac{4}{20}=\frac{1}{5}$

a	3	9
b	4 8	4 8

4(1)　ア**3**　イ**8**　(2)　ウ**3**　エ**4**　オ**3**
(3)　カ**3**　キク**12**　ケ**4**　コ**8**

解説(1)　$x=4$ を $y=ax^2$ に代入して
$y=16a$
B(4，16a)
直線OBの傾きは $\frac{3}{2}$ で

$\frac{16a}{4}=\frac{3}{2}$

$a=\frac{3}{8}$

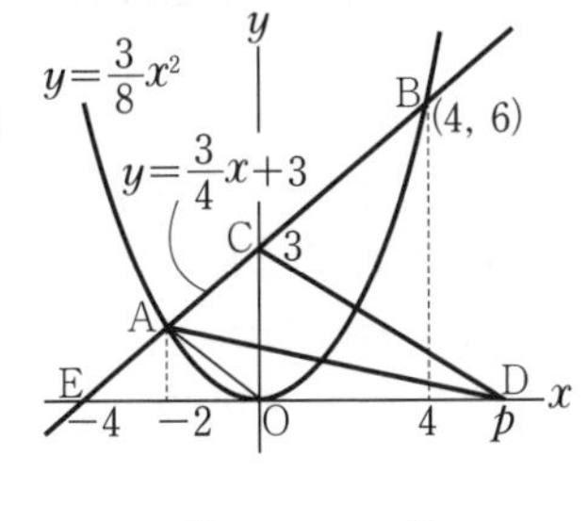

(2)　放物線の式は　$y=\frac{3}{8}x^2$，$16\times\frac{3}{8}=6$
よりBの y 座標は6で B(4，6)　点Aの y 座標は　$\frac{3}{8}\times(-2)^2=\frac{3}{2}$，$A\left(-2,\ \frac{3}{2}\right)$
直線ABの式を $y=mx+n$ とする。2点A，Bを通るから　$\frac{3}{2}=-2m+n$ …①
$6=4m+n$ …②　①×2＋②より
$3n=9$，$n=3$　これを②に代入して
$m=\frac{3}{4}$　直線ABの式は　$y=\frac{3}{4}x+3$

(3)　直線ABの式の切片は3だからC(0，3)
直線ABと x 軸との交点をEとする。x 軸上の点の y 座標は0，点Eの y 座標は0で
$0=\frac{3}{4}x+3$，$x=-4$ より　E(−4，0)
△ACD＝△CED－△AEDを計算して△ACDの面積を求める。ED＝$p-(-4)$
＝$p+4$　2点C，Aの y 座標3，$\frac{3}{2}$ を高さとすると，△ACDの面積は

△CED－△AED

$=\frac{1}{2}\times(p+4)\times 3-\frac{1}{2}\times(p+4)\times\frac{3}{2}$

$=\frac{1}{2}(p+4)\left(3-\frac{3}{2}\right)=\frac{1}{2}(p+4)\times\frac{3}{2}$

$=\frac{3(p+4)}{4}=\frac{3p+12}{4}$

また，△OACの面積は　3×2÷2＝3
△ACDの面積が△OACの面積の3倍だから　$\frac{3p+12}{4}=3\times 3$，$3p+12=36$，$p=8$

5(1)　ア**6**　(2)　イ**8**　ウ**3**
(3)　エ**4**　オカ**17**　キク**17**

解説

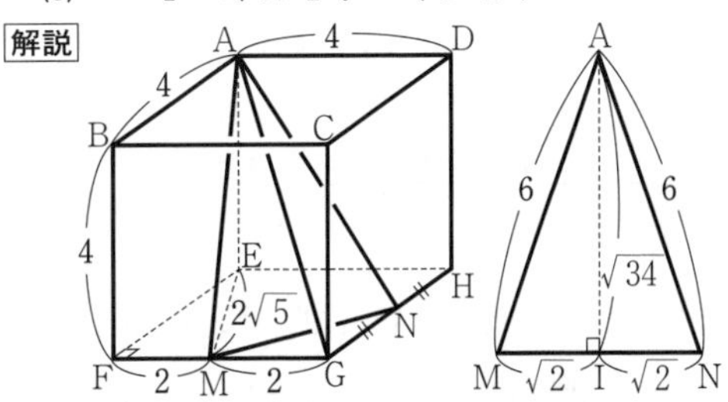

(1)　△EFMで，$EM^2=4^2+2^2=20$
△AMEで，$AM^2=AE^2+EM^2=4^2+20$
$=36$，AM＞0より　$AM=\sqrt{36}=6$ cm

(2)　△MGNを底面とする高さが4 cmの三角錐の体積は　$\frac{1}{3}\times\frac{2\times 2}{2}\times 4=\frac{8}{3}$ (cm^3)

(3)　△MGNは，直角をはさむ2辺の長さが2 cmの直二等辺三角形。3辺の比は
1：1：$\sqrt{2}$，2倍して　2：2：2$\sqrt{2}$
MN＝$2\sqrt{2}$ cm　△AMNはAM＝AN＝6 cmの二等辺三角形。AからMNに垂線AIをひくとMI＝$\sqrt{2}$ cm　△AMIで　$AI^2+(\sqrt{2})^2=6^2$，$AI^2=34$
AI＞0より　$AI=\sqrt{34}$ cm　△AMNの面積は　$2\sqrt{2}\times\sqrt{34}\div 2=\sqrt{68}=2\sqrt{17}$ (cm^2)　△AMNを底面としたときの三角錐AMGNの高さを h cmとすると

$\frac{1}{3}\times 2\sqrt{17}\times h=\frac{8}{3}$，$h=\frac{4}{\sqrt{17}}=\frac{4\sqrt{17}}{17}$

【1】(1) **10** (2) $\mathbf{\frac{1}{12}}$ (3) **12**

(4) $\mathbf{-9\sqrt{2}+10\sqrt{5}}$ (5) $\mathbf{\frac{x-y}{6}}$

解説(1) $5-(-7)+(-2)=5+7-2=10$

(2) $-\frac{1}{3}+\frac{1}{4}+\frac{1}{6}=-\frac{1\times4}{3\times4}+\frac{1\times3}{4\times3}+\frac{1\times2}{6\times2}$

$=\frac{-4+3+2}{12}=\frac{1}{12}$

(3) かっこの中の割り算を先に計算する。

$7-2^2+(3-12\div2)^2$

$=7-(2\times2)+(3-6)^2=7-4+(-3)^2$

$=3+9=12$

(4) $2\sqrt{18}-3\sqrt{50}+3\sqrt{20}+4\sqrt{5}$

$=2\times3\sqrt{2}-3\times5\sqrt{2}+3\times2\sqrt{5}+4\sqrt{5}$

$=6\sqrt{2}-15\sqrt{2}+6\sqrt{5}+4\sqrt{5}$

$=-9\sqrt{2}+10\sqrt{5}$

(5) 分数のたし算・ひき算は通分する。分母を払うような計算をしてはならない。

$\frac{3x+5y}{2}-\frac{4x+8y}{3}$

$=\frac{3\times(3x+5y)}{3\times2}-\frac{2\times(4x+8y)}{2\times3}$

$=\frac{3(3x+5y)-2(4x+8y)}{6}$

$=\frac{9x+15y-8x-16y}{6}=\frac{x-y}{6}$

【2】(1) $\mathbf{-x^2+2x+15}$ (2) $\mathbf{(x+3)(x-4)}$

(3) $\mathbf{x=14}$ (4) $\mathbf{x=-5,\ y=-\frac{7}{3}}$

(5) $\mathbf{x=\frac{-4\pm\sqrt{26}}{2}}$

解説(1) $(x+3)(5-x)=(x+3)(-x+5)$

$=-x^2+5x-3x+15=-x^2+2x+15$

(2) $(x-3)^2+5x-21$

$=x^2-6x+9+5x-21=x^2-x-12$

積が-12，和が-1となる2つの整数は$+3$と-4，$x^2-x-12=(x+3)(x-4)$

(3) 両辺に10をかけて，係数を整数にする。

$-0.3x-10=-x-0.2$

$-3x-100=-10x-2$

$-3x+10x=-2+100$，$7x=98$，

$x=14$

(4) $2(x+10)+3y=3$ より $2x+20+3y=3$，$2x+3y=-17$…① $4x-8=12y$ より $4x-12y=8$，両辺を4でわると

$x-3y=2$…② ①+②より $3x=-15$

$x=-5$ これを②に代入すると

$-5-3y=2$，$-3y=7$，$y=-\frac{7}{3}$

(5) $2x^2+8x-5=0$

$x=\frac{-8\pm\sqrt{8^2-4\times2\times(-5)}}{2\times2}$

$=\frac{-8\pm\sqrt{64+40}}{4}=\frac{-8\pm\sqrt{4\times26}}{4}$

$=\frac{-8\pm2\sqrt{26}}{4}=\frac{-4\pm\sqrt{26}}{2}$

【3】(1) **25度** (2) $\mathbf{\frac{2}{3}}$ (3) $\mathbf{x=55}$

(4) **12通り**

解説(1) 図のように記号を定め，点Bを通りℓ，mに平行な直線BEをひく。平行線の同位角は等しいから

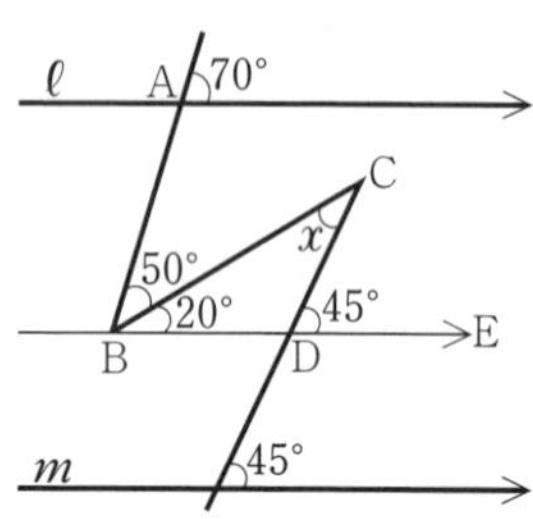

$\angle CDE=45°$，$\angle ABD=70°$，$\angle CBD=70°-50°=20°$ △CBDで，三角形の外角はそれと隣り合わない2つの内角の和に等しい。$\angle x+20°=45°$，$\angle x=25°$

(2)

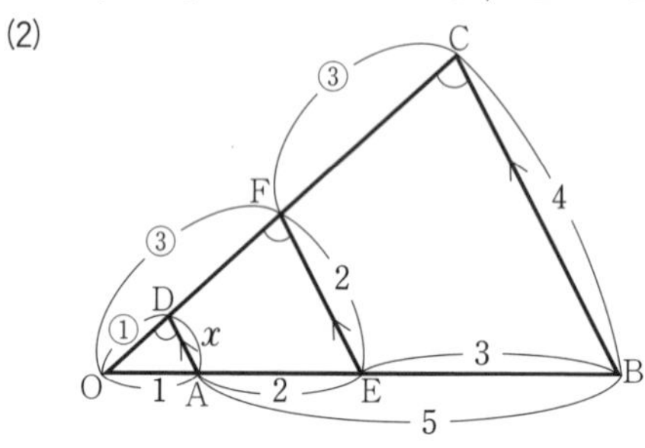

CDの延長とBAの延長の交点をOとする。EF // BCで，△OEF ∽ △OBC

OE : OB = EF : BC = 2 : 4 = 1 : 2

点Eは線分OBの中点で，OE = EB = 5 − 2 = 3，OA = 3 − 2 = 1 AD // EFで△OAD ∽ OEF，OA : OE = AD : EF

より 1 : 3 = x : 2，$3x=2$，$x=\frac{2}{3}$

(3) **食塩＝$\frac{\%濃度}{100}$×食塩水**

6％の食塩水200gに含まれる食塩の量は

$\frac{6}{100}\times200=12$(g) 200gに食塩15gと水$x$gを加えると食塩水は $200+15+x=(215+x)$gになり，含まれる食塩の量は$12+15=27$(g) 食塩の量から

$\frac{10}{100}\times(215+x)=27$，$215+x=270$，$x=55$

(4) 袋の中に赤球1，2，3；白球1，2が入っている。1個ずつ3回取り出し取り出した球はもとに戻さない。「赤，赤，白」の順になるのは　1回目赤：3通り，2回目赤：1個減っているから2通り，3回目白：2通り　全部で　$3\times2\times2=12$(通り)

続けるときは，かける。

【4】(1) $\boldsymbol{y=-\frac{1}{2}x-3}$　(2) $\left(3,\ -\frac{9}{2}\right)$

(3) $\boldsymbol{y=-\frac{13}{2}x}$

解説(1) 点Aのx座標-2を放物線の式に代入して　$y=-\frac{1}{2}\times(-2)^2=-2$

A$(-2,\ -2)$　直線ℓの傾きは$-\frac{1}{2}$だから

$y=-\frac{1}{2}x+b$ とする。点Aを通るから

$-2=-\frac{1}{2}\times(-2)+b,\ b=-3$

直線ℓは　$y=-\frac{1}{2}x-3$

(2) 点Bは放物線と直線ℓとの交点。放物線の式を直線ℓの式に代入して

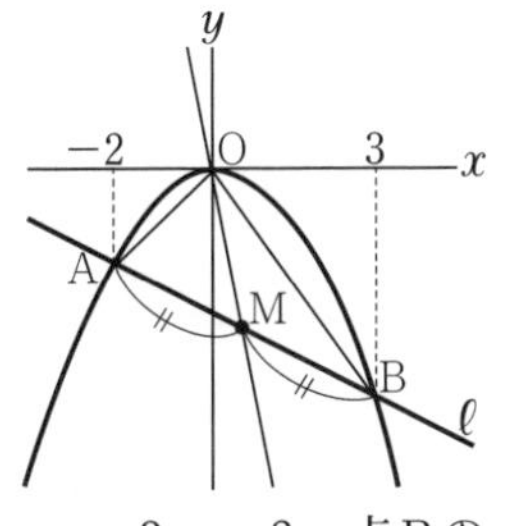

$-\frac{1}{2}x^2=-\frac{1}{2}x-3$

$x^2-x-6=0$

$(x-3)(x+2)=0,\ x=3,\ -2$　点Bのx座標は3だから　$y=-\frac{1}{2}\times3^2=-\frac{9}{2}$

点Bの座標は　$\left(3,\ -\frac{9}{2}\right)$

(3) 原点Oを通り△OABの面積を2等分する直線は，線分ABの中点Mを通る。

Mのx座標　$(-2+3)\times\frac{1}{2}=\frac{1}{2}$

Mのy座標　$\left(-2-\frac{9}{2}\right)\times\frac{1}{2}=-\frac{13}{4}$

M$\left(\frac{1}{2},\ -\frac{13}{4}\right)$　直線OMを $y=ax$ とすると　$-\frac{13}{4}=\frac{1}{2}a,\ a=-\frac{13}{2}$ より $y=-\frac{13}{2}x$

【5】(1) **6度**　(2) $\boldsymbol{\frac{1}{2}}$**度**　(3) $\boldsymbol{\left(\frac{11}{2}x+60\right)}$**度**

解説(1) 長針は1時間＝60分で文字盤を1周し360°動く。1分間では　$360\div60=6$ 度

(2) 短針は60分で5分間のつくる角度30°動く。1分間では　$30\div60=\frac{30}{60}=\frac{1}{2}$ 度

(3)

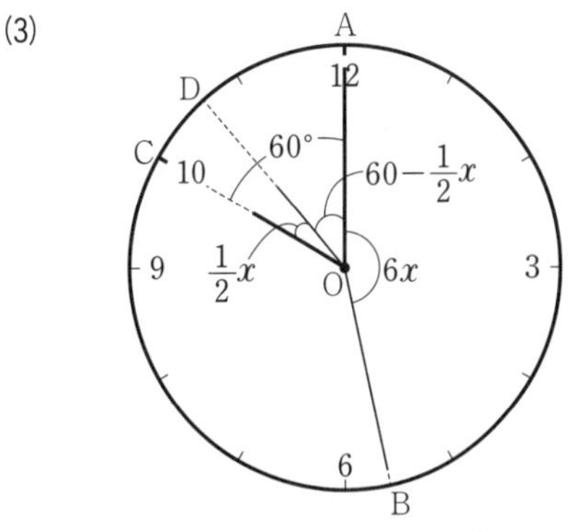

図のように記号を定める。10時00分のとき，長針は線分OA上にあり，短針は線分OC上にあって　∠AOC＝60°　10時からx分後，長針はx分で$6x$度動くから

∠AOB＝$6x$度

一方，短針はx分で$\frac{1}{2}x$度動くから

∠COD＝$\frac{1}{2}x$度，∠AOD＝$\left(60-\frac{1}{2}x\right)$度

したがって，文字盤の12を含む∠DOBの大きさは

$\left(60-\frac{1}{2}x\right)+6x=\frac{11}{2}x+60$(度)

【7】(1) (a) **2MN**　(b) **∠GMN**

(2) (c) **ウ**　(3) **4**

解説(1)，(2)

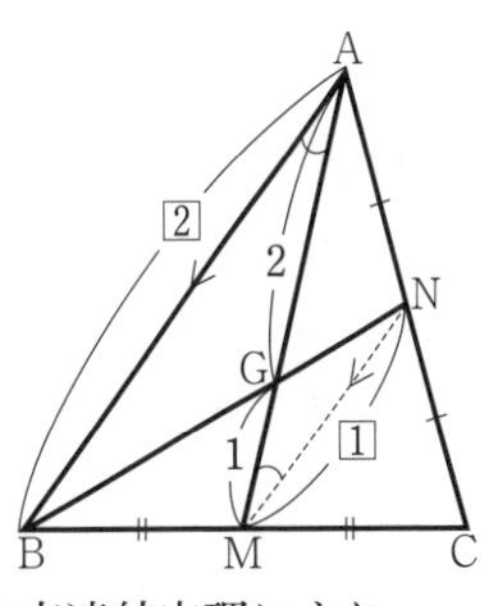

△GABと△GMNにおいて，対頂角は等しいから

∠AGB

＝∠MGN…①

2点M，Nはそれぞれ辺BC，ACの中点であるから中点連結定理により

NM∥AB，AB＝2MN　すなわち

AB：MN＝2：1

また，NM∥ABより平行線の錯角は等しいから　∠GAB＝∠GMN…②

①，②より，2組の角がそれぞれ等しいから　△GAB∽△GMN

相似な図形では，対応する辺の比は等しいから　AG：GM＝AB：MN＝2：1

である。

(3) AM＝12で，AG：GM＝2：1だから

$GM=12\times\frac{1}{2+1}=12\times\frac{1}{3}=4$

＜白鷗大学足利＞

1 (1)　**21**　(2)　**2**　(3)　$(x+3)(x-12)$
(4)　$x=-1$　(5)　$x=-2,\ y=-3$
(6)　$x=2\pm\sqrt{13}$　(7)　$y=3$
(8)　$a=-\dfrac{1}{4}$　(9)　$x=\dfrac{16}{3}$　(10)　$\dfrac{1}{5}$

解説 (1)　$18-9\div(-3)=18+(9\div3)=21$

(2)　$(\sqrt{48}-\sqrt{12})\times\dfrac{3}{\sqrt{27}}=(4\sqrt{3}-2\sqrt{3})\times\dfrac{3}{3\sqrt{3}}=2\sqrt{3}\times\dfrac{1}{\sqrt{3}}=2$

(3)　積が-36，和が-9となる2つの整数は$+3$と-12，$x^2-9x-36=(x+3)(x-12)$

(4)　$6-2(x-3)=14$，$6-2x+6=14$，$-2x=2$，$x=-1$

(5)　$3x-4y=6$…①　$x+y=-5$…②
①＋②×4より　$7x=-14$，$x=-2$
これを②に代入して　$-2+y=-5$，$y=-3$

(6)　$x=\dfrac{-(-4)\pm\sqrt{(-4)^2-4\times1\times(-9)}}{2\times1}$
$=\dfrac{4\pm\sqrt{52}}{2}=\dfrac{4\pm2\sqrt{13}}{2}=2\pm\sqrt{13}$

(7)　点$(2,\ 3)$を通りx軸に平行な直線は，y軸上の点$(0,\ 3)$を通る。
直線の式は　$y=3$　と表す。

(8)　表から$x=-2$，$y=-1$を選び$y=ax^2$に代入する。$-1=a\times(-2)^2$
$4a=-1$，$a=-\dfrac{1}{4}$

(9)　平行線をひくと$\ell\,/\!/\,m\,/\!/\,n$より
$x:4=8:6$
$6x=32$，$x=\dfrac{16}{3}$

(10)　5枚のカードから同時に2枚のカードをひくひき方は
$-2-1$，$-2+0$，$-2+1$，$-2+2$
$-1+0$，$-1+1$，$-1+2$
$0+1$，$0+2$
$1+2$
10通り。カードに書いてある数の和が0になるのは　$(-2)+2$，$(-1)+1$　の2通りだから，求める確率は　$\dfrac{2}{10}=\dfrac{1}{5}$

2 (1)　**$5.5\leqq a<6.5$**　(2)　**3個**　(3)　**8回**
(4)　**1cm**　(5)　**$b=2$**　(6)　**24度**

解説 (1)　四捨五入する位の小数第1位に5があるとして，0.5を考える。次に，$6-0.5$，$6+0.5$を計算するとaの範囲は　$6-0.5\leqq a<6+0.5$　左側の不等号には等号をつけ，右側の不等号には等号をつけない6.5未満を表し　$5.5\leqq a<6.5$

(2)　$\dfrac{280}{n}=\dfrac{2^3\times5\times7}{n}$　が素数となるから
$\dfrac{2^3\times5\times7}{2^2\times5\times7}=2$，$\dfrac{2^3\times5\times7}{2^3\times7}=5$，$\dfrac{2^3\times5\times7}{2^3\times5}=7$　分母の自然数nは3個ある。

(3)　Aが勝った回数をx回，Bが勝った回数をy回とすると，あいこは$(20-x-y)$回と表せる。Aが勝った回数から$x=y+2$，$x-y=2$…①　Bが勝った回数から
$y=20-x-y$，$x+2y=20$…②
①×2＋②より　$3x=24$，$x=8$(回)

(4)　余白の幅を$x$cmとすると写真立ての縦は$(2x+10)$cm，横は$(2x+8)$cmと表せる。

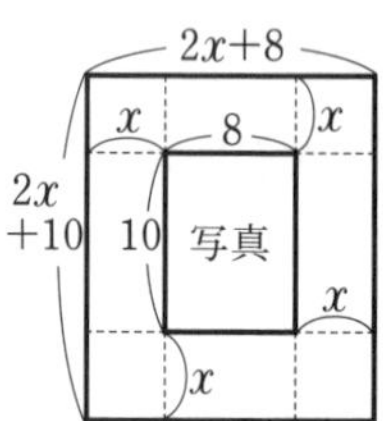

$(2x+10)(2x+8)\times\dfrac{2}{3}=10\times8$，$2(x+5)\times2(x+4)\times2=80\times3$
$(x+5)(x+4)=30$，$x^2+9x-10=0$，
$(x-1)(x+10)=0$，$x>0$より$x=1$cm

(5)　$y=\dfrac{1}{2}x^2$　について，$-6\leqq x\leqq4$のとき　$0\leqq y\leqq18$　$y=\dfrac{1}{3}x+b$　について，グラフは右上がりの直線だから，$x=-6$のとき最小値をとり　$y=\dfrac{1}{3}\times(-6)+b=b-2$　最小値が等しくなるから
$b-2=0$，$b=2$

(6)　AB // DCで平行線の錯角は等しいから
∠CDB＝∠ABD＝48°　**円に内接する四角形の対角の和は180°**だから

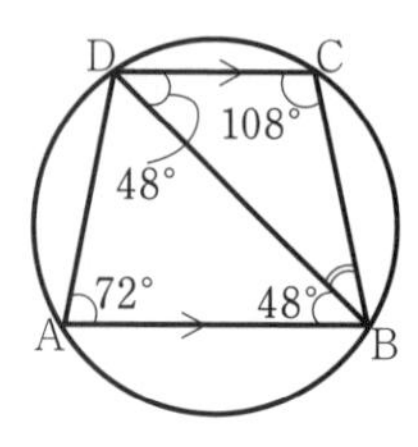

∠A＋∠C＝180°，72°＋∠DCB＝180°より　∠DCB＝108°，△CBDで
48°＋108°＋∠CBD＝180°，∠CBD＝24°

3 (1)　**$x=200$，$y=150$**　(2)　**18分後**

解説 (1)　Aさんは分速xm，Bさんは分速ymでそれぞれスタートする。スタートしてから12分後，Aさんは$12x$m，Bさんは$12y$m進む。このとき，BさんはAさんに1周分600mの差をつけられて並ばれたから　$12x=12y+600$，$x=y+50$…①

Bさんは A さんに並ばれた瞬間から 2 倍の速さで進むから，速さを分速 $2y$ m に変えた。

スタートしてから20分後は，Bさんが A さんに並ばれた瞬間からでは $20-12=8$（分後），A さんは $8x$ m，Bさんは $2y\times 8=16y$ (m) 進む。スタートしてから20分間に進んだ 2 人の道のりについて，A さんは $12x+8x=20x$ (m)，Bさんは $12y+16y=28y$ (m)　20 分後には，Bさんは A さんを 200 m リードしているから

$28y=20x+200$，$7y=5x+50$…②

①，②より　$x=200$，$y=150$

(2)　Bさんが A さんに追いついたのは，1 周おくれの 12 分後よりもあとのことである。2 人が出発してから t 分後に追いついたとする。A さんは分速 200 m で，$200t$ m 進む。Bさんは出発して12分間で $150\times12=1800$ (m) 進み，$(t-12)$ 分間は分速 $150\times2=300$ (m) で進むから $300(t-12)$ m 進む。2 人の進んだ道のりが等しいとき，Bさんは A さんに追いつくから

$200t=1800+300(t-12)$，$t=18$（分後）

4 (1)　$\dfrac{1}{2}$　(2)　$y=-\dfrac{1}{4}x+\dfrac{5}{2}$　(3)　4：9

解説 (1)　②は $P\left(8,\ \dfrac{1}{2}\right)$ を通るから　$\dfrac{1}{2}=\dfrac{k}{8}$

$k=4$，$y=\dfrac{4}{x}$　$x=2$ を代入して $y=2$

A(2，2)　①は点 A を通り $2=4a$，$a=\dfrac{1}{2}$

(2)　直線 AP を $y=mx+n$ とする。2 点 A，P を通るから　$2=2m+n$，$\dfrac{1}{2}=8m+n$

より　$m=-\dfrac{1}{4}$，$n=\dfrac{5}{2}$　　$y=-\dfrac{1}{4}x+\dfrac{5}{2}$

(3)　直線 OA の式は $y=x$ だから

$Q\left(\dfrac{1}{2},\ \dfrac{1}{2}\right)$

△OAB $=$

$\dfrac{1}{2}\times\dfrac{5}{2}\times2=\dfrac{5}{2}$

△PAQ $=\dfrac{1}{2}\times\left(8-\dfrac{1}{2}\right)\times\left(2-\dfrac{1}{2}\right)=\dfrac{45}{8}$

面積比は　$\dfrac{5}{2}:\dfrac{45}{8}=20:45=4:9$

5 (1)　$2\sqrt{2}$ cm　(2)　$3\sqrt{2}$ cm　(3)　$\dfrac{12\sqrt{3}}{5}$ cm

解説 (1)　△MNC は，直角をはさむ 2 辺の長さが 2 cm の直角二等辺三角形になるから

$2：\text{MN}=1：\sqrt{2}$，$\text{MN}=2\sqrt{2}$ cm

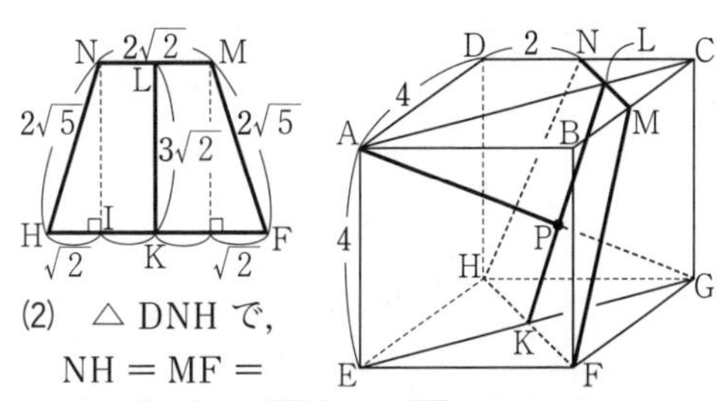

(2)　△DNH で，

$\text{NH}=\text{MF}=\sqrt{2^2+4^2}=\sqrt{20}=2\sqrt{5}$，四角形 HFMN は等脚台形になる。$\text{MN}=2\sqrt{2}$，$\text{FH}=4\sqrt{2}$　N から FH に垂線 NI をひくと

$\text{HI}=(4\sqrt{2}-2\sqrt{2})\div2=\sqrt{2}$

△NHI で，$\text{NI}^2=(2\sqrt{5})^2-(\sqrt{2})^2=18$，$\text{NI}>0$ より　$\text{NI}=\sqrt{18}=3\sqrt{2}$ cm

$\text{KL}=\text{NI}$ だから　$\text{KL}=3\sqrt{2}$ cm

(3)　長方形 AEGC で，AG は立方体の対角線。

$\text{AG}=\sqrt{4^2+4^2+4^2}$

$=\sqrt{4^2\times3}=4\sqrt{3}$

点 P は対角線 AG と線分 KL との交点で，△APL ∽ △GPK

AL：LC $=3：1$，EK：KG $=2：2$

AP：GP $=$ AL：GK $=3：2$ より

$\text{AP}=4\sqrt{3}\times\dfrac{3}{3+2}=\dfrac{12\sqrt{3}}{5}$ (cm)

6 (1)　3 回　(2)　$a=60$　(3)　8，9，12

解説 (1)　ロボットは 1 m の直進後，反時計回りに $a°$ 回転する。$a=90$ のとき，図のように【動作A】を 3 回繰り返して，スタート地点に戻る。

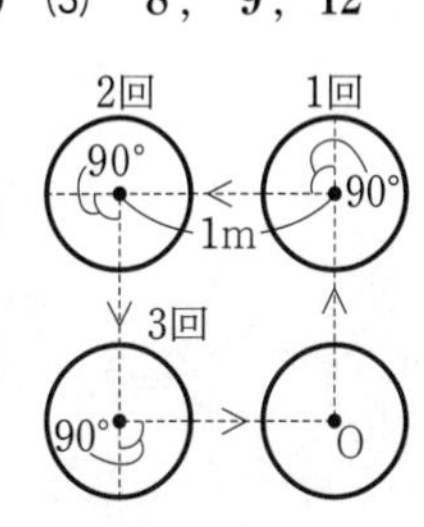

(2)　$a°$ はロボットの中心 O が描く正多角形の外角の大きさになる。正六角形の外角の大きさは60° だから

$a=60$

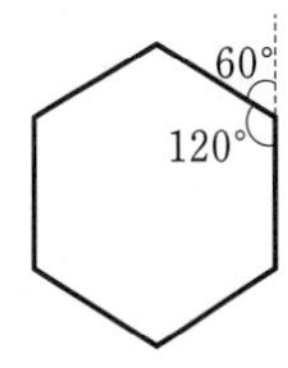

(3)　$a°$ は正多角形の外角の大きさであり，n 角形の外角の和は360° だから $na=360$，n，a は 360 の約数で，360 の約数は右のように求める。また，$30\leqq a\leqq55$ で，a は 5 から始めて 5 ずつ増やしていくから，5 の倍数になる。

当てはまる a は　$a=30$，40，45

6×60
○ 8×45
○ 9×40
10×36
○ 12×30
15×24

$a=30$ のとき　$30n=360$，$n=12$

$a=40$ のとき　$40n=360$，$n=9$

$a=45$ のとき　$45n=360$，$n=8$

県内の私立高等学校紹介

- ●作新学院高等学校
- ●文星芸術大学附属高等学校
- ●宇都宮文星女子高等学校
- ●宇都宮短期大学附属高等学校
- ●宇都宮海星女子学院高等学校
- ●國學院大學栃木高等学校
- ●佐野日本大学高等学校
- ●佐野清澄高等学校
- ●青藍泰斗高等学校
- ●白鷗大学足利高等学校
- ●足利短期大学附属高等学校
- ●足利大学附属高等学校
- ●矢板中央高等学校

※新型コロナウイルス感染拡大防止のため、学校説明会などの各種日程は中止・変更になる可能性があります。
各校のホームページやお電話にてご確認ください。

KOKU TOCHI
KOKUGAKUIN UNIVERSITY TOCHIGI HIGH SCHOOL

たくましく　直く　明るく　さわやかに

國學院大學栃木高等学校

〒328-8588 栃木県栃木市平井町608番地　TEL 0282(22)5511　https://kokugakuintochigi.jp

未来を拓く FOR YOUR FUTURE

普通科 4コース
- 特別選抜Sコース　最難関国公私立大学を目指す
- 特別選抜コース　難関国公私立大学を目指す
- 選抜コース　GMARCHレベルの私立大学を目指す
- 文理コース　國學院大學をはじめ、有名私立大学を目指す

令和4年度入試　大学合格実績

国公立大学（大学校を含む）63名
東北大、筑波大、千葉大、横浜国立大、東京農工大、埼玉大、宇都宮大、茨城大、群馬大、東京都立大、金沢大、信州大、奈良教育大、防衛医科大学校、防衛大学校など

私立大学490名以上合格
國學院大學（文学部・神道文化学部・法学部・経済学部・人間開発学部・観光まちづくり学部）、早稲田大、慶應義塾大、上智大、獨協医科大（医）、学習院大、明治大、青山学院大、中央大、立教大、法政大、東京理科大、同志社大、立命館大、東京薬科大、芝浦工業大、日本大、東洋大など

◇一日体験学習『Come on in 国学院』
第1回7月24日(日) 第2回7月30日(土) 第3回7月31日(日)

◇中学3年生対象学力診断テスト
『国栃チャレンジテスト』10月23日(日)
◎入試本番の雰囲気を体験しながら、学力到達度が分かります。

◇入試説明会・個別相談会
9月23日(金・祝)　10月15日(土)　11月5日(土)
11月13日(日)　11月23日(水・祝)　12月3日(土)
12月11日(日)

※詳細は、ホームページでご確認ください。

佐野日本大学高等学校

人を育てる　未来を創る

現役合格率 99.7%

令和4年度　大学合格状況（令和4年4月1日現在）
大阪大学、東北大学、筑波大学、防衛医科大学校（医）など合格

◎国公立大学35名合格
大阪大学、東北大学、筑波大学、東京学芸大学、千葉大学、埼玉大学、宇都宮大学、群馬大学、福島県立医科大学、横浜市立大学、防衛大学校、防衛医科大学校（医、看）など

◎日本大学377名合格
法20名、経25名、文理42名、理工79名、獣医2名など

◎日本大学以外の難関私立大学等209名合格
早稲田大学2名、慶應義塾大学2名、GMARCH上理21名など

◎医歯薬獣医系大学学部71名合格
医2名、歯9名、薬31名、獣医2名、看護27名
防衛医科（医1看3）、獨協医科（医1看3）、東京理科（薬）など

普通科 3コース＋αクラス
- 特別進学コースαクラス
- 特別進学コース
- スーパー進学コース
- 進学コース

①日本大学への付属推薦制度
②進級時のコース・クラスのランクアップ制度
③難関大学合格と部活動の両立可能なカリキュラム
④放課後と土曜日を活用した充実の学習サポート体制
⑤3 年間継続可能な奨学生制度

オープンキャンパス（生徒保護者対象）

コース説明・見学会 7/30(土) 7/31(日) 8/7(日) 9/17(土)
入学説明・相談会 10/30(日) 11/3(木祝) 11/23(水祝) 11/26(土) 進路相談会 12/3(土)

学力判定テスト 10月8日(土)
SANICHI Achievement 2022
受験料無料

白鷗大学足利高等学校

HP https://hakuoh-h.jp/　MAIL nyushi-h@hakuoh.ed.jp　TEL 0284-41-0890

令和４年度大学入試　**国公立大学 31 名　私立大学 423 名　合格**

お茶の水女子大学　電気通信大学　千葉大学　東京学芸大学　金沢大学　信州大学　宇都宮大学　群馬大学　新潟大学
防衛大学校　白鷗大学　早稲田大学　上智大学　東京理科大学　立教大学　中央大学　明治大学　法政大学　東京薬科大学
関西学院大学　明治学院大学　成蹊大学　武蔵大学　芝浦工業大学　等　4月9日現在

コースを再編！　充実したカリキュラムで進学をサポート！

2023年度募集するコースは、富田キャンパスで特別進学コースと進学コース、
本校舎で文理進学コースと総合進学コースです。生徒の希望する進学を強力にサポートします！

全国大会 関東大会等で活躍　文武両道を実践

昨年度は、硬式野球部、柔道部、陸上競技部、女子ソフトテニス部、女子バスケットボール部、
女子ソフトボール部、男子ソフトボール部、ボクシング部、女子サッカー部、書道部、
バトントワリング部、囲碁・将棋部が出場しました。

HAKUOH

一日体験学習
富田キャンパス・本校舎
7/23（土）、7/24（日）

学校説明会・部活動見学会
本校舎 8/27（土）、9/3（土）

学校説明会・見学会
本校舎 9/24（土）
富田キャンパス 9/25（日）

オープンキャンパス
富田キャンパス
10/8（土）、10/22（土）

※新型コロナウイルスの感染状況により予定を変更させていただく場合がございます。

足利短期大学附属高等学校

一人ひとりの可能性を最大限に引き出します。

普通科（女子）
- 特進コース（25名）
- 進学コース（90名）
- 福祉教養コース（45名）

学校見学会 7/30（土）・31（日）・9/4（日）

中学生・保護者対象入試説明会 午前9:30～
9/24（土）・10/8（土）・15（土）・22（土）
11/5（土）・12（土）・19（土）

◆足利大学（工学部／看護学部）
◆足利短期大学（こども学科）
への優先入学の道が開かれます。

〒326-0808　栃木県足利市本城3丁目2120
電話 0284（21）7344～5　FAX 0284（21）1380 https://www.ashikaga-jc-h.ed.jp/

足利大学附属高等学校

URL https://www.ashitech-h.ed.jp

◆普通科
●特進コース
●フロンティアコース

◆工業科
機械・電気・建築一括募集。
2年次から学科別クラス
学科選択は任意です。

◆自動車科
単独募集

◆情報処理科
●会計ビジネスコース
●情報システムコース
2年次からコース別授業あり
コース選択は任意です。

学科を問わず多彩な資格取得が可能!!
万全なる進学・就職支援体制

〒326-0397
栃木県足利市福富町2142
TEL 0284(71)1285
FAX 0284(71)9876

矢板中央高等学校

スポーツ科 ＊1

普通科	特進コース α＊3 β＊2	
	普通コース	スポーツ選抜 ＊1・4
		進学選抜 ＊2・4
		普通専攻 ＊4

奨学生制度

＊1 スポーツ奨学生
（スポーツ科・普通科スポーツ選抜）
＊2 スポーツ学業奨学生
（特進コースβ）（普通科進学選抜）
（＊1・＊2 本校からの指名）
＊3 学業奨学生（特進コースα）[公募]
＊4 公募奨学生（普通コース）

夢をつかもう!!
◇ 一日体験学習　8月 6日（土）
◇ 学校説明会　10月 8日（土）
◇ 県北オープン　10月15日（土）

最近の進学実績	防衛医科大・福島医科大・東北大・北大・筑波大・東京学芸大・横浜市立大・弘前大・宮城教育大・山形大・福島大・宇都宮大・群馬大・茨城大・埼玉大・静岡大・山梨大・島根大・鹿屋体育大・北海道教育大・釧路公立大・秋田県立大・早稲田大・東京理科大・明治大・青山学院大・立教大・中央大・法政大・関西大・関西学院大・同志社大・立命館大・成蹊大・日本大・東洋大・駒澤大・専修大・順大・芝浦工業大・日体大・国際医療福祉大・白鷗大・作新大

〒329-2161 栃木県矢板市扇町2丁目1519番地　TEL 0287-43-0447　FAX 0287-43-0899
URL http://ychyama.sakura.ne.jp/

MEMO

本書の刊行にあたり、アンケート等の協力や入学試験問題を提供していただいた栃木県教育委員会ならびに県立・私立高等学校、高等専門学校の先生方に、心よりお礼申し上げます。

令和5年受験用
栃木県高校入試の対策2023

令和4年6月30日　第1刷　発行

●監　修●
下野新聞社
高校進学指導委員会

●制作発行●
下野新聞社
〒320-8686　栃木県宇都宮市昭和1-8-11
TEL028-625-1111（代表）
028-625-1135（コンテンツ推進部）

●印　刷●
凸版印刷（株）